Le Comité
Hispano-Néerlandais

pour la

Protection du Ravitaillement
en Belgique et dans le Nord de la France

Sous le Haut Patronage
de LL. EE. MM. les Ministres d'Espagne et des Pays-Bas

Avant-Propos
Résumé de ses interventions
Documents Officiels

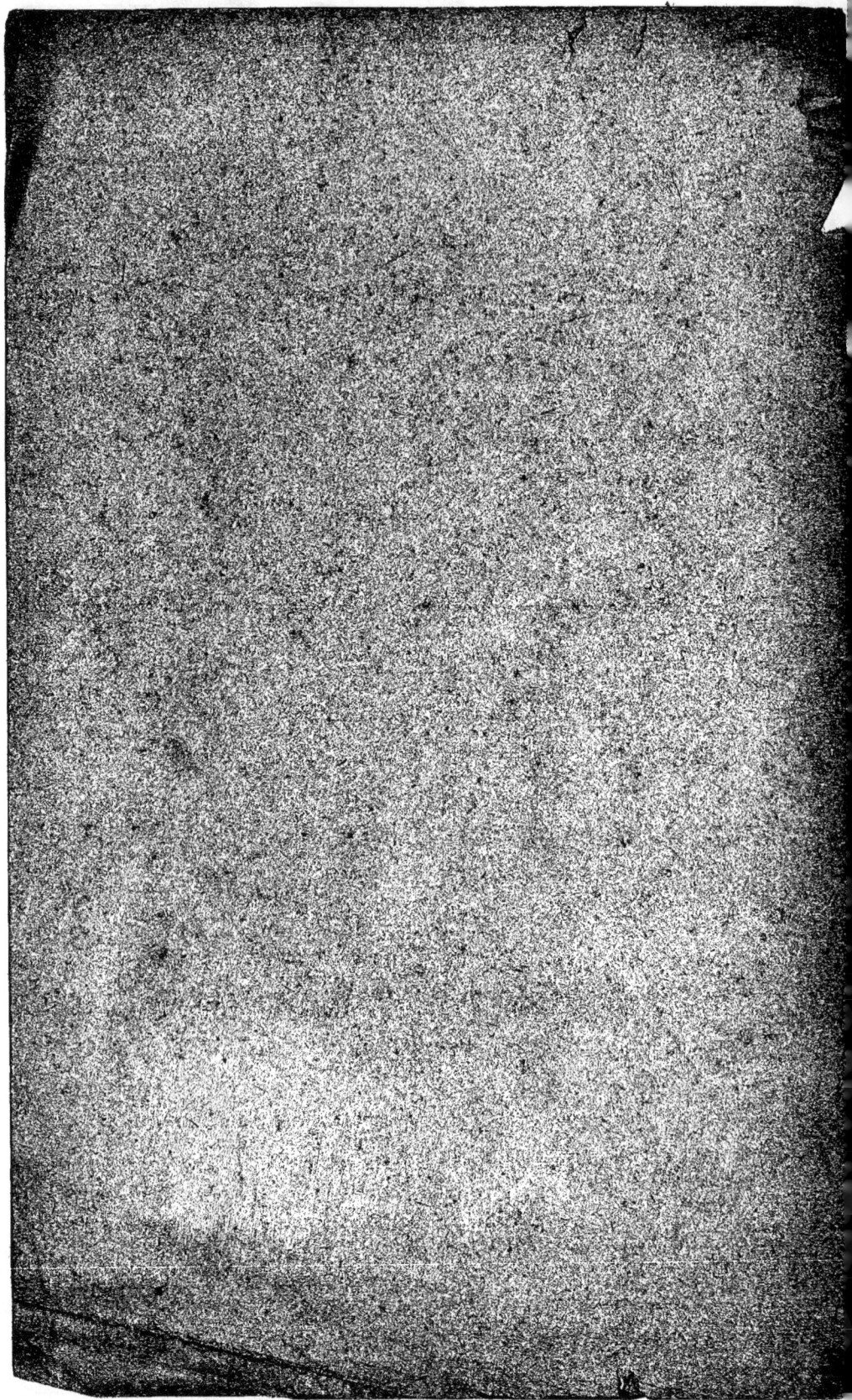

Le Comité
Hispano-Néerlandais

pour la

Protection du Ravitaillement
en Belgique et dans le Nord de la France

Sous le Haut Patronage
de L.L. E.E. M.M. les Ministres d'Espagne et des Pays-Bas

———

Avant-Propos
Résumé de ses interventions
Documents Officiels

Comité Hispano-Néerlandais pour la Protection du Ravitaillement en Belgique et dans le Nord de la France,

sous le Haut Patronage de :

S. E. Senor Don Alfonso Merry del Val,
Ambassadeur de S. M. le Roi d'Espagne
à Londres.

S. E. le Marquis de Villalobar,
Ministre plénipotentiaire et Envoyé Extraordinaire
de S. M. le Roi d'Espagne à Bruxelles.

Senor Don José Gongosto,
Consul Général de 1re Classe d'Espagne
à Londres.

S. E. le Jonkheer, J. Loudon,
Ministre des Affaires Etrangères à La Haye.

S. E. le Jonkheer van Weede,
Ministre des Pays-Bas à Bruxelles

S. E. Monsieur M. van Vollenhoven,
Ministre Résident de S. M. la Reine des Pays-Bas
à Bruxelles.

Directeurs à Bruxelles :

M.M. Pedro SAURA,
Placido BUYLLA, Directeur suppléant.

M.M. Godfried C. W. LANGENBERGH,
A. J. VAN MAASDIJK,

Délégués :

AGGLOMÉRATION BRUXELLOISE :

M.M. Honorato Mari Pino
(mai-juillet 1917).
Enrique Lopez Illana
(août 1917-décembre 1918)

PROVINCE D'ANVERS

M.M. Alfredo Martinez Baca
(mai 1917-1er juin 1918)
Guillermo Bonnet y Garcia
(1er juin 1918)

PROVINCE DE BRABANT :

M.M. Placido Buylla-Alvarez
(mai 1917-30 novembre 1917)
Federico Lopez de Ocariz
(1er déc. 1917-10 avril 1918
Mario Ordas
(1-4-18-déc. 1918).

PROVINCE DE HAINAUT (sans les étapes) :

M. Placido Buylla Alvarez
(mai 1917-déc. 1918)

PROVINCE DE LIMBOURG :

M.M. Ricardo Franco
(mai 1917-16 août 1917)
Federico Lopez de Ocariz
(15 sept. 1917-1er déc. 1917)
Guillermo Bonnet y Garcia
(10 janvier 1918-déc. 1918)
Francisco Vicente y Giner
(1er juillet 1918-déc. 1918).

PROVINCE DE LUXEMBOURG :

M. Donato Cabrera y Aguilar
(mai 1917-déc. 1918)

PROVINCE DE NAMUR :

M. Mario Pineiro
(mai 1917-déc. 1918)

LILLE :

M. L. van der Burg
(mai 17- 31-12-18).

VALENCIENNES

M.M. H. A. F. Siewertz van Reesema
(mai-août 1917)
Jan Alle Gorter
(août 1917-31 déc. 1918)

ST. QUENTIN

M. F. H. Nauta
(mai 17-31-12-1918)

VERVINS :

M. le Jhr. J. W. de Marees van Swinderen.
(15-6-17-31-12-18).

CHARLEVILLE :

M.M. le Jhr. M. J. T. van de Poll
(juin-septembre 1917).
F. E. Samson
(oct. 1917-juin 1918).

LONGWY

M.M. F. E. Samson
(juin-sept 1917)
le Jhr. M. J. T. van de Poll
(octobre 1917-déc. 1918)

GAND :

M. H. C. Iwes
(mai 1917-déc. 1918)

MONS :

M.M. B. J. M. Leis
(mai-août 1917)
A. Luden
(août 1917-1er novembre 1918)

ZONE-FRONTIERE
(résidence Bréda)

M. C. Kneppelhout
(11-6-17-30-11-18)

DIRECTION A LONDRES :

Senor Don José E. Roura, directeur

DIRECTION A LA HAYE :

le Jhr. Mr. E. Michiels van Verduynen, directeur.

Délégués du Comité National de Secours et d'Alimentation :

M.M. Jules Anspach, Secrétariat, Contrôle des
Garanties ;
N. F. de Lonoux, Service des Centrales ;
Lucien Bockers, Intercommunales ;
M. Van Damme, Service des Prisons.

Le Comité Hispano-Néerlandais

pour la Protection du Ravitaillement en Belgique et dans le Nord de la France
Sous le Haut Patronage de L.L. E.E. M.M. les Ministres d'Espagne et des Pays-Bas.

AVANT-PROPOS

Au milieu de l'enthousiasme général qui s'empara de la population de Bruxelles lors de la déclaration de guerre des Etats-Unis à l'Allemagne, un sentiment d'inquiétude se manifesta : les Américains allaient donc nous quitter ! Et les mêmes questions venaient sur toutes les lèvres : serons-nous encore ravitaillés ? Que deviendra la Commission for Relief in Belgium ?

En réalité, pour le grand public, c'était tout le problème complexe du ravitaillement qui se posait.

Dans le peuple, on parlait peu du Comité National de Secours et d'Alimentation; on ne connaissait pas encore toute l'importance de son œuvre. Les Américains, par leur présence, le ronflement de leurs autos, leur va et vient à travers le pays nous avaient donné confiance et l'on sentait que nous ne manquerions de rien puisqu' "ils étaient là".

Il est compréhensible, dans ces conditions, que l'émotion ait été grande à l'annonce de leur départ.

Ils étaient arrivés en Belgique, amenant les premiers vivres, à une époque où beaucoup de Belges restés au pays se sentaient désemparés, sous le coup des pillages, des massacres et des incendies, et au moment où les bruits de défaites venaient semer, parmi les chaos matériel et moral où nous nous trouvions les germes du découragement et de la crainte. On savait aussi à Bruxelles de quelle sympathie admirative Mr. Brand Whitlock entourait notre Bourgmestre M. Max.

La générosité des Américains, leur participation à l'Œuvre grandiose et patriotique que fut le Comité National de Secours et d'Alimentation, seront décrites en détail par ceux qui en ont vécu la vie quotidienne. Leur noble attitude marquera une nouvelle et glorieuse étape dans l'histoire de la solidarité internationale : l'intervention officielle d'une puissance neutre en faveur de la population d'un pays opprimé occupé militairement par l'ennemi.

Il faut se reporter aux heures tragiques d'août et septembre 1914 pour comprendre combien, dans l'éloignement des provinces, les habitants terrorisés, privés de communications avec la capitale, furent moralement soulagés d'angoisses affreuses lorsqu'ils virent apparaître les délégués de la Commission for Relief in Belgium avec les premiers sacs de farine exotique, sacs de toutes marques, conservés comme reliques, vendus ensuite au profit des œuvres, apportant en même temps que du pain un peu de la chaleur de cœur d'un grand peuple.

Le sentiment de notre population fut admirablement traduit par le Bourgmestre M. Max qui écrivait de sa cellule du fond de la Silésie (1) :

" Ce n'est pas tout de donner. Il y a la manière. L'Amérique donne magnifiquement.

" Elle nous offre en ce moment l'exemple de la générosité la plus noble et la plus pure.

---

(1) Texte de l'autographe envoyé par M. Max pour être inséré dans l'album que le Comité d'Alimentation n° 19 de la Ville de Bruxelles remit à S. E. M. Brand Withlock, Ministre des Etats-Unis d'Amérique, en témoignage de reconnaissance.

RÉTROACTES

HOMMAGE A LA C. R. B.

Il y aurait de l'ingratitude à évoquer l'œuvre accomplie, pendant l'occupation de la Belgique, par le Comité Hispano-Néerlandais, sans commémorer les immenses services rendus au pays, au milieu des détresses de la guerre, par la «Commission for Relief in Belgium».

La Belgique fut la première victime de la sanglante tragédie qui vient de se terminer. C'est vers Elle que, de toutes les régions du grand pays de par-delà l'Océan, est venu l'écho émouvant d'ardentes sympathies.

Sous l'énergique impulsion de M. Hoover, personnalité qui incarne toutes les qualités du Grand Peuple dont le Président Wilson a conduit les destinées au cours de la guerre, la «Commission for Relief» a aidé le Comité National à étendre sur le pays le réseau d'une vaste organisation destinée à en faciliter le ravitaillement.

Il faut avoir été mêlé à la vie de la «Commission for Relief in Belgium» pour pouvoir se rendre compte de toute l'importance de la tâche qu'elle avait entreprise et du rôle considérable qu'elle joua sous le régime d'occupation.

Elle devait, en réalité, tenter de concilier des intérêts contradictoires. D'un côté, l'occupant s'efforçait de retirer du pays sur lequel il exerçait son pouvoir passager, tout ce qui pouvait être utile à ses armées. De l'autre, la «Commission for Relief in Belgium», forte de sa neutralité, avait le rigoureux souci de faire respecter toutes les garanties consenties par le pouvoir occupant, concernant le Comité National.

Il importe, en effet, de signaler que, dès le 7 septembre 1914, c'est-à-dire près de trois semaines après l'occupation de la Capitale, M. Adolphe Max, Bourgmestre de Bruxelles, fit connaître le principe de l'insaisissabilité des vivres destinés à la population belge. Il adressa au Baron von der Goltz, Gouverneur Militaire, la lettre suivante:

Bruxelles, le 7 septembre 1914.

« Monsieur le Gouverneur Militaire,

« Comme vous le savez, un Comité s'est constitué, sous le patronage de MM. les Ministres d'Espagne et des Etats-Unis, pour assurer, avec la collaboration de l'Administra-tion communale, le service de l'alimentation populaire dans l'agglomération de Bruxelles.

« Ce Comité me prie de vous demander de bien vouloir lui donner l'assurance que les matières premières qu'il fera entreposer dans un magasin central, seront à l'abri de toute saisie ou réquisition de la part des troupes allemandes. Cette assurance est sollicitée, non seulement pour les denrées et marchandises en magasin, mais également pour le transport de celles-ci du magasin central vers les divers dépôts locaux, ainsi que pour le temps où elles demeureront dans les dits dépôts.

« Beaucoup de marchandises devront sans doute être achetées à l'étranger. On demande donc l'octroi de facilités pour le transport, outre garantie de non saisissabilité pendant ce transport.

« A titre d'indication, le Comité annonce son intention de faire acheter tout d'abord 100.000 Kgs de haricots, 100.000 Kgs de pois cassés, 100.000 Kgs de riz, 500.000 Kgs de farine.

« Vu l'importance sociale du service qu'il s'agit d'organiser et l'intérêt tout spécial qu'il présente dans les circonstances actuelles, je me permets de recommander cette enquête à votre attention la plus bienveillante. »

Le Bourgmestre
(s) Adolphe MAX

M. Max reçut, huit jours plus tard, la réponse suivante:

Gouvernement Militaire Allemand
de Bruxelles
Lettre N° 501

Bruxelles, le 15 septembre 1914.

« Très honoré Monsieur le Bourgmestre,

« Au sujet de l'approvisionnement de Bruxelles, Monsieur le Gouverneur Général Baron von der Goltz, feldmaréchal, a consenti a présent à ce que des vivres soient importés directement de Hollande, mais naturellement sous le contrôle de nos troupes.

« De son côté, le gouvernement hollandais veut bien ouvrir ses frontières pour le transport de ces vivres vers la Belgique.

« En outre, Monsieur le Gouverneur Général autorise, pour approvisionner Bruxelles, le transport de charbon venant du pays de Charleroi.

« Je vous prie, Monsieur le Bourgmestre, de me donner au plus tôt votre avis sur ces questions. Si nous tombons d'accord, il ne resterait plus qu'à envisager les mesures à prendre sur des particularités relatives au passage de la marchandise.

« Veuillez agréer l'assurance de ma haute considération distinguée.

(s.) von Lüttwitz,
Général-Major.

Un mois plus tard, le Baron von der Golz confirme cette déclaration par une lettre adressée au Comité de Secours et d'Alimentation:

GÉNÉRAL GOUVERNEMENT
IN-BELGIEN

Bruxelles, le 16 octobre 1914.

« En réponse à votre lettre de ce jour, j'ai l'honneur de vous informer que j'approuve vivement l'Œuvre du Comité Central de Secours et d'Alimentation et que je n'hésite pas à donner par la présente l'assurance formelle et expresse que les vivres de toute nature, importés par le Comité et destinés à la population civile de Belgique seront exclusivement réservés aux besoins de cette population et que, par conséquent, ils ne peuvent être soumis à des réquisitions de la part des autorités militaires, enfin que ces vivres resteront à la disposition exclusive du Comité. »

(s.) Frh. von der Goltz
Generalfeldmarschall.

Dans la suite, le Gouverneur Général étendit ses garanties au bétail importé en territoire belge occupé ainsi qu'aux aliments destinés au bétail.

L'action des représentants de la Commission for Relief in Belgium s'orienta donc sur tout ce qui pouvait constituer une infraction aux garanties auxquelles les Puissances Alliées subordonnaient leur participation à l'Œuvre du ravitaillement de la Belgique. Cette action s'exerçait soit par l'intermédiaire des Ministres Protecteurs auprès du Département Politique, soit à l'intervention du Comité Hispano-Néerlandais auprès de la Vermittlungsstelle, organisme qui transmettait aux autorités compétentes, civiles ou militaires, les infractions qui lui étaient signalées.

LE COMITÉ HISPANO-NEERLANDAIS

Dans les premiers jours d'avril 1917, les Etats-Unis d'Amérique se rangeaient aux côtés des Pays de l'Entente, dans la lutte gigantesque. Ils mettaient dans la balance le poids d'un immense prestige et ses inépuisables ressources.

Dès lors, la défense des Garanties fut confiée au Comité Hispano-Néerlandais.

Leurs Excellences les Ministres d'Espagne et des Pays-Bas qui, sous le régime de la Commission for Relief in Belgium, avaient, en coopération avec S. E. le Ministre des Etats-Unis, apporté le meilleur de leurs soins à protéger l'Œuvre du Ravitaillement de la Belgique et du Nord de la France, continuèrent naturellement à accorder leur appui bienveillant à l'exécution d'une tâche qui prenait de jour en jour plus d'importance.

Il s'agissait de mettre à la tête du Comité Hispano-Néerlandais des personnalités à même de défendre avec une rigoureuse impartialité les intérêts dont la garde lui était confiés.

S. E. Monsieur Loudon, Ministre des Affaires Etrangères des Pays-Bas, désigna, en qualité de Directeur, M. G. G. W. LANGENBERGH, Conseiller de Légation, esprit pratique, tenace et méthodique, allant droit au but et ne s'épargnant aucune peine lorsqu'il s'agissait de venir en aide à ceux que la guerre frappait le plus durement. Cœur généreux qui se dévoua à apaiser d'innombrables détresses.

Le Gouvernement de S. M. le Roi d'Espagne porta son choix sur M. PEDRO SAURA, qui, en qualité de Consul, avait déjà dignement représenté son pays à l'étranger. Monsieur Saura déploya au sein du Comité une activité débordante. Passionné d'équité et de justice, il mit à remplir sa tâche un zèle qui ne connaut point de trêve et une perspicacité toujours en éveil.

Le Ministre des Affaires Etrangères des Pay-Bas désigna M. VAN MAASDIJK en qualité de Conseil du Comité Hispano-Néerlandais d'abord, puis, au moment où les évacuations des habitants du Nord de la France commencèrent et où les nécessités du respect des garanties exigèrent la présence permanente d'un Délégué du Comité Hispano-Néerlandais, il fut nommé Directeur et se fixa à Charleville.

Les trois directeurs consacrèrent à la défense des intérêts confiés à la garde du Comité Hispano-Néerlandais, un dévouement identique et une compétence à laquelle chacun rendit hommage.

INTERVENTIONS DU C. H. N.

Résumé

ACTIVITE DU
COMITE HISPANO-NEERLANDAIS

Il serait impossible, dans un rapport qui a surtout pour objet de donner une synthèse du rôle joué par le Comité Hispano-Néerlandais, de signaler toutes ses interventions auprès des Autorités. Un amoncellement de dossiers contient le texte de toutes les lettres et de tous les memorandums qui ont été adressés, soit aux Ministres Protecteurs, soit à la *Vermittlungsstelle*, soit aux Présidents des Administrations Civiles.

Le Comité Hispano-Néerlandais, inspiré par le souci de sa neutralité et le désir d'accomplir sa tâche avec la plus grande conscience, n'a fermé les yeux sur aucun abus. Il n'est pas une infraction signalée qui n'ait fait l'objet d'une démarche de la part de ses membres.

Qu'il se soit agi de la suppression de certaines denrées à la population d'une ville ou d'un village en manière de représailles, d'une réquisition de bétail, d'une prise de possession de prairie ou de verger, d'une main-mise sur des produits du sol, d'une immixtion dans les services du Comité National; qu'il se soit agi d'apporter une aide matérielle aux populations placées sous le régime sévère de l'autorité militaire des étapes, ou de servir d'intermédiaire entre ces autorités et les organismes belges, toujours le Comité Hispano-Néerlandais s'est plu à user de son influence pour apaiser les conflits et assurer le respect des garanties.

INSUFFISANCE DES IMPORTATIONS

Le Comité Hispano-Néerlandais a apporté au Comité National une aide féconde à tous égards et il a joué un rôle des plus efficaces aux heures où le ravitaillement du pays fut rendu précaire par suite de la rareté des vivres importés. Les documents adressés à Londres et à La Haye ont fréquemment fait ressortir la détresse dans laquelle se sont trouvées à diverses reprises les populations, en raison des «manquants» dans les envois. Ils ont eu pour conséquence d'amener une amélioration de la situation. Il n'est pas inutile de rappeler que le déficit dans les arrivages de marchandises s'est élevé pour certain trimestre à 38,315 tonnes de froment, féculents, riz, maïs, lard et saindoux, ce qui justifiait de sérieuses appréhensions.

PUNITIONS COLLECTIVES.

La question de la suppression de certaines denrées à des communes entières, mesure fréquemment imposée par l'Autorité allemande, habituée à recourir aux moyens violents et aux punitions collectives, a suscité l'intervention du Comité Hispano-Néerlandais. Le Comité National ayant exclu l'emploi de tels moyens de pression sur la population, le Comité Hispano-Néerlandais ne pouvait admettre que les autorités occupantes se servissent de leur côté d'une mesure condamnable, spécialement traitée à l'article 50, section 3, de la Convention de La Haye:

« Aucune peine collective, pécuniaire » ou autre, ne pourra être édictée con- » tre les populations à raison de faits in- » dividuels dont elles ne pourraient être considérées comme solidairement » responsables.»

Pourquoi cependant ces peines collectives avaient-elles été infligées? Pourquoi certaines communes avaient-elles été privées de sucre, de confiture ou de sirop pendant 1, 2 ou 3 mois et davantage? Les unes, pour n'avoir pas livré assez de beurre à la Centrale; d'autres, pour n'avoir pas commencé les démolitions de maisons atteintes par la guerre; ou pour n'avoir pas livré suffisamment de fil de fer à l'autorité militaire. D'autres encore, comme celle de Faux-les-Tombes, pour punir ses habitants d'avoir découpé l'étoffe d'un ballon tombé sur son territoire. Les sanctions prises par l'autorité allemande revêtaient un caractère d'autant plus grave qu'en atteignant la population dans son alimentation même, elles frappaient des innocents. Ceci ne laissa pas indifférent le Comité Hispano-Néerlandais. Il ne cessa de protester et réclama des renseignements précis sur l'utilisation des produits non répartis aux populations lésées.

MAUVAIS VOULOIR DES AUTORITES CIVILES ET MILITAIRES

La politique suivie par certaines autorités allemandes créait de sérieuses difficultés aux organismes de ravitaillement et compliquait par le fait même le problème de l'alimentation du pays.

Malgré les assurances données aux Ministres Protecteurs par le Gouverneur Général au sujet des garanties, le Comité Hispano-Néerlandais a maintes fois constaté que les autorités allemandes, tant civiles que militaires, étaient loin d'observer les instructions du Gouverneur Général.

En s'appuyant sur ces conventions, qui revêtaient un caractère international, le Comité Hispano-Néerlandais se voyait contraint de protester énergiquement contre la réquisition de vivres de première nécessité tels que beurre, œufs, lait, viande, pommes de terre, au profit des troupes d'occupation ou des fonctionnaires des différentes administrations allemandes. Ces réquisitions étaient d'une telle fréquence qu'il ne pouvait être question de les ranger dans la catégorie des achats individuels et occasionnels tolérés suivant les accords intervenus. Il importait de les considérer comme entreprises systématiquement, au préjudice de la population civile belge.

REQUISITIONS ET EXPORTATIONS DE POMMES DE TERRE

Le Comité Hispano-Néerlandais a usé de toute son influence auprès de la *Deutsche Vermittlungsstelle* afin de contrecarrer les réquisitions et les exportations de pommes de terre par des agents de l'Autorité civile et militaire. Le général Hurt, gouverneur de Bruxelles et du Brabant, dans un avis daté du 10 septembre 1917 relatif au trafic clandestin des pommes de terre, s'exprimait ainsi :

« Les arrêtés et les mesures de l'Auto- » rité allemande sont pris uniquement » dans le but de pourvoir de pommes de » terre les communes et leurs institu- » tions de bien public qui sont chargées » de les répartir équitablement».

Le Comité Hispano-Néerlandais crut devoir émettre auprès de la *Deutsche Vermittlungsstelle*, l'opinion que les choses ne se passaient pas aussi équitablement que voulait bien le dire le Gouverneur de Bruxelles et du Brabant.

En présence des achats, réquisitions et exportations de pommes de terre par les intermédiaires allemands, la population justement émue de la situation précaire dans laquelle elle se trouvait au point de vue du ravitaillement, se livra au commerce clandestin. Sans songer un instant à justifier celui-ci, le Comité Hispano-Néerlandais dut cependant admettre que le trafic clandestin était la conséquence d'un état de choses créé par le pouvoir occupant.

Il serait trop long de signaler les quantités de pommes de terre qui, à la connaissance du Comité Hispano-Néerlandais, ont été réquisitionnées par les autorités allemandes. Un chiffre donnera une idée du préjudice causé à la population belge : le Comité évalue, pour le mois d'octobre, à plus de 600,000 kilos la quantité de pommes de terre soustraite, dans le seul canton de Namur, à la consommation des habitants.

POLITIQUE DES CENTRALES

Le Comité Hispano-Néerlandais, appuyant la protestation des sénateurs et députés demeurés en territoire occupé, adressa aux Ministres Protecteurs, en octobre 1917, un memorandum qui s'élevait contre la politique des «Zentrale». Ce document constatait que partout les institutions belges ont été écartées ou privées de tout moyen d'intervention efficace et que les protestations se sont heurtées à un mauvais vouloir évident. En toute occasion l'administration allemande a empêché les Belges de veiller eux-mêmes à la répartition égale et équitable des produits de leur sol, alors que ceux-ci devaient cependant leur être exclusivement réservés.

Personne ne voulait excuser l'accaparement. On trouve en tous pays des gens sans conscience prêts à exploiter à leur profit le malheur commun. Dans une large mesure, ces abus étaient une conséquence du trouble économique causé par la guerre. Mais dans une large mesure aussi, il était possible de prévenir, combattre ou atténuer ces crimes contre les masses.

L'administration allemande voulut, par ses «Zentrales», prendre et garder la direction exclusive du ravitaillement en pommes de terre, en charbon, sucre, avoine, huiles, graisses, chicorée, etc. De plus, les ordonnances du Gouverneur Général déféraient aux tribunaux militaires allemands les infractions à des règlements de police sur l'alimentation

qui, d'après les promesses faites, inté-
ressaient exclusivement la population
belge.

Il n'était pas malaisé de concevoir le
but du régime organisé: avoir la haute
main sur la production du sol belge
dans l'intérêt de l'Allemagne. Cette tendance suscita la vigilante intervention
du Comité Hispano-Néerlandais. Sou-
cieux de faire respecter les engagements
pris, il s'appliqua à empêcher que les
produits indigènes fussent détournés de
leur juste et équitable destination. La
mission était difficile, en raison de l'absence de contrôle; il fut cependant possible d'obtenir suffisamment de précisions
pour amener certaines administrations
intéressées à une application moins abusive des ordonnances du Gouvernement
Général.

EXPORTATION DE BETAIL

Parmi les questions dont le Comité
Hispano-Néerlandais s'occupa avec le
plus de zèle, figure celle de l'exportation
du bétail vers l'Allemagne et le front.

Dès le mois de juin 1916, la Commission for Relief in Belgium, fit surveiller
les embarquements de bétail qui se faisaient en de nombreux points du pays.
Le Département de Contrôle attaché au
Comité Hispano-Néerlandais recueillit
des précisions sur les principaux points
de concentration de bétail: (Givet, Heer-
Agimont, Libramont, Bomal, Visé, Gembloux, Huy).

Les inspecteurs chargés des services
d'enquêtes, ont joué le rôle de véritables détectives et leurs efforts ont été
couronnés de succès. Ils découvrirent un
vaste organisme de concentration établi
à Anvers.

Vers la fin de l'année 1917, on constata que la gare indiquée pour les embarquements importants de bestiaux était
Anvers-Sud. Tout le bétail parti d'Aywaille, de Chênée, de Tongres, de
Hasselt, de Maeseyck, de Gembloux, de
Bomal, et d'autres localités, était dirigé
sur Anvers. De là, il était envoyé au
front des Flandres et du Nord de la
France.

Le Comité Hispano-Néerlandais intervint immédiatement auprès de la Deutsche Vermittlungsstelle C. N. Celle-ci,
sans vouloir reconnaître la matérialité
des faits, suggéra une réglementation de
ces transports. Mais le Comité ne put se
prêter à la mise sur pied d'une combinaison qui eût en quelque sorte permis,
avec son approbation tacite, la continua-

tion d'un détournement de bétail indigène et par conséquent une infraction
aux garanties dont les délégués Hispano-
Néerlandais devaient assurer le respect.

MESURES PRISES
PAR LES GOUVERNEMENTS ALLIES
POUR LA REPRESSION DES ABUS

Les abus se généralisaient; ils prenaient des proportions inquiétantes dans
certaines provinces, au point que les gouvernements alliés menacèrent de suspen-
dre le ravitaillement de la Belgique.

Devant l'action incessante du Comité
Hispano-Néerlandais auprès de la Deutsche Vermittlungsstelle C. N., l'arrêt
momentané des importations dans la province de Limbourg et dans l'arrondissement de Thuin, où les abus étaient les
plus flagrants, et l'intervention énergique du Gouvernement des Pays-Bas à
Berlin, amenèrent une transformation
notable dans la politique allemande. Le
Département Politique envoya à toutes
les Autorités du Gouvernement Général
un ordre de service rappelant à nouveau
les garanties données et insistant sur
la nécessité de leur stricte observation.
Dans cet ordre de service, le Gouverneur Général exigeait catégoriquement
que les conventions conclues fussent respectées à la lettre. Il se disait décidé à
frapper avec la plus grande rigueur ceux
qui manquaient aux prescriptions relatives aux conventions. Il importe cependant de constater que le Comité Hispano-Néerlandais n'a pas pu obtenir, sauf
en quelques cas très rares, de renseignements sur les sanctions prises contre des
fonctionnaires ou des soldats allemands
qui dérogeaient aux garanties. Ceci donne à supposer que l'Autorité s'abstenait
en général de toute sanction.

ACHATS DE VIVRES
EFFECTUES PAR LES SOLDATS

La question de l'achat des vivres indigènes par les soldats a provoqué de
nombreuses interventions du Comité
Hispano-Néerlandais auprès des autorités allemandes. Celles-ci estimaient que
les «soldats-acheteurs» ne faisant partie
d'aucune cantine, étaient obligés de se
procurer des vivres isolément et que,
dès lors, ces achats n'étaient pas contraires aux conventions puisqu'ils entraient
dans la catégorie des «achats individuels»
autorisés.

Le Comité Hispano-Néerlandais jugea
cette thèse inadmissible. En effet, les
conventions d'avril 1916 spécifiaient que
les «achats *occasionnels*» de produits ap-

partenant à l'armée ne seraient pas considérés comme des manquements aux engagements pris, et cela pour autant que ces achats ne seraient pas *systématiques* ni effectués pour le compte de l'Intendance Militaire.

Le Comité Hispano-Néerlandais insista sur le fait que l'Intendance avait le devoir de nourrir les troupes. Si, d'après la thèse des autorités allemandes les soldats «étaient obligés de se procurer leurs vivres isolément» parce qu'ils ne faisaient pas partie d'une cantine, on pouvait en réduire qu'ils n'étaient pas ravitaillés par l'Intendance. De cette façon, il ne s'agissait plus, dans ce cas, d'achats *occasionnels* mais, au contraire, d'achats systématiques faits par les troupes, en vue de se nourrir, à la décharge de l'Intendance.

C'était là une question de principe sur laquelle le Comité Hispano-Néerlandais ne transigea jamais. Grâce à l'activité de ses inspecteurs qui lui signalaient de nombreux cas d'achats de vivres indigènes par des organismes militaires, il put introduire d'énergiques réclamations auprès de la *Deutsche Vermittlungsstelle C.N.*

L'intervention du Comité Hispano-Néerlandais eut pour effet direct de réduire les abus commis par les *Soldatenheime*, les *Casinos d'officiers*, dont les scrupules, en ce qui concerne le respect des Garanties, étaient loin d'être rigoureux.

PROTESTATIONS DES ADMINISTRATIONS CIVILES CONTRE LE COMITE HISPANO-NEERLANDAIS

L'activité dont le Comité Hispano-Néerlandais fit preuve ne fut pas sans causer, parmi le personnel de divers organismes allemands, un certain énervement. Les autorités allemandes, à Bruxelles et en province, mises sans cesse en présence de ses réclamations, trouvèrent excessive l'action du Comité, en raison des multiples enquêtes qu'elle provoquait. La surveillance exercée sur les organismes allemands de ravitaillement (Proviandamt, Zentral Einkaufgesellschaft, Zuckerverteilungsstelle, Kartoffelversorgungsstelle, etc.), paraissait de nature à entraver leurs opérations. La direction de la Deutsche Vermittlungsstelle C. N. suggéra à ce propos au Comité Hispano-Néerlandais de réduire le nombre de ses réclamations, et provoqua une protestation des Présidents des administrations civiles, contre la multiplicité des interventions du Comité Hispano-Néerlandais. Mais le Comité Hispano-Néerlandais, conscient de sa mission, ne modifia point sa ligne de conduite. Agir autrement eût été se départir de la stricte neutralité qu'il devait observer et favoriser indirectement le trafic des vivres indigènes.

CONTROLE DES EXPEDITIONS DANS LES GARES

Au mois d'avril 1918, le Comité Hispano-Néerlandais a eu la satisfaction de voir l'autorité allemande donner des garanties plus tangibles dans la question des mesures à prendre pour mettre un terme ou tout au moins diminuer l'importance des exportations de vivres vers l'Allemagne.

L'autorité prit la résolution de nommer des officiers contrôleurs dans les gares de Bruxelles, Louvain, Hasselt, Anvers, Malines, Esschen, Liége, Visé, Verviers, Welkenraedt, Namur, Dinant, Charleroi, Libramont. Ces officiers avaient pour mission de vérifier les expéditions privées et les envois faits par des militaires.

ENTREPRISES PERSISTANTES DE L'INTENDANCE MILITAIRE

Il était certain que malgré les ordres et les instructions donnés par des administrations dépendant du gouvernement général, l'Intendance Militaire de l'armée en campagne, avait le plus grand intérêt à se pourvoir en Belgique de vivres relativement abondants. Des intermédiaires allemands, et malheureusement aussi quelques Belges, parvenaient à lui procurer du bétail, des porcs, de la viande de boucherie, des fourrages, des légumes, du beurre et des œufs.

Ces intermédiaires avaient à leur solde des individus tarés, comme il s'en trouve malheureusement partout. Poussés par le désir de réaliser des gains faciles, ils déployèrent une activité extraordinaire. Une véritable organisation frauduleuse fonctionna dans le but de tirer parti des réserves du pays.

Le Comité Hispano-Néerlandais a signalé de nombreux abus à la *Vermittlungsstelle*. Malheureusement, les investigations des autorités n'ont amené, et pour cause, aucune solution pratique. Quelques sanctions furent prises contre les agents, fonctionnaires ou militaires trouvés «en défaut», mais aucune mesure générale ne vint mettre un frein au trafic interdit.

Les efforts du Comité Hispano-Néerlandais se heurtèrent dans ce domaine, à l'inertie ou tout au moins à l'absence de tout désir de contrôle de la part du pouvoir supérieur.

CHARBON

Bien que la mission du Comité Hispano-Néerlandais se soit bornée à la surveillance de l'alimentation de la population en vivres indigènes et en vivres importés, et que son rôle se limitât principalement à veiller au maintien des engagements contractés par le pouvoir occupant en Belgique et dans le Nord de la France, il s'est vivement intéressé aux efforts que les autorités et organismes belges ont tenté dans le but de répartir équitablement à la population des différentes provinces, le combustible dont elle était généralement privée. Mais le programme élaboré par le Comité d'organisation ne rencontra de la part du Pouvoir Occupant que très peu d'empressement.

Le Comité Hispano-Néerlandais offrit ses services à titre officieux en tant qu'intermédiaire entre les organismes belges et le pouvoir central. Malheureusement, l'autorité allemande cessa les négociations entamées, pour confier le monopole de la distribution du charbon à un organisme «activiste» de propagande, à la dévotion du Conseil des Flandres.

EMPLOI DES LANGUES

La question de l'emploi de la langue flamande a fait l'objet de plus d'une intervention du Comité Hispano-Néerlandais.

L'administration allemande, poursuivant son programme politique de séparation administrative en Belgique, s'immisçant ainsi dans la politique intérieure du pays, paraissait vouloir exiger que les organismes du Comité National de la région qu'elle considérait comme flamande, se servissent exclusivement de la langue flamande. Dans les Flandres et dans le Limbourg, des communications officielles furent échangées à ce sujet. Le régime réglant l'emploi des langues pour le Comité National se trouvait être bouleversé. En ce qui concerne le Comité Hispano-Néerlandais, l'autorité allemande exigea, notamment à Anvers, la traduction en langue flamande de la raison sociale du Comité et interdit d'employer le texte français.

Le Comité Hispano-Néerlandais en référa aux Ministres Protecteurs, car il estimait ne pouvoir, en aucune façon, être soumis aux influences de la politique allemande en territoire occupé.

La question fut également réglée favorablement pour le Comité National. Celui-ci a observé avec un scrupule rigoureux le principe de l'égalité des langues. Toutes ses affiches, toutes les communications qu'il adressait au public étaient rédigées en français et en flamand, et les critiques formulées à ce sujet, furent inspirées par la passion politique d'une presse dévouée à l'ennemi. Il est superflu de s'attarder sur ce sujet.

CAMPAGNE DE DIFFAMATION CONTRE LE COMITÉ NATIONAL

Le Comité Hispano-Néerlandais s'est vu dans l'obligation, au mois de juin 1918, de protester, auprès des Autorités allemandes, au sujet de la campagne entreprise contre le Comité National par des journaux, des organismes et groupements affiliés au parti activiste flamand, soutenu par le Conseil des Flandres, dont ils n'étaient que des émanations. Il sollicita l'intervention des Ministres Protecteurs et adressa en guise de droit de réponse, par l'entremise du Département Politique, qui ne put s'y dérober, des communications aux journaux censurés.

L'attitude prise par le Comité atténua sérieusement cette campagne de diffamation.

VOLKSOPBEURING

La Société *Volksopbeuring*, fondée à Courtrai, sous le patronage occulte du Conseil des Flandres, eut successivement des filiales à Gand, Anvers, Malines, Lierre, Vilvorde, etc.

Les manifestes éparpillés par cet organisme dans la partie flamande du pays, présentèrent le programme dont il poursuivait la réalisation sous un jour fallacieux:

1) adoucissement de la détresse matérielle de ses membres en leur fournissant des denrées à bon marché;

2) adoucissement de la détresse morale de la population en général et de misères matérielles déterminées, par la création d'œuvres de charité.

Les manifestes s'attachaient à démontrer que la société s'abstenait de toute immixtion dans la lutte flamande ou dans les différends politiques.

Le *Volksopbeuring* comportait une section commerciale et une section philanthropique.

La première s'efforçait de procurer à ses affiliés du savon, des flocons d'avoine, du tabac, du cuir, du cirage, du carbure, des engrais, de la laine à tricoter, la seconde envoyait des paquets de vivres, des livres, des musiques, etc., aux prisonniers de guerre en Allemagne; elle se chargeait d'écrire des lettres pour les illettrés; elle faisait prendre des renseignements sur les soldats belges; elle soutenait des orphelins de la guerre et des mutilés; elle promettait des secours discrets aux pauvres honteux; elle organisait des cours et des conférences.

Au début, l'action du *Volksopbeuring* fut en quelque sorte nulle; elle procura des allumettes à ses membres et expédia aux prisonniers belges internés en Allemagne, quelques caissettes et une assez grande quantité de livres de propagande flamingante.

Grâce à l'appui non déguisé que le pouvoir occupant accordait aux activistes, le *Volksopbeuring* put se développer et conçut l'audacieux projet de créer un organisme imité du Comité National. Le siège principal se trouvait à Bruxelles.

Du Comité Central dévaient dépendre quatre Comités provinciaux activistes, subdivisés en Comités régionaux et locaux.

C'est dans l'arrondissement de Malines que le *Volksopbeuring* a atteint son plus grand développement. Peu de temps après sa création, cette section délivra à ses membres du gruau d'avoine, du savon, du cuir pour semelles, etc.

Il serait trop long d'exposer en détail l'organisation des sections créées par le *Volksopbeuring*. Toutes s'inspiraient du même esprit: recruter des adhérents à la cause activiste en procurant des denrées alimentaires à des prix réduits à la population qui consentait à s'adresser à elles. C'était, en fait, une lamentable spéculation sur la misère et une pression exercée sur des malheureux que la guerre frappait dans leurs ressources.

Dans ses polémiques, le *Volksopbeuring* accusait le Comité National de poursuivre une œuvre d'oppression des Flamands et par le fait même il reprochait au Comité Hispano-Néerlandais de se départir de sa neutralité.

Si ce dernier est intervenu dans la question du *Volksopbeuring* c'est parce que celle-ci touchait aux principes mêmes que le Comité Hispano-Néerlandais avait pris l'engagement de faire respecter.

Si ce dernier est intervenu dans la question du *Volksopbeuring*, c'est parce que celle-ci touchait aux principes mêmes que le Comité Hispano-Néerlandais avait pris l'engagement de faire respecter.

Devant les objurgations énergiques du Comité Hispano-Néerlandais, le pouvoir occupant se rendant compte des conséquences qui pouvaient résulter de cette politique, et intéressé au premier chef au maintien de l'œuvre du ravitaillement du pays par les Puissances Alliées, finit par promettre au Comité Hispano-Néerlandais qu'après le 16 juillet 1918, plus une seule section nouvelle du *Volksopbeuring* ne pourrait être fondée.

NORD DE LA FRANCE

Le Comité Hispano-Néerlandais a, au cours des années d'occupation du territoire français, rendu aux populations des services qui lui assurent l'ardente reconnaissance de la France. Ses délégués ont apporté aux habitants le réconfort moral de leur présence; ils les ont aidés à supporter le poids des misères et des détresses de la guerre. Ils l'ont fait avec un dévoûment qui ne s'est pas ralenti un seul jour, avec un zèle dont les membres du Comité National et du Comité Français ont été les témoins reconnaissants et émus.

C'est aux délégués Néerlandais qu'il appartint de veiller, au point de vue du ravitaillement, au sort des populations des régions d'étape, tant en Belgique qu'en France.

Ils l'ont fait avec un tact et un esprit pratique qui ont surmonté les innombrables difficultés qui chaque jour, s'imposaient à leur clairvoyante attention.

Dans chaque zone d'étape, un délégué s'était fixé avec la mission de veiller au respect des Garanties. Tâche ingrate s'il en fut! Ces délégués ne pouvaient se déplacer sans être accompagnés d'un officier allemand. Souvent ils furent exposés aux graves dangers résultant de la proximité du front; ils connurent des heures tragiques. Ils durent apporter leur aide aux malheureuses populations chassées de chez elles, en abandonnant leurs foyers auxquels tant de souvenirs les rattachaient.

De même que les délégués espagnols se rendaient à Bruxelles tous les jeudis pour conférer avec leur Directeur, M. Saura, de même tous les samedis, les délégués neérlandais venaient rendre compte de leurs travaux, à la direction néerlandaise. Chacun y faisait rapport sur la situation du district qu'il représentait.

Au cours de ces réunions, a été évoquée

la pénible situation des populations du territoire français occupé par l'ennemi.

Il faudrait se ressouvenir de tous les détails donnés par les délégués, pour dépeindre les misères des habitants.

En juillet 1917, le Délégué de Laon a fait un tableau des plus sombres de la situation des habitants de cette ville. Nombreux sont ceux qui ont succombé à l'épuisement; la population aurait été décimée par la famine sans la prompte intervention du Comité. Dans le district de Vervins, l'insuffisance d'alimentation provoqua d'innombrables cas de «furonculose» et il fallut prendre d'urgence des mesures pour faire cesser une situation vraiment préjudiciable à l'avenir de la race.

En décembre 1917, la situation de la ville de Cambrai fut jugée grave au point de vue du ravitaillement. En raison des évènements militaires, les magasins du Comité se trouvaient sous le feu des canons alliés. 25,000 habitants vivaient dans les caves! Le Comité avait les plus grandes difficultés à les ravitailler; mais grâce au sang-froid et à l'énergie des délégués et des membres des comités locaux, toutes les difficultés furent surmontées. La tâche des délégués était des plus malaisée, au point de vue du respect des garanties par les autorités allemandes dans les régions situées non loin du front. Ils ne reculèrent devant aucun péril dans l'accomplissement scrupuleux de leur mission de contrôle et de surveillance. Il importait de voir si toutes les mesures étaient prises pour que les approvisionnements de la Commission for Relief in Belgium fussent exclusivement réservés aux populations civiles. Ils exercèrent ce contrôle rigoureusement.

En juin 1918, M. van Maasdijck, deuxième Directeur néerlandais, s'établit à Charleville et s'occupa spécialement des intérêts des populations du Nord de la France. Il lui fut loisible de se rendre dans les divers districts de la France occupée et il mit son activité et son dévoûment au service des malheureuses populations sur lesquelles la guerre faisait peser le poids de ses misères et de ses souffrances physiques et morales.

CENTRALES

La Direction espagnole du Comité a éclairé de ses conseils les délégués belges auprès des Centrales allemandes. On n'ignore pas que le régime des Centrales, primitivement organisé par l'administration allemande, excluait tout contrôle belge. A la demande des Ministres Protecteurs et sur les instances de la Commission for Relief in Belgium, cette organisation fut modifiée par la suite. Des délégués belges furent admis à participer aux débats de ces commissions avec voix consultatives. Ces délégués, en contact direct avec l'administration occupante, ont eu souvent une tâche ingrate à remplir, et plus d'une fois l'appui du Comité Hispano-Néerlandais leur fut nécessaire.

INTERCOMMUNALES

Il en fut de même des Intercommunales de ravitaillement. Battues en brèche par la concurrence allemande partout, où l'une d'entre elles voulait s'assurer des approvisionnements, conclure des marchés ou des contrats de location pour la culture, elles n'hésitèrent pas à se fédérer, et ainsi groupées, demandèrent asile et protection au Comité Hispano-Néerlandais où, sous la direction de M. Francqui, Président du Comité Exécutif du Comité National, dans des réunions hebdomadaires se débattaient les conditions d'achat, de vente et de répartition des vivres. Les conseils éclairés des directeurs et l'intime union qui présidait à ces délibérations, eurent facilement raison de l'esprit particulariste des Belges et produisirent des résultats favorables au ravitaillement de la population du pays.

GREVE DES DOCKERS A ROTTERDAM PENURIE DU MATERIEL ROULANT

En août 1918, le ravitaillement de la Belgique et du Nord de la France fut atteint par la grève qui s'était produite parmi les ouvriers du port de Rotterdam. Pendant plusieurs jours, la situation fut sérieuse et la Commission for Relief in Belgium eut de vives appréhensions au sujet des réexpéditions auxquelles était lié le fonctionnement de l'œuvre du ravitaillement. Vingt vapeurs se trouvaient immobilisés dans le port de Rotterdam. La cargaison de ces navires atteignait environ 100,000 tonnes. D'autres chargements étaient en route.

Le Comité Hispano-Néerlandais apporta tout son appui à la solution de la question. Il négocia avec le gouvernement néerlandais. Celui-ci, prenant en mains les intérêts de la population belge, fit mettre à la disposition de la Commission for Relief in Belgium 400 soldats belges internés, pour aider au déchargement des steamers. Dans l'entretemps plusieurs vapeurs avaient été dirigés sur Flessingue et Amsterdam, où les marchandises étaient déchargées.

PENURIE DU MATERIEL ROULANT

A mesure que la guerre s'avançait, les difficultés suscitées par la pénurie du matériel roulant compliquaient la question de l'envoi de vivres dans les régions du Nord de la France.En septembre 1918, le trafic des marchandises par chemin de fer était en quelque sorte entièrement arrêté.Le Comité Hispano-Néerlandais se trouvait devant un problème difficile à résoudre; il fit de pressantes démarches auprès des autorités allemandes pour obtenir le départ de trains spéciaux. Elles ne restèrent pas sans effet. Des convois furent organisés à destination de Hautmont et de Charleville.

INTERVENTIONS DIVERSES.

Il serait malaisé de rendre compte de toutes les interventions du Comité Hispano-Néerlandais auprès des autorités allemandes dans l'intérêt des populations du territoire occupé de la Belgique et du Nord de la France. Ces interventions sont de natures diverses, mais toutes étaient inspirées par le désir de venir en aide à ceux qui souffraient le plus de la guerre.

En juillet 1917, la Hollande envoya, à la demande du Comité Hispano-Néerlandais, de grandes quantités de pommes de terre dans le Nord de la France où les populations étaient en proie aux plus grandes difficultés.

Elle permit l'exportation de sucre et de betteraves à l'intention des habitants de la Flandre et, aux heures difficiles, le Comité Hispano-Néerlandais obtint de nos voisins du Nord un prêt de farine (12,000 tonnes et 8,000 tonnes) et de 5,000 tonnes d'orge.

Les Pays-Bas répondirent avec le plus grand empressement aux appels du Comité Hispano-Néerlandais et ils accordèrent de grandes facilités pour le transport gratuit, en territoire hollandais, des vivres destinés à la Commission for Relief in Belgium.

Le Comité Hispano-Néerlandais usa également de son influence pour obtenir le retour en Belgique de l'équipage du navire de la Commission for Relief in Belgium, le «Haelen» saisi en mer et conduit dans un port allemand.

AIDE AUX PRISONNIERS

La direction espagnole du Comité Hispano-Néerlandais s'est efforcée de toute manière à améliorer le sort des personnes détenues par l'autorité allemande, soit dans les bâtiments de nos prisons, dont une partie était passée sous le contrôle allemand, soit dans des locaux transformés en maison de détention.

Au point de vue du ravitaillement en vivres importés, les prisonniers étaient assimilés aux habitants de la région dans laquelle ils se trouvaient incarcérés.

Le contrôle de l'emploi de ces denrées s'exerçait par les soins des délégués du Comité Hispano-Néerlandais.

Des rations supplémentaires furent accordées aux détenus. Ils les recevaient sous forme de repas journaliers ou de colis hebdomadaires.

En mars 1918, l'autorité allemande a installé à Vilvorde une prison centrale et à Diest un camp de prisonniers. Elle a réuni à Vilvorde des prisonniers condamnés par ses conseils de guerre et elle en a fait revenir plusieurs centaines des différents camps d'Allemagne.

L'effectif de la prison de Vilvorde a atteint 1812 prisonniers.

Le camp de Diest comprenait 825 détenus qui y avaient été transférés des différents camps d'Allemagne.

Le Comité Hispano-Néerlandais a eu de nombreuses difficultés avec les représentants de l'autorité, au sujet du droit de visite de ces deux établissements.

EVACUES

Les derniers mois de guerre ont donné à la Belgique le spectacle d'émouvantes détresses.

Ceux qui n'ont point vu le lamentable cortège des populations évacuées, chassées des régions qu'elles habitaient par l'inexorable rigueur de l'ennemi, ne peuvent se rendre compte de la somme de tristesses et de souffrances que représentent ces départs forcés, vers un inconnu fait de privations, d'angoisses et de regrets. Des milliers de malheureux, expulsés de villes et de villages où ils étaient prêts à supporter tous les dangers de la bataille dans l'espoir d'une libération prochaine, encombrent les routes.Ils vont d'étape en étape, vers des régions que les autorités militaires leur ont assignées; les uns ont entassé sur des chariots quelques objets auxquels ils tiennent particulièrement: des malles, des caisses, un assemblage hétéroclite d'épaves sauvées de la destruction ou du pillage. D'autres se sont contentés d'emporter un sac contenant quelques hardes; il en est qui se sont sentis trop faibles pour s'embarrasser dans ce lamentable exode, de charges sous lesquelles ils auraient succombé au long des chemins.

Pendant des semaines, le Brabant, le Hainaut et les provinces de Namur et de Liége, ont assisté au douloureux défilé de ces colonnes d'évacués, venant de la France et du Sud-Ouest de la Belgique, caravanes d'hommes, de femmes et d'enfants, allant de village en village, dans le froid et la pluie, suivant un itinéraire immuable. Il ne faut pas songer à décrire ce spectacle de souffrance et de misère. Il est parmi les plus pénibles de la guerre et il demeure devant les yeux comme une effroyable vision d'horreur.

Cette situation sans pareille a suscité aux délégués du Comité Hispano-Néerlandais de nouvelles préoccupations et de multiples devoirs. Ils estimèrent que leur mission les appelait, comme leur commisération les y poussait d'ailleurs, à se consacrer entièrement au soulagement de ces infortunes.

Une tâche importante s'imposait à eux, tâche qui exigeait, pour être menée à bonne fin, de la promptitude et de l'énergie; procurer aux populations évacuées par ordre des autorités militaires allemandes, les denrées indispensables à leur ravitaillement.

Septembre, octobre et les premiers jours de novembre ont vu arriver, dans le territoire du Gouvernement Général, des milliers d'évacués. Chaque jour leur nombre s'accroissait; il en passait à Nivelles, point de concentration, 6,000 par jour.

Le Comité Hispano-Néerlandais, d'accord avec le Comité National, prit toutes les mesures nécessaires au ravitaillement de ces populations errantes.

Leur arrivée ne fut pas sans causer de réelles inquiétudes au point de vue sanitaire. Parmi les réfugiés, la grippe pulmonaire se propageait avec une rapidité foudroyante. Comment en eût-il été autrement! Ces malheureux, épuisés par de longues marches dans la pluie et les brouillards d'automne, soumis d'autant plus aisément aux dangers de la contagion que leur organisme était affaibli par les privations, exigeaient des soins urgents. Il importait d'isoler autant que possible les malades de la population indigène, parmi laquelle la grippe faisait déjà de grands ravages, non seulement à Nivelles, mais aussi partout où les colonnes d'exilés s'arrêtaient.

Il s'agissait d'élever un obstacle contre les assauts d'une épidémie pleine de menaces. Grâce au concours de personnalités éminentes de la faculté de médecine de l'Université libre de Bruxelles qui organisèrent une Commission des Epidémies, un poste sanitaire fut établi d'abord à Nivelles, où des infirmières belges se consacrèrent avec une admirable abnégation au soulagement des souffrances, ensuite d'autres furent créés à Aerschot, Auchennes Aische en Refail, Braine-le-Château, Duysbourg, Vieux-Genappe, Jodoigne, Lubbeek, Léau, Leeuw-St-Pierre, Maxenzeel, Merchtem, Overyssche, Neeryssche, Quenast, Rotselaer, Sichem, Schepdael, Tirlemont, Vilvorde, Hasselt, Haelen, Genck, Thorembais-St-Trond, Auvelais, St Denis-Bovesse, Flavion, Gembloux.

De plus, par les soins de la Commission des épidémies, des ambulances furent établis dans les communes de Braine-l'Alleud, Dongelberg, Grez-Doiceau, Hal, Herffelingen, La Hulpe, Lembecq, Limelette, Nivelles, Rixensart, Tubize, Vlesenbeke, Wauthier-Braine, Namur-Citadelle, Spy, Mazy, Beeringen, Sombreffe.

Au milieu des misères et des innombrables détresses de la guerre, le passage des évacués en Belgique demeurera l'un des plus douloureux souvenirs.

Les documents officiels annexés à ce rapport feront connaître les détails des ordres donnés par le Commandement Supérieur des armées allemandes au sujet de l'évacuation des populations.

SANCTIONS JUDICIAIRES

L'action du Comité Hispano-Néerlandais a continué à porter ses fruits après le départ des troupes allemandes. Mis en présence des dossiers, des archives, et de la correspondance journalière de ce Comité, le parquet belge ayant repris l'exercice de sa juridiction, y puisa des renseignements d'une importance telle qu'il lui fut possible de compléter son œuvre d'épuration. Nombre de trafiquants belges, dénués de scrupules et ayant fait l'objet de réclamations constantes de la part du Comité Hispano-Néerlandais, furent arrêtés et mis à la disposition de la justice.

Rapport au 1er août 1917

1°) AFFAIRES RELATIVES AU RESPECT DES GARANTIES

Ayant eu connaissance de ce que différentes communes de la province de Namur avaient été privées de distributions de sucre depuis plusieurs mois, nous sommes intervenus auprès de la Deutsche Vermittlungsstelle dans le but d'obtenir que la population soit enfin servie.

Nous avons eu le regret de constater que nos démarches ont été infructueuses et que les sanctions prises contre la population n'ont pas été levées. Nous en avons immédiatement référé aux Ministres Protecteurs.

Vous trouverez ci-annexé, la correspondance relative à cette question. (Annexes 1 à 4).

En présence de l'exportation de bière pratiquée dans le territoire d'étape, nous sommes intervenus également auprès de la Vermittlungsstelle en lui signalant ce manquement aux garanties. La réponse de la Vermittlungsstelle ne nous ayant pas paru satisfaisante, nous comptons en référer aux Ministres Protecteurs.

Vous trouverez ci-joint copie de la correspondance échangée à ce sujet (annexes 5 à 9).

A la suite de mesures prises par le Commissaire Civil du Limbourg, n'autorisant l'abatage et la vente du bétail que sous certaines conditions, nous en avons référé immédiatement à la Vermittlungsstelle (Annexe 10); celle-ci par la réponse, que vous trouverez ci-annexée (annexe 11) semblant contester notre compétence dans les questions de vivres indigènes, nous avons cru devoir lui adresser la réponse formelle, que vous trouverez ci-jointe en copie (Annexe 12).

Pour nous permettre de vous adresser les tableaux relatifs aux acquisitions de bétail par les coopératives et les communes, que vous avez reçu en annexe à notre précédent rapport, nous avions chargé les délégués de procéder à des enquêtes en province. A ce sujet, nous avons échangé avec la Vermittlungsstelle la correspondance ci-annexée. (Annexes 13 à 14).

2°) AFFAIRES RELATIVES A L'ALIMENTATION DE LA POPULATION EN VIVRES INDIGÈNES

Nous avons la satisfaction de constater que les fraudes à l'exportation ont considérablement diminué depuis l'hiver. A part le trafic limité de quelques courtiers marrons et fraudeurs de profession, il n'y a plus lieu d'être alarmé de ce côté.

Il n'en est pas de même en ce qui concerne l'exportation de vivres indigènes (légumes et fruits) au sujet desquels le contrôle est particulièrement difficile à exercer, étant donné qu'ils sont transportés par chemin de fer et que l'accès des gares est interdit.

Comme nous vous l'avons indiqué dans nos rapports précédents, l'alimentation des populations en légumes et fruits nous préoccupe particulièrement. Nous avons engagé les coopératives d'alimentation à s'approvisionner, non seulement en légumes frais, mais encore à procéder au séchage des légumes et fruits en prévision de l'hiver.

Nous annexons, pour gouverne, copie de l'ordre du jour de la dernière séance, tenue le 26 juillet 1917, sous la présidence de Monsieur Francqui, Président du Comité National de Secours et d'Alimentation (annexe 15), ainsi que copie d'une note relative à la conservation des légumes et des fruits périssables. (Annexe 16).

La question la plus complexe est celle de l'approvisionnement des communes et des coopératives, étant donné que, pour les légumes, il faut s'adresser à l'Obstzentrale, organisme officieux, échappant au contrôle officiel et ayant des sousorganismes en province, qui règlent les expéditions comme ils l'entendent, sans tenir compte des besoins de la population et en se réservant conditionnellement le plus souvent jusqu'à 50 % de la fabrication (séchage ou con-

2

serves) résultant de ses achats consentis. Dans le même ordre d'idées, pour les pommes de terre, il y a obligation d'adresser les commandes aux Commissaires civils, qui transmettent les ordres à la Kartoffelversorgungsstelle ; celle-ci les exécute avec de grands retards et des manquants considérables.

Il y a lieu de remarquer également que toutes les commandes de ce genre ne sont acceptées en principe qu'après le dépôt d'une importante provision à la Deutsche Bank ce qui est de nature à faire hésiter les acheteurs.

Pour les confitures, l'organisme directeur est la Zuckerverstellungsstelle, dont dépend le Syndicat des confitureries, — seuls fabricants autorisés, — qui libère les sucres nécessaires à leur fabrication et délivre les «freigabes» permettant les expéditions aux clients.

Ceci vous montrera combien il est difficile, même pour les communes importantes et les coopératives, d'obtenir satisfaction et de se faire servir selon les besoins de la population. Vous comprendrez aussi que le rôle du Comité Hispano-Néerlandais n'est pas toujours aisé, étant donné que les échanges de correspondances doivent se faire par l'intermédiaire de la Vermittlungsstelle et que celle-ci semble n'avoir aucun pouvoir ni aucune influence sur les organismes dont il est question plus haut et qui échappent à son contrôle.

Néanmoins, nous adressons au Dr Rieth, Directeur de la Vermittlungsstelle, quasi journellement des réclamations concernant la fourniture de légumes et de pommes de terre aux coopératives et magasins communaux.

Nous annexons à la présente quelques-unes des réclamations que nous avons cru devoir adresser à ce sujet à la Vermittlungsstelle. (Annexes 17 à 22.)

Il ne nous a pas été possible jusqu'à présent d'obtenir de réponse favorable à ce propos; néanmoins, les soussignés auront incessamment un entretien sur cette question avec les différents services compétents du pouvoir occupant.

III. — DOCUMENTS RELATIFS AUX CENTRALES.

Nous vous transmettons ci-joint, (annexe 23) copie d'un extrait du rapport semestriel de la Centrale des Huiles pour le premier semestre 1917.

En adressant ces extraits aux membres belges de la Commission Consultative, M. le Président de la Centrale leur faisait savoir que celle-ci était prête à leur donner, lors de la séance du 27 juillet, tous les renseignements qu'ils pourraient désirer.

Comme suite à cette communication, les membres belges ont demandé en séance, à titre de coup de sonde, le détail des quantités de graisse recueillies pendant le mois de juin dans la province de Brabant, ainsi que le détail de la répartition faite pendant la même période entre les consommateurs belges, figurant dans la cinquième colonne du tableau joint, c'est-à-dire les communes belges, les établissements belges de bienfaisance, les établissements de consommation et les exploitations industrielles belges, à l'exclusion des restaurants belges, établissements de la Croix Rouge, fabriques de margarine, casinos et soldatenheims, qui figurent dans les colonnes 6 à 9 du tableau.

Ces chiffres ont été extraits séance tenante des livres de la centrale; ils sont reproduits d'autre part.

IV. — DIVERS

Leurs Excellences les Ministres Protecteurs nous ont transmis pour gouverne la lettre que leur a adressée S. E. le Baron von der Lancken, concernant les bateaux de la C. R. B. actuellement retenus en Angleterre. Nous vous donnons ci-joint copie. (Annexe 34).

Nous avons cru intéressant de vous remettre également, ci-annexée, la situation des soupes populaires par province, quant au nombre de rations distribuées et à la composition de la soupe en vivres indigènes et en denrées importées. (Annexe 25).

Bruxelles, le 1er août 1917.

ANNEXE 1.

Nº 1827. Bruxelles, le 19 juillet 1917.

Memorandum pour Monsieur le Docteur Rieth, Conseiller de Légation, à Bruxelles.

En réponse à la note nº 15354 du 12 juillet de la Vermittlungsstelle, le Comité Hispano-Néerlandais a l'honneur de vous faire remarquer que le Comité National n'étant pas, à bon droit autorisé à user, comme moyen de pression sur la population, de la suppression de tout ou partie du ravitaillement, il ne se conçoit pas que les organismes officiels se servent eux-mêmes d'une mesure qu'ils condamnent et qui est spécialement traitée à l'article 50, section 3 de la Convention de La Haye.

LES DIRECTEURS.

ANNEXE 2.

Nº 1749. Bruxelles, le 13 juillet 1917.

Note pour Monsieur le Docteur Rieth, Conseiller de Légation.

Comme suite à notre lettre nº 1708 du 10 courant, nous avons l'honneur de porter à votre connaissance la liste suivante de communes de la région d'Andenne qui ont été privées de sucre, par ordre de l'autorité allemande:

Evelette, pendant 2 ou 3 mois;
Coutisse, pour un terme inconnu;
Gesves, pendant 3 mois, janvier, février et mars;
Goernes, idem. idem.
Haillot, pendant le mois de mars;
Ohey, pendant les mois de décembre et janvier;
Perwez, pendant 2 ou 3 mois;

toutes, parce qu'elles n'avaient pas livré assez de beurre à la Centrale.

LES DIRECTEURS.

ANNEXE 3.

GENERALGOUVERNEMENT
IN BELGIEN
DEUTSCHE VERMITTLUNGSSTELLE C. N.

Nº 15354. Bruxelles, le 12 juillet 1917.

Suite votre lettre nº 1708 du 10 courant.

Nous avons l'honneur de vous faire savoir que la suppression de la ration de sucre aux communes en question a été ordonnée pour mettre fin au commerce illicite de beurre qui s'y fait au détriment de la population civile. Aussitôt que ce résultat sera atteint la mesure sera levée.

De votre communication il ne ressort pas que le sucre en question ait été employé contrairement aux assurances données par Monsieur le Gouverneur Général aux Protecteurs du Comité National.

RIETH.

ANNEXE 4.

Nº 1708. Bruxelles, le 10 juillet 1917.

Note pour Monsieur le Docteur Rieth, Conseiller de Légation.

Nous avons l'honneur de vous donner ci-dessous une liste des communes de la Province de Namur qui sont privées de sucre par ordre de l'autorité allemande pour des raisons diverses que nous renseignons d'autre part:

Chevetogne	(région de Ciney) depuis le mois d'avril	
Schaltin	id.	id.
Achêne	id.	id. de juin
Barvaux-Condroz	id.	id. de mai
Fronville	(région de Rochefort)	id.
Mont Gauthier	id.	id.
Wavreille	id.	id. de juin
Winenne	(région de Beauraing)	id. de mai

toutes parce qu'elles n'ont pas fourni une quantité suffisante de beurre à la Centrale.

Bièvre (région de Gedinne,
Houdremont id.

parce qu'elles n'ont pas commencé les démolitions.

Vresse (région de Gedinne)

parce qu'elle n'a pas livré de fil de fer.

Nous attirons votre attention toute spéciale sur ces faits étant donné qu'ils comportent des peines collectives en punition de faits individuels, ce qui est contraire à la Convention de La Haye (Art. 50 Section III).

Nous vous serions reconnaissants de bien vouloir nous faire part de votre avis sur cette question avant que nous en saisissions Leurs Excellences Messieurs les Ministres Protecteurs d'Espagne et des Pays-Bas.

Un fait analogue s'est produit dans la commune de Faulx-les-Tombes, également dans la Province de Namur; les habitants de la commune ont été privés de sucre parce qu'un ou deux d'entre eux ont découpé l'étoffe d'un ballon tombé sur le territoire de la commune de Courrière.

Les sanctions prises par l'Autorité allemande revêtent un caractère d'autant plus grave qu'elles atteignent la population dans son alimentation même.

LES DIRECTEURS.

ANNEXE 5.

Nº 1901. Bruxelles, le 28 juillet 1917.

Memorandum pour Monsieur le Docteur Rieth, Conseiller de Légation, à Bruxelles.

En réponse à la note nº 15490, du 25 juillet, de la Deutsche Vermittlungsstelle, concernant l'exportation de la bière hors du territoire du Gouvernement Général, le Comité Hispano-Néerlandais, dont la mission est d'appliquer scrupuleusement les conventions conclues, ne pourrait, sans se départir de sa neutralité, accepter le point de vue de la Deutsche Vermittlungsstelle C. N.

En effet, la bière, dont la fabrication est entreprise par l'emploi exclusif de vivres indigènes tels que le froment, l'orge, le sucre, etc., ne peut être considérée comme un surplus.

Le Comité Hispano-Néerlandais n'en veut pour preuves que les libérations faites en faveur des brasseurs (voir annexes 1 et 2) par la Zuckerverteilungsstelle, sucre dont sont privées en ce moment un grand nombre de communes du territoire du Gouvernement Général.

En conséquence, le Comité Hispano-Néerlandais se verra dans la nécessité de saisir de la question les Ministres Protecteurs du ravitaillement, pour leur signaler ce qu'il considère comme un nouveau manquement aux garanties.

LES DIRECTEURS.

La «Zuckerverteilungsstelle» en Belgique.

Bruxelles, le 10 mars 1917.
7, Place Royale.

Reçu.

Le soussigné, Edmond Damiens, rue Vautier 53, à Bruxelles, secrétaire du Consortium Belge des Brasseurs, reconnaît au nom du Comité du Consortium Belge des Brasseurs, que la Zuckerverteilungsstelle a mis à la disposition des membres de ce comité, pour être travaillé dans leurs brasseries, une quantité de sucre d'une valeur de:

Frs. 510.000 (cinq cent et dix mille francs.)

Le montant ci-dessus mentionné ne comprend ni les frais d'emballage, ni les droits de douane et d'accises qui ont été payés, par le Comité du Consortium Belge des Brasseurs, indépendamment de ce montant.

(s.) Edm. Damiens.

La Zuckerverteilungsstelle
en Belgique.

Bruxelles, le 12 mars 1917.
7, Place Royale.

Reçu.

Le soussigné, VAN DER ELST, propriétaire
de la Brasserie du Merlo, Soc. Ame Uccle, reconnaît que la Zuckerverteilungsstelle a mis
à sa disposition, pour être travaillé dans sa
brasserie, une quantité de sucre d'une valeur
de
Frs. 33.320 (trente trois mille trois cent et
vingt frs.)

Le montant ci-dessus ne comprend ni les
frais d'emballage, ni les frais de douane et
d'accises qui ont été payés, par l'intéressé, indépendamment de ce montant.

Pour la Sté Ame de la
Brasserie du Merlo
(s.) J. Van der Elst

ANNEXE 6.

Copie-Traduction

GENERALGOUVERNEMENT
IN BELGIEN
DEUTSCHE VERMITTLUNGSSTELLE C. N.
No 15490

Bruxelles, le 25 juillet 1917.

En réponse à votre honorée du 11 courant,
la V. C. N. regrette de ne pouvoir se rallier à
la manière de voir du Comité Hispano-Néerlandais.

Les arrêtés de M. le Gouverneur Général
concernant les défenses d'exportation s'éten-
dent aux produits du sol belge y compris le
bétail. La V. C. N. est également d'avis, que
les vivres obtenus à l'aide de ces produits
belges tombent également sous ces arrêtés et
en conséquence, ne peuvent être exportés de
Belgique. Par contre, ce serait aller trop loin
et dépasser le sens des arrêtés que de vouloir
défendre l'exportation d'objets qui ne sont
pas à proprement parler des vivres et pour
la fabrication desquels des produits belges ont
été employés en plus ou moins grande quantité.

Dans le cas en question il s'agit d'exportation
de bière; la V. C. N. reste d'avis que la bière
ne doit pas être considérée comme un aliment,
mais comme un superflu et que, par conséquent, la défense d'exportation ne la concerne pas.

RIETH.

Au Comité Hispano-Néerlandais
pour la Protection du Ravitaillement
Bruxelles.

ANNEXE 7.

No 1721. Bruxelles, le 11 juillet 1917.

Note en réponse à la communication
no 14412/C. 124, du 29 juin 1917, de Monsieur
le Docteur Rieth

La Deutsche Vermittlungsstelle C. N. estime
que le commerce de la bière et même l'exportation de ce produit ne paraît pas contraire
aux conventions conclues entre le Gouvernement Général et les Ministres Protecteurs du
Comité National.

Le Comité Hispano-Néerlandais pour la Protection du Ravitaillement n'est pas de cet
avis, au moins en ce qui concerne l'exportation. En effet, il entre dans la fabrication de
la bière des céréales telles que l'orge, du sucre, etc., dont l'exportation n'est pas permise
par les conventions. Il n'est donc pas soutena-
ble que ces produits sont exportables du moment qu'ils sont transformés en bière. S'il
en était autrement, il suffirait pour tourner
les conventions, de transformer en quelque
fabricat les produits non exportables.

Avant de soumettre la question aux Ministres Protecteurs, le Comité Hispano-Néerlan-

dais serait désireux de voir la Deutsche Vermittlungsstelle réexaminer à nouveau la question.

LES DIRECTEURS.

ANNEXE 8.

14412/C. 124

Le commerce de bière et même l'exportation
ne paraît pas contraire aux conventions.
Le 29 juin 1917.

ANNEXE 9.

La population des communes des environs
de Joumont (France) longeant la zone d'étapes
française est en majeure partie privée de
bière.

Les camions allemands venant de l'étape
viennent journellement charger les bières dans
les brasseries à Erquelinnes et à Merbes-le-
Château principalement.

Le 5 mai 1917.

ANNEXE 10.

No 1751. Bruxelles, le 13 juillet 1917

Monsieur le Conseiller,

Nous avons l'honneur d'attirer votre attention sur la lettre ci-jointe en copie, qui a été
adressée par M. Bazille, Président de l'Administration Civile pour la Province de Limbourg, à la Société intercommunale de
Ravitaillement du Limbourg au sujet de la
question de l'achat de bétail et de la vente de
viande dans les boucheries.

Après examen de la question, nous sommes
persuadés que vous partagerez notre façon de
voir au sujet de l'interprétation donnée par
le Commissaire Civil. L'arrêté de Son Excellence le Gouverneur Général auquel il est fait
allusion ne concerne évidemment que le trafic
usuraire des vivres pour mettre fin au commerce des accapareurs. Il ne s'applique en
aucun cas, nous semble-t-il, aux acquisitions
de bétail entreprises par les communes dans
un but de prévoyance. Ce bétail est mis à l'engraissement aux frais des Intercommunales.

Nous insistons pour qu'aucune entrave ne
soit apportée aux réserves constituées par les
organismes officiels en vue de l'approvisionnement de la population.

Nous vous présentons, Monsieur le Conseiller, l'assurance de notre considération distinguée.

LES DIRECTEURS.

A Monsieur le Docteur Rieth,
Conseiller de Légation
BRUXELLES.

An den Gemeinde-Verband
HASSELT.

Die Abgabe von Fleisch an die Bevölkerung
durch den Gemeinde verband wird an sich
durch mich genehmigt werden. Da aber die
Rücksichten auf die Ernährung des belgischen
Volkes in der Zukunft es notwendig machen,
den Verbrauch von Fleisch sorgfältig zu regu-
lieren und zu überwachen, so widerstreitet
es dem allgemeinen Interesse, wenn der Gemeindeverband seine Absichten ohne einen
behördlich genehmigten Plan, der insbeson-
ders die Menge des wöchentlich geschlachteten
Viehs angibt, durchführen will. Ich untersage
daher dem Gemeindeverband, gemäss Artikel
4 der Verordnung des Herrn Generalgouver-
neurs von 10. Juni 1917, (Gesetz- und Verordnungsblatt Seite 3870), das Schlachten von
Vieh und den Vertrieb von Fleisch, ehe alle
Einzelheiten von mir genehmigt sind. Zuwi-
derhandlungen gegen dieses Verbot unterlie-
gen den Strafen des Artikels 12 der genannten
Verordnung.

(Gez.) Bazille.

ANNEXE 11.

Copie-Traduction

GOUVERNEMENT GENERAL
D. V. C. N.
N° 15455

Bruxelles, le 25 juillet 1917.

Nous avons pris, avec intérêt, connaissance de votre honorée N° 1751 du 13 courant.

Cependant d'après l'opinion de la D. V. C. N. le ravitaillement en viande des communes, ne fait pas partie de la tâche du Comité National. Il n'entre pas non plus dans les attributions du Comité Hispano-Néerlandais, puisque les arrêtés de M. le Gouverneur Général ne mentionnent rien à ce sujet.

La V. C. N. a cependant porté les circonstances communiquées à la connaissance des autorités compétentes, dans le but d'un échange de vues.

RIETH.

Au Comité Hispano-Néerlandais
pour la Protection du Ravitaillement
BRUXELLES.

ANNEXE 12.

Bruxelles, le 28 juillet 1917.

Memorandum pour Monsieur le Docteur Rieth, Conseiller de Légation, à Bruxelles.

En réponse à la lettre N° 15455, du 25 juillet, de la Deutsch Vermittlungsstelle C. N. le comité Hispano-Néerlandais a l'honneur de prier Monsieur le Docteur Rieth de bien vouloir ne pas confondre les attributions du Comité National avec celles du Comité Hispano-Néerlandais.

Aux termes des conventions solennellement conclues entre Son Excellence le Gouverneur Général en Belgique et les Puissances Neutres, le Comité Hispano-Néerlandais, remplaçant en cela la Commission for Relief in Belgium, a pour droit et pour devoir de veiller au ravitaillement de la population et d'exercer un contrôle sur l'utilisation des vivres indigènes, y compris le bétail et le fourrage nécessaire à son alimentation.

En conséquence, il ne se conçoit pas que la Deutsche Vermittlungsstelle s'en réfère aux arrêtés de Son Excellence le Gouverneur Général, arrêtés qui sont absolument étrangers à la question.

LES DIRECTEURS.

ANNEXE 13.

N° 9906. Bruxelles, le 30 juillet 1917.

Memorandum pour Monsieur le Docteur Rieth, Conseiller de Légation.

Comme suite à la note N° 15638 de la Deutsche Vermittlungsstelle C. N. le Comité Hispano-Néerlandais a l'honneur d'informer Monsieur le Docteur Rieth que pour lui permettre de prendre en toute connaissance de cause la mission qui avait été commencée par la Commission for Relief in Belgium et qui est échue au Comité Hispano-Néerlandais depuis le 1er mai dernier.

LES DIRECTEURS.

ANNEXE 14.

Traduction

DEUTSCHE VERMITTLUNGSSTELLE
C. N.
N° 15638

Bruxelles, le 28 juillet 1917.

La V. C. N. a appris que le Délégué du Comité Hispano-Néerlandais de la Province de Namur fait circuler dans les administrations communales et les abattoirs de la province un questionnaire s'informant de la qualité de bétail existant (bœufs, porcs, moutons) et du nombre de bêtes abattues, dans les abattoirs de la province pendant le premier semestre 1917.

Nous vous prions de bien vouloir nous renseigner sur le but de ce questionnaire.

RIETH.

Au Comité Hispano-Néerlandais
BRUXELLES

ANNEXE 15.

ORDRE DU JOUR

Nous remettons aux différents délégués des Coopératives une note sur la conservation des légumes et fruits facilement périssables.

Nous recommandons aux diverses Coopératives les brochures suivantes: Recettes et Procédés pour la conservation des aliments par H. De Heu; les Conserves de légumes et de fruits, par Max Rasquin; les Conserves de légumes (2e édition), par Max Rasquin.

Ces trois brochures sont en vente chez Ramlot, 25, rue Grétry, à Bruxelles.

Le Comité Hispano-Néerlandais a rédigé une note technique complète sur les séchoirs pour petites exploitations et pour grandes exploitations. Une installation de ce genre existe chez M. Lahaye, ingénieur agricole, délégué du comité local de Jette-St-Pierre, habitant cette commune, chaussée de Dieleghem, 20. Ces appareils consomment très peu de charbon. M. Lahaye a fait construire 5 appareils de ce genre. Il nous a paru intéressant de signaler la chose aux Coopératives Intercommunales qui pourraient facilement créer un appareil de séchage à peu de frais dans ces conditions.

En égard de l'extrême importance que nous attachons au ravitaillement des Coopératives Intercommunales en confitures, marmelades, sirop, etc., en prévision de l'hiver, en et en présence du refus d'une libération de sucre supplémentaire, il semble que la voie à suivre actuellement soit de passer, avec le Syndicat des Confituriers autorisés, des contrats pour la fourniture de confitures pour lesquelles des «freigabe» sont délivrés par les soins de la Zuckerverteilungsstelle. Si les Communes et Coopératives ne procèdent pas de cette façon et ne commandent pas ce qui leur est nécessaire, nous craignons, eu égard à la grande production que nous réserve la prochaine récolte de fruits, que les fabricants de confitures ne traitent un fort tonnage qui, n'étant pas réclamé, pourrait être considéré comme un excédent non utilisé de la production du pays et fourni à des organismes allemands en vue d'être exportés.

Le 26 juillet 1917.

2*

ANNEXE 16.

COMMENT CONSERVER LES LEGUMES ET LES FRUITS SURABONDANTS OU FACILEMENT PÉRISSABLES

Les fruits et les légumes à récolter en automne et au commencement de l'hiver étant surtout des produits à consommer plus tard à l'état frais, le choix des variétés est tel que leur conservation ne présente pas de difficultés spéciales (on les garde au grenier, en silo, en tranchée, en cave ou dans le fruitier).

Les indications qui suivent concernent donc exclusivement les produits périssables à récolter en été jusqu'au commencement de l'hiver.

* *
*

On peut conserver les fruits et légumes par la dessication, la cuisson et l'emploi d'agents préservateurs tels que le sel, le sucre et le vinaigre. On peut aussi combiner ces divers moyens.

Dans les notes qui suivent il n'est pas question de procédés industriels, mais uniquement de ceux qui sont à la portée des particuliers, sans occasionner de grands frais pour l'acquisition de matériel spécial.

A. — LEGUMES

CONSERVATION PAR LE SEL

En ordre principal il faut citer les haricots verts, le choux blanc et la tomate.

Ce sont des produits de grande consommation, dont surtout les deux premiers offrent une sérieuse valeur alimentaire.

Haricots verts

On distingue deux espèces de haricots verts pouvant être mis en conserves: le haricot à découper et le haricot princesse.

Les haricots seront de préférence conservés dans des pots en grès servant à cet usage.

On choisit des haricots suffisamment jeunes et tendres.

Les haricots à découper (haricot salé de préférence) seront nettoyés. On enlève à cette fin les deux extrémités des cosses ainsi que les filets si la variété est «à filet». Après, les cosses sont découpées en minces tranches.

Les haricots princesses seront seulement nettoyés et coupés en deux à la main, si les cosses sont trop longues.

Les haricots seront disposés, dans les pots, par couches alternatives de haricots et de sel de cuisine.

Quand les pots seront remplis, on placera une ardoise ou une feuille de vitre sur les haricots et au-dessus de celle-ci on place une pierre, afin de tasser le plus possible les légumes pour ainsi en chasser l'air et en assurer la parfaite conservation.

Après tassement, oncontinue à remplir le pot, il sera alors hermétiquement fermé et placé dans un endroit à l'abri des changements de température, de préférence dans une cave.

Chaque fois que l'on enlève des haricots on remettra l'ardoise et la pierre et on refermera le récipient.

Il est à remarquer que c'est principalement sous l'action de l'air que la décomposition des conserves se produit.

Au moment d'employer les haricots, ainsi que tous les produits conservés au sel, il suffit de les mettre tremper pendant quelques heures dans de l'eau fraîche, afin de les dessaler. Après quoi, on les prépare comme des haricots frais.

Choux cabus blancs

Pour la mise en conserves, tous les choux blancs peuvent convenir.

On découpe très finement les pommes et on procède absolument de la même manière que celle indiquée pour les haricots. Seulement on ajoute à chaque couche de choux, un peu de poivre en boule.

Tomates, etc.

a) Tomates entières. — Il faut choisir de préférence des fruits mûrs, sans l'être à l'excès, intacts, sans crevasses ni blessures et dont le pédoncule n'a pas été enlevé.

Les fruits seront rangés et serrés le plus possible dans des pots en grès et ensuite recouverts d'une saumure contenant 125 grammes de sel de cuisine par litre.

Cette saumure est préparée avec de l'eau de pluie bouillante, mais elle n'est employée qu'après refroidissement.

Pour tenir les tomates submergées, il faut recouvrir avec une ardoise et une pierre.

b) Tomates en purée. — Découper des tomates bien mûres, les faire cuire et les passer au tamis. Laisser ensuite évaporer le jus, jusqu'à ce qu'il ait obtenu une certaine consistance. Y ajouter du sel en assez grande quantité et introduire la purée dans des verres ou autres petits récipients et recouvrir la surface d'une mince couche d'huile ou graisse alimentaire, afin d'empêcher l'accès de l'air.

On peut également mettre la purée dans des flacons, à boucher par un liège et faire ensuite bouillir pendant quelque temps au bain-marie.

Pour la conservation des tomates en purée, on se servira de préférence de récipients dont le contenu peut être utilisé en une seule fois.

On peut conserver de la même manière l'oseille, l'épinard et le pourpier.

CONSERVATION PAR LE VINAIGRE

Concombres et cornichons et oignons blancs

Les cornichons et les petits oignons blancs peuvent être confits au vinaigre. A cette fin, on les nettoie et on les laisse dans une saumure assez condensée (200 grammes par litre) pendant 24 heures. Pour les cornichons, la saumure est obtenue par l'eau que le sel, mis à sec sur les concombres, enlèvera aux jeunes fruits.

Après les avoir enlevés de la saumure, on les rangera dans des bocaux ou pots de grès et on y versera du vinaigre bouillant ou froid auquel on aura ajouté un peu de piment, de poivre en boule ou du raifort, de l'estragon et du fenouil amer.

Après refroidissement, les récipients seront hermétiquement bouchés.

Ne jamais faire usage, pour la cuisson du vinaigre, de récipients en cuivre non étamé. Les concombres seront un peu moins verts mais ne contiendront pas de sels de cuivre, qui peuvent nuire.

CONSERVATION PAR LE SÉCHAGE

Certains légumes peuvent être conservés par le séchage. C'est notamment le cas pour les plantes condimentaires: persil, cerfeuil, thym, sarriette, etc., ainsi que pour les légumes, qui entrent dans la composition de la soupe julienne: carotte, navet, poireau, céleri, panais.

Le séchage d'autres légumes, sauf pour le haricot à découper, ne paraît pas donner de bons résultats.

Le séchage des légumes se fait soit à l'air soit au four, soit au moyen d'appareils spéciaux.

Après séchage, les légumes sont conservés dans des récipients hermétiquement fermés.

Avant de servir des légumes séchés, on les mettra tremper pendant quelque temps, pour les faire revenir.

B. — FRUITS

Gelées

On peut faire des gelées de groseilles rouges, blanches et noires, des groseilles à maquereau, ainsi que des pommes et des coings.

Gelée de groseilles rouge, blanches et noires.

On passe les fruits parfaitement mûrs au travers d'un linge. On fait immédiatement après bouillir le jus, additionné de 500 à 750 grammes de sucre par litre, pendant 15 à 20 minutes.

On conservera la gelée dans des récipients hermétiquement clos.

Gelée de groseilles à maquereaux, de pommes et de coings.

On fait cuire, après nettoyage, les fruits avec un peu d'eau. Les groseilles et les coings doivent être mûrs, mais les pommes, même celles qui ne sont pas mûres, peuvent convenir. On passe tout au travers d'un linge et le jus, ainsi obtenu, additionné de 500 à 750 grammes de sucre par litre, est traité comme le jus de groseilles.

Marmelades

On peut faire des marmelades avec des prunes, des poires, des pommes, des coings, des fraises et de la rhubarbe.

Les fruits sont nettoyés et coupés en petits morceaux. On y ajoute de 500 à 750 grammes de sucre par kilogramme de fruit et on fait cuire à petit feu; quand les fruits sont cuits à point, on passe à

travers un fin tamis et on remet la marmelade au feu pour la laisser évaporer jusqu'à ce qu'elle ait obtenu la consistance voulue.

En général, une gelée ou une marmelade est à point lorsque, déposée en petite quantité sur une assiette ou un autre corps froid, elle forme pastille en refroidissant.

On conserve dans des récipients hermétiquement clos, de la même manière que les gelées.

Fruits au vinaigre

On peut conserver au vinaigre des petites pommes, des poires et des prunes. Les pommes et les poires seront épluchées et nettoyées, mais laissées entières; pour les prunes, on peut laisser le noyau.

Les fruits seront mis au feu, recouverts par un liquide composé par moitié d'eau et par moitié de bon vinaigre. On fait cuire pendant quelque temps à petit feu. Après cuisson, ajouter, par litre de liquide, un kilogramme de sucre. Les fruits seront rangés dans un pot en grès, profond et peu large et le liquide sera versé bouillant sur les fruits.

On fera bouillir encore 2 à 3 fois ce liquide avec intervalle de 24 heures.

Boucher hermétiquement les récipients et les placer à la cave.

Griottes du Nord au vinaigre

On nettoie les cerises avec un linge, on coupe les queues, et on range les fruits dans un bocal, après les avoir piqués d'un coup d'aiguille. On recouvre le tout d'un liquide contenant par moitié, du bon vinaigre et du sucre, ainsi qu'un peu de cannelle. On verse le liquide aussi chaud que possible sur les fruits.

8 à 10 jours après on fera à nouveau bouillir le liquide recouvrant les cerises.

Boucher et conserver comme ci-dessus.

SÉCHAGE DES FRUITS

Prunes, pêches, abricots.

Les petits fruits, surtout les prunes, peuvent être laissés entiers. Les autres seront coupés en deux et le noyau enlevé. Le séchage peut se faire dans des appareils spéciaux.

Il peut également se faire dans un four après la cuisson du pain ou dans le four de la cuisinière. Les fruits doivent être placés sur des claies. Si l'on peut traiter de grandes quantités, on peut avoir recours aux appareils dont disposent certaines industries: brasseries, malteries.

Pour assurer la bonne conservation, la dessiccation doit être suffisamment complète, ce qui s'obtient seulement après un temps de séchage plus au moins long.

Les fruits séchés sont conservés dans des boîtes hermétiquement fermées et placées dans un endroit sec.

Avant de se servir des fruits séchés, on les mettra tremper dans de l'eau fraîche.

Poires et pommes

Les fruits sont épluchés et coupés en tranches ou en quartiers. Le cœur sera enlevé.

Le séchage et la conservation en ont lieu de la même manière que pour les fruits.

ANNEXE 17.

Nº 1876. Bruxelles, le 26 juillet 1917.

Memorandum pour Monsieur le Docteur Rieth, Conseiller de Légation à Bruxelles:

Nous croyons devoir attirer votre attention sur les manquants considérables constatés au déchargement, en gare de Tour & Taxis, des pommes de terre hâtives destinées à l'Agglomération Bruxelloise.

DATE	Nombre de wagons	POIDS		Manquant kgs	Observat.
		annoncé kgs	constaté kgs		
27 juin	19	190.600	187.441	3.159	
28 »	11	109.900	107.699	2.201	
29 »	33	312.418	308.106	4.312	
30 »	21	212.250	208.684	3.566	
1ᵉʳ juillet	9	90.736	89.223	1.513	
3 »	14	130.800	128.584	2.216	
4 »	7	69.850	68.048	1.802	
5 »	31	316.479	313.204	3.275	
6 »	13	138.550	135.06	3.244	
7 »	19	195.000	190.748 1/2	3.251 1/2	
8 »	25	271.550	262.572	8.978	
10 »	21	212.900	209.697 1/2	3.202 1/2	
11 »	23	238.425	232.106	6.319	
12 »	22	212.600	209.329	3.271	
13 »	25	252.200	246.693	5.507	
14 »	25	250.500	246.007	4.493	
15 »	25	261.250	255.242	6.008	

Pour la période allant du 27 juin au 15 juillet, le total des manquants s'élève à plus de 72 tonnes et il y a lieu de remarquer qu'il n'a pas été tenu compte des manquants ne dépassant pas 2 1/2 p. c.

La ville de Tirlemont s'étant plainte du même fait, nous espérons que, vu l'importance de la question, vous ne manquerez pas d'intervenir auprès de la Kartofelversorgungsstelle.

Les Directeurs.

ANNEXE 18.

Nº 1869. Bruxelles, le 26 juillet 1917.

Memorandum pour Monsieur le Docteur Rieth, Conseiller de Légation à Bruxelles.

Nous avons l'honneur d'attirer votre bienveillante attention sur les diverses réclamations ci-après concernant les fournitures de pommes de terre.

I. — Une commande de 6500 kgs. de pommes de terre hâtives a été passée par le Bourgmestre de Borloo à Monsieur le Commissaire Civil de Hasselt le 13 ct un versement de 1850 fr. a été effectué à la Banque Nationale, crédit du compte Nº 265 Zivilkommissar des Kreises, Hasselt le 17 ct.

II. — Le Comité d'Alimentation de Lesve a commandé 10.000 Kgs. de pommes de terre mais jusqu'à présent n'a encore rien reçu.

III. — La commune de Lavaux St. Anne attend avec impatience l'envoi des 7000 Kgs de pommes de terre qu'elle a payés depuis plus de 15 jours.

IV. — Le Comité local d'alimentation de Jemelle a lancé sa commande le 26 juin dernier mais n'a encore reçu aucun envoi.

V. — Le Comité de Secours et d'Alimentation de Villers sur Lesse a commandé le 22 juin 1500 kgs de pommes de terre, mais n'a encore rien obtenu jusqu'à présent.

VI. — L'administration communale de Bure a commandé 2000 kgs de pommes de terre le 24 juin, mais aucun envoi ne lui est encore parvenu.

VII. — La commune de Resteigne a com-

mandé le 28 juin 1200 kgs de pommes de terre, mais n'a encore rien reçu.

VIII. — Le Comité de la Soupe de Gembloux signale, que le 23 octobre 1916 il a versé une somme de 3300 frs pour l'achat de pommes de terre, et que jusqu'à présent il n'a encore rien reçu.

IX. — La commune de Gheel a commandé des pommes de terre il y a environ 4 semaines à raison de 15 sacs par jour et a versé la somme de Fr. 4380. Jusqu'à présent rien ne lui est parvenu.

Les Directeurs,

ANNEXE 19.

Nº 1807. 18 juillet 1917.

Monsieur le Conseiller,

Nous nous permettons de vous signaler, ci-après, divers faits qui sont de nature à compromettre gravement la bonne marche du ravitaillement de la population belge:

I. — La commune de Velm (Limbourg—arrondissement de Hasselt) vient de recevoir 10.000 kilos de pommes de terre sur une commande de 20.000 kgs confiée à la Kartoffelversorgungsstelle.

Cette commune comprend actuellement 1760 habitants dont 880 indigents et 210 évacués. Nous nous permettons d'insister pour que le solde de sa commande lui parvienne dans le plus bref délai possible en vue de subvenir aux besoins de sa population nécessiteuse.

II. — Monsieur le Commissaire Civil de la ville de Namur a envoyé à Messieurs les Bourgmestres de l'arrondissement de Namur l'avis suivant :

AVIS

« La pénurie de pommes de terre hâtives constatée dans l'arrondissement de Namur et le fait que des quantités peu considérables pourront seulement être importées exigent que l'on fasse l'emploi le plus économique possible de ce précieux aliment. En conséquence, la ration par tête et par jour est réduite:

à 200 GRAMMES A PARTIR DU 16 JUILLET courant.

» Les producteurs qui possèdent plus de pommes de terre que la quantité à laquelle ils ont droit jusqu'au 15 septembre, c. à d. plus de 12.4 kgs par personne sont tenus de remettre leur excédant à la commune.

» En outre, je fais un devoir à tous les habitants de préserver le plus possible de la nourriture les stocks de pommes de terre existants.

le Commissaire-Civil
(s). von Sanders. »

Vous estimerez sans doute qu'en présence de la minime ration de pain dont jouit actuellement la population, le rationnement de pommes de terre à 200 grammes par jour et par tête d'habitant constitue une mesure d'une gravité extrême et que les résultats de la récolte en pommes de terre hâtives ne semblent nullement justifier. (Voir au surplus les déclarations des journaux que nous reproduisons ci-joints —annexe I.)

III. — Le Comité Régional de Secours & d'Alimentation des Hayette-lez-Thuin — Comité Cantonal de Beaumont — a versé à l'Obstzentrale le 26 juin dernier une somme de 5000 frs en remettant la commande de 2 wagons composés chacun de 1500 choux-fleurs, 1500 bottes de carottes, 1000 choux-verts, 200 bottes de poireaux, 200 bottes céléris, 50 bottes navets 200 kgs de pois et 2000 kgs de haricots.

En outre, il a commandé pour expédier la semaine suivante un wagon de 5000 kgs de pois, un wagon de 5000 choux-fleurs et un wagon de 5000 bottes de carottes.

Jusqu'au 11 courant, ce comité n'a reçu qu'un wagon contenant 500 choux-fleurs, 500 bottes de carottes, 10 bottes de céléris, 50 bottes d'oignons et 25 kgs de pois.

Il s'ensuit qu'au bout de plus de 15 jours le comité a reçu :

500 choux-fleurs	sur une commande de	8000 pièces
200 bottes de carottes	»	8000 bottes
10 » céleris	»	400 »
25 kgs pois	»	5400 kgs
0 chou-vert	»	2000 pièces
0 bottes de poireaux	»	400 bottes
0 » navets	»	100 »
0 kg. haricots	»	400 kgs

Vous voudrez bien admettre qu'un approvisionnement aussi peut régulier et aussi minime par rapport aux besoins, et ce en pleine période de récolte, est de nature à compromettre gravement l'œuvre du ravitaillement de la population.

Le même comité n'avait, à la date du 11 ct. encore reçu aucun envoi de pommes de terre, bien que M. le Commissaire civil eut fait une commande de 120.000 kgs et que l'Intercommunale de Thuin ait effectué les provisions de fonds.

IV. — La Société Intercommunale de la province de Liége a commandé le 30 juin dernier au Syndicat des Maraîchers à Louvain pour fourniture journalière à partir du 2 juillet :

    un wagon de choux-fleurs
        »   carottes
        »   petits pois.

La Verteilungsstelle für Gemüse à Louvain a refusé catégoriquement au Syndicat des Maraîchers les passavants nécessaires à l'expédition.

Une démarche opérée à l'Obstzentrale à Bruxelles pour un délégué de l'Intercommunale de Liége n'a pas eu plus de succès. Il lui a même déclaré que Liége ne recevrait plus de légumes vu que la production était absorbée par des commandes antérieures.

Nous attirons votre attention sur le fait que l'agglomération de Liége comporte une population ouvrière de plus de 200.000 habitants, tous ouvriers d'industrie cruellement atteints par les évènements actuels. Nous sommes convaincus qu'il ne peut entrer dans l'esprit de personne d'une catégorie aussi importante d'habitants d'une répartition équitable de légumes sous prétexte que la commande arrive tard alors qu'aucun délai n'est fixé et que rien du reste ne justifierait un délai pour les commandes alors que les récoltes de légumes s'échelonnent d'après les saisons.

Nous avons déjà, par notre lettre du 9 courant, attiré votre attention sur la situation créée à Liége, mais la question est trop importante pour que nous n'y revenions pas.

V. — L'Intercommunale de Charleroi se plaint vivement du retard qui se produit tant dans la fourniture des légumes que dans la fourniture des pommes de terre.

Pour assurer le ravitaillement en légumes des 400.000 personnes résidant à Charleroi et dans la banlieue, l'Intercommunale a commandé des légumes à l'Obstzentrale à partir du 27 juin dernier. Cette commande comporte la fourniture journalière de 4 wagons de légumes assortis. Or, depuis le 30 juin, date de la première expédition, jusqu'au 10 juillet inclus, il n'a été livré que 22 wagons, soit une moyenne de 1 4/7 wagon par jour, quantité absolument insuffisante.

VI. — Comme nous vous en avons déjà avisé, la Société Coopérative des Magasins Communaux du Centre à La Louvière, organisme groupant 31 communes, s'est entendue avec la firme Materne à Jembes-lez-Namur, à l'effet de faire procéder à la dessication de légumes.

Pour pouvoir commencer ses achats de légumes, la firme Materne a sollicité l'autorisation de Monsieur le Commissaire civil depuis 15 jours, et, à la date du 16 courant, elle était encore sans réponse.

La saison des légumes avançant rapidement, vous estimerez sans doute, qu'il conviendrait que l'autorisation soit accordée sans plus de retard.

VII. — La commune de Pommerœil — Arrondissement d'Ath — a commandé 25.000 kgs de pommes de terre hâtives. Elle a reçu 7500 kgs et M. le Commissaire civil d'Ath vient de l'informer qu'il ne lui sera pas possible de faire livrer l'excédent.

Cette commune comptant 1610 habitants, il est incontestable que la quantité de pommes de terre fournie est absolument insuffisante.

VIII. — Nous avons été surpris d'apprendre que M. Adler, qui jouit abusivement du monopole de la distribution des Geleitscheine ait refusé à Louvain au Boerenbond un passavant pour des légumes destinés au Comité d'Auvelais, sous prétexte que ce Comité est «son client à lui!!!

Nous sommes convaincus que l'importance des faits signalés ne vous échappera pas et que, conséquemment, nous pouvons compter sur votre précieux concours pour nous aider à mener à bonne fin la tâche si ardue que nous avons assumée.

Nous serions heureux d'apprendre, par un prochain courrier, la suite qui sera réservée aux questions exposées.

Veuillez agréer, Monsieur le Conseiller, l'assurance de notre considération distinguée.

LES DIRECTEURS,

P.S. — Le Comptoir Général d'approvisionnement à La Louvière a commandé le 11 courant à l'Obstzentrale à Bruxelles 6 wagons de légumes divers, destinés à environ 45.000 ouvriers occupés dans les charbonnages et les usines métallurgiques de cette région.

Nous attirons spécialement votre attention sur cette commande qui doit ravitailler environ 125.000 personnes de la classe ouvrière, si cruellement éprouvée.

A Monsieur le Docteur RIETH
    Conseiller de Légation.
        BRUXELLES.

ANNEXE I.

(EXTRAIT du journal «LE BRUXELLOIS», du 13 juillet 1917.)

LA RÉCOLTE DES POMMES DE TERRE.

Il y a lieu de le dire et de le redire, la récolte des pommes de terre hâtives dépasse les prévisions les plus optimistes. L'organisation du transport est heureusement à la hauteur, malgré les difficultés de la tâche. En effet, c'est à Malines qu'on a concentré tous les services d'expédition pour les besoins du ravitaillement de la population civile du pays. Un simple chiffre donnera une idée de l'importance du problème qu'il a fallu résoudre dans cet ordre d'idées :

Mercredi, 11 juillet, on a chargé 186 wagons de pommes de terre soit un total de *un million cent soixante mille kilos.*

(Même article dans «La Région de Charleroi», n° 735, 13 juillet 1917).

ANNEXE 20.

N° 1741.   12 juillet 1917.

Monsieur le Conseiller,

Nous avons l'honneur de vous remettre ci-joint, pour gouverne, la copie de la lettre que nous adressons ce jour à la Kartoffelversorgungsstelle au sujet de commandes de pommes de terre qui lui ont été confiés.

Nous vous serions obligés de bien vouloir prêter votre bienveillant concours pour obtenir satisfaction auprès de la Kartoffelversorgungsstelle.

Veuillez agréer, Monsieur le Conseiller, avec nos remerciements anticipés, l'assurance de notre considération distinguée.

LES DIRECTEURS.
A Monsieur le Docteur RIETH
    Conseiller de Légation.
        BRUXELLES.

ANNEXE 21.

1740.   12 juillet 1917.

Messieurs :

Nous avons l'honneur d'attirer votre attention sur les points suivants :

A. — 1° la commune de Boussne n'a pas

Traduction

OELZENTRALE IN BELGIEN.
Abteilung II B.
_____

No IIb/Geh. 414

Bruxelles, le 12 juillet 1917
Bd. Anspach 29.

Monsieur

M. Warnants,
Agronome de l'Etat Belge
à LOUVAIN.

L'annexe ci-jointe contient l'extrait du rapport semestriel de la Oelzentrale que celle-ci met à votre service ainsi que cela a été convenu.

La Oelzentrale se déclare prête à donner tous les renseignements qui pourraient être désirés, lors de la séance du Comité fixée au 17 courant.

(s) A. BRINCKMANN.

EXTRAIT
du rapport semestriel de la Oelzentrale en Belgique, pour la période allant du mois de janvier au mois de juin 1917

Graisse alimentaire et nourriture pour le bétail.

Graisse alimentaire

L'industrie (l'exploitation) du suif s'est en somme développée d'une façon normale pendant le premier semestre de 1917. Le manque de charbon qui a tant troublé l'industrie n'a pas atteint la fabrication du suif. Avec de grandes difficultés on a pu trouver à temps un moyen d'obvier à cet inconvénient. La diminution toujours croissante des rentrées de graisse brute est un facteur bien plus troublant pour la fabrication normale. Les circonstances qui amènent cette diminution sont de diverses natures et de telles sortes que la Oelzentrale se trouve impuissante à y remédier. D'abord les abattages ont été moins nombreux que pendant le deuxième semestre de 1916, parce que moins d'animaux ont été menés aux abattoirs, mais aussi, et c'est là la cause principale, le bétail, par suite d'une nourriture insuffisante est tellement maigre et dénué de graisse, qu'il ne reste qu'une quantité extrêmement minime de graisse pouvant servir à la fabrication du suif. Les soustractions de graisse brute n'ont pu, malgré tous les moyens de contrôle et de surveillance, être entièrement empêchées.

L'entrée de la graisse brute comportait pour le premier semestre de 1917

347.629 1/2 kgs,

elle se décompose commes suit:

PROVINCES	Janvier	Février	Mars	Avril	Mai	Juin
	kg.	kg.	kg.	kg.	kg.	kg.
Anvers	9304	6435 1/2	8463	7019	7598	7067
Brabant	33448 1/2	25257 1/2	26598 1/2	22863	20055 1/2	13960
Hainaut	13007	7632 1/2	9681 1/2	8820	9970	6728
Limbourg	2862 1/2	4694 1/2	2362	1690 1/2	1505 1/2	1237 1/2
Liège	14296	11677 1/2	13358	9632	6752 1/2	5787 1/2
Luxembourg	1350	799	1747 1/2	1155	1537 1/2	1296 1/2
Namur	4975	2120 4/2	3869 1/2	2647	3197	2984 1/2
Flandre Orientale	520	524 1/2	674 1/2	549	843	275
	79763	51259 1/2	66754 1/2	54375 1/2	51259	39336

Ensemble : 347.629 1/2

| Graisse alimentaire obtenue : | 49308 | 36708 | 33472 | 30943 | 20361 | 13701 |

Ensemble : 184.493 kgs

Nourriture pour bétail

dont la répartition est indiquée par le tableau ci-joint.

Il est à présumer que la qualité de la graisse sera améliorée et la quantité augmentée durant les mois prochains par suite de la mise en prairie des animaux qui y trouvent une nourriture plus favorable à la formation de la graisse et à sa qualité.

En conséquence, on peut espérer une augmentation progressive des stocks de graisse pendant le nouveau semestre. Ces stocks, par suite des causes ci-dessus expliquées, avaient fortement diminué et ont reculé jusqu'au chiffre de 14.227 kgs.

Nourriture pour bétail

Pendant la période du 1er janvier au 30 juin 1917, on a fabriqué 260.511 kgs de farine de viande pour bestiaux au moyen de 10269 cadavres d'animaux d'un poids de 1.100.000 kgs.

Environ 20 % de cette quantité de cadavres provenait des bureaux allemands (militaires et autres). La répartition de la farine de viande se fit comme suit:

Preneurs allemands	31026 kgs — 11,91 %
Preneurs belges	
livré jusqu'au 30-6-1917	184550 »
encore à livrer	44935 »
	229485 » — 88.09 %

Total général 260511 »

Des 184.550 kgs mentionnés ci-dessus. le C.N. a réparti 116900 kgs.

MOIS	ENTRÉES DE GRAISSE BRUTE		Graisse alimentaire obtenue	SORTIES					SORTIE TOTALE	Marchandises en magasin
	Privée	Militaire		Livrais. aux communes belges, établissements belges de bienfaisan. et établis. de consommation. exploit. indus. str. belges	Aux restaurants belges	Aux établissem. de consommation de la Croix Rouge belge	A la fabrique de margarine Van den Bergh	Casinos et foyers pour soldats		
	kg.	kg.	kg.	kg.	kg.	kg.	kg.	kg.	kg.	kg.
Janvier	72758	2334	49308,5	10518	345,5	17814,5	4044	710	33432	59492,5
Février	59492	2501	86708	13437,5	243,5	4218	3046	549,5	21494,5	60146,5
Mars	64654,5	2177,5	33471,5	26088,5	243,5	21596	5139,5	663,5	53701	54476,5
Avril	54371	1807,5	30944	13090	210	14123,5	4052,5	778,5	32854.5	52566
Mai	48635	1843,5	20361	23319,5	125	14197	3019,5	720	41381	31546
Juin	41991	1551,5-	13701	14131	200	15713	—	976	31020	14227
	34.703,5	12215	184494	101184,5	4357,5	87662	19301,5	4397,5	213883	

Stock au 1er janvier 1917   43616 kg.
Entrées de janvier à juin   184494 »
Ensemble   228110 »
Sorties   213883 »
   14227 »

ANNEXE 24.

POLITISCHE ABTEILUNG
BEI DEM
GENERALGOUVERNEUR IN BELGIEN.

Bruxelles, le 26 juillet 1917.

Monsieur le Ministre,

Par la lettre que j'ai eu l'honneur de vous adresser le 13 juin dernier — V. 3386 —, je vous ai fait part de ce que le Gouvernement impérial avait fixé le 1er juillet comme date à laquelle les navires de la Commission for Relief pourraient quitter les ports anglais pour la Hollande sans risque d'être attaqués par les unités de la marine impériale. J'ai constaté à mon vif regret que ce nouveau terme s'est écoulé sans que la garantie, si généreusement accordée par le Gouvernement impérial ait servi à procurer à la Belgique et à la partie occupée de la France les denrées retenues depuis longtemps dans le Royaume Uni. L'Angleterre a refusé à nouveau de libérer les vivres destinés à la population civile de pays qui lui sont alliés. En dehors de l'obligation générale du Gouvernement britannique de ne rien faire qui puisse empêcher l'Œuvre du ravitaillement de la Belgique et du Nord de la France, les Anglais ont encore déclaré officiellement au mois de mars dernier à la C.R.B. que les cargaisons déchargées en Angleterre resteraient à sa disposition et qu'elles pourraient être réexportées au cas où le Gouvernement Impérial garantirait le libre passage en Hollande. Cette fois-ci le Gouvernement britannique ne peut pas se servir de l'excuse déjà employée que le délai fixé par le Gouvernement Impérial était trop court ou que tel ou tel port n'était pas praticable, le Gouvernement Impérial ayant, dès le 23 mai dernier, informé les représentants diplomatiques des Puissances Protectrices à Berlin de ce que le 1er juillet était fixé pour le voyage libre des navires de la C. R. B. et que le départ pourrait avoir lieu de tous les ports anglais situés en dehors des lignes Star-Point-Sept Iles d'un côté et de Douvres-Calais de l'autre. En effet, d'après des renseignements de presse un certain nombre de navires neutres ont quitté à la date prémentionnée les ports anglais pour se rendre dans des ports neutres. Ce qui était possible pour ces navires aurait également dû l'être pour des bateaux affrétés par la C. R. B.

En conséquence, j'ai l'honneur de Vous prier de bien vouloir porter ce qui précède à la connaissance de Votre Gouvernement et de faire tout Votre possible pour faire valoir auprès du Gouvernement britannique les droits de l'Œuvre du ravitaillement aux marchandises retenues en Angleterre. La sollicitude que vous avez si souvent manifestée pour la population de la Belgique et du Nord de la France m'inspire la confiance que Vous réussirez à obtenir la restitution aux territoires occupés des vivres qui leur reviennent.

Je saisis cette occasion pour Vous renouveler, Monsieur le Ministre, les assurances de ma haute considération.

(s.) LANCKEN.

Produits employés dans la fabrication de la SOUPE POPULAIRE
de l'Agglomération Bruxelloise,
pendant 7 jours du mois de juin 1917

PRODUITS INDIGÈNES		PRODUITS EXOTIQUES	
Os.	2.390 kgs	Pois	2.829 kgs
Viande	12.150 »	Haricots	4.399 »
Choux	54.320 »	Céréaline	13.303 »
Carottes	5.270 »	Riz	9.747 »
Oignons	5.061 »	Pâtes	8.283 »
Choux blancs.	6.289 »	Saindoux	1.309 »
Graisse.	1.104 »	Lard.	4.018 »
Tomates	40 »		
Poireaux	7.090 »		43.888 kgs
Céléris	756 »		
Conserves.	88 »		
Pommes de terre.	8.970 »		
Épinards	97 »		
Cerfeuil.	210 »		
	104.841 kgs		

Prix moyen du 1/2 litre de soupe : 0.16 fr.
Nombre de rations par jour : 228.571.

Statistique concernant le fonctionnement des SOUPES POPULAIRES
dans le **BRABANT**

Mai 1917

Produits qui sont entrés dans la composition des soupes :				Nombre total des rations distribuées pendant le mois	Prix de revient de la ration
INDIGÈNES		EXOTIQUES			
Pommes de terre.	13.215 kgs	Lard	31.000 kgs	3.499.029	5 à 11 cms
Oignons	332 »	Saindoux	28.000 »		
Carottes	340 »	Riz	85.000 »		
Viande fraîche.	10.475 »	Pois.	16.000 »		
» salée	10 »	Haricots	84.000 »		
		Céréaline.	39.000 »		
		Semoule de maïs.	45.000 »		
		Farine de maïs	17.000 »		

FLANDRE ORIENTALE

La clientèle des soupes (gratuites, 1/2 payantes et payantes) comprend 104.300 personnes environ, sur une population de 214.700 habitants.

1o. — Produits indigènes :

légumes, oignons, choux (ainsi que nous vous l'exposions dans notre lettre du 25-6 n° 28.213, viandes indigènes ne peuvent entrer dans la préparation des soupes) 22.800 kgs 45.600 kgs.

2o. — Produits de la C.R.B. :

Lard	5.500	11.000
saindoux	3.600	7.200
riz	41.300	82.600
pois-haricots	70.100	140.200
céréaline de maïs	7.300	14.600
Total des denrées exotiques	127.800	255.600

3o. — Dans la même période le nombre de rations distribuées se montait à 1.481.564; soit 3.100.000 rations par mois.

4o. — Le prix de revient de la ration varie de 12,5 à 15 centimes, d'après les cuisines; certaines d'entre elles ont des appareils de chauffage à gaz, appareils mécaniques à moteur (nettoyage, broyage, etc.) alors que d'autres locaux sont moins bien outillés.

Les renseignements qui précèdent peuvent être considérés comme applicables à l'entièreté du ressort du Comité Provincial qui comprend les 1.475.000 habitants de 285 communes dont 577.247 habitants sont clients des 267 soupes populaires organisées à l'heure actuelle.

Nous avons demandé à ces œuvres de nous donner mensuellement les renseignements que vous nous avez demandés; nous vous transmettrons chaque mois une statistique de ceux qui nous seront transmis.

Comité National de Secours et d'Alimentation

Département « SOUPES » du Comité Provincial du HAINAUT

Population des œuvres

RELEVÉ DU MOIS DE JUILLET 1917

NOMS DES RÉGIONS	Soupes ou repas scolaire	Soupes populaires	Cantines maternelles	Cantines pour enfants débiles	Goutte de lait	Dispensaire tuberculeux	Restaurants économiques
Ath (*)	7.348	30.420	38	200	568		253
Charleroi	62.810	254.542	2.118	3.937	8.117	1.522	
Hayettes	22.356	98.728	550	1.829	2.131		
La Louvière (*)	22.019	107.018	663	1.223	2.083	124	
Mons	32.804	181.456	1.271	3.123	1.840	60	1.040
Péruwelz	5.423	28.021	61	122	583	54	
Soignies	6.861	32.751	96	82	760	29	992
Tournai	18.065	85.511	604	1.488	1.899	75	
	177.686	818.447	5.431	12.004	17.24	1.864	2.285

(*) Population au 1er juin, les renseignements de juillet n'étant pas parvenus.

Comité National de Secours et d'Alimentation

Comité Régional de CHARLEROI — Département SOUPES

Comité HISPANO-NÉERLANDAIS pour la Protection du Ravitaillement

Consommation " Produits indigènes "   Juin 1917

COMMUNES	Carottes	Oignons	Poireaux	Choux blancs	Choux verts	Choux fleurs	Epinards	Oseille	Céleris	Pois verts	Fèves de marais	Asperges	Salsifis	Laitues	Navets	Rutabagas	Rutabagas séchés	Pommes de terre	Viande	Choux rouges conservés	Cerfeuil	Choux rouges	Betteraves	Légumes divers	Choucroute
Acoz																									
Châtelet																									
Châtelineau																									
Couillet																									
Frasnes lez Gosselies																									
Gerpinnes																									
Gilly																									
Jamioulx																									
Joncret																									
Liberchies																									
Loverval																									
Montignies s/ Sambre																									
Thiméon																									
Villers Perwin																									
Villers Poterie																									
Wayaux																									
Aiseau																									
Boignée																									
Bouffioulx																									
Brye																									
Farciennes																									
Fleurus																									
Gougnies																									
Heppignies																									
Lambusart																									
Pironchamps																									
Pont de Loup																									
Presles																									
Ransart																									
Roselies																									
S-Amand																									
Wagnelée																									
Wangenies																									
Wanfercée-Baulet																									
Courcelles																									
Cour de Fleurus																									
Fontaine l'Evêque																									
Gosselies																									
Goutroux																									
Goze																									
Ham s/ Heure																									
Jumet																									
Landelies																									
Marbaix la Tour																									
Marchienne au Pont																									
Mouscau s/ Sambre																									
Charleroi																									
Goxy lez Pieton																									
Lodelinsart																									
Marcinelle																									
Mellet																									
Montigny le Tilleul																									
Mont s/ Marchienne																									
Mont à Celles																									
Nalinnes																									
Pont à Celles																									
Viesville																									
Buzet																									
Forchies																									
Luttre																									
Obaix																									
Roux																									
Sourret																									
TOTAUX	32492	8398	3082	4668	10241	3250	9957	1927	4336	3051	505	1870	1445	5531	4817	20711	12271	7115	23845	190	9572	1360	35744	4529	3398

Province de LIÉGE

SOUPES GÉNÉRALES

Mois de mai 1917

ARRONDISSEMENT	NOMBRE		de litres	Prix de revient du litre
	de bénéficiaires			
	belges	évacués français		
Liége	314.609	1.182	4.361.786	0.160
Verviers. . . .	75.988	—	1.229.433	0.187
Huy	33.577	3.778	404.648	0.167
Waremme	18.301	2.777	293.863	0.160
Province de Liége	442.475	7.737	6.379.730	0.163
	450.212			

DENRÉES IMPORTÉES EN KILOGRAMMES

ARRONDISSEM.	Lard	Saindoux	Pois et haricots	Riz et dérivés	Farine de maïs	Lentilles
Liége	5.124	22.837	59.925	16.632	71.944	665
Verviers. . . .	3.937	11.984	26.140	15.338	34.286	—
Huy	1.809	3.0.7	7.972	3.656	11.717	—
Waremme	732	1.524	4.140	1.289	7.287	—
Province de Liége	11.238	39.362	98.177	36.915	125.234	665

N.D. — Par suite du manque de vivres la ration moyenne mensuelle en produits importés fournie en mai sous forme de soupe a été par personne, de 692 grammes, soit plus de 40 0/0 en dessous de celle adoptée précédemment par le Comité Provincial. La valeur nutrive de la ration, malgré l'emploi d'une plus forte proportion de vivres indigènes, a diminué en moyenne de près de 35 0/0, alors que l'état d'affaiblissement de la population exigerait une augmentation notable immédiate. Nous devrions pouvoir disposer mensuellement pour les soupes du double de denrées C.R.B. consommées pendant ce mois.

Liége, le 28 juin 1917.

Province de **LIMBOURG** — ŒUVRES et SOUPES

Marchandises employées en mai 1917

PRODUITS DE LA C. R. B.		PRODUITS INDIGÈNES		
Farine	19.425 kgs	Pommes de terre		20.400 kgr
Pois	595 »	Rutabagas		12.882 »
Haricots	65.708 »	Carottes		5.298 »
Céréaline	50.083 »	Oignons		204 »
Lard	10.669 »	Poireaux	pour	965 frs
Riz	20.807 »	Autres légumes	»	4.162 »
Lentilles	700 »	Viande		9.473 kgs
Lait	3.204 boîtes	Issues de boucherie		928 »
		Torréaline		91 »
		Beurre		5 »
		Lait		4.884 litres
		Sel		13.440 kgs
		Sucre		142 »
		Épices	pour	1.168 frs

NOMBRE DE RATIONS DISTRIBUÉES EN MAI 1917

Soupes populaires	2.323.985 rations
Repas scolaires	1.079.588 »
Cantine maternelle	1.536 »
Enfants débiles	6.935 »
Dispensaires pour tuberculeux	2.815 »
Œuvres de l'enfance	26.225 »
Diners économiques	35.875 »

Marchandises employées en juin 1917

PRODUITS DE LA C. R. B.		PRODUITS INDIGÈNES	
Farine	30.747 kgs	Pommes de terre	17.473 kgs
Pois	9.079 »	Rutabagas	260 »
Haricots	71.627 »	Carottes	2.390 »
Céréaline	4.161 »	Oignons	11.931 »
Saindoux	20.904 »	Poireaux	82 frs
Lard	9.852 »	Autres légumes	8.382 »
Riz	18.516 »	Viande	26.398 kgs
Lentilles	29 »	Issues de boucherie	575 »
Lait	1.390 »	Torréaline	49 »
		Beurre	
		Sucre	149 l
		Lait	7.369 litres
		Sel	17.649 kgs
		Épices	7.536 frs

NOMBRE DE RATIONS DISTRIBUÉES

Soupes populaires	2.417.425 rations
Repas scolaires	1.131.697 »
Enfants débiles	15.460 »
Dispensaires	2.845 »
Cantine maternelle	1.795 »
Idem	3.065 »
Nourrissons	18.680 »
Diners économiques	76.245 »

Province de LUXEMBOURG — SOUPES

DENRÉES UTILISÉES EN MAI 1917

DÉSIGNATION	DENRÉES INDIGÈNES					DENRÉES IMPORTÉES					Total des denrées de la soupe	Pourcentage des denrées indigènes
	Pommes de terre	Grands légumes	Petits légumes	Viande et os	Total	Lard et saindoux	Pois et haricots	Riz	Céréa-lite	Total		
1° Poids . . .	kg. 52.694	kg. 25.269	kg. 5.747	kg. 2.231	kg. 85.941	kg. 14.021	kg. 34.963	kg. 16.018	kg. 10.163	kg. 77.165	kg. 163.106	53 %
Coût . . .	fr. 6.164	fr. 4.978	fr. 7.023	fr. 8.198	fr. 26.363	fr. 42.663	fr. 30.767	fr. 22.113	fr. 5.590	fr. 100.533	fr. 126.896	21 %
Valeur énergétique en calories	47.773	14.885.000		777.000	63.435.000	108.250.000	217.463.000 farineux			325.713.900	389.168.000	16,3 %

2°) Rations distribuées 1.034.424

3°) Prix de revient par ration . . . . 19,3 centimes

4°) Valeur énergétique moyenne par ration . . . 376 calories

Province de NAMUR — SOUPES POPULAIRES

Marchandises employées en mai 1917

PRODUITS DE LA C. R. B.

Riz	63.870.435 kgs
Haricots	19.680.638 »
Saindoux	4.541.205 »
Harengs	14.646 pièces
Pois	8.381.191 kgs
Lard	7.515.912 »
Cercaline	2.810.881 »
Farine de froment	60.000 »

PRODUITS INDIGÈNES

Viande	5.837.658 kgs
Betteraves, rutabagas, navets	13.547.000 »
Carottes	16.212.425 »
Choix	2.099.700 »
Oignons	13.230.930 »
Poireaux	19.567.850 »
Pommes de terre	5.396.500 »
Légumes séchés	702.090 »
Légumes divers	9.548.100 »
Assaisonnements	11.029.890 »

Prix moyen de revient de la ration 97.385 fr.

Nombre de rations distribuées 2.716.560.

Rapport au 1er Septembre 1917

Dans un de nos précédents rapports
nous avons eu l'honneur de vous signaler que LL. EE. les Ministres Protecteurs avaient rappelé à la Politische Abteilung bei dem General Gouverneur in
Belgien, la question posée par le Fo-
reign Office au sujet de l'application de

La convention des engrais

Le baron von der Lancken a répondu
comme suit, en date du 8 août, à la question qui lui avait été posée:

« *A. Phosphates bruts* exportés en Allemagne
» du 26 août au 31 décembre 1916 35.966 tonnes
» du 1er janvier au 31 mai 1917   26.484   »
» L'Allemagne qui, d'après la convention, a le
» droit d'exporter 10.000 tonnes par mois, n'a
» donc pas fait entièrement usage de cette
» clause.
» *Sels de potasse* importés de l'Allemagne en
» Belgique :
» du 26 août au 31 décembre 1916 5.600 tonnes
» du 1er janvier au 31 mars 1917   3.100   »
» Il y a lieu d'ajouter à titre d'information
» que le transport des sels de potasse est or-
» dinairement exécuté au commencement de
» l'été. De cette manière, les quantités pour
» l'année 1916 avaient déjà été importées en
» Belgique pour la plus grande partie avant
» le mois d'août, c'est-à-dire avant la conclu-
» sion de la convention.
» Pour l'année 1917 les transports principaux
» ont commencé au mois de mai et l'autorité
» compétente croit pouvoir décharger une
» quantité d'environ 50.000 tonnes jusqu'au
» mois d'août courant. En outre, un stock
» pour 1918 sera, si possible, réservé au pro-
» fit de l'agriculture belge.

» B. L'importation d'*acide sulfurique* de
» l'Allemagne pour les usines à gaz et les
» fours à coke se monte :
» du 26 août au 31 déc. 1916 à   4.501,6 tonnes
» du 1er janv. au 31 mars 1917 à 3.266,4   »
» A une centaine de tonnes près, l'Allemagne
» a donc livré les quantités prévues par la
» convention.
» Quant à la répartition du *sulfate d'ammo-
» niaque* il était à tenir compte des quantités
» produites jusqu'au 25 août et de celles exi-
» stant à cette date. D'après le mode de répar-
» tition antérieur, il revenait à l'Allemagne
» 2/3, à la Belgique 1/3. Or, la production des

» usines à gaz pendant la période en question
» (du 1er octobre 1915 au 25 août 1916) s'éle-
» vait à   5.210 tonnes
» celles des fours à coke à   2.710   »

                   total   7.920 tonnes
» dont 1/3 = 2.640 tonnes, a été livré à la Bel-
» gique. L'Allemagne avait donc droit à 5.280
» tonnes, tandis qu'elle n'en a reçu que 2.096,
» le transport du reste de 2.584 tonnes étant
» remis à un terme ultérieur.
» Pendant la période du 26 août 1916 au 31
» mars 1917 les usines à gaz et les fours à co-
» ke ont produit 7243 tonnes de sulfate d'am-
» moniaque; une quantité d'eaux ammoniaca-
» les équivalente à 240 tonnes de sulfate a été
» mise à la disposition des Etablissements
» Solvay.
» De la production totale de 7.483 tonnes,
» 5/11 = 3.401 tonnes, reviennent à l'Allemagne,
» 6/11 = 4.082 tonnes à la Belgique. Cette der-
» nière a reçu 2620 tonnes, tandis que les trans-
» ports en Allemagne, qui a droit à 3.401 plus
» 2.584 = 5.985 tonnes, s'élevaient à 4.329 tonnes.
» Une quantité de 1.656 tonnes reste donc enco-
» re à livrer à l'Allemagne, conformément au
» mode de répartition convenu.

» C. Concernant les quantités d'acide sulfu-
» rique mises à la disposition des fabricants
» de superphosphates, depuis l'entrée en vi-
» gueur de la Convention jusqu'au 31 décem-
» bre 1916, les quantités de superphosphates
» fabriqués, pendant cette période, et les
» quantités de superphosphates mises à la dis-
» position de la Belgique, toutes les données
» n'ont pas encore pu être réunies.
» D. Tous les os produits par les abattoirs
» civils ont été mis à la disposition de la popu-
» lation civile en Belgique. Les quantités se
» montent à
» du 26 août au 31 décembre 1916 764.583 Kgs
» du 1er janvier au 31 mars 1917   537.738 Kgs
» Quantités de *poudre d'os calcinés* distribuées
» en Belgique :
» du 26 août au 31 décembre 1916 461.611 Kgs
» du 1er janvier au 31 mars 1917   543.566 Kgs
» Tous les os produits dans les abattoirs mi-
» litaires ont été exportés en Allemagne.
» Pour les stocks, les indications ne nous
» sont pas encore parvenues.

» E. Les quantités de *phosphates Rhénania*
» livrées aux agriculteurs belges s'élevaient :
» du 26 août au 31 décembre 1916 à 482 tonnes
» du 1er janvier au 31 mars 1917   462 tonnes
» D'après les informations que j'ai reçues,
» la livraison de si minimes quantités ne peut
» pas être attribuée aux fabricants, mais plu-
» tôt au peu d'intérêt montré par le Comité

» National pour les phosphates Rhénanie.
» Malgré les offres réitérées il n'était pas pos-
» sible à l'usine de phosphates d'Obourg de
» vendre des quantités considérables.

« F. Les contingents d'engrais sulfates d'am-
» moniaque et superphosphates existant au
» moment de l'entrée en vigueur de la Con-
» vention ne peuvent être encore fixés, les
» renseignements relatifs à cette question
» n'étant pas encore parvenus.

« G. Le prix de l'acide sulfurique à 60° Bau-
» mé était pendant la période du 26 août au
» 31 décembre 1916 de 8 à 10 Frs, pour celle
» du 1er janvier au 31 mars 1917 de 10 à 12
» Frs les 100 Kgs.

« H. Il n'existe pas de statistique pour les
» phosphates basiques produits par les acié-
» ries belges. Les quantités fabriquées ainsi
» que les stocks existant au 26 août 1916 ont
» été mis à la disposition de l'agriculture bel-
» ge. Aucune exportation n'a eu lieu vers
» l'Allemagne. »

Une réponse de la Politische Abteilung nous est également parvenue en date du 23 août relativement aux memorandums adressés par les Ministres Protecteurs les 9, 16 et 31 mai dernier au sujet de

L'exportation du bétail et de la viande

Il résulte de ce document qu'un des principaux trafiquants, le nommé Rotschild, attaché à la direction militaire des chemins de fer et tenancier du buffet de la gare de Liège a été déplacé en Roumanie.

Comme suite à nos différentes interventions, ce document fait également mention de nouvelles mesures prises par le Gouverneur Général dans le but d'empêcher l'exportation.

L'arrêté en date du 5 juin, reproduit ci-dessous, et complété par celui du 10 août, nous a paru devoir être porté à votre connaissance.

ARRÊTÉ DU 5 JUIN 1917.

Les transports par chemin de fer ou par eau des bêtes de boucherie (y compris les porcs) ne sont permis qu'à l'intérieur du territoire du Gouvernement Général et ne pourront se faire, à partir du 1er juillet 1917, qu'en vertu d'un passavant délivré par le chef de l'arrondissement (Kreischef) d'où viennent les bêtes à transporter.

Le passavant indiquera le lieu d'où vient la bête, le lieu de destination, ainsi que les stations de départ et d'arrivée du transport par chemin de fer ou par eau.

Il n'est pas permis de faire suivre le transport au-delà de la station d'arrivée à moins qu'un nouveau passavant ne soit délivré.

ARRÊTÉ DU 10 AOUT 1917.

L'arrêté du 5 juin 1917 (bulletin officiel des lois et arrêtés page 3838) n'introduit l'obligation d'un passavant que pour les transports de bêtes de boucherie, par chemin de fer ou par

eau, à l'intérieur du territoire du Gouvernement Général.

Cependant, il convient de permettre au chef d'arrondissement (Kreischef) de contrôler tous les transports de bétail par chemin de fer ou par eau, parce que, ensuite de nombreux transports de bétail exécutés grâce à de fausses déclarations, on est parvenu, à l'encontre du désir de l'autorité, à faire sortir des bêtes de boucherie de leur district.

Pour ce motif, l'arrêté du 5 juin 1917 est modifié en ce sens que, à l'intérieur du Gouvernement Général, tout transport de bétail par chemin de fer ou par eau ne peut se faire qu'en vertu d'un passavant.

Der Generalgouverneur in Belgien
(s) Freiherr v. Falkenhausen

Fraudes à l'exportation

Comme suite aux réclamations réitérées, faites par notre Comité à la Vermittlungsstelle, il semble que les autorités allemandes se sont préoccupées d'entraver la contrebande et le colportage par la voie ferrée de Welkenraedt.

L'extrait suivant d'un rapport de notre délégué espagnol pour la province de Liège, en fait foi:

« Le nouveau commandant allemand de
» Welkenraedt a procédé cette semaine com-
» me la précédente : il continue à se trouver
» à l'arrivée des trains venant de l'intérieur
» et donne l'ordre à ses subalternes de proté-
» ger les douaniers belges dans l'exercice de
» leurs fonctions. Il semble être décidé à faire
» le nécessaire pour enrayer la fraude et son
» intervention ne se limiterait pas aux civils
» mais s'étendrait également aux soldats. »

II. — DOCUMENTS RELATIFS AUX CENTRALES

La Politische Abteilung bei dem General Gouverneur vient d'adresser, en date du 20 août, aux Ministres Protecteurs une note générale sur le fonctionnement des différentes centrales. Nous croyons devoir vous la transmettre textuellement ci-après, non seulement parce qu'elle traite du fonctionnement de chacun de ces organismes, mais encore pour vous montrer que notre action incessante et nos réclamations réitérées ont finalement ému l'autorité allemande au point de lui faire dresser cet important mémoire. La lecture de ce document vous permettra de constater le rôle utile des délégués belges dans les centrales, nous n'en voulons pour preuve que l'attitude très énergique des Représentants Belges de la Centrale des Huiles, qui ont, jusqu'à présent, fait différer la saisie des graisses de rognon.

Ce rapport nous étant parvenu, il y a quelques jours seulement, n'a pu, jusqu'à présent, faire l'objet d'une vérification complète de notre part, au point de vue des chiffres qui y sont cités et des quelques considérations spéciales qui y sont exprimées. Le Comité espère pouvoir se servir de ce document pour continuer son action auprès des autorités compétentes afin d'obtenir le contrôle complet qu'il n'a cessé de réclamer jusqu'ici et de rendre plus active la participation des membres belges attachés aux différentes centrales.

III. — VIVRES INDIGENES

Pour compléter les renseignements contenus dans notre précédent rapport, concernant l'acquisition des légumes par les intercommunales, nous avons le plaisir de vous annoncer que des bureaux d'achat ont été organisés dans les centres suivants:

A. *Bureau de Malines*, dirigé par M. le Docteur Lamborelle, siège principal: rue de la Station, 3.

B. *Bureau de Louvain*, dirigé par M. Henri Beckers, siège principal : rue de Namur, 104.

Filiales à Aerschot et à Haecht, dirigées par M. Jacquemin, à Aerschot, Grand'Place.

C. *Bureau de Namur*, dirigé par M. Grafé, siège principal: rue de l'Etoile, 6.

D. *Bureau d'Anvers*, dirigé par M. l'Echevin Strauss.

Ces bureaux ont déjà reçu quantité de demandes d'achat de la part des coopératives du pays.

L'organisation du séchage des légumes prend également l'extension souhaitée. la plupart des intercommunales, des soupes, et des œuvres de secours se sont organisées en conséquence.

La situation du ravitaillement de la population est néanmoins fort précaire eu égard à la rareté des

IV. — VIVRES IMPORTES

En effet il ressort des statistiques dressées par le Comité National for Relief in Belgium, que, pour le trimestre du 1er mai au 31 juillet le manque mensuel des importations se résume ocmme suit:

Froment	16,107	tonnes
Féculents: pois, haricots,		
riz et maïs	14,548	»
Lard et Saindoux	4,861	»
Divers	2,799	»

38,315 tonnes

En présence de ces chiffres on comprend facilement la détresse croissante de la population et l'effroyable misère qu'il nous sera impossible de combattre si l'on ne porte pas d'une manière pressante remède à la situation qui de jour en jour s'aggrave à l'approche de l'hiver.

Il y a lieu de signaler également que la récolte de pommes de terre est particulièrement mauvaise cette année par suite des grandes pluies et des inondations qui se sont produites dans les diverses régions du pays.

L'absence des distributions de graisses et d'albuminoïdes est cause du dépérissement de la population.

Le manque d'importation a frappé principalement les régions industrielles où le chômage est presque général, par suite de la fermeture des usines.

Bien des ouvriers ayant jusqu'à présent refusé tout travail ou toute collaboration en faveur de l'occupant se sont vus forcés d'étouffer leurs sentiments patriotiques et de signer des contrats de travail rémunérateurs en Allemagne plutôt que de voir leur famille réduite à la misère par suite de privations.

L'émigration croissante des ouvriers aurait sans aucun doute pour conséquence non seulement d'atteindre d'une façon grave la main-d'œuvre belge après la guerre, mais encore de causer indirectement une prolongation de la situation actuelle.

Nous vous prions instamment d'intervenir auprès des Gouvernements intéressés à l'œuvre du ravitaillement en appuyant sur la gravité de la situation pour obtenir une augmentation des importations.

LES DIRECTEURS.

Comité Consultatif du Bureau Central des Huiles pour les questions relatives à la *production et la répartition des aliments provenant des huiles et graisses belges.*

Deuxième séance

tenue à Bruxelles, le 17 juillet 1917, à 4 1/2 heures de l'après-midi, dans la salle des conférences du Bureau Central des Huiles.

Ordre du jour:

1. Réunion du Comité à des dates régulières.
2. Production et répartition des graisses alimentaires et des matières alimentaires destinées aux animaux.
3. Saisie de la graisse des rognons des bovidés et des moutons.
4. Répartition du beurre.

3*

Sont présents :

A titre de Membres du Comité :

MM. le Dr von Köhler, Directeur, ministériel, chef de la section du Commerce et de l'Industrie, Président ;

le Dr Rieth, chef de la section économique du Département politique ;

Brinckmann, 1er chef du Bureau central des huiles ;

W. van Autgaerden, vétérinaire belge, à Tirlemont ;

M. Warnants, agronome belge de l'Etat, à Louvain ;

et en outre

Josky, 2e chef du Bureau central des huiles ;

Schädlich, sous-chef du Bureau central des huiles ;

le Dr Vaerst, vétérinaire militaire, détaché auprès du Bureau central des huiles ;

le Dr Dahlberg, représentant du Commissaire de surveillance auprès de la Fédération nationale des unions professionnelles de marchands et producteurs de beurre ;

Bundfuss, chef de division au Bureau central des huiles.

Le Président. — Le procès-verbal de la première séance du Comité, tenue le 19 janvier de l'année courante, a été envoyé à ces Messieurs. Un retard s'est produit par le fait que ce document devait être traduit en flamand et en français.

Nous mettrons tout en œuvre pour qu'à l'avenir cette traduction puisse se faire plus tôt.

1er point à l'ordre du jour.
Réunion du Comité à des dates régulières

Après l'expédition du procès-verbal, ce n'est que le 15 avril que ces Messieurs nous ont transmis leurs vœux, notamment celui de voir les séances se suivre à des intervalles plus courts. Nous avons immédiatement déclaré, par écrit, que nous étions tout disposés à prendre cette mesure, et je vous propose de nous réunir *toutes les 8 semaines*, régulièrement le 15 du mois ou bien, si le 15 est un samedi ou un dimanche, le lundi suivant. Ces Messieurs se rallient-ils à cette proposition ?

Autgaerden. — Oui, d'accord.

Le Président. — La prochaine séance aura donc lieu le 17 septembre.

2ème point à l'ordre du jour.
Production et répartition des graisses alimentaires et des matières alimentaires destinées aux animaux

Ces Messieurs ont reçu un extrait du rapport semestriel du Bureau central des huiles pour la période de janvier à juin 1917 (annexe 1). A l'avenir, ce rapport sera dressé tous les six mois et vous parviendra régulièrement.

Schädlich. — Le rapport signale un léger recul de la production de la Fonderie de suif. Cela résulte de la diminution des abatages et, avant tout, du fait que le bétail abattu est plus maigre et d'un rapport moindre.

Alors que, précédemment, nous comptions sur un rapport de 74 %, il est descendu actuellement à 54 %; la moyenne du semestre écoulé était de 60 % à 65 %.

Les entrées de graisse brute, pendant le semestre dernier, se sont élevées au total à 347,629 kgs. Ces messieurs ont exprimé le désir de voir fournir des renseignements détaillés au sujet de ces entrées; c'est pour ce motif que le rapport donne les chiffres par province et par mois. Il n'est pas possible d'insérer dans le rapport des indications plus circonstanciées au sujet des livraisons de graisse brute dans chaque localité en particulier; le document prendrait des proportions trop vastes.

Les quantités de graisse brute résultant d'abatages privés et celles provenant d'abatages pour le compte de l'autorité militaire sont renseignées séparément dans l'appendice au rapport. Les abatages d'ordre militaire ont produit en chiffres ronds 12,000 kgs de graisse brute, ce qui représente environ 8,000 kgs de graisse alimentaire. Les institutions militaires — les casinos et les « soldatenheime » — n'ont reçu que la moitié environ de cette quantité, en chiffres ronds 4400 kgs. L'autre moitié a été répartie également entre les communes belges et les institutions belges de bienfaisance, les établissements de consommation et les restaurants belges, ainsi qu'à la fabrique de margarine Van den Bergh, qui vend la margarine dans le pays.

Au rapport semestriel est joint également un résumé de la répartition de la farine animale, provenant des établissements d'utilisation des cadavres d'animaux. Ces institutions militaires et autres institutions allemandes ont fourni environ 20 % des 10,269 cadavres d'animaux mis en œuvre et représentant un poids total de 1,100,000 kgs. De la farine animale ainsi produite, 21,0z0 kgs seulement, soit à peine 12 % ont été fournis à des amateurs allemands, alors que les amateurs belges ont reçu 184,000 kgs, et qu'il nous reste encore des commandes pour 45,000 kgs, de telle sorte que le pays bénéficie au total de 229,000 kgs., soit de 88 % de la production générale. Des 184,000 kgs livrés à des institutions belges, 117,000 kgs sont allés au Comité National, le reste a été fourni directement à des associations agricoles, des communes, etc.,.

Président. — Ces Messieurs désirent-ils poser des questions au sujet du rapport?

Warnants (en flamand). — Nous avons déjà demandé par écrit s'il n'est pas possible d'indiquer d'une façon précise les quantités de graisse brute entrées dans les différents abattoirs et les quantités de graisse alimentaire délivrées aux différents endroits. Le rapport ne cite les chiffres que pour toute la province et le mois entier; il nous serait toutefois agréable de recevoir des renseignements détaillés à ce sujet.

Schädlich. — Le rapport fournit le chiffre global par province parce que des renseignements détaillés pour chaque localité donneraient au document une étendue trop grande. J'ai ici la liste des entrées de graisse brute provenant des diverses localités de la province d'Anvers. C'est un document étendu, bien que, pour chaque localité, les livraisons soient déjà classées par mois. Les comptes détaillés sont à la disposition de ces Messieurs. Je dois, toutefois, faire remarquer qu'il n'est pas possible de déterminer pour chaque localité séparément, les quantités de graisse brute livrées, car nos listes ne renseignent que les endroits où demeurent les acheteurs, dont l'activité s'étend à de petits districts composés de plusieurs communes.

Le Président. — Peut-être ces Messieurs pourraient-ils prendre connaissance des états ou faire quelques essais.

Schädlich. — Voulez-vous que je vous donne les chiffres détaillés pour la province d'Anvers ou pour toute autre province?

Autgaerden. — Pour le Brabant, je vous prie.

Schädlich. — Quel mois désirez-vous?

Warnants. — Le mois de juin.

Schädlich. — Pendant le mois de juin 1917, les quantités suivantes de graisse brute ont été livrées par les acheteurs:

Aerschot	27.5 kgs
Assche	57.5 »
Bruxelles	12,066 »
Diest	73 »
Hal	154 »
Jodoigne	93 »
La Hulpe	27 »
Londerzeel	117 »
Louvain	608 »
Nivelles	191 »
Perwez	15 »
Tirlemont	73 »
Tubize	43 »
Vilvorde	188 »
Wavre	227 »

Le Président. — Si par suite vous désirez encore obtenir des renseignements détaillés au sujet de certaines provinces en particulier, il vous suffira toujours de vous adresser par écrit au Bureau Central des huiles qui, en tout temps, sera tout disposé à vous soumettre les listes dans ses locaux.

Autgaerden. — Il reste la répartition.

Schädlich. — Le rapport donne le résumé par mois. L'indication de chaque livraison en particulier mènerait évidemment à de trop grands développements. Prenons la première rubrique du tableau et considérons quelques livraisons de graisse alimentaire effectuées à des communes belges et à des établissements de bienfaisance. Par exemple, pendant le semestre écoulé, il a été livré

à la commune de Tirlemont		1210 kgs
id.	Wilryck	168 »
id.	Anvers	8151 »
au comité de secours d'Ixelles		481 »
aux magasins Communaux de Mons		1370 »
id.	d'Anderlecht	800 »
id.	de Soignies	330 »
id.	de Thuin	508 »
id.	de Willebroeck	289 »
id.	de Boom	250 »
id.	d'Hemixem	40 »
id.	de La Louvière	1080 »

En outre, de très grandes quantités de graisse alimentaire ont été livrées aux établissements de consommation d'exploitations belges établies dans les provinces de Hainaut, de Liége et de Namur. Les renseignements précis font défaut par la raison que la répartition se fait sur place par les présidents de l'administration civile et les commissaires civils.

Autgaerden. — Il me serait encore agréable d'apprendre sur quelles bases s'opère la répartition.

Schädlich. — Aux communes qui se sont adressées à nous, nous avons fourni la quantité de graisse alimentaire correspondant aux quantités de graisse brute délivrées par elles. Il va de soi que nous n'avons rien fourni aux communes qui n'ont rien réclamé. Sans cela, il ne nous serait rien resté pour les installations belges de bienfaisance, les établissements de consommation relevant de la Croix-Rouge de Belgique les restaurants belges et la fabrique de margarine Vanden Bergh.

Warnants. — Il est, toutefois, entendu que les communes peuvent obtenir la quantité de graisse alimentaire correspondant à la quantité de graisse brute livrée par elles?

Schädlich. — Parfaitement.

Le Président. — Aucune autre question n'est posée? Je répète qu'il sera toujours loisible à ces Messieurs de s'adresser à la Direction du Bureau central des huiles pour exprimer des vœux ou poser des questions.

Nous abordons à présent le *troisième point de l'ordre du jour. Saisie de la graisse des rognons des bovidés et des moutons.*

Brinckmans. — Le Comité n'a pas seulement, dans ses obligations, à s'assurer que la répartition des graisses se fait exclusivement à l'avantage de la population belge; il lui appartient aussi de discuter les mesures propres à améliorer la situation existante. Depuis un an, je m'occupe de la question de la saisie de la graisse des rognons et, déjà en janvier dernier, j'avais escompté l'assentiment du comité pour réaliser cette mesure. Malheureusement, ces Messieurs, après la réception du procès-verbal, ne se sont pas prononcés sur cette question; de là un retard dont je n'ai pas à me réjouir.

Je suis d'avis que la graisse des rognons, tout comme le cuir, devrait être saisie par le Bureau central des huiles et répartie par lui entre les intéressés. Ces Messieurs ont pu se convaincre à l'instant de l'exactitude, qui préside à la répartition. La graisse alimentaire provenant des abatages effectués pour les services de l'armée n'a pas même été attribuée dans son ensemble aux casinos militaires et aux «Soldatenheime»; une grande partie en a été acquise à la population civile belge. Vous voudrez bien me concéder que cette répartition vous satisfait en tous points et pouvez, en revanche, nous accorder la confiance que

la graisse des rognons sera également utilisée au mieux des intérêts de la population belge.

Déjà, à la date du 7 février 1917, S. E. Mr le Gouverneur Général a pris un arrêté concernant la saisie de la graisse des rognons (annexe 2). L'exécution de cet arrêté est subordonnée à la publication, par le Bureau central des huiles, de prescriptions relatives au traitement à réserver à la graisse des rognons ainsi qu'à la désignation d'acheteurs par ce même bureau. Je recommande au Comité de prendre aujourd'hui une décision au sujet des dispositions réglementaires. Les lettres aux acheteurs sont prêtes et doivent être expédiées aujourd'hui encore; nous ne les avons pas envoyées jusqu'à présent parce qu'il nous a paru convenable de recueillir tout d'abord l'avis du Comité qui, déjà à la séance de janvier dernier, s'est occupé de la question.

Je vous prie de vous déclarer d'accord au sujet de la saisie et de l'utilisation économique par le Bureau central des huiles, de la graisse des rognons des animaux de boucherie.

Le Président. — Ces Messieurs désireront sans doute faire connaître leur avis?

Warnants (en flamand). — Il me semble que la saisie de la graisse des rognons doit être subordonnée à la question de la répartition.

Déjà actuellement, les villes ne parviennent pas à acquérir de la graisse en quantité suffisante, bien que le commerce de la graisse des rognons soit libre. Si vous saisissez également cette graisse, il conviendra de veiller à ce que toute la graisse, tant le suif que la graisse des rognons, soit répartie entre toute la population, de façon que tout le monde puisse obtenir régulièrement de la graisse. La répartition devrait s'effectuer par l'intervention du Bureau central au même titre que celles du sucre et du beurre.

Schädlich. — La répartition entre les intéressés de la graisse provenant des abatages, est impraticable parce que les quantités sont trop minimes. Il est matériellement impossible de partager entre les millions de personnes que compte la population du pays, les 13,000 kgs de graisse alimentaire que nous obtenons mensuellement.

Warnants. — Actuellement on répartit, sous contrôle, le beurre et on répartit la graisse, mais le tout est insuffisant. Si l'on saisit également la graisse des rognons et que, à l'époque de la pénurie du beurre, on distribue la graisse alimentaire, il est probable qu'alors la graisse et le beurre ensemble suffiraient à la population.

R i e t h. — Je ne pense pas que de cette façon nous parviendrions à pourvoir la population de la quantité de graisse nécessaire. Un rationnement absolu serait impossible parce que, à raison du prix, la graisse profite à d'autres classes de la population que le beurre. Puis, la quantité à répartir est trop minime pour que la distribution en puisse justifier la création d'un organisme nouveau. Dans ces conditions, je me demande si, effectivement, une nécessité urgente réclame l'utilisation économique de la graisse des rognons.

B r i n c k m a n s. — Je dois absolument maintenir ma proposition. La nécessité d'une utilisation économique centrale de la graisse des rognons ressort déjà du fait qu'à présent un grand nombre de gens qui, après l'abatage, acquièrent la graisse des rognons à un prix relativement avantageux, la cèdent à des commerçants qui la font servir à la fabrication du savon, en réalisant de gros bénéfices. Dans les circonstances actuelles, il est inouï d'abandonner cette graisse excellente aux savonneries. Dans l'intérêt même de la population belge, il est hautement désirable que l'autorité mette la main sur ce produit et fasse servir la graisse des rognons intégralement à des buts alimentaires et en fasse la répartition, tout comme elle agit avec le suif.

J o s k y. — Si chaque commune ne reçoit que la minime quantité de graisse alimentaire qui lui revient à la suite du rationnement général, il en résultera fatalement une diminution dans la livraison de la graisse. A plusieurs reprises, nous avons pu constater que, malgré toutes les rigueurs et toutes les mesures de police, la population restreint la livraison des objets qu'elle est obligée de fournir, du moment que le Bureau central ne les lui restitue pas en quantité suffisante. Il s'ensuivrait donc que nous recevrions moins également des communes qui, actuellement, livrent des quantités relativement importantes de suif. Cela ne milite pas en faveur du rationnement.

S c h ä d l i c h. — En ce qui concerne le beurre, on dispose de plus grandes quantités pour l'utilisation économique centrale parce que des laiteries déterminées livrent la totalité de leur production. Mais la graisse des animaux de boucherie n'est produite, en général, qu'en minimes quantités, un ou deux, ou trois, voire 10 à 12 kgs par tête lorsqu'il s'agit de bêtes exceptionnellement pesantes. Combien les quantités de graisse brute qui nous parviennent sont minimes, c'est ce qui résulte notamment des chiffres cités pour la province du Brabant, où certains districts n'ont livré pour le mois que 50 à 60 kgs. Si, à présent, nous saisissons également la graisse des rognons, le prix de la graisse dans le commerce s'élèvera considérablement et la tentation de ne pas livrer la graisse et de la vendre sous main pour les bouchers deviendra d'autant plus grande. Par suite du rationnement, le peu de graisse que nous obtenons encore nous échapperait également.

R i e t h. — Ces considérations me paraissent plaider contre l'utilisation centrale de la graisse des rognons. A plusieurs reprises, déjà, nous avons pu constater que, du moment qu'un article est centralisé, la marchandise disparaît presque complètement du marché. Cela étant, l'extention de la centralisation à l'utilisation de la graisse des rognons pourrait avoir pour résultat de ne plus nous faire obtenir dans les proportions actuelles, la graisse qui, à présent, est mise à notre disposition. Les arguments invoqués par M. Brinckman ne me paraissent pas péremptoires au point de nécessiter, dans les circonstances actuelles,une accentuation de la centralisation en matière d'utilisation économique.Cela étant, je propose, contrairement à l'avis de M. Brinckman, de maintenir le statu quo, de ne modifier en rien la répartition du suif et de renoncer à la saisie de la graisse des rognons.

L e P r é s i d e n t. — Il en résulterait que les dispositions réglementaires nécessaires à l'exécution de l'arrêté du 7 février ne seraient pas publiées et que l'arrêté, provisoirement, ne serait pas appliqué.

B r i n c k m a n. — Jusqu'à ce moment, aucune quantité de graisse des rognons n'a été saisie. Mais les lettres pour les acheteurs sont prêtes et elles pourraient être expédiées encore aujourd'hui, si le Comité voulait donner son consentement à la saisie. Si ces Messieurs se ralliaient à la proposition de M. Rieth, je serais obligé de renoncer provisoirement à la saisie de la graisse des rognons. Il ne serait, toutefois, pas possible d'y renoncer définitivement, au

cas où la graisse du dos des animaux,
plus encore que dans le passé, continuait à servir à la fabrication du savon.

Le Président. — Ne pourrions-
nous pas nous borner à suivre la marche des événements pendant les deux
premiers mois qui vont venir et examiner de nouveau la question dans la prochaine séance du Comité? Si, dans l'entretemps, la graisse des rognons était
utilisée à la fabrication du savon dans
de plus grandes proportions encore, nous
serions bien obligés de publier des dispositions réglementaires, et, par le fait,
de mettre effectivement l'arrêté en exécution. Dans ce cas, j'aurais soin toutefois de convoquer d'abord encore une fois
le Comité.

Brinckman. — A défaut de mieux,
je me rallie à ce que la question soit
ajournée encore deux mois. Toutefois, si
la situation s'aggrave, j'insiste pour
qu'une nouvelle séance ait lieu avant
l'expiration du nouveau délai, même au
bout du premier mois.

Autgaerden & Warnants se
prononcent de nouveau contre la proposition de M. Brinckman et se rallient à
celle de M. Rieth.

Le Président. — Je crois donc
pouvoir formuler la *décision* suivante,
qui résume toutes les opinions émises.

Il est renoncé provisoirement à la publication de dispositions réglementaires.
A la séance prochaine du Comité, vers la
mi-septembre, la question sera de nouveau discutée. Au cas où les circonstances urgentes nécessiteraient des mesures
plus expéditives, le Comité serait convoqué en séance extraordinaire. D'ici là, le
statu quo sera maintenu.

Cela étant, nous pouvons passer *au
dernier point de l'ordre du jour: Répartition du beurre.*

Dahlberg. — Afin de combattre le
désordre effréné et les machinations louches dont souffrait le commerce du beurre, Son Excellence M. le Gouverneur Général, par un arrêté en date du 26 juillet
1916, (annexe 3) avait fait dépendre
l'autorisation d'exercer le commerce du
beurre de l'affiliation au commerce organisé. Cette organisation syndicale du
commerce professionnel du beurre n'a-
vait en rien entravé la liberté du commerce. Comme par le passé, sous le régime de la paix, les consommateurs
continuaient à être approvisionnés par
une série de commerçants. Ce n'est
qu'à la publication de l'arrêté du 22
août 1916 (Annexe 4) que l'initiative in-

dividuelle a définitivement fait place
à l'initiative collective et que la «Fédération nationale des unions professionnelles de marchands et producteurs de beurre» a été chargée de l'utilisation économique de tout le beurre produit dans le pays.

En d'autres termes, le but de l'arrêté
était d'approvisionner la population belge de beurre aussi uniformément que
possible. La Fédération, les organismes
y affiliés et ses membres obtenaient le
droit exclusif d'exercer le commerce
professionnel du beurre. Par commerce
professionnel, il faut aussi entendre la
vente du beurre à des institutions de
vente fixes, ainsi que la livraison directe du beurre des laiteries aux consommateurs.

Par suite de l'isolement de la Belgique
des marchés des pays neutres et de l'in-
sécurité de l'importation de la graisse
par la voie maritime, l'utilisation économique de la production indigène ac-
quiert une importance capitale.

Afin de garantir en toute circonstance
l'indépendance de l'approvisionnement,
il a paru indispensable de mettre autant
que possible la main sur la totalité de
la graisse alimentaire produite, notamment en ce qui concerne le beurre et de
la mettre à la disposition de la collecti-
vité.

La «Fédération nationale des unions
professionnelles de marchands et producteurs de beurre», à qui fut confiée
la tâche importante de l'utilisation économique du beurre, fut soumise en même temps au contrôle d'un Commissaire. Celui-ci a le droit d'étendre sa surveillance sur toutes les opérations commerciales de la Fédération et des institutions qui lui sont affiliées.

Malgré les obstacles, d'ordre tant intérieur qu'extérieur, rencontrés au début
et aggravés par la diminution naturelle
qu'accuse la production pendant les
mois d'hiver, la quantité de beurre acquise mensuellement, qui, jusqu'en septembre 1916, n'avait été en moyenne que
de 400,000 kgs, dépassa déjà en octobre
1916, c'est-à-dire quatre mois après la
réglementation, le chiffre de 500,000
kgs. Grâce à l'organisation, il fut au
surplus possible de prévenir une grève
qui, à cause du manque de graisse, menaçait d'éclater parmi les ouvriers occupés à des travaux particulièrement fati-
guants. Dans ce but, avec l'assentiment
de S. E. M. le Gouverneur Général, et
sous la surveillance du Commissaire, la

Fédération répartit immédiatement de plus grandes quantités de beurre dans la région menacée. Voilà un résultat qui, certes, n'aurait pas été atteint si le beurre avait encore été abandonné au libre commerce et si la production n'en avait pu être centralisée qu'à la suite d'opérations absorbant un temps précieux. Ajoutons que, même dans cette dernière éventualité, la vente du beurre n'aurait pu se faire qu'à un prix inabordable pour la classe ouvrière, alors que la fixation du prix maximum de 5 à 6 frs, ainsi que la permettait l'organisation, rendait l'achat du beurre possible également aux bourses modestes.

En ce qui concerne l'approvisionnement de la population civile belge en général, déjà pendant le premier semestre de l'existence de l'organisme, il fut amplement suffisant dans les campagnes; par contre, dans les grands centres de consommation, il laissait encore à désirer. Alors que, par exemple dans l'arrondissement de Thuin dans les villes relativement importantes, les non-producteurs recevaient une ration hebdomadaire atteignant 150 gr. par tête, cette ration n'était que de 40 à 50 gr. dans les villes à population dense, telle qu'Anvers.

Pour remédier à cette situation, il fut procédé comme suit:

1. — Dans les campagnes, les rations furent diminuées dans une juste mesure et l'excédent fut attribué aux communes moins avantagées. C'est ainsi, par exemple qu'il fut expédié chaque semaine 1000 kgs de Thuin à Liège, 1000 kgs de Hasselt à Bruxelles, etc.

2. — De commun accord avec le Comité National, les personnes bénéficiant de l'importation de lard et de saindoux d'Amérique furent exclues de la répartition du beurre.

Ce but est favorisé par le règlement pris par diverses communes, notamment par l'introduction de la carte de beurre ainsi que par la fixation du contingent à attribuer aux marchands de beurre.

Toutes les interruptions qui, au début, se sont produites dans l'approvisionnement régulier de la population civile belge, ont cessé tout naturellement avec le commencement du printemps, lorsque les bêtes ont de nouveau été mises en pâture et qu'il en est résulté une augmentation notable de la production du lait. Ainsi, pendant les mois de mai et de juin 1917, la Fédération a pu assurer la répartition de 1,000,000 kgs, c'est-à-dire d'une quantité égale à celle distribuée pendant les 4 à 5 mois du début de l'organisation. Si l'augmentation continue dans les mêmes proportions, il sera possible, sans aucun doute, de recueillir les 3/5 ou 60 % de la production totale réalisée dans le territoire du Gouvernement Général. Les 2/5 ou 40 % restants viennent à l'actif d'une part du commerce clandestin, qui continue à s'exercer sur une grande échelle, d'autre part du nombre plus grand des abatages nécessités par la pénurie alimentaire, qui fait que le chiffre de la production déterminée pour le territoire actuel du Gouvernement Général d'après les statistiques établies sous le régime de la paix, doit subir une réduction. Il appartient de combattre le commerce clandestin du beurre avec un redoublement d'énergie, tant de la part des organismes de contrôle, créés par l'autorité allemande, que de la part de la police belge, de telle façon, que pendant les mois où la production du beurre est moindre, la différence puisse être compensée par l'augmentation des saisies de beurre frustré.

Dans les milieux belges intéressés, les prévisions pour l'avenir sont également favorables. Cela résulte d'une publication récente de l'institution auxiliaire du Brabant, suivant laquelle elle s'engage, pour les mois à venir, à fournir à la population civile belge au moins 200 gr. par habitant et par quinzaine. Cela fait 14 à 15 grammes par tête et par jour, pour la population de l'agglomération bruxelloise.

L'application du prix maximum officiel de 7.65 frs le kg dans le commerce de détail, si on le compare au prix de 16 et 18 frs qu'exigent actuellement les marchands clandestins, a permis à la Fédération de faire réaliser jusqu'à présent par les consommateurs un bénéfice que l'on peut évaluer à 20 ou 30 millions de francs ?

A remarquer, tout particulièrement, qu'un centre de consommation de l'importance de l'agglomération bruxelloise a déjà pu répartir, au cours de 8 semaines, plus de 1,000,000 kgs, alors que, dans les districts foncièrement producteurs, l'augmentation est encore notablement plus grande. A titre d'exemple, j'ai dressé un diagramme (annexe 5) pour l'arrondissement de Thuin, en ce qui concerne le 1r semestre 1917. Je dois faire remarquer que, par suite des fortes gelées du début de l'année, la production a été excessivement restreinte jusqu'au 1r avril. L'augmentation n'a pu conséquemment se manifester réellement que pendant les trois derniers mois. En admettant que la Fédération puisse continuer à augmenter les quantités de beurre à répartir entre la population belge en proportion de la production, il écherrait à la population du territoire du Gouvernement Général, par tête d'habitant suivant le bilan actuel, 8 à 10 grammes par jour. C'est là un résultat qui, tout compte fait, peut être considéré comme particulièrement favorable.

L'organisation actuelle peut être considérée, au point de vue de la vie économique en Belgique, comme une innovation ayant fait ses preuves. Il est à présumer qu'après la guerre les sphères intéressées en feront un sujet d'étude et auront soin, éventuellement d'en faire application.

Le Président. — Ces Messieurs désirent-ils poser une question au sujet de l'exposé qu'ils viennent d'entendre? Tel n'est pas le cas.

L'exposé sera inséré au procès-verbal, ce qui permettra à ces Messieurs de prendre position à ce sujet, soit par écrit soit à la prochaine séance du Comité.

A présent, il ne reste plus rien à l'ordre du jour. Ces Messieurs auraient-ils encore une question à poser ou désireraient-ils encore prendre la parole?

Autgaerden. — Non.

Le Président. — Cela étant, nous nous réunirons de nouveau le 17 septembre à moins qu'une utilisation plus abondante de la graisse des rognons à la fabrication du savon ne rende nécessaire la convocation d'une séance à une date antérieure. La séance est levée vers 6 heures.

Le Président (s.) von Köhler.

ANNEXE 1.

EXTRAIT
du rapport semestriel du Bureau Central des Huiles en Belgique pour la période de janvier à juin 1917

Graisses alimentaires et aliments destinés aux animaux

Graisses alimentaires

Considérée en elle-même, l'exploitation de la Fonderie de suif à été relativement normale pendant le premier semestre de l'année 1917. La pénurie de charbon, dont l'industrie s'est ressentie d'une façon si fâcheuse, n'a pas affecté la Fonderie. Les réserves ont pu être renouvelées à temps, encore que ce fut avec de grosses difficultés. Beaucoup plus désagréable et d'une influence plus désastreuse sur l'exploitation rationnelle a été la diminution constante des entrées de graisses brutes. Les causes en étaient multiples et le Bureau central des Huiles se trouvait impuissant à aider à leur disparition. Tout d'abord, le chiffre des abattages, comparativement au second semestre de l'année 1916, a accusé une diminution pour la raison que le nombre des têtes de bétail amenées aux abattoirs a été beaucoup plus restreint. En outre, et ici nous touchons à la cause essentielle, par suite de l'alimentation insuffisante, résultant de la pénurie de substances nutritives, les bêtes de boucherie sont à un tel point amaigries et décharnées, que les quantités de graisse réservées à la fonderie de suif se réduisent à l'extrême. D'un autre côté, malgré tous les moyens de contrôle mis en œuvre, il n'a pas été possible d'empêcher d'une façon absolue les fraudes de graisse brute dans les abattoirs. Les entrées de graisse brute pendant le premier semestre 1917 se sont élevées à 347,629 kgs. Elles se décomposent comme suit:

PROVINCES	Janvier	Février	Mars	Avril	Mai	Juin
	kg.	kg.	kg.	kg.	kg.	kg.
Anvers	9.304	6,435,5	8.463	7.019	7,598	7.007
Brabant	33.448,5	25.257,5	26.596,5	22,863	20.055,5	13,960
Hainaut	13.087	7.632,5	9.681,5	8.820	9,970	6.728
Limbourg	2.862,5	1.694,5	2.362	1,690,5	1.505,5	2.237,5
Liège	14.296	11.677,5	13.358	9.632	6.752,5	5.787,5
Luxembourg	1.350	799	1.747,5	1.155	1.537,5	1.296,5
Namur	4975	2.120,5	3.869,5	2.647	3.197	2,984,5
Flandre Orientale	520	524,5	674,5	549	643	275
	79.763	51.141,5	66,754.5	54.375,5	51.259	39.386

au total 347.629,5 kgs.

Elles ont donné les quantités de graisse alimentaire suivantes:

49.308 | 36.708 | 33.472 | 30.943 | 20.361 | 43.701

au total 184.493 kgs.

dont la répartition est indiquée au tableau ci-joint.

Il est permis d'escompter une augmentation des quantités et une amélioration de la qualité des graisses pour les mois prochains. Dans l'entretemps, les bêtes mises en pâture seront devenues propres à l'abatage et, grâce à une meilleure nourriture, auront acquis une graisse plus abondante et plus riche. Il en résultera aussi, dès le commencement du nouveau semestre, une augmentation des réserves de graisse alimentaire, auxquelles, par suite des circonstances énumérées ci-dessus, il a fallu puiser dans de notables proportions, et qui, à l'expiration du semestre envisagé dans le rapport, se sont réduites à 14.227 kgs.

Aliments destinés aux animaux

Pendant la période du premier janvier au 30 juin 1917, il a été produit:

de 10.269 cadavres d'animaux, pesant au total 1.100.000 kgs, *une quantité de farine alimentaire de viande, pesant au total 260.511 kgs.*

De cette quantité, 20 % proviennent d'institutions militaires ou autres institutions allemandes.

La répartition de cette farine s'est effectuée comme suit:

amateurs allemands	31.026 kgs — 11,91 %	
amateurs belges,		
quantité livrée		
jusqu'au 30-6-17 kgs 184.550		
quantité à livrer		
encore kgs 44.935		
	229.485 kgs — 88,09 %	
	260.511 kgs	

Des 184.550 kgs mentionnés ci-dessus, 116.900 kgs ont été répartis par le C. N.

ANNEXE 3.

ARRÊTÉ
concernant la réglementation du commerce du beurre.

Article 1er.

A partir du 1er septembre 1916, le commerce professionnel du beurre ne pourra être exercé que par le «Buttervertriebsverband», c'est à dire la «Fédération Nationale des Unions Professionnelles de Marchands et Producteurs de Beurre», par les associations professionnelles de marchands y affiliées et nommées Unions Professionnelles Provinciales de Marchands et Producteurs de Beurre et par leurs membres. Les statuts du «Buttervertriebsverband» sont soumis à mon approbation.

Ne sont pas considérés comme commerce, quant à l'application du 1er alinéa:

1. — L'achat et la vente de beurre pratiqués à titre non professionnel, notamment les achats et ventes conclus par les administrations de l'Etat et des communes, par les établissements et sociétés coopératives de consommation, par les institutions d'intérêt public et autres de même genre.

2. — Les ventes effectuées directement par le producteur aux consommateurs, au «Buttervertriebsverband», aux associations y affiliées ainsi qu'à leurs membres et, en outre, aux administrations établissements, etc. mentionnés au chiffre 1.

Article 2.

Les marchands de beurre ayant prouvé, par leur pratique commerciale, qu'ils n'étaient pas dignes de confiance, pourront être exclus de l'exercice du commerce du beurre, dans tout le territoire du Gouvernement Général, par le Président de l'Administration civile compétent pour le lieu de leur établissement.

Le président de l'administration civile a, en outre, le droit de soumettre à certaines restrictions l'achat et la vente du beurre par les personnes et associations mentionnées au chiffre 1 du 2e alinéa de l'article 1er.

Article 3.

Les personnes admises à faire des achats de beurre doivent pouvoir prouver, à tout instant, leur qualité d'acheteurs autorisés. Cette disposition ne s'applique pas aux personnes qui achètent du beurre en vue de leur propre consommation.

Article 4.

Les infractions aux dispositions précédentes seront punies d'une peine d'emprisonnement de police ou correctionnel d'un an au plus ou d'une amende pouvant atteindre 10.000 marcs. Les deux peines pourront être appliquées simultanément.

En outre, on pourra prononcer la confiscation des marchandises formant l'objet de l'infraction.

Article 5.

Les tribunaux et commandants militaires sont compétents pour juger les dites infractions.

Article 6.

L'article II de l'arrêté du 12 février 1916 (Bulletin officiel des lois et arrêtés, p. 1625) est abrogé.

Bruxelles, le 26 juillet 1916.

Der Generalgouverneur in Belgien
Freiherr von Bissing
Generaloberst.

C. C. VII 6944.

ANNEXE 2.

ARRÊTÉ
complétant l'arrêté du 9 décembre 1915 concernant l'utilisation de graisses brutes de bœuf et de mouton.

Article 1er.

En vue d'assurer l'approvisionnement en graisse, de la population civile, il est arrêté ce qui suit:

Les dispositions de l'arrêté du 9 décembre 1915 concernant l'utilisation des graisses brutes de bœuf et de mouton (Bull. off. des lois et arrêtés n° 153) ainsi que l'avis publié le même jour à ce sujet par le Bureau central des huiles (Oelzentrale) sont applicables aussi à la graisse des rognons.

Article 2.

Toute la graisse des rognons, brute ou fondue, qui se trouvera chez les marchands au moment de la publication du présent arrêté devra être livrée dans les 3 jours aux acheteurs à désigner par le Bureau central des huiles, moyennant payement des prix que le dit bureau établira à cette fin. La graisse des rognons devra être traitée conformément aux prescriptions publiées par le Bureau central des huiles.

Article 3.

Les infractions aux dispositions du présent arrêté et aux prescriptions publiées par le Bureau central des huiles en vertu de l'article 2, seront punies soit d'une amende pouvant atteindre 5000 marcs et d'un emprisonnement de 3 mois au plus, soit d'une de ces deux peines à l'exclusion de l'autre. En outre, on prononcera la confiscation de la graisse qui n'aura pas été livrée.

Les tribunaux et commandants militaires allemands sont compétents pour juger ces infractions.

Bruxelles, le 7 février 1917.

Der Generalgouverneur in Belgien
Freiherr von Bissing
Generaloberst.

ANNEXE 4.

ARRÊTÉ
concernant la réglementation du commerce
du beurre

Article 1er.

Dans toute exploitation, on devra employer dorénavant à la fabrication du beurre, la même quantité moyenne de lait que celle qui a été utilisée à cette fin jusqu'à présent.

L'utilisation du lait non écrémé en vue de la fabrication du fromage ne sera permise qu'aux personnes qui, avant le 1er août 1914, s'occupaient déjà professionnellement de la fabrication du fromage au moyen de lait non écrémé. Dans les exploitations de ce genre, la quantité maximum de lait non écrémé réservée à la fabrication du fromage ne devra pas dépasser la quantité employée à cette production antérieurement à la date du 1er août 1914.

Le Chef de l'administration civile (Verwaltungschef) pourra autoriser des exceptions.

Article 2.

Il est défendu d'abattre des vaches laitières, c'est à dire, des vaches donnant plus de 4 litres de lait par jour.

Cette défense ne s'applique pas aux abatages forcés, c'est à dire aux abatages rendus nécessaires soit par une maladie grave contractée par la bête, soit par un accident; cette nécessité devra, dans les 2 cas, être certifiée par le vétérinaire agréé compétent.

Les abatages forcés de vaches laitières devront être déclarés, sans délai, au bourgmestre de l'endroit où il auront eu lieu; le certificat du vétérinaire agréé sera joint à la déclaration; le bourgmestre devra transmettre les déclarations et les dits certificats au commissaire civil près le chef d'arrondissement.

Article 3.

A partir du 4 septembre 1916, tout producteur de beurre devra consentir à vendre au prix maximum sa production entière et régulière du beurre (article 1er) au «Buttervertriebsverband» nommé «Fédération nationale des Unions professionnelles des marchands et producteurs de beurre», et à la livrer à tel endroit et à tels jour et heure que le bourgmestre de la commune indiquera à cette fin après s'être entendu avec le commissaire civil compétent.

L'obligation de livrer ne portera pas sur:

1) la quantité de beurre réservée, conformément aux règles générales concernant la consommation du beurre (art. 10) à la consommation soit du producteur lui-même, soit des agriculteurs qui fournissent leur lait à une laiterie;

2) la quantité de beurre que le producteur vend conformément aux mêmes règles, soit aux habitants de sa propre commune, afin de pourvoir à leur consommation personnelle, soit aux administrations de l'État et des Communes, aux établissements et sociétés coopératives de consommation, aux institutions d'intérêt public et autres du même genre, nommées dans l'alinéa 2 n° I de l'art 1er de l'arrêté du 26 juillet 1916, réglant le commerce du beurre (Bulletin officiel des lois et arrêtés, p. 2459).

Dans le cas où un producteur serait totalement ou partiellement empêché d'effectuer ses livraisons obligatoires, il en devra exposer les motifs d'une manière plausible au Commissaire civil compétent.

Article 4.

Si le beurre n'est pas livré à l'amiable, il pourra être exproprié au profit du «Buttervertriebsverband» (Fédération nationale des Unions Professionnelles de marchands et producteurs de beurre) à un prix inférieur de 10 % au prix maximum.

Article 5.

Il est interdit aux producteurs et aux marchands de se créer une réserve de beurre. Les réserves dont les producteurs et marchands disposent à présent seront saisies à partir du 1er septembre 1916 afin d'être mises dans le commerce. Les producteurs et marchands devront déclarer, le 10 septembre 1916 au plus tard, au Commissaire (Staatskommissar) du Buttervertriebsverband à Bruxelles, les réserves qu'ils auront encore à la date du 1er septembre 1916. (Les déclarations devront être adressées au Staatskommissar des Belgischen Buttervertriebsverband à Bruxelles). Tout producteur ou tout marchand est obligé de permettre au «Buttervertriebsverband» (Fédération Nationale des Unions professionnelles des marchands et producteurs de beurre) d'acheter les réserves de beurre au prix maximum fixé.

Article 6.

Le chef de l'Administration civile est autorisé à réglementer soit pour tout le territoire du Gouvernement Général, soit pour les diverses provinces, par dérogation aux dispositions de l'arrêté du 16 juillet 1916 (Bulletin officiel des lois et arrêtés page 2411) les prix fixés pour les producteurs de beurre; il pourra, en faveur du producteur, établir un supplément de prix pour le beurre de laiterie portant une marque officielle de contrôle.

Article 7.

A partir du 4 septembre 1916, tout transport de beurre au-delà des limites de la commune où ce beurre a été produit ne sera autorisé qu'en vertu d'un permis de transport officiel.

Article 8.

Outre les mandataires de la police, les personnes ayant reçu un mandat ad hoc du commissaire du Buttervertriebsverband ont le droit de pénétrer dans les locaux où l'on fabrique, conserve ou offre en vente les produits de l'industrie laitière et de procéder à l'inspection des dits locaux. Elles peuvent également exiger qu'on leur montre les livres de commerce, les factures et les autres pièces écrites usitées dans les relations commerciales et sont autorisées à en prendre connaissance.

Article 9.

Les infractions aux dispositions précédentes ainsi qu'à l'arrêté du 16 juillet 1916 (Bulletin officiel des lois et arrêtés p. 2411) et à l'arrêté du 26 juillet 1916 (Bull. off. lois et arr. p. 2439) seront punies soit d'une peine d'emprisonnement de 8 jours à 6 mois et d'une amende de 26 à 500 francs, soit d'une de ces deux peines à l'exclusion de l'autre.

En outre on pourra prononcer la fermeture temporaire ou définitive des exploitations dans lesquelles une infraction au présent arrêté aura été commise. De plus, on pourra également prononcer la confiscation de la marchandise.

Les chambres correctionnelles des tribunaux belges de première instance sont compétentes pour juger des dites infractions.

L'article 11 de l'arrêté du 16 juillet 1916 ainsi que les articles 4 et 5 de l'arrêté du 26 juillet 1916 sont abrogés.

Article 10.

Le chef de l'Administration civile est chargé de l'exécution du présent arrêté. En vue d'assurer son application régulière, il pourra prendre des dispositions réglementaires et publier, notamment, des principes généraux concernant la consommation du beurre.

Bruxelles, le 22/8/1916.

Der Generalgouverneur in Belgien
Freiherr von Bissing
Generaloberst.

Butterausfuhr aus dem Kreise Thun ~ 1⁵ Halbjahr 1917

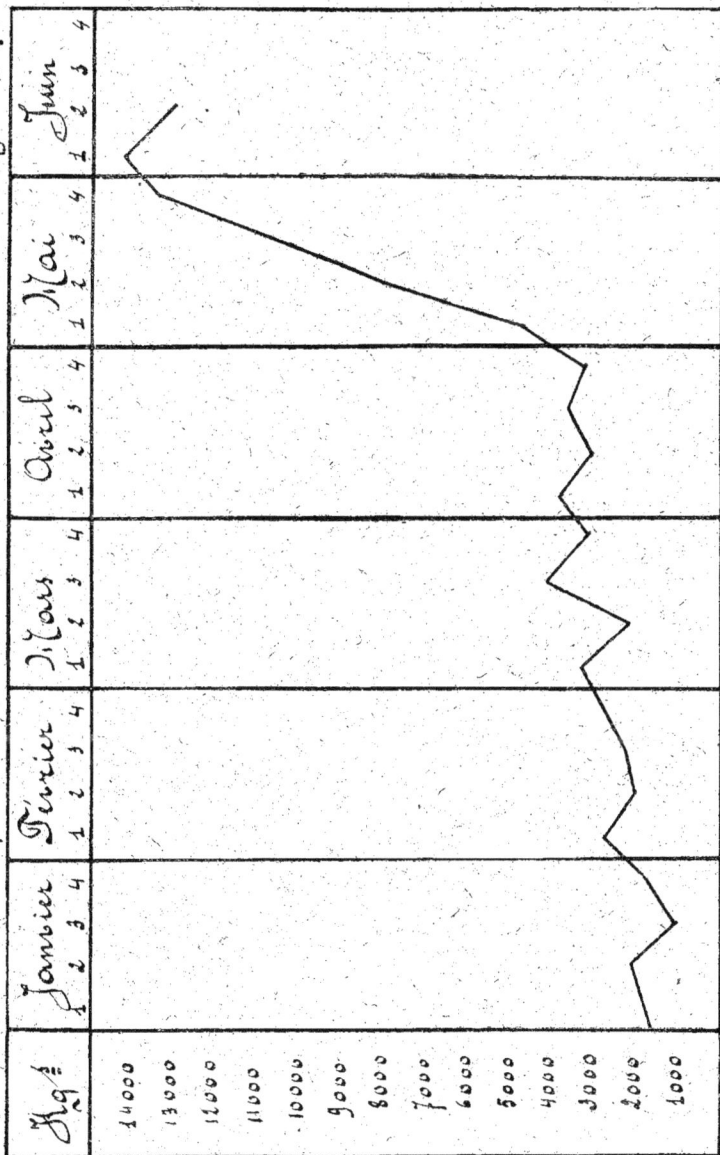

Kg⁼	Janvier				Février				Mars				Avril				Mai				Juin			
	1	2	3	4	1	2	3	4	1	2	3	4	1	2	3	4	1	2	3	4	1	2	3	4
14000																								
13000																								
12000																								
11000																								
10000																								
9000																								
8000																								
7000																								
6000																								
5000																								
4000																								
3000																								
2000																								
1000																								

Rapport spécial

26 octobre 1918.

Les circonstances résultant des derniers évènements qui se sont passés en campagne et l'extension de la zone d'étape aux confins de l'agglomération bruxelloise ont amené pour la Direction et pour les délégués du Comité Hispano-Néerlandais de nouvelles charges et de nouvelles préoccupations.

Si en raison de cette situation imprévue de nombreuses démarches ont dû être entreprises pour sauvegarder les locaux des œuvres, les dépôts et les magasins du Comité National, une mission bien plus pénible nous est échue, c'est celle de veiller au ravitaillement et à l'installation des évacués par contrainte arrivés par milliers du Nord de la France dans le territoire du Gouvernement Général. Nous avons immédiatement, par lettre du 9 octobre 1918, adressée à la V. C. N. (annexe 1) informé cette dernière que d'accord avec le Comité National le ravitaillement de ces exilés serait assuré.

Nous annexons au présent rapport les ordres de l'administration militaire et les avis de l'administration municipale relatifs à l'évacuation immédiate de la population civile de Valenciennes. Annexes 2, 2a, 2b, 2c, 2d.

Les termes de ces ordres et de ces avis laissent déjà deviner toutes les angoisses et toutes les privations subies par les familles expulsées. Ainsi que le mentionne, dans son arrêté, l'Inspection des Etapes 17, les évacués sont invariablement dirigés sur Nivelles où, d'après les constatations faites par le Comité, il en passe environ 6000 par jour. L'arrivée de ces contingents a créé une situation des plus inquiétante au point de vue sanitaire: en effet, les maladies de tous genres et spécialement une grippe pulmonaire, contractée au cours de voyages en tombereaux découverts par les rigueurs de l'arrière saison, se propagent avec une rapidité effrayante dans toute la région envahie par ces malheureux. La population indigène elle-même est déjà en partie contaminée aussi bien à Nivelles que du côté d'Ottignies et dans les communes de la province de Namur, qui sont les points de jalonnement de ce triste cortège.

Pour parer à la propagation d'une épidémie qui menace de s'étendre, nous nous sommes entendus avec le Comité National, et grâce au concours de M. le Dr Heger, recteur de l'Université Libre de Bruxelles, un poste sanitaire a été établi à Nivelles, où les soins sont prodigués par des infirmières belges. D'autres postes du même genre sont en voie d'organisation et il y a lieu d'espérer que d'ici quelques jours nos efforts et le concours généreux que nous avons rencontré porteront leurs fruits.

Il semble, qu'après l'intervention si énergique du Président Wilson, le Commandant Suprême de l'Armée ait désiré dissiper l'impression navrante née des récits des premiers évacués.

Notre Directeur, M. van Maasdijk, a été à ce propos sollicité par le Grand Quartier Général de Charleville de se rendre à Enghien et de là à Tournai pour constater la situation des habitants de cette dernière ville. D'après les déclarations des personnalités compétentes il y avait encore, au 18 courant, pour plus de 15 jours de vivres.

Les 32,000 âmes, qui constituent la population actuelle de Tournai, ont été autorisées à s'en aller, mais elles étaient fermement résolues à attendre le retour des Armées Belge et Alliées, et rares parmi elles ont été les personnes qui se sont exilées volontairement.

Une lettre du 19 octobre de M. le Bourgmestre De Rick à notre Directeur M. van Maasdijk, lettre que nous reproduisons en annexe 3, ainsi qu'un avis du Commandant Militaire, annexe 3a feront comprendre exactement la situation tout en montrant le courage civique de la population.

M. van Maasdijk qui avait été, au cours de son voyage, sollicité de faire une déclaration officielle sur la situation

Les Rapports Spéciaux 1 et 2 du 26 octobre

et du 19 novembre 1918, pages 48 à 71, doivent

être lus après le rapport du 1^r octobre 1918,

page 270.

de Tournai a décliné cette invitation, car en s'exprimant au sujet de la seule région du Tournai, il n'aurait fait qu'une déclaration unilatérale en passant sous silence les pénibles dépositions recueillies en Belgique à la suite de l'évacuation de Valenciennes et des environs.

Actuellement les ordres d'évacuation paraissent avoir cessé presque partout. Bien que ces ordres aient été donnés d'une façon brutale et que les populations des villes et des villages du Nord de la France aient eu particulièrement à souffrir des moyens employés, il semble cependant certain que les mesures militaires du Commandant Supérieur prévoyaient l'exode méthodique et régulier des populations des régions progressivement abandonnées par les armées. Il est profondément regrettable que dans l'exécution le désarroi le plus complet et une incurie scandaleuse aient fait place à l'esprit méthodique, qui préside généralement aux entreprises allemandes.

Il faut se reporter aux moments tragiques des réquisitions pour le travail forcé pour apprécier toute l'horreur de la situation.

Les relations et rapports qui nous ont été faits concernant le passage les évacués dans le Brabant wallon et la province de Namur dépassent par les souffrances qu'ils évoquent tout ce qu'on peut imaginer. Les convois arrivent le soir dans les villages où ni l'autorité civile ni l'autorité militaire n'ont été prévenues: aucun repas, aucun bol de soupe n'ont pu être préparés pour ces malheureux. En vertu de l'article 8 de l'ordre d'évacuation ils ne séjournent qu'une nuit dans une même localité; il leur est défendu de loger chez l'habitant, ils passent la nuit dans des écoles, des remises ou dans les églises sur de la paille ; le lendemain de l'arrivée, quelque temps qu'il fasse, quel que soit leur degré de fatigue et d'épuisement, ils sont contraints de reprendre leur marche poussant devant eux ou portant sur leur dos les quelques colis rassemblés à la hâte. Il n'est pas rare que des familles entières après un voyage de plusieurs jours, soient complètement dispersées; les uns ont perdu leur route, d'autres sont tombés malades et ont dû abandonner le lamentable cortège, d'autres enfin, dont la santé délicate ne pouvait résister à un pareil traitement, sont morts.

Le 23 octobre nous étions informés de Nivelles que le chiffre des décès parmi les évacués se trouvant dans cette localité était de 90. Plus de 50 sont morts sur les routes de la province de Namur. Il va de soi dans ces conditions que nos Délégués et nous mêmes avons apporté tout notre concours au Comité National pour l'aider dans l'accomplissement de la nouvelle tâche humanitaire qui lui incombe.

Des vêtements, des produits pharmaceutiques, antiseptiques et tous les accessoires possibles ont été mis par le Comité National à la disposition de la Commission Médicale dont il est parlé plus haut.

A la suite d'une visite que nous avons faite le 18 courant avec M. Francqui, Président du Comité Exécutif du Comité National, à Nivelles, des instructions spéciales ont été données aux Comités Provinciaux pour le ravitaillement permanent des évacués et on peut espérer que d'ici quelques jours toutes ces infortunes seront sérieusement soulagées.

On trouvera déjà ci-annexé le rapport circonstancié du Comité Provincial de Liége sur l'organisation des secours et des soins apportées aux exilés. (annexe 4).

Au cours d'un voyage entrepris spécialement par M. Langenbergh à La Haye des dispositions ont été arrêtées pour l'envoi d'une grande partie des évacués au-delà de la frontière des Pays-Bas; d'autre part la Société Nationale des Chemins de Fer Vicinaux, d'accord avec le Comité National et nous-mêmes organise des transports de Bruxelles vers Maeseyck et la Hollande. Les premiers trains sont partis le 24 courant de Waterloo et de Bruxelles. Il y a lieu d'espérer dans ces conditions que plusieurs milliers d'habitants du Nord de la France pourront passer journellement en Hollande, où ils recevront tous les soins que le Pouvoir Occupant a été incapable de leur procurer en Belgique malgré l'intervention des administrations communales belges, du Comité National et des initiatives privées.

Tous ces efforts, les récits des évacués, l'indignation contenue de la population ont cependant préoccupé le Commandement Suprême de l'Armée au point de lui faire prendre certaines précautions. A la suite d'un voyage entrepris à Tournay par les Ministres Protecteurs, une note évidemment inspirée par le Département Politique, a été communiquée par l'Agence Wolff et reproduite par les journaux allemands et étrangers. Cette communication ne réflétant pas la situation exacte et nous faisant même jouer un rôle que nous n'avons pas rempli, ni voulu remplir, a reçu la rectification suivante:

« Sans vouloir infirmer ou confirmer
» l'interprétation qui est donnée par cer-
» tains organes de la presse aux décla-
» rations qu'ils ont pu faire relativement
» aux dévastations commises dans le
» Nord de la France, les Ministres d'Es-
» pagne et des Pays-Bas, les Directeurs
» du Comité Hispano-Néerlandais et les
» dirigeants du Comité National, nous
» font savoir qu'ils n'ont jamais été char-
» gés de former une Commission spécia-
» le qui aurait pour objet de faire en-
» quête sur ces dévastations.
» Leurs Excellences MM. le Marquis
» de Villalobar et van Vollenhoven, ain-
» si que Monsieur van Brée, Membre du
» Comité National, sans être accompa-
» gnés d'aucun Membre du Comité His-
» pano-Néerlandais ou de la Commission
» for Relief in Belgium, ont sollicité des
» Autorités Allemandes l'autorisation
» d'aller à Tournai et dans le Nord de
» la France pour y examiner les mesures
» qu'il y aurait lieu de prendre dans
» l'intérêt de ces populations, dont tou-
» tes ces personnalités s'occupent soit
» comme Ministres Protecteurs du Ra-
» vitaillement, soit comme Membres du
» Comité National. »

Cet aperçu serait incomplet s'il ne réflétait pas la physionomie de la résistance morale de toute cette population en exil.

Nulle part nous n'avons entendu de la part des évacués des plaintes sur les misères physiques qu'ils enduraient. La plus parfaite sérénité d'âme leur a permis de supporter toutes les épreuves de cette vie nomade.

L'impartialité nous oblige à dire cependant que quelques fonctionnaires allemands que nous avons conduits voir de près ce calvaire, ont été profondément impressionnés et il est réconfortant d'avoir pu constater chez eux d'indiscutables sentiments de profonde pitié.

En opposition avec cette émotion sincère nous avons vu à St Denis (province de Namur) pendant que les évacués transis par le froid et la pluie, attendaient un potage préparé à la hâte, un

officier allemand couvert de décorations n'ayant d'autre préoccupation que de se faire photographier au milieu de ces malheureux, dont il voulait se donner l'apparence de soulager les épreuves.

Le même jour Monsieur Saura ramène à Bruxelles dans son automobile 3 enfants dont la mère venait de succomber à l'infirmerie improvisée au Château de Limmelette.

A Bruxelles quelques scènes typiques méritent d'être rapportées: deux dames de la bourgeoisie de Lille rencontrées ici quelques jours avant l'évacuation de leur ville, nous supplient d'obtenir qu'elles puissent rentrer dans leurs foyers; mises en garde contre les dangers du bombardement, elles semblent n'y attacher aucune importance. Si c'est nécessaire, elles descendront dans leurs caves, mais elles veulent être à Lille pour saluer le retour de leurs compatriotes.

Un jeune homme et un vieux monsieur venant de Lille, de passage à Bruxelles, en route vers Tirlemont, se réjouissent d'arriver dans une ville amie lorsqu'ils avaient songé au bagne en Allemagne et n'ont d'autre préoccupation, entre l'heure qui les sépare du départ, que d'aller voir ce qu'ils considèrent comme la principale curiosité de Bruxelles: Mannekenpis !

Quelle merveilleuse sérénité d'âme au milieu de tant de privations !!

A la date du 26 octobre la situation s'est sérieusement améliorée. La population belge a su faire le nouvel effort qu'on était en droit d'attendre d'elle. Les démarches entreprises en tous sens, l'abnégation de tous ceux qui depuis quatre ans ont mis leur intelligence et leur santé au service des innombrables misères engendrées par la guerre, ont triomphé des derniers obstacles et on peut dire que si tristes que soient les temps que nous traversons un sérieux réconfort est maintenant apporté à toutes les familles dans le besoin.

LES DIRECTEURS.
P. Saura & Langenbergh.

P. S. Nous avons pensé qu'il serait intéressant d'exposer plus en détail notre intervention auprès de M. le Baron von der Lancken. On en trouvera la relation à l'annexe 5.

O R D R E

L'AUTORITE MILITAIRE RAPPELLE A LA POPULATION CIVILE QUE L'EVACUATION DE LA VILLE DE VALENCIENNES DOIT ETRE TERMINEE A B S O L U M E N T LE DIMANCHE 13 OCTOBRE A MIDI.

DES MESURES DE RIGUEUR SERONT PRISES CONTRE LES HABITANTS QUI SE REFU-SERAIENT A QUITTER LA VILLE ET PASSE LE DELAI INDIQUE PLUS HAUT ILS SERONT EXPULSES DE FORCE.

Valenciennes, le 13 Octobre 1918

Colonel et Commandant d'Etape.

Dès dimanche matin des patrouilles de gendarmes veilleront à l'exécution de ces ordres.

AVIS

En raison de la situation militaire les habitants des communes de

Valenciennes

seront évacués pour leur propre sûreté dans des régions situées plus en arrière.

2. **L'évacuation aura lieu le jour après la publication de cet avis.**

   Aucune personne ne restera dans les localités à évacuer, sauf les très malades et les gens incapables de marcher.

3. Par manque de moyens de transport les habitants ne pourront emporter avec eux en fait de **nourriture, vêtements et linge** que ce qu'ils peuvent porter pendant une marche assez longue.

   Le comité hispano-hollandais distribuera le ravitaillement pour trois jours.

4. La **carte d'identité**, les **cartes de contrôle et de travail** sont à porter sur soi.

5. Les routes de marche seront désignées et indiquées par les commandements d'Etapes.

6. Les évacués seront **logés** et **nourris** en route dans les grandes communes situées sur les routes de marche (haltes de route). Dans leur propre intérêt ils suivront donc les routes de marche indiquées. En aucun cas les évacués ne devront se rendre sur d'autres routes.

7. Les évacués venant des communes situées à l'extrême est feront le **premier** jour une marche aussi longue que possible afin qu'on puisse disposer des premières haltes de route pour les évacués arrivant des communes situées plus à l'ouest.

8. **On ne séjournera qu'une nuit dans chaque lieu de logement,** car autrement le placement et l'alimentation des évacués à suivre ne pourrait être assurée.

9. Les communes situées dans la ligne des routes à suivre sont avisées de mettre des voitures à la disposition **uniquement** pour le transport des personnes âgées, des gens incapables de marcher et des petits enfants.

10. Les personnes **tombées malades** en route et celles qui ne sont plus capables de continuer la marche seront conduites par les bourgmestres dans les hôpitaux civils ou placées chez des habitants.

    Les **enfants égarés** ne devront pas continuer la marche, mais seront retenus et soignés convenablement par les bourgmestres des haltes de la route.

    Pour la réunion des membres de famille séparés et des enfants égarés les évacués seront priés de signaler le nom, lieu de naissance, l'année et le jour de naissance des membres de famille à l'Inspektion 17, Zivilverwaltung (Auskunftsstelle für Abschüblinge) Feldpost 425, par l'entremise des bourgmestres et des commandements locaux. Ils recevront l'autorité locale de leur nouveau domicile définitif.

    Le commandement s'attend à ce que les habitants continueront à garder leur bonne attitude afin que pour l'exécution des mesures prises la force militaire ne soit pas employée.

G. H. Q., le   1918.

L'Inspection d'Etapes 17.

VILLE DE VALENCIENNES

— I —

Suivant avis de Mr. le Lieutnant-général,Commandant en chef du XVIIIe Corps d'armée,les habitants sont invités à indiquer le plus vite possible et au plus tard pour le Dimanche I3 Octobre à midi,les approvi sionnements,provisions en vin,étoffes et autres objets de valeur qu'ils devront abandonner avant leur départ.

Les objets seront,autant que possible,réunis dans une seule pièce de chaque maison.

Les déclarations seront reçues à la Mairie,I5 Rue Capron.

Valenciennes,le 11 Octobre 1918.

VILLE DE VALENCIENNES

- 1 -

L'Administration s'occupe de l'évacuation des malades des Hôpitaux

Dès que le transport de ces personnes sera effectué, les malades

et les invalides logés dans les maisons particulières seront hospitalisés

-s e u l s-. Les membres valides de leurs familles ne pourront être

reçus avec eux et doivent quitter la ville par leurs propres moyens.

Valenciennes, le 12 Octobre 1918

Autant qu'il sera possible des voitures se tiendront

le 13 Octobre à 8 heures du matin

Place Cardon   et à   l'Eglise St.Michel

pour transporter des malades et infirmes. Les personnes valides devront

aller à pied.

Les habitants qui ont du savon en provision
(savon de toilette ou pour lessive) qu'ils ne peuvent

emporter, peuvent le vendre

                à la Marketenderei

                        Rue Saint-Géry.

Valenciennes, le 13 Octobre 1918.

ANNEXE 1.

No A 6927.   Bruxelles, le 9 octobre 1918

Memorandum
pour la Deutsche Vermittlungsstelle C. N.

Comme suite à la conversation qui a eu lieu ce matin entre M. le Docteur Rieth et M. Saura, Directeur du C. H. N., au cours de laquelle M. le Dr. Rieth a déclaré qu'il prenait la responsabilité des mesures prises par le Comité National en vue du ravitaillement des milliers d'évacués belges et français qui arrivent journellement dans le territoire du Gouvernement Général, le C. H. N. signale à la V. C. N. que pour se conformer aux dernières instructions transmises par la Deutsche Vermittlungsstelle C. N., le Comité National ne pourrait distribuer ni secours ni vivres à ces personnes.

Le C. H. N. et le Comité National estiment que dans les circonstances actuelles, c'est pour eux un devoir d'humanité de ne pas laisser ces malheureux mourir de faim et de froid.

Ils ont donc pris la résolution, vu l'urgence, de leur procurer du pain sans attendre que les formalités réglementaires soient accomplies.

Le C. H. N. et le Comité National espèrent d'autant plus que cette décision ne donnera lieu à aucune difficulté qu'ayant adressé les évacués en question au Meldeamt pour y retirer les pièces d'identité nécessaires, ce bureau les a renvoyés au Comité National pour qu'il avisât lui-même, ajoutant qu'il était débordé et demandait que le Comité National cessât, pour ce motif de lui adresser les évacués.

Le C. H. N. serait reconnaissant à la V. C. N. de vouloir bien lui confirmer son accord sur cette manière de voir, conforme à la conversation rappelée plus haut.

LES DIRECTEURS,

ANNEXE 3.

VILLE DE TOURNAI
Cabinet du Bourgmestre
                              19 octobre 1918
                              6 heures (Belge)
                              soir

Monsieur MAASDIJK,

Les habitants de Tournai, malgré toutes les invitations qui leur ont été faites par l'autorité allemande ont refusé d'abandonner leurs foyers préférant le bombardement et ses suites à la fuite honteuse hors de leur pays ou même dans des localités amies. Je n'ai pas à leur dissimuler les dangers de cette attitude, mais avec une virilité et un patriotisme superbes, ils ont persévéré à affronter le danger.

L'Administration Communale n'a donc plus songé qu'à leur venir en aide tant pour le ravitaillement que pour les secours à leur apporter en cas de malheur. Mon impression est que le danger n'est pas aussi grand qu'on le proclame et qu'avant peu de jours la Ville va être délivrée.

L'idée d'évacuer sur Lille qui avait été très bien accueillie par l'autorité militaire et par la population doit, à mon avis, être abandonnée; il est trop tard pour la réaliser. Je remercie beaucoup toutes les personnes qui ont bien voulu nous promettre leur appui et tout particulièrement Messieurs les Ministres d'Espagne et des Pays-Bas. La Ville de Tournai leur en gardera une profonde reconnaissance. Monsieur le Directeur du Comité Hispano-Néerlandais et M. Van Brée ont droit aussi à tous nos éloges et à nos remerciements les plus chaleureux.

Je ferai connaître à mes concitoyens leur conduite aussi noble que délicate.

M. Van Maasdijk qui est venu deux fois à Tournai et à qui j'écris la présente nous a assistés de toute son influence, de ses conseils et de son amitié.

Je suis très heureux de ces marques de sympathie et je vous présente l'expression de mes sentiments les plus cordiaux.

                              signé :
                              Bourgmestre de Tournai.

ANNEXE 3a.

Avis

La Ville de Tournai est à partir d'aujourd'hui placée sous mes ordres directs. J'invite et pour la dernière fois la population à évacuer la ville, parce que celle-ci devient le champ de bataille.

Tous les habitants de Tournai pourront évacuer la ville vers Marquain et Froidmont, dès maintenant jusque ce soir à 8 heures.

Après ce moment, tout passage vers l'ouest sera défendu pour cause militaire et parce que le danger est devenu imminent.

Les habitants des faubourgs et boulevards de la rive gauche jusqu'à la rue de la Montagne sont obligés de quitter leurs demeures dimanche avant 8 h. du matin.

Toutes les maisons situées sur les quais, sur la rive droite doivent aussi être évacuées dimanche avant 8 h. du matin car nous ne pouvons plus prendre la responsabilité de la vie des citoyens.

Des ambulances devront être établies dans toute la ville, des médecins devront y être attachés et elles devront être indiquées par un signe apparent.

De la part de l'armée allemande, la population n'a rien à craindre, nous ne prenons que des mesures qui seront nécessaires pour la défense de la ville.

La propriété privée sera gardée par des troupes spéciales de police qui auront un brassard blanc aux bras.

Celui qui contreviendra à mes ordres sera puni sévèrement.

Toute assistance donnée à l'ennemi sera punie de mort.

                    Der Kommandeur der Division
                              V. CRAMER
Generalmajor und Kommandant der Stadt
                              Tournai.

Tournai, le 19 octobre 1918.

ANNEXE 4.

Comité de Secours et d'Alimentation de la
province de Liège

                              Bruxelles, 23 octobre 1918.

Monsieur le Délégué,

J'ai l'honneur de vous envoyer, sous ces plis, un rapport et annexes relatif à l'arrivée, au voyage et à l'installation des évacués français dans notre province; il émane d'un de nos meilleurs et plus dévoués fonctionnaires, M. Brébaut, chef de service du secours alimentaire provincial de Liège.

Je suis à votre entière disposition pour vous fournir tous les renseignements complémentaires que vous pourriez désirer.

Veuillez agréer, Monsieur le Délégué, l'expression de mes sentiments dévoués.

                    (signé) Le Président,
                    Paul Van Hoegaerden.

A Monsieur Jules ANSPACH,
Délégué du Comité National auprès de
la Commission Hispano-Néerlandaise,
                    Avenue Louise, no 483,
                    BRUXELLES.

Arrivée en masse d'évacués français dans la province de Liége

Ma visite au Gouvernement Militaire à Liége,
le 9 octobre

Au reçu de l'information (annexe I) ci-jointe, je me rendis au Gouvernement Militaire.

Je ne pus obtenir aucune indication précise. 40,000 évacués étaient en marche vers la province. Ils venaient du Nord de la France, à pied, pour se grouper à Nivelles, d'où on les dirigeait vers le Nord du Brabant et vers Liége, ces derniers par Hannut.

2,000 à 5,000 arriveraient peut-être le lendemain dans cette localité.

L'officier qui me reçut se déclarait *plein d'humanité* pour ces malheureux. Mais il n'avait pas de trains à leur disposition. Il se proposait de les loger dans la Kommandantur de Voroux-Goreux, Engis, Comblain-au-Pont, Aywaille, aussi dans l'arrondissment de Huy. Toutefois, il ne pouvait me dire où iront les premières colonnes, il se tenait en rapport avec les Kreischefs de Huy, de Liége, et le commandant de Hannut qui recevra des instructions.

A ma demande « que faites-vous pour les ravitailler ? ». — « J'ai averti M. le Conseiller Conrad pour qu'il prévienne le Comité d'alimentation et que les commandants avertissent les bourgmestres. »

Après avoir conféré de cette situation avec M. Mahaim, Président du Comité Exécutif du Département « Evacués français » du secours et d'alimentation de la province de Liége, je me suis rendu à Hannut pour prendre d'urgence les premières mesures, d'accord avec l'administration communale et les membres du Comité.

Une nouvelle information de l'administration civile allemande (annexe II) arrivée le 10 ne contient rien de nouveau.

Une copie du rapport sur les faits qui se sont déroulés à Hannut est jointe au présent compte-rendu (annexe III).

Démarches de Monsieur le Président du Comité Provincial

M. Van Hoegaerden, Président du Comité Provincial, s'était rendu, le 11 octobre, rentrant de la séance hebdomadaire des délégués provinciaux à Bruxelles, chez le Président de l'Administration civile. Aucun renseignement ne lui fut donné quant à la composition des colonnes ni à la route qu'elles suivraient au delà de Hannut.

L'après-midi, M. Van Hoegaerden a décidé alors de se rendre à Hannut, en passant par la Kommandantur de Voroux-Goreux, où l'on ne put rien lui indiquer non plus.

A Hannut, M. le Président constata de la bonne volonté chez le commandant, mais l'impuissance d'obtenir une indication. Téléphoner à Huy, chez le Kreischef, à Eghezée (Namur) pour recevoir des renseignements, était impossible; on n'obtenait pas la communication.

M. le Président sortait du bureau allemand avec la conviction que nous devions agir par nos seuls moyens, aucun concours ne devant venir d'une administration dont l'impuissance montrait le désarroi.

M. Van Hoegaerden fut heureux de constater que l'administration communale de Hannut, les membres du Comité, avaient pu faire face à l'imprévu. Il avait rencontré en cours de route les premiers évacués soignés à Hannut et il savait d'eux qu'ils y avaient été bien accueillis. Hannut, centre important de la Hesbaye, avec une belle place, des routes larges et soignées, où pouvaient stationner aisément un grand nombre de chariots, disposant de plusieurs boulangeries, d'installations permettant de fabriquer plus de 1,000 litres de soupe à la fois, siège d'un dépôt régional de ravitaillement, avec des communications faciles avec Liége et Waremme, où nous disposions de trois grandes salles chauffées pour abriter en cas de mauvais temps une colonne de passage; une population très accueillante et assez nombreuse, s'il fallait loger les évacués, des membres actifs et d'initiative; Hannut était donc bien choisi.

Ces considérations déterminèrent M. le Président à faire une nouvelle démarche — qui a abouti — afin de conserver Hannut comme centre de passage, plutôt qu'Avin, que la Kommandantur venait de choisir. Si la route était abrégée de 4 km., elle était moins entretenue;

en outre, le ravitaillement offrait de grosses difficultés dans cette petite localité.

M. le Président nous autorisa à distribuer un pain par personne, 25 grammes de saindoux et 25 grammes de sucre. Il annonça une nouvelle visite pour le lendemain, et l'arrivée d'un inspecteur dont il jugeait nécessaire la présence à demeure à Hannut.

De Hannut, M. le Président se rendit chez le Kreischef de Huy, qui lui apprit peu de chose, promettant toutefois de se mettre en rapport avec les autorités de Namur, de façon à signaler tous les jours les entrées du lendemain au Comité Provincial par l'intermédiaire du Président de l'Administration Civile.

Ce dernier donna son accord lors d'une visite que lui fit ensuite M. Van Hoegaerden. Ces renseignements parviennent régulièrement.

M. le résident obtint aussi à Huy l'assentiment du Kreischef en faveur du maintien de Hannut comme centre, plutôt qu'Avin, aussi longtemps que les évacués seraient destinés à des communes des arrondissements de Liége ou de Waremme. Mais, dès qu'il s'agira de les cantonner dans l'arrondissement de Huy, les colonnes emprunteront l'itinéraire Moeffe ou Wasseiges à Amay, par Burdinne.

Le samedi 12, M. le Président du Comité Provincial, accompagné de ses chefs de service, M. le Professeur Bourgeois (alimentation populaire) et M. Perot, avait organisé deux services de ravitaillement à Limont et à Geer, le long de la route que suivaient les évacués pour se rendre de Hannut à Voroux-Goreux,d'où ils étaient envoyés dans une localité du cantonnement.

À son arrivée à Hannut, de nombreux chariots étaient rangés sur la place et le long de la route de la gare. Il y avait 1.150 personnes à ravitailler et d'autres étaient annoncées.

Des indications détaillées furent fournies quant aux quantités de vivres à distribuer. M. le Président obtint aussi que l'un de nos agents pût circuler à vélo dans le canton d'Eghezée (Namur); un autre fut envoyé à Wasseiges. L'un et l'autre devaient se tenir en rapport et le dernier transmettre les renseignements qu'ils obtiendraient, soit à Hannut, soit à Burdinne.

M. le Président ne voulut cependant pas retourner à Liége sans avoir tenté toutes les démarches auprès des autorités allemandes, afin d'être renseigné par elles. A Eghezée, le commandant fit preu-

ve de bonne volonté, consentit à transmettre chaque soir à nos délégués des indications sur les arrivées du lendemain.

A son retour à Hannut, M. le Président y organisa un service de signalisation : Eghezée, Wasseiges, Hannut et Burdinne.

Il décidait d'envoyer, dès lundi, un inspecteur à demeure dans cette dernière commune.

Tenu au courant par ses délégués, M. le Président apprenait qu'un grand nombre de malades étaient retenus à Wasseiges et à Hannut. On y réclamait du linge de rechange pour ces malheureux, et des housses à matelas, des draps de lit et des couvertures et, si possible, un médecin.

M. le Président prit immédiatement les mesures qui s'imposaient, d'accord avec M. le Professeur E. Mahaim, Président du Comité Exécutif des Évacués.

Un lot important d'objets de couchage fut envoyé à Hannut. Je me chargeai d'emporter avec moi des chemises et des chaussettes et de partir après avoir trouvé un élève en médecine.

J'eus la bonne fortune de rencontrer M. le Professeur Henrijean, qui assume gracieusement la direction du service médical de l'hôpital des réfugiés créé à Liége, et qui mit à ma disposition l'interne de cet hôpital.

C'était le mardi 15. Le lendemain, M. le Président, accompagné de M. G. Grégoire, Vice-Président du Comité Provincial, et de M. E. Mahaim, qui tous trois étaient appelés à Bruxelles, vint à Hannut, passant par Burdinne, où il y avait des malades, et par Wasseiges.

Je renvoie au rapport de M. E. Mahaim (annexes IV et V) pour ce qui concerne Burdinne.

MM. Bourgeois et Perot, chargés d'organiser un poste de ravitaillement à Burdinne, firent une nouvelle visite au Kreischef de Huy, où ils obtinrent des indications intéressantes.

Les évacués entrant dans la province par l'Ouest, ne dépasseraient pas la Meuse, la rive droite du fleuve étant réservée. Les besoins se trouvaient ainsi circonscrits, la route réduite et notre tâche probablement plus aisée.

A son retour de Bruxelles, jeudi 17, M. Mahaim avait constaté l'indigence du service médical à Wasseiges et à Burdinne; le médecin de cette localité était gravement malade et notre interne de l'hôpital de Grivegnée était rappelé à

Liége à cause de l'état de sa femme. La journée du lendemain, (vendredi 18) fut consacrée à remédier à cette fâcheuse situation.

Le samedi 19, M. Mahaim, avec MM. Bourgeois et Perot, se rendait de nouveau à Burdinne, Wasseiges et Hannut. Un nouvel itinéraire avait été indiqué aux réfugiés : de Wasseiges ou Meeffe, vers la Hollande, par Hannut, Landen et Saint-Trond; à partir du lundi, nouveau changement par Braives, Omal et Op-Heers. Une station de ravitaillement a été créée à Landen et pour lundi à Braives (soupe) et Omal (pain).

On nous annonce en outre des arrivées par le Sud de la province : du Luxembourg par Hamoir, à destination de Comblain-au-Pont et Aywaille; de Namur, par Andenne ou Bois-Borsu, vers Huy, d'où les évacués seront dirigés par bateau vers Liége, Wandre et la Hollande.

Immédiatement, nous organisons les postes de ravitaillement nécessaires.

Ravitaillement des évacués

Depuis le 12, nos dispositions sont prises afin que les évacués reçoivent à leur entrée dans la province la carte de ménage et 1 kilo de pain par tête.

En cours de route, ils reçoivent de la soupe et une décoction de torréaline, qui leur sont servies par des postes de ravitaillement installés de distance en distance le long des routes suivies.

Dans la composition des soupes, entrent, par litre, 80 gr. de féculents secs, 16 gr. de graisse, 20 gr. de viande, 100 gr. de pommes de terre et des légumes à volonté.

Lorsque les évacués séjournent une nuit dans une localité, le Comité leur distribue le soir un repas chaud, dans la composition duquel entrent les quantités de denrées indiquées.

Le lendemain, avant le départ, distribution d'un kilo de pain, de 30 gr. de saindoux, de 25 gr. de sucre et d'un demi-litre de décoction de torréaline par personne.

Je sais, pour m'en être rendu compte, qu'à Hannut, notamment, les habitants se sont fait un devoir d'accueillir à leur table les évacués logeant chez eux. J'ai visité le lendemain une douzaine de ménages: ces pauvres gens avaient goûté pour la première fois depuis deux longues semaines la douceur du repos dans un lit avec du linge propre; celui-ci avait eu hier de la viande fraîche, celui-là des œufs, cet autre du lait avec son petiot; mais surtout, l'accueil chaleureux de la population avait réconforté ces malheureux. Nulle part ils n'avaient une hospitalité aussi cordiale.

Je me réjouis d'apprendre qu'ailleurs l'hospitalité belge s'est manifestée tout aussi cordialement.

A Limont, nous écrit un contrôleur du secours alimentaire, sont arrivés, le samedi 12, en 2 convois, 1,000 évacués français. Les 600 premiers arrivés vers midi, ont, après avoir dîné chez l'habitant, continué vers Fexhe.

A tous ces évacués, samedi et dimanche, le Comité de Limont a distribué une ration de soupe. Le pain avait, je crois, été délivré par Hannut. A partir de lundi, les réfugiés ont reçu, en plus de la soupe, 1 kilo de pain; le matin, du café a été servi, plus du lait aux enfants et aux vieillards.

M. Hallet, commissaire d'arrondissement, Président du Comité régional de Waremme, que je rencontre au train, le dimanche 13, me dit avoir visité plusieurs ménages qui ont logé à Lens-St-Remy.

Tous ont pu être casés chez l'habitant et presque tous ont eu des lits. Le Comité local n'a pas distribué la soupe le soir, mais chez l'habitant, les évacués ont reçu un souper chaud, des pommes de terre et des légumes ou des œufs. On a fait ce que l'on pouvait, suivant les ressources de celui qui offrait l'hospitalité. Ils se louaient de l'accueil reçu dans notre province et tout particulièrement à Hannut.

Les malades

Le 13 octobre, lorsque je quittai Hannut, 4 malades y étaient retenus dans une infirmerie de fortune. Deux ménages comptant une personne malade et un malheureux orphelin avaient été recueillis au couvent des Pères Croisiers.

La température moins clémente des jours suivants, les pluies fréquentes que nous subissons depuis mercredi ont multiplié les cas de bronchite et de grippe. A Burdinne, Wasseiges, Hannut, il y a un grand nombre de malades: mardi soir (15 octobre), on nous annonçait 2 morts à Wasseiges.

Je me trouvai à Hannut ce même jour avec M. Muller, élève en médecine. Nous visitons les malades de l'infirmerie et ceux du couvent, une vingtaine en tout.

L'infirmerie, composée d'une grande salle divisée en deux chambres par une cloison en planches, est bien aérée et bien chauffée. Mais le local manque de latrine. Si les repas sont préparés au dehors, dans le local où se tiennent les malades nous assistons cependant à quelques manipulations de cuisine; les parents des malades et des visiteurs, des bagages, encombrent les deux pièces.

Au couvent, chaque famille a sa chambre. Le malade vit avec les siens. La place ne manque pas; on pourrait transporter tous les malades au couvent, loger les autres personnes chez l'habitant et créer ainsi une infirmerie très confortable.

Cette solution rencontre l'approbation de tous.

M. Muller se rendait le lendemain à Wasseiges et nous, qui l'avons vu à l'œuvre à l'hôpital de Grivegnée, connaissons son zèle qui ne mesure pas ses peines, sa science que relève un cœur charitable et bon, dévoué à ses malades; il a rendu là-bas d grands services.

Mlle Gossuin Mélanie, infirmière diplômée de l'école provinciale des gardes-malades, signalée à l'attention de M. Mahaim par ses professeurs, très appréciée dans les services hospitaliers où elle a prêté son concours, fut désignée pour l'infirmerie de Wasseiges, où elle a pu se rendre avant le retour de M. Muller, rappelé à Liège comme nous l'avons dit.

Une autre infirmière se rend aujourd'hui à Hannut et elle sera à la disposition du Docteur Mottard, qui prodigue des soins dévoués à nos malades.

Les Pères Chartreux de Burdinne, après un peu d'hésitation, nous ont apporté leur concours; les malades sont bien soignés.

Nous espérons qu'un élève médecin, que M. Mahaim a convoqué, répondant à sa demande, se rendra à Burdinne.

M. Mahaim, accompagné de son collègue de l'Université de Liège, M. le Docteur Henrijean, se trouve actuellement à Waremme où l'épidémie de grippe sévit sérieusement et par où passent, depuis lundi, des colonnes d'évacués se rendant en Hollande.

Conditions de l'évacuation

Les premiers évacués qui ont passé à Hanut n'auraient pu partir avec les trains de volontaires, parce qu'il fallait payer. Il a fallu se sauver le 30 septembre, alors que les obus tombaient dans le village. Il doit y avoir eu des morts et des blessés dans la population civile. «On ne se rappelle plus très bien, tout le monde était perdu». Depuis plusieurs jours, le canon se rapprochait, et les baluchons étaient préparés. Tout le monde était obligé de partir.

On regrette d'avoir dû abandonner son chez soi; quand on se retournait, on voyait des soldats allemands pénétrer dans les maisons, probablement pour les dépouiller.

La famille Poulain, de Waziers, de passage à Hannut le 13 octobre, déclare que la localité a été évacuée au dernier moment, et que tout le monde était obligé de partir. Quelques habitants, prévenus par les soldats savaient depuis plusieurs jours que l'évacuation aurait lieu; ils avaient averti les autres, de sorte que les précautions étaient prises. On a emporté tout ce dont on pouvait se charger et les plus heureux sont ceux qui disposaient d'une poussette ou d'une charrette. Quelques personnes ont des bagages énormes.

Ces malheureux se sont traînés comme ils ont pu jusque Mons. Les routes conduisant vers la Belgique étaient libres. Depuis Mons, le voyage s'effectue en chariots; on fait de 20 à 25 km. par jour. On a logé dans plusieurs villages, tantôt dans des écoles, tantôt dans des granges, mais, sauf à Hannut, on n'avait dormi que sur la paille. Une nuit, ils furent reçus dans une église, sans feu, pas de paille pour dormir. Les uns restèrent assis sur les chaises, d'autres entortillés dans les couvertures qu'ils avaient emportées se couchèrent par terre. Ils ne sont pas bien sûrs du nom du village.

Les Allemands dirigeant les colonnes sont généralement en faute: au lieu d'arrêter dans les localités importantes, la halte se faisait dans de petits villages, où le nombre de maisons ne permettait pas de caser les évacués en plus grand nombre qu'il n'y avait d'habitants.

Les Comités étaient très bons. Ils ont eu du pain régulièrement, très souvent de la soupe et celle-ci était bonne.

Toutes les personnes que j'interroge sont encore agitées et fiévreuses; notre entretien est souvent coupé de réflexions s'adressant aux membres de la famille. Les bagages constituent la grosse préoccupation Il y en a de perdus et comme c'est tout ce qui reste, on y tient.

La famille Poulain, ayant appris qu'elle serait dirigée vers Liège, avait confié en Belgique, elle ne sait plus bien l'endroit le fils Gustave, âgé de 10 ans, à un batelier se dirigeant vers Liège.

Des recherches se sont faites en cette ville.

Le mardi 15, j'ai interrogé les membres des familles ayant des malades à Hannut et qui sont originaires de Sin-le-Noble, Waziers, Aniche, Cagnonoles. Ces malheureux sont encore étourdis. Ils ne savent pas bien. On a beaucoup souffert, on est encore très fatigué mais cela va mieux; «tout le monde est fort bon pour nous», nous déclare-t-on.

Lens-St-Servais a reçu 360 réfugiés le jour précédent et réclame du pain et des denrées pour la soupe. Le membre du Comité est accompagné d'un jeune Français, M. Plan Amaury, 18 ans, ouvrier verrier. Il a une figure intelligente et ouverte. Il possède une instruction élémentaire complète et a suivi les cours d'une école de dessin industriel. Il vient d'Aniche. Tout d'abord il déplore le choix de Lens-Saint-Servais (342 habitants); c'est un très petit village où il est impossible de loger tout le monde. Les habitants sont très dévoués et si l'on y reste, quelques réfugiés se rendront dans les hameaux voisins ou bien, si cette solution ne peut aboutir, ceux qui ont dormi dans un lit céderont leur place à d'autres.

A Aniche, l'évacuation fut annoncée le 30 septembre. Tout était calme et l'on s'est préparé à l'aise. Le départ était fixé au 2 octobre et il était obligatoire de partir. Le lundi 1er octobre, contre-ordre: l'évacuation n'aura pas lieu le 2, elle est remise à une date qui sera indiquée ultérieurement.

Le mercredi 3 octobre, les Allemands sonnent l'évacuation vers 8 heures. Aniche devait être abandonnée par toute sa population avant 11 heures. Les obus tombent dans la ville; nous voyons tomber des civils et on se sauve, éperdus, alors que le jour avant nous aurions pu nous en aller tranquillement.

Avez-vous été soignés en route par les Allemands? — De temps à autre, nous rencontrions des soldats chargés de nous montrer le chemin, et d'autres, qui conduisaient des charrettes ou des autos, offraient leurs services. Mais on demandait 1,000 marks par place en auto jusqu'à la frontière belge, 50 marks pour une place en camion.

J'ai reçu des déclarations analogues d'évacués de Cambrai (actuellement encore à Thimister). Confirmation m'en est donnée dimanche 20, par un évacué de Douai venu de Mons à Liége chez des parents.

A Liége

Des trains ont amenés des évacués de Cambrai dans l'arrondissement de Verviers (cantons d'Aubel et de Stavelot).

Ils avaient ausi été forcés d'abandonner la ville, les derniers le 7 septembre, et d'aller à pied vers la Belgique dans la direction de Mons. Des attardés, des gens ayant pris une autre direction, ont débarqué à Liége, soit par des trains organisés à Mons et à Thuin, soit à pied ou par bateau et vicinal.

Le Comité Local des réfugiés avait installé des dortoirs dans deux immeubles vides et créé un réfectoire dans l'un d'eux, de sorte que tous ont trouvé à Liége une hospitalité liégeoise.

Les Cambraisiens ont tous été envoyés à Thimister. Ces maisons nous ont permis de loger les évacués ayant quitté les colonnes, et à leur intention, le Comité Local installe des lits dans deux maisons, de sorte qu'il disposera d'au moins 150 lits.

A proximité de l'arrêt du bateau venant de Huy, on disposera d'un grand local avec 300 lits.

L'Œuvre des Dîners Economiques fournira le repas chaud; le Comité Local et la ville de Liége se font un bonheur de recevoir dignement nos Alliés.

Conclusions

J'ai voulu donner à mon rapport l'allure d'une nomenclature de faits. A eux de montrer si le Comité Provincial a pris les mesures que la situation exigeait et si nous avons pu parer aux difficultés qu'une situation toujours changeante et que nous ne pouvions prévoir, opposait à notre bonne volonté.

Je crois pouvoir affirmer que le Comité Provincial a fait son devoir et a répondu entièrement à ce qu'en attendait le Comité National. Mais il doit des remerciements à tous ceux qui furent à la peine et qui le sont encore: les agents au concours desquels il fut fait appel, les administrations communales, nos comités locaux, notre population en général.

Cela ne veut pas dire que nous n'avons pas des manifestations individuelles d'égoïsme à regretter, mais ces cas sont très rares. Je n'ai pas encore reçu les rapports sur l'installation des Français séjournant dans nos communes; le présent rapport ne concerne que les évacués de passage.

Liége, le 22 octobre 1918.

ZIVILVERWALTUNG
A

ANNEXE 1.

Liége, le 9 octobre 1918.

Suivant une communication du Gouvernement militaire de Liége, un grand nombre de réfugiés arriveront très prochainement dans le territoire du Gouvernement Général, dont environ 40.000 dans la province de Liége, qui devront y être abrités et ravitaillés. On compte que 2.000 à 5.000 personnes arriveront les premières à pied dans quatre jours environ à Hannut, où une station de ravitaillement doit être établie et d'où elles seront alors réparties entre les arrondissements de Liége et de Huy.

Je prie le Comité de se mettre immédiatement en rapport avec le Gouvernement Militaire Département 1a, en ce qui concerne le ravitaillement, et de faire immédiatement tout le nécessaire pour assurer leur ravitaillement.

(s.) Conrad.

Au Comité Provincial de Liége.

ZIVILVERWALTUNG
A

ANNEXE 2.

Au Comité Provincial de Liége,

Me référant à ma lettre du 8 courant, je vous informe de ce que des 40.000 réfugiés qui doivent être transportés dans la province de Liége, une grande partie arrivera dans le courant de ce jour dans l'arrondissement de Huy.

Je vous prie de faire immédiatement le nécessaire en ce qui concerne leur ravitaillement et, dans le cas où cela n'aurait pas encore eu lieu, de vous mettre immédiatement en rapport avec le Département 1a du Gouvernement Militaire de Liége.

(s.) Klusemann.

ANNEXE 3.

Réfugiés français

Hannut, 10-13 octobre 1918.

Les indications obtenues au Gouvernement Militaire, le 9 octobre, au sujet des évacués, manquaient de précision. Nous devions en attendre 40.000 dans la province; ils étaient en route, mais on ne savait pas le jour précis de leur arrivée, on ignorait la composition des colonnes.

M. le Président décida donc de m'envoyer à Hannut avec M. Macar, et il approuva ma proposition de convoquer à Hannut, M. Biking, inspecteur du Comité National, que notre contrôleur M. Caganus devait rencontrer le 10 octobre à Landen.

M. Macar et moi sommes à Hannut à 10 1/2 heures (H. B.). Je convoque à l'Hôtel de ville le vénérable bourgmestre de Hannut et son prédécesseur, M. Hallet, qui se mettent à ma disposition. M. Gilman, bourgmestre de Créhen, membre du Comité Régional, veut bien me seconder.

Nous décidons de convoquer les bourgmestres des communes pour 3 heures (H. B.) et je me rends à la Kommandantur avec M. Gilman. Le commandant, à la séance du Comité Régional, avait annoncé l'arrivée de 2.000 à 5.000 réfugiés.

Je n'apprends rien de nouveau chez lui, mais il me promet de se mettre en rapport avec les autres Kommandanturs et le Kreischef de Huy et de m'avertir aussitôt qu'il recevra une information utile pour nous.

J'insiste pour qu'il réquisitionne le vicinal, moyen de transport le mieux indiqué, pour envoyer rapidement les évacués vers Horion-Hozémont. Mais cela lui est impossible, les colonnes devant passer de Kommandantur en Kommandantur, la responsabilité de chaque commandant s'arrêtant aux limites de sa circonscription.

À la séance de 3 1/2 heures, sont présents M. Hallet, Président du Comité Régional de Waremme, les Bourgmestres de Hannut, Créhen, Poucet, Avin, Braives, Fumal, Villers-le-Peuplier, Ambresin, Merdorp, Wasseiges, Meeffe ou leurs délégués; les membres de l'administration communale de Hannut et du Comité de Secours; MM. Biking, Bréhant, Macar et Caganus, des inspecteurs du secours et de l'alimentation.

M. Hallet engage tout le monde à faire l'impossible pour recevoir dignement la malheureuse population évacuée. Le commandant, à la séance du Comité Régional, le matin, avait donné des instructions.

M. Brébant signale que, d'après un avis de l'autorité occupante, 1.000 réfugiés, venant de Seron (Namur) seront à Meeffe, à 3 heures, et le soir à Hannut. Dans les instructions on nous prie de faire distribuer du café tous les 4 kilomètres et de la soupe tous les 8 kilomètres. On donne comme itinéraire Meeffe, Hannut, Lens-St-Remy, Geer, Hollogne-sur-Geer, Limont, Jemeppe-sur-Meuse, Voroux-Goreux.

D'après un nouvel avis, il y aura 500 à 800 réfugiés seulement. L'heure d'arrivée ne peut être fixée.

D'accord avec les membres présents, je réclame des précisions au commandant et je prépare des instructions pour le Comité Régional de Waremme et les Comités locaux de Lens-St-Remy, Hollogne-sur-Geer, Limont.

M. Biking signale que Bruxelles reçoit les évacués en masse, tous du sexe masculin, des environs de Lille. Ce sont en général des réquisitionnés auxquels se sont joints des fugitifs. Ils arrivent sans escorte, à la débandade, et il faut se garder de faire la besogne des allemands en risquant de leur remettre des gens qui ont intérêt à échapper à leur contrôle.

Le Gouvernement Militaire à Liége m'avait annoncé des familles, de la région Valenciennes-Douai. Pour celles-ci, nous croyons nécessaire d'éviter leur dispersion et utile de prendre des mesures nécessaires pour réunir ceux que les hasards de la route auraient divisés.

MM. les Bourgmestres promettent de faire tout ce qui dépendra d'eux pour aider ceux qui passeront par les communes, les héberger et les nourrir. Il est entendu que s'il s'agit de familles, les évacués, après une nuit de repos et un bon repas, seront dirigés sur Hannut.

Le commandant n'ayant rien de neuf

à nous apprendre, les instructions préparées pour les localités vers Liège seront remises par M. Hallet.

Un inspecteur, M. Landrain, est envoyé à Wasseiges vers 4 heures (H. B.).

Il s'est rendu dans la province de Namur et nous apprend à son retour qu'il s'agit de familles évacuées, composées de femmes, d'enfants, de vieillards, comptant peu d'hommes valides, que ces personnes logeront, vu l'heure tardive, à Scron, Hembraine et environs, et n'arriveront à Hannut que le lendemain.

Vendredi, dès la première heure, M. Macar a réuni ses inspecteurs. Il part avec l'un d'eux vers Wasseiges et Meeffe, afin de nous renseigner dès qu'il apprendra quelque chose.

Le jeudi, nous avions déjà pu constater que le Comité local de Hannut avait tout préparé: locaux de réception, où seront distribués le pain et la soupe et qui serviront, en cas de besoin, de dortoirs; la soupe est préparée pour 1,000 personnes. Le pain est à suffisance.

La population se présente, s'offrant de loger 2, 3, 4 réfugiés, et dans cet élan de charité, je note la spontanéité des offres de plusieurs ménages secourus.

MM. Rossillon et Gillion se tiennent à notre disposition à Hannut.

Dans l'après-midi, la colonne nous arrive. Ils sont environ 700 (M. Macar en a compté 667).

Le pitoyable cortège de misères! Ces malheureux sont en route depuis 12 jours, logeant dans les granges, les écoles, les églises. Ils ne savent quand finira leur calvaire.

Bien des poings écrasent des larmes. On sent que toute la haine soulève à nouveau les cœurs. Mais un devoir urgent nous requiert.

Le cortège est divisé en deux groupes. Une partie des évacués sont reçus au local catholique par les membres du Comité, l'autre au local socialiste. Ils y trouvent une soupe bien chaude, du feu, une halte reposante.

Les habitants apportèrent du pain, des fruits, du café.

M. Verlaine, horloger, recueille une pauvre vieille de 91 ans, Mme Vve Lefebvre-Vignolle Caroline, née en 1827, venant de Cagnonolles. Les autres proviennent de Sin-le-Noble, près de Douai. Cette personne restera à Hannut. Son fils (né ver 1855), sa belle-fille et son petit-fils (36 ans environ), ont quitté Cagnonolles il y a 8 ou 9 mois pour venir en Belgique.

Pendant que nous réconfortons ces malheureux, M. Landrain se rend à Hollogne-sur-Geer et Lens-St-Remy pour qu'on y prépare un repas chaud et des logements pour le soir.

Les Allemands ont reçu ordre de les conduire à Lens-St-Servais, localité où les malheureux ne trouveront rien. L'un des nôtres prend les devants et s'efforcera de rétablir de telle sorte qu'ils auront le moins de mécompte possible.

Le lendemain, j'apprends par M. Rossillon, inspecteur, que les évacués, qui n'étaient pas attendus, ont été bien reçus à Hollogne-sur-Geer, à Lens, à Geer, à Ormal et Ligney, la bonne volonté des habitants a pourvu à leurs besoins. M. Rossillon a dû toutefois réquisitionner à Geer une maison pour loger 7 personnes, dont une malade.

A l'hospice de Geer (vieillards), les réfugiés ont été reçus de très mauvaise grâce et le matin Mme la Supérieure leur aurait refusé de l'eau pour se laver. Cela n'étonne pas les gens de Hannut, car dans la même maison des Allemands furent reçus à bras ouverts au début de l'invasion. Je note ce point, que je n'ai toutefois pu vérifier par moi-même.

M. le Président du Comité Provincial est arrivé vendredi vers 4 heures à Hannut. Il a exprimé sa satisfaction. Je lui signale que malgré mes démarches faites avec M. Gilman, le commandant veut expédier les colonnes par Avin, où le ravitaillement sera très difficile. Une nouvelle démarche aboutit à conserver Hannut comme centre de ravitaillement.

Il annonce l'arrivée d'inspecteurs à Hannut pour le service du ravitaillement et une nouvelle visite le lendemain vers 10 heures avec M. Mahaim, Président du Comité des Réfugiés.

Le lendemain (samedi) à 8 heures, nous ravitaillons une colonne de 47 personnes qui doit rejoindre celle du jour précédent.

Les vivres sont distribués alors que les évacués sont sur leurs chars et nous constatons que la distribution se fait plus rapidement.

Cette colonne était partie lorsque je rencontre M. Guffens, inspecteur du Comité Provincial, chargé d'organiser le service à Hannut.

Une nouvelle colonne est annoncée avec plus de 1,000 personnes. M. Landrain, qui s'est rendu à Wasseiges, a vu des malades sur les camions. Nous prévenons les docteurs et nous faisons préparer le lazaret, qui avait déjà fonctionné à Hannut, où se trouvent 4 lits. Le local est trop petit, mais doit être utilisé en attendant mieux.

Les chariots sont rangés au fur et à mesure de leur arrivée sur la place de Hannut et la grand'route jusque la gare.

M. le Président du Comité Provincial est accompagné de ses chefs de service, MM. Bourgeois (alimentation collective) et Perot (alimentation). Il peut se rendre compte des efforts déployés par tous ceux qui apportent leur collaboration.

M. Detiège, échevin, MM. Gustin et Thonet, le personnel du Comité distributeur de la soupe et du pain, le personnel de la cuisine, les boulangers du Comité et leurs ouvriers, tous ont travaillé sans ménager leurs peines et l'on pourra réconforter nos amis.

Malgré l'encombrement, la gêne qu'apporte naturellement une population sympathique mais un peu encombrante de curieux, le service marche avec célérité

et sans accroc. L'activité de nos concitoyens, réconfortante, méthodique, est
un beau spectacle, qui contraste singulièrement avec le désarroi des auteurs
responsables du désastre auquel nous
assistons. Ce n'est pas sans satisfaction
que je vois M. le Président du Comité
Provincial prendre l'initiative des mesures qui s'imposent en cette circonstance, donnant des ordres aux soldats allemands, qui, trouvant quelqu'un pour les
guider, retrouvent leurs facultés d'obéis-
sance. C'est le civil, l'occupé qui gran-
dit, alors que la grande machine craque.
On sent proche le jour de la justice, l'é-
croulement de la formidable organisation de l'ennemi.

Le brave docteur Mottard (77 ans) que
les dernières nouvelles ont rajeuni si
c'est possible, visite nos malades, grim-
pant dans les chars avec une légérité que
les jeunes envieraient. Plusieurs familles sont retenues au lazaret. L'une comprenant 9 personnes, dont un malade,
est recueillie par les Pères Croisiers.

D'autres colonnes étant annoncées, M.
le Président du Comité Provincial se
rend à Wasseiges afin d'examiner les
mesures à prendre dans les localités se
trouvant à la limite de notre province.

La troisième colonne, arrivée vers 4
heures, comprend 702 personnes, qui furent ravitaillées avec les mêmes soins;
soupe, pain, sucre.

Entre ces deux arrivées, avec M. Guffens, nous élaborons un programme de
façon à bien définir les rôles.

Nous constatons que nous sommes
d'accord avec le programme, que nous
expose M. le Président du Comité Provincial, à son retour de Wasseiges. Celui-ci a obtenu pour l'un des inspecteurs
l'autorisation de circuler à vélo jusqu'à
Eghezée.

M. le Président avait provoqué au local du Comité une réunion au cours de
laquelle il a indiqué les dispositions à
prendre, les rations de vivres à distribuer, et il s'est plu à remercier et à féli-
citer chaleureusement l'administration,
les Comités et la population de Hannut.

245 personnes sont arrivées le soir et
ont été ravitaillées à Hannut. La population, avec un empressement, auquel je
rends un hommage ému, a logé ces malheureux, qui ont trouvé pour la première fois depuis 15 jours un lit pour se reposer.

Pour le matin nous décidons de leur
préparer du cacao.

J'ai visité une dizaine de familles. Tous
ceux que j'interroge me disent combien
le chaleureux accueil de la population
les a réconfortés. Jamais ils n'ont été reçus avec semblable empressement et
cordialité.

Le dimanche matin, avant mon départ, est arrivée une nouvelle colonne
de 500 évacués, qui avaient logé à Wasseiges, Ambresin et les environs. D'autres étaient annoncées de Seron, Ham-
braine et d'autres localités de la province de Namur.

Avant mon départ, je me suis fait un
devoir de remercier, en la personne de
M. l'échevin Detiège, au nom de M. le
Président du Comité Exécutif des Réfugiés Français, l'administration communale, les membres du Comité, leur personnel et toute la population de Hannut.

Le 14 octobre 1918.

___

A BURDINNE LE 16 OCTOBRE 1918

Note sur la réception des évacués français

M. Van Hoegaerden, Président du Comité Provincial, M. Grégoire, Vice-Président, et moi, sommes reçus par M.
Troupin, inspecteur, qui nous apprend
que 500 réfugiés sont arrivés la veille et
ont dû loger dans le village.

Il nous introduit dans une grande pièce (l'école) où sont les malades; il y a
une douzaine de lits en planche, avec de
la paille, parfois sans aucun linge. Deux
petits enfants, la figure rouge, les yeux
brillants de fièvre, sont étendus dans le
même lit et toussent par intervalle d'une
toux déchirante. Plus loin, deux lits sont
occupés par des jeunes filles. L'une d'elle n'a pas de couverture.

Dans la salle, beaucoup de désordre.
On fume, on parle, on va et vient. M. le
Président fait sortir toutes les personnes
inutiles, demande qu'on tienne la porte
fermée, bref, donne quelques ordres efficaces.

Il est évident que l'installation est insuffisante. Le local ne convient guère, il
est trop près de la cantine; il faudrait
trouver autre chose pour les malades.

Nous sortons, et remarquons un bâtiment à plusieurs corps de logis. C'est
l'ancien château des Chartreux, occupé
par des religieux français. Immédiatement on décide de s'y adresser.

A la première porte où nous sonnons,
une sœur répond par le guichet qu'il
faut s'adresser à la porte voisine.

C'est un Père blanc qui vient nous
ouvrir et nous introduit au parloir du
couvent, petite pièce carrelée, bien éclai-
rée, munie d'un gros poêle.

Bientôt le Père Supérieur est devant
nous. C'est un homme dans la force de
l'âge, à la barbe et aux cheveux blancs,
à la figure énergique, aux yeux vifs.
M. Van Hoegaerden se présente lui-
même et présente M. Grégoire, M. Troupin et moi.

Il lui dit qu'il vient d'arriver dans le
village un grand nombre de réfugiés
français, qu'il y a des malades, et demande pour eux l'hospitalité du couvent.

Le Père Supérieur répond que sa communauté est toujours prête à faire ce
qu'elle peut pour soulager la misère,
mais que le couvent ne peut recevoir des
malades. «Vous êtes ici chez des religieux cloîtrés et notre règle nous interdit de recevoir personne. Personne ne
peut franchir notamment la clôture des
Sœurs.»

— «Mais les circonstances sont tellement exceptionnelles! Nous sommes en
état de guerre. Les malheureux dont
nous parlons sont dans une détresse
sans pareille, ils sont mal installés, les
locaux manquent. Si la clôture des
Sœurs est infranchissable, la vôtre peut-
être pourrait s'entr'ouvrir?» — dit M.
Van Hoegaerden.

— « Non, c'est impossible. Vous ne pa-
raissez pas savoir ce qu'est un couvent
de religieux cloîtrés.»

— « Mais cette règle ne pourrait-elle
être provisoirement suspendue par Monseigneur l'Evêque? Je me ferais fort d'obtenir son autorisation.»

— « Mais non, l'Evêque ne peut rien,
il n'y a que le Pape qui pourrait lever la
règle.»

— « Cependant, mon Père, les Allemands entreraient dans ce couvent.»

— « Les Allemands, c'est autre chose,
c'est la force, c'est la violence.»

— « Eh bien! ne trouvez-vous pas que
la nécessité actuelle est aussi une force,
une contrainte à laquelle vous ne pouvez vous dérober? Songez qu'il y a là des
enfants, des jeunes filles qui vont mourir, qui sont sans soins; ce sont de vos
compatriotes, mon Père, et il me semble
que tout chrétien devrait faire tout ce
qui est en son pouvoir pour soustraire
ces malheureux à la mort.»

— « En tous cas, nous ne pouvons recevoir des personnes du sexe féminin.»

— « Même une enfant de cinq ou six
ans?»

« Non.»

— « Mais cette pièce-ci où vous nous
recevez et où l'on peut faire du feu, ne
pourriez-vous la mettre à la disposition
du Comité?»

— « Nous en avons besoin; nous sommes à l'étroit.»

A ce moment, j'interviens pour demander si les Pères ne peuvent sortir du
couvent. Sur la réponse affirmative, je
propose que les Pères aillent donner des
soins aux malades. Le Supérieur me répond qu'ils n'ont pas les aptitudes et les
connaissances nécessaires pour cela.

Puis l'entretien revient sur les difficultés d'introduire des étrangers, particulièrement des femmes, au couvent.

Cependant, finalement le Père Supérieur convient que le petit parloir et celui où nous nous trouvons, ne faisant pas
partie de l'enceinte réservée, pourraient
accueillir des malades. Il est entendu que
M. Troupin prendra les dispositions nécessaires, que s'il faut du charbon, des
médicaments, le Comité les fournira.

M. le Président remercie le Père Supérieur, et nous nous retirons.

ANNEXE 5.

A BURDINNE LE 19 OCTOBRE 1918

*Seconde note sur la réception des évacués
français*

On nous apprend qu'à la suite de notre démarche du 16 octobre, les Pères
Chartreux ont mis deux pièces à la dis-

position du Comité et ont accueilli des
malades.

Je me rends au couvent, accompagné
de MM. Bourgeois et Perot, de M. Neu-
ray, inspecteur, et de M. le Bourgmestre
de Burdinne.

Le même frère portier, qui nous avait
ouvert mercredi, nous introduit dans le
petit parloir de gauche. Il y a là deux
lits. L'un contient un homme dans la
force de l'âge, qui somnole. Il nous dit
aller mieux. Il a la grippe. Ses parents,
autour du poêle, nous confirment le bon
accueil qu'ils ont reçu.

Nous passons dans l'autre parloir, celui où nous fûmes reçus naguère. Il contient 4 à 5 lits avec literies. Il y a un bon
feu dans le gros poêle. A côté, un vieil-
lard dort sur une chaise. Il ne se réveille
pas à nos questions. On nous dit qu'il a
78 ans et «qu'il dort toujours».

Dans les lits, nous retrouvons les deux
petits enfants qui ont de la fièvre, et les
deux grandes jeunes filles que nous
avons vues à une première visite. L'une
a encore beaucoup de fièvre; l'autre,
quoique allant mieux, se dit encore fort
faible.

La mère d'une de ces jeunes filles nous
dit que les Pères sont très bons et très
doux, que les malades ont été bien soignés. Mais il n'y a pas de médecin, celui
de Burdinne est toujours gravement malade.

Au sortir du couvent, nous rencon-
trons le Père Supérieur. Il nous aborde
immédiatement pour nous supplier d'envoyer un médecin. La maladie d'une des
jeunes filles l'inquiète fort. Il ne sait
quel traitement employer, le pharmacien
ne voulant pas prendre de responsabilité. Quant à l'autre jeune fille, la fièvre
est tombée à la suite de l'emploi de fé-
brifuge, mais la température remonte de
nouveau et l'on voit que la maladie n'est
point jugulée.

Le Supérieur parle avec volubilité et
conviction; il prend visiblement grand
intérêt à ses malades.

Je le remercie de tout ce qu'il fait
pour nos réfugiés et il me répond que sa
communauté fera, comme toujours, tout
ce qu'elle pourra.

Comme mon collègue, M. Beco, doit
venir, dit-on, en consultation à Burdinne, je lui laisse un mot, le priant de visiter nos malades.

COMITE DE SECOURS ET
D'ALIMENTATON
DE L'ARRONDISSEMENT DE LIEGE

Département Evacués Français.
   Comité Exécutif.

Liége, le 22 octobre 1918.

Monsieur le Président,

J'ai l'honneur de vous faire rapport sur ma
visite d'aujourd'hui à Waremme.

J'avais obtenu hier un passeport pour mon
collègue, M. le Professeur Henrijean, mais ce
passeport a été limité à notre voyage à Waremme. Nous sommes partis dès 7 1/2 h.; nous
étions à Waremme à 8 1/2 h.

Comme il n'y avait personne à l'hôtel de ville, nous nous sommes rendus chez M. Bricteux, échevin. Il était au lit. Mme Bricteux nous a appris que toute l'administration communale est paralysée par l'absence de tous les mandataires. On évalue à 2.000 le nombre de cas de grippe. Il y a des décès qui font beaucoup d'impression parce qu'il s'agit de personnes dans la force de l'âge.

Nous nous disposions à retourner au local du Comité d'arrondissement, quand MM. Schlusmans et Gihousse nous ont rejoints.

Nous avons d'abord visité avec eux une famille de réfugiés français logée dans une maison de M. Bricteux. Il y avait là une femme malade, mais qui allait mieux; elle n'était pas atteinte de la grippe. J'ai recueilli de ces gens le témoignage que leur évacuation a été forcée et que les Allemands ont pillé leur village, Waziers, près de Douai.

Le Docteur Génicot, chez qui nous avons été ensuite, était légèrement atteint, mais debout et très vert encore malgré son grand âge. Il nous a assurés que la grippe n'avait pas été apportée à Waremme par les Français. Il en a soigné une trentaine de cas dès le mois de juin. D'autre part, les Français sont frappés aussi, mais en beaucoup moins grande proportion que les habitants de Waremme. Il émet en outre cette opinion, approuvée par M. Henrijean, que la grippe elle-même n'est pas mortelle, mais qu'elle éveille des complications qui deviennent aisément fatales par suite de la débilité générale.

Nous visitons ensuite le lazaret établi dans une petite maison bourgeoise, où il y a quatorze lits; nous y trouvons de vieilles femmes, des vieillards, des jeunes gens ayant diverses maladies, mais peu de grippes. Il y a là des Spadois qui, ayant refusé de travailler pour les Allemands, ont été déportés à Waremme. M. Schlusmans nous dit trouver parmi eux des dévouements précieux.

Ce lazaret est petit, mais il paraît suffisant, il y a des infirmières volontaires de la Croix Rouge et un médecin y passe tous les jours. Il y a de la literie en suffisance.

Nous nous dirigeons ensuite vers l'école communale où les évacués français ont passé la nuit. Je ne décrirai point ce spectacle lamentable de ces grandes pièces où le plancher est louvert de paille et où grouille le peuple lamentable des malheureux chassés de leur pays. Toutes les misères sont rassemblées là. Il y a deux malades, un jeune homme ayant de la fièvre, et une femme affaiblie que M. Henrijean ordonne de diriger sur le lazaret. Les autres se disposent à monter en charrette pour leur étape d'aujourd'hui. Les chariots viennent s'aligner le long du préau.

Le local se dispose bien pour cette halte d'une nuit. Les Français sont là réunis et ne se mêlent point à la population; malheureusement, M. Schlusmans m'apprend que les Allemands ont réquisitionné toutes les écoles pour y loger des troupes, et comme nous sortons, nous voyons en effet arriver des colonnes de mitrailleurs. C'est un bien fâcheux contretemps pour mes évacués.

Je conseille à M. Gihousse de faire dire la chose à M. Guffens et d'agir auprès des Allemands pour que l'étape du soir soit placée avant ou après Waremme.

En résumé, de l'avis de M. Henrijean et du mien, il n'y a pas lieu de s'alarmer outre mesure de la situation à Waremme. La grippe y fait les mêmes ravages que dans beaucoup d'autres communes de notre pays. Il n'y a pas de mesures spéciales de prophylaxie à prendre. C'est également l'avis de M. le Docteur de Malvez que j'ai vu hier à ce sujet. M. Schlusmans doit me faire savoir d'urgence s'il faut une infirmière de plus au lazaret. Je prends également des mesures pour fournir quelques fortifiants aux évacués et je demande de voir les Allemands renoncer à prendre les locaux scolaires comme logement.

Veuillez agréer, Monsieur le Président, les assurances de mon entier dévouement.

Le Directeur Général.

A Monsieur Van Hoegaerden,
Président du Comité Provincial de
Secours et d'Alimentation de Liège.
LIEGE.

ANNEXE 5.

Le samedi 19 octobre, M. Langenbergh et M. Francqui se sont rendus chez M. le Baron von der Lancken pour exposer le triste sort de la population des régions de l'Inspection d'Etape 17.

Aux termes des instructions réglant l'évacuation, aucun des évacués, qu'il soit valide ou, mal portant, ne pouvait s'écarter de la zone réservée au recul de la 17e armée. En conséquence il n'était pas possible d'évacuer les malades sur Bruxelles ou sur d'autres villes belges, possédant des installations sanitaires. Il n'était pas question non plus de pouvoir transférer les évacués en Hollande.

Un exposé de cette organisation défectueuse fut fait à M. le Baron von der Lancken qui, le jour même, nous fit accompagner à Nivelles, par trois officiers attachés à la V. C. N.

Ces messieurs se rendirent compte du bien fondé de nos revendications et le soir même de leur retour, M. le Baron von der Lancken fit en sorte que:

1o) les malades, se trouvant parmi les évacués en route, puissent sortir de la zone réservée à l'Inspection d'Etape 17,

2o) les malades du poste de concentration de Nivelles puissent loger chez l'habitant.

3o) tous les évacués, même ceux en âge de milice, puissent être transférés en Hollande, pour autant que le Gouvernement Hollandais soit d'accord.

C'est à la suite de ces circonstances que M. Langenbergh entreprit le voyage à La Haye, qui donna toute satisfaction.

2me Rapport spécial

Bruxelles, le 19 novembre 1918.

Dans notre rapport spécial du 26 octobre dernier complété par notre rapport mensuel au 1er novembre courant, nous avons indiqué nos diverses interventions en faveur des évacués français et belges. En vous envoyant ces notes qui seront les dernières, notre mission ayant pris virtuellement fin, nous n'avons pour but que de compléter certains renseignements qui vous manquent encore et qui sont, pensons-nous, de nature à vous intéresser. Ils sont relatifs à l'évacuation du district de Charleville.

A la suite de sa visite à Tournai, notre Directeur Monsieur A. J. van Maasdijk a été sollicité par le Grand-Quartier général allemand à Spa de faire connaître son avis au sujet de la possibilité de ne plus faire évacuer les régions occupées par l'armée en retraite. Il semble que son opinion ait prévalu dans l'esprit du chef de l'Etat-Major car, revenu il y a peu de temps de la région de Charleville, M. van Maasdijk nous a appris que les autorités allemandes, pendant les derniers jours des hostilités, ont renoncé à faire évacuer de force, vers la Belgique, les populations des régions occupées du Nord de la France.

Il a été décidé par contre que des trains seraient mis à la disposition de la population pour évacuer cette dernière vers des localités situées à proximité du front.

Nous vous donnons ci-joint (annexes 1a et 1b) copie des lettres adressées par M. van Maasdijk au Capitaine zur Strassen, Verpflegungs-Offizier pour le district de Charleville en date du 30 octobre et du 4 novembre courant, au sujet de l'évacuation de la population.

Vous trouverez également (annexes 2a et 2b) copie des lettres de la Mairie de Charleville à notre Directeur et au capitaine zur Strassen en date des 29 et

30 octobre concernant la même question.

A Sedan, la population a manifesté le désir de rester dans la ville. Les documents faisant l'objet des annexes 3a et 3b jettent une pleine lumière sur la situation.

Les trains mis à la disposition de la population civile par l'autorité militaire n'ont servi qu'au transport de quelques voyageurs; la majorité des habitants ayant refusé de quitter leurs foyers.

Le même patriotisme a été constaté à Sedan et à Charleville qu'à Tournai.

L'évacuation des magasins du district de Charleville s'est faite avec le plus grand ordre. Les vivres ont été remis à la population qui avait ainsi de quoi se constituer une réserve jusqu'au 26 novembre.

L'affiche dont nous donnons ci-après la traduction, avait été placardée, au préalable, par l'autorité militaire sur les maisons des personnes s'occupant du ravitaillement:

PROPRIETE A RESPECTER

« Est habitée par des préposés au ravitaillement du district de Charleville ».
» Mobile Etappen Kommandantur 61».

PRISONS

Depuis le 21 octobre, la libération des prisonniers détenus par l'autorité allemande s'est effectuée plus ou moins convenablement et surtout après les évènements du dimanche 10 novembre elle s'est faite rapidement.

Beaucoup de prisonniers nous ont fait part de tous les mauvais traitements et les vexations multiples qu'ils ont eu à subir, mais nous avons eu la satisfaction d'apprendre que nos efforts ont quelque peu amélioré dans différentes prisons le régime des prisonniers quant à la confection de la nourriture au moyen de vivres importés.

Quant à la situation des prisonniers de guerre qui se trouvaient disséminés dans plusieurs endroits et astreints aux plus durs travaux, nous nous sommes efforcés dans toute la mesure du possible de les faire secourir et de recueillir les listes de tous ces braves qui n'obtenaient pas l'autorisation d'écrire aux leurs.

PAIEMENTS DE SECOURS AUX FAMILLES DES PERSONNES EXECUTEES OU CONDAMNES POUR DELITS POLITIQUES PAR L'AUTORITE ALLEMANDE

Nous avons omis, jusqu'à présent, par mesure de prudence, de vous rendre compte d'un service de paiements de secours aux familles des personnes exécutées ou condamnées pour délits politiques par les services de nos délégués.

Le Comité de l'Œuvre des Orphelins de la Guerre ayant reçu, en février 1918, la défense formelle de l'autorité allemande de comprendre parmi leurs secours les enfants de personnes condamnées, nous n'avons pas voulu que ces familles si éprouvées déjà puissent souffrir de cette inqualifiable décision.

Nos délégués ont immédiatement été chargés de payer à domicile dans beaucoup de localités du pays, les sommes qu'elles recevaient antérieurement par les soins des tuteurs des orphelins de la guerre. Cela n'a pas été, toutefois, sans difficultés multiples, mais nous avons eu la satisfaction d'avoir pu assurer le service sans incident jusqu'au dernier jour de l'occupation.

En raison de la situation actuelle résultant de la libération des territoires occupés, nous avons terminé officiellement nos fonctions.

Nous saisissons cette occasion pour rendre un dernier hommage à tous nos collaborateurs du Comité National, du Comité Français et de la Commission for Relief in Belgium, et pour leur exprimer notre très vive reconnaissance pour toutes les facilités qu'ils nous ont procurées dans l'accomplissement de notre mission.

Les Directeurs,
P. Saura et Langenbergh.

ANNEXE 1a.

COMITÉ HISPANO-NEERLANDAIS
pour la Protection du Ravitaillement de
la Belgique et du Nord de la France.

Charleville, le 30 octobre 1918.

Monsieur le Capitaine ZUR STRASSEN
Officier chargé du Ravitaillement de la population civile du District
de et à CHARLEVILLE

Mon Cher Capitaine,

Répondant à votre demande de ce jour, j'ai
l'honneur de vous informer que depuis le 25
octobre, date de mon retour ici, j'ai eu l'occasion de connaître les désirs et les opinions de
la population civile du District de Charleville,
concernant l'éventualité d'une évacuation.

J'ai acquis la conviction que tous les habitants, à l'exemple de ceux de Tournai, demandent, quoiqu'il arrive, de n'être pas envoyés
en Belgique, préfèrent rester dans leurs demeures le plus longtemps possible, et si leur
départ était rendu nécessaire, demandent que
les autorités supérieures Allemandes étudient
les moyens de les évacuer directement dans
les lignes françaises.

(s) A. J. van Maasdijk.
Directeur
du Comité Hispano-Néerlandais

ANNEXE 1b.

Copie-Traduction

COMITÉ HISPANO-NEERLANDAIS
pour la protection du Ravitaillement de
la Belgique et du Nord de la France.

Charleville le 4 novembre 1918.

Monsieur le Capitaine ZUR STRASSEN.
Officier de subsistance pour la population
civile du District de et à
CHARLEVILLE.

Très honoré Monsieur le Capitaine,

Pour faire suite à ma lettre du 30 octobre
1918, dans laquelle j'exprimais la conviction
que la population du district de Charleville
avait l'ardent désir de ne pas être transportée
en Belgique, mais de rester dans ses foyers,
je puis vous confirmer, après ma visite d'hier
à Sedan, que la constatation susdite est valable en particulier aussi pour les habitants
de Sedan.

Quoique le maire de Sedan ait par affiche
du 2 novembre 1918 signalé le danger imminent et averti la population que les personnes
en état de marcher pouvaient partir le 3 novembre dans la direction du sud, tandis que
les autorités allemandes mettaient à la disposition des personnes incapables de marcher
deux trains vers Boulzicourt et Raucourt, j'ai
pu établir que seulement pour le 2me train le-
vers Sedan, contenant environ 1500 places, 30
impotents se sont présentés. Avec ceux-ci une
vingtaine d'habitants qui s'étaient fait inscrire pour la marche à pied ont été transportés.

(s) J. A. van Maasdijk.
Directeur
du Comité Hispano-Néerlandais.

ANNEXE 2a.

VILLE DE CHARLEVILLE
Ardennes

Le 29 octobre 1918.

Le Maire de la Ville de Charleville.

Monsieur le Capitaine ZUR STRASSEN,

Vous avez bien voulu nous faire connaître
que dans le cas où la ligne de la Meuse de-
viendrait ligne de combat, les autorités militaires allemandes avaient l'intention de ne
pas évacuer la ville de Charleville, de faire
savoir aux autorités militaires françaises que
la population était restée et, pendant un délai
fixé, de ne faire tirer ni sur la ville, ni sur
les chemins y conduisant. Si le délai fixé était
insuffisant pour l'évacuation complète, les
autorités militaires allemandes seraient disposées à le prolonger sur demande des autorités militaires françaises,

Après examen approfondi, la Commission
Municipale de Charleville est d'avis que dans
les circonstances pénibles que nous traversons cette solution paraît être la meilleure.

En effet, la population reste ainsi dans ses
maisons jusqu'au dernier moment, avec l'espoir de bénéficier de tous les événements heureux qui pourraient survenir et avec une nourriture assurée.

D'autre part, une évacuation prématurée,
soit vers la Belgique, soit vers le front actuel,
présenterait de graves inconvénients :

Vers la Belgique, nous nous dirigeons vers
un pays déjà surchargé et nous nous trouve-
rions dans la même situation que les populations du Nord de la France et de la Belgique
qui, fuyant devant la ligne de feu, restent actuellement sans abri et sans nourriture et
jonchent les routes de cadavres.

Vers le front, nous serions exposés à un
séjour plus ou moins prolongé dans des villages trop petits pour nous contenir tous, où
l'on pourrait à peine abriter les malades et
les vieillards.

Il faudrait camper en plein air par le froid,
avec une nourriture très aléatoire et, au moment du combat, les risques seraient les mêmes ou plus grands encore que ceux que nous
courrons en restant dans la ville.

Il faut d'ailleurs considérer que nous ne
possédons plus aucun moyen de transport et
que la population renferme un nombre considérable de malades, d'enfants et de vieillards, nombre que nous estimons à près de
4.000 pour Charleville seule.

En prévision des événements, la Commission
Municipale a adressé ces jours derniers, à
Monsieur le Commandant Comte Arnim, une
lettre où elle exposait les impossibilités actuelles d'évacuation et se mettait à sa disposition dans le cas où l'envoi d'une délégation
dans les lignes françaises serait envisagé. Je
vous renouvelle cette proposition car nous
estimons que des représentants des autorités
civiles seraient qualifiés pour parler à leurs
compatriotes au nom des populations qu'ils
administrent et pour leur demander de prendre
les mesures propres à les préserver des dangers qui les menacent. Nous pensons que leur
présence serait d'un grand poids, faciliterait
les négociations et contribuerait à en assurer
le résultat favorable.

Nous ajouterons que Monsieur le Directeur
Hollandais van Maasdijk s'est également offert
comme parlementaire, comme il l'a déjà fait
lors de son voyage à Tournai.

Nous vous remercions, Monsieur le Capitaine, de la nouvelle preuve que vous nous donnez de l'intérêt que vous portez à nos populations.

Et nous vous prions d'agréer nos salutations
les plus distinguées.

Pour la Commission Municipale.

ANNEXE 2b.

VILLE DE CHARLEVILLE.
Ardenne.

Le 30 octobre 1918.

Le Maire de Charleville.

Monsieur le Délégué Hollandais
van Maasdijk.

Vous vous êtes généreusement offert pour être envoyé en cas d'évacuation, vers les autorités militaires françaises et pour leur demander de prendre les mesures nécessaires pour sauvegarder nos habitants.

Nous avons fait connaître votre proposition aux autorités militaires allemandes, mais que les autorisations nécessaires vous soient ou non accordées, nous tenons à vous exprimer nos sentiments de profonde reconnaissance et vous dire combien nous avons été touchés par votre démarche qui donne la mesure de l'intérêt que vous portez à nos populations si éprouvées.

Nous vous prions d'agréer, Monsieur le Délégué, avec nos plus vifs et plus sincères remerciments, l'assurance de notre considération la plus distinguée.

signé... Maire de Mohan
... Délégué pour la Mairie de Mézières
... V. Gailly, Vice-Président de la Commission Mle de Charleville.

———

ANNEXE 3a.

Sedan, le 2 novembre 1918.

Dans une nouvelle convocation, l'autorité militaire a exposé les dangers que la population de Sedan devrait subir si elle reste dans les maisons.

Il n'y aurait pas moyen de la faire passer aux lignes françaises, et, si le bombardement se prolonge, elle devrait rester sans nourriture, chauffage et éclairage.

Donc, c'est en pleine connaissance de ce qui l'attend si la population exprime de nouveau le désir de rester en tout cas dans ses foyers.

Ceux qui voudront accepter la possibilité de partir par chemin de fer ou en colonne le feront.

En tout cas, la population de Sedan reconnaît que l'armée allemande a fait son possible pour réunir les intérêts de la population avec les nécessités inévitables de la guerre.

Le désir est exprimé que l'armée française soit prévenue qu'une grande partie de la population est restée sur place.

Suivent les signatures de la population demandant à rester à Sedan.
environ 200 signatures.

———

ANNEXE 3b.

MAIRIE DE SEDAN

Avis

A l'issue de la réunion qui a eu lieu à l'Hôtel de Ville sur l'ordre et en présence des autorités allemandes relativement au danger que comporte la situation, le Maire de la Ville de Sedan a l'honneur de porter à la connaissance de ses administrés que l'évacuation de la ville de Sedan reste facultative pour les habitants, d'ailleurs seuls maîtres de leur décision.

Les personnes valides qui néanmoins désireraient quitter la Ville, devront se rendre demain matin, dimanche 3 courant, à 10 h. 1/2 du matin, temps allemand.

Un premier train à 8 heures du matin pour Raucourt.

Un deuxième train à 11 heures du matin pour Boulzicourt, seront à la disposition des malades et des impotents.

Pour le Maire,
(s.) Grandpierre.

Rapport au 1ᵉʳ Octobre 1917

I. — AFFAIRES RELATIVES AU RESPECT DES GARANTIES

Dans le courant du mois de septembre, nous avons adressé, d'une part, à la Deutsche Vermittlungsstelle C. N., d'autre part, à Leurs Excellences Messieurs les Ministres Protecteurs, une série de documents, de notes et de mémoires, concernant la violation, dans les différentes provinces dépendant du Gouvernement Général, des garanties fondamentales, tant par l'autorité civile que par l'autorité militaire.

Un intéressant échange de correspondance a eu lieu, au sujet de nos précédentes interventions, entre la Deutsche Vermittlungsstelle C. N. et notre Comité, par l'entremise des Légations; nous en donnons ci-joint copie (annexes 1a et 1b).

Le pouvoir occupant, mis au courant par nos soins des moindres infractions, semble enfin vouloir rappeler à l'autorité militaire les interdictions du Gouverneur Général, en ce qui concerne tout au moins les réquisitions des pâturages et des fourrages; nous avons en effet été avisés par la Deutsche Vermittlungsstelle C. N., à la suite d'une réclamation concernant des infractions de l'espèce dans le Limbourg, que « l'autorité militaire compétente a prié M. le Gouverneur militaire de défendre ces achats » aux troupes et de leur rappeler les » conventions existantes à ce sujet. »

D'autre part, à notre demande, Leurs Excellences Messieurs les Ministres Protecteurs ont bien voulu rappeler au Département Politique, les mémorandums adressés conjointement par la Commission for Relief in Belgium et le Comité National, en date des 7 décembre 1916, 12 janvier, 6 février et 6 avril 1917, au sujet des réquisitions de beurre par les autorités civiles et militaires, ainsi que relativement à l'attitude des Commissaires civils qui s'opposent, dans certains districts, au libre fonctionnement de la répartition du beurre par les Coopératives Intercommunales et la Fédération Natio-

nale des Producteurs et Marchands de beurre.

La réponse suivante, du Département Politique, vient de nous être transmise par Leurs Excellences Messieurs les Ministres Protecteurs:

« Messieurs les Chefs de l'Administration civile ont renouvelé aux Commissaires civils sous leurs ordres les instructions suivantes :

» 1) de veiller à la stricte observation » des arrêtés et ordonnances du Gouver- » neur Général,

» 2) de maintenir et de faire respecter » dans toute son étendue l'arrangement » survenu entre la Centrale chargée de » la répartition du beurre et les repré- » sentants de la « Laiterie Belge », ainsi » que des autres organismes intéressés.

» Pour ce qui concerne les achats di- » rects (1) auprès des producteurs, la » Centrale se trouve bien d'accord avec » la Fédération Nationale et fera ce qu'il » est possible pour que pareils achats » soient évités. Des instructions dans ce » sens ont encore récemment été renou- » velées par les autorités militaires ».

(1) de la part des militaires allemands.

II. — CENTRALES

Le rapport ci-joint du Département Politique sur l'activité de la Centrale des pommes de terre vient de nous être adressé (annexe II).

Nous avons prié les membres belges de la Commission Consultative de cette Centrale de bien vouloir nous faire parvenir une note sur ce document, afin de pouvoir vérifier les chiffres donnés par l'autorité allemande.

Nous confirmons, d'autre part, notre lettre du 4 septembre dernier par laquelle nous vous informions de la publication officielle de l'arrêté du 23 août 1917 du Gouverneur Général rendant la liberté au commerce des légumes et annihilant de ce fait le monopole que la Obstzentrale exerçait sur ce commerce (annexe III).

III. — TORPILLAGE DE BATEAUX C. R. B.

Nous transcrivons ci-dessous, à titre d'information, le texte d'une lettre du Département Politique à Son Excellence Monsieur le Ministre Résident des Pays-Bas à Bruxelles:

« Politische Abteilung bei dem Generalgou-
» verneur in Belgien — n° V. 3798.
» Bruxelles, le 1 septembre 1917.
» Monsieur le Ministre,
» J'ai l'honneur de porter à Votre connais-
» sance le fait suivant qui m'a été communi-
» qué par le Gouvernement Impérial :
» Le 13 juin dernier, un bateau qui se trou-
» vait dans la zone interdite a été torpillé par
» un sous-marin allemand. L'explosion de la
» torpille fut suivie d'une seconde détonation
» de beaucoup plus forte que la première, ce
» qui prouve que le bateau avait chargé des
» munitions. A tribord le bateau portait en
» grandes lettres blanches l'inscription «Bel-
» gium Relief Commission.»
» En portant ce qui précède à Votre con-
» naissance, je Vous prie de bien vouloir faire
» en sorte que le Gouvernement Britan-
» nique soit informé de cette grave violation
» des assurances données par lui à savoir que
» les signaux distinctifs de la C.R.B. ne ser-
» viraient jamais à des bateaux qui ne fe-
» raient pas le service de la C.R.B.
» Je profite de l'occasion pour Vous renou-
» veler, Monsieur le Ministre, les assurances
» de ma haute considération.

» (s) Lancken ».

IV. — VIVRES IMPORTES

Comme pour accentuer encore l'acui-
té de la crise alimentaire dont souffre actuellement la population, un incendie a éclaté aux docks de Bruxelles, anéan-tissant pour la plus grande partie les réserves du Comité Provincial du Bra-bant et des Magasins Communaux de cette province. Il est difficile d'évaluer l'importance des dégâts; cependant on peut dire que ce qui pourra être sauvé des décombres ne sera plus guère utili-sable que pour l'alimentation du bétail et des porcs.

La visite que nous avons faite sur les lieux du sinistre et l'impression que nous en avons retenue nous amènent à insis-ter à nouveau pour qu'un plus fort ton-nage soit mis à la disposition du Comité National de Secours et d'Alimentation (1), non seulement pour parer à ce nou-veau déficit imprévu, mais encore pour qu'il soit possible de distribuer à la po-pulation, à l'approche de l'hiver, la quan-

_____
(1) Il nous serait particulièrement agréable, à ce sujet, de connaître la suite qui a été ré-servée à la démarche du Gouvernement des Pays-Bas concernant l'utilisation de sa flotte marchande pour les besoins de la Relief Com-mission.

tité d'aliments (graisse et féculents) in-dispensable pour assurer sa subsistance.

Dans cet ordre d'idées, à la demande du Comité de la Flandre Occidentale et d'accord avec le Comité National, nous avons sollicité l'autorisation d'importer des betteraves de Hollande dans les usi-nes de Selzaete et de Moerbeke pour pou-voir éventuellement fournir une ration de sucre adéquate aux besoins de la po-pulation si malheureuse des territoires des étapes en Belgique; les quantités pro-duites sont actuellement si minimes qu'elles ne permettent qu'une répartition de 100 grammes par tête et par mois ! Comme d'autre part il n'est pas possible d'obtenir l'autorisation d'exporter du su-cre du Gouvernement Général vers la région des étapes, nous adressons de pressantes instances pour que les Gou-vernements intéressés accordent les au-torisations nécessaires. (Voir déclaration ci-jointe, annexe VII).

V. — VIVRES INDIGENES

Notre action s'est continuée conjointe-ment à celle des coopératives de ravitail-lement provinciales et intercommunales. Des décisions heureuses ont été prises concernant les achats et la répartition des denrées indigènes ainsi que pour les ensemencements et emblavures de la ré-colte prochaine, et une organisation com-plète fonctionne actuellement sous la protection de notre Comité. Un rapport spécial traitant de cette question vous parviendra dorénavant le 15 de chaque mois.

VI. — CHARBONS

Bien que notre mission s'arrête à la surveillance de l'alimentation de la popu-lation en vivres indigènes et en vivres importés, et que notre rôle consiste prin-cipalement à veiller au maintien des en-gagements contractés par le pouvoir oc-cupant en Belgique et dans le Nord de la France, nous nous sommes vivement intéressés aux efforts que les autorités et organismes belges ont tentés dès le mois de juin dans le but de répartir équitablement à la population des dif-férentes provinces le combustible ont elle est généralement privée.

L'annexe IV donne un aperçu du pro-gramme de ravitaillement de la popu-lation belge en charbons tel que l'avait élaboré le comité d'organisation. En pré-sence du manque d'empressement des autorités allemandes de reconnaître ces nouveaux organismes, nous avons offert

— 74 —

nos services à titre officieux en tant qu'intermédiaires entre les groupements belges et le pouvoir central. Une note (annexe V) a été remise à cet effet par nos soins à la Deutsche Vermittlungs-stelle C.N. et au Gouverneur Général.

Malheureusement, l'autorité allemande a coupé court à ces négociations et s'est réservé le monopole de la distribution du charbon (annexe VI). Il est à craindre que cette organisation allemande, échappant à tout contrôle, ne réalise pas les buts visés aussi complètement qu'aurait pu le faire le Bureau Fédéral s'il avait obtenu la liberté d'agir, et qu'elle soit dans le pays une source de nouvelles privations pendant le prochain hiver.

CONCLUSION

La tâche que nous assumons en Belgique et dans le Nord de la France continue à faire l'objet de nos constantes préoccupations.

Si dans l'exercice de nos fonctions nous rencontrerons souvent des difficultés de par nos rapports avec les autorités allemandes, ou des mécomptes à la suite de démarches entreprises auprès des Gouvernements Alliés et restées infructueuses, il est cependant réconfortant de recevoir des encouragements tels que ceux qu'a bien voulu nous adresser le Gouvernement Britannique par l'entremise de Messieurs les Ambassadeurs d'Espagne et des Pays-Bas à Londres. Nous y avons été particulièrement sensibles.

LES DIRECTEURS,
P. Saura et Langenbergh.

ANNEXE 1a.

La V. C. N. a pris connaissance du mémorandum remis par le Comité Hispano-Néerlandais à MM. les Ministres Protecteurs.

En considération des appréhensions qui ont donné lieu à ce mémorandum et qui se réfèrent au maintien des conventions existantes, la V. C. N. ne croit pouvoir mieux démontrer le non-fondé de ces appréhensions qu'en donnant un rapport substantiel de son activité relatif aux travaux du dit Comité.

Depuis le commencement de l'activité du Comité Hispano-Néerlandais, il a été reçu un certain nombre de notices qui se composent de rapports des délégués provinciaux et locaux contenant des informations qui selon l'avis de ces délégués, ne répondraient pas au sens des conventions existantes.

En général on peut dire que ces notices du Comité sont fréquemment peu propices à faciliter la tâche des autorités. Des expressions comme «on dit», «on raconte», «vraisemblablement», «il circule le bruit», etc., se répètent souvent et il paraît évident que des données accompagnées par de pareilles expressions ne sont guère faites pour guider des enquêtes sérieuses.

Partant de ce point de vue, la V. C. N. a adressé le 3 août une lettre au Comité Hispano-Néerlandais, dont elle remet ci-inclus le double.

Des notices prémentionnées la V. C. N. a, jusqu'à présent, soumis les cas suivants à l'examen des autorités compétentes:

56 cas concernant des fraudes à la frontière, ainsi que des achats faits par des employés de chemins de fer; la plus grande partie de ces cas doit cependant être considérée comme suppléments à des cas renseignés avec des notices antérieures.

45 cas concernant des achats d'œufs et de beurre, soit que ces achats aient eu pour but la fraude à la frontière, soit qu'ils aient été effectués par des soldats et employés isolés.

36 cas concernant l'achat et le transport de bétail endéans du territoire du Gouvernement Général.

14 cas concernant l'achat de blé et de farine, ainsi que des transports aux moulins.

10 cas concernant la location de pâturages.

13 cas concernant des achats isolés de soldats.

11 cas concernant des achats de soldats isolés sur les marchés de Bruxelles.

8 cas concernant le ravitaillement en pommes de terre.

17 cas concernant des affaires différentes.

Relativement à ce résumé il doit être constaté que les informations reçues au commencement et concernant des transports de bétail diminuaient subitement, grâce sans doute à l'arrêté de Monsieur le Gouverneur Général du 5 juin 1917.

Quoique, comme ce rapport le démontrera, certaines notices du Comité aient dû être mises de côté à cause d'indications trop imprécises, avant que les cas prémentionnés aient été remis aux autorités compétentes, il en reste encore parmi ceux qui font actuellement l'objet des enquêtes un assez grand nombre qui manquent de précision et qui par conséquent rendent très difficile la tâche d'établir des faits.

En effet, la V. C. N., demandant dernièrement à Monsieur le Président de l'Administration civile pour la province de Liège — dans la sphère d'activité duquel la plupart des faits renseignés auraient eu lieu — de lui donner des informations relatives au succès des enquêtes faites, ce président a répondu que pour chacun des cas une enquête aurait été introduite, mais qu'il ne serait pas possible d'arriver si vite à un résultat, étant donné que les indications sont trop imprécises et que souvent des informations ultérieures amènent du matériel nouveau à une enquête pendante et proche à sa conclusion, rendant ainsi nécessaire la reprise de la dite enquête.

Il résulte de ce qui précède que les autorités compétentes s'efforcent de pénétrer autant que possible les faits renseignés par les notices du Comité.

A la réception du mémorandum prémentionné 80 des notices du Comité Hispano-Néerlandais avaient déjà trouvé une réponse.

Parmi ces cas signalés il y en avait qui pouvaient être écartés à priori et n'avaient aucun rapport avec les conventions conclues;

puis des informations envoyées par méprise deux fois avec la même rédaction, mais sous des dates différentes, et d'autres qui, tout en employant des paroles nouvelles, concernaient quand même des cas renseignés précédemment.

En d'autres cas déjà mentionnés le manque complet d'indication précise rendait une enquête impossible.

D'autres notices, dont le contenu représentait plutôt un rapport général sans produire des détails, étaient simplement soumises à la connaissance des autorités intéressées, sans attendre une réponse de celles-ci. Enfin, la situation de quelques uns des cas renseignés était tellement claire que les autorités chargées de l'affaire par la V. C. N. pouvaient sans difficulté et relativement vite arriver à un résultat et le communiquer ensuite.

En ces quelques cas on pouvait constater à plusieurs reprises que les informations des délégués ou se basaient sur des suppositions erronées, ou manquaient tout à fait de fondement. Ainsi, une discussion ayant eu lieu au Reichstag et se référant à tous les fronts, à l'exception du front belge fut précisément interprétée comme se référant à ce dernier. Dans un autre cas on avait cru que les troupes allemandes avaient reçu des pommes de terre tandis que, en réalité, ces pommes

6

de terre avaient été remises aux ouvriers belges.

Une firme d'Anvers avait été sérieusement incriminée, à cause d'un emploi prétendu de farine indigène; il résultait clairement de l'enquête qu'il s'était agi de farine hollandaise, dont une partie était même employée en faveur de la population belge. Un boucher de Bruxelles, accusé d'avoir vendu en grande quantité de la viande au front, était à même de prouver par sa comptabilité qu'il ne s'était jamais occupé de telles affaires. Un délégué avait cru qu'une livraison d'œufs se faisait à un corps de troupe, tandis que les œufs en question étaient destinés à un hôpital.

En d'autres cas, pas nombreux cependant, où un fait en contradiction avec les conventions a pu être constaté, les autorités n'ont pas tardé à prendre des mesures nécessaires. C'est ainsi qu'on a fermé un magasin de vivres à Bruxelles, lequel avait fourni une certaine quantité de vivres à des soldats dont le corps de troupe ne pouvait plus être constaté; une autre fois on s'est opposé au ravitaillement non permis en pommes de terre d'un détachement de soldats et on a pris des mesures pour empêcher à l'avenir la répétition de pareil fait. Enfin, on avait admis pour un des cas qui, à cause de son ancienneté, ne pouvait plus être approfondi, la possibilité d'un transport de viande en Allemagne et la V. C. N. a également pris toutes les mesures indiquées pour en empêcher la répétition.

Dans le mémorandum du Comité il est fait mention d'une exportation toujours croissante de vivres indigènes.

Une telle communication semblait ici être d'autant plus étonnante que rien dans les négociations verbales ou par écrit traitées jusqu'à présent n'indiquait une augmentation de l'exportation.

Si le Comité veut peut-être faire allusion au trafic avec du bétail belge, il est permis d'appuyer encore une fois sur le fait que des informations concernant l'exportation n'existent point et que celles parlant d'achats de négociants belges, subissent également une forte diminution. En aucun des cas le Comité n'a été à même de prouver qu'une exportation de bétail vers l'Allemagne ait effectivement eu lieu. De même des enquêtes qui peuvent être considérées comme clôturées ne donnent à ce sujet qu'un résultat négatif. Dans le cas où, avant le 5 juin dernier, des transgressions contre les ordres existants ont encore eu lieu de la part de personnes louches, l'arrêté de M. le Gouverneur Général de la date mentionnée ci-dessus a en tous cas complètement remédié à pareil abus.

Si les communications du Comité devraient se référer à l'exportation de légumes, il est permis de constater d'abord qu'une exportation de certains excédents est admise; toutefois la V. G. N. est d'avis que les besoins de la population indigène doivent être couverts dans la mesure du possible; des pourparlers

sont engagés en ce moment avec les autorités compétentes pour parvenir à un ravitaillement suffisant en légumes des villes et des grands centres de consommation. Il résulte de plus des renseignements obtenus de la Centrale des fruits que l'exportation de légumes et de fruits est en diminution en comparaison avec l'année 1916. Ce sont surtout des légumes de luxe qu'on envoyait en Allemagne, comme les asperges et dernièrement de la rhubarbe et des tomates, lesquels ne trouvaient pas assez de consommateurs en Belgique.

Même les plaintes de quelques villes belges relatives à des arrivages insuffisants de légumes ne peuvent faire preuve contre l'existence de certains excédents. Il se peut en effet que certaines villes réclament une espèce particulière de légume sans que la Centrale soit à même de répondre à cette demande vu que l'espèce demandée spécialement ne se trouve pas sur le marché où on offre cependant des tomates en quantités considérables, légume refusé des mêmes villes et dont par conséquent, dans l'intérêt même des producteurs, l'exportation devient absolument nécessaire pour ne pas exposer la marchandise à une détérioration. Ceci est aussi en accord avec le sens des conventions qui prennent en considération le fait que la Belgique depuis longtemps a toujours cultivé certaines espèces de légumes et de fruits pour l'exportation.

La V. C. N. ne connaît d'autres cas où il serait question d'exportation. Il n'est de même jamais venu à sa connaissance que des ordres systématiques aient été donnés de la part des autorités pour favoriser l'exportation et elle ne tarderait pas à prendre de strictes mesures dans tous les cas où il devrait résulter, des enquêtes pendantes, que des faits éventuels ne correspondissent pas avec les conventions conclues.

(s.) Rieth.

ANNEXE 1b.

Le Comité Hispano-Néerlandais a pris connaissance du rapport de M. le Docteur Rieth, Directeur de la Deutsche Vermittlungsstelle C. N., annexé à la lettre du 20 août de S. E. M. le Baron von der Lancken.

Ce document a été examiné avec la plus sérieuse attention, car il ne doit pas seulement être considéré comme une simple réponse, mais bien comme constituant une véritable réfutation du rapport que le Comité Hispano-Néerlandais avait cru devoir adresser à Leurs Excellences les Ministres Protecteurs, en date du 28 juillet, au sujet de l'efficacité de son rôle et de sa mission.

En acceptant le mandat dont l'avaient investi les Gouvernements des Puissances Neutres protectrices de l'Œuvre du Ravitaillement de la Belgique occupée, le Comité Hispano-Néerlandais s'est tracé comme ligne de conduite d'exercer, dans un esprit de neutralité absolue, un contrôle sur la destination des vivres importés et de veiller, en ce qui concerne les vivres indigènes, fourrages, etc., à ce que seule la population belge en bénéficie conformément aux garanties accordées par Son Excellence le Gouverneur Général aux Représentants Diplomatiques des Puissances Protectrices.

Le Comité Hispano-Néerlandais, sachant à quelles erreurs et à quelles conséquences fâcheuses de faux bruits peuvent conduire, et n'ayant en vue que l'impérieuse nécessité de voir maintenue l'Œuvre du Ravitaillement, a toujours cherché à montrer, d'une part aux Puissances Alliées, d'autre part aux représentants du pouvoir occupant, avec qui il est en rapports constants, la situation telle qu'elle existe réellement.

Ces considérations sont nécessaires avant d'aborder l'examen du rapport de M. le Docteur Rieth.

Pour tout esprit non prévenu, en effet, il semble résulter des termes mêmes de ce rapport que le Comité Hispano-Néerlandais, ne tenant pas compte des circonstances locales, souvent influencées par l'état d'esprit de la population d'un pays subissant le régime de l'occupation étrangère depuis trois ans, aurait agi avec une certaine partialité sans tenir compte, d'autre part, des mesures administratives prises par le pouvoir occupant.

C'est ici que des explications détaillées trouvent place.

Dans le but d'obtenir des résultats et de faciliter la tâche de la Deutsche Vermittlungsstelle, le Comité Hispano-Néerlandais a, jusqu'ici, pris pour règle de lui donner connaissance:

1o) par lettres numérotées et signées, des manquements aux garanties présentant une importance réellement établie et constituant des précédents qui ne peuvent être tolérés. Le plus grand nombre de ces lettres est resté sans suite. Les quelques réponses parvenues présentaient en général un caractère spécieux tel, que le Comité Hispano-Néerlandais a dû contester leur argumentation absolument inacceptable et de nature à fausser l'esprit et la lettre des conventions. Tel a été le cas pour les réquisitions de prairies, l'exportation de la bière, les vols de wagons C. R. B., les entraves apportées à l'œuvre des intercommunales d'alimentation.

2o) par des informations transcrites sur simples feuillets, sans signature et de bonne foi, et remises de la main à la main, dans le but de faciliter à M. le Docteur Rieth la tâche qui semble inhérente à sa fonction, en le tenant au courant d'une façon régulière et permanente des avis reçus de province. Il se peut que quelques-unes de ces notes aient été remises en double. Le Comité Hispano-Néerlandais s'étonne qu'il lui en soit fait grief.

Assez nombreuses ont été les réponses *officieuses* à ces communications et, il

faut le reconnaître, surtout à celles ne présentant qu'un intérêt secondaire. Plus de deux cents sont restées sans suite.

Il est intéressant de constater combien le rapport, présenté par M. le Docteur Rieth, semble attacher d'importance à quelques-unes de ces communications officieuses, et combien il est fait peu de cas de celles qui présentent un certain caractère de gravité, comme aussi des rapports officiels du Comité Hispano-Néerlandais; c'est ainsi qu'aucune allusion n'est faite aux agissements de la firme Laval Van Krieckingen et Co, dont les installations de la rue des Commerçants et du quai des Charbonnages travaillent presque exclusivement à l'exportation; aucune mention non plus en ce qui concerne les rafles de pommes de terre et légumes opérées sur les marchés de Malines et des environs par les soldats venant de la région des étapes; ni sur les fournitures quotidiennes de wagons de pommes de terre, arrivant dans la région de Jeumont par les soldats de l'étape par l'intermédiaire de commissaires-acheteurs nominalement désignés; ni sur tous les autres mémorandums relatifs à la question des pommes de terre.

Il en est de même de l'acquisition de foin sur pied par le kommandantur de Tirlemont; de l'ordre donné par le Commissaire civil de Landen de fournir des pommes de terre aux cantines de soldats; de tous les agissements trop longs à rappeler ici du nommé Otto Adler, adjoint du Commissaire civil Kreuter de Louvain, constituant des violations répétées et journalières des garanties par l'enlèvement en masse des légumes pour l'exportation au préjudice des organismes belges de ravitaillement, par le refus d'accorder les Geleitschein aux œuvres belges, et par les sanctions arbitraires prises notamment au préjudice des dîners économiques, soupes et du magasin communal de Tirlemont; des agissements d'une firme allemande dans la province du Luxembourg et des entraves apportées de ce fait à la coopérative d'alimentation de cette province dans son œuvre de prévoyance alimentaire, etc., etc.

M. le Docteur Rieth ne semble pas vouloir admettre que des infractions aux garanties accordées puissent se produire. C'est compliquer singulièrement la tâche du Comité Hispano-Néerlandais. Cependant, par son mémorandum du 10 août, adressé à Son Excellence Monsieur le Ministre du Roi d'Espagne, Son Excellence Monsieur le Baron von der Lancken reconnaissait lui-même certains manquements aux garanties «aux fait » que certaines personnes, pour la plu- » part de nationalité belge, agissent en » contravention avec les ordres donnés » par M. le Gouverneur Général, pour » se procurer des gains considérables à » raison des circonstances actuelles.»

Elle ajoutait que ces faits *«quoique, » n'étant pas imputables aux autorités » sous les ordres de M. le Gouverneur*

» *Général*, paraissent toutefois de nature
» à pouvoir nuire à la régularité du ra-
» vitaillement.»

C'est donc sur des personnes belges
qu'est rejettée la faute de manquements
reconnus par S. E. le Baron von der
Lancken.

Or, est-ce bien le cas?

Les défenses relatives aux déclarations
du 14 avril 1916 de S. E. le Gouverneur
Général concernaient presque exclusivement des sujets allemands et les autorités allemandes. Les ordres qui ont été
donnés ne sont donc connus que des sujets allemands et, dans ces conditions,
on ne conçoit pas comment il est possible de rendre responsables des infractions que ces défenses subiraient, les
Belges qui les ignorent. Les Belges n'auraient au surplus pas l'occasion de se
procurer des gains considérables à raison des circonstances actuelles, s'ils ne
rencontraient chez certaines autorités ou
institutions allemandes des complaisan-
ces en opposition avec les ordres de M. le
Gouverneur Général.

On peut admettre, dans une certaine
mesure, que l'administration allemande
se trouve impuissante à empêcher toutes
les infractions commises par des particuliers, quoiqu'elle dispose de moyens
pour les diminuer; mais lorsque ces mêmes faits sont accomplis par des agents
de l'administration — qu'on ne peut pas
supposer avoir été laissés dans l'ignorance des instructions de M. le Gouverneur
Général — ils relèvent une tendance à
ne pas tenir compte des accords internationaux, qui doit être considérée comme
des plus dangereuse pour l'œuvre du ravitaillement de la Belgique.

M. le Docteur Rieth aborde enfin,
dans son mémoire, la question des exportations; il la divise en 2 catégories:
celle du bétail vers l'Allemagne, qu'il
conteste; celle des légumes qu'il admet,
étant donné qu'il s'agit d'un «excédent»
de production.

Pour ce qui concerne le bétail, nous
ne pouvons que nous en référer aux
memorandums antérieurs échangés entre Leurs Excellences les Ministres Protecteurs et Son Excellence Monsieur le
Baron von der Lancken.

M. le Docteur Rieth se souviendra certainement que la Commission for Relief
in Belgium a signalé différents cas d'exportation de bétail vers l'Allemagne et
vers le Nord de la France par Visé, Givet, Heer-Agimont, etc.

Le fait de voir actuellement encore les
mêmes marchands de bestiaux, servant
alors d'intermédiaires, de nouveau en
rapport avec des soldats ou des civils allemands dans les gares de concentration,
suffit pour que le Comité Hispano-Néerlandais se préoccupe de la question et la
porte à la connaissance de la Vermittlungsstelle C. N. L'absence d'étiquettes
de destination sur les wagons permet
toutes les présomptions.

Quant aux légumes, c'est en entravant
la consommation immédiate, aussi bien
que leur mise en conserve pour l'hiver,
que l'Obstzentrale est parvenue à créer
artificiellement des excédents pour l'exportation. Et on se trouve devant ce
spectacle d'une population privée des légumes usuels pendant que l'Obstzentrale
ou ses sous-organismes en exportent
journellement des quantités importantes
en Allemagne.

C'est à ce propos que le Comité Hispano-Néerlandais a décliné toute responsabilité dans le cas où la surveillance de
l'emploi de ces légumes lui serait refusée.

Tous les faits rappelés ci-dessus ac-
centuent le contraste qui apparaît entre
les bonnes intentions des autorités supérieures allemandes et les agissements
des administrations subalternes.

Le Comité Hispano-Néerlandais n'a
jamais admis la possibilité «que des ordres systématiques aient été donnés de
la part des autorités pour favoriser l'exportation», ainsi que s'exprime M. le
Docteur Rieth, mais son action répétée
auprès de la Deutsche Vermittlungsstelle, qu'il continuera à l'avenir comme par
le passé, n'a d'autre but que d'attirer
l'attention sur la façon dont certaines
autorités militaires locales ou subalternes, parfois en contact avec des personnes intéressées et agissant, nous n'en
doutons pas, de bonne foi, méconnais-
sant les arrêtés de S. E. le Gouverneur
Général de manière à compromettre indirectement toute l'œuvre du ravitaillement, en faisant suspecter dans le pays
et à l'étranger les bonnes intentions des
autorités supérieures allemandes.

Bruxelles, le 5 septembre 1917.

ANNEXE 2.

*Note sur l'activité de la Centrale des pommes
de terre*

I. Période du 1r février au 30 juin 1916

Besoin annoncé par les communes belges: 37,000 tonnes.

Livraisons faites par la Centrale: de la
récolte belge: 6,700 tonnes, valeur frs
675,000; provenant de la Hollande: 17,500
tonnes, valeur frs 3,175,000.

II. — Période du 27 juin au 14 septembre 1916

Pommes de terre hâtives.

Le bureau de Malines a expédié à 648
communes: pour la population belge:
56,113 tonnes; en Allemagne: 3,490 tonnes. Il semble utile de comparer ce tableau avec les chiffres analogues de l'année précédante; en 1915, Malines a expédié à la population belge 25,877
tonnes; aux troupes d'occupation 5,836
tonnes; en Allemagne 26,155 tonnes.

De ces chiffres résulte clairement l'a-
vantage de la Centrale pour la population civile en Belgique.

III. — *Période du 15 septembre 1916 au 24 juin 1917.*

Un premier calcul se basant sur les chiffres donnés par les statistiques belges a été élaboré et prévoyait comme résultat final la répartition de 300 grammes par personne et par jour. Cette ration n'a cependant pas toujours pu être maintenue pour la raison que la statistique précitée s'est démontrée erronée ; ici comme partout où on demandait les déclarations des producteurs, celles-ci se sont montrées comme manquant de foi.

Le plan de répartition arrêté définitivement donne l'image suivante:

a) Les régions d'Ath et de Nivelles suffisaient à elles-mêmes;

b) 14 régions donnaient un excédent de 62,343 tonnes;

c) 11 autres régions annonçaient, après déduction de la propre récolte, un manquant de 223,234 tonnes.

La Centrale a pu saisir de l'excédent signalé de 62,343 tonnes, une quantité de 48,000 tonnes, soit 77 %; le restant de 14,343 tonnes, ou 23 %, a dû être considéré comme perdu, soit par suite de la gelée, soit qu'il ait été consommé en fourrage ou qu'il ait servi à la fraude.

Voici le plan selon lequel la répartition de ces 48,000 tonnes a eu lieu:

A RÉGION	de Louvain	de l'Art Bruxel.	de Malines	de Hasselt	de Libramont	de Dinant	de Maaseik	de Tongres	TOTAL
Agglom. Bruxelles	8.098	5.320	1.685						15.103
Ph. Givet						39		64	.102
Namur		14	170	146		1.894			1.894
Charleroi	68		527		4.460	295	20	100	5.273
Mons	15	379	84	498	4.457	426	497		5.468
Soignies	513				2.219				4.190
Thuin				369	2.048				2.048
Huy				150	329		322	330	1.250
Waremme	42				114		138	42	402
Liège			161	965	8.894	600	145		10.001
Verviers				957	993	9			2.270
TOTAL	8.736	5.713	2.627	3.085	23.019	3.262	1.122	536	48.000

ANNEXE 3.

Transport de légumes.

Arrêté du Gouverneur Général en Belgique en date du 23 août 1917.

Article unique

L'arrêté du 5 mai 1917, concernant les fruits et les légumes, est abrogé, pour autant qu'il se rapporte aux transports de légumes.

ANNEXE 4.

Ravitaillement de la population belge en charbon

En vue d'assurer le ravitaillement en charbon de la population belge dans les meilleures conditions possibles, eu égard aux circonstances actuelles, il a été entendu entre la Fédération des Associations Charbonnières de Belgique et les représentants des sociétés coopératives d'alimentation provinciales, intercommunales et locales, de réserver, pour les besoins de la population, toute la production disponible de charbon de tous les charbonnages belges et d'en faire la répartition aux consommateurs d'après un règlement à établir sur la base du rationnement.

A cet effet, il a été convenu ce qui suit:

1o) Il sera constitué un Bureau Central, représentant toutes les sociétés coopératives d'alimentation, et un bureau central représentant tous les charbonnages belges.

2o) Le Bureau Central des Coopératives fera l'achat au Bureau Central des Charbonnages de toute la production disponible de charbon pour usage domestique, se chargera de la faire transporter et en réglera la répartition aux coopératives.

3o) Le Bureau Central des Charbonnages fera la vente au Bureau Central des Coopératives de tout le charbon à livrer et en fera effectuer la livraison par les charbonnages suivant la répartition établie.

Il encaissera le prix de vente à payer par le Bureau Central des Coopératives et règlera aux charbonnages les fournitures effectuées par chacun d'eux.

4o) Afin de permettre au Bureau Central des Coopératives et au Bureau Central des Charbonnages de traiter régulièrement leurs opérations d'achats et de ventes, tant entre eux qu'entre le Bureau Central des Coopératives, et les coopératives d'une part et le Bureau Central des Charbonnages et les charbonnages d'autre part, les deux Bureaux Centraux seront constitués sous forme d'organismes ayant la personnification civile. Le Bureau Central des Coopératives sera constitué sous la forme d'une société coopérative par les coopératives d'alimentation et le Bureau Central des Charbonnages sous la forme d'un société coopérative également par les charbonnages.

5o) Le Bureau Central des Coopératives et le Bureau Central des Charbonnages s'organiseront chacun en ce qui le concerne de manière à assurer la bonne exécution du programme qui leur est assigné.

ANNEXE 5.

Note

Le déficit de la production journalière du charbon et le manque de moyens de transport offrent de grandes difficultés pour l'approvisionnement de la population.

Dans ces conditions, les pouvoirs publics se sont préoccupés de ne pas laisser uniquement entre les mains du commerce privé la distribution de cet article de première nécessité, d'autant plus que la production journalière se trouve être insuffisante pour satisfaire aux besoins du pays.

En conséquence, il m'a semblé que je pourrais intervenir, à *titre officieux*, pour la formation d'une fédération des coopératives qui se chargerait de la réglementation et de la répartition du charbon.

Naturellement, une telle organisation nécessiterait des capitaux; ceux-ci pourraient être recueillis par nos soins.

Les contrats de ces coopératives seraient ratifiés par la Kohlenzentrale, comme tous les contrats d'approvisionnement de charbon.

Les coopératives doivent être considérées comme des œuvres de prévoyance sociales et sont à l'abri de tout but visant à un bénéfice commercial.

La base de la distribution du charbon se ferait en tenant compte de l'importance de la population et de la nature des communes, suivant qu'elles sont industrielles, agricoles ou forestières. On tâcherait de donner à chaque ménage (de 4 personnes) 4 kgs par jour; l'excédent de cette quantité sera payé suivant une échelle de prix établie de façon à diminuer les charges des classes laborieuses.

De même que cela a été fait en Allemagne, des cartes seraient créées pour la distribution du charbon.

(s.) Saura.

Le 14 juillet 1917.

ANNEXE 6.

Charbon domestique

Arrêté du Gouverneur Général en Belgique, en date du 1er septembre 1917, pour la Flandre et la Wallonie.

1

La répartition du charbon domestique est confiée à deux bureaux de répartition (Landesverteilungsstellen) compétents l'un pour la Flandre, l'autre pour la Wallonie, et relevant du chef de l'Administration civile (Verwaltungschef) de chacune des deux régions administratives.

2

Le bureau central des charbons (Kohlenzentrale), à Bruxelles, fournira, aux bureaux de répartition, le charbon domestique disponible.

3

Les chefs de l'Administration civile décrèteront les dispositions réglementaires en vue de l'exécution du présent arrêté.

ANNEXE 7.

Déclaration

A la demande du Comité Hispano-Néerlandais pour la Protection du Ravitaillement en Belgique et dans le Nord de la France, Monsieur le Rittmeister Schroeder, Verpflegungs-Offizier pour la 4e armée, *déclare* à Monsieur Langenbergh, qu'il est autorisé par le commandement supérieur de la 4e armée à donner au Comité Hispano-Néerlandais *l'assurance* que les betteraves sucrières qui seront importées éventuellement de la Hollande, dans le territoire des étapes en Belgique, pour le ravitaillement de la population civile belge, seront exemptes de toute saisie ou réquisition.

Ces betteraves pourront être transformées en sucre par les soins soit du Comité Hispano-Néerlandais, soit du Comité National ou des organismes qui en dépendent; toutes facilités et autorisations à cet égard seront accordées par les autorités militaires du territoire des étapes.

Le sucre provenant de cette fabrication sera réservé exclusivement à la population civile belge du territoire des étapes et jouira des mêmes garanties que les approvisionnements importés par la Commission for Relief in Belgium, et sera réparti entre la population par les soins des Comités dépendant du Comité National, au même titre que ces approvisionnements.

Tous résidus quelconques de la fabrication seront renvoyés en Hollande.

Les betteraves importées seront libres de droits d'entrée; le sucre fabriqué sera exempt de droits, en dehors des droits d'accise (fr. 20 par 100 kgs) à acquitter au fisc belge.

Le transport de tous ces produits et sous-produits sera assuré dans les mêmes conditions que les marchandises provenant de la C.R.B.

Le Comité Hispano-Néerlandais aura le droit de faire contrôler par ses délégués que les dispositions faisant l'objet de la présente déclaration seront observées.

Bruxelles, le 1er octobre 1917.

Rapport au 1ᵉʳ novembre 1917

1er novembre 1917.

Nous avons l'honneur de signaler dans notre rapport précédent que le pouvoir occupant semblait enfin vouloir rappeler à l'autorité militaire les interdictions du Gouverneur Général en ce qui concerne le respect de certaines garanties. Pour donner plus de force à nos réclamations, nous avons adressé à Leurs Excellences Messieurs les Ministres Protecteurs, en date du 2 octobre 1917, un aide-mémoire (annexe 1) résumant la questions des exportations, achats et réquisitions des denrées indigènes visées par les garanties fondamentales.

Son Excellence le Marquis de Villalobar, Ministre de Sa Majesté le Roi d'Espagne, nous a fait part, en date du 4 octobre, en son nom et en celui de Monsieur le Chargé d'Affaires de la Légation des Pays-Bas, de ce que ce document lui avait été spécialement utile dans la conférence que les Ministres avaient eue avec le Baron von der Lancken à ce propos, et au cours de laquelle ce dernier leur avait promis de s'efforcer de faire droit aux justes demandes qui lui avaient été communiquées.

Nonobstant ces déclarations, nous avons eu le regret de constater, dans le courant du mois d'octobre, qu'aucune mesure ne semblait avoir été prises par l'administration supérieure, eu égard à la multiplicité d'infractions commises dans les différentes provinces du Gouvernement Général, tant par le pouvoir civil que par le pouvoir militaire.

REQUISITION DE POMMES DE TERRE

Ce que nous avions constaté concernant la réquisition des pommes de terre hâtives se renouvelle actuellement pour la récolte normale. Vous trouverez ci-joint (annexes 2 et 3) les memorandums principaux que nous avons adressés d'une part à la Deutsche Vermittlungsstelle C. N. en date du 15 octobre, d'autre part à Leurs Excellences les Ministres Protecteurs, en date du 19 octobre, relativement à cette question. Nous n'avons, à ce jour, reçu aucune réponse à ces memorandums.

BETAIL

Sans que l'on puisse conclure à la violation des garanties, en ce qui concerne le bétail indigène, c'est-à-dire à son accaparement par les autorités allemandes au profit des troupes d'occupation et au préjudice de la population belge, des entraves nombreuses sont apportées dans les diverses provinces à l'œuvre des Coopératives d'alimentation, qui ne parviennent plus à ravitailler les grands centres de consommation. C'est ainsi que, dans le Limbourg, le Président de l'Administration Civile, Bazille, a complètement paralysé l'action de l'Intercommunale provinciale en lui interdisant les fournitures à effectuer, suivant contrats, à Charleroi, aux Hospices de Bruxelles et à la ville d'Anvers. Grâce à notre intervention cependant, Charleroi a néanmoins pu, ultérieurement, obtenir satisfaction (voir affiche en date du 13 octobre du Président de l'Administration civile, annexe 4).

Le Commissaire civil de Thuin a adopté une attitude semblable à celle du Président de l'Administration civile du Limbourg. Enfin, la Société Coopérative du Luxembourg nous a mandé, en date du 25 octobre 1917, que les Commissaires civils de Marche et de Neufchâteau interdisaient l'expédition du bétail destiné aux Magasins Communaux de La Louvière, aux établissements Dumont à

Chassart et à la Meunerie Bruxelloise, chargés tous deux par la Coopérative de prendre du bétail à l'engraissement. Cette politique nouvelle a pour but de créer de sérieuses difficultés aux organismes de ravitaillement et complique par là même le problème de l'alimentation du pays.

Il est à craindre que la généralisation de ces mesures n'ait pour objectif la constitution d'une réserve de bétail indigène dans le but éventuel de la création d'une Centrale des viandes, initiative que nous chercherons à combattre par tous les moyens, ce genre d'organismes échappant à tout contrôle et n'ayant d'autres effets que le renchérissement des vivres.

SAISIES DE FARINE ET DE BLE INDIGENES

Il résulte des conventions conclues entre Leurs Excellences les Ministres Protecteurs et son Excellence le Gouverneur Général que les vivres indigènes saisis par l'autorité militaire, à la suite de trafic illicite, doivent être restitués aux administration communales belges ou au Comité National pour les besoins de la population belge.

Nous avons constaté, depuis un certain temps, que la restitution de ces vivres, principalement blé et farine, n'était plus effectuée par l'autorité militaire. Vous voudrez bien trouver ci-joint, à ce propos, copie de nos memorandums des 9, 17, 22 et 24 octobre 1917 à la Deutsche Vermittlungsstelle C. N. (annexes 5, 6, 7, et 8).

ZONE-FRONTIERE

Il existe actuellement dans la zone-frontière une situation contre laquelle nous n'avons cessé de protester depuis le mois de juillet dernier. Dès le mois de mai, tout trafic de marchandises étant interdit entre la zone-frontière et le territoire libre, la population se trouve complètement isolée et contrainte par ce fait de vendre les produits du sol et de l'élevage aux délégués des centrales allemandes parcourant cette région.

Des memorandums restés sans suite ont été adressés à la Deutsche Vermittlungsstelle C. N. et à la Politische Abteilung par les soins des Ministres Protecteurs les 8 juin, 21 septembre et 17 octobre derniers (vous trouverez ci-joint copie de ce dernier annexe 9).

Nous avons eu connaissance notamment des expéditions faites dans le courant de juillet aux organismes militaires et qui

se chiffraient comme suit, pour trois communes de la zone-frontière de la province d'Anvers seulement:

beurre 1,220 kgs,
jambon 1,300 kgs.

FAUSSE INTERPRETATION DES GARANTIES

En réponse à plusieurs de nos communications concernant l'approvisionnement des établissements allemands ou des usines séquestrées occupant des ouvriers belges et pour lesquels il est réservé des approvisionnements spéciaux de pommes de terre, sucre, confitures, miel artificiel, etc., au détriment de la population des localités mêmes où se trouvent ces usines, et par ce fait de la population belge en général, nous avons reçu de le Deutsche Vermittlungsstelle C. N., en date du 16 octobre, confirmée le 18, l'information suivante:

« La Deutsche Vermittlungsstelle C.
» N. n'a pas connaissance que le Gou-
» verneur Général ait promis une répar-
» tition uniforme des vivres indigènes.»

Cette opinion étant de nature à bouleverser complètement l'esprit des conventions, nous avons adressé à la Deutsche Vermittlungsstelle C. N. le memorandum, dont copie ci-jointe (annexe 10).

EMPLOI DE LA LANGUE FLAMANDE

Nous avons eu le regret de constater que l'Administration allemande, poursuivant son programme politique de séparation administrative en Belgique, paraît vouloir exiger que les organismes du Comité National de la région dite flamande du pays se servent uniquement de cette langue. Dans les provinces de la Flandre Orientale, de la Flandre Occidentale et du Limbourg, des communications officielles ont été adressées à cet égard. Le Comité National a saisi les Ministres Protecteurs de cette question. En ce qui concerne le Comité Hispano-Néerlandais, l'autorité allemande a été jusqu'à exiger, notamment à Anvers, la traduction en langue flamande de la raison sociale de notre Comité, à l'exclusion de la langue française. Nous en avons immédiatement référé aux Ministres Protecteurs, étant d'avis que notre organisme, essentiellement neutre, ne peut se prêter à des actes politiques de l'espèce.

DEPORTATIONS

Nous avons appris avec une certaine anxiété que dans la région de Mons et d'Arlon, c'est-à-dire dans les territoires d'étape incorporés au Gouvernement Général, des tentatives avaient été faites par l'autorité allemande dans le but de déporter des employés et des fonctionnaires du Comité National.

A la suite de notre intervention et de celle de nos Délégués de province, les autorités allemandes paraissent avoir renoncé, tout au moins temporairement, à leur idée première. Cette question continue à faire l'objet de toutes nos préoccupations.

CENTRALES

Les Membres de la Législature, du Sénat et de la Chambre de Belgique viennent de nous communiquer une requête, adressée par les Députés et Sénateurs belges à Son Excellence M. le Gouverneur Général; elle vise le but que nous poursuivons depuis si longtemps en montrant notamment les inconvénients de l'organisation des «Centrales». Elle fait de plus allusion à l'arrêté visé par notre memorandum à la Deutsche Vermittlungsstelle C. N. (annexe 2), ainsi qu'à l'approvisionnement de la population en charbon (voir notre rapport précédent).

Nous vous en remettons ci-joint copie, à titre documentaire (annexe 11).

DIVERS

Des communications reçues de la Deutsche Vermittlungsstelle C. N. comme suite à nos interventions, il résulte :

1o) que l'entrepreneur de la construction du chemin de fer de Bertrix, la firme Brandt, est rendu responsable devant les autorités allemandes de s'être livré à l'achat de pommes de terre pour le ravitaillement de ses ouvriers;

2o) que l'Oberkontroller Schrader, qui s'était permis de placarder une affiche injurieuse à l'égard des Belges, dans la commune de Brée, a été réprimandé;

3o) que malgré notre intervention, la commune de Falmagne, arrondissement de Dinant, privée de distributions régulières de sucre par ordre du Commissaire civil, pour n'avoir pas livré les quantités réglementaires de beurre à la Centrale, n'a pu obtenir satisfaction, « bien que le Commissaire civil regrette » beaucoup que, par suite de cette mesure, les habitants innocents de cette » commune soient également lésés».

* * *

Dans la séance du 18 octobre 1917 du Comité National, Monsieur Francqui, Président du Comité Exécutif, a donné communication de ce qui suit:

« Correspondance des Comités avec la » Commission for Relief in Belgium et » le Comité Hispano-Néerlandais pour la » Protection du Ravitaillement.

» Il nous revient que certains Comités, » confondant les attributions de la Com- » mission for Relief in Belgium et celles » du Comité Hispano-Néerlandais, qui » l'un et l'autre ont leur siège à Bruxel- » les, 66, rue des Colonies, adressent fré- » quemment à l'un ou l'autre de ces or- » ganismes des communications qui ne » les concernent pas. Nous croyons donc » utile de rappeler que, aux termes de » la note insérée au procès-verbal de la » réunion des Délégués des Comités Pro- » vinciaux du jeudi 24 mai dernier, la » mission du représentant de la Com- » mission for Relief in Belgium en Bel- » gique est d'assurer le transport des vi- » vres importés par la Commission for » Relief in Belgium depuis la frontière » belge jusqu'aux lieux de consomma- » tion dans les diverses provinces bel- » ges et françaises. Le Comité Hispano- » Néerlandais a remplacé la Commission » for Relief in Belgium dans l'exercice » de ses fonctions en Belgique en ce qui » concerne l'exécution des garanties » données par les diverses autorités ci- » viles et militaires pour l'alimentation » et de la distribution des secours en » Belgique et dans le Nord de la France. » Les Comités provinciaux sont priés » d'inviter leurs sous-comités à tenir » compte de ces indications pour déter- » miner celui des deux organismes » auquel leurs communications doivent » être adressées.»

CONCLUSIONS

Il résulte des communications contenues dans ce rapport que la tâche de notre Comité, spécialement en ce qui concerne l'application des conventions réglant la question des garanties fondamentales, est sérieusement compliquée par le manque de direction qui semble exister dans les diverses administrations allemandes. Ce fait provient, à n'en pas douter, du relâchement qui s'est manifesté de la part des diverses autorités allemandes dès l'arrivée du nouveau Gouverneur Général, Baron von Falkenhausen, et qui n'a fait que croître ces derniers temps au point que nous avons pu constater, sans le moindre doute, que certaines autorités locales, notamment dans le Limbourg et l'arrondissement de

Thuin, ont pris des initiatives qui certainement n'auraient pas été tolérées du temps de l'ancien Gouverneur Général.

Il ne faudrait cependant pas conclure, du fait que notre travail et nos interventions restent stériles en ce moment, que le seul remède de nature à pallier à la situation nouvelle serait la suppression du ravitaillement de la Belgique. *La population souffre trop cruellement pour que l'on puisse songer, ne fût-ce qu'un instant, à pareille éventualité.*

Mais il semble qu'il soit possible d'user de pression sur certains fonctionnaires en décrétant des mesures coerciti-ves pour les régions visées et en rendant responsables les autorités locales.

Voilà, nous semble-t-il, la seule mesure efficace qui s'impose pour le moment; elle aurait cet avantage, croyons-nous, d'empêcher que d'autres fonctionnaires allemands, qui jusqu'à présent ont agi avec une entière correction, ne soient entraînés dans ces errements administratifs. Elle renforcerait au surplus le prestige de notre Comité ainsi que l'importance et la valeur de nos réclamations.

Les Directeurs,

P. Saura. Langenbergh.

Aide-mémoire

Depuis qu'il a succédé en Belgique à la Commission for Relief in Belgium, le Comité Hispano-Néerlandais n'a cessé de veiller étroitement au respect et au maintien des garanties fondamentales accordées par Son Excellence le Gouverneur Général aux Ministres Protecteurs de l'œuvre du ravitaillement du Comité National.

Cet accord a été confirmé par Son Excellence le Baron von der Lancken, en date du 14 avril 1916, à Son Excellence Monsieur Brand Whitlock, Ministre des Etats-Unis, et communiqué plus tard à Son Excellence Monsieur le Marquis de Villalobar. Il est conçu en ces termes:

« Conformément à l'ensemble des as-» surances données en dernier lieu au » Gouvernement que Votre Excellence » représente, Monsieur le Gouverneur » Général résumera et complètera les » mesures déjà prises en ce sens par des » instructions nouvelles *défendant l'ex-* » *portation hors du territoire du Gou-* » *vernement Général des vivres (y com-* » *pris les bestiaux), denrées et fourra-* » *ges servant à l'alimentation humaine* » *et à celle du bétail. Il défendra de mê-* » *me l'exportation hors dudit territoire* » *des semences, des engrais et des ap-* » *provisionnements agricoles.*
»
» Monsieur le Gouverneur Général » donnera également à l'Intendance mi-litaire du Gouvernement Général pour » les effets conséquents *l'ordre de ne* » *plus ni réquisitionner ni acheter par* » *libres transactions, dans le territoire* » *occupé de la Belgique, pour les be-* » *soins de l'armée d'occupation, aucun* » *des produits ci-dessus mentionnés.*
» Comme Votre Excellence a pu se con-» vaincre au cours des négociations » ayant eu lieu dernièrement, *Monsieur* » *le Gouverneur Général attache la plus* » *grande importance à ce qu'une situa-* » *tion définitive et nette soit créée.* C'est » donc avec une vive satisfaction que » j'ai déduit de la note que Son Excel-» lence Monsieur le Ministre d'Espagne » a bien voulu me faire parvenir que » Votre Excellence, en Sa qualité de Re-» présentant de son Gouvernement, ne » considèrera pas *des achats occasion-* » *nels de ces produits faits individuelle-* » *ment par des personnes appartenant* » *à l'armée* comme étant contraires à » l'engagement pris par Monsieur le » Gouverneur Général, *pour autant que* » *ces achats ne soient aucunement sys-* » *tématiques ni effectués pour compte* » *de l'intendance militaire.* »

Ces garanties ont en plus été consacrées officiellement par l'arrêté du 22 avril 1916 de Monsieur le Gouverneur Général ainsi conçu:

« En vue d'assurer l'alimentation de » la population et de compléter les me-

» sures que j'ai déjà prises à cette fin,
» j'ai décidé d'interdire désormais, dans
» le territoire placé sous mon autorité,
» l'exportation de tous les produits ali-
» mentaires et fourrages, y compris les
» bêtes de boucherie, et en outre des se-
» mences de tout genre, des engrais, ainsi
» que de l'outillage agricole. Tous ces pro-
» duits, à la condition qu'ils soient de
» provenance belge, seront donc réser-
» vés à la consommation de la popula-
» tion du territoire dépendant de mon
» administration.

» Il ne sera fait exception à cette in-
» terdiction que pour les quantités su-
» perflues de produits belges provenant
» du sol. Je ne permets cette seule excep-
» tion à cette interdiction que pour ne
» pas porter préjudice à l'agriculture, a
» la culture maraîchère et au commerce
» intérieur qui pratiquait déjà l'exporta-
» tion avant la guerre. Afin de ménager
» encore les approvisionnements du ter-
» ritoire occupé, j'ai ordonné à l'inten-
» dance militaire de n'effectuer, dans le
» territoire sous mon autorité, ni réqui-
» sitions, ni achats de gré à gré de pro-
» duits rentrant dans les catégories sus-
» mentionnées et destinées à assurer la
» subsistance de l'armée d'occupation,
» bien que l'article 52 de la Convention
» de La Haye me confère incontestable-
» ment le droit de nourrir les troupes de
» l'armée d'occupation au moyen des vi-
» vres existant en Belgique. Les troupes
» d'occupation étant réparties sur tout
» le pays je n'ai pas l'intention d'inter-
» dire les achats individuels des person-
» nes appartenant à l'armée; je ne dési-
» re pas priver le commerce local des
» bénéfices qui en résultent pour lui.
» En portant les présentes dispositions à
» la connaissance du public, je tiens à
» faire observer que toutes les mesures
» déjà prises et celles que je jugerai bon
» de prendre encore ont et auront pour
» but principal d'obtenir une répartition
» équitable de tous les produits alimen-
» taires et fourrages, afin que l'alimen-
» tation du peuple belge soit assurée
» quoi qu'il arrive, notamment si, à l'a-
» venir, l'importation des denrées ali-
» mentaires rencontrait des difficultés
» ou était entravée. »

Nonobstant l'accord intervenu et les instructions formelles de Son Excellence le
Gouverneur Général rappelées ci-dessus,
le Comité Hispano-Nérlandais a le regret
de constater que ces instructions sont
loin d'être observées par les autorités,
tant civiles que militaires et que, sans
parler même de ce que l'arrêté de Son
Excellence le Gouverneur Général considère comme «des quantités superflues de
» produits belges provenant du sol» exportés dans une large mesure, des vivres
de première nécessité tels que le beurre,
les œufs, le lait, la viande, les pommes
de terre, sont constamment réquisitionnés au profit des troupes d'occupation ou
des fonctionnaires des diverses administrations allemandes en telles quantités
et avec une si grande fréquence qu'il ne
saurait être question de ranger ces réquisitions dans la catégorie des achats individuels et occasionnels tolérés de commun accord, mais bien au contraire, de
les considérer comme étant entreprises
systématiquement au préjudice de la population civile belge. (annexe 1).

Le Comité Hispano-Néerlandais constate aussi que la fraude à l'exportation,
évidemment à l'insu des autorités supérieures, n'a pas diminué, par suite du
manque de surveillance exercé à la frontière.

En ce qui concerne le bétail et les fourrages, la location ou la réquisition de
pâturages, formellement interdites, prennent dans toute l'étendue du territoire
du Gouvernement Général une extension
de jour en jour plus grande (annexe II).

De plus, certains Commissaires civils,
étant intervenus pour interdire, en même temps que la vente libre du bétail,
l'exécution des marchés contractés par
des Coopératives d'Alimentation en ordonnant la résiliation de contrats librement et régulièrement consentis, semblent laisser supposer, par leur politique, qu'il existe une tendance générale
des autorités de monopoliser la vente et
l'abatage du bétail au profit d'installations allemandes ayant un caractère à la
fois civil et militaire et paraissant avoir
été établies dans certaines régions du
pays dans le but d'accaparer les réserves
de bétail (annexe III).

Il paraît donc désirable que de nouvelles instructions confirmant les ordres antérieurs de Son Excellence le Gouverneur Général relatifs au respect des garanties, soient adressées aux diverses administrations civiles et militaires du
Gouvernement Général.

ANNEXE 7.

*Infractions aux garanties signalées à Monsieur
le Docteur Rieth pendant le mois d'août 1917*

Lait — beurre. — œufs.

Commande de beurre faite par le soldat allemand en permission à Magdebour à M. Collin, membre de l'Union Namuroise des Marchands et Producteurs de beurre à Namur.

Important chargement de beurre à Neeryssche par l'automobile G. Q. no 225 le 1 septembre.

Fourniture hebdomadaire de 152 kgs de beurre à la kommandantur de Vielsalm.

Ordre du Commissaire civil de Nivelles de fournir par semaine 8,500 kgs à Bahnmeisterei Bahnhof & Postamt., Nivelles.

Achats réguliers et systématiques d'œufs et de beurre dans le Limbourg, notamment à Opitter, Peer, Meuwen, Becck, Lommel, Hamont, Achel, Lille St-Hubert, Neerpelt, Overpelt, Petit Brogel, Eben-Emael, Wonck, etc., faisant l'objet de notre memorandum du 23 août à la Deutsche Vermittlungsstelle C. N.

Réquisition à Bastogne (Luxembourg) de 260 kgs par semaine pour les troupes et 150 kgs pour les trains hôpitaux.

Ordre du Commissaire civil Diebol de lui fournir 5 1/2 kgs par semaine.

Réquisition à Wavre (Brabant) par la garnison de 40 kgs de beurre par semaine.

Réquisition à Esschen (province d'Anvers) de 2,500 kgs de beurre par semaine pour le Festungs Proviantamt d'Anvers.

Réquisition à Poppel, Weelde, Raevels (province d'Anvers) d'environ 1,200 kgs de beurre par semaine pour les civils allemands d'Anvers.

Nombreuses réquisitions de lait notamment à Glons (province de Liège), dans les diverses communes du Luxembourg (Aye, Libramont, etc.)

La commune de Welkenraedt doit fournir hebdomadairement 168 kgs de beurre pour les besoins de la garnison locale.

Réquisition, pour les besoins du camp de Beverloo, de tous les œufs, du lait et du beurre dans les communes environnantes.

Pommes de terre.

Fourniture de pommes de terre aux cantines du chemin de fer à Landen.

Exportation à Verneuil (France) du wagon 90001 «Essen», chargé à Malines, le 18 août, ainsi que le wagon 10877 «Posen» pour Etappen Inspektion II.

Exportation vers Barancourt, Grand Pré, Douai, Charleville, le 21 août, de wagons de pommes de terre et légumes, chargés à Malines.

Exportation vers Vervins et Marle de wagons de pommes de terre et légumes, chargés le 23 août à Malines.

Expéditions de pommes de terre et de légumes le 23 août à l'adresse du corps

de «Seeflieger Flandre» et «Seeflieger Flotte I Zeebrugge».

Réquisition hebdomadaire de pommes de terre à Berlaer, par des soldats allemands, par quantités variant de 600 à 2000 kgs.

Faits repris à notre memorandum du 12 courant par M. le Docteur Rieth, concernant les achats et réquisitions de pommes de terre dans la plupart des communes des environs de Malines par 500 à 600 kgs de pommes de terre à la fois.

Fourniture de pommes de terre aux cantines militaires de Maeseyck suivant ordre du Commissaire civil (1,699 kgs).

Fraudes de pommes de terre commises par les soldats allemands et reprises à notre memorandum du 17 août à M. le Docteur Rieth.

Le 24 août 1917, il a été expédié de Lierre un wagon, chargé de 16 sacs de pommes de terre, de carottes et de choux de Savoie, achetés par un civil allemand et envoyés à Herbesthal (wagon Els.-Loth. no 61407).

Réquisitions diverses.

Dans le Luxembourg, le Hainaut, le Limbourg, les réquisitions de vivres de tous genres ont lieu. Exemple :

A Roy (Luxembourg), les particuliers doivent fournir à tour de rôle 7 kgs de pain, 28 œufs, 14 kgs de pommes de terre, 1/2 kg de lard, 300 grammes de café, 7 litres de lait, etc., etc.

ANNEXE 2.

Réquisition de pâturages et de fourrages

Achats de foin à Bertry, Libramont, Neufchâteau, Saint Hubert (Luxembourg), Roclenge-sur-Geer (Limbourg), Opheylissem et Neerheylissem (Brabant), Westmeerbeek (Anvers).

Location de prairies à La Buse (Beaumont), Renlies, Froidchapelle, Fourbechies, Grand-Rieu, Gilly, Dilbeek (ferme Ste Alène), Dilbeek (château Viron), Sempst.

Réquisitions de pâturages à Montignies-sur-Roc, Angres, Angreau, Audregnies, Autreppe, Athis, Roisin, Fayt-le-Franc, Hainin.

Location par contrainte de prairies à Lanaeken, Neerharen, Opgrimby, Boorsheim, Maeseyck, Kessenich, Rothem (Limbourg), Herchies et Mons (Hainaut).

Type de contrat.

Contrat d'affermage

Entre le «fisc militaire allemand» représenté par la Kommandantur d'étape ...... et l'éleveur de bétail...... le contrat suivant a été conclu aujourd'hui:

1o) L'éleveur...... afferme sa prairie située à...... d'une superficie d'environ ...... au fisc militaire allemand pour...... la durée de l'année 1917.

2o) Le cens est fixé à Mk 0.30 par cheval-jour.

3o) Le paiement du cens doit avoir lieu le..........

4o) Toutes les conventions verbales ou autres conclues jusqu'ici sont annulées par le présent contrat et le dédommagement pour l'usage fait jusqu'ici de cette prairie aura lieu au prix susindiqué.

5o) Le fermier a le droit de rompre le contrat en tout temps. Le fermage est alors décompté mensuellement sur la base d'une jouissance de 5 mois, chaque mois commencé étant compté pour plein.

Dates et signatures.

ANNEXE 3.

— 1 —

Les Coopératives intercommunales de ravitaillement ont été créées et se sont constituées dans un but de prévoyance pour pourvoir à l'alimentation des populations. Elles ne tombent pas en conséquence sous l'application de l'article 4 de l'arrêté du 10 juin de Son Excellence le Gouverneur Général.

Cependant, leur œuvre de prévoyance est constamment entravée par les autorités locales.

C'est ainsi que M. le Commissaire civil du Limbourg vient d'interdire toute activité à l'intercommunale en tant qu'achats et ventes de bétail et a déclaré nulles les conventions passées notamment avec les Hospices de Bruxelles et la ville d'Anvers, compromettant singulièrement le ravitaillement de ces grands centres.

— 2 —

Les Coopératives du Luxembourg, notamment celle de Marche, subissent des mécomptes analogues à la suite du refus opposé par le Kreischef de cette ville d'autoriser les expéditions de bétail et de porcs acquis par la Coopérative.

Par contre, une charcuterie allemande ne débitant qu'aux sujets allemands civils et militaires est établie à St. Hubert et procède à l'abatage des porcs achetés dans la région, alors que les autorités locales interdisent l'abatage des porcs à domicile, privant ainsi la population de bénéficier, selon les traditions du pays, des salaisons habituelles en vue de la mauvaise saison.

— 3 —

Enfin, le Commissaire civil de Thuin (Hainaut) vient de faire afficher un avis interdisant l'achat libre du bétail, ordonnant le recensement sous peine de saisie, subordonnant l'exportation hors de l'arrondissement à son accord préalable et réglementant le prix de la viande sous menace de confiscation.

On se demande, dans ces conditions, comment pourront se réaliser les approvisionnements des grands centres et des régions populeuses où, sous l'action bienfaisante des intercommunales, il était permis d'escompter un ravitaillement normal.

Tout au contraire, il est à craindre que ces mesures, destinées à créer un monopole dans chaque arrondissement, ne soient de nature à créer dans certaines régions des excédents artificiels au détriment des besoins réels de l'ensemble de la population du Gouvernement Général.

ANNEXE 1.

No 2005.   Bruxelles, le 15 octobre 1917.

Memorandum
pour la Deutsche Vermittlungsstelle C. N.

Mr. le Général-Lieutenant Hurt, Gouverneur de Bruxelles et du Brabant, dans un avis daté du 10 septembre dernier concernant le trafic clandestin des pommes de terre, s'exprimait comme suit : ,

« ...... les arrêtés et mesures de l'autorité » allemande sont pris uniquement dans le but » de pourvoir de pommes de terre les commu-» nes et leurs institutions de bien public qui » sont chargées de les répartir équitablement. »

Le Comité Hispano-Néerlandais n'a jamais cessé de défendre ce point de vue et c'est avec satisfaction qu'il a pu trouver dans un arrêté d'un des plus hauts dignitaires du pays occupé la consécration des engagements contractés par Son Excellence M. le Gouverneur Général auprès des Ministres Protecteurs.

Le Comité Hispano-Néerlandais, que ses délégués et ses services de contrôle en province tiennent régulièrement au courant de la situation exacte des faits, croit cependant devoir émettre l'opinion à la Deutsche Vermittlungsstelle C.N. que, dans la réalité, les choses ne se passent nullement comme M. le Gouverneur de Bruxelles et du Brabant le croit.

C'est en présence des achats, réquisitions et exportations des pommes de terre par des agents de l'autorité civile et militaire que la population, justement émue de la situation alimentaire, s'est livrée au commerce clandestin dans le but d'être pourvue. Le Comité Hispano-Néerlandais déplore ces faits et les actes malhonnêtes des accapareurs qui exploitent leurs concitoyens, mais il doit admettre qu'ils sont une conséquence de circonstances créées par le pouvoir occupant.

Le Comité Hispano-Néerlandais a eu déjà l'occasion de signaler, à de nombreuses reprises, les réquisitions de pommes de terre opérées systématiquement par l'autorité allemande. Pour ce qui en est des récentes réclamations, il prie la Deutsche Vermittlungsstelle C. N. de vouloir bien relire ses lettres n° 2523 du 1er octobre, n° 2534 du 2 dito, n° 2562 du 4, n° 2572 du 5, n° 2596 du 8, etc...

De nouveaux faits lui ont été signalés. Il s'agit, pour la province de Namur, des réquisitions suivantes d'ordre du Commissaire civil :

Bolinne	37.000 kgs.
Boneffe	27.400 kgs.
Mehagne	26.000 kgs.
Taviers	65.000 kgs.

soit 155.400 kgs à fournir au Kreislager de Cognelée.

La commune d'Eghezée fournit 2.200 kgs au Commissaire civil, Vedrin 2.850 kgs, Hanret 37.000 kgs aux Hôtels occupés de Namur, Warisoulx a fourni 20.000 kgs à la caserne des lanciers, Waret-le-Chaussée 45.000 kgs déchargés à l'École des Cadets.

La population de Namur, insuffisamment rationnée en pommes de terre, assiste douloureusement à l'approvisionnement par chariots des organismes tels que le Soldatenheim, le Wasserbauamt rue Devez, la Zivilverwaltung rue de Bruxelles, l'immeuble occupé par la troupe 8 boulevard d'Omalius, le Gräberkommando Technische Abteilung rue Rogier, la « Kantine » avenue des Acacias à Jambes (6.000 kgs), l'Hôtel de la ville d'Arlon rue de Bruxelles, maison allemande (6.000 kgs réquisitionnés à Sart-Bernard).

Bien que dans la région de Namur, le Comité Hispano-Néerlandais a relevé que 575.250 kgs de pommes de terre avaient été distraits du ravitaillement de la population pour être fournis à des organismes militaires allemands

Des faits analogues ont lieu dans les autres parties du pays. La Deutsche Vermittlungsstelle C.N. trouvera ci-joint des notes concernant le Luxembourg, le Hainaut, le Brabant, qu'elle voudra bien joindre à toutes celles que le Comité Hispano-Néerlandais lui a déjà adressées concernant le Limbourg, la province d'Anvers et la province de Liège, etc...

Certes, Leurs Excellences Messieurs les Ministres Protecteurs ont reçu dernièrement, par l'entremise de Son Excellence M. le Baron von der Lancken, Chef du Département Politique, l'assurance que les membres belges de la Centrale des pommes de terre avaient été appelés à vérifier la répartition de celles-ci pour la saison dernière; mais il semble que si ces vérifications ont eu lieu, ce que plusieurs des membres belges contestent, elles paraissent n'avoir porté que sur les quantités réellement distribuées à la population et non pas sur la production intégrale du pays.

Quelle est la valeur que l'on pourra accorder aux vérifications de la récolte actuelle?

Le Comité Hispano-Néerlandais, en adressant ce nouveau rapport à la Deutsche Vermittlungsstelle C.N., en laisse juge de l'effet que produiraient à l'étranger et chez les Puissances Alliées de telles infractions aux engagements contractés par Son Excellence le Gouverneur Général.

LES DIRECTEURS,

ANNEXE 3.

No A-2703.   Bruxelles, le 19 octobre 1917.

Monsieur le Marquis,
Monsieur le Ministre,

Nous avons l'honneur de transmettre ci-annexé, à Votre Excellence, un memorandum relatif à de nombreuses réquisitions de pommes de terre qui ont lieu dans les diverses parties du territoire du Gouvernement Général.

Nous avons cru devoir le référer à Votre Excellence, eu égard à la situation particulièrement critique de la population belge au point de vue alimentaire, situation qui s'aggrave de jour en jour du fait de ces réquisitions.

Nous prions Votre Excellence de vouloir bien agréer l'expression de nos sentiments de haute considération.

LES DIRECTEURS,

A Son Excellence Monsieur le Marquis de Villalobar,
A Son Excellence Monsieur van Vollenhoven.

Mémorandum pour Leurs Excellences
Messieurs les Ministres Protecteurs

Le Comité Hispano-Néerlandais a eu l'occasion de se mettre récemment en rapport avec la Deutsche Vermittlungsstelle C.N. concernant les nombreuses réquisitions de pommes de terre qui ont lieu dans les diverses provinces du Gouvernement Général par l'autorité militaire.

Le Comité Hispano-Néerlandais a signalé, par lettres et par memorandums à la Deutsche Vermittlungsstelle C.N. les principales violations des garanties qu'il a constatées et qui

constituent des infractions particulièrement graves n'atteignant pas seulement le principe des engagements contractés mais causant, par leur nature, un préjudice réel et sérieux à la population belge.

Cette population, en effet, dont la situation au point de vue alimentaire est précaire eu égard et à la rareté et à la cherté des vivres, se voit privée, du fait de ces réquisitions, d'un des principaux aliments qui forment la base de l'alimentation humaine.

Le Comité Hispano-Néerlandais a reçu des rapports concluants de province. Un des plus frappant intéresse la région de Namur.

Dans le seul canton de Namur, il a été distrait, par le Commissaire civil, 465.450 kgs de pommes de terre transportées au Kreislager de Cognelée; les communes de Saint-Germain, Hemptinne, Branchon, Aische-en-Refail, Liernu, Bolinne, Boneffe, Mehaigne, Taviers ont reçu l'ordre de participer à ces fournitures suivant texte ci-dessous :

« An der Bürgermeister des Gemeinde. . . . .
» Nach den vorliegenden aufzeichnungen » verfügt die Gemeinde über einen Ueber-» schuss von mindestens. . . . kg Kartoffeln, » mit dem *der Bedarf* folgender Gemeinden *zu decken ist.*
» (1) Gemeinde *(ce mot a été biffé)* . . . » *KREISLAGER COGNELEE* . . . *Benötigt* » kg.
» Die von den genannten Gemeindeu ein-» treffenden Kontroll kommissionen (1) *(ces » mots ont été biffés et remplacés par : die » Kontrolöre).* sind beauftragt mit Ihrer » Schätzungskommission zwecks Deckung des » Bedarfs dieser Gemeinde (1) Zusammenzu-» arbeiten.
» Die Bezahlung der Kartoffeln erfolgt durch » meine Vermittlung. Die betreffenden Rech-» nungen nebst Empfangscheinigungen der » Bedarfs-gemeinden sind nur sofort nach » Ablieferung der Ueberschüsse einzureichen.
» Von der nach Versorgung der genannten » Gemeinden nach verbleibenden Ueberschüs-» sen ist, so bald als möglich Mitteilung » zu machen ».

»   (s.) Sandes ».

(1) Les mots biffés le sont également dans le texte de la circulaire originale.

Suivant ce texte, il s'agit donc bien de réquisitions *pour les besoins du Kreigslager de Cognelée.*

Indépendamment de ces réquisitions pour le camp militaire, le commissaire civil a donné l'ordre à diverses communes d'avoir à ravitailler les organismes allemands de la ville:

Upigny 17.750 kgs au magasin allemand de la rue du Pépin (cette commune a livré 2.222 kgs au Kreislager).

Vedrin 2.850 et Hanret 37.000 kgs à divers hôtels de Namur.

Warisoulx 20.000 kgs à l'école des Cadets et à la caserne des lanciers.

Waret-la-Chaussée 45.000 kgs à l'atelier des Bas-Prés et à l'Ecole des Cadets, ainsi qu'à divers hôtels de Namur.

Au surplus, le Comité Hispano-Néerlandais a constaté les transports suivants:

Le 29-9-1917, quatre chariots de pommes de terre ont été conduits au Soldatenheim et au Wasserbauamt, rue Dewez à Namur. Ils venaient de Noville-les-Bois, Marchovelette et Franc-Waret.

Un chariot a été déchargé à la Zivilverwaltung, rue de Bruxelles, et une quantité importante boulevard d'Omalius n° 8.

Le 1-10-1917, cinq chariots en provenance de Waret-la-Chaussée, ont été déchargés au Gräverscommando, Technische Abteilung, rue Rogier.

Le 26-9-1917, Sorinne-la-Longue a dû fournir 6.000 kgs à la cantine de Jambes, avenue des Acacias et au Soldatenheim, rue Dewez.

La commune de Sart-Bernard devait fournir 3.000 kgs à l'hôtel de la ville d'Arlon.

En outre, la commune de Naninne a dû approvisionner d'autres établissements allemands suivant détail ci-dessous:

André Jules	6.000 kgs	3.000 kgs rue Saint-Aubain 17 ; 2.000 kgs à l'hôtel de Hollande ; 1.000 kgs avenue de la Plante près du garage du pont de la Meuse.
André Léon	1.000 "	200 kgs boulevard Cauchie 9 ; 550 kgs rue Dewez ; 250 kgs rue des Champs Elysées.
Badoue Léon	500 "	Hôtel d'Arlon, rue de Bruxelles.
Dermine Albert	1.000 "	Hôtel Jean, r. Borgu.
Duchêne frères	1.000 "	Hôtel d'Arlon, rue de Bruxelles.
Hermans Hyp.	500 "	Atelier de Ronet.
Kinet Victor	1.000 "	Idem.
Kinet Joseph	500 "	200 kgs Hôtel d'Arlon, rue de Bruxelles ; 200 kgs Hôtel Jean, rue Borgu.
Marchal Joseph	1.000 "	Idem.
Peters Hector	3.000 "	Magasin allemand, r. Pépin, 39.
Toussaint Alexandre	1.350 "	Maison du chef de station, boulevard Ernest Mélot.

Total : 19.350 kgs

Le Comité Hispano-Néerlandais évalue dans son ensemble à plus de 600.000 kgs la quantité de pommes de terre soustraites dans le seul canton de Namur à la consommation de la population.

Des réquisitions analogues ont lieu dans la province d'Anvers, dans le Luxembourg et dans le Limbourg. Le Comité Hispano-Néerlandais se réserve d'y revenir.

Les faits mentionnés ci-dessus révèlent une grave méconnaissance des ordres de Son Excellence M. le Gouverneur Général, que le Comité Hispano-Néerlandais en les signalant à la Deutsche Vermittlungsstelle C. N. n'a pas manqué d'attirer son attention toute spéciale sur l'impression que susciterait, à l'étranger même chez les Puissances Alliées, la connaissance de tels manquements aux engagements solennellement contractés par Son Excellence M. le Gouverneur Général vis-à-vis des Ministres Protecteurs du Comité National.

Le Comité Hispano-Néerlandais estime, dans l'intérêt même de l'œuvre du ravitaillement, qu'il serait tout particulièrement utile que les instructions de Son Excellence M. le Gouverneur Général, que paraissent ignorer certains Commissaires Civils, soient rappelées à tous les organismes civils et militaires placés sous sa haute juridiction.

LES DIRECTEURS,
Le 19 octobre 1917.

ANNEXE 4.

Copie d'une affiche placardée à Hasselt

Résiliation des contrats de vente de bétail

Suivant l'ordre de M. le Président de l'administration civile allemande du 12 septembre 1917, sont résiliés les contrats de vente conclus entre l'intercommunale et les éleveurs, qui se sont entendus avec l'intercommunale pour mettre leur bétail à sa disposition.

Les 1000 mark d'arrhes payés par l'intercommunale aux éleveurs, doivent être immédiatement restitués.

Les bourgmestres auront à produire, avant le 15 octobre une liste de tous les contrats résiliés, mentionnant le nom des vendeurs, le nombre de têtes de bétail rendus au commerce libre, ainsi que le jour et le montant des arrhes remboursés. La non observation du délai fixé sera punie.

Hasselt le 13 octobre 1917.

ANNEXE 5.

N° 2609. Bruxelles, le 9 octobre 1917.

Memorandum
pour la Deutsche Vermittlungsstelle

Par sa lettre du 27 août, le Président de l'Administration civile informait le Comité provincial de Namur de la saisie de farine opérée chez les sieurs Demaiffe et Gérard d'Auvelais. La farine déposée à la caserne de gendarmerie d'Auvelais était placée à la disposition du Comité Provincial. (Nous joignons copie de la lettre du Président civil allemand).

La Provinzial Ernte Kommission autorisait le Comité Provincial à acheter cette farine saisie, par «Bescheinigung» du 27 août. dont également copie ci-jointe. Le verso de cette pièce porte la mention signée par le Feldwebel Hofman que 95 kgs ont été remis au contrôleur Hesperle, de la compagnie, contre paiement de 45 mark 60, et lorsque le représentant du Comité régional d'Auvelais s'est présenté pour prendre livraison de la farine saisie il lui a été répondu qu'elle avait été consommée par les soldats de la compagnie. Les documents ne font pas mention des 55 kgs restant.

La V. C. N. voudra sans doute faire faire une enquête relativement à cette question et faire restituer au Comité Provincial de Namur lésé la quantité de farine qui lui a été indûment soustraite par des militaires allemands.

LES DIRECTEURS,

Der Präsident der Zivilverwaltung
für die Provinz Namur.
K. 23602

Namur, den 27 August 1917.

Bei den Belgiern Demaiffe Maximilian, und Gérard Arthur aus Auvelais habe ich 150 kgs Mehl beschlagnahmen lassen, weil sie das Mehl ohne Erlaubnis gekauft haben.

Das Mehl lagert auf der Gendarmeriestation Auvelais.

Ich ersuche ergebenst, dieses Mehl ausfaufen zu lassen und mir von dem Geschehenen Kenntnis zu geben.

Den Erlös ersuche ich an die Banque Nationale zur Gutschrift auf das Konto Président der Administration civile pour compte de la Députation Permanente de Namur zu überweisen.

I. A.
Gez. Otto.

An das
Comité Provincial de Secours et d'Alimentation
NAMUR.

Copie
BESCHEINIGUNG

Herr .....

Kommissionär und Käufer für das Comité Provincial de Secours et d'Alimentation ist ermächtigt, die bei Demaiffe Maximilian und Gérard Arthur, in Auvelais, beschlagnahmten und bei der Gendarmeriestation Auvelais lagernden 150 kgs Mehl aufzukaufen.

Namur, den 27 August 1917.
Provinzial Ernte Kommission
NAMUR.
I. A.
Gez. Otto.

Copie du Verso

Am 21.7.17 an den Landw. Kontrolleur Wilh. Hesperle von der Komp. mit. 45 Mk 60 pf. bezahlt.

95 kgs à 48 Mk.

Gez. Hofman, Feldw.

ANNEXE 6.

N° A-2652.   Bruxelles, le 17 octobre 1917.

Memorandum
pour la Deutsche Vermittlungsstelle

Aux termes du paragraphe 9 de l'arrêté du 19 juillet du Gouverneur Général prescrivant la saisie des céréales de la récolte de 1917, les stocks saisis en contravention doivent être livrés au Comité Provincial compétent par l'entremise de la Commission Provinciale des Récoltes.

Cette prescription n'est pas observée dans le kreis de Maeseyck.

Une quantité de 1000 kgs de seigle indûment vendu, récemment, par les cultivateurs Jansen et Cleyters de Brée à un sujet allemand habitant la commune de Bourg-Léopold ont été arrêtés par les agents de la douane belge et frappés de saisie.

Après un séjour au dépôt d'environ 3 semaines ces 1000 kgs de seigle ont été, sur l'ordre de l'autorité militaire (division de police du camp de Beverloo) chargés à Brée par des soldats allemands et transportés à Bourg-Léopold par chemin de fer vicinal le 2 octobre dernier au soir.

* * *

A Eygenbilsen

Le 25 juillet 1917, une quantité totale de 55 kgs de farine a été saisie par les patrouilles allemandes sur les personnes suivantes:

Broux-Gilissen, Michel, journalier, 20 kgs
Broux-Karremans, Pierre, id. 35 kgs
cette quantité n'a pas été remise au magasin d'alimentation de la commune.

Le 15 septembre 1917, il a été saisi à nouveau par une patrouille de soldats allemands une quantité de 30 kgs de farine sur le nommé Neers-Muizenbeeck Lambert, menuisier. Rien n'a été remis au magasin d'alimentation. Les soldats portaient au col le n° 59-XII.

Dans les deux cas, les personnes transportant la farine ne possédaient pas de passavant; elles ont dû comparaître devant le tribunal allemand et ont été punies.

La répétition de ces infractions fait craindre au C. H. N. que les autorités locales n'aient perdu de vue les ordres de S. E. Mr. le Gouverneur Général.

En conséquence, le C. H. N. en les portant à la connaissance de la V. C. N. se permet d'insister pour que des instructions formelles soient renouvelées auprès des administrations civiles et militaires compétentes.

LES DIRECTEURS,

ANNEXE 7.

N° A-2722.   Bruxelles, le 22 octobre 1917.

Memorandum
pour la Deutsche Vermittlungsstelle

Le C. H. N. a l'honneur de transmettre ci-dessous à la V. C. N. copie d'un rapport concernant une réquisition d'avoine, de seigle et de farine à laquelle semble mêlée le commandant d'Andenne (province de Namur).

Le V. C. N. serait reconnaissant à la V. C. N. de lui fournir quelques éclaircissements à cet égard et de lui indiquer les organismes belges auxquels les vivres saisis ont été remis.

Le samedi 29 octobre dernier, vers 6 heures du soir, sur la route de Sclayn à Andenne, au lieu dit Rouvroy, 2 gardes auxiliaires de la commune de Bonneville ont arrêté l'attelage du sieur Pierre Marchal, d'Andenne, et ont confisqué le chargement, soit 5 sacs d'avoine d'un poids total de 375.500 kgs, 1 sac de seigle de 50 kgs, 1 sac de farine de 15.500 kgs, 1 sac de pomme de terre de 24,500 kgs pour le déposer au magasin communal de Sclayn.

Sur ces entrefaites, le compagnon de Marchal étant allé prévenir le commandant d'Andenne, celui-ci arriva en toute hâte à Sclayn et donna ordre au bourgmestre de faire recharger le tout immédiatement déclarant que ces vivres lui étaient destinés. Le rechargement fut opéré et à 10 heures, la voiture, accompagnée du commandant, reprit la route d'Andenne.

LES DIRECTEURS,

ANNEXE 8.

N° A-2765.   Bruxelles, le 25 octobre 1917.

Memorandum
pour la Deutsche Vermittlungsstelle E. N.

Par son memorandum n° 2652 en date du 17 courant, le C. H. N. a signalé à la V. C. N. différentes saisies de farine indigène et de blé opérées dans la province de Limbourg et dont les produits n'ont pas été remis aux organismes du Comité National. Des faits analogues ont eu lieu dans la province de Namur; nous en donnons la liste ci-après:

N° et date de la lettre de la P.E.K.	Nom du cultivateur	Quantité saisie	Lieu de séquestre
K. 16.145 du 28-2-17	Collin Victor de Naméche	230 kgs froment	1ere Komp. Bochum Naméche.
K. 15.926 du 15-3-17	Rostenne Jean de Loyers	330 kgs froment	Bahnhofswache in Naméche.
K. 17.921 du 13-4-17	Diverses personnes	80 kgs froment	Kommandantur de Gembloux.
K. 18.996 du 3-5-17	Charlier A. Fleurus	107 kgs frome. t	Idem.
K. 18.314 du 4-5-17	Vanderstraeten Eugène de Gosselies	20 kgs froment	Zivilkommisar in Namur.
K. 19.725 du 24-5-17	Octave Bocca de Hanneche	75 kgs froment	Ces céréales se trouvaient chez le bourgmestre de Tillier. Elles furent enlevées par 1 soldat allemand et sont disparues.
K. 20.927 du 25-6-17	Monmart Joseph de Lustin	24 kgs	Wache de Tailler.
K. 21.673 du 6-7-17	Collignon Victor de Hastière	98 kgs froment	Kommandantur de Hastière.
K. 21.799 du 13-7-17	Idem.	40 kgs froment	Idem.
K. 21.924 du 23-7-17	Courbet Joseph	96 kgs froment	Kommandantur de Gembloux.
K. 22.524 du 26-7-17	Diverses personnes	100 kgs froment	Idem.
K. 23.069 du 18-8-17	Idem.	93 kgs froment	Idem.

Le C. H. N. constate à regret que le blé n'a pas été restitué conformément aux conventions.

La V. C. N. se souviendra à ce propos que les cas de saisies semblables ont été signalés à la «Provinzial Ernte Kommission» laquelle a délivré au «Bureau Provincial des Récoltes» l'autorisation de prendre livraison aux lieux de séquestre. Lorsque les mandataires du «Bureau Provincial des Récoltes», c'est-à-dire, les Comités locaux ou les acheteurs de céréales se sont présentés pour enlever les marchandises, les autorités allemandes ont usé de moyens dilatoires pour les éconduire.

Le Bureau Provincial des Récoltes a, pour de nombreux cas, informé la «Provinzial Ernte Kommission» de ce que ses démarches étaient restées infructueuses mais jusqu'à présent il n'a pas obtenu la restitution de ces denrées.

D'autres cas du même genre ont été signalés au C. H. N., notamment en ce qui concerne les régions de St-Gérard et de Mettet.

La multiplicité de ces infractions fait supposer que les instructions de S. E. Monsieur le Gouverneur Général ne sont pas suivies par les organismes et les administrations responsables et qu'il y aurait lieu de les rappeler aux autorités compétentes.

LES DIRECTEURS,

ANNEXE 9.

Nº A-2685.   Le 17 octobre 1917.

Memorandum
pour la Deutsche Vermittlungsstelle C. N.

Le Comité Hispano-Néerlandais a l'honneur de porter à la connaissance de la Deutsche Vermittlungsstelle C. N. les faits ci-après relatifs au régime de la zone-frontière de la province de Liége :

Jusqu'à présent, Messieurs les Kreischefs de Verviers et de Liége voulurent bien autoriser régulièrement l'abatage des porcs engraissés par les producteurs pour les besoins indispensables de leur ménage. Or, depuis l'intervention du délégué de l'Oelzentrale, aucune réponse n'est plus donnée aux demandes de l'espèce et les abatages ne peuvent plus avoir lieu. Des exceptions ne sont tolérées et consenties par les délégués qu'en faveur d'amis ou de ceux qui consentent aux sacrifices exigés d'eux. Voici quelques exemples de la méthode employée :

Le nommé Zeevaert, fermier à Fouron-le-Comte, a pu tuer un cochon à condition de vendre au délégué une bête grasse au prix fixé par lui.

Mme Willems Janssen, de Fouron-le-Comte,a reçu l'autorisation de tuer un cochon à condition d'en vendre la moitié au délégué.

Au nommé Vandenhove Winand, de la Planck, le délégué pose comme condition la vente d'une vache grasse et la cession de la moitié du porc abattu finalement, l'accord est intervenu moyennant la vente de la bête grasse.

Mme Veuve Reul et Mme Veuve Guandy, de Bensdael, peuvent tuer un porc à condition d'en vendre un autre au délégué.

Ces pratiques paraissent tellement arbitraires et contraires aux intérêts de la population de la Zone-frontière, que le Comité Hispano-Néerlandais a pensé qu'il suffirait de les signaler à l'attention de la Deutsche Vermittlungsstelle C. N. pour obtenir qu'il y soit mis fin et que les ménages pauvres de la région, qui à grand'peine sont parvenus à engraisser un porc destiné à leur fournir la nourriture pour la mauvaise saison et le printemps, recevront sans condition l'autorisation d'abatage qu'ils doivent solliciter en vertu des ordres des pouvoirs supérieurs.

LES DIRECTEURS.

ANNEXE 10.

Nº A-2761.   Le 24 octobre 1917.

Memorandum
pour la Deutsche Vermittlungsstelle C. N.

Comme suit aux communications nº 464 et 473 de la V. C. N. le C. H. N. ne peut admettre jusqu'à nouvel ordre la thèse défendue par la V. C. N. et qui consiste à dire que les conventions d'avril 1916 ne prévoient pas la répartition uniforme des *vivres indigènes*.

A la connaissance du C. H. N. les ministres Protecteurs du Comité National ont toujours estimé que cette répartition uniforme était la seule conforme à l'esprit des accords. Il n'en faut d'autre preuve que ce fait qu'ils ont toujours veillé à ce que les *produits exotiques* fussent répartis équitablement.

Les autorités allemandes ont jusqu'à présent partagé cet avis tout au moins en ce qui concerne les produits exotiques. Le C. H. N. n'en veut pour preuve que les nombreuses interventions des autorités allemandes auprès du Comité National en faveur de personnes qui s'étaient plaintes à elles de n'avoir pas reçu la ration de vivres exotiques à laquelle elles jugeaient avoir droit.

Le C. H. N. conclut de là que ce qui a été reconnu explicitement d'une manière constante et pratique pour les vivres exotiques doit pré-

valoir également en ce qui concerne la distribution des vivres indigènes à la population belge.

Si la V. C. N. n'entendait pas accepter cette manière de voir, le C. H. N. devrait prier les Ministres Protecteurs de soumettre la question au Gouvernement Britannique (partie contractante avec le Gouverneur Général en Belgique, aux conventions d'avril 1916) dont Leurs Excellences Messieurs les Ministres d'Espagne et des États-Unis d'Amérique et Monsieur le Chargé d'Affaires de Hollande n'ont été que les mandataires.

Il serait agréable au C. H. N. d'être fixé à ce propos dans le plus bref délai.

LES DIRECTEURS,

ANNEXE 11.

Bruxelles, le 18 octobre 1917.

A Son Excellence Baron von Falkenhausen Gouverneur Général en Belgique.

Excellence,

Dans une proclamation adressée au public, M. le Gouverneur de l'Administration Civile du Brabant reproche aux autorités communales et à la population belge de contribuer par «LEUR MANQUE DE SOLIDARITÉ» à l'échec évident et regrettable qui se révèle dans l'organisation du service des pommes de terre, assumé par l'administration allemande.

Ces reproches ne sont pas justifiés, et notre devoir en notre qualité de représentants légaux de la Nation, est de vous adresser une protestation motivée.

Lorsque le Comité National, à l'intervention des Ministres protecteurs, eut obtenu l'immunité de la récolte indigène, du cheptel et des fourrages, il offrit d'étendre aux produits de notre sol, désormais réservés à notre population, l'activité bienfaisante et impartiale l'organisation désintéressée et féconde que par les seules ressources du pays, l a su créer à l'admiration générale, pour les produits importés.

Ce concours, qui méritait toute confiance, fut refusé par votre administration.

D'après la loi belge du 4 août 1914, les députations permanentes pouvaient assumer cette tâche; connaissant le pays, ses ressources, ses institutions et son caractère, elles eussent pu la remplir avec convenance. La loi du 4 août a été suspendue par votre prédécesseur.

Spontanément, avec cet admirable esprit d'initiative locale qui caractérise notre pays, des associations intercommunales et des services communaux de ravitaillement se sont constitués depuis quelque temps dans toutes les régions du pays, pour la production,l'achat et la répartition des produits indigènes.

Devant l'échec du ravitaillement du pays en combustible, ces associations s'étaient entendues avec les producteurs; un système simple, direct, pratique de répartition allait fonctionner et eût, au cours de l'hiver prochain, alimenté tous les foyers. Votre administration a cru devoir s'opposer à cette heureuse initiative.

Ainsi l'une après l'autre, toutes les missions difficiles et complexes, relatives à la réquisition et à la répartition des produits de notre sol, se sont trouvées confiées à des ZENTRA-LEN organisées par votre administration. Partout, les institutions belges ont été écartées ou privées de tout moyen d'intervention efficace et le principe de la collaboration de Belges prenant part à la direction et à l'organisation, principe qui avait été consacré avantageusement par les deux premiers organismes: la Centrale des récoltes et la Centrale des orges, a été écarté dans la suite au grand détriment de la confiance du public. Quand plus tard leurs Excellences, les Ministres Protecteurs du Comité National, ont exprimé le désir qu'un contrôle fût organisé, au point de vue des garanties données. Elles n'ont pas obtenu de satisfaction effective.

En toute occasion, par conséquent, c'est votre Administration qui a empêché les Belges

7

de veiller eux-mêmes à la répartition égale et équitable des produits de leur sol, alors que ceux-ci doivent pourtant leur être exclusivement réservés.

Pourquoi?

Personne ne songe à excuser l'accaparement. On trouve en tous pays des gens sans conscience prêts à exploiter à leur profit le malheur commun. Dans une large mesure, ces abus sont une conséquence du trouble économique causé par la guerre, et la responsabilité pour les souffrances qu'ils causent suit la responsabilité de la guerre elle-même. Mais dans une large mesure aussi, des mesures efficaces peuvent être prises pour prévenir, combattre ou atténuer ces crimes contre les masses.

Puisque l'Administration Allemande a voulu par ses «Zentralen» prendre et garder la direction exclusive du ravitaillement en pommes de terre, en charbons, sucre, avoine, huiles, graisses, chicorées, etc., il n'y a qu'elle qui puisse avoir à répondre de son œuvre.

L'histoire, à laquelle M. le Gouverneur du Brabant fait appel, enregistrera, comme une erreur regrettable, la tentative d'assumer une tâche aussi ardue quand on est étranger au pays, à ses mœurs et à ses habitudes. De plus, vos ordonnances défèrent aux tribunaux militaires allemands les infractions à des règlements de police sur l'alimentation, qui d'après les termes des promesses faites, intéressent exclusivement la population belge.

Il en résulte que l'accaparement et la fraude se donnent libre carrière; que dans ce pays riche en charbons et en pommes de terre, les populations, l'hiver prochain, auront froid faute de charbons, et souffriront de la faim, faute de pommes de terre. C'est une perspective désolante, sur laquelle nous avons le devoir d'appeler toute votre attention. Mais il est profondément injuste de faire retomber la responsabilité de ces maux sur les administrations publiques belges; jamais le pouvoir communal n'a plus vaillamment fait son devoir que dans notre pays et en ces temps tragiques.

Et pendant que votre Administration n'arrive pas à faire face aux attributions qu'elle a assumées et qu'elle pouvait laisser aux Belges, voici qu'elle porte au budget belge, à son profit, les articles suivants:

16 millions pour l'Administration allemande,
20 » » » des Postes,
10 » » » des chemins de fer,
10 1/2 » » » des Travaux Publics,
7 » » » les frais d'une séparation administrative dont le pays ne veut pas.

Ces imputations ne peuvent se justifier puisque l'Allemagne prélève par MOIS, malgré nos protestations, 60 millions de francs de contributions de guerre, pour faire face aux frais que l'occupation entraînerait pour elle; c'est sur ce montant énorme que doivent être imputés les articles dont il s'agit, COMME ILS L'ONT ÉTÉ ANTÉRIEUREMENT PAR VOTRE PROPRE ADMINISTRATION. Comment se concevrait-il que le budget belge pût avoir à supporter, même pour une quote part, les frais de régies productives que les Chemins de Fer et les Postes alors que les recettes sont conservées en entier par votre administration, sans justification ni décompte?

Nos protestations à tous ces points de vue sont d'autant plus fondées que pour équilibrer un budget, grevé de pareilles charges, votre administration n'a pas seulement établi en 1916 pour environ 27 1/2 millions de francs de nouveaux impôts, mais, vient encore de créer une taxe sur la fortune mobilière, qui est complètement étrangère au système des contributions existantes et ne peut dès lors se justifier par les pouvoirs que la Convention de La Haye laisse au pouvoir occupant.

Se conçoit-il au surplus qu'en pleine guerre, on veuille improviser l'inventaire des fortunes privées?

Dans ces circonstances, ces taxes, quelle que soit leur nature et leur valeur intrinsèque, sont illégales; et elles sont complètement inutiles puisque le budget belge doit être dégrevé des dépenses mises à tort à sa charge.

Usant du droit consacré par l'article 21 de la Constitution, les Députés et Sénateurs soussignés ont l'honneur de vous soumettre les considérations et protestations qui précèdent et de demander 1) que l'organisation du service des réquisitions et de la distribution des vivres indigènes soit remise aux autorités et institutions belges, 2) que les articles incriminés soient écartés du budget et les nouvelles taxes rapportées.

Le 18 octobre 1917.

Liste des signataires

MINISTRE D'ÉTAT: Vicomte de Lantsheere, anc. Président de la Chambre.

SÉNATEURS:

Braun Alex., pour Bruxelles.
Broyers, pour Anvers.
Brunard, Ed., pour Nivelles.
Bruard, H., pour Bruxelles.
de Baillet-Latour, Comte, pour Anvers.
De Becker-Remy, pour Louvain.
De Blieck, pour Louvain.
de Kerchove d'Exaerde, Baron, pour Audenarde.
Delannoy, Sénateur provincial du Brabant.
de Mévius, Baron, pour Namur.
de Ro, G., pour Bruxelles.
Dubost, pour Bruxelles.
Dumont de Chassart, pour Nivelles.
Dupret, G., pour Bruxelles.
Hallet, Max, échevin de Bruxelles, Sénateur pour Bruxelles.
Henrez, Prosper, pour Bruxelles.
Lekeu, J., Sénateur provincial pour le Hainaut.
Mesens, Edm., pour Bruxelles.
Poelaert, Albert, pour Bruxelles.
Ryckmans, pour Anvers.
Speyer, H., Sénateur pour Arlon-Marche-Bastogne.
Van der Molen, pour Anvers.
Van Peborgh L., pour Anvers.
van Reynegom de Buzet, baron, pour Anvers.
Vinck, F., Sénateur provincial pour Bruxelles.

MEMBRES DE LA CHAMBRE DES REPRÉSENTANTS:

Bertrand L., pour Bruxelles.
Bologne, pour Liége.
Buisset, E., pour Charleroi.
Buyl, pour la Flandre Occidentale.
Cocq F., pour Bruxelles.
Delporte A., pour Bruxelles.
de Kerchove d'Exaerde, pour Audenarde.
de Meester, pour Anvers.
Duysters E., pour Berchem.
Franck Louis, pour Anvers.
Hanssens Eug., pour Bruxelles.
Harmignie, Vice-Président de la Chambre, Député pour Mons.
Hoyois, pour Ath-Tournai.
Janson P.E., pour Tournai.
Jourez L., pour Nivelles.
Lamborelle, pour Malines.
Levie M., pour Charleroi.
Masson, pour Mons.
Tibbaut, pour Termonde.
Van Hoegaerden P., pour Liége.
Verachtert, pour Gheel.
Versteylen, pour Turnhout.
Wauters, pour Huy-Waremme.
Wauwermans, pour Bruxelles.
Gheude, Député permanent pour le Brabant.
Pastur, Député permanent pour le Hainaut.

Rapport du 1ᵉʳ décembre 1917

Bruxelles, le 5 décembre 1917.

Nous avons eu l'occasion de consigner dans nos précédents rapports, l'apathie, le désintéressement et l'indifférence dont semblait faire preuve l'administration allemande à l'égard de nos réclamations et de nos avis.

On se souviendra (voir rapport au 1er novembre dernier) que Leurs Excellences les Ministres Protecteurs ont, à ce propos, fait parvenir au Département Politique un «aide-mémoire» nommant les griefs de notre Comité et ses revendications.

Notre action incessante auprès de la Deutsche Vermittlungsstelle C. N., les mesures coercitives prises récemment à l'égard des provinces où les abus étaient les plus flagrants, l'intervention énergique du Gouvernement des Pays-Bas à Berlin, ont amené (nous avons le plaisir de le constater) une transformation sérieuse dans la politique allemande suivie jusqu'à présent.

Son Excellence le Gouverneur Général en Belgique vient, en effet, d'adresser aux Ministres Protecteurs l'importante communication reprise à l'annexe I, dans laquelle sont formellement renouvelés les engagements contractés à l'égard des Puissances Alliées au sujet du respect et du maintien des garanties accordées par feu le Général von Bissing.

Fort de cette reconnaissance formelle, le Comité-Hispano-Néerlandais continuera avec plus de succès la mission qu'il a assumée dans le seul but de faire respecter les droits de la population belge.

GARANTIES

Parmi les nombreuses communications adressées à la Deutsche Vermittlungsstelle C. N., dans le courant du mois de novembre, figure un memorandum sur les réquisitions de beurre dans l'arrondissement de Bruxelles, rédigé à la suite d'une étude entreprise en commun avec Mr. Wauters, député de l'arrondissement de Huy-Waremme (annexe II).

Il n'a pas encore été répondu à ce document, mais d'autres communications ont été faites cependant par la Deutsche Vermittlungsstelle C. N.; nous les consignons ci-après:

1) «La Direction Générale des chemins
» de fer vient en effet d'aviser la V. C.
» N. que la Direction des chemins de fer
» de Cologne a défendu à tous ses fonc-
» tionnaires que cet ordre concerne de
» franchir sans autorisation la frontière
» et d'acheter des vivres endéans du ter-
» ritoire occupé. Des mesures sévères ont
» été prises pour assurer à cette défense
» une parfaite observation. »

2) « Il semble exact qu'un commerce
» assez important de bétail ait eu lieu
» du côté de la frontière franco-belge.
» Dès le mois d'août cependant l'autorité
» militaire a eu connaissance de ce trafic;
» des mesures énergiques ont été prises
» immédiatement et depuis on n'a plus
» constaté que pareil commerce ait
» lieu. »

3) « Les informations reçues du Comi-
» té Hispano-Néerlandais ont donné l'oc-
» casion à l'autorité compétente de rap-
» peler à leurs sous-organes les instruc-
» tions de M. le Gouverneur Général
» avec ordre d'éviter tout ce qui pourrait
» être considéré comme étant contraire
» aux conventions »,

ainsi qu'un mémoire concernant les fraudes à la frontière (annexe III). Ce dernier avis, reçu le 23 novembre mais daté du 2 octobre, est confirmé par nos rapports d'inspection de la province de Liége, ainsi que le mentionne la note ci-dessous datée du 12 novembre:

« On constate chaque semaine une di-
» minution assez marquée dans l'expor-
» tation de nos denrées indigènes. Cela
» est dû à la pénurie des vivres et sur-
» tout à la diminution des produits de
» la ferme par suite du mauvais temps
» de ces jours derniers. Ce trafic se pra-
» tique comme par le passé par les
» agents en tenue qui ont toujours libre
» entrée chez nous et qui sont à l'abri
» de toute intervention de notre service
» douanier qui ne peut que constater
» sans agir ».

FAUSSE INTERPRETATION DES GARANTIES

Comme suite à notre mémorandum adressé à la Deutsche Vermittlungsstelle C. N. relaté dans notre rapport précédent, nous avons saisi Leurs Excellences Messieurs les Ministres Protecteurs de cette question.

Le Marquis de Villalobar nous a autorisés à joindre à ce rapport (annexe IV) la note qu'il a cru devoir faire parvenir à ce propos au Baron von der Lancken en ajoutant: « Ce n'est qu'une lettre confidentielle au Chef du Département Politique ayant pour objet de préparer les » négociations sur cette affaire et la ré- » clamation qui s'ensuivra d'une façon » énergique si ce premier amène aver- » tissement n'est pas écouté et raison » n'est point donnée aux désirs manifes- » tés par le Comité Hispano-Néerlan- » dais ».

BATEAUX C. R. B.

Les Ministres Protecteurs ont reçu de la part du Département Politique la lettre dont copie ci-jointe (annexe V) concernant les vapeurs de la Commission for Relief in Belgium.

CENTRALES

Dans notre rapport au 1er septembre dernier, il est question du rôle efficace joué par les délégués belges à la Centrale des huiles.

Le procès-verbal de la réunion du Comité consultatif du 27 septembre venant d'être publié, nous croyons utile de le joindre au présent rapport (annexe VI).

Le rôle des délégués belges auprès des Centrales, qui avait déjà fait l'objet des préoccupations de la Commission for Relief in Belgium et de nombreuses démarches de notre part, n'étant pas aussi efficace que semblaient le prévoir les conventions, et leur autorité semblant souvent contestée ou tout au moins méconnue, nous avons entamé des négociations nouvelles par l'obligeante entremise des Ministres Protecteurs. Cet échange de vues fera l'objet d'un paragraphe spécial de notre prochain rapport.

LANGUE FLAMANDE

L'annexe VII résume le point de vue du Comité National concernant l'emploi de la langue flamande.

Un modus vivendi est intervenu à ce sujet entre le pouvoir occupant et le Comité National. Il règle la question à la satisfaction de ce dernier.

En ce qui concerne notre Comité, nous avons dû intervenir à Gand et dans le Limbourg pour faire respecter notre neutralité. Satisfaction nous a également été donnée.

EXTENSION DES ETAPES

Les communes du Hainaut de Gages, Chièvres, Ladeuze, Huissignies et Grossage ont été transférées en territoire d'étape. Nous joignons au présent rapport (annexes VIII et IX) l'échange de correspondance qui a eu lieu à ce propos entre le Département Politique et les Ministres Protecteurs.

Le Comité National vient d'être avisé officiellement, d'autre part, que 25.000 évacués français allaient être dirigés sur le Hainaut et 25.000 sur la province de Liège.

DIVERS

Dans notre rapport précédent, nous vous avons fait parvenir une intéressante protestation adressée au Gouverneur Général par les membres de la Chambre et du Sénat de Belgique concernant la situation créée à la population par l'administration allemande du fait de l'accaparement des vivres indigènes et du charbon, ainsi que du monopole des transports. Nous vous remettons ci-joint (annexe X), à titre documentaire, copie de la réponse qui a été adressée par le Gouverneur Général.

Le parti ouvrier belge, ému de la situation, a cru devoir également adresser au Gouverneur Général une lettre dont il nous a fait parvenir une copie (annexe XI).

Conclusions:

Les résultats obtenus paraissent satisfaisants:

d'une part, les garanties sont renouvelées, permettant d'espérer une action plus efficace pour la répression des abus constatés;

d'autre part, les fraudes à la frontière ont diminué; la question de l'emploi de la langue flamande est réglée à la satisfaction du Comité National; l'action des délégués belges près des Centrales allemandes paraît devoir se développer dans l'avenir.

L'autorité allemande promettant dorénavant un examen minutieux et attentif de toutes les questions soumises par notre Comité, il y a lieu d'espérer que de meilleurs résultats seront obtenus par la suite et que nous pourrons ainsi juger de l'efficacité de nos travaux.

LES DIRECTEURS,
P. Saura et Langenbergh.

ANNEXE 1.

COPIE

POLITISCHE ABTEILUNG
BEI DEM
GENERALGOUVERNEUR IN BELGIEN.

Brüssel, den 17 novembre 1917.

Monsieur le Ministre,

Conformément au désir que vous avez bien voulu m'exprimer, je m'empresse de Vous remettre, ci-inclus une notice concernant le nouvel ordre de service de Monsieur le Gouverneur Général ayant trait aux conventions conclues.

Cet ordre de service a été envoyé à toutes les provinces pour rappeler à nouveau les garanties données et insister sur leur stricte observation. Cette mesure a été prise pour parer notamment aux inconvénients que présentent, pour l'observation des conventions conclues, les déplacements assez fréquents des officiers et fonctionnaires dans les provinces. Elle répond, je pense, à Vos intentions.

En même temps et en application de cet ordre, les divers services centraux intéressés ont renouvelé à leurs sous-ordres en province des instructions détaillées au sujet de l'application des diverses clauses des conventions et des mesures à prendre pour éviter que des contraventions éventuellement constatées ne se reproduisent.

J'espère que ces mesures contribueront à faire disparaître les appréhensions que Vous auriez pu éprouver au sujet de la volonté très ferme de Monsieur le Gouverneur Général de faire respecter par les autorités sous ses ordres les engagements qu'il a contractés.

Veuillez agréer, Monsieur le Ministre, les assurances de ma haute considération.

(s.) Lancken.

Monsieur Van Vollenhoven,
etc. etc..

Notice

Un nouvel ordre de service de Monsieur le Gouverneur Général se rapportant à l'Œuvre de Ravitaillement vient d'être envoyé à toutes les autorités tant militaires que civiles du territoire placé sous ses ordres. Cet ordre résume à nouveau les engagements pris par Monsieur le Gouverneur Général vis-à-vis de Messieurs les Ministres Protecteurs.

Dans cet ordre, Monsieur le Gouverneur Général exige à nouveau catégoriquement que les conventions conclues soient respectées à la lettre et dit être décidé à frapper avec la plus grande rigueur ceux qui manqueraient aux commandements y relatifs. Il ordonne que toutes les communications de Messieurs les Ministres ou du C.H.N. agissant dans leur nom soient examinées soigneusement et sans perte de temps, que le résultat des enquêtes et — si la preuve d'une contravention a pu être apportée — la punition qui aurait été infligée soient immédiatement portés à la connaissance de la V.C.N. Enfin, Monsieur le Gouverneur Général ordonne que des mesures propices à empêcher de pareils faits soient prises le cas échéant.

En plus, Monsieur le Gouverneur Général attend de la part des autorités sous ses ordres que toute action ou mesure pouvant être interprétée comme un manquement à sa parole, soient préalablement soumises à sa décision.

ANNEXE 2.

N° A-2955.   Bruxelles, le 14 novembre 1917.

Memorandum pour Monsieur le Docteur Rieth,
Conseiller de Légation,
Directeur de la Deutsche Vermittlungsstelle C.N.

Les réquisitions de beurre par l'autorité allemande empruntent, dans l'arrondissement de Bruxelles, des modes multiples.

Nous joignons au présent rapport le relevé (annexe 1) des quantités de beurre qui sont hebdomadairement réquisitionnées par les différentes autorités allemandes ainsi que par les soldats isolés. Nous avons subdivisé ce relevé en quatre colonnes sous les rubriques suivantes;

1° réquisitions par M. le Commissaire d'Etat;
2° réquisitions par M. le Commissaire Civil;
3° réquisitions par le casino de la Civilverwaltung;
4° réquisitions par des soldats isolés.

Nous connaissons ces réquisitions ensuite d'une enquête à laquelle nous avons procédé tout récemment.

1°) RÉQUISITIONS PAR M. LE COMMISSAIRE D'ETAT.

M. le Commissaire d'Etat enlève la production totale de plusieurs laiteries. Cet enlèvement s'effectue par automobile, à jour fixe. Défense est faite aux directeurs des laiteries de céder à la Concentration des Beurres une partie de leur production (voir annexe II). Le personnel de M. le Commissaire d'Etat inspecte les livres de l'établissement et exige la production disponible. Il arrive à ce personnel de déclarer aux directeurs des laiteries imposées que l'enlèvement du beurre se fait pour le compte de la Concentration des Beurres. Celle-ci a protesté à ce sujet auprès de M. le Commissaire Civil de Bruxelles-Rural dans l'arrondissement duquel ces faits se passent. Ce fonctionnaire dit ne pas pouvoir empêcher M. le Commissaire d'Etat d'agir comme il le fait.

M. le Commissaire d'Etat se fait également remettre les beurres saisis sur les fraudeurs ou transportés sans être appuyés par des documents en règle.

Notre relevé aurait dû comporter une cinquième rubrique «beurre saisi», mais nous n'avons aucun contrôle sur ces opérations et ne pouvons, par conséquent, déterminer même approximativement la quantité de beurre passant par saisie par l'autorité occupante.

Le Samedi 29 septembre 1917, la laiterie «La Rebecquoise» de Rebecq, expédiait à la Concentration des Beurres, 88 kgs de beurre. L'envoi, intercepté par un poste allemand à Hal, était chargé sur le Commissariat d'Etat. Le passavant n'aurait pas été en règle, quoique l'expéditeur prétende le contraire.

Le cas n'est pas isolé.

2°) RÉQUISITIONS PAR M. LE COMMISSAIRE CIVIL.

Les réquisitions par M. le Commissaire Civil sont relativement peu importantes. Il s'agit de fournitures imposées aux laiteries en vue d'assurer le ravitaillement des postes de soldats disséminés et du personnel des différents services administratifs et publics: commandantures, postes, télégraphes, chemins de fer, etc.

Il nous est revenu que le personnel contrôleur de M. le Commissaire Civil procédait à des saisies et ne remettait pas le beurre à la Concentration.

3°) RÉQUISITIONS PAR LE CASINO DE LA CIVILVERWALTUNG.

Le casino enlève régulièrement 160 kgs de beurre à St. Rombaut de Schepdael et 25 kgs chez Schoukens, également à Schepdael.

4°) ACHATS INDIVIDUELS.

Les officiers et soldats obtiennent des quantités importantes de beurre dans les laiteries de l'arrondissement sur présentation de bons rédigés sur des chiffons de papier (voir spécimens annexés, annexe III). Ce beurre est

7*

délivré par les laiteries malgré la défense formelle de M. le Commissaire Civil de Bruxelles-Rural qui écrivait, le 20 août dernier, à la Concentration des Beurres :

« Suivant copie ci-jointe, j'ai défendu, par ma circulaire du 14 juin 1917 aux laiteries la vente directe de beurre aux soldats.

» Les laiteries qui ravitaillent des organismes déterminés ont reçu un ordre spécial avec indication de la quantité désirée.

(signé) » Dr. Tritz. »

« Au propriétaire de la laiterie. . .

» Il est défendu de la façon la plus sévère aux propriétaires de laiteries de livrer du beurre sans une autorisation écrite établie par moi. La quantité de beurre restant disponible, après déduction de celle qui est réservée aux fermiers affiliés, doit être livrée à la Butterzentrale, pour autant que je n'en aie pas disposé autrement. Par des contraventions la laiterie intéressée s'exposerait à une punition des plus sévère.

(signé) » Dr. Tritz. »

Les laiteries disent ne pas oser opposer de refus aux sollicitations des officiers et soldats allemands.

Nous ignorons la quantité de beurre acheté par les militaires dans les fermes.

Le total des quantités réquisitionnées reprises à notre relevé à 2.133 kgs.

Ce chiffre est sensiblement en-dessous de la réalité, puisqu'il faudrait y ajouter les beurres qui passent à l'autorité allemande et dont nous ne pouvons fixer l'importance faute de moyen de contrôle.

C'est le cas de la production de la laiterie «Erjos» de Strombeek-Bever.

Quand les contrôleurs se sont présentés a cette laiterie pour procéder au contrôle de la production, ils ont été invités à se retirer en ces termes: «Nous ne trouvons ici sous la férule des Allemands; tout est requis par eux. Notre lait plein est destiné aux hôpitaux militaires. Le peu de beurre que nous faisons est également réquisitionné par l'autorité allemande. C'est tout ce que nous avons à vous dire.»

La laiterie Erjos recueille de grandes quantités de lait dans la province du Brabant. Elle fait une concurrence effrénée aux autres laiteries; elle offre pour le lait des prix au-dessus des prix maxima fixés par l'autorité allemande.

La Concentration des Beurres a signalé la chose au Commissariat Civil en protestant comme suit:

« Nous protestons contre les agissements de la laiterie «Erjos» d'autant plus énergiquement que cette laiterie ne s'est pas soumise à notre contrôle sous le prétexte que toute sa production est retenue par les Allemands. »

Le Commissariat Civil ayant demandé de lui faire connaître les quantités de beurre réquisitionnées dans l'arrondissement de Bruxelles-Rural, la Concentration des Beurres lui a transmis une copie du relevé joint au présent rapport en ajoutant:

« Nous n'exagérons pas en fixant à 3.000 kgs la quantité de beurre que l'arrondissement de Bruxelles fournit hebdomadairement à l'occupant.

» L'arrondissement de Bruxelles a une production qui ne suffit pas au ravitaillement de sa population et le rend tributaire des régions plus productives et moins peuplées du pays. Or, en ce moment, seule la province de Luxembourg nous expédie son disponible et celui-ci a baissé, en ces derniers temps, au point que nous avons dû, cette semaine-ci, arrêter les nouvelles inscriptions pour rations allouées aux malades.

» Nous n'assurons, dans le Grand-Bruxelles, que le ravitaillement des personnes qui ont renoncé à la graisse exotique. Le nombre de ces personnes isolés représente moins de 10 % de la population totale, exactement 76.000 personnes sur 790.000 habitants.

» Malgré le petit nombre de personnes à servir, nous devrons, probablement, dès la semaine prochaine, réduire la ration.

» Ce court aperçu de la situation très critique où nous nous trouvons suffira à vous

» démontrer qu'il est indispensable que la production de l'arrondissement de Bruxelles-Land nous soit réservée sauf les petites quantités qui font l'objet de vos réquisitions propres.

» Nous insistons vivement pour que M. le Commissaire d'État veuille bien s'abstenir de se réserver la production entière de plusieurs laiteries et nous vous prions de bien vouloir donner des ordres sévères pour que les postes isolés ne s'approvisionnent plus, hors de tout rationnement, sans passer par votre intermédiaire. »

Ce à quoi il a été répondu le 19 octobre :

« Afin d'éviter la vente non autorisée de beurre, aussi bien par les laiteries que par les producteurs isolés, des mesures spéciales ont été prises qui auront certainement pour conséquence une augmentation de livraison à la Centrale.

(signé) » Dr. Tritz. »

Nous attendons le résultat des mesures spéciales que l'autorité allemande prendra pour empêcher les ventes irrégulières de beurre et ne pouvons que vous confirmer nos nombreux mémoranduns relatifs aux réquisitions qui ont lieu dans la province de Luxembourg et qui ont pour conséquence de faire diminuer très sensiblement les répartitions dans l'agglomération bruxelloise (voir notamment nos lettres numéros A-2948 de ce jour, A-2875 du 8 courant, A-2822 du 5 courant, A-2751 du 24 octobre, 2678 du 17 dito, etc. etc...)

Nous espérons que des mesures efficaces seront prises par vos soins pour enrayer ces infractions graves aux garanties fondamentales et vous en remercions d'avance.

Les Directeurs,

ANNEXE 1.

Communes	Laiteries	Commis. d'État	Comm. Civil	Casino	Soldats isolés
Eppeghem	St Clément	—	—	—	37,000
»	Ste Elisabeth	—	—	—	5,000
Esschene	Verbroedering	85,000	—	—	—
»	Debolle	15,000	—	—	2,000
»	Verbrugge?	4,000	—	—	35,000
Gaesbeek	Concorde	—	—	—	14,000
Gammerages	St Isidore	—	—	—	7,000
»	Ste Berlinde	—	—	—	9,000
»	Ste Croix	—	—	—	6,000
»	La Couronne	—	—	—	20,000
Grimberghen	St Servais	—	21,060	—	5,000
Goyck	St Bernard	—	—	—	5,000
»	St Antoine	—	—	—	2,000
»	Ste Croix	—	—	—	5,000
»	Ste Marguerite	—	—	—	—
Hal	Le Progrès	—	84,000	—	30,000
»	Nerinckx	—	10,000	—	—
Haute Croix	Ursulines	—	5,000	—	—
Hekelgem	Pax	100,000	—	—	18,000
»	St Michel	160,000	—	—	6,500
Lennick	Schoukens	—	—	—	20,000
St Martin	St Joseph	—	—	—	5,000
Liedekerke	St Nicolas	—	—	—	7,000
»	Ste Ursule	—	—	—	5,000
Lombeek Ste Catherine	Ste Catherine	240,000	—	—	—
Lombeek	St Hubert	12,000	—	—	—
Ste Marie		—	—	—	5,000
Londerzeel	Coopérative	—	—	—	15,000
»	Meyfroidt	—	—	—	13,000
»	Helvetia	—	6,500	—	10,000
Maldeven	St Isidore	—	—	—	1,000
Merchten	Seghers	—	17,000	—	—
»	St Antoine	—	4,000	—	5,000
Nieuwenrode	St Guidon	—	4,000	—	—
Nederockerzeel	Dries	—	—	—	3,500
»	Doro	—	—	—	4,000
Oetingen	St Antoine	—	—	—	40,000
»	St Ursmaire	—	—	—	12,000
Opwyck	Ste Anne	—	—	—	3,000
Pamel	St Géry	—	—	—	7,000
»	Ste ?ppoline	—	—	—	30,000
»	St Roch	—	—	—	—
Saintes	Ste Renelde	—	25,000	—	7,000
Steenhuffel	Ste Geneviève	—	—	—	5,000
Schepdael	St Rombaut	120,000	7,000	160,000	5,000
»	Schoukens	—	3,000	25,000	4,000
Strytem	St Martin	—	—	—	20,000
Ternath	St Joseph	—	—	—	5,000
»	St Roch	—	—	—	2,000
Thollembeek	Centre	—	—	—	20,000
»	St Martin	—	25,000	—	15,000
Wesenbeke	La Paix	—	—	—	70,000
Vollezeele	Van Parys	—	—	—	11,000
Wambeek	St Antoine	300,000	—	—	15,000
»	St Remy	—	—	—	2,000
»	Overdorp	—	5,000	—	20,000
»	St Joseph	—	—	—	5,000
		1.036,000	220,000	185,000	692,000

Total : 2,135 kgs.

Annexe II.

Traduction

La laiterie Schepdael St. Rombaut livre *tout* son beurre au Staatskommissar, parce qu'elle se trouve sous le contrôle du Staatskommissar.
(signature illisible).

Annexe III.

Traduction

(Spécimens des bons de réquisition).
Feld-Gendarmerie Kommando Lennick St. Quentin 26-9-17.
Ordre est donné à la laiterie de Gaesbeek de remettre au porteur 3 kgs de beurre pour M. le Lieutenant Hellmers.
Par intérim (signé) Loesch.
Secrétaire du Kommando.

Feld-Gendarmerie Kommando Lennick St. Quentin 12-9-17.
Ordre est donné à la laiterie de Gaesbeek de remettre au porteur de la présente, 3 kgs de beurre pour M. le Major Bally, 1er escadron de landwehr Ul. 7, Bruxelles, qui part en congé.
Par ordre (signé) Weber,
Vize-Wachtmeister.

Feld-Gendarmerie Kommando Lennick St. Quentin 7-9-17.
Le soussigné vous prie de lui remettre 2 kgs de beurre.
(signé) Weber,
Vize-Wachtmeister.

Auriez-vous l'amabilité de vendre à mon ordonnance 3 kgs de beurre, je vous en remercierais à l'avance.
Bruxelles, le 5-9-17.
(signé) Zander,
Oberleutnant.

ANNEXE 3.

Il est incontestable qu'une certaine contrebande s'exerce à la frontière. Longtemps avant la guerre il a été ainsi et aucune mesure administrative ne suffira pour faire cesser entièrement cet état des choses. Il semble au contraire naturel que les prix actuellement très élevés des vivres incitent les fraudeurs à donner à leur trafic la plus grande extension possible; l'appât du gain considérable a même dû attirer vers ce métier des personnes qui en temps normal se garderaient bien de se mêler sous les fraudeurs. — La suppression complète de la contrebande paraît impossible; d'un côté le terrain vallonné et boisé de la frontière s'y prête particulièrement, d'un autre côté l'autorité ne dispose pas d'un nombre suffisant de soldats pour — ce qui serait nécessaire — fermer hermétiquement la frontière. La tâche de l'autorité reste néanmoins de lutter dans la mesure du possible contre le trafic des fraudeurs. Dans cet ordre d'idées des instructions sévères ont été données par Monsieur le Gouverneur Général et bien des mesures ont été prises.

Les informations des délégués semblent cependant exagérer l'importance de la fraude en ne tenant aucun compte du fait que les magasins cités dans les notices ne travaillent pas seulement pour les fraudeurs, mais également et même en premier lieu pour approvision-ner les habitants du pays. La plus grande partie des vivres amenés dans la zone est accompagnée de passavants délivrés par les agents de la douane belge. Ces fonctionnaires sont donc à même de constater si l'un ou l'autre de ces magasins reçoit des quantités trop importantes et le cas échéant, d'entourer son propriétaire d'une surveillance spéciale. Un bon nombre de dépôts s'occupant de la vente des marchandises destinées pour la fraude ont été fermés par l'autorité et les marchandises mêmes ont été saisies. Pendant que les tribunaux belges s'occupent de ces cas, la surveillance des autres maisons signalées continue. En outre aussi bien les douaniers allemands, stationnés en Belgique, que les douaniers belges ont opérés maintes arrestations et saisies. En juin seulement les douaniers allemands ont arrêté 65 fraudeurs.

La preuve est donc faite que l'autorité allemande fait de son mieux pour contrecarrer les projets des contrebandiers. Pour ce qui concerne spécialement le trafic signalé au fil de fer de la frontière les raisons ont déjà été indiquées pour lesquelles une surveillance absolue ne semble pas praticable. Le nombre des gardes a cependant été augmenté dans la mesure du possible; un nouveau contrôle des gardes par 5 préposés a été inauguré de sorte que l'on croit pouvoir compter sur une décroissance proche et considérable du trafic. A ce sujet il importe encore de dire que les allégations des délégués, en ce qui concerne les officiers de ces gardes manquent absolument de base. Il est hors de doute que ces Messieurs observent et font observer les règlements dans toute leur rigueur.

En résumé: la fraude continuera d'être surveillée aussi étroitement que possible; les fraudeurs sront sévèrement punis et ce ne sera pas la faute des autorités allemandes — ni du manque de surveillance — si la contrebande ne diminue pas aussi vite que l'on le voudrait.

le 2 octobre 1917.

reçu le 23 novembre.

ANNEXE 4.

Légation d'Espagne
en
Belgique

Bruxelles, le 15 novembre 1917.

Confidentielle.

Monsieur le Ministre,

J'ai l'honneur d'attirer la bienveillante attention de Votre Excellence sur les difficultés où certains jugements de la Deutsche Vermittlungsstelle C.N. placent le ravitaillement de la Belgique par le fait de désirer la répartition non uniforme des vivres indigènes pour protéger les ouvriers belges occupés à certains travaux qui conviennent aux Autorités Impériales d'Occupation en Belgique.

Je me ferai l'honneur d'entretenir Votre Excellence à ce sujet mais je dois Lui manifester aujourd'hui confidentiellement que les autres Puissances intéressées dans le ravi-

taillement du Pays maintiennent l'opinion que les vivres indigènes autant que les vivres importés doivent être répartis uniformément aux populations indigènes et que si les Autorités Allemandes décident de disposer d'une façon plus favorables pour une partie quelconque de la population des vivres du Pays, les autres Puissances Protectrices du Ravitaillement se verront obligées ou de considérer que les accords qui président ce ravitaillement ne sont pas tenus et conséquemment à prendre des décisions qui pourront s'ensuivre, ou tout au moins de considérer comme nécessaire de répartir d'une façon également non uniforme les vivres importés pour équivaloir à ces résolutions du Gouvernement Impérial d'Occupation.

J'ai maintenu de mon côté avec les Puissances intéressées que ces arrangements de répartition non uniforme des vivres importés n'étaient pas admissibles et promis une enquête afin de pouvoir prouver l'uniformité de la répartition des vivres indigènes.

Malheureusement, la demande du Comité Hispano-Néerlandais à ce sujet n'a pas trouvé l'écho que j'espérais auprès de la Vermittlungsstelle et comme conséquence j'ai reçu le mémorandum dont copie ci-jointe.

Je viens donc donner connaissance à Votre Excellence de son mémorandum me proposant après de l'entretenir à ce sujet car sans doute il y a une erreur qui est corrigible de la part de la Vermittlungsstelle quand elle suppose que la non stipulation de la répartition uniforme signifie qu'elle peut se faire autrement. Il est incontestable que toutes les autres Puissances intéressées ont le droit de demander que la répartition des vivres soit uniforme autant ceux qui sont importés que les indigènes. C'est dans cet esprit que la convention a été comprise et conclue et je ne doute pas que la haute justice et sagesse de Votre Excellence mettront fin à un conflit inutile et qui n'a pas raison d'être précisément à l'avantage du Ravitaillement pour lequel Son Excellence Monsieur le Gouverneur Général et Votre Excellence au nom de l'Allemagne s'intéressent aussi vivement que les autres Puissances contractantes.

Veuillez agréer, Monsieur le Ministre, les assurances de ma haute considération.

Le Marquis de Villalobar.

A Son Excellence
Monsieur le Baron von der Lancken-Wakeniz,
Ministre de Sa Majesté l'Empereur
d'Allemagne.

ANNEXE 4

N° 2932. Bruxelles, le 13 novembre 1917.

Monsieur le Marquis,

Nous avons l'honneur d'appeler la bienveillante attention de Votre Excellence sur le mémorandum ci-annexé, destiné à mettre en évidence une série de faits qui, par leur répétition, sont de nature à fausser non seulement l'esprit des accords intervenus, mais aussi la lettre même des conventions.

Comme Ministre Protecteur du Comité National, Votre Excellence a jusqu'ici estimé que les conventions d'avril 1916 consacraient le principe d'une répartition uniforme des produits indigènes et des produits exotiques importés par la C. R. B. pour toute la population belge.

Les Autorités Allemandes ont entièrement partagé cette manière de voir, tout au moins en ce qui concerne les produits exotiques. Il n'en est pas ainsi lorsqu'il s'agit de la répartition des produits indigènes à la population belge. Les Autorités se retranchent, dans ce cas, derrière des arguments spécieux que nous avons maintes fois réfutés.

Nous regrettons de voir s'accentuer de plus en plus une tendance qui énerve les efforts faits dans le but d'assurer à la population bel-

ge une distribution uniforme et équitable des produits indigènes. Souvent ceux-ci sont réquisitionnés par des autorités allemandes dans l'intention de favoriser certaines catégories de Belges au détriment de la généralité de la population. Ces faveurs sont très fréquemment octroyées aux ouvriers belges qui accordent leur travail au pouvoir occupant. Il y a, dans l'application d'un tel système, non seulement une pression exercée sur des malheureux que la guerre a atteints dans leurs ressources, mais surtout un regrettable oubli des engagements pris, lors du règlement de la question de l'utilisation des produits du sol belge.

Le C. H. N. croit devoir appeler la bienveillante attention de Votre Excellence sur l'ensemble de faits repris au mémorandum ci-joint, qui se répètent dans tout le pays contrairement aux garanties consenties au sujet de l'utilisation des produits indigènes et causent le plus grand préjudice à la population belge en créant un régime différent entre deux catégories de cette population.

Le C. H. N. se demande dans ces conditions si les Puissances Alliées, apprenant cet état de choses, ne seraient pas fondées à exiger la suppression des vivres exotiques à la population avantagée par le pouvoir occupant.

C'est pour éviter cette nouvelle source de conflit que le C.H.N. se permet d'en référer à Votre Excellence, Protectrice de l'Œuvre du ravitaillement.

Nous prions Votre Excellence de bien vouloir agréer l'expression de nos sentiments de haute considération.

Les Directeurs,

A Son Excellence Monsieur le Marquis de Villalobar, Envoyé extraordinaire et Ministre plénipotentiaire de Sa Majesté le Roi d'Espagne en Belgique,
à BRUXELLES.

Mémorandum pour Son Excellence Monsieur le Marquis de Villalobar

Le Comité Hispano-Néerlandais s'est mis, en ces derniers temps, fréquemment en rapport avec la Deutsche Vermittlungsstelle C. N. au sujet de la question de l'emploi des produits indigènes. Il lui a fait remarquer combien la réquisition de ces produits était préjudiciable aux intérêts de la population et combien elle portait atteinte aux principes des engagements contractés.

La Deutsche Vermittlungsstelle C. N. se borne à faire remarquer que les conventions d'avril 1916 *ne prévoient pas la répartition uniforme* des vivres indigènes. Le Comité Hispano-Néerlandais n'ignore pas que les Ministres Protecteurs du Comité National ont toujours estimé que la répartition uniforme était *seule conforme à l'esprit des accords.*

a) Le Comité Hispano-Néerlandais a signalé notamment, à la Deutsche Vermittlungsstelle C. N. le 23 octobre 1917, que dans de nombreux endroits, l'avoine a été saisie mais non utilisée, tout au moins de façon utile et contrôlable. Il en a été notamment ainsi à Louvain, l'an dernier, où l'avoine saisie a été emmagasinée sur l'ordre du Commissaire civil et réduite en farine et en gruau. Mais l'ensemble de la population n'en a pas bénéficié. Il y a des raisons de croire qu'une partie de cette avoine a été utilisée au profit des familles d'ouvriers qui travaillent dans les usines exploitées par l'Autorité occupante. Le Comité Hispano-Néerlandais avait émis le désir d'obtenir des précisions au sujet de la répartition de ces vivres indigènes et de connaître, d'une façon générale, le mode de distribution adopté par l'Autorité Allemande en ce qui concerne ces vivres indigènes.

La Deutsche Vermittlungsstelle C. N. répond au Comité Hispano-Néerlandais qu'elle estime que rien dans les communications du C.H.N. n'indique que les promesses faites par M. le Gouverneur Général au sujet de l'emploi des produits indigènes n'ont pas été respectées.

Cette réponse constitue une fin de non recevoir pure et simple.

b) Le 20 septembre 1917, est arrivé en gare de Poulseur (Liège) un wagon chargé de 10.800 kgs de pommes de terre, destinées à la préparation de la soupe des ouvriers occupés aux carrières pour le compte du sieur Vanddindenberghe, d'Aywaille.

Le C. H. N. a demandé à la V. C. N. de bien vouloir lui faire savoir dans quel but un régime de faveur a été appliqué, par les soins de la Kartoffelversorgungsstelle, aux ouvriers en cause, et cela au détriment de l'ensemble de la population .

La V. C. N. a répondu (16 octobre 1917) qu'il s'agissait de la répartition de la récolte indigène de pommes de terre. Elle ajoute qu'elle n'a pas connaissance des garanties données par Mr. le Gouverneur Général à MM. les Ministres Protecteurs: *une répartition uniforme des vivres indigènes.*

c) A propos d'une observation analogue du C. H. N., la V. C. N. signale que les vivres reçus par l'Ecole d'Aviation de Diest doivent servir à une distribution aux ouvriers belges qui y sont occupés: La V. C. N. estime, une fois encore, que cette distribution n'est pas en contradiction avec les garanties données par M. le Gouverneur Général.

d) Le C. H. N. a fait observer, le 21 septembre 1917, à la V. C. N. que de toutes les quantités d'avoine qui ont été transformées en gruau par le sieur Fonteyn et qui étaient, d'après les déclarations du Commissaire civil, réservées à l'alimentation de la population de l'arrondissement de Louvain, pas un grain n'a, jusqu'à présent, été mis en vente dans les magasins de Louvain. Des renseignements permettent au C. H. N. de dire que cette avoine a été distribuée, par les soins d'une officine de vente de vivres à bon marché (l'immeuble réquisitionné en 1915, par le Commissaire civil pour y établir un prétendu dispensaire social de la Croix-Rouge de Belgique, rue des Joyeuses Entrées) aux familles d'ouvriers qui travaillent au profit de l'Administration allemande. Ces distributions comportent des pommes de terre, de l'avoine, du sucre.

Le C. H. N. a demandé à la V. C. N. s'il entre dans les intentions de l'Autorité allemande de se servir de vivres indigènes dans l'intention d'exercer une pression sur la population afin d'obtenir d'elle des prestations de nature militaire.

La V. C. N., dans sa réponse, déclare *qu'elle n'a pas connaissance de la promesse faite par M. le Gouverneur Général au sujet de la répartition uniforme des vivres indigènes.*

e) Le 15 octobre 1917, la V. C. N. a fait remarquer au C. H. N. qu'à Anvers trois fabriques s'occupent de la fabrication de produits alimentaires à base d'avoine. Ces fabriques ont été établies par les Autorités allemandes *qui jugent inutile tout contrôle.* L'utilisation de l'avoine dans ces conditions cause un préjudice à l'ensemble de la population de la province d'Anvers qui, au mois d'août dernier, n'avait pas les quantités d'avoine nécessaires aux besoins des habitants. Les communes agricoles ont été privées de toute répartition.

ANNEXE 5.

LEGACION DE ESPANA
EN
BELGICA.

Bruxelles, le 9 novembre 1917.

Politische Abteilung
bei dem
Generalgouverneur in Belgien.
J. N° V. 4275.

Monsieur le Ministre,

J'ai l'honneur de faire savoir à Votre Excellence qu'un vapeur muni des signaux distinctifs de la Commission for Relief in Belgium et accompagné par un sous-marin an-

glais a été vu le 4 octobre dernier à 8 heures du matin au 55° 22' nord et 5" Ouest, se dirigeant vers le nord.

Or, après le 29 septembre, jour du départ des vapeurs «Tunisie» et «Liége», aucun navire de la C. R. B. n'a quitté le port de Rotterdam jusqu'au 10 octobre. Dans le cas précité il s'agit donc évidemment d'un abus des signaux de la C. R. B. destiné à tendre un piège aux sous-marins allemands.

Le Gouvernement Britannique ayant donné l'assurance que les signaux distinctifs de la C. R. B. ne serviraient jamais à des bateaux qui ne feraient pas le service de la C. R. B. j'ai l'honneur de prier Votre Excellence de bien vouloir demander au Gouvernement Anglais des explications au sujet de cet incident et de me faire parvenir le résultat de Ses démarches.

Je profite de l'occasion pour renouveler à Votre Excellence les assurances de ma haute considération.

(s.) Lancken.

A Son Excellence
Le Marquis de Villalobar.
Ministre de Sa Majesté le Roi d'Espagne
BRUXELLES.

ANNEXE 6.

Comité Consultatif du Bureau Central des Huiles pour les questions relatives à la *production et à la répartition des aliments provenant des huiles et graisses belges.*

Troisième Séance.

Tenue à Bruxelles, le 27 septembre 1917, à 4 1/2 heures de l'après-midi, dans la salle de la Direction du Bureau Central des Huiles.

ORDRE DU JOUR :

1. — Augmentation des quantités de graisse brute livrées.
2. — Distribution de graisse alimentaire et d'aliments destinés aux animaux.
3. — Distribution du beurre.
Question ne rentrant pas dans l'ordre du jour :
4. — Distribution de pétrole et de carbure.

Sont présents :

Les membres du Comité :
MM. Brinckmann, Chef du Bureau Central des Huiles, président.
Le Dr. Rieth, Conseiller de Légation, Chef de la Section économique du Département Politique.
W. Van Autgaerden, Vétérinaire belge à Tirlemont.
M. Warnants, Agronome belge de l'Etat, à Louvain.
(Est empêché pour affaires de service: M. le Dr. v. Köhler, Directeur ministériel).

Sont, en outre, présents :

MM. Schädlich, Chef suppléant du Bureau Central des Huiles; le Dr. Dahlberg, Référendaire près le Bureau Central des Huiles pour les questions relatives au beurre; Bundfuss, Chef de Section du Bureau Central des Huiles.

Brinckmann. — Le Président du Comité, M. le Dr. von Köhler, Directeur ministériel, est empêché pour affaires de service, d'assister à la séance et m'a prié de la présider à sa place.

Messieurs, le procès-verbal de la 2ème séance du Comité, tenue le 17 juillet 1917, vous a été envoyé traduit en flamand et en français. Avez-vous des obsrvations à faire au sujet de ce procès-verbal?

Van Autgarden. — Non, le texte est conforme à nos délibérations; je désire cependant faire remarquer que,dans le procès-verbal, nos noms ont été confondus.

Président. — Dans ce cas il faufra rectifier les noms.

1er point de l'ordre du jour :

Augmentation des quantités de graisse brute livrées.

Schädlich. — Dans l'extrait du rapport semestriel du Bureau Central des Huiles, qui a été joint au procès-verbal de la dernière séance, nous avons exprimé l'espoir que les quantités de graisse brute livrées augmenteraient par suite de l'engraissement des animaux mis à la pâture. Cet espoir ne s'est malheureusement pas réalisé. Au contraire, à notre grand regret, nous avons dû même constater que le pourcentage du rendement en graisse alimentaire de la graisse brute livrée a encore diminué et que, en outre, dans les derniers mois, on a encore livré moins de graisse.

J'attribue cette diminution des quantités, livrées tout d'abord à ce que les bouchers conservent des quantités de graisse de plus en plus fortes. Le prix élevé (30 à 40 frs et plus) que l'on paie maintenant dans le commerce pour la graisse brute, incite naturellement les bouchers à ne pas livrer la graisse et à la vendre à des prix leur assurant un bénéfice plus considérable.Actuellement, nous envisageons des mesures plus rigoureuses pour contrôler de plus près les livraisons de graisse; ces mesures seront appliquées au cours du mois prochain, mais ne produiront leur effet que dans 1 ou 2 mois.

Une autre cause de la diminution des quantités de graisse brute livrées est le fait que les abatages qui, autrefois se faisaient dans les villes, ont de plus en plus lieu dans les villages. Il nous est en effet possible de mieux contrôler les livraisons provenant des abattoirs publics. Les bouchers s'en sont aperçus. Pour se soustraire à notre contrôle, ils conduisent à présent leurs bêtes dans les villages et les y font abattre chez des particuliers où, autrefois, il n'y avait jamais eu d'abatage. De cette façon, les abatages à domicile sont devenus excessivement fréquents. Les bouchers leur donnent aussi la préférence pour pouvoir enfreindre les prescriptions concernant l'abatage des veaux. Certains bouchers vont même jusqu'à imiter l'estam-pille de l'expertise des viandes et ne font ni examiner ni timbrer celles-ci par les vétérinaires. Nous nous sommes mis en rapport à ce sujet avec les vétérinaires intéressés.

Il ne nous est pas encore possible de prévoir jusqu'à quel point les mesures mentionnées seront efficaces. En tous cas, nous devrons avoir encore recours à d'autres mesures pour remédier à ces irrégularités.

Le Président. — Le Comité dans dans sa dernière séance, a repoussé ma proposition de saisir aussi la graisse des rognons. Permettez-moi donc de vous demander, Messieurs, de nous faire des propositions sur les moyens les plus efficaces d'obtenir la graisse brute que les bouchers parviennent actuellement à conserver. Nous devons arriver à empêcher que de fortes quantités de graisse ne nous soient pas livrées ; la graisse qui, à présent, est fournie aux savonneries doit absolument pouvoir être mise à la disposition de la population. C'est d'autant plus nécessaire que, dans ces derniers temps, les communes demandent des quantités beaucoup plus considérables.

Warnants. — Quels prix payez-vous aux bouchers pour la graisse brute?

Schädlich. — Nous avons deux prix. Nous payons 2.50 frs par kilo pour les abats complets de graisse dépassant 3 kgr, et 1.50 fr. pour les abats complets inférieurs à 3 kgs. La différence de ces prix est due à ce que le pourcentage du rendement est beaucoup moins élevé pour les abats de 1 à 2 kgs que pour ceux de 3 kgs et au-delà.

Van Autgaerden. — Ces prix sont trop bas puisque les marchands paient de 30 à 40 frs aux bouchers.

Warnants. — Même le prix de 2.50 le kilo, fixé comme maximum, est à mon avis trop bas. Par kilo de la bête sur pied, le boucher paie déjà à présent plus de 2.50 frs. Il perd par conséquent quand il livre la graisse à ce prix. Le prix devrait être au moins assez élevé pour que le boucher ne perde rien à la vente. Un prix plus élevé l'encouragerait à livrer la graisse.

Schädlich. — Vous dites que la différence entre le maximum de 2.50 frs. que nous payons aux bouchers, et le prix de 30 à 40 frs, qui se paie sur le marché libre est trop grande. C'est exact, et nous avons déjà, à plusieurs reprises, examiné s'il n'y aurait pas lieu d'augmenter le prix. Depuis que nous avons fixé nos prix, le prix du bétail a considérablement haussé et, pour être juste, on pourra peut-être à l'avenir prendre comme prix celui que l'on paie actuellement pour le bétail. Nous ne pouvons pas dépasser ce prix, sinon la graisse alimentaire serait trop chère pour la population. A présent, le rendement de la graisse brute n'est que de 53 %. Si nous payions par exemple 5 frs pour la graisse brute, la graisse alimentaire coûterait environ 10 frs le kilo. Si nous payions 10 à 12 frs, le prix de la graisse alimentaire serait de 20 à 35 frs. La différence entre nos prix et les prix du commerce libre restera toujours assez forte (même si nous augmentons considérablement nos prix) pour que les bouchers soient toujours tentés de ne pas livrer la graisse.

Le Président. — En principe, nous sommes tous d'accord pour que le Bureau Central des Huiles paie aux bouchers des prix plus élevés. Veuillez me dire, Messieurs, quel prix vous proposeriez. Si nous tenons compte des prix du bétail, nous devrons aller jusqu'à 4 à 5 frs.

Schädlich. — Il conviendrait peut-être de fixer à 5frs le prix maximum et d'appliquer cette hausse dans quelques jours déjà, si possible même à partir du 1er octobre.

Le Président. — Vous, Messieurs, qui habitez la campagne et connaissez les prix de viandes, croyez-vous que nous devions aller jusqu'à 5 frs?

Van Autgaerden. — A mon avis, cela vaudrait mieux.

Warnants. — Les deux prix devraient être doublés.

Le Président. — Je constate donc, Messieurs, que, sur votre proposition et comme première mesure destinée à obtenir la livraison de quantités plus fortes de graisse brute, nous doublerons les anciens prix.

Cette mesure seule ne suffira pas pour permettre de distribuer plus de graisse à la population. Je voudrais proposer, en outre, une autre mesure très rigoureuse; toutefois, la pratique seule nous montrera si cette mesure peut être appliquée efficacement. Je vous prie, Messieurs, de bien vouloir examiner la proposition suivante:

Nous connaissons exactement tous les abatages qui ont lieu dans les abattoirs publics et nous savons qui les exécute. Qu'arriverait-il, pensez-vous, si nous établissions une peine sévère pour tous ceux qui, par bête abattue, livreraient moins qu'une certaine quantité (peut-être 2 ou 3 kgs) qu'il faudrait fixer? Par une telle prescription, nous pourrions empêcher que les bouchers ne découpent une partie de la graisse pour la conserver et la vendre à des prix plus élevés, ainsi que cela se fait souvent maintenant. Si vous ne pouvez prendre une décision aujourd'hui, Messieurs, je suis prêt à attendre jusqu'à la prochaine séance avant d'appliquer la mesure que je vous propose.

Le Dr Rieth. — Peut-on déterminer avec certitude une quantité minimum de graisse pour chaque bête ou s'expose-t-on à devoir punir les gens qui ont livré tout ce qu'ils devaient céder?

Le Président. — Cela n'est pas à craindre. Les bouchers sont tenus de livrer toute la graisse à l'exception de la graisse des rognons. Si une bête a vraiment moins de graisse que le minimum à fixer, le boucher peut éviter d'être puni en remplaçant la quantité qui manque par de la graisse de rognons.

Van Autgaerden. — Il n'est pas possible de fixer un tel minimum. Tel animal donne 5 kgs de graisse brute, tel autre 2 kgs seulement. Il n'y a pas de base pour établir la quantité de graisse. Il pourrait arriver que des gens fussent punis bien qu'ils ne dussent pas l'être.

Le Président. — Nous ne pouvons faire face aux demandes croissantes des communes si on ne nous livre pas plus de graisse. Si nous fixions une amende, disons de 50 frs par kilo manquant à la quantité minimum, nous obligerions les bouchers à nous livrer toute la graisse due et, le cas échéant, une partie de la graisse de rognons qui, actuellement, est employée uniquement à la fabrication des savons les plus chers; nous pourrions alors consacrer cette graisse à l'alimentation de la population.

Warnants. — Combien de graisse livre-t-on maintenant en moyenne par bête?

Schädlich. — Cela varie beaucoup. La moyenne est probablement de 2 à 2 1/2 kgs par bovidé. Nous ne pouvons pas savoir si la bête abattue était grasse ou maigre; actuellement, lorsque les bêtes sont grasses, les bouchers découpent un morceau de la graisse pour le conserver et ils ne livrent qu'une petite quantité; dans nos listes ils sont inscrits comme ayant livré et nous ne pouvons pas les poursuivre pour avoir livré des quantités insuffisantes.

Warnants. — Je ne crois pas que cette mesure serait fort efficace. En hiver, le bétail maigrit; si, à présent que les bêtes sont grasses, nous déterminions un minimum exact en ce moment, ce minimum serait trop élevé en hiver.

Le Président. — Cela étant, je prie ces Messieurs de rechercher d'ici à la séance prochaine, au besoin en interrogeant quelques bouchers, la possibilité d'empêcher que l'on continue, dans des proportions toujours plus fortes, à ne pas livrer la graisse brute. Il est grand temps de prendre des mesures. L'achat clandestin de graisse au profit de la fabrication du savon ayant pris une extension excessive, précisément dans ces derniers mois. Nous devons nous efforcer d'obtenir une plus grande quantité de graisse en faveur de l'alimentation publique. Car c'est précisément dans ces derniers temps que de nombreuses communes se sont adressées à nous, pour obtenir de la graisse alimentaire.

Schädlich. — M'est-il permis de demander si ces Messieurs ont donné connaissance aux communes de notre dernier débat sur la répartition de la graisse?

Warnants. — Non, nous n'avons pas écrit aux communes; mais là où l'on nous a demandé des renseignements, nous les avons évidemment fournis. L'extension prise par les demandes de graisse est due au manque extrême de graisse dont on souffre dans toutes les communes. La graisse fait défaut partout et, naturellement, on ne tarde pas à apprendre que des demandes de graisse peuvent être adressées au Bureau Central des Huiles.

Schädlich. — Des communes qui n'ont jamais livré de graisse brute nous ont prié de leur fournir de la graisse alimentaire. Je vous prie, Messieurs, d'attirer l'attention des communes sur ce fait qu'elles ont tout d'abord à mettre de l'ordre dans la livraison de la graisse brute si elles veulent que nous leur fournissions de la graisse alimentaire. Il va de soi que plus une commune fournit de graisse brute, plus elle pourra obtenir de graisse alimentaire.

2e point de l'ordre du jour :

Distribution de graisse alimentaire et d'aliments destinés aux animaux

Le Président. — Messieurs, avez-vous, depuis notre dernière séance, des questions à poser relativement à la distribution de la graisse?

Warnants. — *La fabrique de margarine de Van den Bergh* reçoit de la graisse. Que devient la margarine produite par cet établissement?

Schädlich. — Van den Bergh vend librement la margarine aux Belges. La fabrique ne délivre rien aux autorités allemandes.

Van Autgaerden. — Ainsi, le bénéfice reste acquis à la fabrique?

Le Président. — Van den Bergh livre la margarine principalement aux cuisines populaires chargées de la préparation de la soupe, aux communes, etc. Le Bureau Central des Huiles cède la graisse à la fabrique et ne se préoccupe pas de la vente de la margarine.

Warnants. — De quelle façon s'opère la répartition de la graisse par la Croix-Rouge? Que faut-il faire pour obtenir de la graisse à cette institution?

Le Président. — La Croix-Rouge, pour autant que je sache, ne délivre la graisse qu'aux pauvres, contre remise d'un bulletin. J'ignore les détails de l'organisation, mais un jour il m'a été donné de voir la foule des Belges pauvres qui se pressaient devant l'établissement de consommation pour y recevoir de la graisse.

Warnants. — J'ai pu voir cela également. Mais je ne sais pas à quelles personnes se délivrent les cartes donnant droit à la graisse.

Le Président. — Il est certain que la graisse est délivrée exclusivement à des Belges nécessiteux, qui travaillent dans les établissements de la Croix-Rouge de Belgique. Je ne saurais en dire davantage. Mais je demanderai très volontiers des renseignements et vous éclairerai dans la séance prochaine.

Warnants. — Lors de la première séance, vous nous avez dit que vous aviez tenté un essai d'*engraissement naturel des porcs*. Il nous serait intéressant d'apprendre quels sont les résultats de cette expérience.

Bundfuss. — Des porcs introduits de la province d'Anvers dans le parc aux sangliers de M. le sénateur Speyer, ont propagé une maladie pulmonaire parmi les animaux faisant l'objet de l'expérience. Cinquante-deux de ceux-ci ont succombé au mal. Par suite de cette circonstance, l'xpérience n'a pas encore pu se faire d'une façon concluante. Elle a toutefois établi, en général, que les animaux, par leur séjour en liberté, sont plus sains. Ils courent dans le bois durant toute la journée, cherchant leur nourriture qui consiste en glands, faines, larves, coléoptères, etc. Une fois par jour, le soir, il faut leur donner quelque nourriture pour qu'ils s'habituent à la porcherie et que l'engraissement ne dure pas trop longtemps.

Le Président. — Il est hors de doute que l'élevage des porcs, dans les bois ou l'on rencontre beaucoup de glands et de faines, se fait sans difficulté, bien que les animaux reçoivent un supplément de nourriture farineuse. L'engraissement dure un peu plus longtemps, mais il est beaucoup meilleur marché. Je ne pense pas que les porcs ruinent dans une grande mesure le sol forestier, quoique M. le sénateur Speyer s'en plaigne. S'est-il plaint également auprès de vous à ce sujet?

Warnants. — Non.

Le Président. — Dans le domaine de l'alimentation, il existe un fait nouveau en ce sens qu'incessamment paraîtra un arrêté plaçant sous le contrôle du Bureau Central des Huiles le transport des glands, des faines et des marrons sauvages. Ces fruits font l'objet d'un commerce usuraire insensé: le kilogramme de marrons sauvages, par exemple, se paie 2 frs. Les glands sont abattus des arbres pour servir à la fabrication de l'alcool.

— 3e point de l'ordre du jour :

Distribution du beurre.

Le Président. — Avez-vous des questions à poser au sujet de la distribution du beurre?

Warnants. — Ne serait-il pas possible, tout comme cela s'est fait pour la graisse, de dresser également pour le beurre un tableau établissant la répartition par province?

Le Dr Dahlberg. — Le beurre est réparti par la «Fédération Nationale des Unions Professionnelles des Marchands et Producteurs de Beurre». Nous sommes tout disposés à charger la Fédération de nous fournir régulièrement un relevé.

Le Président. — Pour le beurre, nous ne sommes qu'une autorité de contrôle. Je pense que dans ces derniers mois la distribution a été meilleure et que dans beaucoup de magasins de beurre a été mis en vente au prix maximum.

Warnants. — Comment se fait-il que certains arrondissements livrent tant, alors que d'autres livrent si peu?

Le Dr Dahlberg. — Cela provient principalement de ce que, dans beaucoup de communes, le commerce clandestin s'opère encore sur une grande échelle.

Warnants. — Je suis d'avis que l'on n'agit pas avec le même soin dans tous les arrondissements.

Van Autgaerden. — Ce sont les provinces qui ont beaucoup de métairies qui livrent le plus.

Le Dr Dahlberg. — Oui, mais les paysans, dont il est difficile de contrôler les agissements, se livrent au commerce clandestin sur une plus grande échelle dans certaines provinces que dans d'autres.

Warnants. — Livre-t-on également du beurre dans l'arrondissement de Louvain?

Le Dr Dahlberg. — Oui, là aussi on livre du beurre. Le relevé qui vous sera remis l'établira.

Le Président. — Avez-vous encore une question à poser?

Les deux membres belges répondent négativement.

Dès lors, je me permettrai de constater qu'aujourd'hui encore, en général, nous sommes tombés d'accord sur tous les points importants. Tout particulièrement nous sommes unanimes en ce qui concerne l'importante question de la hausse du prix de la graisse brute. Ces Messieurs prendront peut-être un jour la peine de visiter un abattoir pour s'y rendre compte de la façon dont les bouchers retiennent la graisse, au grand détriment de la population belge. La graisse ainsi soustraite est utilisée exclusivement à la fabrication de savons superfins. Si cette situation ne change pas, nous devrons bien finir par nous résoudre à la saisie de la graisse des rognons.

Warnants. — N'est-il pas possible de fermer les savonneries?

Le Président. — Afin de rendre impossible la fabrication clandestine du savon, nous avons introduit la bandelette qui doit entourer les cartons. On n'a pas tardé à imiter ces bandelettes et à vendre les imitations au prix de 80 pfennings pièce. Les coupables ont été arrêtés et se trouvent en prison. Les savonneries clandestines sortent de terre comme des champignons. Nous comptons ici à Bruxelles 25 agents qui n'ont pas d'autre mission que de rechercher les savonneries clandestines. Journellement nous fermons environ 3 ou 4 savonneries de l'espèce, dont les propriétaires sont sévèrement punis. Il est très difficile de les découvrir. Je vous montrerai plus tard une savonnerie clandestine, dans notre salle d'exposition; vous verrez combien toute l'installation est simple et combien il est facile d'installer en tout temps des ateliers secrets de l'espèce.

Warnants. — Je suis convaincu que le beurre vendu clandestinement sert également, dans beaucoup de cas, à la fabrication du savon.

Le Président. — Voilà ce que je n'oserais contester et il est très regrettable que des Belges soustraient à leurs compatriotes cet important aliment pour en faire du savon.

Van Autgaerden. — Nous est-il possible de visiter la fabrique d'aliments destinés aux animaux, que le Bureau Central des Huiles a établie à Anderlecht, et à quelle date la visite pourrait-elle éventuellement avoir lieu?

Le Président. — Je suis tout disposé à montrer personnellement la fabrique et proposerai à ces Messieurs de venir, à la séance prochaine, dès le matin pour visiter l'établissement.

Van Autgaerden. — En effet, cela s'arrange au mieux.

Le Président. — *La séance prochaine* a lieu au cours de la première semaine de novembre, de nouveau à 4 1/2 heures de l'après-midi, et l'établissement vous sera montré dans la matinée.

Distribution de pétrole et de carbure

Van Autgaerden. — N'est-il pas possible de pourvoir les cultivateurs de pétrole?

Le Président. — La question du pétrole n'est pas de la compétence du Comité. Je n'en suis pas moins tout disposé à vous fournir des renseignements.

Il y a grande pénurie de pétrole et la quantité qui sera introduite en Belgique n'est pas encore déterminée. L'hiver dernier, l'Allemagne a mis à notre disposition une quantité de 5,000 tonnes, répartie au prix de 1 fr. le 1 1/2 litre. Nous agirons de même pour l'année courante et nous nous occuperons spécialement des paysans. Toutefois, pour le moment, 150 tonnes seulement sont en route. La situation est meilleure en ce qui concerne la livraison de carbure, utilisé sur une grande échelle en Belgique, précisément à la campagne.

Warnants. — Voilà qui est bien.

Van Autgaerden. — Ne livre-t-on qu'aux communes ou livre-t-on également à des particuliers?

Le Président. — On livre également à des particuliers; il va de soi qu'il nous faut la certitude qu'aucun commerce intermédiaire n'a lieu. Les demandes doivent être appuyées par le Bourgmestre de la localité et adressées au Commissaire civil. Lorsque ce dernier reconnaît la nécessité de la livraison de pétrole ou de carbure, le Bureau Central des Huiles, dans les limites possibles, lève la saisie pour certaines quantités.

La séance est levée à 5 1/2 heures.

Le procès-verbal a été dressé par M. Daue, sténographe parlementaire.

Vérifié à Bruxelles, le

Le Président.

Le Comité National ne peut pas obéir aux injonctions de l'autorité allemande imposant l'usage du flamand et cela pour les raisons suivantes :

1. Le Comité National est une œuvre privée qui accomplit une mission purement humanitaire et à laquelle les autorités allemandes ont toujours interdit tout ce qui aurait pu lui donner le caractère d'une autorité publique ou officielle. Comme tel il n'est pas soumis aux prescriptions de l'arrêté sur le flamand obligatoire.

2. Le Comité National est une œuvre neutre, protégée par les puissances neutres et qui ne peut subsister qu'à la condition de maintenir scrupuleusement cette neutralité. Les mesures relatives au flamand sont des mesures d'ordre politique, ayant pour objectif avoué de favoriser les intérêts allemands au détriment des intérêts de la Belgique et de ses Alliés. Les puissances protectrices du Comité National ne pourraient pas collaborer à l'application de ces mesures, sans porter atteinte à leur propre neutralité et sans compromettre par le fait même l'œuvre humanitaire qu'elles soutiennent depuis 3 ans 1/2.

3. L'autorité allemande a donné la garantie que le Comité National et la C. R. B. (à laquelle a succédé le C. H. N. qui jouit maintenant des prérogatives qui avaient été concédées à cette dernière), auraient toute la liberté d'action nécessaire pour qu'il soit mis à même d'accomplir la mission qui leur a été reconnue par les accords internationaux.

Imposer au Comité National et à ses sous-organismes de changer la langue qui leur a servi jusqu'à ce jour, c'est porter atteinte à la liberté d'action qui lui a été reconnue. De même, c'est empêcher les ministres protecteurs et le C. H. N. en imposant une langue autre que la langue diplomatique d'exercer sur les opérations du C. N. la mission de contrôle qui leur a été dévolue.

CONCLUSION. — Il faut maintenir la situation qui existe depuis le début. Les Comités Provinciaux continueront à utiliser pour leurs communications avec le public la langue comprise par les habitants. Leur correspondance avec le C. N. continuera à se faire en français.

ANNEXE 8.

POLITISCHE ABTEILUNG
BEI DEM
GENERALGOUVERNEUR IN BELGIEN.
Briefnummer V. 4322.

Brüssel, den 14 novembre 1917.

Monsieur le Ministre,

J'ai l'honneur de porter à la connaissance de Votre Excellence, que pour des motifs d'ordre militaire, les communes de Gages, Chièvres (à l'exception d'une petite partie à l'Est de la route Ath-Lens), Ladeuze, Huissignies, Grossage, seront transférées en territoire d'étape.

Il a toutefois été convenu avec le commandement supérieur de l'armée que les garanties données par Monsieur le Gouverneur Général à Messieurs les Ministres Protecteurs au sujet de l'Œuvre du Ravitaillement continueront à être observées par les armées devant occuper ce territoire.

En priant Votre Excellence de porter ce qui précède à la connaissance du Comité National de Secours et d'Alimentation, je saisis l'occasion pour renouveler à Votre Excellence les assurances de ma haute considération.

(s.) Lancken.

Son Excellence
Le Marquis de Villalobar.
Ministre de Sa Majesté le Roi d'Espagne

ANNEXE 9.

Légation d'Espagne
en
Belgique

Bruxelles, le 20 novembre 1917.

Monsieur le Ministre,

J'ai l'honneur d'accuser réception à Votre Excellence de Sa lettre n° V 4322 du 14 courant, portant à ma connaissance que les communes de Gages, Chièvres (à l'exception d'une petite partie à l'Est de la route Ath-Lens), Ladeuze, Huissignies, Grossage, sont transférées au territoire d'étape et qu'il a été convenu avec le commandement supérieur de l'Armée Impériale que les garanties données par Monsieur le Gouverneur Général aux Ministres Protecteurs au sujet de l'Œuvre du Ravitaillement continueront à être observées par les Armées devant occuper ce territoire.

Je prends note de la communication de Votre Excellence et j'en fais part au Comité National de Secours et d'Alimentation et au Comité Hispano-Néerlandais aux effets opportuns, devant faire observer à Votre Excellence qu'il va de soi que pour la répartition en districts du territoire belge aux fins du ravitaillement des mêmes, il est entendu que les mêmes délégués du Comité Hispano-Néerlandais continueront à accomplir leur œuvre dans le territoire assigné à la nouvelle étape et ce territoire étant correspondant au service de la section Espagnole, les directeurs et délégués de la même auront toutes les facilités nécessaires de la part du Gouvernement Impérial, soit aujourd'hui à l'étape et avant sous le commandement civil, pour accomplir leur mission, car on ne peut pas faire constamment des changements dans ces services; de même si à une occasion quelconque des territoires qui étaient sous le régime d'étape lors des arrangements existants cessaient de l'être, les délégués Hollandais devraient continuer à remplir leur mission dans le même raisonnement indistinctement que les Espagnols ne peuvent pas aujourd'hui quitter la partie du territoire qu'ils administrent.

Veuillez agréer, Monsieur le Ministre, les assurances de ma haute considération.

(s.) Le Marquis de Villalobar.

A Son Excellence Monsieur le Baron von der Lancken-Wakenitz, Ministre de Sa Majesté l'Empereur d'Allemagne.

ANNEXE 10.

*Réponse du Gouverneur Général
à la Protestation du 18 octobre 1917*

Bruxelles, le 27 octobre 1917.

Le Directeur de la Chancellerie Civile près le Gouverneur Général en Belgique
Indicateur n° 5021/17.

Je me permets de faire savoir ce qui suit à Votre Excellence.

Mr. le Gouverneur Général n'est pas disposé à prendre en considération la requête du 18 octobre de cette année.

Il m'a chargé de la retourner aux signataires et à leur faire connaître ce qui suit:

Mr. le Gouverneur Général refuse de prendre en considération pareille protestation aussi peu convenante par sa forme que par son contenu, émanant de personnes privées qui, vis-à-vis du Gouvernement allemand, se désignent à tort comme les représentants légaux du peuple belge.

Mr. le Gouverneur Général voit dans la pétition une simple manifestation politique au sujet de l'inutilité de laquelle les signataires devaient avoir connaissance de prime abord.

Pour le surplus, Monsieur le Gouverneur Général se réserve de faire porter aux requérants la responsabilité personnelle de leur attitude.

Par ordre.

ANNEXE 11.

Les organisations ouvrières du Parti Ouvrier belge.

A Son Excellence Baron von Falkenhausen, Gouverneur Général en Belgique.

Excellence,

Le 22 avril 1916, le Gouverneur Général en Belgique Baron von Bissing faisait afficher l'avis suivant :

AVIS

En vue d'assurer l'alimentation de la population et de compléter les mesures que j'ai déjà prises à cette fin, j'ai décidé d'interdire désormais, dans le territoire placé sous mon autorité, l'exportation de tous les produits alimentaires et fourrages, y compris les bêtes de boucherie et, en outre, des semences de tout genre, des engrais ainsi que l'outillage agricole. Tous ces produits, à la condition qu'ils soient de provenance belge, seront donc réservés à la consommation de la population du territoire dépendant de mon administration. Il ne sera fait exception à cette interdiction que pour les quantités superflues de produits belges provenant du sol. Je ne permets cette seule exception que pour ne pas porter préjudice à l'agriculture, à la culture maraîchère et au commerce intérieur qui pratiquait déjà l'exportation avant la guerre. Afin de ménager plus encore les approvisionnements du territoire occupé, j'ai ordonné à l'intendance militaire de n'effectuer, dans le territoire placé sous mon autorité, ni réquisitions, ni achats de gré à gré de produits rentrant dans les catégories susmentionnées et destinées à assurer la subsistance de l'armée d'occupation, bien que l'article 52 de la Convention de La Haye me confère incontestablement le droit de nourrir les troupes de l'armée d'occupation au moyen des vivres existant en Belgique. Les troupes d'occupation étant réparties sur tout le pays, je n'ai pas l'intention d'interdire les achats individuels des personnes appartenant à l'armée; je ne désire pas priver le commerce local des bénéfices qui en résultent pour lui.

En portant les présentes dispositions à la connaissance du public, je tiens à faire observer que toutes les mesures déjà prises et celles que je jugerai bon de prendre encore, ont et auront pour but principal d'obtenir une répartition équitable de tous les produits alimentaires et fourrages, afin que l'alimentation du peuple belge soit assurée quoi qu'il arrive, notamment si, à l'avenir, l'importation des denrées alimentaires rencontrait des difficultés où était entravée.

Bruxelles, le 22 avril 1916.

Le Gouverneur Général en Belgique,
Baron von Bissing,
Général-Colonel

Le 2 septembre 1914, le Gouverneur Général Baron von der Goltz faisait afficher un avis disant :

« Les citoyens belges désirant vaquer paisiblement à leurs occupations n'ont rien à craindre de la part des troupes ou des autorités allemandes.

« Autant que faire se pourra, le commerce devra être repris, les usines devront recommencer à travailler, les moissons être rentrées. »

Voici respectivement trois ans et dix huit mois que ces promesses solennelles nous furent faites par les Gouverneurs qui sont en Belgique les représentants de l'Empire allemand.

Et depuis lors toute industrie est arrêtée, tout commerce est devenu impossible, la classe des travailleurs a vu de mois en mois sa situation s'empirer et à la veille de l'hiver c'est la misère la plus noire.

Les échos qui nous parviennent des diverses régions du pays nous signalent partout les situations désespérées.

Pouvons-nous rester les témoins muets de ces détresses et voir nos compagnes et compagnons, nos enfants mourir d'inanition?

Le parti ouvrier se doit à lui-même de vous dire quelles sont, à son avis, les causes de cette triste situation, afin de permettre à l'autorité allemande d'y porter remède si, comme elle l'a promis, elle entend remplir vis-à-vis de nos populations les obligations que lui imposent les lois internationales.

Avant d'examiner les causes, disons un mot de la situation elle-même qui nous est révélée par les statistiques de la mortalité.

Dans l'agglomération bruxelloise, la mortalité par tuberculose a causé:

en 1914... 776 décès en 1916... 1017 décès
en 1915..., 791 ... 1er semestre de 1917: 996.

A Seraing, grande commune industrielle bien administrée, la mortalité générale a été:

en 1914... 445 décès en 1916... 551 décès
en 1915... 420 ... 1er semestre 1917... 433.

Dans l'arrondissement de Liège, la mortalité générale pour 1917 par rapport à 1913 est en augmentation de 58 %.

Dans la région de Charleroi (73 communes tant agricoles qu'industrielles) le nombre de morts-nés pour les 6 premiers mois de 1917 est en augmentation de 5.17 % par rapport à 1913, tandis que la même augmentation est de 49.61 dans les 26 communes agricoles de la même région.

Partout le rachitisme des nouveaux-nés prend les proportions d'un véritable désastre, preuve irrécusable de la dégénérescence des parents.

Où faut-il chercher les causes de cette situation?

A notre avis, elles sont multiples, mais les causes essentielles sont:

1º) Les entraves portées à notre activité industrielle et commerciale;

2º) Le résultat désastreux de l'action des centrales;

3º) La fixation de prix maxima sans pouvoir de réquisition par les autorités belges;

4º) Le refus d'accorder aux Belges un contrôle efficace;

5º) L'enlèvement des produits et marchandises par des acheteurs allemands.

A peine le Gouverneur général avait-il invité les citoyens belges à reprendre le commerce et le travail industriels, que la suppression de tous les moyens de communication, de tous les moyens de transport, jetait une telle perturbation dans nos activités, qu'en quelques semaines des centaines de mille chômeurs, transformés du jour au lendemain en consommateurs improductifs, se trouvèrent à charge des œuvres d'assistance.

Quand, au bout de quelques mois, les producteurs eurent fait d'énormes efforts pour s'adapter au nouveau régime, la réquisition des moteurs, des machines-outils et celle des matières premières provoquèrent la fermeture définitive de la plupart des usines et ateliers.

Bientôt après, ceux qui auraient encore pu continuer leur activité, grâce à des prodiges d'ingéniosité et de sacrifices, durent l'arrêter faute de charbon.

En résumé donc, dans un pays riche en outillage, en réserves de matières premières et en charbon, tout s'est arrêté faute de charbon, faute de matières premières, faute d'outillage.

Le prolétariat ouvrier, le commerce et le monde des employés étant ainsi privés de travail et de ressources, l'administration responsable devait s'efforcer de sauver la population de la détresse *en lui assurant un minimum de nourriture*, sans exiger qu'elle abdique les sentiments élémentaires de dignité

La chose n'était pas impossible.

Le Comité National venait de se constituer et, grâce à un traité international, pouvait introduire des produits exotiques en quantités *calculées pour parfaire* notre production alimentaire indigène.

Il suffisait, *mais c'était une condition essentielle*, que les vivres indigènes fussent consommés par les *seuls* Belges.

Cette condition était si naturelle que la proclamation du Général Baron von Bissing nous l'assurait encore d'une façon solennelle.

C'est ici qu'intervient la responsabilité de l'autorité allemande.

D'abord par l'arrêté du 3 décembre 1914, elle enleva à notre pouvoir administratif belge le droit de réquisition et ne voulut pas le lui restituer malgré la demande des Députations permanentes.

Ensuite, elle refusa d'accepter les propositions du Comité National et des Ministres Protecteurs offrant d'étendre leur mission à tous les vivres indigènes, et elle préféra favoriser en Belgique l'installation des « centrales » allemandes et donner aux tribunaux militaires seuls le pouvoir de juger les délits en ces matières.

* * *

Quelles raisons y avait-il d'enlever aux Belges et à leur administration l'obligation et le droit de réglementer tout ce qui concerne leur alimentation?

S'en étaient-ils montrés indignes ou incapables?

Quand il s'agit de leur appliquer des contributions et des amendes, il est entendu que nos administrations ont toutes capacité et responsabilité; pourquoi leur enlève-t-on quand elles veulent et doivent assurer notre subsistance? On leur a substitué le régime des centrales.

Nous allons voir les effets de ce régime à propos des produits alimentaires essentiels :

A. — Les pommes de terre

La production belge est suffisante, en moyenne, pour donner 800 grs par jour à chaque habitant, ou plus exactement 600 grs après défalcation des 200 grs nécessaires pour la nourriture du bétail et certains besoins industriels.

Pendant la première année de guerre, les pommes de terre ne nous ont pas manqué et leur prix était raisonnable, mais dès que l'administration et la Kartoffel-Zentrale s'en sont occupées, les pommes de terre sont devenues introuvables et, pour citer un chiffre, du mois de septembre 1916 on a distribué à Bruxelles et faubourgs 60 grs de pommes de terre par jour et par tête d'habitant; à Seraing pendant les trois premiers mois de 1917, 25 grs par jour.

Que sont devenues nos pommes de terre?

Nous savons, certes, que des pommes de terre se négociaient en fraude, à des prix fabuleux allant jusque 3.50 frs le kilo.

Mais ce n'est pas la classe ouvrière qui a pu les consommer.

Comment ces fraudes étaient-elles possibles?

Parce que les autorités belges ont été écartées de tout contrôle efficace.

Combien il eût été facile et naturel de confier dès le début aux comités locaux ou magasins communaux le soin de vérifier les superficies cultivées, les quantités produites, le chargement et le transport, la distribution.

B. — Les viandes et les graisses

Nous savons que jamais l'élevage du porc n'a été aussi étendu; cependant jamais la viande de porc n'a atteint de tels prix, de même d'ailleurs que la viande de boucherie (14 frs le kg pour celle-ci, 22 à 26 frs pour celle-là).

Pourquoi bétail, porc et tous produits d'élevage n'ont-ils pas été réquisitionnés au profit des mêmes comités belges? La chose eut été réalisée par nous-mêmes, si l'arrêté-loi du 4 août n'avait pas été abrogé.

Toutes les graisses doivent être livrées à une centrale.

Comment cela s'accorde-t-il avec les promesses du 22 avril 1916?

Pourquoi notamment les milliers de kilos saisis mensuellement dans la zone-frontière ne sont-ils pas remis à nos magasins?

C. — Les légumes et les fruits

La centrale a provoqué d'abord une interdiction de transporter et la fixation de prix maxima, sans se préoccuper d'assurer le ravitaillement de la population belge par la réquisition et la répartition des produits entre les comités locaux ou magasins communaux.

Bien au contraire, l'organisation des magasins communaux était obligée de passer par l'entremise d'acheteurs privés désignés par la centrale et ces acheteurs acquéraient pour bien d'autres que pour nous.

La population belge ne devait-elle pas d'abord avoir le nécessaire avant qu'il pût être question de surplus à exporter ou réquisitionner?

Aujourd'hui, l'autorité allemande exige 50 0/0 des conserves de légumes que les grandes usines préparent pour les magasins communaux. Il paraît qu'elle les destine aux mineurs belges qui extraient du charbon surtout pour l'étranger et aux ouvriers belges qui travaillent dans les usines séquestrées au profit de l'occupant.

Ce n'est pas d'ailleurs la seule faveur qu'on leur accorde: pour eux il y a des suppléments de pain, de sucre, de gruau d'avoine, du charbon, etc...

Mais la chose n'est-elle pas ainsi doublement pénible; et pouvons-nous ne pas protester contre le fait de placer nos concitoyens dans l'alternative ou de mourir de faim ou de travailler pour l'occupant?

Les ouvriers mineurs eux-mêmes s'élèvent contre ce régime de faveur.

Est-ce ainsi qu'il fallait lire l'avis du 22 avril 1916 réservant aux seuls Belges tous nos produits alimentaires?

Jamais les légumes n'ont été aussi chers quoique la production en ait été abondante. Ils sont inaccessibles pour les ménages ouvriers (3 frs pour un kilo d'oignons, 14 frs pour un kilo de haricots secs).

Les magasins communaux du Grand Bruxelles, par mesure de prévoyance, ont fait cultiver pour leur compte environ 1.000 hectares de terrain dans le Sud du Brabant; on leur a donné toutes les autorisations nécessaires et toutes les assurances quant à la non réquisition de ces produits, mais voici qu'on prend les bateaux destinés au transport de ces légumes.

Quant aux fruits, il en est de même; jamais ils ne furent plus abondants, jamais ils ne furent aussi chers (2 frs pour un kilo de pommes ordinaires). Si l'interdiction du transport libre avait été complétée par la réquisition au profit des magasins communaux, ceux-ci auraient pu les vendre à bas prix, ils auraient pu aussi faire exécuter pour leur compte, par les confituriers et les siropiers, les sirops de fruits qui se seraient vendus 1.50 fr. tandis qu'il faut actuellement déjà payer 4.50 frs et 5 frs le kilo.

Pour les légumes et les fruits, comme pour les autres produits, l'absence de réquisition et de régie a profité qu'aux spéculateurs et accapareurs tant Belges qu'étrangers.

Le sucre

Ce produit nous fournit un excellent exemple de ce que peut la réquisition jointe au contrôle belge.

Dès avant la guerre, la production du sucre était soumise au contrôle sévère de notre administration belge des accises et aucune quantité de sucre ne peut quitter les magasins sans qu'elle en vérifie la sortie. Aussi le sucre et le pain (débité par le Comité National) sont-ils les seuls produits indigènes dont une quantité régulière nous est garantie à des prix abordables.

Cependant c'est l'administration allemande qui décide quelles seront les quantités libérées mensuellement.

Tandis que nos populations meurent d'inanition, on se demande dans quel but l'autorité Allemande conserve dans les entrepôts une quantité énorme de sucre (46,000,000 kgs au 1er octobre) alors que nous sommes à 6 semaines de la nouvelle campagne sucrière et que la récolte des betteraves s'annonce très brillante.

Pourquoi ne pas donner aux Belges le produit de leur sol et de leur industrie, alors qu'ils manquent de tous autres aliments? (1).

Nous disons que la récolte des betteraves s'annonce brillante; il se pourrait cependant que la récolte de sucre le soit moins. En effet, tandis qu'on fixe le prix du sucre, ce qui entraîne la fixation du prix des betteraves sucrières utilisées pour cette fabrication, on oublie de prendre les mesures efficaces pour qu'aucune de ces betteraves ne soit utilisée à d'autres fins. Il est à craindre que, dès lors, certaines fabriques d'alcool résistent difficilement à la tentation d'offrir, en fraude, aux cultivateurs, pour leurs betteraves, un prix supérieur à celui que les sucriers peuvent leur donner.

La chicorée

Ce produit, si nécessaire comme boisson populaire, atteint des prix insensés et est l'objet des falsifications les plus extravagantes. C'est tout le résultat obtenu par la centrale.

* * *

Ce sont donc les bases même du système des centrales qui sont défectueuses. Nous avons cru devoir montrer les lacunes et les défauts.

Nous tenons à ajouter encore que la réglementation de certains produits du sol, à l'exclusion des autres, doit nécessairement entraîner une moindre culture des premiers, si des mesures spéciales ne sont pas prises à cet égard et si les superficies à cultiver ne sont pas imposées. Ainsi beaucoup de nos cultivateurs, au lieu de planter du blé, plantent des féveroles, du lin, des rutabagas, du tabac, produits de spéculation libre.

* * *

Tels sont les résultats de l'action des centrales alimentaires. N'est-il pas permis de dire

(1) Au moment où nous écrivons, nous recevons de la centrale des sucres une réponse à notre lettre du 28 juillet. Elle nous laisse espérer que pendant l'hiver on distribuera des quantités sérieuses de marmelades et miel artificiel. Encore restera-t-il une quantité énorme de sucre à reporter de 1917 à 1918

qu'ils sont désastreux? et que sous peine de courir aux pires cataclysmes, y compris les émeutes de la faim et du froid, il faut rééditer sur de toutes autres bases le contrôle et la direction de la production et de la répartition de nos produits indigènes. Seuls le Comité National ou les coopératives intercommunales peuvent mener à bien une tâche aussi difficile. Encore faut-il pour cela que le droit de réquisition du 4 août 1914 nous soit rendu et appliqué dans toute son étendue.

* * *

Quoique ce rapport ait surtout pour objet les produits d'alimentation, nous ne croyons pas pouvoir le terminer sans dire un mot de la question du «charbon». Car si aux affres de la faim doivent s'ajouter les souffrances du froid, que restera-t-il des promesses du 22 avril 1916?

Nous voici le 15 octobre et malgré tous nos efforts nos ménages ouvriers sont sans charbon.

Nous disons «malgré tous nos efforts»; en effet nos communes ont mis tout en œuvre pour s'approvisionner, toutes leurs propositions ont été repoussées.

Les communes étaient d'accord avec les charbonnages d'une part, avec l'union des marchands d'autre part. L'intérêt public aurait donc été entièrement sauvegardé et la population était ainsi assurée d'avoir le charbon, avec le plus de régularité et au moindre prix.

Pourquoi l'autorité allemande a-t-elle refusé d'admettre cette solution?

Nous nous refusons à ajouter la moindre foi aux bruits que colporte la rumeur publique. On affirme que ces retards et l'échec des intercommunales ne seraient dus qu'au désir d'accorder tout le service du charbon domestique à des firmes ou personnalités privées!! Ces firmes pourront-elles faire des bénéfices? où iront ces bénéfices? Les autorités belges auront-elles part au contrôle?

Est-il possible que l'on puisse songer à confier un intérêt public aussi considérable à des personnalités privées, alors que les communes elles-mêmes s'offrent à faire le service?

* * *

Excellence, il dépend de votre gouvernement que l'action des centrales et spécialement des centrales alimentaires apparaisse, devant l'histoire, comme une caractéristique désastreuse de l'occupation allemande.

C'est à vous qu'il appartient de décider s'il doit nécessairement en être ainsi.

* * *

Excellence, en vous envoyant le présent rapport, nous avons conscience d'accomplir un devoir, pénible et grave sans doute, mais auquel nous ne pouvions nous soustraire. Il ne sera pas dit que nous n'avons pas signalé le danger quand il est peut-être temps encore d'y obvier.

Rapport au 1ᵉʳ janvier 1918

RESPECT DES GARANTIES

Dans le courant du mois de décembre 1917, nous avons eu l'occasion d'intervenir, à différentes reprises, auprès des Ministres Protecteurs et de la Deutsche Vermittlungsstelle C. N., au sujet de certains manquements aux garanties.

Une des plus importantes de nos réclamations est relative aux agissements du Commissiare Civil de Dinant qui, systématiquement, depuis plusieurs mois, inflige des peines collectives à la population de son district, en privant les communes des distributions régulières de sucre, miel artificiel, confitures, etc., sous le prétexte que certains fermiers n'ont pas fourni à la Centrale les quantités de beurre réglementaires.

Ces questions sont traitées dans les mémorandums nᵒ A-2982, du 16 novembre (annexe 1), et nᵒ A-3325, du 17 décembre (annexe 2), à la Deutsche Vermittlungsstelle C. N.

La Deutsche Vermittlungsstelle C. N., nous a fait savoir, à la suite de la première de ces notes (nᵒ A-2982), qu'à son avis il n'existait, en raison de ces mesures, aucune transgression aux garanties accordées par le Gouverneur Général, et qu'en outre elle se voyait obligée de « rejeter la qualification de *arbitraire et injuste* quand elle s'applique à l'administration allemande ».

Notre seconde communication n'a pas encore reçu de réponse.

Nous annexons également au présent rapport copie des documents énumérés ci-dessous :

1ᵒ) mémorandum nᵒ A-3378, du 20 décembre, aux Ministres Protecteurs (annexe 3).

2ᵒ) mémorandum nᵒ A-3417, du 26 décembre, à la Deutsche Vermittlungsstelle C. N. (annexe 4).

3ᵒ) mémorandum nᵒ A-3429, du 27 décembre, aux Ministres Protecteurs (annexe 5).

4ᵒ) mémorandum nᵒ A-3452, du 28 décembre, à la Deutsche Vermittlungsstelle C. N. (annexe 6).

Ces documents, élaborés avec le plus grand soin, sont une conséquence naturelle du résultat des enquêtes de nos services d'inspection de provinces, corroborés et vérifiés par notre service central d'informations.

Nous saisissons cette occasion pour rendre ici hommage aux fonctionnaires dévoués qui, depuis le départ de la Commission for Relief in Belgium, ont continué à nous apporter périodiquement, en toutes saisons, les renseignements les plus précieux au prix de fatigues et de risques multiples. Ils ont contribué dans une large mesure à l'efficacité de notre action.

CENTRALES

Nous avons cru devoir adresser aux Ministres Protecteurs, le 6 décembre dernier, pour être transmise au Baron von der Lancken, une note complète sur le fonctionnement des Centrales et sur la participation des membres belges délégués à ces Centrales (annexe 7). Nous ferons connaître ultérieurement la suite qui aura été réservée par le Département Politique à cette question.

Une note sur la répartition de la graisse brute livrée par les abattoirs de la capitale a fait également l'objet d'un mémorandum aux Ministres Protecteurs (annexe 8).

CAMPAGNE DE DIFFAMATION
CONTRE LE COMITE NATIONAL

Des articles nombreux, dirigés contre le Comité National, ont paru, ces derniers temps, dans les journaux d'expression flamande et française édités sous le contrôle du gouvernement occupant.

Comme le gouvernement allemand a pris, en date du 13 novembre 1917, l'arrêté suivant :

« Un écrit dont l'impression à été
» agréée par la censure ne peut faire
» l'objet d'une procédure civile ou pé-
» nale qu'en vertu d'une autorisation du
» Chef de l'Administration civile (Ver-
» waltungschef). Toute procédure faite
» sans cette autorisation sera nulle »,

il est fort difficile, sinon impossible, de relever chacune des inexactitudes ou calomnies contenues dans ces articles.

Nous avons cru cependant devoir adresser, à la Deutsche Vermittlungsstelle C. N., des remontrances très fermes concernant la tendance de la censure, et conséquemment du gouvernement allemand, de favoriser ce genre de campagne.

Dans le Limbourg, la question a pris plus d'acuité par le fait qu'elle est intimement liée à la propagande activiste soutenue par le gouvernement d'occupation.

Un meeting public avait été annoncé pour le dimanche 23 décembre à St-Trond, par des affiches et des avis émanant de la kommandantur locale et non censurés. Nous avons heureusement obtenu, avec l'appui des Ministres Protecteurs, que ce meeting n'ait pas lieu, quoique le Département Politique eut donné son consentement préalable. Des renseignements recueillis sur place, il résulte que la manifestation était organisé par le « Raad van Vlaanderen », dans le but de critiquer le Comité National et l'Intercommunale, et de faire remplacer l'administration dè cette dernière par une administration activiste ayant l'appui du gouvernement allemand. Vous trouverez ci-joint (annexe 9) une note sur les orateurs venus de Bruxelles dans le but de haranguer la foule.

DIVERS

Parmi les réponses qui nous sont parvenues de la Deutsche Vermittlungsstelle C. N., concernant les infractions aux garanties signalées antérieurement, il y a lieu de mentionner les suivantes :

Réquisition de pommes de terre à Leest (province d'Anvers. « A la suite de cet
» incident, toutes les troupes de la région
» en question ont encore une fois été
» instruites et averties de s'abstenir

» d'achats non autorisés de vivres. Au
» surplus, un ordre à ce sujet, à toutes
» les troupes du territoire occupé, est en
» préparation ».

Réquisition d'œufs à Jurbise. «Animées
» du désir d'éviter même l'apparence
» d'une transgression des conventions,
» les autorités intéressées ont néanmoins
» ordonné que ces pratiques devaient être
» abandonnées à l'avenir ».

Achat, par la Obstzentrale, de grosses quantités de raves (voir annexes 10 et 11).

Enfin, nous avons été avisés, en date du 21 décembre dernier, que la Provinzial Ernte Kommission du Hainaut avait ordonné la restitution, au dépôt de Braine-l'Alleud, des 80 klg. de froment qui avaient été réquisitionnés par l'autorité militaire, réquisition au sujet de laquelle nous avions protesté.

APPROVISIONNEMENT DES SUJETS LUXEMBOURGEOIS

Afin de permettre à la population belge de bénéficier, dans la plus large mesure, de la récolte de pommes de terre, nous avons donné notre appui le plus complet aux démarches que le Comité de Secours Luxembourgeois avait entreprises pour faire ravitailler, par le Gouvernement Grand-Ducal, les membres de sa colonie en Belgique. Nous vous remettons ci-joint (annexe 12) le rapport que nous a adressé, en date du 18 décembre dernier, le dit Comité sur le ravitaillement des ménages luxembourgeois.

STATISTIQUES DEMOGRAPHIQUES ET SANITAIRES

Nous annexons, au présent rapport, trois diagrammes relatifs aux naissances et à la mortalité dans l'agglomération bruxelloise. Ces documents ont été dressés d'après les statistiques rédigées par le service d'hygiène de la ville de Bruxelles.

CHARBON

Dans notre rapport au 1ᵉʳ octobre, nous avons fait prévoir qu'il était à craindre que l'organisation allemande de la répartition du charbon ne réaliserait pas les buts visés et ne parviendrait pas à soulager la population. Ces présomptions n'étaient que trop fondées et nous avons le regret de constater que, dans la partie flamande du pays tout au moins, celle la plus éloignée des charbonnages, l'organisme ayant le monopole de la répartition du charbon constitue uniquement un facteur de la politique activiste encouragée par le pouvoir occupant.

Les prix qui nous ont été faits officiellement au 31 décembre 1917, par le bureau principal de la distribution du charbon pour le Grand-Bruxelles (organisme confié aux activistes), pour nos propres besoins, sont les suivants : fr. 95.85 pour les braisettes et fr. 120 pour les gailletins, camionage dans Bruxelles à notre charge.

Ils laissent entrevoir les bénéfices considérables réalisés par l'organisme distributeur, lorsque l'on pense que les charbons sont cotés fr. 52.50 à la fosse et que les frais de transport jusque Bruxelles s'élèvent à fr. 20.

L'annexe 13, relative aux ordres donnés dans le Limbourg, permet de se rendre compte que la situation faite dans les provinces flamandes est analogue à celle qui existe à Bruxelles.

TRANSPORTS

Les rigueurs de la saison, le gel et la neige, créent mille difficultés quant au ravitaillement des provinces et des territoires d'étape. La navigation sur les canaux étant presque complètement interrompue, les lignes vicinales étant démantelées par l'autorité allemande, et, d'autre part, le Comité National ne disposant que d'une minime quantité d'essence, on comprendra facilement la situation telle qu'elle se présente réellement.

Nous ne pouvons nous empêcher, vu les circonstances, de regretter que la question du tonnage n'ait pu être solutionnée en son temps. Il est à peu près certain que si l'offre de tonnage faite par le Gouvernement Hollandais, ou toute autre similaire, avait pu être acceptée, il y aurait actuellement dans le pays et dans les territoires d'étape des réserves pour une quinzaine de jours, ce qui eût été de nature à réglementer normalement les distributions de denrées exotiques, et nous n'eussions pas assisté à l'émoi qui règne actuellement dans certaines régions du fait de la désorganisation des transports.

CONCLUSIONS

Nous ne pouvons affirmer, comme nous le laissions entrevoir dans notre précédent rapport, qu'une amélioration se soit produite en ce qui concerne la façon dont l'autorité allemande respecte les engagements contractés relativement aux garanties.

Nous croyons cependant que si de meilleurs résultats n'ont pu être obtenus, jusqu'à présent, ce n'est pas tant par manque de bonne volonté de la part de l'administration supérieure allemande que par la cruelle nécessité dans laquelle se trouvent les soldats, civils militarisés et autres fonctionnaires, qui, connaissant la détresse réelle existant actuellement en Allemagne en ce qui concerne l'alimentation, cherchent par tous les moyens à pourvoir d'une façon plus complète à leur propre ravitaillement et à celui de leurs compatriotes.

En ajoutant à cela que la situation dans les étapes est particulièrement difficile en ce qui concerne le ravitaillement des armées, on peut comprendre, jusqu'à un certain point, que c'est également par nécessité que les exportations de vivres sont entreprises pour les régions des Flandres et du Nord de la France.

Ces considérations d'ordre matériel ne pouvant évidemment nullement influencer notre façon d'envisager la question du maintien et du respect des garanties, nous ne manquerons pas de continuer à signaler au Département Politique, par l'entremise des Ministres Protecteurs, et à la Deutsche Vermittlungsstelle G. N., tous les cas d'infraction et les abus qui viendraient à notre connaissance.

LES DIRECTEURS.

ANNEXE 1.

Nº A-2382. Bruxelles, le 16 novembre 1917

Memorandum
pour la Deutsche Vermittlungsstelle C. N.

Le C. H. N. signale à la V. C. N. un nouveau cas de punition collective infligée par le Commissaire civil de la région de Dinant.

La commune de Warnant est privée, pour la durée du mois de novembre de toute distribution de sucre, de confiture, de miel et de chicorée. L'autorité occupante justifie cette mesure en soutenant que la fourniture de beurre faite par cette commune à la Centrale est insuffisante.

Le C. H. N. regrette que des innocents soient frappés non seulement de la privation de beurre mais aussi d'autres denrées indispensables à leur subsistance en des temps aussi difficiles que ceux que traverse le pays. Si des éleveurs ne remplissent pas leurs obligations, il ne doit pas être malaisé à l'autorité compétente, dans une commune telle que Warnant, d'atteindre ceux qu'elle considère comme délinquants.

Le C. H. N. compte sur les sentiments bienveillants de la V. C. N. et espère qu'elle fera rapporter d'urgence une mesure qu'elle jugera certes, comme lui, arbitraire et injuste.

LES DIRECTEURS.

ANNEXE 2.

Nº A-3325. Bruxelles, le 17 décembre 1917.

Memorandum
pour la Deutsche Vermittlungsstelle

Le C. H. N. a, en ces derniers temps, insisté plusieurs fois auprès de la V. C. N. sur le préjudice causé aux populations par les mesures prises par le Commissaire civil de l'arrondissement de Dinant qui croit devoir faire pâtir la généralité des habitants d'une commune de fautes qu'il reproche à certaines individualités.

En ces temps, où les populations ont tant de difficultés à se procurer ce qui est nécessaire à leur subsistance, la V. C. N. trouvera assurément que des mesures tendant à priver des innocents de leur part de sucre, de confiture, de miel ou de chicorée qui leur revient portent atteinte à la santé publique et ne permettent pas au C.H.N. de se rendre un compte exact de l'usage fait des produits non distribués.

Depuis le mois d'avril, la suppression de la répartition de sucre a frappé les communes de Chevetogne, Schaltin, Achène, Barvaux-Condroz, Fronville, Mont-Gauthier, Wavreille, Winenne, Bièvre, Bourseigne-Neuve, Bourseigne-Vieille, Cornimont, Laforêt, Louette-St-Denis, Membre, Monzaive, Orchimont, Pessoux. Ces mesures ont eu une durée d'application variant entre un mois et cinq mois.

Le C. H. N. est intervenu à maintes reprises dans l'intérêt des populations. Il était en cela inspiré par des sentiments humanitaires qui ne seront pas étrangers à la V. C. N. mais il tient à revenir aussi sur la question de l'utilisation des stocks non répartis, d'autant plus qu'un relevé des quantités de sucre non distribuées lui permet de constater que 17,000 kilogrammes n'ont en réalité pas atteint leur destination par suite des mesures prises par M. le Commissaire civil de Dinant. La mission du C. H. N. implique le contrôle de l'emploi des produits indigènes et dans le cas présent il s'autorise à solliciter des renseignements sur l'usage qui a été fait du sucre dont les populations des villages en cause ont été privées.

LES DIRECTEURS.

ANNEXE 3.

Nº A-3378 Bruxelles, le 20 décembre 1917.
Nº A-3379.

M. le Marquis,
M. le Ministre,

Nous avons l'honneur de remettre à l'appréciation de Votre Excellence le memorandum ci-annexé, relatif au trafic à l'exportation de quelques firmes établies en Belgique et dont le commerce clandestin n'a pas encore pris fin, malgré les différentes interventions de Votre Excellence.

En présence des faits constatés, Votre Excellence voudra sans doute en référer à M. le Baron von der Lancken, comme Elle a bien voulu le faire antérieurement, dans le but de faire cesser ces abus.

Nous prions Votre Excellence de bien vouloir agréer l'expression de nos sentiments de haute considération.

LES DIRECTEURS.

A Son Excellence
  Monsieur le Marquis de Villalobar,
A Son Excellence
  Monsieur van Vollenhoven,

En date du 14 avril dernier, Leurs Excellences les Ministres Protecteurs informaient M. le Baron von der Lancken des abus signalés par la Commission for Relief in Belgium concernant le nommé Reiche, délégué de la Zentrale Einkaufgesellschaft à Anvers, incriminé d'avoir rassemblé plus de 150,000 kilogrammes de riz, d'accord avec un certain Vereycken et d'autres intermédiaires dont la liste fut donnée.

Les Ministres Protecteurs rappelaient, à cette occasion, à M. le Baron von der Lancken, la promesse qui leur avait été faite, au cours de l'année 1916, par laquelle le nommé Reiche n'était plus autorisé à s'occuper d'exportation.

Dans le même memorandum, il était mis sous les yeux de M. le Baron von der Lancken la grande activité commerciale de la société « Le Maraîchère », travaillant presque exclusivement à l'exportation, à l'initiative de ses deux principaux commettants, MM. Otto Adler et Hugo Wurzburger.

Le Comité Hispano-Néerlandais n'a pu établir, d'après les dossiers de la Commission for Relief in Belgium qui sont en sa possession, si une suite avait été réservée à la mise en lumière des abus signalés par les Ministres Protecteurs. Cependant, à différentes reprises, il a eu l'occasion de communiquer à la Deutsche Vermittlungsstelle C. N. que des irrégularités semblables se commettaient en violation des garanties accordées par S. E. le Gouverneur Général et récemment solennellement renouvelées.

M. le Baron von der Lancken, d'autre part, comme suite à certaines plaintes analogues concernant la firme Laval & Van Kriekingen, s'exprimait comme suit :

« En ce qui concerne les prétendues livrai-
» sons à l'armée allemande, l'intérêt qu'éprouve
» l'administration pour la firme ne peut être

8*

» mieux illustré que par le fait qu'elle a déjà
» pris vers le 10 août, de sa propre initiative,
» la décision de fermer les magasins de Laval-
» Van Kriekingen pour cause d'accaparement. »

Si le Comité Hispano-Néerlandais croit
devoir, une fois de plus, s'en référer aux
Ministres Protecteurs, c'est en raison des
nouvelles constatations qu'il vient de faire :

Les personnes dont il est question plus haut,
qui ont tant de fois fait l'objet des réclamations des Ministres Protecteurs, à l'intervention de la Commission for Relief in Belgium
et du Comité Hispano-Néerlandais, semblent
continuer, en dépit de tous les ordres et de
toutes les instructions du pouvoir supérieur,
leur commerce à l'exportation.

Il est venu en effet à la connaissance du
Comité Hispano-Néerlandais que M. Prosper
Van Kriekingen, de la firme Laval & Van
Kriekingen, 27, rue du Jardin Botanique, à
Bruxelles, MM. Otto Adler et Hugo Wurzburger, de la société « La Maraîchère », M. Gustave Reiche, de la maison Reiche & Cie
d'Anvers, s'entendent en vue de l'exportation
pour l'achat et la vente de produits du sol
belge, tels que haricots, pois, féveroles, etc.

Le Comité Hispano-Néerlandais n'ignore pas
que la raison sociale de « La Maraîchère » est,
en réalité : « Zentrale Buro fur Nationale
vereinigung fur Kriegsfürsorge an der West-
front », et que cette société a pour objet la
vente en Allemagne des produits de la ferme
et des éleveurs qu'elle commandite, et l'envoi
au front de quantités considérables de légumes, de céréales et de porcs en salaison.

En rapprochant les agissements de cette
firme de sa collaboration avec deux autres
sociétés (Reiche et Laval & Van Kriekingen),
notoirement connues comme trafiquant en
marge des arrêtés de S. E. le Gouverneur
Général, le Comité Hispano-Néerlandais constate, une fois de plus que, malgré le bon
vouloir des autorités supérieures, les abus les
plus flagrants persistent de la part de ceux-là
même qui ont été tant de fois signalés à
l'attention du pouvoir supérieur.

20 décembre 1917.

ANNEXE 4.

Nº A-3417.   Bruxelles, le 26 décembre 1917.

Memorandum
pour la Deutsche Vermittlungsstelle C. N.

Le C. H. N. a eu l'honneur de signaler à
différentes reprises à Monsieur le Docteur
Rieth les nombreuses infractions aux garanties
commises par des organismes du genre de
« La Maraîchère » de la firme Otto Adler et
Hugo Wurzburger, de la firme Reiche d'Anvers,
etc.

Dans ses réponses la V. C. N. semble ne pas
être convaincue du trafic auquel se livrent
ces organismes, c'est pourquoi le C. H. N. tient
à en rappeler les rétroactes :

Il résulte de l'examen des dossiers de la
C. R. B. qui sont entre les mains du C. H. N.
que dès la fin de l'année 1915 il a été établi
qu'un grand trafic de riz, de maïs, d'idéaline,
de céréaline, de pois, etc., se faisait à Anvers
où l'afflux de ces produits trouvait sa justification dans le fait que le nommé Reiche, agent
de la Commission d'Achat du Gouvernement
Allemand en Belgique raflait tout ce qu'il
pouvait y trouver.

Sa mission était singulièrement facilitée
grâce à la complicité de certains individus
cupides et sans moralité pullulant en bourse

de Bruxelles, de Mons, de Liège, où ils offraient
en vente des produits qui finissaient toujours
par être vendus à des agents de Reiche.

A la suite de protestations suscitées par ces
agissements les Ministres Protecteurs reçurent
l'assurance de Mr le Baron von der Lancken
que Reiche n'était plus autorisé à s'occuper
d'exportation à partir du 10 février 1916.
Monsieur le Docteur Rieth se souviendra
certainement que les Ministres Protecteurs
protestèrent à nouveau en avril 1917 au sujet
de Reiche qui avait rassemblé plus de
150,000 klg. de riz, importé pour compte de
la Zentrale Einkaufsgesellschaft.

Les Ministres Protecteurs s'étonnaient avec
raison que la firme Reiche puisse encore
s'occuper quasi officiellement de commerce
d'exportation après les promesses faites.

L'établissement de ces rétroactes est nécessaire pour faire comprendre à Monsieur le
Docteur Rieth toutes les présomptions qui
pèsent sur la firme Reiche quant au trafic
auquel elle se livre.

Le C. H. N. n'est pas en mesure de fournir
à la V. C. N. d'autres renseignements que ceux
d'ordre général qu'il a l'habitude de lui faire
parvenir. Le C. H. N. estime dans ces conditions
que c'est à la V. C. N. de continuer ses
enquêtes. Par sa réponse du 8 décembre
C. 521 la V. C. N. prétend que la firme Reiche
n'a pas acheté 100,000 klg. de pois. Le C. H. N.
n'hésite pas à conclure que le nommé Reiche
a agi ici de subterfuge, et que se sachant
surveillé, il emploie des moyens dilatoires
pour donner le change à l'opinion qu'on peut
avoir de ses entreprises commerciales.

Le C. H. N. connaît une organisation très
semblable à un syndicat commercial d'achat
et de vente qui est constituée par les nommés
Reiche, Otto Adler et Hugo Wurzburger, Laval
et Van Krickingen et d'autres encore.

Cette association a pour but d'achat et
l'exportation de produits belges.

Il va de soi qu'elle agit avec la plus grande
prudence pour ne pas éveiller l'attention. C'est
ainsi que sous l'adresse « Warichair Bruxelles,
la Société La Maraîchère se fait adresser de
Liège, les marchandises suivantes, dans le but
de les réexpédier vers le front :

3 novembre 1917 : 2 wagons de lard, chargés
    à l'entrepôt de la douane, rue Paradis à
    Liège.
6 novembre 1917 : 2 wagons de lard, chargés
    à la gare de Liège-Longdoz.
8 novembre 1917 : 1 wagon de lard, chargé
    à l'entrepôt, rue Paradis à Liège.
10 novembre 1917 : 2 wagons de lard, chargés
    à la gare de Liège-Longdoz.
12 novembre 1917 : 2 wagons de lard, chargés
    à l'entrepôt de la rue Paradis à Liège.
17 novembre 1917 : 4 wagons de lard, chargés
    à l'entrepôt de la rue Paradis à Liège.
19 novembre 1917 : 2 wagons de lard, chargés
    à l'entrepôt de la douane à Liège.
26 novembre 1917 : 2 wagons de lard, chargés
    à l'entrepôt de la douane à Liège.
1er décembre 1917 : 3 wagons de lard, chargés
    à la gare de Liège-Longdoz.
8 décembre 1917 : 3 wagons de lard et jambons,
    chargés à la gare de Longdoz.

Les nombreux rapports que le C. H. N. a
adressé à la V. C. N. concernant Otto Adler,
les cultures, les plantations et exportations de
la Maraîchère ; le commerce de la firme Laval
et Van Krickingen lui permettent de conclure
qu'il a attiré suffisamment l'attention de la
Deutsche Vermittlungsstelle sur la situation
et que c'est à cette dernière à agir pour faire
observer les garanties accordées par S. E.
Monsieur le Gouverneur Général.

LES DIRECTEURS.

ANNEXE 5.

Nº A-3429. Bruxelles, le 27 décembre 1917.
Nº A-3430.

Monsieur le Marquis,
Monsieur le Ministre,

En remettant à Votre Excellence le mémorandum ci-joint, je me permets d'attirer Son attention sur la gravité des faits qui y sont relatés, et, qui ne manqueraient pas de causer la plus vive émotion chez les Puissances Alliées s'ils venaient à leur connaissance.

Je m'autorise, dans ces conditions, à suggérer à Votre Excellence d'obtenir de M. le Baron von der Lancken que le document ci-annexé soit transmis à Son Excellence le Gouverneur Général.

Je prie Votre Excellence de vouloir bien agréer l'expression de mes sentiments de haute considération.

LE DIRECTEUR,

A Son Excellence Monsieur le Marquis de Villalobar.
A Son Excellence Monsieur van Vollenhoven.

Memorandum
pour Messieurs les Ministres Protecteurs

Le Comité Hispano-Néerlandais a eu l'occasion de signaler à Leurs Excellences Messieurs les Ministres Protecteurs combien il y avait lieu de se réjouir des nouvelles assurances données par Son Excellence M. le Gouverneur Général, concernant le respect des garanties accordées par feu le Général von Bissing, et combien serait vraisemblablement facilitée, de ce fait, la tâche du Comité Hispano-Néerlandais eu égard aux nouvelles mesures et dispositions prises par le pouvoir supérieur vis-à-vis des troupes d'occupation et des administrations pour faire respecter les instructions de Son Excellence M. le Gouverneur Général.

Si, dans certains domaines, le Comité Hispano-Néerlandais a immédiatement pu constater une amélioration de l'ancien état de chose, dans d'autres, cependant, il ne semble pas que les nouvelles dispositions prises par le pouvoir supérieur aient déjà fait sentir leurs effets.

Tel est le cas pour les exportations de bétail vers le front de l'Ouest.

La Deutsche Vermittlungsstelle C. N. a récemment contesté les renseignements fournis par le Comité Hispano-Néerlandais au sujet de ces exportations de bétail.

Les renseignements précis reçus à ce sujet par le Comité Hispano-Néerlandais ne laissent pourtant subsister aucun doute :

Depuis plusieurs semaines, l'autorité allemande reçoit à Anvers énormément de bestiaux qui sont concentrés dans les hangars des quais numéros 9 a et b.

Ces hangars sont très vastes. Ils sont transformés en étables et peuvent contenir mille têtes de bétail. Personne, pas même le personnel des quais, n'a accès dans ces étables. Seuls, les employés et ouvriers de la Oelzentrale peuvent y pénétrer.

Un grand nombre de bêtes s'y trouvent en permanence. De là elles sont dirigées dans la région des étapes. Des porcs et des moutons sont installés dans les locaux qui servaient de bureaux à la société de navigation concessionnaire des quais, dont il s'agit.

Le jeudi 20 courant, dans la matinée, l'on procédait au déchargement d'une dizaine de wagons de bestiaux venant de Tongres via Hasselt.

Du côté opposé au quai de déchargement se trouvait garée une rame de 12 wagons encore chargés de bétail et venant de la même station d'origine. Ces wagons portaient les numéros 31876, 15336, 13333, 12062, 16056, 32006, 7860, 15099, 13822, 7199, 19379 et 100738 (?) E. B.

D'autre part, six wagons vides ayant contenu du bétail, venant de Libramont, et portant les numéros 13822, 11128, 34477, 14075, 7443, 18861, stationnaient sur une voie de garage un peu plus loin. Il est à supposer qu'ils avaient été déchargés soit la veille, soit le jour même de grand matin.

D'après les déclarations de personnes bien placées pour être au courant, le premier arrivage de bétail aux hangars nº 9 venait d'Esschen, c'est-à-dire de la zone frontière.

Des trains entiers arrivent pour ainsi dire journellement aux hangars de tous les coins de la Belgique.

On a pu observer que les 10 et 15 courant, notamment, il est arrivé successivement 150 et 125 têtes de bétail de Liège, adressées à Portecarrero à Borgerhout.

En dehors des arrivages par chemin de fer par la voie du raccordement des quais à la gare du Sud, on a constaté également que des troupeaux étaient amenés à pied dans les étables en question.

Le réceptionnaire du bétail est un certain Meyer, habitant rue Jordaens, nº 76, à Anvers. C'est un feldwebel de l'armée allemande. Pendant tout un temps, il a opéré en uniforme. Actuellement, il ne se livre à ses occupations qu'en habits civils. Le Comité Hispano-Néerlandais a déjà eu l'occasion de le signaler à l'attention de la Deutsche Vermittlungsstelle C. N., comme opérant dans la zone frontière, à Fouron-le-Comte, pour le compte de la Oelzentrale.

Le maître des étables s'appelle Zimmermann.

Les principaux fournisseurs sont Portecarrero, rue Elliarts, à Anvers, et ses trois fils.

Après avoir été déchargé dans les étables, le bétail y séjourne pendant un certain temps, puis il est expédié, par troupeaux de plusieurs centaines de têtes à la fois, par chemin de fer vers le front Ouest.

Ainsi, l'on a pu constater que le 18 décembre courant il a été expédié, au départ du quai nº 9, 300 bêtes en destination du Nord de la France et des Flandres. Ce transport a été convoyé par des soldats allemands.

Des témoins reconnaissent que, de temps à autre, de minimes quantités de bêtes — 2 ou 3 à la fois — sont conduites par les rues de la ville à la boucherie militaire.

Toutes les opérations se font sous le couvert de la Oelzentrale.

En résumé, les constatations faites à Anvers confirment entièrement les présomptions du Comité Hispano-Néerlandais à propos des embarquements de bétail signalés à Liège, Ans, Aywaille, Stavelot, Louvain, Tongres, etc., etc., à destination d'Anvers.

Le Comité Hispano-Néerlandais trouve dans ce qui précède la preuve de l'existence à Anvers d'une organisation officielle ou officieuse, ignorée ou simplement tolérée par l'administration supérieure, mais de nature à faire douter de l'efficacité des mesures prises récemment par l'autorité supérieure dans le but de faire respecter les nouvelles assurances données par Son Excellence M. le Gouverneur Général.

Ces assurances mêmes, dans les conditions actuelles, peuvent paraître absolument illusoires et c'est ce qui a amené le Comité Hispano-Néerlandais à soumettre la question à la bienveillante attention des Ministres Protecteurs.

27 décembre 1917.

ANNEXE 6.

N° A-3452.   Bruxelles, le 28 décembre 1917

Memorandum
pour la Deutsche Vermittlungsstelle C. N.

Comme suite aux explications fournies par la V. C. N. dans sa lettre C. 600 du 8 courant, concernant l'annonce insérée dans les journaux par la Oelzentrale, le C. H. N. constate que l'annonce en question avait pour objet d'acheter les vivres nécessaires à l'alimentation des fonctionnaires.

Il ne doit pas être perdu de vue que S. E. Monsieur le Gouverneur Général, dans une lettre du 14 avril 1916, adressée aux Ministres Protecteurs, a renoncé à alimenter l'armée d'occupation au moyen de provisions belges et a déclaré qu'il donnerait l'ordre, en conséquences, de ne plus ni réquisitionner, ni acheter par libres transactions des vivres dans le territoire occupé de la Belgique ; que la seule restriction apportée à cette garantie a été que les Ministres Protecteurs ne considéreraient pas des « achats occasionnels » de vivres faits « individuellement » par des personnes appartenant à l'armée comme étant contraires à cet engagement, pour autant, d'ailleurs, que ces achats ne fussent aucunement systématiques et effectués pour compte de l'Intendance militaire.

Cette garantie (qui a été donnée à la suite de démarches que les Ministres Protecteurs ont faites auprès de S. E. le Baron von der Lancken sous la menace du Gouvernement Britannique de ne plus importer de vivres en Belgique si les produits indigènes continuaient à être réquisitionnés ou achetés par les autorités allemandes) comporte dans son esprit l'engagement de réserver à la population civile belge les produits indigènes.

Il est donc hors de conteste que des achats par libre transaction ne peuvent être faits, sans violation de la garantie dont il s'agit, pas plus par la Oelzentrale que par l'Intendance militaire, et pas plus pour les fonctionnaires, d'ailleurs militarisés, de l'armée faisant partie de celle-ci.

LES DIRECTEURS.

ANNEXE 7.

N° C-3181.   Bruxelles, le 6 décembre 1917.
N° C-3182.

Monsieur le Marquis,
Monsieur le Ministre,

Votre Excellence a bien voulu nous faire parvenir copie de la lettre n° V. 3888, du 22 août dernier, de M. le Baron von der Lancken, relative à la collaboration des conseillers belges aux travaux des Centrales.

Comme suite à cette communication, nous avons l'honneur de soumettre à Votre Excellence un memorandum exposant, dans des notes annexées, les appréciations du Comité Hispano-Néerlandais et des membres belges des Centrales sur le même objet.

Nous prions Votre Excellence de vouloir agréer l'assurance de notre haute considération.

LES DIRECTEURS.

A Son Excellence Monsieur le Marquis de Villalobar.
A Son Excellence Monsieur van Vollenhoven.

Memorandum sur la collaboration des conseillers belges aux travaux des Centrales

Par sa lettre n° V. 3888, du 22 août dernier, Son Excellence le Baron von der Lancken, se référant aux conférences qu'il a eues avec les Directeurs des différentes Centrales, expose à Leurs Excellences les Ministres Protecteurs les résultats obtenus dans ces organismes par la collaboration des membres belges, et il conclut comme suit :

« L'exposé du travail des Centrales me paraît bien démontrer et la sphère considérable d'influence accordée dans ces institutions aux membres belges, et la part de l'activité prise par ces Messieurs dans la direction des affaires. Renseignés régulièrement par les communications des Directeurs et par les rapports réguliers, ayant en plus des documents relatifs aux opérations des Centrales à portée de leur main, ces Messieurs doivent être à même de se rendre compte de la manière consciencieuse dont les travaux de celles-ci sont dirigés, travaux effectués exclusivement dans l'intérêt et au bénéfice de la population civile en Belgique. »

Les Ministres Protecteurs sont heureux de constater que les Directeurs des différentes Centrales sont d'avis que les membres belges qui en font partie doivent être à même de se rendre compte, par les indications qu'on leur fournit, de la manière dont les travaux de celles-ci sont dirigés.

Toutefois, les Ministres Protecteurs se voient bien obligés de signaler à Son Excellence le Baron von der Lancken que, dans la réalité, ces membres belges ne se trouvent pas dans la situation dont le Département Politique et les Directeurs des Centrales reconnaissent la nécessité. En effet, les membres belges des Centrales se plaignent de ne pouvoir accomplir leur mission comme l'exigerait la responsabilité qu'ils ont assumée en acceptant de participer aux opérations de ces organismes et comme le comprennent Son Excellence le Baron von der Lancken et les Directeurs des Centrales eux-mêmes.

C'est ce qui résulte des notes ci-annexées, qui émanent tant du Comité Hispano-Néerlandais que des conseillers belges des Centrales allemandes.

Ainsi, à la demande des conseillers belges de la Centrale des Huiles, une mesure avait été ajournée, d'accord avec les membres allemands, pour permettre aux conseillers belges de se documenter ; cependant, cette mesure a été rendue définitive sans que les délégués belges eussent été consultés et avant qu'ils eussent pu émettre un avis.

D'autre fois, ce sont des questions dont ils avaient demandé l'examen qui ont été systématiquement écartées de la discussion, ou bien des renseignements qu'ils demandaient qui ne leur étaient pas fournis.

6 décembre 1917.

Notes annexées au mémorandum
du 6 décembre 1917 sur la collaboration des
conseillers belges aux travaux des Centrales

Conseil de la Centrale des Huiles

1° GRAISSE. — La saisie de la graisse des rognons, ajournée par le conseil pour permettre aux membres belges de recueillir les vues et les opinions des milieux qu'ils représentaient, a été décrétée avant que la séance suivante eut eu lieu, et par conséquent, avant que le conseil eut donné son avis.

L'application de l'arrêté fut, il est vrai, retardée, mais il est évident que si l'influence des représentants belges avait été moins illusoire, cet arrêté lui-même aurait été ajourné, sinon définitivement écarté.

Les conseillers belges ont demandé, le 15 avril 1916, que la répartition de la graisse fût confiée aux magasins communaux. Cette demande, qui devait être discutée dans la séance suivante, ne l'a pas été jusqu'à ce jour.

En fait de documentation, les conseillers ont reçu deux rapports de la Centrale, relatifs l'un au premier semestre 1916, l'autre au premier semestre 1917. A chacun de ces rapports était annexé un tableau donnant d'une part, par province et par mois, la quantité totale des graisses saisies, d'autre part, globalement et par mois, la quantité de graisse alimentaire délivrée, répartie en 5 postes de consommation, savoir : 1° communes et établissements non désignés aux autres postes ; 2° restaurants ; 3° Croix-Rouge ; 4° fabrique de margarine Vandenberghe ; 5° Casinos et foyers pour soldats.

Ils ont demandé un relevé spécifique et détaillé des entrées et des sorties ; ils ne l'ont pas obtenu. On s'est borné à pratiquer en séance deux coups de sonde dans les registres de la Centrale. Pour le surplus, s'ils désirent des précisions sur un point particulier, ils doivent s'adresser par écrit à la Centrale pour pouvoir consulter les listes dans ses bureaux.

La Centrale fournit de la graisse alimentaire à certaines communes et en refuse à d'autres, notamment à l'agglomération bruxelloise, qui réclame depuis plus d'un an la quantité correspondant aux 4 ou 500.000 kgs de graisse brute saisie dans ses abattoirs, et n'a rien reçu jusqu'à présent, sauf 650 kgs. restitués à l'administration des Hospices en octobre dernier.

Les conseillers ignorent les motifs qui dictent le choix des communes bénéficiaires et ils ne sauraient certifier que les quantités de graisse qu'elles reçoivent ont été fixées d'une façon équitable et que la répartition en est faite conformément à l'esprit des conventions.

Il en est de même des quantités remises à la Croix-Rouge, aux restaurants et à la fabrique de margarine Vandenberghe, qui absorbent plus de 50 % de la production de la Centrale.

2° BEURRE. — La Centrale des Huiles s'occupe du beurre en qualité d'autorité de contrôle, le pouvoir exécutif étant exercé par le commissaire d'Etat.

D'après les règlements allemands, toute l'activité relative au beurre devrait se trouver entre les mains de l'organisme belge dénommé « Concentration », lequel a été formé, avec l'approbation du commissaire d'Etat, entre les représentants des producteurs, des marchands et des consommateurs. Mais il est loin d'en être ainsi. L'activité de la « Concentration », est énervée et souvent annihilée par le fait que les autorités civiles et militaires ne lui permettent pas d'opérer dans le territoire de leur ressort, procèdent à des réquisitions arbitraires et illégales, n'interdisent pas les achats individuels non occasionnels, et ne restituent pas à la population le beurre confisqué, par exemple en cas de transport non autorisé.

Leurs Excellences les Ministres Protecteurs ont eu l'occasion de signaler au Baron von der Lancken de nombreux faits de l'espèce, et le Comité Hispano-Néerlandais en a également signalé à la Deutsche Vermittlungsstelle C. N.

Il va de soi qu'étant donné cette situation, le rôle du conseil est complètement nul en ce qui concerne les beurres.

La documentation se borne d'ailleurs aux deux rapports relatifs au premier semestre 1916 et au premier semestre 1917, absolument insuffisants pour se rendre compte de l'observation plus ou moins complète des conventions.

Conseil de la Centrale des Sucres

Ce conseil a été réuni en séance plénière une fois le 8 novembre 1916 et une seconde fois le 8 novembre 1917, c'est-à-dire à un an d'intervalle.

En dehors de ces deux réunions, certains conseillers n'ont eu aucun rapport avec la Centrale ; les autres n'ont été consultés que sur des questions intéressant leurs spécialités productives ou commerciales, telles que fixation des prix, livraison des matières premières, transport, etc.

A la réunion plénière de novembre 1916, les conseillers belges ont proposé, en la justifiant, une augmentation de la ration. Cette proposition a été écartée. A raison de la dénutrition de plus en plus marquée de la population et de l'accroissement du chiffre de la mortalité, les conseillers belges ont demandé, à plusieurs reprises, la convocation d'une séance où ils pourraient renouveler leur proposition. Ils ont attendu un an avant d'obtenir satisfaction.

Dans l'intervalle, M. le Baron von der Lancken a tenté de justifier la Centrale auprès des Ministres Protecteurs, en déclarant que la ration jusqu'alors attribuée (600 grammes par tête et par mois et 200 grammes supplémentaires pendant les mois de juillet et septembre) était plus que suffisante, puisque certaines villes avaient pu constituer des stocks.

Leurs Excellences les Ministres Protecteurs n'admettront pas cette justification. La ration, inférieure à la consommation du temps de paix, est d'autant plus insuffisante que la population est plus affaiblie et qu'il existe dans le pays des réserves énormes de sucre qui doivent, suivant les conventions, servir exclusivement à l'alimentation belge.

Quant aux stocks, il est impossible qu'il ne s'en constitue pas dans les grandes agglomérations, puisque la libération d'un mois, par exemple 600 tonnes pour Bruxelles, entre dans les magasins avant que la libération précédente ne soit complètement distribuée. D'autre part, des réserves peuvent provenir du fait que certaines personnes s'abstiennent, par manque de ressources et non par absence de besoin, de prendre leurs rations.

Ce n'est que tout récemment, dans la séance du 8 novembre écoulée, que, sur la demande d conseillers belges, le président du conseil a annoncé qu'il serait réparti un supplément de sucre sous forme de miel artificiel, sirop ou confiture.

A part cette communication, les membres belges n'ont jamais reçu d'information concernant les destinations données au miel, au sirop et à la confiture, la répartition de ces fabricats étant confiée aux Commissaires civils.

Ils ne connaissent pas davantage l'importance et les destinations des libérations de sucre, celles-ci étant actuellement envoyées aux Commissaires civils, alors que, précédemment, celles qui étaient destinées aux communes étaient adressées aux administrations communales. Ils ignorent même si la totalité du sucre libéré est bien livrée à la consommation de la population belge et si la répartition en est faite équitablement entre tous les habitants.

Seul, le conseiller délégué du Ministre des Finances a reçu, jusqu'en ces derniers temps, en raison de fonctions ministérielles qu'il exerce en dehors de la Centrale, copie des libérations destinées aux communes et aux fabriques de miel, sirop et confiture. Mais, récemment, l'administration civile lui a fait savoir que, vu la pénurie de papier, le Ministère des Finances ne recevrait plus ces copies.

Un autre conseiller, désigné précédemment pour recevoir et distribuer le sucre libéré en faveur de l'arrondissement d'Anvers, et pour présider un bureau provincial créé en vue de la répartition du miel, du sirop et des confitures, bureau supprimé depuis, recevait le relevé des libérations intéressant ces services. Mais dès la première répartition faite par le Commissaire civil, il dut signaler que 5000 kilg avaient été retenus sur la part revenant à Anvers. Il se vit refuser, depuis lors, malgré ses protestations auprès de la Centrale et de l'administration civile, tous renseignements sur les libérations.

En résumé, la Centrale ne communique aucun renseignement aux conseillers, pas même un compte-rendu des séances.

Ces quelques traits montrent bien qu'au lieu d'une extension, les attributions des membres de ce conseil ont subi une diminution. Aussi l'un de ceux-ci, estimant qu'il se trouve dans l'impossibilité de remplir son mandat, vient-il de donner sa démission.

Un autre écrivait, le 24 septembre dernier : « J'ai l'impression qu'en ce qui me concerne, » le rôle de la Centrale des Sucres est de pure » forme et j'envisage, dans le cas où mes » efforts n'aboutiraient pas à des résultats » tangibles, l'éventualité de me désister de » fonctions qui, jusqu'à présent, sont restées » illusoires, et à me retirer d'une combinaison » me paraissant avoir pour unique but de » faire couvrir par des Belges les opérations » de la Centrale ».

Conseil de la Centrale des Pommes de Terre

Ce conseil n'a été réuni que trois fois depuis sa création et les membres ne purent y exercer aucune influence dans le sens de l'observation des conventions, ni s'y documenter en vue des vérifications nécessaires.

Dès la première réunion, le 12 novembre 1916, ils ont cherché à faire majorer la ration.

Cette tentative n'a pas eu de succès. Non seulement la ration a été maintenue à 250 grammes, soit 300 grammes pour les villes et 200 grammes pour les petites localités, mais les villes n'ont pas reçu la ration de 300 grammes qui leur avait été attribuée. Ainsi, pendant les mois de juin à novembre, la population de l'agglomération bruxelloise n'a reçu que 195 grammes en moyenne par tête et par jour ; la ration d'octobre n'a été que de 150 grammes et celle de novembre de 60 grammes. Plusieurs communes de l'agglomération bruxelloise, dont Bruxelles-ville, n'ont rien reçu en février ni en mars. Liége, Seraing et Huy n'ont rien reçu en mars ni en avril.

Depuis le 20 janvier, le conseil n'a plus été réuni. Il se peut qu'en dehors des séances les membres belges aient été consultés isolément. Mais ces entretiens n'ont porté que sur des points de réglementation et d'organisation étrangers à l'observation des garanties, ou sur des irrégularités dans les livraisons.

Des réunions plénières devaient avoir lieu mensuellement à partir de l'automne, dès que la préparation de la nouvelle récolte exigerait des mesures spéciales. A notre connaissance, aucune de ces réunions n'a eu lieu et la répartition se fait sur la base de 190 grammes par tête et par jour, alors que, d'après l'évaluation de la production, cette ration pourrait atteindre plus du double.

M. le Baron von der Lancken veut bien voir un témoignage de la collaboration des Belges dans le fait que les bureaux d'expédition se composent exclusivement de Belges et que les expéditeurs sont Belges. Il est superflu de faire remarquer que ce personnel, travaillant pour l'occupant et tirant de lui ses moyens d'existence, n'est pas qualifié pour collaborer à l'œuvre des conseils.

M. le Baron von der Lancken fait valoir aussi que les hommes de confiance des magasins communaux de Bruxelles et de Mons ont reçu, pour la durée de la récolte, l'autorisation de contrôler régulièrement les expéditions. Ce service n'a fonctionné que pendant trois semaines, tout au moins pour Bruxelles, puis il a été supprimé par l'occupant et les magasins communaux n'ont plus aucun contrôle sur les expéditions.

Les conseillers ont fait une visite dans les bureaux de la Centrale et ils ont reçu un rapport succinct sur l'activité de celle-ci jusqu'au 11 août dernier et un relevé des quantités expédiées aux régions consommatrices en septembre, octobre et novembre 1916.

Or, à part un chiffre global représentant la quantité saisie pour la période du 15 septembre 1916 au 16 juin 1917, chiffre établi sans aucune collaboration ni vérification des membres belges, cette documentation sommaire a trait exclusivement à la répartition, entre les régions consommatrices, des quantités que la Centrale a affectées à ces régions. Elle ne permet pas de savoir si ces quantités correspondent au total de ce que les communes ont livré à la Centrale. Pour être renseigné sur ce dernier point, il faudrait avoir le relevé complet et journalier de toutes les expéditions faites par les diverses régions productrices.

C'est ce que les conseillers belges ont demandé à plusieurs reprises sans pouvoir l'obtenir.

D'ailleurs, des quantités très importantes de pommes de terre sont remises aux Commissaires civils à l'insu des conseillers et sans que ceux-ci puissent en connaître l'affectation.

Centrale des Fruits et Légumes

Il n'y a pas de conseil annexé à cette Centrale. Il ne peut donc être question ici ni d'activité ni de collaboration d'éléments belges.

M. le Baron von der Lancken fait état de la suppression de l'arrêté concernant les permis de transport pour les légumes. Cette suppression, réalisée fort tardivement, avait été réclamée avec instance par le Comité Hispano-Néerlandais, qui voyait avec raison dans l'arrêté susvisé un moyen de créer des excédents fictifs de produits indigènes.

ANNEXE 8.

N° C-3340. Bruxelles, le 18 décembre 1917;
N° C-3341.

Monsieur le Marquis,
Monsieur le Ministre,

Nous avons l'honneur de soumettre à Votre Excellence le memorandum ci-joint, concernant la répartition des graisses alimentaires provenant de la graisse brute livrée par les abattoirs de l'Agglomération Bruxelloise.

Les renseignements qui en font l'objet, font suite à la lettre n° V. 3804 du 20 août dernier, de Son Excellence M. le Baron von der Lancken.

Nous prions, Votre Excellence de vouloir bien agréer l'expression de notre haute considération.

LES DIRECTEURS.

A Son Excellence Monsieur le Marquis de Villalobar.
A Son Excellence Monsieur van Vollenhoven.

Memorandum concernant la répartition des graisses alimentaires, provenant des abattoirs de l'Agglomération Bruxelloise

Depuis la mise en vigueur de l'arrêté du 9 décembre 1915, concernant l'utilisation des graisses brutes, jusqu'à la date actuelle, les abattoirs de l'Agglomération Bruxelloise ont livré à la Centrale des Huiles environ 600,000 klg. de graisse brute qui ont dû donner, après fusion, 330,000 klg. de graisse alimentaire.

La Société Coopérative « Les Magasins Communaux de l'Agglomération Bruxelloise », chargée d'assurer l'alimentation, demande, depuis plus d'un an déjà, que cette graisse alimentaire lui soit restituée pour être répartie, par ses soins, à la population.

La Société Coopérative appuie ses demandes, plusieurs fois réitérées, sur les termes mêmes des déclarations faites, par le chef et le sous-chef de la Centrale des Huiles, dans les séances des 19 janvier et 17 juillet derniers du conseil annexé à cette Centrale, déclarations suivant lesquelles la graisse alimentaire doit être, en tout premier lieu, délivrée aux communes, sur demande de celles-ci, en quantité équivalente au rendement de la graisse brute qu'elles ont fournie.

Néanmoins, la Centrale des Huiles n'a donné, jusqu'à présent, aucune suite à ces demandes, car on ne pourrait considérer comme telle le fait que deux livraisons, comportant ensemble 1.000 klg., ont été restituées à l'administration des hospices, cette quantité étant négligeable en présence de celles qui ont été saisies dans les abattoirs.

Les membres belges du conseil annexé à la Centrale des Huiles ignorent le motif de cette exclusion. Ils estiment d'ailleurs que cette fin de non-recevoir, contraire aux déclarations de la Centrale et à l'avis unanime des membres belges et allemands du conseil, rend inutile le travail du dit conseil, et qu'il serait dès lors préférable de supprimer celui-ci.

Son Excellence Monsieur le Baron von der Lancken, dans sa lettre du 20 août, adressée à Leurs Excellences les Ministres Protecteurs, exprime, à l'appui de la décision de la Centrale, l'opinion ci-après : « La quantité » entière de graisse disponible étant répartie » de jour en jour parmi différentes communes, » sa répartition à Bruxelles ne pourrait avoir » lieu qu'au détriment de ces communes qui » verraient diminuer les quantités qu'elles ont » l'habitude de recevoir. On a semblé à la » Centrale, et j'incline à partager cet avis, que » mieux vaudrait encore de maintenir le statu

» quo, la ville de Bruxelles étant relativement » mieux placée que d'autres centres en ce qui » concerne le ravitaillement et ses habitants » éprouvant moins de difficultés à se procurer » la graisse ou le beurre nécessaire ».

Les personnalités belges qui connaissent la situation du pays ne partagent pas cette opinion. Elles estiment, comme les conseillers belges de la Centrale et le Comité Hispano-Néerlandais, que la population ouvrière de Bruxelles est loin d'être mieux lotie que celle d'autres centres. Presque toutes les usines, tous les ateliers, tous les commerces y sont arrêtés; les prix des denrées de première nécessité y sont plus élevés que partout ailleurs ; la dénutrition s'accentue chaque jour ; la mortalité par tuberculose a plus que doublé.

D'autre part, les conseillers belges de la Centrale ignorent quels ont les bénéficiaires des énormes quantités de graisse alimentaire provenant du suif livré par l'Agglomération Bruxelloise, et quels sont les motifs qui en ont dicté le choix.

Mais quels que soient ces bénéficiaires, communes, cantines d'exploitations industrielles, établissements de la Croix-Rouge ou autres, il est certain qu'ils ont obtenu des rations supplémentaires pour leur personnel, au détriment de la population de l'Agglomération Bruxelloise.

Ce fait est contraire à la répartition équitable que feu le Gouverneur Général von Bissing, dans son avis du 22 avril 1916, déclarait être le but principal des mesures prises ou à prendre en matière d'affectation de produits alimentaires indigènes.

En outre, il constituerait une violation des garanties si les bénéficiaires étaient des ouvriers, même belges, qui serviraient les intérêts militaires allemands en renforçant, dans les usines, ateliers, charbonnages, etc., l'effectif de l'armée d'occupation, et feraient ainsi, en quelque sorte, partie intégrante de celle-ci.

La Société Coopérative des Magasins Communaux a introduit, le 8 courant, une nouvelle demande auprès du Commissaire civil, en vue d'obtenir que la graisse brute saisie dans les abattoirs de l'Agglomération, lui soit rétrocédée sous forme de graisse alimentaire.

A raison des considérations qui précèdent, Leurs Excellences les Ministres Protecteurs, jugeront sans doute opportun de prier Son Excellence Monsieur le Baron von der Lancken de bien vouloir s'employer à faire donner une suite favorable à cette demande.

LES DIRECTEURS.

18 décembre 1917.

ANNEXE 8.

Enquête faite à St-Trond, le dimanche 30 décembre

Il résulte des renseignements obtenus que les nommés :

1° VAN MERGHEM Lambrecht, né le 22-11-1873, employé, Ixelles;

2° DE BOEVE Remy, né le 25-9-1890, à Denderleeuw, domicilié à Laeken ;

3° DE BOEVE Jean, né le 8-9-1887, domicilié à Laeken ;

4° DE BOEVE Emma (probablement l'épouse de DE BOEVE Jean) née le 9-10-1894, domicilié à Laeken)

sont arrivés à St-Trond le samedi 29 décembre 1917 ; qu'ils ont logés à l'Hôtel St-Jacques, rue de la Station, et qu'ils ont déclaré qu'ils étaient arrivés de Bruxelles pour assister au meeting qui devait avoir lieu sur la Place du

Marché à St-Trond et qu'ils avaient l'intention d'y prendre la parole.

Environ 200 personnes étaient réunies sur la Place du Marché ,le dimanche 30 décembre et les personnes désignées ci-dessus se disposaient à haranguer la foule, lorsque la police allemande intervint et donna l'ordre aux orateurs de quitter les lieux et à la foule de se disperser.

Les nommés VAN MERGHEM et DE BOEVE se rendirent alors dans un café des environs où ils tentèrent de nouveau de haranguer la foule qui les y avait suivis.

Toutefois, ils en furent empêchés et firent une nouvelle tentative dans un café voisin où ils n'eurent pas plus de succès.

Au dire d'un des assistants absolument digne de foi, les orateurs ont essayé de jeter le trouble dans la population. Ils ont poussé le peuple à faire l'émeute et ont déclaré de plus qu'ils ne se considéraient pas battus et qu'ils reviendraient et organiseraient un autre meeting.

Il paraît qu'ils n'ont pas trouvé beaucoup d'écho dans la population de St-Trond et que seuls quelques évacués qui sont hébergés à NIEUWERKERKEN (près de St-Trond) se déclaraient d'accord avec eux et disaient qu'ils n'attendraient pas le retour des orateurs prénommés pour faire valoir leurs revendications.

D'après d'autres renseignements l'ordre d'interdire le meeting est arrivé à St-Trond samedi dans la matinée.

ANNEXE 10.

Traduction
GOUVERNEMENT GENERAL
D. V. C. N.
C. 623

Bruxelles, le 15 décembre 1917.

Lors d'une conversation qui a eu lieu récemment dans le bureau du signataire, M. le Consul Saura a mentionné que la Obstzentrale achète de grosses quantités de raves et les envoie en Allemagne pour être converties en chicorée.

Renseignements pris, cette communication semble basée sur une erreur. La Obstzentrale achète en effet des raves, mais elles sont livrées à des fabriques belges de chicorée qui en font du succédané de café pour compte de la Zichorienabteilung. Le produit en est livré à la population civile en Belgique.

L'achat a été mis entre les mains de la Obstzentrale, afin d'éviter une hausse des prix, qui se serait fatalement produite si chaque fabrique avait acheté isolément.

(s) RIETH

Au Comité Hispano-Néerlandais
BRUXELLES

ANNEXE 11.

Nº A-3358

Bruxelles, le 19 décembre 1917.

Memorandum
pour la Deutsche Vermittlungsstelle C. N.

Le Comité Hispano-Néerlandais se félicite de la réponse nº C. 623, du 15 courant, de la Deutsche Vermittlungsstelle C. N., concernant les achats de raves par la Obstzentrale.

Cependant, afin de pouvoir renseigner les Puissances intéressées au ravitaillement, le Comité Hispano-Néerlandais prie la Deutsche Vermittlungsstelle C. N. de bien vouloir lui faire connaître la répartition des produits fabriqués par la Zichorienabteilung.

Le Comité Hispano-Néerlandais ne possède aucun renseignement à cet égard et il remercie d'avance la Deutsche Vermittlungsstelle C. N. des indications qu'elle lui donnera.

LES DIRECTEURS,

ANNEXE 12.

Bruxelles, le 18 décembre 1917.

Ainsi que vous avez bien voulu nous en exprimer le désir, nous avons l'honneur de vous adresser un rapport succinct sur l'importation de 25 wagons de pommes de terre consentie, à la demande de notre comité, par le Gouvernement du Grand-Duché de Luxembourg, en faveur de ses compatriotes résidant dans le territoire occupé de la Belgique.

C'est le 6 août que nous demandons à notre Gouvernement, sur la nouvelle d'une excellente récolte dans le Grand-Duché, de bien vouloir autoriser l'envoi à Bruxelles de 15 wagons de 10 tonnes de tubercules, pour les protégés et les membres de notre société de bienfaisance, (environ 300 ménages), tout en le priant d'obtenir à Berlin l'autorisation d'importation et de répartition de cette quantité de pommes de terre.

A la fin du mois d'août, notre Gouvernement, d'accord en principe, mais pour les indigents seulement, nous fait savoir que les différents comités de secours luxembourgeois en Belgique (Anvers, Bruxelles, Liége et Charleroi) doivent être traités de la même manière pour ce ravitaillement; le 15 septembre, il est envoyé à Luxembourg un délégué spécial, afin d'obtenir également le ravitaillement des membres des diverses colonies, et fixer les quantités nécessaires à celles-ci : la demande totale définitive comporte 28 wagons de 10 tonnes, dont 15 pour Bruxelles, 6 1/2 pour Liége, 3 1/2 pour Anvers et 1 wagon pour Charleroi.

Le 3 octobre, la Commission grand-ducale d'achat et de répartition se prononce favorablement sur la question, et consent à l'exportation des 28 wagons demandés, sous réserve des autorisations allemandes ; aussitôt le Chargé d'Affaires du Grand-Duché à Berlin, Monsieur ARENDT, commence les pourparlers, mais ce n'est que le 10 novembre que le Gouvernement grand-ducal nous fait part de ce qu'il vient d'obtenir l'accord du Gouvernement Général, mais avec une réduction de 3 wagons sur les 28 wagons demandés. Sur le nombre accordé de 25 wagons, S. A. R. la Grande-duchesse de Luxembourg nous offre généreusement un wagon de tubercules à répartir entre les nécessiteux des 4 comités.

En attendant le premier envoi, nous prenons toutes les mesures pour la réception, le déchargement et la répartition des pommes de terre ; les magasins communaux voulant bien nous prêter les sacs nécessaires ; nos listes sont prêtes, ainsi que les cartes spéciales de pommes de terre pour nos ravitaillés. D'autre part, nous allons trouver le Comité Hispano-Néerlandais, afin d'obtenir sa haute protection et de convenir avec lui d'un procédé simple, pratique et efficace pour établir notre contrôle vis-à-vis des magasins d'alimentation et éviter les abus.

Monsieur l'échevin MAX HALLET, et ses agents de l'Alimentation que nous allons voir ensuite, sous vos auspices, se déclarent immédiatement d'accord avec nous sur l'emploi d'un cachet ad hoc, à appliquer par nous sur les anciennes cartes de pommes de terre, jusqu'au 30 juin 1918, par le Comité de secours du Grand-Duché de Luxembourg.

(N. B. — Lors d'une entrevue de nos délégués, le 3 décembre, avec le Commissaire Civil de Bruxelles, S. A. le prince de Ratibor voulut bien leur exprimer ses félicitations sur la manière irréprochable dont notre ravitaillement avait été organisé.)

Le 12 novembre, les 3 premiers wagons quittent la frontière grand-ducale, les autres suivent respectivement les 14, 16, 26 et 30 novembre, et nous avons la très grande satisfaction de voir arriver les 13 wagons en parfait état à Bruxelles (Tour et Taxis), via Gouvy, Liége et Louvain, après un voyage d'une durée moyenne de six jours ; c'est le voiturier Baillif qui a été chargé du transport des tubercules au magasin rue Heyvaert, 32.

Pouvons-nous, pour terminer ce rapide exposé, vous donner quelques chiffres sur la quantité totale, le prix-coûtant et celui de la cession des pommes de terre destinées au Comité de secours de Bruxelles? Nous ne possédons guère de détails sur les envois dirigés vers Liége, Anvers et Charleroi, mais dans les grandes lignes, tout a dû s'y passer comme à Bruxelles.

Nos 13 wagons contenaient 139 tonnes, notre prix de revient est d'environ 25 les 100 kgs. ; à la colonie payante, nous recédons près de 92 tonnes à fr. 35 les 100 kgs, de sorte que le stock réservé aux nécessiteux, environ 48 tonnes leur sera remis gratuitement par distribution de 15 en 15 jours.

La ration des 450 indigents, ainsi que celle des 560 membres de notre Société, figurant sur la liste arrêtée le 6 septembre, avait été fixée à 110 kgs. par tête jusqu'au 30 juin 1918, soit environ 400 grammes par jour. Du 6 septembre à fin novembre, 540 nouveaux membres payants s'inscrivent pour être ravitaillés en pommes de terre ; nous faisons l'impossible pour obtenir du Gouvernement le supplément nécessaire de 3 ou 4 wagons, mais en présence d'une réponse négative, il ne nous reste d'autre ressource que de partager, équitablement, le solde disponible, 30 tonnes à raison de 55 kgs. par tête jusqu'au 31 mars 1918, (à 400 grammes par jour). Notre ravitaillement intéressé donc environ 1550 personnes.

Il nous reste à vous remercier bien sincèrement, tant pour vos conseils éclairés, que pour l'accueil si sympathique que vous n'avez cessé de nous témoigner au cours de nos fréquentes visites aux bureaux de votre Comité ; à juger de votre obligeance proverbiale et de l'appui bienveillant que vous avez prodigué au petit comité luxembourgeois, nous pouvons nous faire une idée des services immenses que votre Comité aura rendus, et rend encore tous les jours à la population belge si éprouvée depuis le début de cette triste guerre.

Traduction

DISTRIBUTION DE CHARBON
POUR LES FLANDRES

Succursale de St-Trond

St-Trond, le 13 décembre 1917.

Monsieur le Bourgmestre de Velm,

J'apprends que l'Administration Communale de Velm refuse de remplir les conditions imposées par la «Distribution de Charbon pour les Flandres » pour pouvoir bénéficier de la répartition de charbon.

En vertu d'instructions qui me sont parvenues de l'autorité supérieure, je suis obligé de vous prévenir, Monsieur le bourgmestre, que, si par négligence ou mauvais vouloir de l'Administration Communale, la commune n'est pas en règle pour la première répartition, elle reste exclue de toutes les répartitions suivantes et que l'Administration Communale est responsable de toutes les conséquences de cette situation.

Les mêmes instructions m'obligent à faire connaître à la population locale, par tous les moyens à ma portée (crieur public, affichage, journaux quotidiens ou hebdomadaires) que du charbon (avec indication de quantité, prix, provenance, etc.,) a été mis à la disposition de la commune par la « Distribution de charbon pour les Flandres », mais que par manque de collaboration bienveillante, la commune en rend la distribution aux chefs de ménage impossible ; cela, afin de faire apparaître clairement à qui incombe la faute si les habitants restent privés du combustible tant désiré.

Agréez, etc.....

(s.) .....

VILLE DE BRUXELLES (AGGLOM.)

GRAPHIQUE DE LA MORTALITÉ PAR CAUSES PRINCIPALES DE DÉCÈS

VILLE DE BRUXELLES (AGGLOM.)

GRAPHIQUE DES NAISSANCES ET DES DÉCÈS.

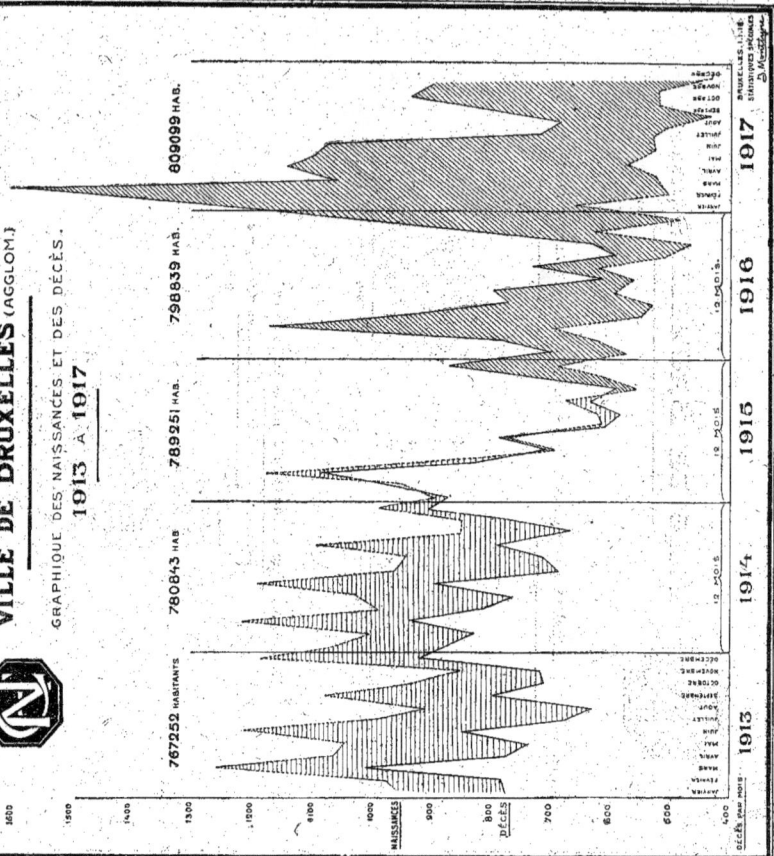

1913 À 1917

767252 HABITANTS   780843 HAB.   789251 HAB.   798839 HAB.   809099 HAB.

1913   1914   1915   1916   1917

12 MOIS   12 MOIS   12 MOIS

NAISSANCES

DÉCÈS

DÉCÈS PAR MOIS

1500   1400   1300   1000   900   800   700   600   500   400

JANVIER FÉVRIER MARS AVRIL MAI JUIN JUILLET AOUT SEPTEMBRE OCTOBRE NOVEMBRE DÉCEMBRE

BRUXELLES, 1918
STATISTIQUES SPÉCIALES
A. Meulenaer

Ville de Bruxelles (Agglom.)

Situation de la Mortalité par 1000 habit.

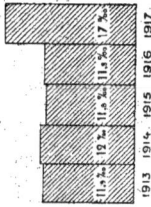

11,2 ‰ 12 ‰ 11,3 ‰ 17 ‰

1913 1914 1915 1916 1917

Situation de la Natalité par 1000 habit.

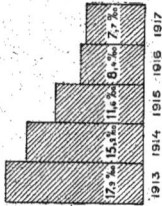

17,2 ‰ 15,2 ‰ 11,6 ‰ 8,4 ‰ 7,7 ‰

1913 1914 1915 1916 1917

Décroissance de la Mortalité Infantile (0 à 1 an)

(Influence des œuvres de secours de l'enfance)

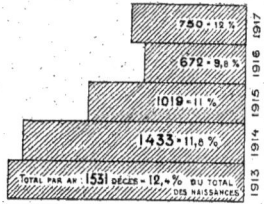

Total par an : 1531 décès = 12,4 % du total des naissances

1433 = 11,8 %

1019 = 11 %

672 = 9,6 %

750 = 12 %

1913 1914 1915 1916 1917

Bruxelles : I.I.B. J. Montigny. Statistiques spéciales.

VILLE DE BRUXELLES

MORTALITÉ PAR CAUSES PRINCIPALES DE DÉCÈS

1913 à 1917

Les principales causes de décès restent, toutes proportions gardées, pendant les hostilités, les mêmes que précédemment, mais il en est deux qui présentent une augmentation anormale ; ce sont les décès dus aux maladies de cœur et ceux dus aux différentes catégories de tuberculose. Pour cette dernière cause, la moyenne annuelle est passée, de 1913 à 1917, de 14 o/oo habitants à 27 o/oo habitants.

VILLE DE BRUXELLES

NAISSANCES ET DÉCÈS

1913 à 1917

L'influence de l'état de guerre se manifeste particulièrement sur la natalité, à partir du 9e mois de guerre, c'est-à-dire fin avril 1915.

La moyenne mensuelle, qui était de 1040 naissances en 1913, est descendue, en 1917, à 500.

Jusqu'en 1914, la moyenne des décès était inférieure de 3 o/oo habitants à celle des naissances.

En 1915, les naissances et décès s'équilibrent.

En 1917, les décès dépassent les naissances de 10 o/oo environ.

VILLE DE BRUXELLES

POURCENTAGE DE MORTALITÉ ET DE NATALITÉ

1913 à 1917

Ses pourcentages portent sur l'ensemble de la population bruxelloise, c'est-à-dire sur Bruxelles et ses faubourgs, soit en 1917 sur une population de 809.099 âmes.

La mortalité n'accuse une augmentation notable que depuis fin 1916.

La natalité est en décroissance régulière depuis 1913.

La mortalité infantile de 0 à 1 an présente une situation qui va en s'améliorant de 1913 à 1916. Elle est la conséquence de différents facteurs, parmi lesquels il y a lieu de citer les multiples œuvres de protection et de secours de l'enfance dont l'activité a été très grande à Bruxelles.

Il faut mentionner également que la plus grande partie de la population ouvrière étant réduite au chômage, les mères ont plus de loisirs pour donner aux enfants les soins qu'ils réclament ; aussi voit-on les principales causes de mortalité infantile et notamment la diarrhée et l'entérite diminuer dans de fortes proportions. La moyenne mensuelle des décès causés par ces maladies, qui était en 1913 de 55, est descendue en 1917 à 7.

Rapport du 1er février 1918

I. — RESPECT DES GARANTIES

Nous avons reçu dans le courant du mois de janvier différentes réponses de l'autorité allemande concernant des cas d'infractions aux garanties que nous lui avions signalés antérieurement. Nous avons d'autre part été amenés à intervenir en raison d'abus récemment constatés.

On trouvera ci-après le résumé de nos interventions.

1. — Beurre

A la suite d'une réquisition de 400 kgs de beurre à la Laiterie de Libramont (Prov. de Luxembourg) par le Kreischef de Neufchâteau, la Deutsche Vermittlungsstelle nous a fait savoir en date du 5 janvier que le cas signalé par nous semblait être conforme à la réalité ; elle ajoutait : « la saisie non justifiable de » beurre par un corps de troupe fait » encore l'objet de négociations entre la » Vermittlungsstelle et l'autorité intéres- » sée. Entretemps nous pouvons déjà » vous informer que des dispositions ont » été prises pour éviter à l'avenir de » pareils faits. La Vermittlungsstelle » vous fera suivre d'autres communica- » tions à ce sujet. »

Au sujet de cette réponse nous avons adressé à la Vermittlungsstelle la lettre n° A-3669 du 17 janvier, ci-annexée (annexe 1) par laquelle nous faisons valoir qu'il y a lieu de ristourner les quantités de beurre saisies. Il n'a jusqu'à présent encore été réservé aucune suite à cette communication.

L'information la plus intéressante reçue de la Vermittlungsstelle à la suite de nombreuses communications de notre part concernant des réquisitions de beurre, est celle dont question dans sa lettre du 22 janvier n° C. 484-323-453-167-299 reprise à l'annexe 2 du présent rapport. La Vermittlungsstelle annonce dans cette lettre que les autorités centrales ont pris de nouvelles dispositions relativement à la répartition du beurre afin

d'éviter les réclamations à l'avenir ; elle s'exprime comme suit :

« Ces nouvelles dispositions sont parti- » culièrement dirigées contre les saisies » et les réquisitions de beurre dans les » laiteries ».

Les annexes 2a, 2b et 2c sont également relatives à cette question.

L'annexe 3 mentionne un nouveau rappel, aux corps de troupes intéressés, au sujet des garanties accordées par le Gouverneur Général.

2. — Lait

En date du 10 décembre dernier nous avons adressé à la Vermittlungsstelle une réclamation très formelle dont copie ci-joint (annexe 4) concernant les concentrations de lait faites par l'Etablissement Erjos à Strombeek-Bever, dans le but de faciliter la fourniture du lait aux hôpitaux militaires et de se servir du surplus pour la fabrication de fromage destiné aux troupes. Nous n'avons pas jusqu'à présent reçu de réponse à cette communication confirmée par notre lettre en date du 9 janvier (annexe 4a). Néanmoins, nous avons de sérieuse raisons de croire que la situation s'est considérablement améliorée et que des dispositions ont été prises par les autorités compétentes pour mettre un terme à ces abus.

La fourniture du lait aux soldats a fait l'objet, également, d'une correspondance, entre le Comité Hispano-Néerlandais et la Deutsche Vermittlungsstelle, reprise aux annexes 4b, 4c et 4d, ci-jointes. Le point de vue de la Vermittlungsstelle tendant à faire admettre que les achats individuels autorisent les soldats à s'approvisionner de lait dans le territoire du Gouvernement Général a été vivement combattu par le Comité Hispano-Néerlandais et la polémique relative à cette question n'est pas encore terminée.

3. — Achats individuels

Comme suite aux nombreux rapports de notre Service d'Inspection de l'Agglomération Bruxelloise que nous avons régulièrement transmis à la Vermittlungsstelle, nous annexons ci-joint, (annexe 5) la communication du 5 janvier de cette dernière concernant des mesures disciplinaires prises à l'égard de militaires allemands convaincus d'avoir conclu, dans un but mercantile, des achats de produits alimentaires.

4. — Exportation de Fruits et de Légumes

Nous avons été amenés à discuter le point de vue des autorités allemandes admettant l'exportation du surplus de la production maraîchère belge vers l'Allemagne. A ce propos nous n'avons pas manqué de faire valoir à différentes reprises, soit par l'intermédiaire des Ministres Protecteurs, soit directement à la Vermittlungsstelle, que des excédents de production n'existaient pas en Belgique ; que la population avait droit à l'intégralité de la production indigène et que les excédents auxquels il est fait allusion par le Pouvoir Occupant sont en réalité fictifs et artificiellement constitués au profit d'organismes intéressés pécuniairement aux transactions résultant de l'exportation de ces vivres.

L'annexe 6 est relative à notre dernière intervention à cet égard.

5. — Bétail

En annexe à notre rapport au 1ᵉʳ janvier dernier nous avons donné copie d'un memorandum adressé aux Ministres Protecteurs au sujet des concentrations de bétail faites par la Oelzentrale à Anvers.

Nous avons confirmé cette réclamation aux Ministres Protecteurs par notre lettre du 22 janvier ci-annexée (annexe 7) et nous avons reçu de ces derniers l'assurance qu'une protestation énergique avait été introduite auprès du Département Politique. Poursuivant nos investigations à ce propos nous ne manquerons pas de vous signaler le résultat des démarches entreprises.

6. — Foin et Fourrage

Diverses réclamations ont été introduites auprès de la Vermittlungsstelle concernant des achats et des réquisitions de foin dans les provinces de Luxembourg et de Hainaut. Ces régions étant limitrophes des territoires d'étape nous redoutions que ces acquisitions de foin ne soient destinées aux dépôts alimentant le front.

La Vermittlungsstelle nous a informés en date du 14 janvier de ce qu'elle reconnaissait que ce genre d'achats ne pouvait être justifié et que les garanties données par le Gouvernement Général avaient été rappelées aux organismes intéressés.

II. — CENTRALES

Nous avons eu l'occasion de vous remettre antérieurement les procès-verbaux des séances tenues par le Comité Consultatif du Bureau Central des Huiles. Nous avons reçu le procès-verbal relatif à la séance du 13 décembre dernier que nous vous transmettons ci-joint (annexe 8).

Vous y verrez l'action efficace des Délégués Belges qui par leur attitude au cours de la discussion ont fait rejeter la motion proposant la fourniture obligatoire, par les bouchers, d'un quantum de graisse par bête abattue.

Vous y constaterez également de la part des autorités occupantes une contradiction flagrante entre la politique actuelle et celle qui était suivie antérieurement relativement à la distribution de la graisse alimentaire aux communes.

Nous saisissons cette occasion pour vous signaler que nous restons en contact étroit avec les délégués belges de cette centrale qui puisent auprès de notre comité tous les renseignements utiles leur permettant de remplir efficacement leurs fonctions.

**

Dans notre rapport du 1ᵉʳ janvier nous vous avons signalé les peines collectives infligées par le Commissaire Civil de Dinant à la population des communes placées sous sa juridiction. Persistant dans notre façon de voir à ce propos nous avons adressé à la Vermittlungsstelle un nouveau memorandum (annexe 9).

**

Comme suite à la correspondance échangée, et dont question aux annexes 10 et 11 de notre précédent rapport, relative aux achats de grandes quantités de raves par la Obstzentrale nous avons reçu en date du 14 janvier écoulé, la note ci-jointe (annexe 10) concernant la répartition des produits fabriqués et distribués aux Magasins Communaux par la Centrale des Chicorées.

III. — DIVERS

En date du 31 octobre 1917 nous avons signalé à la Vermittlungsstelle que nos services d'inspection mentionnaient un échange de vivres entre le territoire d'étape et les régions contigües du Gouvernement Général. Nous avons reçu de la part de cet organisme la réponse ci-jointe (annexe 11) reconnaissant l'existence de ce trafic et nous donnant connaissance des arrêts rendus au sujet de personnes prises en flagrant délit de fraude.

IV. — REQUISITIONS DE LOCAUX

Il semble que l'arrivée en Belgique d'une grande quantité de troupes oblige l'administration militaire à rechercher des locaux appropriés pour y établir des dépôts d'approvisionnements de tous genres. Comme il n'existe aucune garantie au sujet des locaux du Comité National, certaines administrations locales se sont crues autorisées de menacer de réquisition immédiate plusieurs bureaux et magasins de comités régionaux où étaient entreposés des marchandises du Comité National.

Dans plusieurs cas grâce à notre intervention nous avons pu éviter de pareilles réquisitions, mais nous ne le devons qu'à la complaisance des autorités locales et nous redoutons que pour des raisons analogues beaucoup de comités en province ne soient forcés d'évacuer les locaux qu'ils occupaient jusqu'à présent.

Nous avons réussi à retarder la réquisition du local du comité de Tubize et nous avons empêché celle des locaux du comité régional d'Ath (voir annexe 12). Nous sommes en négociations pour celle des locaux du comité de Soignies.

V. — PRODUITS PHARMACEUTIQUES IMPORTES PAR LA VOIE DE LA SUISSE POUR LE NORD DE LA FRANCE

Grâce aux démarches entreprises auprès de Monsieur le Comte Wengersky nous avons obtenu que les produits pharmaceutiques importés par la voie de la Suisse et retenus à Lille depuis le mois de juin dernier puissent être répartis équitablement entre les différents districts du Nord de la France.

VI. — RAVITAILLEMENT DES PRISONS

La question du ravitaillement des prisonniers de droit commun et des prisonniers politiques internés en Belgique fait en ce moment l'objet de notre examen. Nous vous ferons connaître dans un prochain rapport les règles suivant lesquelles ce ravitaillement sera autorisé moyennant le contrôle d'un délégué de notre comité.

VII. — TRANSFERT DE REGIONS DANS LES TERRITOIRES D'ETAPE

En ce qui concerne le transfert de la région de Givet au territoire d'étape nous avons obtenu de la part des autorités militaires du district de Charleville que tous les organismes du Comité Provincial puissent rentrer dans le territoire du Gouvernement Général. Nous avons également été assurés de la non-réquisition des vaches laitières destinées à l'alimentation des œuvres de secours. Les formalités de transfert ne souffrent jusqu'à présent aucune difficulté.

**

Concernant les communes de Gages, Chièvres, Ladeuze, Huissignies et Grossage (Hainaut) récemment incorporées dans l'étape, les Ministres Protecteurs nous ont fait savoir que nos délégués pourraient continuer à exercer leur mission dans ce territoire où les garanties sont maintenues. (annexe 13).

CONCLUSIONS

La situation reste ce qu'elle était le mois dernier. Les abus sont encore nombreux et nous sommes forcés d'intervenir avec la plus grande énergie auprès des autorités compétentes.

L'arrivée en Belgique d'une grande quantité de nouvelles troupes évidemment ignorantes des conventions suscitera vraisemblablement de nombreuses interventions de notre part en raison des achats que les soldats ne manqueront pas de faire en grande quantité. Néanmoins, la nouvelle réglementation officiellement annoncée au sujet du beurre pour mettre fin aux réquisitions et les tendances favorables récemment manifestées par le délégué du Département Politique près le Comité Consultatif du Bureau Central des Huiles montrent que nos efforts ne sont pas restés vains. Si l'on veut se souvenir que la fraude à la frontière a complètement cessé; qu'à la suite de nos interventions l'administration allemande a publié des avis et règlements ayant pour but de mettre fin aux abus ou tout au moins de les limiter, et que des sanctions sévères ont été prises à l'égard des fonctionnaires allemands civils et militaires ayant enfreint ces instructions, on admettra que des résultats sont acquis i ne feront qu'améliorer la situation par la suite,

Les Directeurs,
P. SAURA, LANGENBERGH.

ANNEXE 1.

N° A-3669 Bruxelles, le 17 janvier 1918

Memorandum
pour la Deutsche Vermittlungsstelle C. N.

Le C. H. N. sait gré à la V. C. N. de bien vouloir reconnaître l'exactitude des faits relatifs à l'ordre donné par le Kreischef de Neufchâteau de réquisitionner 402 1/2 kilogrammes de beurre à la laiterie de Libramont.

Il se plaît à remercier la V. C. N. de son intervention auprès des autorités compétentes et de leur avoir signalé la saisie, non justifiée, de beurre par un corps de troupes.

Le C. H. N. se félicite de la coopération qui qui lui est apportée dans ce cas par la V. C. N. et est heureux d'apprendre que des mesures ont été prises afin d'éviter le retour de faits analogues. C'est avec intérêt que le C. H. N. prendra connaissance des communications complémentaires dont la V. C. N. lui annonce l'envoi. Il se demande s'il n'y aurait pas lieu, dans le cas de Neufchâteau, de solliciter la ristourne du beurre aux organismes chargés de la répartition à la population belge.

Il y aurait là une mesure d'équité qui, dans son application, rendrait grand service aux habitants qui ont été lésés par la réquisition dont il s'agit.

Le C. H. N. soumet le cas à la bienveillante attention de la V. C. N. et émet le vœu de voir celle-ci partager sa manière de voir.

Le C. H. N. espère que les instructions qui, à la suite de la saisie de beurre à Vielsalm, ont été données aux troupes, mettront un terme à des abus qui avaient justifié son intervention. En interdisant aux troupes d'employer à leur usage le beurre qu'elles saisissent, on n'aura plus à regretter des cas semblables.

Enfin, le C. H. N. enregistre avec satisfaction l'interdiction faite à la commune d'Eben-Emael de vendre, fût-ce même par petites quantités, du beurre aux soldats des troupes d'occupation.

Le C. H. N. est heureux de constater que la V. C. N. a reconnu le bien fondé de ses observations. Il se permet de compter dans l'avenir sur son intervention dans l'application des mesures à prendre pour empêcher, dans la question compliquée de la répartition du beurre, que les conventions ne soient violées.

LES DIRECTEURS.

ANNEXE 2.

Traduction

GOUVERNEMENT GÉNÉRAL
D. V. C. N.
C. 484 — 323 — 453 — 167 — 299.

Bruxelles, le 22 janvier 1918

Par lettres du 5 janvier C. 360/365 et C. 362, la V. C. N. a déjà annoncé qu'un nouveau réglement du ravitaillement en beurre est projeté pour bientôt, lequel — comme il y a lieu d'espérer — contribuera à faire entrer la répartition dans une voie qui ne laissera plus de sujets à réclamations. Les autorités centrales ont déjà pris des dispositions qui poursuivent le même but et qui sont de nature à obliger une nouvelle fois les autorités locales à suivre ponctuellement les garanties données par M. le Gouverneur Général. Ces nouvelles dispositions sont particulièrement dirigées

contre les saisies et les réquisitions de beurre dans les laiteries.

En présence de ces mesures et des résultats qu'il faut en attendre, la V. C. N. croit pouvoir considérer comme liquidés les cas suivants :
C. 484 n° 2533 du 2 octobre,
C. 323 n° 2022 du 13 août,
C. 453 n° 2405 du 21 septembre,
de même que ceux relatés dans les 2 notices ci-jointes au sujet desquels une enquête a été faite, à l'occasion de laquelle il a été donné à une non-observance des arrêtés de M. le Gouverneur Général la suite qui semblait indiquée.

(s) RIETH.

Au Comité Hispano-Néerlandais,
Bruxelles.

Quatre soldats viennent hebdomadairement chercher 90 kilogr. de beurre à la laiterie de Sivry. Ces soldats sont munis d'une autorisation émanant de l'Intercommunale de Thuin. Ce beurre est destiné au ravitaillement de deux compagnies Osnabrück réparties dans l'arrondissement de Thuin.

Le 16 juin 1917.

PROVINCE DE HAINAUT
N° 223

La laiterie de Forges, sur réquisition du Commissaire civil, livre hebdomadairement à l'autorité occupante 200 kilogr. de beurre. Le transport a lieu sous le couvert d'un passavant délivré par l'Intercommunale.

D'autre part, la laiterie de Chimay remet journellement 100 litres de lait à la même autorité. Cette quantité doit être prélevée avant toute autre répartition de sorte que lorsque la livraison faite par les fermiers est insuffisante, la part des habitants de la ville doit être réduite.

Mons, le 23 juillet 1917.

ANNEXE 2a.

N° 2533 Bruxelles, le 2 octobre 1917.

Memorandum
pour la Deutsche Vermittlungsstelle C. N.

En réponse à la note de la Deutsche Vermittlungsstelle C. N. en date du 22 septembre écoulé, dont copie ci-jointe, le Comité Hispano-Néerlandais a l'honneur d'exposer ce qui suit :

Il résulte à toute évidence du bulletin de réquisition dont copie est transcrite sur la note du Comité Hispano-Néerlandais, que les livraisons de beurre dont il s'agit doivent être effectuées à une autorité allemande dont l'identité peut, grâce aux indications précises données (n° et date du bulletin de réquisition du Commissaire civil de Marche) être établie beaucoup plus facilement par le pouvoir occupant que par le Comité Hispano-Néerlandais.

LES DIRECTEURS.

BOMAL

NOTE CONCERNANT LE BEURRE

Pour ce qui concerne le beurre, la situation est la même que pour le lait. L'autorité occupante qui, en vertu des conventions qu'elle a signées, ne peut ni en acheter par libre transaction ni en réquisitionner, prétend que les militaires sont autorisés à faire des achats à approvisionnement dans les laiteries de la région.

En outre, les autorités ont recours à des réquisitions, ainsi que le démontre la note reproduite ci-après, adressée par le Commissaire civil de Marche au bourgmestre de Bomal.

« Der Zivilkommissar Marche
Tagebuch n° III 2703/405. Le 14 juillet 1917.

» An den Bürgermeister Bomal,

» Le fermier Hanozet Edouard, a été nommé
» par moi à fournir hebdomadairement 4 klg.
» de beurre et dans la liste de livraison de
» beurre il est pris note conformément.

Signature illisible. »

Il est dit dans la notice annexée que par ordre du Commissaire civil, le fermier Hanozet est obligé à fournir 4 klg. de beurre hebdomadairement. La V. C. N. aimerait savoir à qui ces livraisons doivent être effectuées.

Le 22 septembre 1917.

ANNEXE 2b.

N° 2022
Bruxelles, le 13 août 1917.

*Mémorandum pour Monsieur le Docteur Rieth,
Conseiller de Légation*

La Deutsche Vermittlungsstelle C.N. argue que les soldats acheteurs, ne faisant partie d'aucune cantine, sont obligés de se procurer leurs vivres isolément et que, dès lors, elle estime que ces achats ne sont pas contraires aux conventions.

C'est là une thèse insoutenable. En effet, les conventions d'avril 1916 spécifient nettement que les « achats occasionnels » des produits indigènes faits individuellement par des personnes appartenant à l'armée ne seront pas considérés comme des manquements aux engagements pris, pour autant que ces achats ne soient aucunement systématiques ni effectués pour le compte de l'intendance militaire.

Il ressort de là que l'intendance a le devoir de nourrir les troupes. Or, si les soldats dont parle la note de la Deutsche Vermittlungsstelle C.N. sont obligés de se procurer leurs vivres isolément, parce qu'ils ne font partie d'aucune cantine, c'est la preuve qu'ils ne sont pas alimentés par l'intendance. De toute façon, il ne s'agit plus, dans ce cas, d'achats occasionnels, mais il s'agit, au contraire, d'achats systématiques faits par les troupes pour se nourrir, à la décharge de l'intendance.

LES DIRECTEURS,

ANNEXE 2c.

N° 2405.

*Mémorandum
pour la Deutsche Vermittlungsstelle C. N.*

Le Comité Hispano-Néerlandais croit devoir signaler à nouveau à la Deutsche Vermittlungsstelle les infractions aux garanties qui ont été portées à sa connaissance et concernant notamment le ravitaillement en beurre des établissements de l'autorité militaire allemande :

1. Dans l'arrondissement de Nivelles, tous les membres de l'administration militaires sont ravitaillés sur le pied de 250 grammes par tête et par semaine, par ordre du Commissaire civil et la ration en question est fournie aux officiers, aux employés militarisés (employés du Kreischef, du Commissaire civil, des gares, de la poste, des télégraphes) aux ouvriers militarisés (chemins de fer, télégraphe, etc.) qui ne sont pas en cantine.

2. A Neufchâteau (Luxembourg), le Comptoir d'Alimentation qui s'occupe de la concentration du beurre doit fournir hebdomadairement à l'occupant les quantités de beurre indiquées ci-après :

Kreisamt Neufchâteau .... 1.750 Kg.
Commando Tombeux................ 3.350 Kg.
Vétérinaire Kreisamt .... 0.350 Kg.
Poste Kreisamt .... 2.750 Kg.
4° Comp. Landst. Bon Coesfeld .... 22.000 Kg.

En outre, le Commissaire civil envoie régulièrement des réquisitoires libellés comme suit :

« Veuillez remettre au porteur de ce bulletin les 4,5 kg. qui me reviennent ».

Neufchâteau, le ....1917.
Der Zivilkommissar,
I. A.
(signature)

L'autorité allemande réquisitionne au surplus à Libramont 402,5 kg. de beurre par semaine, soi-disant pour les besoins totaux de l'arrondissement de Neufchâteau, indépendamment des quantités citées ci-dessus.

3. Par ordre du Commissaire civil de Stavelot, la concentration des beurres doit fournir à la troupe en garnison dans cette localité 18,3 kgs. par semaine au prix maxima de 5.20 Mk.

La Vermittlungsstelle estimera sans doute que ces faits révèlent une méconnaissance absolue des engagements contractés par Son Excellence le Gouverneur Général.

LES DIRECTEURS,

ANNEXE 3.

Traduction

GOUVERNEMENT GENERAL
D. V. C. N.
C. 382

Bruxelles, le 4 janvier 1918.

Pour faire suite à notre lettre du 19 novembre, au n° ci-dessus, nous vous informons encore que, après enquête faite, il faut admettre que les renseignements reçus par le Comité au sujet d'un enlèvement de beurre par des soldats à la laiterie Brockant, à Meuwen, sont très exagérés. On a pu établir qu'une fois un officier et une fois un sous-officier ont acheté 1 à 2 kgs. de beurre directement à la laiterie. La Kommandantur cherche à retrouver les intéressés, afin de pouvoir sévir contre eux.

Au surplus, l'attention des corps de troupes intéressés a de nouveau été attirée sur les garanties données par M. le Gouverneur Général et sur les nouvelles dispositions connexes

(s) RIETH.

Au Comité Hispano-Néerlandais.
Bruxelles.

ANNEXE 4.

N° A 3233.
Bruxelles, le 10 décembre 1917.

*Mémorandum
pour la Deutsche Vermittlungsstelle C. N.*

Le Comité Hispano-Néerlandais espère que la Deutsche Vermittlungsstelle C. N. consentira à user de son influence auprès des Autorités afin de mettre un terme au commerce d'accaparement auquel se livre le sieur Ernest Devroede-Antoine (Etablissement Erjos), à Strombeek-Bever.

Ce négociant, par des procédés que l'on doit être unanime à déplorer, achète à la campagne du lait à un prix supérieur à celui du barème établi. Les bénéfices considérables que lui rapporte la fabrication de fromages lui permettent d'acheter le lait dans de telles conditions. Devroede-Antoine se procure actuellement 6 à 10,000 litres de lait par jour. Une partie en est livrée aux hôpitaux militaires ; le reste sert à la fabrication de fromages à destination de l'autorité militaire qui les expédie au front.

La Deutsche Vermittlungsstelle C. N. reconnaîtra certainement qu'il est inadmissible qu'aux confins d'un grand centre de population tel que Bruxelles, une fromagerie puisse, au détriment non seulement de la généralité des habitants mais surtout de la généralité des malades, employer une aussi grande quantité de lait. Il y a là une question d'humanité à laquelle la Deutsche Vermittlungsstelle C. N. ne peut manquer de porter toute son attention et de s'intéresser.

Le sieur Ernest Devroede-Antoine ne s'occupe de la fabrication des fromages que depuis la guerre. Avant 1914, il a fait des affaires plutôt malheureuses et s'occupait de la vente des articles de brasserie. En 1912, il constituait, au nom de sa femme, une société en nom collectif pour l'élevage, société dont le siège est à Strombeek. C'est la guerre qui, par l'appat des gains réalisés par les accapareurs, a incité Devroede à s'occuper de la fabrication des fromages. Ce nouveau commerce constitue pour lui une source de gros bénéfices, car on estime qu'il permet la réalisation d'un bénéfice de 1 franc par litre de lait ou tout au moins de 6 francs par kilogramme de fromage.

La Deutsche Vermittlungsstelle C. N. estimera, comme le Comité Hispano-Néerlandais, que la question doit être examinée au point de vue de la sauvegarde de la santé et de l'hygiène publiques. La fabrication des fromages ne doit pas priver les enfants et les malades du lait qui leur est indispensable. Le Comité Hispano-Néerlandais signale de plus à la Deutsche Vermittlungsstelle C. N. que le fait de livrer à l'autorité militaire des fromages constitue une transgression aux accords relatifs à l'utilisation des produits indigènes.

LES DIRECTEURS.

ANNEXE 4a.

Nº A-3547.   Bruxelles, le 9 janvier 1918.

Memorandum
pour la Deutsche Vermittlungsstelle C. N.

Le 10 décembre dernier, le Comité Hispano-Néerlandais émettait l'espoir de voir la Deutsche Vermittlungsstelle C. N. consentir à user de son influence auprès des autorités afin qu'il fût mis un terme au commerce d'accaparement auquel se livre l'établissement Erjos, à Strombeek-Bever.

La Concentration des Beurres, après avoir fait remarquer qu'il n'est pas douteux que cet établissement travaille presque exclusivement pour compte de l'occupant, insiste sur le fait que des délégués d'Erjos se présentent dans les laiteries de l'arrondissement de Bruxelles et exigent, sous menace d'amendes, la remise du lait écrémé. C'est ainsi que la laiterie Huybrechts, de Bergh, a été frappée d'une amende de 500 marks pour avoir refusé de livrer du lait écrémé à l'établissement Erjos.

Dans la généralité des cas, le lait écrémé, aujourd'hui réclamé par l'établissement en cause, était destiné à des laiteries qui le livraient à leur clientèle de Bruxelles et des environs. La livraison du lait écrémé à Erjos aurait pour conséquence non seulement d'enlever tout moyen d'existence à un grand nombre de petits commerçants, mais surtout de priver Bruxelles d'une quantité notable de lait écrémé et cela, au moment où la crise du lait fait sentir ses tristes effets.

L'intervention des établissements Erjos n'est légitimée par aucun arrêté ; elle est funeste aux intérêts de la généralité et constitue une regrettable entrave à la liberté commerciale.

Le Comité Hispano-Néerlandais appelle sur cette intéressante question toute la bienveillante attention de la Deutsche Vermittlungsstelle C. N.

LES DIRECTEURS.

ANNEXE 4b.

TRADUCTION.
GOUVERNEMENT GENERAL
D. V. C. N.
C. 416 - 478 - 480

Bruxelles, le 21 décembre 1917

Réponse au nº 2492 du 28 septembre et à A 2898 du 19 novembre 1917

Nous nous référons aux détails donnés dans notre lettre C 416 du 2 novembre. Il en ressort que les mesures prises par les autorités rendent impossible aux soldats l'achat libre de lait ainsi qu'il leur est permis dans une mesure modérée, conformément aux conventions. Il me semble donc que juste que, dans des cas isolés, alors qu'il semble y avoir une nécessité causée par la maladie, ces autorités remettent aux hommes des autorisations qui leur permettent d'acheter de minimes quantités de lait pour leurs besoins personnels. La consommation du lait n'en est pas augmentée, au contraire, elle a plutôt diminué en comparaison des achats libres précédemment en usage, car la délivraison de ces autorisations est soumise à un contrôle rigoureux, de sorte que les abus sont évités. On peut donc dire que, par l'introduction de ces autorisations, on a tenu compte du sens des conventions.

Le bétail dont il est question d'autre part, dans la lettre 2492, appartient à la « Krankenabteilung » ; il est d'origine française et a été amené de Launois par cette « Abteilung ».

Il a été mis fin aux façons d'agir du nommé Schmidt, à Neufchâteau. Le prénommé a été requis pour le travail obligatoire à Martilly.

(s) RIETH.

ANNEXE 4c.

Nº A-3528.   Bruxelles, le 7 janvier 1918.

Memorandum
pour la Deutsche Vermittlungsstelle C. N.

Dans sa lettre du 21 décembre écoulé, la Deutsche Vermittlungsstelle C. N. reconnaît que les autorités délivrent aux soldats des autorisations qui leur permettent d'acheter du lait pour leurs besoins personnels.

Pour justifier cette mesure, la Deutsche Vermittlungsstelle C. N. fait valoir que les autorisations sont soumises à un contrôle rigoureux de façon à éviter les abus, et qu'elles ne se donnent qu'alors qu'il semble y avoir une nécessité causée par la maladie.

Mais, quelles que soient les considérations qui ont déterminé les autorités allemandes à adopter cette conduite, quelles que soient aussi les précautions qu'elles ont prises pour en limiter les conséquences, il n'en résulte pas moins qu'il se commet en l'occurrence une violation flagrante de l'engagement que S. E. M. le Baron von der Lancken a exposé dans sa lettre du 14 avril 1916.

La portée de cet engagement est, en effet, l'interdiction absolue de réquisitionner ou d'acheter par libre transaction des produits indigènes, lesquels doivent être réservés à la population civile belge.

Si S. E. M. le Baron von der Lancken a pu manifester sa satisfaction, dans la lettre prérappelée, de ce que S. E. M. le Ministre d'Espagne avait déclaré qu'il ne considérerait pas des achats « occasionnels » de ces produits faits « individuellement » par des personnes appartenant à l'armée comme étant contraire à l'engagement, pour autant que ces achats ne fussent pas « systématiques », il n'est entré dans la pensée d'aucune des parties que cette déclaration constituait un tempérament à l'interdiction dont il s'agit, laquelle est restée absolue.

La déclaration de S. E. M. le Ministre d'Espagne a eu uniquement pour but de dissiper les scrupules de S. E. M. le Baron von Bissing qui, avec le souci qui le caractérisait d'éviter tout ce qui aurait pu être considéré comme un manquement à sa parole, avait manifesté, au cours des pourparlers qui ont précédé l'accord, la crainte qu'un achat fait par l'un ou l'autre soldat dans l'ignorance des instructions ou à l'insu des autorités ne fût considéré comme un manquement à ses engagements.

Il ne saurait donc être question de ranger dans la catégorie des infractions isolées et commises à l'insu des autorités, les seules qu'a envisagées la déclaration prérappelée de S. E. M. le Ministre d'Espagne, les achats faits par des soldats, individuellement sans consentement, mais avec l'assentiment des autorités et suivant une réglementation adoptée par celles-ci; personne ne pourra prétendre que de tels achats ne soient pas systématiques.

Les Gouvernements intéressés au maintien des garanties qui ont été données pour le ravitaillement de la Belgique, ne manqueraient pas de considérer des achats de l'espèce comme faits en violation de la lettre et de l'esprit de l'engagement d'avril 1916.

LES DIRECTEURS.

ANNEXE 4d.

N° A-3654.   le 16 janvier 1918.

Memorandum
pour la Deutsche Vermittlungsstelle C. N.

En date du 14 juillet dernier, le Comité Hispano-Néerlandais avait cru devoir signaler à l'attention de M. le Docteur Rieth les réquisitions de lait faites par l'autorité militaire du camp de Beverloo, qui exigeait, de la part

de la commune, la fourniture journalière d'environ 100 litres de lait.

La réponse de la Deutsche Vermittlungsstelle C. N. fut la suivante :

« L'achat de lait destiné à un hôpital militaire me paraît pas contraire aux conventions. »

D'après les conventions, les fournitures faites aux hôpitaux, lazarets, mess d'officiers, sont sujets à ristourne.

Il n'est pas à la connaissance du Comité Hispano-Néerlandais que de telles restitutions aient été faites en faveur de la population belge.

Dans ces conditions, et étant donné que, depuis cette date, les réquisitions de lait continuent régulièrement, le Comité Hispano-Néerlandais se voit forcé de protester une fois de plus, auprès de la Deutsche Vermittlungsstelle C. N., contre ces violations répétées des engagements contractés par S. E. M. le Gouverneur Général.

LES DIRECTEURS.

ANNEXE 5.

TRADUCTION.

GOUVERNEMENT GENERAL.
D. V. C. N.
C. 669 C. 676

Bruxelles, 5 janvier 1918.

La V. C. N. a reçu les avis (sur l'état du marché ?) du C. H. N. n° A. 3339 du 18 et A. 3384 du 20-12-17. Vu les mesures prises entretemps, il ne semble pas qu'il y ait lieu de s'occuper davantage de la question. La V. C. N. croit cependant que les extraits d'ordre du jour ci-dessous, pris parmi beaucoup d'autres du même genre de la Kommandantur de Bruxelles, pourront intéresser le C. H. N.

1° Je punis l'homme de la Landsturm A. R. Schneider de l'Escadron X de la Landsturm, disciplinairement de 21 jours d'arrêts moyens, parce qu'il a désobéi à un ordre de service en exportant, dans un but mercantile, depuis août 1917, à plusieurs reprises des quantités importantes de marchandises hors du territoire du Gouvernement Général vers l'Allemagne.

2° Je punis le soldat G. K. Hirsch escadron du train X de l'étape, disciplinairement de 7 jours d'arrêts moyens, parce que depuis juillet 1917, époque à laquelle il a pris garnison à Bruxelles, il a fait à plusieurs reprises des affaires en produits alimentaires et en savon et qu'il a fait des dettes dans un café belge.

(s) RIETH.

Au Comité Hispano-Néerlandais
BRUXELLES

ANNEXE 6.

N° A-3822.   Bruxelles, le 29 janvier 1918.

Memorandum
pour la Deutsche Vermittlungsstelle C. N.

Le Comité Hispano-Néerlandais sait gré à la Deutsche Vermittlungsstelle C. N. de la réponse qu'elle a bien voulu faire à la lettre (C. 674 — 15 décembre 1917) concernant l'exportation de fruits et de légumes en Allemagne.

La Deutsche Vermittlungsstelle C. N. reconnait formellement que l'exportation des fruits et des légumes « superflus » n'est pas en contradiction avec les acords conclus avec les Gouvernements neutres. Le Comité Hispano-Néerlandais a toutefois le regret de devoir faire remarquer que, l'an dernier, il y a eu, du côté des autorités allemandes compétentes, une tendance évidente à faciliter la constitution de stocks de façon à créer le « superflu de production » et à décerner les permis de transport à quelques commerçants privilégiés.

Le Comité Hispano-Néerlandais ne peut, à cette occasion, se dispenser de rappeler l'octroi de véritables monopoles à l'Obstzentrale et à M. Otto Adler. Ceux-ci disposaient de nombreuses facilités d'exportation et n'attendaient pas que les organismes de ravitaillement et les Soupes Populaires eussent pu faire leurs achats.

Le Comité Hispano-Néerlandais espère que la Deutsche Vermittlungsstelle C. N. voudra bien intervenir auprès des autorités compétentes afin d'éviter, dans l'avenir, la constitution artificielle de « superflus ». Il lui serait reconnaissant si elle consentait à user de son influence en vue d'obtenir qu'il n'y ait plus de restriction, résultant de privilèges ou de monopoles conférés à des firmes ou à des particuliers, et afin aussi que les marchés puissent désormais se développer normalement.

LES DIRECTEURS.

ANNEXE 7.

N° A-3750   22 janvier 1918.

Monsieur le Marquis,
Excellence,

Comme suite aux mémorandum que nous avons eu l'honneur de transmettre à votre Excellence en date des 27 décembre et 7 janvier, nous avons cru utile de lui faire parvenir la note complémentaire ci-jointe, où sont résumées les constatations faites par nos délégués au sujet des concentrations et expéditions de bétail à Anvers.

Les quelques constatations faites établissent qu'en 3 semaines 3149 bêtes indigènes, ont été reçues au dépôt de la Oelzentrale au hangar n° 9, à Anvers-Sud, et 3114 bêtes en ont été réexpédiées vers le front des armées en campagne.

Nous prions Votre Excellence de vouloir bien agréer l'expression de notre haute considération.

LES DIRECTEURS,

à Son Excellence Monsieur le Marquis de Villalobar, envoyé extraordinaire et Ministre Plénipotentiaire de Sa Majesté le roi d'Espagne

à Son Excellence Monsieur M. van Vollenhoven, Ministre résident de Sa Majesté la Reine des Pays-Bas

à

Bruxelles.

Note complémentaire — Bétail à Anvers

Les constatations faites par le C. H. N. au sujet du mouvement du bétail concentré par

la Oelzentrale à Anvers et expédié ensuite vers le front ont été condensées dans le tableau ci-dessous

Période	ARRIVÉES		DÉPARTS	
	Nombre de bêtes	Origine	Nombre de bêtes	Destination
22 et 23 décembre 17.	650	Ans, Remersdael, Tongres, Maeseyck		
Semaine du 24 déc.	920	Chênée, Aywaille, Longtier, Esschen, Tirlemont, Ans, Bomal, Tongres, Maeseyck.	1100	Bruxelles-Midi (1) Meulebeke et Heule (Flandre Occidentale).
Semaine du 31 déc.	838	Tongres, Ans, Tirlemont, Chênée, Aywaille, Esschen, Bomal, Remersdael, Gembloux, Maeseyck	952	Bruxelles-Midi (1) Liège.
Semaine du 7 janvier.	585	Tongres, Libramont, Ans, Tirlemont, Esschen, Tongres, Maeseyck, Wendre.	507	Bruxelles-Midi (1) Thourout, Courtrai.
14 janvier.	150	Gembloux, Aywaille.	555	Thourout, Courtrai, Bruxelles-Midi (1), Bruges.
	3143		3114	

Comme on le voit, les arrivages et les expéditions se balancent approximativement pendant la période envisagée, de 3 semaines environ.

OELZENTRALE

Comité consultatif du Bureau Central des Huiles pour les questions relatives à la production et à la répartition des aliments provenant des huiles et graisses belges

QUATRIÈME SÉANCE.

Tenue à Bruxelles, le 13 décembre 1917, de 5 à 6 heures de l'après-midi, dans la salle de la Direction du Bureau Central des Huiles.

ORDRE DU JOUR :

1. — Distribution de graisse alimentaire par la Croix-Rouge de Belgique.
2. — Augmentation des quantités de graisse brute livrées.
3. — Distribution du beurre.
4. — Etablissements d'utilisation du contenu des panses de ruminants.
5. — Questions de service :
   a) envoi des procès-verbaux,
   b) envoi de l'ordre du jour,
   c) réception de demandes et réclamations.

Sont présents : (les membres du Comité) :

MM. le Dr v. Köhler, Directeur ministériel, Chef de la Section du Commerce et de l'Industrie, président.
Brinckman, Chef du Bureau Central des Huiles.
Schramm, délégué du Département Politique.
le Dr Dahlberg, Commissaire du Gouvernement près la Fédération Nationale des Unions Professionnelles de Marchands et Producteurs de Beurre, délégué par MM. les chefs de l'Administration civile de la Flandre et de la Wallonie.
Warnants, Agronome belge de l'Etat, à Louvain.

(1) La destination de Bruxelles-Midi est fictive ; les wagons arrivés dans cette gare sont ensuite réexpédiés par la ligne d'Enghien vers les régions d'étapes.

en outre :

Schädlich, second suppléant du Chef du Bureau Central des Huiles.

Bundfuss, Chef de section au Bureau Central des Huiles.

Président. — Le procès-verbal de la troisième séance du Comité Consultatif, tenue le 27 septembre, a été adressé, le 6 novembre, en traductions flamande et française, à M. Van Autgaerden, avec prière de le communiquer à M. Warnants.

Warnants. — Je n'ai pas reçu ce procès-verbal.

Président. — M. Van Autgaerden sera donc invité une seconde fois à vous communiquer le procès-verbal.

PREMIÈRE QUESTION DE L'ORDRE DU JOUR :
DISTRIBUTION DE GRAISSE ALIMENTAIRE PAR LA CROIX-ROUGE DE BELGIQUE

À la dernière séance, il a été promis que le Chef du Bureau Central des Huiles s'informerait auprès de la Croix-Rouge au sujet de la distribution de graisse alimentaire.

Brinckman. — Je me suis mis en relations avec le chef du Fonds de Charité de la Croix-Rouge et je l'ai prié de vouloir éventuellement prendre part à notre séance d'aujourd'hui. Il m'a fait savoir par écrit (voir à l'annexe) que la graisse alimentaire se distribue par rations mensuelles d'un quart de kilogramme au profit des Belges possédant une carte de ravitaillement.

Warnants. — Est-il loisible à tout ouvrier de se procurer une de ces cartes ?

Brinckman. — Non, Monsieur, ces cartes sont réservées aux Belges que les sœurs de charité jugent particulièrement intéressants, qui paraissent particulièrement nécessiteux à cause du nombre de leurs enfants, soit pour d'autres raisons. Les Allemands ne sont point admis, mais seulement les Belges.

DEUXIÈME QUESTION DE L'ORDRE DU JOUR :
AUGMENTATION
DES QUANTITÉS DE GRAISSE BRUTE LIVRÉES

Président. — A la dernière séance, deux de ces messieurs ont été priés de se mettre en relations avec des bouchers belges en vue de trouver des quantités de graisse brute à livrer. Je commence donc par inviter M. Schädlich à bien vouloir nous faire son rapport sur les livraisons de graisse brute effectuées après le moment où le prix a été augmenté.

Schädlich. — A la dernière séance, il a été reconnu comme nécessaire de porter à 5 fr. et 2.50 fr. respectivement les prix de la fonte de bœuf et de mouton. Vu les prix élevés du bétail, nous sommes allés plus loin encore en payant, depuis le 15 octobre, 6 fr. le klg. pour les abats complets dépassant le poids de 3,5 klg. En octobre, les livraisons accusent une notable amélioration comparativement à celles du mois de septembre, amélioration qui s'est heureusement maintenue aussi pendant le mois de novembre. L'augmentation des quantités de graisse livrées n'est pas due uniquement à la majoration des prix et la coïncidence des deux faits est toute fortuite. L'amélioration résulte surtout du fait que, cette année, le bétail n'a quitté que fort tard les pâturages de sorte que, pendant les deux derniers mois, il a été particulièrement bien nourri, c'est pourquoi, à chaque abatage, le rendement en graisse a été supérieur à celui obtenu les mois précédents. En outre, la disette de fourrage sévissant actuellement a rendu les abatages plus nombreux qu'à l'ordinaire.

La baisse des prix qui, grâce aux mesures prises par le Bureau Central des Huiles, sont tombés de 40 fr. à 25 fr. le klg. de suif techni-

que, a contribué aussi à rendre moins tentante pour les bouchers l'opération qui consiste à soustraire à la saisie la graisse de dos. Au cours des premiers mois à venir, toutes ces circonstances n'existeront plus. Il reste donc à voir si les livraisons de graisse seront alors aussi importantes qu'en ce moment.

Président. — M. Warnants, croyez-vous qu'il soit possible d'augmenter encore le rendement en graisse ? En avez-vous causé avec les bouchers ?

Warnants. — Les bouchers se plaignent de ce que la graisse soit saisie. Ils demandent la liberté du commerce.

Brinckman. — Cela est tout à fait impossible. Dans ces conditions, je suis forcé d'en revenir à mon ancienne motion et de proposer que dorénavant, « chaque bœuf abattu, il soit obligatoirement livré une certaine quantité de graisse », proportionnée à la quantité moyenne de la graisse de dos. Tout boucher livrant une quantité de graisse moindre, devra être puni d'une amende de 50 ou de 100 mark. Dans le cas, plus ou moins exceptionnel, où le bœuf abattu ne donnerait pas suffisamment de graisse de dos, le boucher éviterait la punition en prélevant la quantité manquante sur la graisse de rognons ; grâce à quoi sa perte pécuniaire ne serait que minime.

Warnants. — En édictant une pareille prescription, on mettrait les bouchers dans l'alternative inévitable d'être, soit punis, soit lésés dans leurs intérêts pécuniaires chaque fois qu'une bête abattue ne donnerait pas la quantité voulue de graisse de dos. La conséquence en serait que les bouchers renonceraient absolument à livrer de la graisse. Du moment que les bouchers, pour se mettre à l'abri d'une amende, seraient obligés de faire des prélèvements sur la graisse de rognons, celle-ci se trouverait saisie par un procédé détourné.

Brinckman. — Mais non. Il n'est nullement dans nos intentions de saisir la graisse de rognons par quelque voie détournée ; si nous voulions saisir la graisse de rognons, nous le ferions en vertu d'un arrêté. Ma proposition ne vise qu'à ce seul but d'obtenir effectivement la livraison complète de la graisse de dos, conformément aux prescriptions en vigueur.

Le nombre de contrôleurs que nous nommons ne suffirait jamais à forcer les intéressés à livrer intégralement la graisse de dos provenant de tous les abatages. C'est pourquoi nous devons arrêter une prescription qui garantisse la livraison de la graisse. En faisant, durant un mois, la comptabilité exacte relativement à la graisse de dos provenant des abatages, il nous sera facile d'établir un chiffre moyen et nous pourrons obliger les bouchers à livrer, après chaque abatage, la moyenne réglementaire. En général, le boucher gagne du moment qu'il n'a à livrer que la quantité moyenne ; ce n'est que dans le cas exceptionnel qu'un bœuf serait très maigre qu'il aurait à ajouter de la graisse prise ailleurs.

Schramm. — Au nom du Département Politique, je suis obligé de me rallier aux déclarations de M. Warnants. Une mesure comme celle qu'on nous propose ne saurait se justifier au point de vue du droit. On ne peut pas exiger que les bouchers livrent plus de graisse que le bœuf n'en donne. Tous les bouchers qui abattent seraient lésés par une pareille mesure et cela quand il n'y aurait aucune faute à leur imputer.

Brinckman. — Non, messieurs, ma proposition ne porterait aucun préjudice aux bouchers, mais elle les obligerait simplement à livrer la totalité de la graisse de dos, comme cela leur a été prescrit depuis longtemps déjà. Dorénavant, le boucher devrait livrer, après chaque abatag,e une quantité égale à la moyenne qu'on aura établie. S'il abat des bœufs gras et dont la graisse de dos forme une quantité plus grande, libre à lui d'en réserver l'excédent et de s'en servir plus tard pour compenser l'insuffisance quantitative de la graisse de dos provenant d'autres abatages. Je n'ai nullement l'intention de prendre aux bouchers la graisse de rognons qui, au contraire, doit rester absolument libre comme par le passé. Il va sans dire que nous ne fixerons point arbitrairement la quantité moyenne, mais que nous tenons à l'établir à l'aide d'un examen consciencieux. Une fois la quantité moyenne exactement établie, le boucher ne serait pas obligé de prélever sur ses provisions de graisse de rognons, en vue de compléter la quantité due.

Schädlich. — La moyenne ne saurait se calculer que sur la base des livraisons effectuées jusqu'à présent mais, par suite des soustractions qui actuellement s'opèrent sur une vaste échelle, nous arriverions à obtenir comme moyenne un chiffre très peu élevé, de sorte que, au cours de mois à bon rendement, tels que ce mois dernier, nous devrions renoncer à toute augmentation des quantités livrées.

Brinckman. — Cela vient, à l'appui de mon avis qui conclut à ceci, que les bouchers trouveraient avantage à ne livrer désormais que la quantité moyenne. Comme règle générale : le rendement en graisse de dos n'atteint pas la moyenne rabaissée, ils sont tenus de compenser le déficit en prélevant sur la graisse de rognons fournie par la même bête.

v. Köhler. — Ce qui me rend méfiant au sujet de la proposition, c'est qu'elle remplace sur des bases absolument nouvelles la livraison obligatoire de la graisse. En effet, le principe actuellement en vigueur, exclut la graisse de rognons de toute livraison obligatoire. Or, ce serait porter atteinte à ce principe, si, dans certains cas, la menace d'une forte amende venait, dans la pratique, contraindre les bouchers à prélever des compensations sur leurs provisions de graisse de rognons.

A sa deuxième séance, le Comité a repoussé une motion tendant à la saisie de la graisse de rognons; il se mettrait donc en contradiction avec lui-même, s'il adoptait maintenant des dispositions pareilles, qui créeraient une obligation effective de livrer de la graisse de rognons. Et cela resterait vrai alors même que l'obligation ne porterait que sur quelques cas exceptionnels. A première vue, la motion paraît séduisante, parce qu'elle semble de nature à garantir la livraison intégrale de la graisse de dos et à en finir avec les soustractions mais néanmoins, les raisons que je viens d'indiquer m'empêchent de trouver bon un pareil procédé.

Brinckman. — J'avoue que ces considérations militent contre ma motion. Mais je dois insister toujours de nouveau sur ce fait qu'il est de notre devoir de mettre un terme aux soustractions de graisse de dos ; la livraison de la graisse de dos est obligatoire et doit devenir une réalité. C'est pourquoi, à notre dernière séance, j'avais prié ces deux Messieurs de vouloir délibérer avec les bouchers et de nous faire des propositions facilitant la répression des soustractions et garantissant la livraison régulière de la graisse de dos. Au lieu de cela, voilà qu'on vient, aujourd'hui, nous proposer d'abandonner toutes les graisses au commerce libre. Il va sans dire que cela est de toute impossibilité. Je prie instamment M. Warnants de venir au secours de son pays,

afin que la graisse soit utilisée à l'alimentation des pauvres gens, au lieu d'être, en grande partie, soustraite et envoyée aux fabriques de savon, comme cela se passe actuellement. Au cours de ces mois derniers, nous avons encore dû constater dans de nombreux cas que la graisse de rognons et une grande partie de la graisse de dos sont saponifiées dans des fabriques clandestines. Pourtant, en ce qui concerne l'utilisation de la graisse saisie, nous vous en fournissons des preuves patentes. Je vous prie donc d'examiner sérieusement cette question d'accord avec les bouchers et de chercher par quels moyens il serait possible de faire cesser les soustractions. Je serais d'avis de renoncer, pour aujourd'hui, à tout vote sur ma motion, à la condition toutefois que nos collègues belges délibéreront avec les unions de bouchers ou d'autres personnes compétentes en vue de garantir les livraisons et qu'à la séance prochaine ils nous soumettront des propositions utiles.

Warnants. — A notre séance du 17 juillet, il était question de mettre à la disposition des commune telle quantité de graisse alimentaire qu'indiquerait la masse de graisse brute livrée par leur district. Je ne crois pas que la pratique observée actuellement, réponde bien à ce principe. C'est ainsi, par exemple, que la ville de Bruxelles qui, selon ses statistiques a livré 1/2 million de kgs de graisse brute, n'a reçu en échange que de temps à autre quelque chose pour ses magasins communaux. Le même cas se présente pour d'autres villes.

Schädlich. — Un tableau relevant les quantités de graisse alimentaire distribuées dans la province de Brabant a été fourni en annexe au procès-verbal de la deuxième séance du Comité consultatif ; il en appert que nous avons distribué de la graisse brute à la fabrique de margarine Van den Bergh et de la graisse alimentaire aux établissements d'alimentation de la Croix-Rouge de Belgique, à la commune d'Anderlecht et au Service des Hospices et de l'Assistance publique de Bruxelles. Tout cela provient des abatages bruxellois. Les autres quantités de graisse brute livrées à Bruxelles ont trouvé leur emploi en d'autres endroits. Un relevé exact des distributions en question se trouve dans le procès-verbal. Il est exact que, dans le temps, nous avons admis l'éventualité de restituer aux communes qui nous en feraient la demande, une quantité de graisse alimentaire proportionnée à leurs livraisons de graisse brute, mais à la suite de cette déclaration, nous subissons de la part des communes un assaut tel qu'il est tout bonnement impossible de donner satisfaction à ces demandes. Même des communes qui jamais encore n'ont livré de graisse brute et d'autres qui, peut-être, en livrent 1 ou 2 kilogr. par mois, viennent maintenant nous demander de la graisse alimentaire. Il va sans dire qu'il nous est impossible de restituer des quantités aussi minimes. C'est précisément parce que les communes ont été, de je ne sais quel côté, incitées à nous demander de la graisse alimentaire, qu'il nous est devenu absolument impossible de contenter cette classe de solliciteurs. Voilà pourquoi, à partir du 1 janvier, nous serons obligés de pratiquer d'une autre façon la distribution de la graisse alimentaire. Une distribution générale, réglée par têtes de la population, n'est pas faisable, parce que la ration revenant à chaque individu serait par trop exiguë, ainsi qu'il fut déjà démontré à la deuxième séance de notre Comité. Pour leurs œuvres d'assistance, telles les soupes communales, les communes trouveront à leur disposition la graisse de rognons, qui n'est pas saisie. Quant à la graisse dont la livraison est obligatoire, nous proposons de la réserver dorénavant tout entière aux ouvriers belges occupés à de durs travaux, en vue de leur conserver la vigueur nécessaire et d'entretenir leur capacité de travail. La ration supplémentaire de graisse départie ainsi à ces ouvriers, leur sera distribuée par l'entremise d'une organisation spéciale créée ad hoc et chargée de livrer directement aux établissements industriels dont les cantines l'utiliseront au profit des ouvriers belges qui assument de durs travaux ; la quantité de graisse revenant à chacun d'entre eux se réduira à quelques grammes par mois.

Brinckman. — Le nouveau mode de répartition répond absolument aux vœux exprimés depuis longtemps déjà par les intéressés belges. M. Warnants aussi n'hésitera pas, je le suppose, à approuver l'utilisation de la graisse au profit des ouvriers belges.

Warnants. — Naturellement, il n'est pas admissible que les communes qui ne livrent que quelques kgs. de graisse brute, reçoivent la quantité correspondante de graisse alimentaire. D'autre part il ne serait peut-être pas impossible de contenter les communes livrant, par exemple, 100 kgs et plus, en leur accordant de 50 à 55 kgs. de graisse alimentaire par 100 kgs. de graisse brute livrés. La disette de graisse se fait sentir partout, et les communes qui, en recevraient le réserveraient également au profit des nécessiteux et des ouvriers occupés à de durs travaux. Pourquoi, dès lors, serait-il impossible de restituer la graisse aux communes ?

Schädlich. — Pour les distributions à faire aux œuvres charitables, soupes communales, etc., les communes ont à leur disposition la graisse de rognons. Jusqu'à présent, la graisse de dos saisie a été distribuée dans des conditions conformes à vos vœux; ainsi, nous avons prouvé, entre autres, que pendant un certain temps 3000 kgs par mois ont été attribués à la ville d'Anvers. Le procès-verbal cite encore d'autres communes auxquelles nous avons livré de la graisse alimentaire, mais, à présent, la distribution de graisse de dos aux communes n'est plus possible, parce que les compétitions sont devenues trop nombreuses. Voilà pourquoi nous avons décidé de réserver la graisse saisie à ceux qui particulièrement besoin d'obtenir une ration additionnelle, c'est à dire aux ouvriers occupés à de durs travaux.

Brinckman. — A l'avenir aussi, la graisse saisie ne profitera qu'à des Belges exclusivement.

Président. — Personne ne demande plus la parole au sujet de la question relative à un nouveau mode de distribution de la graisse. Nous pouvons donc considérer cette question comme épuisée.

Quant à la question qui concerne l'augmentation éventuelle des livraisons de graisse brute, la proposition de M. Brinckman me paraît acceptable. Pour aujourd'hui, je serais d'avis de ne pas procéder au vote sur sa motion. Je prie donc M. Warnants de se mettre encore une fois, lui et M. van Autgaerden, en relations avec les bouchers et de leur faire comprendre qu'il est impossible de renoncer à la saisie et qu'ils s'exposeraient à des mesures plus sévères dans le cas où la graisse de dos, dont la livraison est obligatoire, ne serait pas effectivement livrée dans des conditions plus satisfaisantes que par le passé ; je constate que telle est la décision du Comité.

TROISIÈME QUESTION DE L'ORDRE DU JOUR :
DISTRIBUTION DU BEURRE

Président. — M. Warnants, avez-vous encore quelque question spéciale ou quelque vœu à formuler ?

Warnants. — Je voudrais dire un mot sur la distribution du beurre. Il me semble que la quantité de beurre qu'on distribue est fort mince. Chez nous, les gens ne reçoivent que 50 gr. de beurre par semaine, et souvent il leur arrive de ne même pas recevoir cette quantité, qui pourtant est très, très modique. Il paraîtrait que le beurre est en très grande partie saisi par les autorités — par le Commissaire du Gouvernement, les commissaires civils, les officiers et les soldats, — et que c'est pour cela qu'il en reste si peu à distribuer à la population.

Une autre raison consiste en ceci que les commissaires civils enjoignent aux administrations de livrer pour MM. les fonctionnaires 250 gr. de beurre par semaine, tandis que les Belges n'en obtiennent que 50 gr.

Dahlberg. — C'est la Fédération Nationale des Unions Professionnelles de Marchands et Producteurs de Beurre qui s'occupe de recueillir et de distribuer le beurre. Voilà ce qui rend impossible toute saisie. Les commissaires civils non plus ne sont autorisés à enjoindre aux administrations communales d'avoir à fournir du beurre. Il est vrai que la commune de Mappes se plaint d'avoir été invitée par le commissaire civil à livrer 250 gr. de beurre aux fonctionnaires et employés du chemin de fer. Cette réclamation nous a été transmise par l'intermédiaire du Comité Hispano-Néerlandais ; elle forme actuellement l'objet d'une enquête de notre part. Quand il y a disette de beurre, on dit toujours que ce sont les Allemands qui l'ont saisi et qui le distribuent aux fonctionnaires à raison de 250 gr. par semaine. Cela n'est absolument pas exact. De tels ordres ne peuvent être donnés aux administrations communales parce que celles-ci n'ont qu'à veiller à la stricte exécution des arrêtés de S. E. M. le Gouverneur Général, et non à distribuer le beurre. La livraison du beurre se fait exclusivement à la Fédération Nationale qui, à son tour, le distribue. Toutes les plaintes et réclamations doivent donc être adressées à la Fédération Nationale. Quant aux renseignements qu'on voudrait prendre, il ne faut jamais les demander aux bourgmestres des communes rurales ; ils sont eux-mêmes des-paysans et, parfois, ne sont pas sans avoir, eux-mêmes, participé plus ou moins directement au commerce illicite du beurre. Ce ne sont pas eux qui diront la vérité. Dans l'arrondissement de Tirlemont, il est vrai, le beurre s'était fait rare, ce qui s'explique par des raisons d'ordre local et aussi par la diminution que la production subit naturellement à cause de la saison. En général, toutefois, on distribue dans la province de Brabant 200 gr. par quinzaine.

Warnants. — On raconte aussi que tout le beurre produit à la laiterie de Schepdael, près de Bruxelles, y aurait été saisi.

Dahlberg. — Mais non, Monsieur, le beurre n'y est pas saisi, mais simplement enlevé par notre auto, pour être livré à la Fédération Nationale qui, elle, ne dispose d'aucun moyen de transport.

Warnants. — Pourquoi, alors, n'envoie-t-on pas chercher le beurre aussi à Neeryssche ?

Dahlberg. — Là aussi et en d'autres endroits encore, notre auto va enlever le beurre pour le compte de la Fédération. J'ai déjà répondu dans ce sens à une question analogue du Comité Hispano-Néerlandais.

Le beurre est destiné à la Fédération, ce qui est déjà prouvé par le fait que ce n'est pas nous, mais bien la Fédération qui le paye.

Warnants. — Il existe encore différentes autres laiteries où le beurre est enlevé ainsi, telles Lombeek-Sainte-Catherine. A Sainte-Agnès de Wambeek, l'auto en enlève 300 kilogrammes par semaine. Pourquoi n'y enlève-t-on pas la production entière ?

Dahlberg. — On y enlève, de la production, tout ce que le propriétaire de la laiterie est obligé à livrer à la Fédération. Conformément à l'article 3, 1er alinéa de l'arrêté du 22 août 1916, on abandonne 250 grammes par semaine au propriétaire de la laiterie et autant à chaque membre de son ménage pour leur consommation personnelle ; en outre, une certaine quantité est réservée aux agriculteurs affiliés à ladite laiterie ainsi qu'à la population domiciliée dans la commune. Ce n'est que le restant qui se livre à la Fédération et c'est ce restant destiné à la Fédération que nous faisons enlever par notre auto.

Warnants. — A Libramont dans la province de Luxembourg, on est venu, le 6 octobre, réquisitionner tout le beurre, et la population n'en a rien eu.

Dahlberg. — Cela s'est probablement fait par ordre du Baron de Coppée, qui a besoin du beurre pour son alimentation, par l'entremise de laquelle la distribution se fait là-bas. Cela ne nous regarde pas. Il n'y a pas de réquisitions dans le territoire du Gouvernement Général. Quand on exerce un contrôle chez les propriétaires de laiteries, pour savoir ce que devient leur production, ils affirment souvent que tout vient d'être enlevé de chez eux. C'est à cela qu'il ne faut pas ajouter foi. Avez-vous contrôlé leur comptabilité ? Avez-vous constaté que tout, en effet, a été enlevé ?

Warnants. — La laiterie de Soy, dans le district de Marche, province de Luxembourg, a été invitée par écrit à livrer 350 kilogrammes par semaine.

Dahlberg. — Je n'ai pas connaissance de cet ordre. J'ignore absolument de qui émane un tel ordre. Je ferai une enquête. Si quelque illégalité avait été commise de ce côté, j'aurais déjà reçu une réclamation du Comité Hispano-Néerlandais. Toutes ces réclamations concernant des réquisitions illégales de beurre sont adressées au Département Politique, où elles sont examinées ensuite. Quand vous entendrez encore parler de plaintes de ce genre, vous n'aurez qu'à m'en prévenir, pour que je puisse faire les recherches nécessaires. Dans le territoire du Gouvernement Général, toutes les réquisitions sont interdites. Pas plus tard qu'hier, S. E. M. le Gouverneur Général a renouvelé cet arrêté. En outre, on a dû donner quittance pour quelque réquisition. Faites-vous donc montrer, je vous prie, ces quittances et envoyez-les moi.

Les producteurs voulant se dérober à l'obligation de livrer, déclarent souvent que leur beurre vient d'être enlevé par quelque autorité militaire ; cela n'est vrai que lorsqu'ils peuvent produire une quittance en bonne et due forme.

Président. — Nous sommes bien obligés à M. Warnants de ce qu'il veut bien nous communiquer les réclamations et les plaintes portées à sa connaissance. De mon côté, je ne peux que promettre également que suite sera donnée à toutes les réclamations de cette espèce. Si de nouvelles réclamations devaient vous parvenir d'ici à la séance prochaine, je vous prie de les communiquer à M. le Dr Dahlberg.

Schädlich. — Ne serait-il pas utile de prendre note au procès-verbal que, ce matin, M. Warnants a visité notre fabrique d'aliments destinés au bétail ?

Président. — Avez-vous des observations à faire à ce sujet.

Warnants. — L'installation est très intéressante et très pratique. Je suis convaincu que des établissements pareils, inconnus jusqu'à présent en Belgique, seront créés dans ce pays aussi, une fois la paix revenue, car ils sont en effet très pratiques.

Bundfüss. — En temps de paix, les établissements d'utilisation du contenu des panses de ruminants ne feront leurs frais qu'à la condition de se trouver annexés à quelque grand abattoir. L'organisation en est relativement coûteuse et ne paraît pratique que dans les grandes villes où se trouvent aux prises avec de grosses difficultés et de grosses dépenses causées par la nécessité de se défaire des déchets provenant des abatages. L'abattoir d'Anderlecht est assez important pour rendre profitable la transformation en aliments des matières contenues dans les panses. Là, l'établissement mérite d'être conservé. De même à Anvers et à Liège, il se pourrait qu'un service analogue fût pratique en temps de paix. Mais en général, les déchets provenant des abatages seraient insuffisants à justifier des installations de paix, des aliments préférables au contenu des panses. A Louvain, par exemple, un établissement pareil ne ferait, naturellement, pas ses frais.

Président. — Y a-t-il encore quelque observation ou demande à formuler ?

Dahlberg. — Je me permets de proposer de faire accompagner désormais les envois des procès-verbaux d'un accusé de réception, afin qu'il n'y ait pas de doute possible relativement à la question de savoir s'ils sont parvenus à chacun de ces Messieurs.

Warnants. — Jusqu'à présent, nous avons reçu chacun notre exemplaire ; c'est probablement à cause de la cale que M. van Autgaerden a oublié de me communiquer le sien.

Brickman. — Cette fois-ci, nous n'avions fait qu'un seul exemplaire des traductions flamande et française et voilà pourquoi M. van Autgaerden fut prié de faire passer le compte-rendu à M. Warnants, après en avoir pris connaissance lui-même.

Président. — A l'avenir, je prie d'adresser, de nouveau, à chacun de ces deux Messieurs un exemplaire du procès-verbal accompagné d'un accusé de réception.

Warnants. — Ne serait-il pas possible de nous envoyer l'ordre du jour en même temps que l'invitation à la séance ? Cela nous permettrait de nous informer au préalable.

Président. — Dorénavant, l'ordre du jour sera également envoyé à ces Messieurs avec un accusé de réception.

Dahlberg. — Ne pourrait-on pas aussi inviter ces Messieurs à nous annoncer, quelques jours d'avance, les questions et réclamations qu'ils se proposent de formuler au cours de la séance, afin que les rapporteurs soient à même de donner, à la séance, les éclaircissements nécessaires en se basant sur les pièces à l'appui.

Président. — Cela me semble pratique. Je prie donc ces Messieurs de nous adresser, quelques jours d'avance, la liste de leurs réclamations, pour que nous puissions examiner les faits cités.

Personne n'ayant plus d'autres demandes à formuler, je lève la séance.

Bruxelles, janvier 1918.

Annexe 1.

Fonds de Charité
près le
Chef de l'Administration de la Flandre
Section :
Etablissements de consommation
en Flandre et en Wallonnie

Geschäftsnummer 5007

Bruxelles, le 5 décembre 1917.
Ancien Observatoire.

Au bureau Central des Huiles en Belgique,
Bruxelles
Boulevard Anspach, 29

En réponse à la lettre du 5 décembre 1917, Tgb. Nr. Geh. 868, nous déclarons que la graisse débitée, en concurrence avec d'autres aliments et articles de consommation, dans les succursales des Etablissements de consommation existant dans le territoire du Gouvernement Général, se distribue, par ration de 1,4 klg. par tête et par mois, aux personnes qui possèdent une carte y donnant droit : Ces cartes sont délivrées, par les Etablissements de consommation, exclusivement à des Belges désignés nominativement par la « Fürsorge ».

(s.) Wallach.

Annexe 2

PROVINCE DE BRABANT
COMMISSION PROVINCIALE D'AGRICULTURE

Tirlemont, le 19 décembre 1917.

Monsieur le Président,

En réponse à votre honorée lettre du 13 de ce mois, n° 888, je vous fais savoir qu'un incident imprévu m'a empêché d'assister à la dernière séance du Bureau Central des Huiles et même d'excuser mon absence. J'avais été appelé la veille au chevet de mon frère gravement malade et qui est mort le jour suivant. N'ayant là-bas aucun moyen de télégraphier ni de téléphoner, il m'a été impossible de m'excuser même par cette voie. Je vous avouerai encore franchement qu'à ce moment douloureux je n'ai pas pensé un seul instant à notre séance.

(s) VAN AUTGAERDEN.

A Monsieur le Président
du Bureau Central des Huiles.

N° A 3642.

Bruxelles, le 15 janvier 1916.

Memorandum pour la Deutsche
Vermittlungsstelle C. N.

Le C. H. N. se voit forcé de signaler à la V. C. N. de nouvelles mesures qui font supporter à l'ensemble des populations les conséquences d'une faute que l'autorité croit devoir reprocher à certaines individualités.

Depuis le mois d'octobre, les communes de Grand-Leez, Sauvenières, Tongrinne (canton de Gembloux), Ave et Auffe (canton de Rochefort) sont privées de sucre, de confiture ou de miel, par ordre de l'autorité allemande qui entend les punir du fait que des fermiers habitants ces villages n'ont pas fourni assez de beurre à la Centrale. Depuis le mois de novembre, les communes de Lonzée et de Mazy (canton de Gembloux) pâtissent, pour des raisons identiques, des mêmes mesures.

Le C. H. N. s'en voudrait de ne point regretter l'application de semblables décisions qui atteignent surtout des innocents dans leurs moyens de subsistance, à un moment de l'année où le ravitaillement est des plus malaisés.

Le C. H. N. se permet de renouveler la demande qu'il s'est autorisé à faire déjà, à propos de cas analogues, tendant à obtenir des renseignements sur l'utilisation donnée aux produits dont les populations ne bénéficient plus.

*
**

D'autre part, la V. C. N., dans la réponse à la lettre que le C. H. N. lui a adressée le 17 décembre dernier, manifeste le désir d'avoir connaissance du relevé établissant que par suite des décisions prises par le Commissaire civil de Dinant, 17.000 kgs de sucre n'ont pas été distribués aux populations de villages qui ont été atteints par les mesures coercitives dont il s'agit.

Le C. H. N. n'a point affirmé que le sucre non distribué ait eu une destination non conforme aux Conventions. Il s'est borné, en vertu du contrôle qu'il doit exercer sur l'utilisation des produits indigènes, à solliciter des renseignements sur l'usage qui a été fait du sucre dont les populations des villages en cause ont été privées. Il n'est en rien sorti du cadre de ses attributions.

Au surplus, le C. H. N. transmet à la V.C.N. le tableau ci-inclus qui établit les quantités de sucre et de miel qui n'ont pas été réparties aux habitants.

LES DIRECTEURS,

COMMUNES PRIVÉES DE SUCRE — ARRONDISSEMENT DE DINANT

COMMUNES	Population	QUANTITÉS RETENUES EN KILOGRAMMES									Total
		Avril	Mai	Juin	Juillet	Août	Septembre	Octobre	Novembre	Décembre	
Chevetogne	723	433,8	433,8	573,4	—	—	—	—	—	—	1.446
Schaltin	766	459,6	459,6	612,5	—	—	—	—	—	—	1.532
Achêne	737	—	—	589,6	—	—	—	—	—	—	589,6
Barvaux-Condroz	522	—	313,2	417,6	—	—	—	—	—	—	730,8
Fronville	626	—	375,6	500,8	—	—	—	—	—	—	876,4
Mont Cauthier	659	—	413,4	551,2	—	—	—	—	—	—	964,6
Wavreille	508	—	—	406,4	—	—	—	—	—	—	404,4
Winenne	1942	—	925,2	1.233 6	—	—	—	—	—	—	2.158,8
Bièvre	865	—	—	692	—	—	—	—	—	—	692
Houdremont	317	—	—	253,6	—	—	—	—	—	—	253,6
Vresse	192	—	—	163,0	—	—	—	—	—	—	153,6
Falmagne	392	—	—	—	—	—	—	235,2	235,2	236,2	705,6
Varnant	701	—	—	—	—	—	—	—	420,6	—	420,6
Rienne	780	—	—	—	624	624	624	468	468	—	2.808
Bourseigne-Neuve	329	—	—	—	—	—	263,2	197,4	197,4	—	653
Bourseigne-Vieille	156	—	—	—	—	—	124,8	93,6	93,6	—	512
Cornimont	148	—	—	—	—	—		88,8	98,8	—	177,6
Laforêt	225	—	—	—	—	—	—	135	135	—	270
Louette-St Denis	520	—	—	—	—	—	—	312	312	—	624
Nembre	196	—	—	—	—	—	—	117,6	117,6	—	235,2
Mouzaive	108	—	—	—	—	—	—	64,8	64,8	—	129,6
Orchimont	391	—	—	—	—	—	—	234,6	234,6	—	469,2
Vresse	192	—	—	—	—	—	—	115,2	115,2	—	230,4
Pessoux	665	—	—	—	—	—	—	—	—	399	399
		893,4	2.920,8	5.959,6	624	624	1.012	2.062	2.488,8	634,2	17.243

Annexe 10.

TRADUCTION.

GOUVERNEMENT GENERAL
D. V. C. N.
C. 623

Bruxelles, le 14 janvier 1918.

En réponse à sa lettre A-3358 du 19 décembre 1917, la V. C. N. donne volontiers suite au désir du Comité et informe celui-ci que la « Zichorien-Abteilung » a reçu l'autorisation de faire acheter au total 35.000 tonnes de betteraves fourragères, de les sécher, de les griller et de les faire moudre comme succédané de café. La poudre ainsi obtenue est attribuée aux Magasins Communaux et distribuée à la population sous la surveillance de MM. les Commissaires civils. Il y a à disposition cette année :

1440 tonnes de poudre de chicorée		
3500 »	»	betterave
400 »	»	glands

ensemble : 5340 tonnes, dont 75 grammes par tête et par mois, en moyenne, sont attribués à la population.

Il y a lieu de remarquer encore que ce résultat est obtenu sans qu'aucune indication ait été apportée de la part du Comité que les produits susdits trouveraient un emploi qui ne serait pas d'accord avec les Conventions.

(s) RIETH.

Au Comité Hispano-Néerlandais
BRUXELLES

Annexe 11.

COPIE-TRADUCTION.

GENERALGOUVERNEMENT IN BELGIEN
DEUTSCHE VERMITTLUNGSSTELLE C. N.
N° C. 550/51.

Bruxelles, le 22 janvier 1918.

Réponse à votre lettre A. 2808 du 31 octobre 1917, cas 6 et 7.

La situation décrite est exacte. Il y a longtemps que les autorités intéressées savent que, dans la région de Florenville, il se fait de la façon indiquée un trafic d'achats et d'échanges à des prix exagérés.

Tous les organismes intéressés travaillent, par tous les moyens dont ils disposent, à faire disparaître petit à petit ces agissements fâcheux. Les gens à charge de qui il est relevé des actes délictueux ont toujours à en rendre compte; ils sont sévèrement punis et les arrêts sont rendus publics. C'est ainsi, par exemple, qu'à la réception de la lettre du Comité les punitions, dont copie ci-jointe, venaient précisément d'être affichées.

Il y a lieu d'espérer que, par suite de l'intervention énergique des autorités, il sera bientôt remédié à la situation.

(s) RIETH.

Au Comié Hispano-Néerlandais,
BRUXELLES.

COPIE-TRADUCTION

KOMMANDANTUR N° 86.

E. O. le 26-11-17.

L'arrêt pénal suivant est à publier en langue française et de la manière habituelle dans toutes les communes du territoire d'étape :

La nommée Zulma Sosset, à Poncelée, a été condamnée à une semaine de prison et à une amende de Mk 500 parce qu'elle a vendu des vivres à un soldat allemand sans permis et en transgressant les prix maxima fixés.

E. O. le 30-11-17.

L'arrêt pénal suivant est à publier en langue française et de la manière habituelle dans toutes les communes du territoire d'étape :

Les fermiers : 1) Jules Taillier, à Izel ; 2) Michel Gilson, à Izel ; 3) Victor Gérard, à Moyen ; 4) Jules Sauce, à Moyen, ont été condamnés chacun à un mois de prison et à plusieurs centaines de Mk d'amende, parce qu'ils ont vendu des vivres à des soldats allemands non munis d'un permis de la kommandantur d'étapes et en transgressant les prix maxima fixés.

(s) ROCHOLL,
Oberleutnant et Commandant.

ANNEXE 12.

En février 1915, M. Carton mit gratuitement son Usine à la disposition du Comité National, pour y établir des magasins et bureaux.

Au début, l'Usine travaillait encore et le Comité dut loger une partie de ses marchandises, d'abord à l'entrepôt, plus tard chez M. Pieron.

Ensuite, M. Carton fit vider les magasins pour remplacer les dépôts qui avaient été pris par l'autorité allemande.

En mars 1916. — L'autorité occupante prit possession d'une aile de l'entrepôt que le Comité occupait depuis février 1915.

En juin 1917. — Le magasin de M. Pieron, raccordé au chemin de fer, voisin des magasins principaux du C.N., comprenant une cave, un rez-de-chaussée et trois étages, fut cédé à l'autorité allemande qui voulait déjà prendre une partie des magasins principaux.

Fin décembre 1917. — Le Comité Régional fut mis en demeure d'évacuer l'Usine Carton.

Le 3 janvier, à l'intervention de M. Dinst, aide-de-camp du Kreischef, cette mise en demeure fut suspendue.

Le 19 janvier. — La kommandantur demanda que le C. R. lui cédât le hangar où sont logées les denrées réservées aux évacués français.

Le C. R. demanda au C.P. d'intervenir auprès de M. le Gouverneur Général.

Le 22 janvier. — Un sous-officier de la kommandantur demanda quelle était la décision du C. R. Il lui fut répondu que le C.R. insistait auprès de l'autorité supérieure. Le même jour, un officier de la VIme armée visita les locaux et annonça que le C. R. devrait vider les lieux.

Le 24 janvier. — Le Directeur du C.R. reçut la note dont copie (annexe 1).

Le 25 janvier. — Le Président du C.R. reçut la réquisition (annexe 2).

Le 26 janvier. — Visite de M. Saura et entrevue avec M. Dinst, aide-de-camp du Kreischef. Le même jour, le C. R. est avisé que l'ordre de la Kommandantur est supprimé (annexe 3).

Annexe 1

MONSIEUR BLANMAILLAND,
ATH.

Donnez tout de suite une réponse si vous videz le hangar chez Carton-Herman ou non.
A. B.
Opp. Burno

ORTS KOMMANDANTUR ATH
N° 462

Ath, le 25 janvier 1918.

A LA VILLE D'ATH,

Vous êtes invité de faire vider le hangar occupé par le Comité Régional chez Carton-Herman jusqu'à demain midi.

Nous attendons votre réponse que le hangar est vide et à la disposition de la Kommandantur demain à midi.

A. B.
(s.) Klein
Leutnant.

Pour copie conforme,
Ath, le 25 janvier 1918.
Le Bourgmestre,
(s.) O. Ouverleaux.

Prière de nous faire connaître la suite donnée à la présente samedi 26 courant avant 11 heures.
(s.) O. Ouverleaux.

Annexe III

Ath, le 26 janvier 1918.

A LA VILLE D'ATH,

Vous êtes informé que l'ordre d'hier de vider le hangar chez Carton-Herman est supprimé.

A. B.
(s.) Klein
Leutnant.

ANNEXE 13.

POLITISCHE ABTEILUNG BEI DEM GENERAL-GOUVERNEUR IN BELGIEN

V. 4369.

Bruxelles, le 19 janvier 1918.

Monsieur le Ministre,

J'ai eu l'honneur de recevoir la lettre que Votre Excellence a bien voulu m'adresser le 30 novembre 1917. Je me suis immédiatement mis en rapport avec les autorités compétentes et j'ai le plaisir de faire savoir à Votre Excellence que ces autorités ne voient pas d'inconvénient à ce que les délégués espagnols du Comité Hispano-Néerlandais continuent leur activité dans le territoire entourant les communes de Gages, Chièvres, Ladeuze, Buissignies et Grossage qui a été transféré dernièrement du Gouvernement Général à l'étape.

Il sera toutefois nécessaire que ces délégués, avant un voyage en ce territoire, se mettent en communication avec Monsieur le Capitaine Willis, à Mons.

Je saisis l'occasion pour renouveler à Votre Excellence les assurances de ma haute considération.

(s) LANCKEN.

A Son Excellence
Monsieur le Marquis de Villalobar.
Ministre de Sa Majesté le roi d'Espagne.

Rapport au 1er mars 1918

Nous avons eu l'occasion de constater à différentes reprises ces derniers temps de la part de divers organismes allemands une attitude quelque peu expectante à notre égard. Il ressort d'autre part de communications échangées avec certains fonctionnaires allemands, que les autorités occupantes à Bruxelles et en province, mises constamment en présence de nos réclamations, trouvent excessive l'activité de notre comité en raison des multiples enquêtes qu'elle fait naître. Notre action outre les explications qu'elle suscite de la part des administrations responsables, soumet en effet, à une surveillance permanente les divers organismes allemands de ravitaillement : Proviantamt, Zentral Einkaufgesellschaft, Zuckerverteilungsstelle, Kartofelversorgungsstelle, etc.

D'autre part nous avons été informés indirectement de ce que M. Rieth estime qu'il serait bon, dans l'intérêt général, que le Comité Hispano-Néerlandais ne multiplie pas les réclamations concernant les garanties et nous avons eu l'occasion de prendre connaissance, par hasard, d'une protestation des présidents des administrations civiles en Belgique contre l'action du Comité Hispano-Néerlandais. Nous ne croyons cependant pas devoir changer notre ligne de conduite en répondant aux vœux exprimés par les diverses autorités allemandes ; d'une part, parce qu'une attitude semblable serait contraire à l'absolue neutralité que nous nous sommes donné pour règle d'observer ; d'autre part, parce que la tendance actuelle des autorités nous est un sûr garant que notre mission est efficace puisqu'elle contrarie certains organismes intéressés au trafic des vivres indigènes en mettant des entraves à leur liberté d'action dans le pays.

.•.

Un article paru dans le *Telegraaf* du 24 février 1918, d'Amsterdam, au sujet de la situation alimentaire en Belgique, a fait l'objet d'un échange de vues entre la Vermittlungsstelle et notre Comité. Contrairement à la demande expresse émanant de la Vermittlungsstelle, nous n'avons pas cru devoir engager une polémique au sujet de cet article, ni infirmer les informations y contenues.

Nous vous remettons ci-joint, pour gouverne, les principales correspondances échangées pendant le mois de février entre le Comité Hispano-Néerlandais et la Vermittlungsstelle concernant :

a) BEURRE :

notre lettre n° 2172 (annexe 1)
réponse à celle-ci (annexe 2)
notre lettre n° 3176 (annexe 3)
réponse à celle-ci (annexe 4)
notre lettre n° 4169 (annexe 5)
notre lettre n° 4164 (annexe 6)
notre lettre n° 4129 (annexe 7)
notre lettre n° 4090 (annexe 8)
notre lettre n° 3987 (annexe 9)

b) VIANDE ET PORC :

notre lettre n° 4062 (annexe 10)
notre lettre n° 3989 (annexe 11)
notre lettre n° 3862 (annexe 12)

c) BÉTAIL :

notre lettre n° 3980 (annexe 13)
notre lettre n° 3956 (annexe 14)

d) FOURRAGE :

notre lettre n° 4001 (annexe 15)
notre lettre n° 3998 (annexe 16)
notre lettre n° 3988 (annexe 17)

e) ZONE-FRONTIÈRE :

notre lettre n° 3965 (annexe 18)

Comme vous le constaterez à la lecture de ces documents, les réquisitions et saisies de beurre, les concentrations de bétail aux quais d'Anvers, l'exportation de viande de porc fraîche ou salée, et les achats de fourrage dans le pays, ne laissent aucun doute sur l'inefficacité des récentes démarches que nous avons entreprises et que les Ministres Protecteurs ont bien voulu appuyer de leur autorité auprès du Gouverneur Général.

Nous ne pouvons nous empêcher de déplorer qu'après dix mois de travail, alors que nos services de surveillance ont amené dans tout le pays des précisions absolues concernant les violations des garanties, il ne nous ait pas été possible, malgré les nombreuses démarches officielles et officieuses que nous avons entreprises auprès des autorités occupantes d'obtenir une amélioration sensible de la situation que nous avons trouvée lors de notre entrée en fonctions.

Comme nous le disions dans un précédent rapport, notre rôle, au point de vue des garanties, n'a eu d'autre effet jusqu'à présent que de tenir les administrations en éveil et d'empêcher un plus grand nombre d'abus. C'est là évidemment un résultat appréciable, mais qui ne correspond ni à nos efforts, ni au travail fourni par nos services.

Cette situation résulte à notre avis du pouvoir absolu dont semble bénéficier l'Administration Militaire dans tous les domaines.

CENTRALES

a) *Graisse.*

Ainsi qu'il est relaté au procès-verbal de la séance du 13 décembre du Conseil annexé à la Centrale des Huiles, que nous avons transmis en copie par notre rapport mensuel du 1ᵉʳ février, la direction de cette Centrale a annoncé officiellement, en cette séance, qu'à l'avenir la graisse alimentaire provenant de la graisse brute saisie par elle dans les abattoirs, ne serait plus restituée, même partiellement aux communes d'origine, mais qu'elle serait réservée tout entière aux ouvriers belges occupés à de durs travaux :

Nous avons estimé que cette décision, motivée par la tendance des autorités allemandes, à amener la main d'œuvre belge à s'employer à des travaux qui intéressent l'occupant, c'est-à-dire qui répondent à des besoins militaires, se concilie difficilement avec les accords qui ont permis aux Puissances Neutres de s'intéresser à l'œuvre du ravitaillement de la Belgique et qui ont déterminé les Gouvernements Alliés à autoriser l'importation, dans la partie occupée, de vivres exotiques.

En conséquence, nous avons adressé à LL. EE. Messieurs les Ministres Protecteurs les notes ci-jointes en copie nᵒ C. 3820/21 du 29 janvier et le memorandum de la même date y annexé (annexes 19 et 20).

b) *Beurre.*

Nous avons également repris la déclaration que M. le Dʳ Dahlberg, Commissaire d'Etat pour les beurres, a fait à la même séance en réponse aux observations présentées par M. le Conseiller Belge Warnants.

L'enquête que nous avons faite à ce sujet nous a permis d'adresser à la Vermittlungsstelle concernant les beurres enlevés par M. le Commissaire d'Etat, le memorandum nᵒ C. 4245/16 et son annexe. (annexe 21).

PRISONS

Conformément aux informations antérieures, le ravitaillement des prisons de Diest et de Vilvorde a été réglé suivant les dispositions contenues dans les annexes 22 et 23 ci-jointes.

Nous comptons étendre dans l'avenir le contrôle du ravitaillement des prisonniers dans les diverses prisons civiles du pays, où nos délégués auront accès pour pouvoir remplir leur mission.

Nous n'avons pas cru pouvoir réserver une suite favorable aux demandes qui nous ont été adressées par différents comités en faveur du ravitaillement des prisonniers de guerre anglais, français, italiens et russes, amenés dans le pays, et d'après ce qui nous a été affirmé, contraints d'y travailler en dépit de toute convention, bien que leur sort lamentable soit digne du plus haut intérêt.

DEPORTATIONS

La Commission for Relief in Belgium avait organisé l'an dernier une classification des employés et fonctionnaires attachés aux différents organismes du Comité National et qui avaient été déportés en Allemagne ou dans les régions d'étape pour le travail forcé. La plupart de ces agents ont réintégré leurs fonctions; néanmoins, un certain nombre n'étant pas encore rentrés nous avons adressé, en date du 26 février 1918, à la Vermittlungsstelle C. N., la lettre nᵒ 4185 (annexe 24) avec la liste des non-rapatriés.

A ce propos nous vous remettons également copie de notre lettre nᵒ 4097 (annexe 25) en date du 19 février à la Vermittlungsstelle C. N., concernant la même question.

VOLS SUR CHEMINS DE FER

Un nombre assez considérable de vols ayant été commis au cours de transport par chemins de fer, nous vous adressons diverses communications échangées à ce sujet avec les organismes allemands compétents (annexes 26, 27, 28, 29).

DIVERS

Nous vous remettons en annexe (30) à titre documentaire, la communication que nous avons adressée à la Vermittlungsstelle C. N. en date du 22 février dernier, concernant le nombre de réclamations que nous avons transmises à cet organisme depuis le 25 mai 1917 et qui sont restées jusqu'à présent sans réponse de sa part. Ce document est de nature à vous faire apprécier l'importance de notre service d'enquête.

.•.

Au sujet de la capture du vapeur HAELEN dont la cargaison de blé n'a pas encore été ristournée au Comité National, nous avons adressé à la Vermittlungsstelle C. N. en date du 21 février 1918, la lettre que vous trouverez ci-jointe en annexe (31). Jusqu'à présent, malgré de nouvelles démarches des Ministres Protecteurs, aucune solution favorable n'est intervenue. Le Gouvernement des Pays-Bas s'est intéressé depuis à cette question.

.•.

La question de l'importation en Belgique de vêtements destinés à la population nécessiteuse, a fait récemment l'objet d'un échange de vues entre le Comité National, la Commission for Relief in Belgium et les Gouvernements Alliés. Nous vous remettons ci-joint, à titre documentaire (annexe 32) un modèle d'avis placardé dans la région d'étape du Hainaut, concernant la déclaration des approvisionnements de vêtements.

.•.

Au sujet de l'évacuation de la région de Spa, par suite de certaines mesures militaires prises dans l'arrondissement de Verviers, nous croyons devoir vous remettre ci-joint, pour gouverne, (annexe 33) copie d'une lettre qui nous a été adressée par notre délégué pour la province de Liége.

Comme vous le savez, aucune garantie spéciale n'existe en ce qui concerne les bâtiments occupés par les œuvres ou les services du Comité National et ainsi que nous vous le disions dans notre rapport précédent, les décisions relatives à ces réquisitions dépendent complètement des bonnes ou mauvaises dispositions de l'autorité occupante.

.•.

Vous trouverez ci-joint (annexe 34) copie d'une lettre du 13 février dernier, adressée par le Baron von der Lancken aux Ministres Protecteurs, concernant le maintien des garanties dans l'arrondissement militaire d'Ath et dans la partie nord-ouest de l'arrondissement militaire de Soignies.

.•.

A la demande du Comité de Secours, notre Direction Néerlandaise s'est adressée au Ministre de l'Agriculture, de l'Industrie et du Commerce du Gouvernement des Pays-Bas, en vue d'obtenir l'importation d'une dizaine de chevaux pour les besoins de l'Institut de Sérothérapie du Docteur Bordet, dépendant de l'Institut Solvay. Nous avons reçu de notre Direction à La-Haye la lettre dont ci-joint copie (annexe 35). Vous trouverez également à ce propos, copie de la lettre que nous avons adressée à la Vermittlungsstelle C. N. (annexe 36). Une solution favorable nous est promise à bref délai.

.•.

Concernant l'importation de semences de toute nature en faveur des populations des étapes belges et du nord de la France, nous avons récemment obtenu du Grand-Quartier-Général l'assurance que ces articles importés ne seraient pas réquisitionnés. Entre temps cette promesse nous a été formellement confirmée. En conséquence nous espérons que l'autorisation britannique dont dépend cette importation pourra être accordée dans le plus bref délai. La même assurance est donnée pour les récoltes provenant de ces semences et les populations des territoires occupés en Belgique en auront la libre disposition au même titre que les approvisionnements quelconques importés par la Commission for Relief in Belgium.

.•.

Nous référant à ce que nous vous avons communiqué concernant le même objet dans notre rapport au 1ᵉʳ décembre (annexe 5), nous vous remettons ci-joint, pour gouverne, copie d'une nouvelle communication adressée par le Département Politique aux Ministres Protecteurs en date du 4 février 1918 au sujet d'un bateau portant les insignes caractéristiques de la Commission for Relief in Belgium. (annexe 37).

Les Directeurs,
P. SAURA LANGENBERGH.

ANNEXE 1.

N° 2172. le 30 août 1917.

Memorandum pour Monsieur le Docteur Rieth,
Conseiller de Légation.

Nous avons l'honneur de porter à votre connaissance le fait suivant :

Le bureau du beurre de Nivelles vient de recevoir du commissaire civil des ordres, datés des 17 et 18 août, comportant la livraison hebdomadaire de :

17 rations de 250 gr. à Bahnmeisterei, Nivelles,
8 » » » Bahnhof, Nivelles Ost,
5 » » » Postamt, Nivelles,
(soit 8 kgr. 500 par semaine).

L'emploi de formulaire où des blancs sont laissés pour l'indication du nombre de rations des bénéficiaires montre qu'il s'agit d'un système aux nombreux cas d'application.

Cette violation des garanties est, à n'en pas douter, une des causes principales pour laquelle la population belge — à qui ce produit doit être réservé — obtient avec tant de peine une ration minime.

C'est ainsi qu'à Nivelles la ration pour la population est de 100 grammes par quinzaine seulement et qu'à Vilvorde on n'a pu donner, depuis un an, que 250 grammes par ménage en tout.

Ces faits sont en opposition marquée avec les considérations qui ont été émises lors de la dernière séance de la Centrale des Huiles, qui s'est tenue le 17 juillet dernier.

Nous ne doutons pas que, en votre qualité de membre de cette centrale et de préposé au maintien des garanties accordées par S. E. le Gouverneur Général, votre utile intervention nous soit acquise.

LES DIRECTEURS.

ANNEXE 2.

TRADUCTION.

GOUVERNEMENT GENERAL
DEUTSCHE VERMITTLUNGSSTELLE C. N.
C. 371

Bruxelles, 27 février 1918.

Les inconvénients dans le ravitaillement en beurre de l'arrondissement de Nivelles par votre lettre N° 2172 du 30 août 1817 ont fait l'objet d'une enquête approfondie.

Comme le bien-fondé des communications du C. H. N. ne peut être mis en question, une réglementation complètement nouvelle du ravitaillement en beurre de l'arrondissement susdit a été introduite, de sorte que pour l'avenir on peut compter qu'il n'y aura plus de motifs à réclamations semblables.

(s) RIETH

Au Comité Hispano-Néerlandais,
BRUXELLES.

ANNEXE 3.

N° A 3176. Bruxelles, le 5 décembre 1917.

Memorandum pour la Deutsche
Vermittlungsstelle C. N.

Nous avons l'honneur de porter à la connaissance de la Deutsche Vermittlungsstelle C. N. les faits suivants :

« Il est réquisitionné environ 200 kgs de beurre par semaine à la laiterie de Forges et 40 litres de lait par jour à la laiterie communale de Chimay, et 80 litres par jour chez divers fermiers de Virelles ; ces denrées sont destinées à l'armée allemande, à l'école d'aviation de Chimay et à l'école de tir de Virelles.

Sous prétexte d'infractions aux arrêtés du Gouverneur Général, il a été depuis quelque temps saisi une quantité assez importante de bétail dans le canton de Chimay, quelques têtes ont été livrées à la boucherie communale de Chimay pour le ravitaillement de la population indigène, une plus grande partie à la boucherie de la firme « Fix », entreprise de travaux de chemins de fer, et une autre partie se trouve encore dans les pâtures louées par l'autorité allemande ou par l'entreprise citée plus haut ».

LES DIRECTEURS,

ANNEXE 4.

TRADUCTION

GOUVERNEMENT GENERAL
D. V. C. M.
C. 642

Bruxelles, le 27 février 1918.

En réponse à votre lettre A 3176 du 5 décembre 1917, il doit être mis en question que, ainsi qu'il est dit dans la communication du Comité, du beurre et du lait aient été saisis à Forges au profit des troupes allemandes. Par contre, il est exact que certaines quantités de ces produits ont été attribuées, afin d'éviter les achats libres exagérés de soldats isolés.

Toutefois, un arrêté de l'autorité supérieure, en date du 6 décembre 1917, a mis fin à cet usage, de sorte que d'autres mesures paraissent inutiles.

La V.C.N. se voit obligée de contredire les déclarations du Comité suivant lesquelles il y aurait eu saisie par une autorité quelconque « sous le prétexte d'agissements illégaux ».

Ainsi que le Comité le concède lui-même, une grande partie du bétail saisi a été mise à la disposition de la boucherie communale de Chimay. La minime partie restante a effectivement été attribuée à la firme « Fix » et a été employée en faveur des ouvriers belges, au nombre de plus de 2,000, employés par cette firme.

L'assertion suivant laquelle le bétail aurait été mis en pâture sur des prairies affermées par des autorités allemandes, est complètement erronée. Dans le district en question, pas une tête de bétail saisi n'est logée sur des prairies affermées par les Allemands ou dans des écuries louées.

(s) RIETH.

Au Comité Hispano-Néerlandais,
Bruxelles.

ANNEXE 5.

N° A 4169 Bruxelles, le 25 février 1918.

Memorandum pour la Deutsche
Vermittlungsstelle C. N.

Le C. H. N. croit devoir signaler d'urgence à la D. V. C. N. l'importante réquisition de beurre faite par ordre du commissaire civil de Liège

Dans le courant de 1916, l'« Union Professionnelle » de Liége, chargée du service de la concentration du beurre dans cette province, a été obligée par le Commissaire civil de mettre en frigorifère une certaine quantité de beurre qui devait constituer une réserve destinée à être répartie, pendant l'hiver, exclusivement à la population belge. L'« Union Professionnelle » n'exécuta l'ordre du Commissaire civil qu'après avoir reçu de celui-ci l'assurance formelle que le beurre mis en réserve ne serait pas détourné de sa destination. 15.000 kgs de beurre furent mis en frigorifère pendant la bonne saison. Quant il y eut pénurie de beurre l'« Union Professionnelle » voulut disposer de sa réserve mais le Commissaire civil s'y opposa formellement, invoquant une convention inexistante avec le Commissaire d'Etat.

Après de nombreuses difficultés, l'« Union Professionnelle » parvint à reprendre 1.000 kgs. de beurre par semaine pendant cinq semaines, soit 5.000 kgs. Mais de son côté, l'autorité allemande réquisitionnait 8.000 kgs, en dépit des assurances formelles données avant la mise de ce beurre en frigorifère.

La D. V. C. N. reconnaîtra sans nul doute qu'il s'agit dans le cas exposé ci-dessus, d'une intervention abusive, de nature à causer un réel préjudice à la population liégeoise. De plus, la réquisition des 8.000 kgs. de beurre constitue l'oubli d'un engagement et une infraction aux garanties.

LES DIRECTEURS,

ANNEXE 6.

N° 4164.　　　　Bruxelles, le 23 février 1918.

Note pour la Deutsche Vermittlungsstelle C. N.

La V.G.N. a bien voulu aviser il y a quelque temps le C.H.N. de ce que de nouvelles dispositions étaient prises par l'administration allemande en vue d'empêcher les réquisitions et achats de beurre par les troupes d'occupation et les agents de l'administration. Le C. H. N. espère recevoir à bref délai des informations complémentaires concernant l'organisation visée. Entretemps, il a l'honneur d'adresser à la V. C. N. le tableau ci-joint de la concentration et de la répartition du beurre dans les arrondissements de Namur et de Dinant, pour la période du 3 décembre 1917 au 12 février 1918.

La V. C. N. sera certainement impressionnée par ces chiffres et le C. H. N. croit superflu de les commenter.

Il importe cependant de constater que les réquisitions faites par l'autorité sont telles que la ration de la population varie de 24 grammes de beurre à 3 1/2 grammes, alors que dans l'arrondissement de Dinant les rations varient de 100 grammes à 126 grammes.

Le C. H. N. espère que la V. C. N. mettra son influence au service d'une répartition plus équitable du beurre et voudra bien attirer l'attention des autorités compétentes sur les réquisitions faites avec une rigueur vraiment excessive dans certains arrondissements et particulièrement dans celui de Namur.

LES DIRECTEURS,

ANNEXE 6a.

STATISTIQUE DES BEURRES DE L'UNION NAMUROISE

du 3 décembre 1917 au 12 février 1918

BEURRES REÇUS DE	du 3 au 9 déc.	du 10 au 16 déc.	du 17 au 23 déc.	du 24 au 30 déc.	du 1 au 6 janv.	du 7 au 13 janv.	du 14 au 20 janv.	du 21 au 27 janv.	du 28 janv. au 4 févr.	du 5 au 12 févr.
l'arrondissement de Namur	1288.100	1191.050	1063.370	888.535	868.525	761.690	716.850	733.530	548.420	936.280
de Dinant	828.550	1270.625	1116.650	955.900	857.950	479.200	652.100	483.700	228.150	624.350
de Givet							1110.650	768.700		
TOTAL	2116.650	2461.675	2180.020	1844.435	1726.475	1240.890	2479.600	1987.930	796.570	1560.630
Distribué aux autorités sur bons de réquisition.	1083.350	1126.060	1093.300	1017.140	1147.300	936.230	1014.350	961.730	588.400	506.350
Reste pour la population de Namur, Jambes, St-Servais et la banlieue, soit 56.000 habitants.	1033.300	1335.615	1086.720	827.295	579.175	304.660	1465.250	1026.200	208.170	1054.280
	18 gr.	24 gr.	19 gr.	14,5 gr.	10 gr.	5,5 gr.	26 gr. sans Givet 6 gr.	18 gr. sans Givet 4,5 gr.	3,5 gr.	18,5 gr.
Quantité distribuée à Dinant et sa banlieue, soit 12.882 habitants.	1618 kgs	1558 kgr	1558 kgs	1509 kgs	1595 kgs	1539 kgs	1413 kgs	1437 kgs		
	126 gr.	120 gr.	120 gr.	117 gr.	120 gr.	120 gr.	100 gr.	100 gr.		

ANNEXE 7.

N° A-4129　　　Bruxelles, le 20 février 1918.

Memorandum pour la Deutsche Vermittlungsstelle C. N.

Le C. N. R. croit devoir attirer l'attention toute spéciale de la V. C. N. sur les ordres donnés par le Commissaire Civil de Dinant à la Centrale (cantonale) des beurres à Ciney.

La Centrale a été obligée de livrer, pour la semaine du 3 au 9 février, un total de 521 klg. de beurre à diverses compagnies allemandes.

Des délégués sur présentation d'un bon délivré par la « Platz-Kommandantur » et indiquant les quantités à fournir se font remettre le beurre qui, en réalité, est destiné aux troupes du champ de tir d'artillerie établi à proximité de la ville de Ciney.

10*

En raison de cette réquisition déguisée, les habitants ne peuvent plus recevoir que 50 grammes de beurre. Cette prise de possession de beurre affecte les 23 communes dépendant de la Centrale de Ciney.

La V. C. N. reconnaîtra sans nul doute qu'il y a, en l'occurrence, une intervention non justifiée du Commissaire Civil de Dinant qui semble ignorer les stipulations des conventions intervenues.

LES DIRECTEURS.

ANNEXE 8.

Nº A-4090.   Bruxelles, le 19 février 1918.

Memorandum pour la Deutsche Vermittlungsstelle C. N.

Le Comité Hispano-Néerlandais a l'honneur de remettre sous ce pli, à la Deutsche Vermittlungsstelle C. N., un tableau indiquant les livraisons de beurre faites aux troupes d'occupation par la laiterie de Hal, pendant les mois d'avril 1917 à janvier 1918 inclus.

Le Comité Hispano-Néerlandais a le ferme espoir qu'il n'aura plus à l'avenir à enregistrer des fournitures de l'espèce, eu égard aux dispositions spéciales prises par les autorités centrales particulièrement contre les saisies et réquisitions de beurre opérées dans les laiteries, dispositions dont il a été question dans la communication de la Deutsche Vermittlungsstelle C. N. du 22 janvier dernier.

Le Comité Hispano-Néerlandais ne peut cependant s'empêcher de déplorer que de pareils abus aient été tolérés au moment même où Son Excellence M. le Gouverneur Général renouvelait solennellement les engagements pris par feu Son Excellence le Baron von Bissing.

LES DIRECTEURS.

ANNEXE 8a.

	Cᵗⁱᵉ	Office	Chemin de fer	Hôpital Milit.	TOTAL
Avril 1917	133.000	45.500	—	—	178.500
Mai	106.000	32.000	—	—	138.000
Juin	148.000	20.000	—	—	168.000
Juillet	132.000	12.000	—	—	144.000
Août	177.000	39.500	—	—	216.500
Septembre	148.000	46.500	23.500	—	218.000
Octobre	185.000	60.750	114.000	—	359.750
Novembre	135.000	48.000	94.000	—	277.0 0
Décembre	170.000	58.600	99.500	18.000	346.100
Janvier 1918	82.000	52.500	—	25.000	159.500
TOTAUX	1.416.000	415.350	331.000	43.000	2.205.350

ANNEXE 9.

Nº A-3987.   Bruxelles, le 9 février 1918.

Memorandum pour la Deutsche Vermittlungsstelle C. N.

Le Comité Hispano-Néerlandais a l'honneur de remettre sous ce pli, à la Deutsche Vermittlungsstelle C. N., une note relative aux achats de lait et beurre effectués par les troupes d'occupation dans la province de Luxembourg.

LES DIRECTEURS.

ANNEXE 9a.

PROVINCE DE LUXEMBOURG

Achats de lait et de beurre par les troupes d'occupation.

Le mercredi de chaque semaine, des soldats et agents allemands du chemin de fer, cantonnés dans les localités de Paliseul, Bertrix et Offagne, se rendent en grand nombre à la laiterie de Carlsbourg où ils vont s'approvisionner de beurre.

Le sieur Jeny Paul et sa femme, de Carlsbourg, achètent du beurre dans toute la contrée et le revendent ensuite au prix fort aux soldats et agents du chemin de fer de Carlsbourg et de Paliseul.

La veuve Pavajot, de Bertrix, fournit hebdomadairement 50 kgs. de beurre aux entrepreneurs allemands des travaux du chemin de fer à Bertrix, de même qu'à leur personnel et à la compagnie du génie en garnison dans cette ville.

Le cultivateur Sylvain Doffagne, de Bertrix, fournit journellement 15 à 20 litres de lait aux mêmes personnes.

La laiterie de Moircy fournit chaque semaine 70 kgs. de beurre à l'occupant, notamment à la garnison de Libramont ; les achats se font soit par réquisition, soit individuellement.

Les soldats en garnison à Verlaine obligent le bourgmestre de cette localité à leur fournir 10 kgs. de beurre par semaine.

La laiterie de Fays-les-Veneurs fournit chaque semaine 7 kgs. de beurre aux gendarmes casernés dans cette commune.

Le fermier Genonceaux, de Fays-les-Veneurs, fournit trois litres de lait par jour aux gendarmes de cette localité.

Le fermier Merny, de Fays-les-Veneurs, vend toute sa production de beurre, au prix fort, aux agents du chemin de fer de la gare de Bertrix.

Trois soldats déclarant venir du front parcourent régulièrement toutes les semaines les localités de Wisembach, Bodenge, Fauvillers, Hotte, Menufontaine. Ils vont de maison en maison pour recueillir les œufs, le beurre, etc. et donnent du carbure ou du pétrole en échange. A Fauvillers, le nommé Knott Mathieu achète clandestinement le beurre pour le compte de ces soldats.

Les soldats de Libramont conservent pour eux le beurre qu'ils saisissent journellement aux voyageurs dans la gare de cette localité.

Le sieur Degros Jean, fermier à Longchamps (Bastogne), fournit régulièrement du beurre chaque semaine à quatre soldats de Bastogne.

La laiterie de Wellin fournit 5 kgs. de beurre par semaine au commandant de place de cette localité.

La veuve Hemans Marie, d'Aubange, centralise le beurre acheté dans toute la région et le revend aux soldats allemands à qui elle le fait payer jusque 20 francs le kilogramme.

Le commandant de place de Sélange a informé cette commune de ce qu'il ne ferait pas plomber les écrémeuses et que les cultivateurs pourraient disposer de leur beurre, à condition, toutefois, qu'il lui soit fourni chaque semaine la quantité de beurre qu'il réclamera.

ANNEXE 10.

Nº A-4062.   Bruxelles, le 16 février 1918.

Memorandum pour la Deutsche Vermittlungsstelle C. N.

Le 8 février courant, quatre wagons de 20.000 klg. soit 80.000 klg. de viande de porc, ont été expédiés à la gare de Liége Longdoz par les sieurs Sauvage Arthur de Liége, Joosten, charcutier, rue Ste-Marguerite à Liége et Poitier Victor, de Juprelle.

De cette quantité, le sieur Sauvage Arthur a expédié pour sa part, environ 60.000 klg.

Le 9 février, trois wagons de 45.000 klg. de viande de porc ont été expédiés par Sauvage Arthur.

18.000 klg. ont été expédiés par François Joseph, de Juprelle.

15.000 klg. ont été expédiés par Sauvage Célestin, de Juprelle.

Le 9 février, 4 wagons de 20.000 klg. soit 0.000 klg. ont été expédiés par De Levie Jacques, rue Jonruelle, Liége, ainsi que 4.000 kilogrammes par Stassen, charcutier, rue Ste-Marguerite, à Liége, et 5.000 klg. par Liégeois, rue Ste-Marguerite, à Liége.

Ces chargements ont eu lieu à Liége-Longdoz et à Kinkempois et étaient escortés par un gendarme allemand.

Le Comité Hispano-Néerlandais prie la Deutsche Vermittlungsstelle C. N. de bien vouloir ouvrir une enquête au sujet de ces expéditions, et de lui faire connaître, notamment à qui était destinée cette viande de porc.

LES DIRECTEURS.

Annexe 11.

N° A-3989.   Bruxelles, le 11 février 1918.

Memorandum pour la Deutsche
Vermittlungsstelle C. N.

Le C. H. N. attire l'attention de la V. C. N. sur l'important trafic qui se fait à Anvers, à la gare de Stuyvenberg. De grandes quantités de viande salée sont régulièrement expédiées de cette gare vers diverses localités situées non loin du front. Récemment des envois ont été faits pour Sedan. Ces expéditions pèsent, chaque fois, de 3 à 400 kilogrammes et la viande se trouve dans des caisses constituant un poids de 60 klg. chacune.

Cette viande est généralement achetée chez des charcutiers et des fabricants de saucissons, à Anvers, pour compte de personnes venant du front.

Ces achats sont, pour la plupart, effectués par les tenanciers des hôtels ou descendent ces personnes. On cite notamment, parmi ces intermédiaires: Gertner (Grand Hôtel) Boedeker (du Rheingau) Roupe (Hôtel de Namur).

Ils font de gros achats de viande et de marchandises diverses qu'ils expédient au front; ces expéditions se font par la gare du Stuyvenberg.

Au quai d'Herbouville, en face des hangars 4 et 5, se trouve un vaste bâtiment qui servait, avant la guerre, d'entrepôt transit de la douane. Cet immeuble sert aujourd'hui de dépôt de l'Oelzentrale. Dans ce dépôt se trouvent de nombreux fûts contenant de la viande et des marchandises diverses (chocolat, riz, sarrasin, lard, gruau d'avoine, etc....) acquises par divers courtiers. Les bureaux sont dirigés par un civil allemand. Le 25 janvier, il a été transporté par les soins de la Valkeniersnatie 6000 klg. de lard qui ont été réunis dans ce véritable entrepôt et chargés immédiatement dans trois wagons de chemin de fer dont la destination n'est pas connue. Cet envoi de 6000 klg. de lard a été effectué par les soins de la Valkeniersnatie. Il provenait de la firme Ringer et Sternfeld de la rue du Pélican, qui, régulièrement, fournit de grandes quantités de viande à l'Oelzentrale.

Le C. H. N. serait reconnaissant à la V. C. N. si elle pouvait l'éclairer sur la provenance de la viande dont il s'agit dans les expéditions signalées dans la présente note et sur l'origine du lard fourni à l'Oelzentrale. Il a tout lieu de croire qu'il s'agit de viande indigène.

LES DIRECTEURS.

ANNEXE 12.

N° A 3862.   Bruxelles, le 1 février 1918.

Mémorandum pour Monsieur le Docteur Rieth,
Conseiller de Légation.

Il résulte de renseignements reçus par le Comité Hispano-Néerlandais que la presque totalité des porcs entrés aux abattoirs de Cureghem en décembre dernier ont été acquis, pour être expédiés au front allemand, par des marchands bien connus dans cet établissement comme se livrant d'habitude à ce trafic.

Les expéditions faites sont résumées ci-après

Expéditeurs	du 9 au 15 décembre	du 16 au 22 décembre	du 23 au 29 décembre	Total
Vermander Edmond	55.000 kgs	16.000 kgs	46.000	118.000 kgs
Claeys Camile	50.000 »	31.000 »	43.000 »	113.000 »
Dewolf Alphonse	45.000 »	—	52.000 »	97.000 »
Perneel, Philippe et Goffin	20.000	10.000	20.000 »	50.000 »
Bollaerts de Tirlemont (1)	—	—	—	4.000
	170.000 kgs	50.000 kgs	162.000 kgs	382.000 kgs

Pendant cette période de 3 semaines, les charcutiers de l'agglomération bruxelloise n'ont acheté que 544 porcs dont il n'est pas téméraire d'avancer qu'une partie seulement a servi à l'alimentation de la population civile; la capacité d'achat de celle-ci est en effet extrêmement réduite, eu égard à l'élévation extraordinaire du prix de la viande de porc, que l'on peut assurément attribuer aux achats en masse de la nature de ceux dont il est question ci-dessus.

---

(1) Bollaerts est l'ami de Vermander, précité, et fournit maintenant d'énormes quantités de viande de porc pour le front Ouest. C'est ainsi que le samedi 15 décembre 1917 il en a expédié 4.000 klg. dans le Nord de la France et la même quantité le samedi suivant, 22 décembre. Sur près de 3.000 porcs entrés à l'abattoir de Cureghem dans la semaine du 16 au 22 décembre 1917, il y avait au frigorifère plus de la moitié, pour lui et Vermander, de l'envoi destiné à l'occupant.

Nous espérons qu'il aura suffi de vous signaler ces faits éminemment regrettables pour que vous usiez de votre haute influence en vue de mettre un terme à des agissements si préjudiciables à la masse de la population belge, à laquelle, aux termes des accords conclus, les vivres indigènes doivent être réservés.

Dans le même ordre d'idées, nous croyons devoir attirer votre attention sur les agissements suspects d'un trafiquant nommé Van Oerdingen, Henri, né à Essen le 18 avril 1857, qui s'est associé avec Luders Otto, né à Berlenstein le 15 mai 1857, pour l'exploitation de la charcuterie allemande établie au n° 10 de la rue Max Roos, à Schaerbeek.

Il se fait dans cette maison un trafic considérable et les caves sont bondées de tonneaux contenant des quartiers de viande de porc salée, venant de l'abattoir de Cureghem. C'est au point qu'il y a un mois on estimait la valeur des salaisons déposées dans ces sous-sols à 80.000 francs.

Van Oerdingen a comme pourvoyeur le nommé Colne Fritz, sujet allemand, demeurant 122, chaussée de Bruxelles, à Forest; celui-ci fréquente beaucoup les abattoirs, achète de grandes quantités de bêtes sur pied à la campagne et fournit le tout à Van Oerdingen.

Pour les raisons exposées ci-dessus, il paraît peu vraisemblable que ces concentrations aient lieu en vue de l'alimentation de la population belge; nous vous serions obligés, Monsieur le Conseiller, de vouloir bien nous communiquer, à l'effet de faciliter notre mission de contrôle des vivres indigènes, le résultat de l'enquête à laquelle vous jugerez sans doute opportun de faire procéder.

LES DIRECTEURS.

___

ANNEXE 13.

N° A-3980.   Bruxelles, le 9 février 1918.

Memorandum pour la Deutsche Vermittlungsstelle C. N.

Comme suite à ses communications antérieures et à la réponse de la Deutsche Vermittlungsstelle C. N. du 22 janvier dernier, N° C. 704, le Comité Hispano-Néerlandais a l'honneur de signaler à la Deutsche Vermittlungsstelle C. N. que, parmi les récents arrivages de bétail, concentré à Anvers par l'Oelzentrale pour réexpédition vers le front à l'Ouest, on a constaté la présence des wagons suivants:

Wagons arrivés le 4 courant, à 7 heures du matin:
N° 12792 Munster et 12010 Breslau, comportant ensemble environ 30 têtes de bétail indigène, venant de Gembloux et expédiés le 2 courant.

Wagons arrivés le 5 courant, à 7 heures du matin:
N° 11258 Mecklenburg, comportant environ 15 têtes de bétail indigène, venant de Lommel et expédié le 3 courant.
N° 12306 Stettin et 19678 Saarbrucken, comportant ensemble environ 30 têtes de bétail indigène, venant de Tirlemont et expédiés le 4 courant.

Wagons arrivés le 6 courant, à midi:
N° 11077 Dantzig et 32979 Elzas, comportant ensemble environ 30 têtes de bétail indigène, venant de Chênée et expédiés le 5 courant.

Le Comité Hispano-Néerlandais est fondé à s'étonner que malgré l'intervention des Ministres Protecteurs et ses nombreuses révélations, il ne soit pas encore mis un terme à ces chargements.

LES DIRECTEURS.

___

ANNEXE 14.

N° A-3956   Bruxelles, le 6 février 1918.

Memorandum pour la Deutsche Vermittlungsstelle C. N.

Le Comité Hispano-Néerlandais croit devoir attirer l'attention de la Deutsche Vermittlungsstelle C. N. sur le fait que, le 28 janvier dernier, 41 têtes de bétail, venant du marché de Liège, ont été conduites à la gare de Chênée.

40 bêtes ont été embarquées dans les wagons portant les indications : Würtenberg n° 32993, Posen n° 5006 et Breslau n° 13712. La 41me bête — une vache sur le point de vêler — n'a pas été embarquée. L'expédition a été faite au nom de Samuel Jacques.

Le wagon Würtenberg n° 32993 doit avoir été dirigé sur Anvers. Les deux autres portaient, inscrite à la craie, la mention « Lüttich-Lz » (Longdoz)-Deutschland. Le Comité Hispano-Néerlandais est fondé à en conclure qu'ils étaient destinés à l'exportation en Allemagne.

En ce qui concerne le wagon Posen n° 5006, il a subi des avaries et a dû être déchargé. Le bétail qu'il contenait a été embarqué ensuite sur un wagon portant l'inscription Breslau.

La station Bruxelles-Midi étant une gare exclusivement militaire — portant la dénomination « Frontverteilungsstelle » — le Comité Hispano-Néerlandais a tout lieu d'admettre que les wagons de bétail passant par cette gare sont destinés au front Ouest.

Le Comité Hispano-Néerlandais a constaté, dans la matinée du 3 février, le passage, en gare de Bruxelles-Midi, de quatre wagons de bétail : 2061 Lübeck-Bücken, 13901 Münster, 94294 M.A.V., 214453 Essen. Ces wagons portaient, inscrite à la craie, la mention : venant d'Anvers-Sud. Ces wagons avaient été dirigés de Bomal sur Anvers via Liège.

Le Comité Hispano-Néerlandais saurait gré à la Deutsche Vermittlungsstelle C. N. si elle pouvait lui fournir quelques indications sur l'origine du bétail transporté.

LES DIRECTEURS.

___

ANNEXE 15.

N° 4001   Bruxelles, le 11 février 1918.

Memorandum pour la Deutsche Vermittlungsstelle C. N.

Le Comité Hispano-Néerlandais signale à la Deutsche Vermittlungsstelle C. N. que, par l'intermédiaire du département des Laiteries, le Comité National a acheté à M. Georges Bedoret, grand Manil, à Gembloux, 600.000 kgs. environ de betteraves fourragères et demi-sucrières. Ces betteraves n'ont pu être livrées par suite des difficultés qu'il y a d'obtenir des wagons, et, en raison du refus du Commissaire civil de Namur d'autoriser le transfert, le Département des Laiteries a été obligé de les faire mettre en silos. La moitié du prix de ces betteraves a été payée à M. Bedoret.

Or, des soldats allemands ont réquisitionné une partie de ces betteraves et se disposent à réquisitionner le reste. M. Bedoret a été averti qu'il avait à tenir à la disposition du Commissaire civil 400.000 kgs de betteraves. A la date du 5 février, 50.000 kgs environ avaient été enlevés déjà, et cela en 2 jours de temps. L'autorité a déclaré que ces betteraves devaient servir à l'alimentation de la population de Bossière, de Moustier-sur-Sambre et de Beuzet. M. Bedoret a fait en vain état des contrats de vente de ces betteraves au Comité National. Il y a tout lieu de croire que les réquisitions vont se poursuivre.

Le Comité Hispano-Néerlandais croit devoir faire des réserves au sujet des raisons invoquées à l'appui de ces réquisitions et cela d'autant plus qu'il existe encore, dans certaines des communes où l'on prétend que les betteraves ont été envoyées, des réserves assez considérables.

Le Comité Hispano-Néerlandais appelle l'attention de la Deutsche Vermittlungsstelle C.N. sur ces réquisitions de produits indigènes et sur l'intervention abusive du Commissaire civil de Namur.

LES DIRECTEURS.

ANNEXE 16.

N° A 3998   Bruxelles, le 11 février 1918.

Mémorandum pour la Deutsche Vermittlungsstelle C. N.

Comme suite à ses diverses communications antérieures, relatives à des achats et réquisitions de foin, betteraves, etc., opérés par les troupes d'occupation, le Comité Hispano-Néerlandais a l'honneur de transmettre à la Deutsche Vermittlungsstelle C. N. la note ci-jointe concernant les agissements contraires aux conventions du nommé Lorgo, négociant en grains et fourrages à Namur.

Le Comité Hispano-Néerlandais a le regret de constater que ses nombreuses réclamations n'ont pas amené jusqu'ici une amélioration de la situation quant aux garanties fondamentales en matière de fourrages. Leur multiplicité semble dénoter, de la part de certaines autorités, une méconnaissance absolue des instructions dont le rappel, fait d'une manière générale en novembre dernier par ordre de M. le Gouverneur Général, avait fait concevoir au Comité Hispano-Néerlandais des espérances qui ne se sont pas réalisées.

LES DIRECTEURS.

ANNEXE 16a.

Le nommé Vincent Vitrix-Lorge négociant en grains et fourrages, demeurant rue Léanne, n° 13, à Namur, centralise toutes espèces de produits qui sont destinés à l'autorité occupante.

Dans le courant du mois de décembre dernier, il a expédié 53 wagons de fourrages en une semaine.

La semaine du 27 janvier au 2 février 1918, il a expédié 62 wagons de fourrages, carottes et betteraves. Toutes ces expéditions sont effectuées dans les différentes gares belges en destination des intendances de Givet et de Renaix.

Vitrix-Lorge a sept agences en Belgique.

Un nommé Doullet, demeurant à Ath, lui a fourni ou fait fournir une grande quantité de produits pour les expéditions des 62 wagons renseignés ci-dessus.

ANNEXE 17.

N° A-3988   Bruxelles, le 9 février 1918.

Mémorandum pour la Deutsche Vermittlungsstelle C. N.

Le Comité Hispano-Néerlandais a l'honneur de remettre sous ce pli, à la Deutsche Vermittlungsstelle C. N., une note relative aux achats et réquisitions de foin et fourrages, par les troupes d'occupation, dans la province de Luxembourg.

LES DIRECTEURS.

ANNEXE 17a.

PROVINCE DE LUXEMBOURG

Achats et réquisitions de foin et fourrages.

Les stations de Lavaux, de Hamipré et de Longlier continuent à faire des expéditions de wagons de foin acheté dans le pays de Neufchâteau ; ces wagons sont destinés aux dépôts militaires de Namur, Givet et Dison. Le 23 janvier, le nommé Sylvain Pierret de Hamipré a expédié les deux wagons N° 73596 et 11521, chargés de foin, en destination de Dison. D'après les renseignements qui nous sont donnés, la station de cette dernière ville est transformée en dépôt central des foins ; l'occupant utilise à cet effet le vaste hall destiné jadis à la manutention des laines ; le magasin aux marchandises et d'autres locaux de la gare sont remplis de fourrages ; ceux-ci sont expédiés par wagons vers différentes destinations ; lorsqu'il s'agit de quantités peu importantes et destinées aux garnisons des environs, des militaires viennent les chercher par chariots. Le 17 novembre écoulé, les soldats de Bastogne ont réquisitionné chez le sieur Aubry, cultivateur à Villeroux (Sibret) 150 kgs de paille d'épeautre de bonne qualité qui devait servir à la nourriture des chevaux. Cette fourniture n'est pas encore payée à ce jour. Le 20 septembre 1917, le sieur Aubry, précité, a fourni, sur réquisition, 1400 kgs de paille aux soldats de Bastogne qui la lui ont payée à raison de fr. 80 les 1000 kgs. Le 14 janvier 1918, le sieur Aubry, précité, a fourni, sur réquisition, 500 kgs de paille au prix de fr. 60, aux soldats de Sibret. Le 14 janvier 1918, le sieur Dominique, cultivateur à Senonchamp, a, sur réquisition, fourni 500 kgs de paille aux soldats de Sibret. Il y a environ un mois, les soldats de Bodange ont pressenti tous les cultivateurs de Wisembach et des environs à l'effet d'obtenir de la paille, du foin et de l'avoine en échange de betteraves. Le sieur Honsenne, fermier à Wisembach, leur a fourni deux chariots de foin et de la paille. Le nommé Marx Prosper de Fauvillers a fourni, il y a 2 mois, 1200 kgs de foin aux soldats de Bodange. Vers la même époque, le nommé Fraiture Joseph, de Fauvillers, a fourni deux chariots de paille aux soldats de Bodange. Cette dernière fourniture a été chargée sur wagon du vicinal à Bodange et expédiée vers une destination inconnue.

ANNEXE 18.

N° A 3965   Bruxelles, le 8 février 1918.

Mémorandum pour Monsieur le Docteur Rieth, Conseiller de Légation.

L'attention de la Politische Abteilung a été attirée, par Leurs Excellences Messieurs les

ANNEXE 21a.

ARRONDISSEMENT DE BRUXELLES.

DÉCEMBRE-JANVIER

St-Michel - Hekelghem
pendant la quinzaine du 2 au 16 décembre 185 k¡ s
  »   »   »   »   17 au 29   »   180 »
  »   »   »   »   30 au 13 janvier   160 »
  »   »   »   »   14 au 27   »   145 »

	Ste-Catherine Lombeek	Verbroedering Esschene
le 4 décembre	150 kgs	50 kgs
le 11 »	130 »	60 »
le 18 »	105 »	38 »
le 24 »	103 »	25 »
le 2 janvier	80 »	65 »
le 8 »	70 »	40 »
le 15 »	49 »	40 »
le 22 »	60 »	45 »
le 29 »	40 »	45 »

	Debolle Esschene	Verbruggeo Esschene
le 4 décembre	12 kgs	5 kgs
le 11 »	12 »	5 »
le 18 »	12 »	7 »
le 24 »	12 »	10 »
le 2 janvier	12 »	5 »
le 8 »	15 »	5 »
le 15 »	15 »	5 »
lo 22 »	15 »	5 »
le 29 »	20 »	5 »

le 4 décembre 75 kgs	le 27 novembre	190 kgs
le 11 »	75 »	le 4 décembre	180 »
lo 18 »	75 »	le 18 »	175 »
le 24 »	40 »	actuellement	90 »
le 8 janvier	65 »		
le 15 »	55 »		
le 22 »	60 »		
le 29 »	60 »		

ANNEXE 22.

N° A-2979.   le 8 février 1918

*Memorandum pour la Deutsche
Vermittlungsstelle C. N.*

Le C. H. N. a l'honneur de remettre, ci-joint, à la V. C. N. à titre d'information copie d'une note qu'il vient d'adresser au Comité National pour être insérée à l'ordre du jour de la séance des Délégués des Comités Provinciaux du 14 février courant.

D'autre part, comme suite à la conférence qui a eu lieu le 8 courant entre M. le Major von Stockhausen, les directeurs des prisons de Diest et de Vilvorde, M. Schramm et M. Saura le C. H. N. prend bonne note :

1° que le contrôle des vivres importés et leur répartition pour les besoins des prisonniers à Diest et à Vilvorde lui a été octroyé. Le contrôle sera exercé par un des membres du C. H. N. qui se mettra en rapport direct avec les directeurs des prisons.

2° que les vivres seront livrés dans les prisons par les soins du C. H. N.

3° qu'ils seront payés à la fin de chaque mois.

Le C. H. N. prend bonne note au surplus de la déclaration des autorités allemandes. L'informant que dans lesdites prisons il ne sera pas interné de prisonniers de guerre, et que les condamnés auront le droit d'écrire à leur famille deux lettres et quatre cartes postales par mois et qu'ils auront la latitude de recevoir la même correspondance de leurs proches.

Le C. H. N. prie la V. C. N. de bien vouloir lui marquer son accord sur ce qui précède.

LES DIRECTEURS.

ANNEXE 22a.

Le Comité Hispano-Néerlandais nous communique les règles suivantes sur lesquelles pourrait être basé le ravitaillement de tous les prisonniers belges détenus en Belgique :

1° Personnes détenues en vertu d'arrêts, jugements ou mandats des cours, tribunaux ou autres autorités judiciaires belges, dans les prisons (établissements dépendant de l'administration belge des prisons) :

a) La ration ordinaire de pain et le ravitaillement ordinaire en vivres importés, tel qu'il est fixé par les avis de quinzaine relatifs aux distributions générales, à l'exception toutefois des denrées, comme le cacao par exemple qui ne font pas partie du régime alimentaire des prisons. Indépendamment de la ration ordinaire de pain et du ravitaillement ordinaire de quinzaine, il peut être alloué une ration supplémentaire de 70 grammes de pain et un ravitaillement supplémentaire consistant dans la ration de soupe accordée aux nécessiteux.

b) Contrôle. — Le contrôle se fera d'accord avec les services des prisons et les Délégués du C. H. N. On établira mensuellement la liste des prisonniers, le nombre de jours pendant lequel ils ont été ravitaillés et leur domicile habituel. Ce renseignement est très important pour pouvoir faire les radiations.

Le C. H. N. insiste pour que les cartes globales distribuées jusqu'à présent pour le ravitaillement des prisonniers soient retirées dans le délai d'un mois, à moins qu'elles ne soient délivrées conformément aux règles qui précèdent et d'accord avec le Délégué du C. H. N. dans la province.

2° Personnes détenues en vertu d'actes du pouvoir occupant.

a) Même ravitaillement que pour les personnes sub. 1° plus haut mais en outre et si cela est jugé nécessaire elles pourront recevoir un ravitaillement spécial (biscuits ou autres denrées).

b) Ce ravitaillement ne pourra pas se faire sans accord préalable entre l'autorité compétente et le C. H. N.; cet accord est indispensable pour obtenir l'autorisation de distribuer les vivres et d'organiser le contrôle de cette distribution afin d'empêcher les doubles emplois dans le ravitaillement.

3° Les prévenus politiques :

a) Le ravitaillement sera le même que celui des prisonniers politiques, condamnés.

b) Il se fera après accord du C. H. N. et de l'autorité compétente.

Les Comités Provinciaux voudront faire en sorte qu'aucune distribution de vivres ne puisse se faire hors de ces règles.

ANNEXE 23.

GOUVERNEMENT GÉNÉRAL,
    D. V. C. N.
    : 22117

Bruxelles, le 22 février 1918.

Sujet : Diest et Vilvorde.

Comme suite à votre lettre A-3979 du 8 février, la V. C. N. répète ci-dessous les accords conclus au cours de la conversation qui a eu lieu le 8 janvier au Gouvernement.

Il a été convenu que le C. H. N. livrera aux prisonniers une ration journalière de pain de 330 grammes par tête. Par la suite, Monsieur Saura s'est déclaré prêt à porter, sur demande, cette quantité à 400 grammes.

La livraison des produits composant la soupe a lieu « rendu » jusqu'à la cuisine de la prison. Le C. H. N. emmagasinera dans les deux localités suffisamment de marchandises pour faire face à un surplus de demandes imprévu, subit.

Pour le cas où des cantines seraient établies dans les prisons, le C. H. N. est prêt à mettre à leur disposition des marchandises qui pourront être vendues exclusivement à des prisonniers, sous le contrôle de prisonniers belges.

Le Gouvernement attire l'attention sur ce que, par suite des conditions difficiles du terrain à Diest, la livraison des marchandises ne peut se faire par auto ou par camion et qu'en conséquence il faut se servir du chemin de fer crémaillère. Une vérification du poids ne peut avoir lieu à l'endroit du transbordement, et également la réception ne peut être faite que dans les locaux du ménage des prisons. Par conséquent, on est prié, en employant le chemin de fer à crémaillère, de faire accompagner les marchandises jusqu'au lieu de réception par un représentant du C. H. N. qui assistera à la vérification.

Les prisonniers ont la faculté d'écrire par mois quatre cartes postales et deux lettres. Toutefois, des visites ne peuvent être admises.

Dans l'intérêt des prisonniers, il serait très désirable que le C. H. N. puisse fournir des vêtements pour eux, comme il est à prévoir que la plupart des prisonniers ne disposeront que d'un costume, et que dans l'intérêt de leur santé, ils doivent être occupés à toutes sortes de travaux tels que, par exemple, le blanchiment des cellules et des corridors, ce qui abîme les vêtements. la V. C. N. vous prie de lui faire savoir s'il serait possible de faire droit à cette demande, et aussi ce qu'il en est de la fourniture des couvertures.

Par ordre,
(s.) SCHRAMM.

ANNEXE 24.

N° A-4185.   Bruxelles, le 26 février 1918.

Monsieur le Conseiller,

Parmi les personnes attachées aux organismes du Comité National qui ont été déportées en Allemagne dans le courant des derniers mois de l'an 1916 ou au début de l'année suivante, il se trouve un certain nombre qui ne sont pas encore rentrées dans leurs foyers, bien que les demandes de rapatriement réglementaires aient été introduites en temps utile en leur faveur.

Nous vous saurions gré, Monsieur le Conseiller, de vouloir bien user de votre haute influence pour que ces demandes reçoivent une suite favorable; dans l'espoir d'une bienveillante intervention de votre part, nous joignons à la présente une liste des personnes à libérer.

Nous vous remercions vivement de tout ce que vous pourrez faire en l'occurence et vous prions, Monsieur le Conseiller, d'agréer l'assurance de notre considération la plus distinguée.

LES DIRECTEURS.

A Monsieur le Docteur Rieth,
Conseiller de Légation,
A BRUXELLES.

ANNEXE 24a.

N° de la deman- de de rapa- triem.	Nom et prénoms	Qualité	Siège du service	Lieu de la réquisition	Date de la réquisi- tion
982	Buttiens Joseph	employé	Kersbeek-Miscom	Tirlemont	21-11-16
1203	Costermans Herman	voiturier	id.	id.	id.
997	Cullus Félix	ouvrier	Braine-le-Château	Tubize	9-11-16
1040	Daniels Emile	magasinier	Molenbeek-St-Jean	Bruxelles	3-1-17
1208	Dellia Jules	employé	Baisy-Thy	Court-St-Etienne	14-10-16
989	Draye Auguste Ghislain	voiturier	Cortil-No-vimont	Perwez	18-11-16
1226	Deurinckx Eugène Léonard	chef-maga-sinier	Koekelberg	Koekelberg	21-2-17
1188	Gillard Jules	messager	Schaarbeek	Bruxelles	11-12-16
1201	Kaers Armand	magasinier	Begeynen-dyck	Aerschot	23-11-16
1221	Lenaerts Joseph	distribu-teur	Molenbeek-St-Jean	Molenbeek	21-2-17
996	Marcelis Joseph	ouvrier	Braine-le-Château	Tubize	9-11-16
1220	Mols Henri Jacques	employé	Molenbeek-St-Jean	Molenbeek	21-2-17
1026	Nagels Louis	voiturier	Kersbeek-Miscom	Tirlemont	21-11-16
1219	Neckerbroeck Adrien François	employé	Molenbeek-St-Jean	Molenbeek	21-2-17
1215	Peeters Henri	chargeur	Haren	Vilvorde	10-2-17
1218	Rabozee Georges	employé	Ixelles	Ixelles	22-2-17
1210	Rolus Auguste		Neerpin	Couderzeel	7-2-17
990	Vanbinst Georges	employé	Houtain-le-Val	Court-St-Etienne	14-11-16
975	Bonneux Joseph Louis	aide-maga-sinier	Stevoort	Hasselt	2-12-16
969	Degens Antoine Louis	employé	Peer	Wychmael	29-11-16
958	Durwael Bonaventure Lambert	ouvrier	Herck-la-Ville	Hasselt	2-12-16
618	Baland Emile	voiturier	Bande	Forrières	14-12-16
609	Belot Nicolas Emile	manuten-tionnaire	Septon	Barvaux	12-12-16
687	Calay Jules Augustin Joseph	surveillant	Bastogne	Bastogne	15-12-16
466	Collignon Joseph	ouvrier	Libramont	Libramont	7-12-16
478	Dalcette Jules Joseph	manuten-tionnaire	Samrée	Marche	13-12-16
579	Degeest Raymond	membre	Vielsalm	Vielsalm	19-12-16
603	Delneuville Firmin	distribu-teur	Barvaux	Barvaux	72-12-16
635	Grandjean Pierrard Joseph	manuten-tionnaire	Mellier	Marbehan	2-12-16
602	Grégoire Jules	id.	Barvaux	Barvaux	12-12-16
676	Huet Alphonse	id.	Odeigne	Marche	13-12-16
653	Laguisse Théophile	messager	Forrières	Forrières	14-12-16
668	Leboutte Cyrille	manuten-tionnaire	Erezée	Marche	13-12-16
614	Lerusse Léon	id.	Wéris	Barvaux	12-12-16
615	Macedoine Philippe	ouvrier	id.	id.	id.
655	Modave René Gustave	manuten-tionnaire	Lesterny	Forrières	14-12-16
679	Philippe Léon Joseph	id.	Samrée	Marche	13-12-16
673	Quoilin Omer	id.	Dechamps	id.	id.
672	Sparmont Edmond Florent	magasinier	Belle	Forrières	14-12-16
608	Tassin Hippolyte	manuten-tionnaire	Septon	Barvaux	12-12-16
658	Tournay Henri	secréta re	Forrières	Forrières	14-12-16
1112	Barbier Evariste	ouvrier	Florriffaux	Franière	27-11-16
750	Bodart Maurice	déchargeur	Namur	Naméche	23-11-16
798	Boulanger Armand	aide-maga-sinier	Falisselle	Fosse	25-11-16
860	Colson Joseph	employé	Cortil-Wodon	Eghezée	30-11-16
834	Dassy Arthur	id.	Wépion	Franière	27-11-16
775	Dehan Benoit	chauffeur	Auvelais	Auvelais	24-11-16
857	Depoorter Louis E.	ouvrier	Namur	Rhisnes	29-11-16
1122	Dewart Herman	magasinier	Bouges	Naméche	23-11-16
758	Dubois Jacques	membre	Flawinne	Franière	27-11-16
927	Gerlache Emile	déchargeur	Ciney	Ciney	9-12-16
958	Herman Joseph	secrétaire	Baillonville	Havelange	8-12-16
567	Lambert Jules	ouvrier	Liernu	Eghezée	30-11-16
730	Letempeur Joseph	magasinier	Evelette	Naméche	23-11-16
786	Melchior Michel	peseur	Auvelais	Auv.lais	24-11-16
893	Piette Joseph	employé	Aische-en-Refail	Eghezée	30-11-16
718	Pire Gustave	contrôleur	Andenne	Naméche	23-11-16
817	Robette Alphonse	peseur	Mettet	Fosse	25-11-16
1042	Rochette Victor	employé	Florée	Assesse	28-11-16
814	Thone Alfred	id.	Lesves	Franière	27-11-16
884	Tilleux A fred	veilleur	Hingeon	Eghezée	30-11-16
768	Van Leuven Jean	manuten-tionnaire	Auvelais	Auvelais	24-11-16
770	Wilmet Hubert	id.	id.	id.	id.
741	Wilmotte Camille	magasinier	Gesves	Assesse	28-11-16
434	André Gustave	distribu-teur	Damprémy	Monceau-s/Sambre	id.
442	Berth Amour	ouvrier	Marchienne	id.	22-11-16
207	Brichart Arthur	magasinier	Huyen	Ciply	4-11-16
239	Charonsen Félix	ouvrier	Nimy	Havré	13-11-16
225	Croquet Jules	distributeur	Maisières	id.	id.
246	Culot Georges	membre	Obourg	id.	id.
406	Daigniaux Raoul	distributeur	Courcelles	Monceau-s/Sambre	25-11-16
173	Druart Maurice	id.	Flénu	Jemappes	3-11-16
96	Dufranne Georges	employé	id.	id.	id.
234	Frebutte Jules	ouv. meun.	Nimy	Havré	13-11-46
236	Hellenenont François	id.	id.	id.	id.
76	Lefebvre Jules	manuten-tionnaire	Obourg	id.	2-11-16
244	Legrand Valentin	ouvrier	Nimy	id.	13-11-16
279	Lejeune Jérôme	magasinier	Boussu-lez-Walcourt	Beaumont	24-11-16

No de la demande de rapatriem.	Nom et prénoms	Qualité	Siège du service	Lieu de la réquisition	Date de la réquisition
241	Lelong Hilaire	ouv. meun.	Nimy	Havré	13-11-16
223	Manteau Omer J. B.	distributeur	Maisières	id.	id.
221	Mathy Émile L. J.	délégué	id.	id.	id.
23	Meulemans Eugène	membre	Petit Enghien	Enghien	9-11-16
24	Meulemans Antoine	employé	id.	id.	id.
75	Meunier Jules	manutentionnaire	Obourg	Havré	13-11-16
237	Michel Maurice	ouv. meun.	Nimy	id.	id.
74	Pichueque Ursmar	manutentionnaire	Obourg	id.	id.
235	Piscart Léon	ouv. meun.	Nimy	id.	id.
62	Plateau Georges	chargeur	Tournai	Tournai	18-10-16
222	Sca cériaux Fern. M.	distributeur	Maisières	Havré	13-11-16
60	Sénéchal J. Baptiste	débardeur	Tournai	Tournai	17-10-16
15	Thollenbeek René	distributeur	Braine-le-Comte	Braine-le-Comte	9-11-16
238	Van den Henden Ern.	ouv. meun.	Nimy	Havré	13-11-16

ANNEXE 25.

No A 4097   Bruxelles, le 19 février 1918.

Monsieur le Conseiller,

Nous venons d'être informés de ce que le nommé Martin François, ouvrier au Comité local de Secours d'Arlon, a été réquisitionné le 31 janvier dernier pour le travail forcé, par les autorités allemandes.

Nous nous permettons de faire appel à votre bienveillance habituelle pour que des démarches soient entreprises par vos soins, dans le plus bref délai, en vue de permettre à l'intéressé de reprendre ses occupations au Comité précité, au service duquel il se trouvait depuis le 20 mars 1917.

Avec nos remerciements anticipés, nous vous prions d'agréer, Monsieur le Conseiller, l'assurance de notre haute considération,

LES DIRECTEURS.

A Monsieur le Docteur Rieth
Conseiller de Légation
Bruxelles

ANNEXE 26.

No A 3762   Bruxelles, le 23 janvier 1918.

Monsieur le Rittmeister Schröder,
Verpflegungs-Offizier für die Zivilbevölkerung
IVe Armée
GAND

Monsieur le Rittmeister,

Le Comité Provincial de la Flandre Orientale m'informe de ce que le nombre de vols commis au cours des transports par chemin de fer croît sans cesse.

A Meirelbeke il semble même qu'une bande se soit organisée pour ce genre de vols.

Par le fait que les trains militaires passent avant les autres il arrive que des wagons restent en route de 8 à 10 jours alors que précédemment ils ne restaient pas plus de 3 à 4 jours.

Les autorités allemandes invoquent que les chargements sont faits sans responsabilité de leur part; je me permets donc de recourir une fois de plus à votre haute intervention, pour obtenir qu'une surveillance soit exercée pendant le transport; de son côté, le comité continuera autant que possible les transports par bateau, ce mode d'expédition ne présentant pas autant d'inconvénients au point de vue des vols. Malheureusement, le manque d'allèges ne permet pas d'effectuer tous les transports par eau.

Avec mes plus vifs remerciements, je vous présente, Monsieur le Rittmeister, l'assurance de mes sentiments les meilleurs.

(s) LANGENBERGH.

ANNEXE 27.

TRADUCTION.

Officier de subsistance
pour la population civile
du district de Gand

Poste de campagne allemande no 4
No 644/18

E. H. O., le 27 janvier 1918.

Au Comité Hispano-Néerlandais
pour la Protection du Ravitaillement,
BRUXELLES.

En réponse à votre honorée lettre A-3762 du 23-1-18, je vous informe que j'ai fait des représentations auprès des autorités du chemin de fer, au sujet des vols commis dans les wagons de la C. R. B., et que ces autorités s'efforcent de faire disparaître ces inconvénients, de sorte qu'il y a lieu de s'attendre à une amélioration pour l'avenir.

(s.) SCHRÖDER,
Rittmeister.

ANNEXE 28.

No A-3945.   Bruxelles, le 6 février 1918.

Memorandum pour la Deutsche
Vermittlungsstelle C. N.

WAGONS MANQUANTS.

Le Comité Hispano-Néerlandais a l'honneur de signaler à la Deutsche Vermittlungsstelle C. N. un nouveau cas :

La Commission for Relief in Belgium a expédié, le 1er décembre 1917, de Haren-Nord en destination de Mons (gare d'Hyon-Ciply), le wagon Saarbrücken 18723, contenant 171 sacs de café, pesant 10.358 kgs. Ce wagon n'est pas arrivé à destination jusqu'à présent.

Le Comité Hispano-Néerlandais prie la Deutsche Vermittlungsstelle C. N. d'insister auprès de la Militär-General Direktion der Eisenbahnen pour que des recherches sévères soient entreprises au sujet de ce wagon.

La Commission for Relief in Belgium ayant signalé cette perte à la M. G. D., celle-ci a répondu comme d'habitude en déclinant toute responsabilité.

Ainsi que le Comité Hispano-Néerlandais l'a dit à plusieurs reprises à l'occasion des pertes antérieures, il n'est pas possible d'admettre cette façon de voir qui laisse la porte ouverte à tous les abus et qui est contraire à tous les usages en matière de transports.

La Deutsche Vermittlungsstelle C. N. n'ignore pas que de graves affaires de vols, dans lesquelles sont impliqués des fonctionnaires allemands, sont actuellement en cours d'instruction judiciaire.

Les plus sérieuses présomptions pourraient peser sur les fonctionnaires de la M. G. D. si cette dernière administration ne consentait pas à pousser les enquêtes à fond et à indemniser éventuellement la Commission for Relief in Belgium pour les vivres reconnus perdus.

LES DIRECTEURS.

ANNEXE 29.

N° A-4212.   Le 26 février 1918.

Memorandum pour la Deutsche Vermittlungstelle C. N.

Le C. H. N. espère que la V. C. N. voudra bien intervenir auprès des autorités compétentes afin d'empêcher qu'à l'avenir la répartition des pommes de terre dans certaines communes du Brabant se fasse sans manquants dans les envois.

Pour l'Agglomération Bruxelloise, pour Braine-l'Alleud, pour Waterloo, Wavre, Tubize, etc... les manquants dans les envois de pommes de terre sont constants et atteignent une moyenne qui est à peu près toujours la même, c'est-à-dire 7 %. Il semble résulter de cette quantité à peu près invariable que ces manquants ne peuvent être attribués qu'à des vols commis en cours de route; Aucun dédommagement n'a été consenti de ce fait aux communes lésées.

A Braine-l'Alleud, il manquait à chaque envoi 10 %. De plus, en novembre 1917, deux wagons de pommes de terre entièrement gâtées, arrivèrent en gare. Aucune réclamation ne fut admise par les délégués du Commissaire civil. Ces produits, impossibles à consommer et les manquants constatés, portent à 100.000 klg. le déficit enregistré à Braine-l'Alleud.

La C. H. N. tient à signaler également à la V. C. N. que les délégués des Commissaires civils imposent aux communes l'obligation de leur acheter des carottes à des prix variant entre 80 et 90 centimes le klg., alors que l'arrêté du Gouvernement Général en fixe le prix à 25 centimes.

Ces opérations sont pratiquées par un groupe de personnes qui prétendent agir d'accord avec le Commissaire Civil, et parmi elles se trouverait M. Schaltz, secrétaire-adjoint du Commissaire Civil à Court-St-Etienne.

La V. C. N. voudra certes contribuer à mettre un terme à des agissements qui sont préjudiciables non seulement aux finances communales mais à la généralité des habitants.

LES DIRECTEURS.

ANNEXE 30.

N° A-4147.   Bruxelles, le 22 février 1918.

Memorandum pour la Deutsche Vermittlungstelle C. N.

Le C. H. N. a l'honneur de remettre ci-joint, à la V. C. N., la liste des communications qui lui ont été adressées officiellement depuis le 25 mai dernier et auxquelles aucune suite n'a été donnée jusqu'à ce jour.

Le C. H. N. se permet d'insister auprès de la V. C. N. afin qu'il soit répondu au plus tôt aux différentes questions soulevées.

D'autre part, certaines réponses mentionnées dans la lettre du 28 novembre dernier, n° C. 569, n'étant pas en la possession du C. H. N., celui-ci aurait gré à la V. C. N. de lui en faire parvenir copie, savoir :

Réponse du 22 septembre à la lettre 2056 du 17 août.
Réponse du 21 septembre à la lettre 2122 du 28 août.
Réponse du 6 octobre à la lettre 2161 du 30 août.
Réponse du 6 septembre à la lettre 2179 du 30 août.

LES DIRECTEURS.

ANNEXE 30a.

Liste des lettres à la V. C. N. auxquelles il n'a pas été répondu.

N°	Date	Objet
1537	25 mai	Réquisitions fourrages.
1591	13 juin	Rations pain supplém. aux ouvriers (Liége et Hainaut).
1924	1 août	Transmiss. rapport sur transport légumes.
1944	3 »	Transmiss. rapport du délégué Espagnol pour Malines.
2173	30 »	Transmiss. 6 cas du Luxembourg.
2182	31 »	Manquants pommes de terre, Houtain et Trembleur.
2230	5 sept.	Transmiss. cas réquis. prairie.
2280	11 »	Memorandum au sujet violation garanties.
2313	12 »	Note sur fraude à la frontière.
2361	15 »	Trafic pommes de terre à Heyst-op-den-Berg.
2362	15 »	Infractions signalées par Luxembourg.
2379	18 »	Exportation myrtilles.
2331	18 »	Demande importation carbure pour le C. F.
2386	19 »	Refus passavant pour pommes de terre à Coop. de Huy.
2387	19 »	Rapport sur réquisitions prairies.
2425	24 »	Réclam. de Montegnée (charbon).
2443	25 »	Réquis. fourrages dans Luxembourg.
2480	28 »	Réquis. pommes de terre région Namur.
2500	29 »	Expédition 1 wagon légumes à Thuin.
2532	2 oct.	Demande renseignem. destination conserves.
2534	2 »	Réquis. pommes de terres au Limbourg.
2555	3 »	Réquis. pommes de terre dans Grenze-Zone.
2562	4 »	Réquis. pommes de terre à Vilvorde.
2572	5 »	Achats pommes de terre et légumes.
2578	5 »	Transmis. rapport vols au hangar 2.
2609	9 »	Transmis. cas 180 de Namur (farine).
2611	9 »	Transmis. bon réquis. paille à Grand-Halleux.
2654	12 »	Demande autoris. transp. 1 chassis à vapeur.
2712	20 »	Location prairies dans commune d'Angreau.
2722	22 »	Réquis. céréales à Solayn.
2750	24 »	Infractions diverses aux garanties.
2757	24 »	Trafic fécule pommes de terre à Heyst-op-den-Berg.
2764	24 »	Expédit. fruits et légumes de Malines.
2765	25 »	Saisies céréales prov. Namur.
2797	30 »	Demandes autoris. achat locomobiles routières.
2820	5 nov.	Maintien initiales C. R. B. dans région étapes et Nord France.
2824	5 »	Réquis. pommes de terre prov. Namur.
2843	6 »	Réquis. pommes de terre prov. Luxembourg.
2856	6 »	Affermage prairies district Montignies-sur-Roc.
2903	10 »	Réquis. pommes de terre à Strépy-Bracquegnies.
2908	10 »	Libre circulation tracteurs automobiles prov. Liége.

N°	Date		Objet
2914	13	»	Saisies viande et graisse dans canton Hal.
2947	14	»	Réquis. pommes de terre Luxembourg.
2985	17	»	Export. choux récoltés à Pepinghen.
3010	20	»	Achats fourr. etc., pour bétail milit. à Morialmé.
3038	21	»	Trafic choux pour compte firme Somers d'Anvers.
3103	28	»	Etabliss. à Ciney dépôt bétail nourri fourr. indigènes.
3104	28	»	Cas divers ingérence du Président civil Limbourg.
3110	28	»	Manquements garanties de pommes de terre Luxembourg.
3112	28	»	Exportation pudding par fraudeurs.
3122	29	»	Saisie ciment à charge firme Léon Monnoyer et fils.
3148	1 déc.		Entraves au travail délégué C. H. N. Limbourg en matière linguistique.
3150	3	»	Réquis. fourrages dans Luxembourg.
3152	3	»	Réquis. pommes de terre dans Luxembourg.
3165	4	»	Réquis. boulangerie «Notre Pain» à Bruxelles.
3168	4	»	Trafic denrées div. Estinnes-au-Mont (Sautriaux et Cts).
3172	5	»	Demande charbon pour chauffage bureaux C. H. N.
3177	5	»	Réglementat. achats bétail pour soupe C. N.
3201	7	»	Corresp. C. P. Limbourg avec C. P. Liége.
3205	7	»	Abus divers dans Luxembourg.
3233	10	»	Fabrication fromages à Strombeek-Bever.
3238	11	»	Transp. vivres indigènes vers région Lille par automobile.
3243	11	»	Circulat. tracteurs automobiles prov. Liége.
3246	11	»	Entraves aux services causées par censure Hasselt.
3255	12	»	Chargem. pommes de terre Court-St-Etienne et Ottignies.
3273	12	»	Expéd. 1 wagon gruau avoine de Louvain à Bourg-Léopold.
3275	12	»	Manquem. garanties dans Limbourg.
3282	13	»	Saisie farine (Komm. Mettet).
3305	15		Saisies porcs abattus dans Luxembourg.
3311	15	»	Réquis. poêles fonte Palais Sports au préjudice C. N.
3312	15	»	Intervent. Gendarmerie - Jumet dans affaires du C. N.
3314	17	»	Manquements garanties re/pommes de terre Luxembourg.
3324	18	»	Réquis. de la ferme Godin (territ. Mons).
3344	18	»	Saisie vivres divers à Manage.
3355	19	»	Achats pommes de terre par troupes dans Luxembourg.
3356	19	»	Achats foin et carottes par troupes dans Luxembourg.
3395	21		Livraison charbon pour délégués du C. H. N.
3417	26	»	Infract. garanties par organism. genre La Maraîchère, Reiche, etc.
3435	27	»	Réquis. rutabagas par Commissaire civil Tongres.
3439	27	»	Saisie 50 kgs farine, garde-champêtre à Jemappes.
3442	27	»	Réquis. carottes et navets par Commis. civ. Charleroi.
3452	28	»	Achats vivres pour fonctionnaires par Oelzentrale.
3453	28	»	Achats pommes de terre par troupes Luxembourg.
3458	28	»	Demande autoris. moudre faite par Meunerie Bruxelloise.
3471	2 janv.		Réquis. produits de fermes sous séquestre.
3495	4	»	Réquis. foin à Paliseul.
3496	4	»	Réquis. des magasins du C. R. d'Ath.
3525	8	»	Saisie riz à Roosbeek (Brab.).
3528	7	»	Achat lait par soldats.
3533	8	»	Manquements garanties dans Luxembourg.
3546	9	»	Fournitures lait aux soldats rég. Tongres.
3547	9	»	Accapar. lait par établiss. Erjos, Strombeek-Bever.
3552	9	»	Saisie farine à Nivelles.
3557	9	»	Manquements garanties dans prov. Liége.
3561	9	»	Réquis. prairies du château de Viron à Dilbeek.
3581	9	»	Achats porcs par Société La Maraîchère.
3586	10	»	Wagons égarés.
3593	11	»	Saisies pommes de terre à Sombreffe et Ligny.
3621	15	»	Réquis. pommes de terre à Tessenderloo.
3622	15	»	Saisie seigle à Vlytingen.
3630	15	»	Fournit. foin et paille armée par Van Gansen, Anvers.
3636	15	»	Achats et réquis. foin par troupes, Luxembourg.
3637	15	»	Saisies viande porc dans Luxembourg.
3638	16	»	Concentrations betteraves et rutabagas à Marche.
3642	16	»	Privation sucre, etc. infligée à des communes.
3654	16	»	Réquis. lait par autorité milit. camp Beverloo.
3657	16	»	Saisies porcs abattus à Braine-l'Alleud.
3665	16	»	Saisies fourrages prov. Namur.
3683	18	»	Réquis. magasins du C. R. d'Ath.
3692	18	»	Perquisition au C. L. de Péronne.
3696	18	»	Agissem. aubergiste Arthur Houtrelle, Grand-Reng.
3698	21	»	Réquis. lait dans prov. Liége.
3706	21	»	Achats et réquis. pommes de terre par troupes, Luxembourg.
3714	19	»	Demande passeport pour M. Anseele.
3717	21	»	Suspens. répartit. sucre habitants certains villages prov. Namur.
3727	21	»	Achats foin par troupes dans Luxembourg.
3733	22	»	Intervent. autorités milit. dans récolte œufs pour alimentat. Luxembourg, région Virton.
3738	22	»	Vols marchandises chemin de fer.
3742	22	»	Achats et réquis. pommes de terre dans Luxembourg.
3743	22	»	Réquis. lait par troupes dans Luxembourg.
3744	22	»	Saisies viande porc. dans Luxembourg.
3745	22	»	Achats et réquis. foin et betteraves dans Luxembourg.
3746	22	»	Saisie farine sur vicinal Houffalize à Bourcy.

N°	Date		Objet
3764	23	»	Saisie pois à Santvliet.
3774	24	»	Demande autorisat. voyager auto dans Limbourg pour MM. Celis et Machiels.
3775	24	»	Vols dans transports par chemin de fer.

ANNEXE 31.

N° A-4125.   le 21 février 1918.

Memorandum pour la Deutsche Vermittlungsstelle C. N.

A la suite de la capture du vapeur HAELEN et des négociations qui ont eu lieu au sujet de la restitution ou du remplacement de la cargaison par l'Administration Allemande il a été proposé par la Politische Abteilung à S. E. Monsieur le Marquis de Villalobar en date du 5 janvier dernier, « qu'une quantité de » blé équivalente à la cargaison du vapeur » HAELEN c'est-à-dire 4.500 tonnes soit mise à » la disposition de Monsieur le Gouverneur » Général pour être remise à la C. R. B. »

S. E. Monsieur le Marquis de Villalobar a répondu à cette communication qu'il aurait lieu de diriger ces environ 4.500 tonnes de froment sur la province de Liége et qu'elles seraient réparties entre les différents moulins à raison de :

25 % à Argenteau, Moulin Moureau, raccordement.

25 % à Flémalle-Haute, Moulin Hauseur de Val Benoit, gare privée de Val Benoit.

50 % au Comité Provincial de Liége, à Liége, gare Liége-Longdoz, raccordement Espérance.

Malgré les appels successifs adressés à l'autorité compétente la C. R. B. n'a jusqu'à présent reçu aucune assurance quant à la date à laquelle la restitution du froment aura lieu. Le maintien du ravitaillement de la Belgique et du Nord de la France, devenu déjà fort difficile par suite d'obstacles de diverses natures qu'il faut surmonter, vient d'être rendu encore plus précaire par le récent torpillage du vapeur FRIDLAND qui menace de bouleverser toutes les prévisions et dispositions prises. La fourniture des environ 4.500 tonnes de froment par la Politische Abteilung revêt dans ces conditions un caractère d'urgence qu'il importe de ne pas méconnaître.

Le C. H. N. se permet à ce propos d'insister tout particulièrement auprès de la V. C. N. pour qu'il soit donné suite dans le plus bref délai aux promesses formulées par la Politische Abteilung.

LES DIRECTEURS.

ANNEXE 32.

ADMINISTRATION COMMUNALE DE GUEMES

AVIS

Le bourgmestre de Guesmes a l'honneur de porter à la connaissance de ses administrés l'arrêté ci-après de M. le Commandant de l'Etape.

Les déclarations dont il y est question devront être faites par écrit à la Maison Communale jusqu'au 5 février 1918 au plus tard ; ce délai devra être rigoureusement observé. Guesmes, le 1 février 1918.

Le bourgmestre,
JOSEPH DELVALLÉE.

COMMANDATURE DE L'ETAPE
Mobile 78

E. O., le 29 janvier 1918.

Au bourgmestre de la commune de Guesmes.

Afin de pouvoir habiller les ouvriers civils, il est nécessaire de faire un inventaire des existences. Jusqu'au 6-2-18 les communes auront donc à déclarer :

1) Tous les vêtements qui se trouvent encore dans les magasins.

2) Tous les vêtements détenus par les particuliers en plus du strict nécessaire. Comme strict nécessaire pour les habitants, il faudra considérer : 3 paires de bottes ou de souliers, 3 vestons, 3 pantalons, 5 caleçons, 5 chemises, 5 paires de chaussettes.

Le Commandant de l'Etape,
(s.) GRAF VON BERNSTORFF.

MODÈLE DE DÉCLARATION A REMETTRE
A LA MAISON COMMUNALE

Nom et adresse du proprié-taire	Quan-tités en plus du propri-3 paires de bottes souliers	Quan-tités au dessus de 3 de vestons	Quan-tités au dessus de 3 panta-lons	Quan-tités au dessus de 5 cale-çons	Quan-tités au dessus de 5 che-mises	Quan-tités au dessus de 5 paires de chaus-settes en paires

Censuré sous le N° 23684.

ANNEXE 33.

N° 229.   Liége, le 5 février 1918.

Messieurs les Directeurs
du Comité Hispano-Néerlandais
pour la Protection du Ravitaillement
BRUXELLES.

Messieurs,

J'ai l'honneur de porter à votre connaissance, qu'à cause du grand nombre de troupes qui sont arrivées dans la province de Liége, il y a des Comité locaux qui ont été obligés de déménager ou qui ont été avisés qu'ils allaient avoir à déménager, et cela malgré mes réclamations, que je n'ai pas manqué de faire de toute urgence, d'abord par un entretien que j'ai eu avec le capitaine Muller qui fait fonction de président de l'Administration civile et ensuite par une lettre confirmation dudit entretien. Voici la liste des communes qui ont réclamé jusqu'à ce jour : Bombaye, Magnée, Creye, Romsée, Spa, Dalhem, Paifve.

Aujourd'hui, malgré que Monsieur le capitaine Muller m'avait donné l'assurance que l'affaire de Spa était arrangée, je m'y suis rendu et ai constaté que tous les bureaux et magasins qui étaient auparavant au Musée Communal de Spa avaient déjà été transférés à l'ancienne école moyenne, et j'ai été même étonné qu'on ait laissé la pancarte de protection et le drapeau sur l'ancien local. J'ai ordonné immédiatement d'enlever la pancarte et le drapeau et de les mettre sur les nouveaux locaux.

11

Comme l'arrivée de troupes va continuer et que nous allons avoir encore d'autres communes qui certainement devront être occupées, j'ai proposé à l'Administration civile de faire des démarches auprès de S. E. Monsieur le Gouverneur militaire de la province pour éviter toutes sortes de désagréments. Je ne sais pas encore ce qu'on décidera. J'espère, Messieurs les Directeurs, qu'il est temps que LL. EE. Messieurs les Ministres Protecteurs interviennent auprès de S. E. Monsieur le Gouverneur général de Belgique pour que les bâtiments munis de pancartes de protection soient respectées entièrement.

A vous lire, je vous présente, Messieurs, mes salutations distinguées.

Le délégué Espagnol,
Signature,

ANNEXE 34.

Politische Abteilung
bei dem
Generalgouverneur in Belgien

Briefnummer V. 4771

Bruxelles, le 13 février 1918.

Monsieur le Ministre,

J'ai l'honneur de porter à la connaissance de Votre Excellence que, pour des motifs d'ordre militaire, l'arrondissement militaire d'Ath et la partie nord-ouest de l'arrondissement militaire de Soignies, c'est-à-dire les environs de Lessines, ont été transférés au territoire d'étapes à la date du 1er février dernier. D'après l'arrangement intervenu entre Monsieur le Gouverneur Général et le Commandement Suprême de l'Armée, les garanties données, au sujet de l'œuvre de l'alimentation ont été reconnues et seront maintenues par les autorités militaires en question. Les régions précitées ne subiront donc pas de changement quant aux conventions établies entre Messieurs les Ministres Protecteurs et Monsieur le Gouverneur Général.

Je profite de l'occasion, pour renouveler à Votre Excellence les assurances de ma haute considération.

(s.) LANCKEN.

Son Excellence le Marquis de Villalobar,
Ministre de Sa Majesté le Roi d'Espagne,
BRUXELLES.

ANNEXE 35.

TRADUCTION.

COMITE HISPANO-NEERLANDAIS

La Haye, le 18 février 1918.

Honoré Monsier Langenbergh,

J'ai l'honneur de vous remettre, ci-joint, la copie d'une lettre du Ministre de l'Agriculture, de l'Industrie et du Commerce en date du 13 courant, relative à l'exportation en Belgique d'une dizaine de chevaux pour les besoins de l'Institut de Sérothérapie à Bruxelles.

Cette exportation est autorisée et le C. N. devra se mettre en relation à ce sujet avec la « Nederlandsche Uitvoer Maatschappij » (Sté Néerlandaise d'Exportation).

J'envoie une copie identique à l'Ambassade à Bruxelles, qui a introduit l'affaire auprès du Ministre des Affaires Etrangères.

Agréez............

(s.) H. MICHIELS VAN VERDIJNEN.

à Monsieur Langenbergh,
Directeur du Comité Hispano-Néerlandais
à BRUXELLES.

Annexe 35a.

COPIE-TRADUCTION.

MINISTERE DE L'AGRICULTURE
DE L'INDUSTRIE ET DU COMMERCE
No 511 Division :Affaires relatives à la crise
Bureau : Agriculture.

le 13 février 1918.

Sujet : Exportation de chevaux.

En vous retournant l'annexe jointe à la lettre sous rubrique de Votre Excellence, j'ai l'honneur de vous informer de ce que, pour ma part, il n'y a pas d'inconvénient à l'exportation en Belgique d'une dizaine de chevaux pour les besoins de l'Institut de Sérothérapie à Bruxelles.

Cependant, à mon avis, il serait très désirable que des garanties puissent être obtenues que ces chevaux seront garantis contre une réquisition des autorités allemandes. Si Votre Excellence pouvait trouver l'occasion de faire des démarches en ce sens, j'y attacherais le plus haut prix.

L'exportation de ces chevaux devra être faite par l'intermédiaire de la N. V. « Nederlandsche Uitvoer Maatschappij », qui a été mise par moi au courant de l'affaire. Le C. N. de secours et d'alimentation aura en conséquence à se mettre en relations avec cette société.

Je me permets de suggérer à Votre Excellence de communiquer l'un et l'autre au Ministre Résident de Sa Majesté à Bruxelles.

Le Ministre de l'Agriculture,
de l'Industrie et du Commerce.

(s) POSTHUMA.

Aux Affaires Etrangères
....

ANNEXE 36.

No A-4131. Le 21 février 1918.

MEMORANDUM
POUR LA
DEUTSCHE VERMITTLUNGSSTELLE C. N

Comme suite à la demande que nous avons introduite auprès du Gouvernement Hollandais dans le but d'obtenir l'autorisation d'importer en Belgique des chevaux pour les besoins de l'Institut de Sérothérapie de Bruxelles, nous avons reçu, par l'intermédiaire de notre direction à La Haye, l'avis du Gouvernement Hollandais qu'une telle autorisation était accordée en principe.

Elle est cependant subordonnée à une garantie de non réquisition de ces chevaux de la part des Autorités allemandes. Nous vous prions dans ces conditions de bien vouloir nous donner cette assurance dans le plus bref délai, afin que nous puissions au plus tôt faire procéder aux formalités d'importation par l'entremise de la Nederlandsche Uitvoer Maatschappij, qui est désignée par le Ministre de l'Agriculture, de l'Industrie et du Commerce des Pays-Bas pour servir d'intermédiaire dans cette affaire.

LES DIRECTEURS.

ANNEXE 37.

Légation d'Espagne
en
Belgique
Politische Abteilung bei dem
Generalgouverneur in Belgien

J. N° V. 4748

Bruxelles, le 4 février 1918.

Monsieur le Ministre,

J'ai l'honneur de prier Votre Excellence de bien vouloir me procurer de la part du Gouvernement Anglais les explications demandées dans ma lettre du 9 novembre 1917 — V. 4275 — concernant un vapeur muni des signaux distinctifs de la Commission for Relief in Belgium et accompagné par un sous-marin anglais. Le Gouvernement Impérial a réclamé d'urgence une réponse au sujet de cet incident.

Je profite de l'occasion pour renouveler à Votre Excellence les assurances de ma haute considération.

(s.) LANCKEN.

Son Excellence le Marquis de Villalobar,
Ministre de Sa Majesté le Roi d'Espagne.

Rapport au 1er avril 1918

I. GARANTIES

NOUVELLES ASSURANCES
DU GOUVERNEUR GÉNÉRAL

Spécialement émues du nombre croissant des infractions aux garanties fondamentales, LL. EE. les Ministres Protecteurs ont bien voulu entreprendre, à
notre demande, une démarche personnelle auprès du Gouverneur Général
dans l'espoir d'obtenir une amélioration
de la situation actuelle.

Au cours de l'entretien qu'Elles ont eu
avec le Gouverneur Général, LL. EE. ont
insisté sur les conséquences funestes que
pourrait avoir pour l'œuvre du Ravitaillement une méconnaissance aussi complète des accords intervenus que celle
dont semblaient faire preuve depuis
quelque temps les divers organismes et
administrations allemands en Belgique.

Le Baron von der Lancken a fait parvenir aux Ministres Protecteurs le texte
de la déclaration du Baron von Falkenhausen datée du 8 mars. Nous la reproduisons ci-dessous :

« J'ai déjà ordonné l'examen minitieux
» des points spéciaux en question. Les
» recherches ont été achevées pour une
» partie et j'ai chargé le chef de mon
» Département Politique d'informer Vos
» Excellences du résultat. En quelques
» points, peu nombreux, les recherches
» continuent encore. Mais je suis à même
» de déclarer en général, dès à présent —
» et je suis bien aise d'en avoir l'occasion
» — que j'aurai soin de veiller sévère-
» ment à l'accomplissement strict des
» engagements qu'ont pris mes prédéces-
» seurs vis-à-vis des Ministres des Etats
» Neutres. »

Nous espérons qu'il nous sera possible
dans ces conditions d'obtenir quelques
améliorations pour l'avenir si les autorités montrent un sincère désir de faire
appliquer les instructions du Gouverneur
Général.

**

En annexe nous joignons quelques lettres adressées par nous à la Vermittlungsstelle C. N. ainsi que leurs réponses :

annexe 1 notre lettre A-2750 du 24 octobre 1917
» 1b réponse de la V. C. N. en date
du 31 mars 1918.
» 2 notre lettre A-3010 du 20 novembre 1917.
» 2b réponse de la V. C. N. en date
du 4 mars 1918.
» 3 notre lettre A-3557 du 9 janvier 1918.
» 3b réponse de la V. C. N. en date
du 25 mars 1918.
» 4 notre lettre A-3964 en date du
8 février 1918.
» 4b réponse de la V. C. N. en date
du 9 mars 1918.
» 5 notre lettre A-3545 en date du
9 janvier 1918.
» 5b réponse de la V. C. N. en date
du 25 mars 1918.
» 6 notre lettre A-4497 en date du
22 mars 1918.
» 7 notre lettre A-3621 du 15 janvier 1918.
» 7b réponse de la V. C. N. en date
du 31 mars 1918.
» 8 notre lettre A-3356 du 19 décembre 1917.
» 8b réponse de la V. C. N. en date
du 31 mars 1918.

**

Pour vous permettre de vous rendre
compte aussi complètement que possible
des nombreuses saisies et réquisitions de
fourrages nous avons tenu à vous transmettre (annexe 9) un rapport de notre

service d'inspection sur la situation actuelle de l'arrondissement de Thuin et des régions de Philippeville et Mariembourg.

Les Ministres Protecteurs ont été saisis de la question afin qu'une protestation énergique soit adressée au Département Politique.

Les conséquences de ces réquisitions sont, comme on le comprendra facilement, des plus pernicieuses pour l'élevage et l'engraissement du bétail indigène ; aussi il en résulte indirectement (eu égard à la rareté des produits fourragers et au prix exorbitants qu'ils atteignent) une tendance de la part des éleveurs à mettre sur le marché les bêtes maigres qu'ils possèdent et qui sont du plus mauvais rendement au point de vue alimentaire.

.·.

Deux notes du service d'inspection de la province de Liège (annexes 10 et 11) indiquent la situation du trafic aux environs de la frontière allemande. Cette situation est satisfaisante.

II. CENTRALES

Beurre

La Vermittlungsstelle avait annoncé, comme le mentionne notre rapport au 1ᵉʳ mars, qu'une nouvelle réglementation de la répartition du beurre, destinée à empêcher les réquisitions et les achats de la part de l'occupant était en préparation. En vue de déterminer dans quelle mesure et dans quel sens il convenait, le cas échéant, d'intervenir à ce sujet, le Comité Hispano-Néerlandais s'est mis en rapport avec le président et l'ancien président intérimaire de la « Concentration », organisme chargé de la récolte et de la distribution du beurre et constitué par des délégués des producteurs, des marchands et des consommateurs.

A la suite de cet échange de vue le Comité Hispano-Néerlandais a résumé les désidérata des intéressés belges dans une note verbale du 23 mars (annexe 12) qu'il a eu l'occasion de développer devant la Vermittlungsstelle C. N. et qu'il a laissée entre les mains du chef de celle-ci.

III. PRISONS

Ainsi que nous vous l'avons fait connaître précédemment, dans le courant du mois de mars 1918 environ 420 belges qui se trouvaient dans nos différentes prisons ont été incarcérés à Vilvorde

(bâtiment du corps de correction) pour y subir les différentes peines infligées par l'autorité occupante.

Ce bâtiment qui devait être désaffecté depuis longtemps a été remis plus ou moins en état, mais il n'en reste pas moins humide et impossible à chauffer convenablement.

Le Comité Hispano-Néerlandais, en suite d'une convention avec l'occupant, assure aux prisonniers le ravitaillement en pain et vivres importés, sur la même base de rationnement que celui de la population belge. Le coût de ces vivres est payé mensuellement par le gouvernement Allemand.

Jusqu'à présent les prisonniers sont autorisés à recevoir deux colis par mois.

Une œuvre particulière s'efforce d'envoyer des colis aux prisonniers les plus nécessiteux.

Le Comité Hispano-Néerlandais examine pour le moment la possibilité de secourir en vivres divers d'une façon régulière cette catégorie assez nombreuse de nécessiteux, les ressources de l'œuvre dont il est parlé ci-dessus étant peu importantes.

Dans le courant du mois il est arrivé à Diest (dans l'ancienne forteresse) environ 466 prisonniers civils venant de camps situés en Allemagne notamment d'Holzminden, de Sennelager-Paderborn.

Nous ignorons les motifs qui ont provoqué cette mesure.

Les prisonniers y sont traité sur le même pied que ceux qui se trouvent dans les camps en Allemagne.

Les installations laissent à désirer, cette ancienne forteresse ne convenant pas pour à l'établir un camp de prisonniers. Le ravitaillement en pain et en vivres importés se fait de la même manière que celui de la prison de Vilvorde. Jusqu'à présent le ravitaillement en biscuits, tel qu'il s'effectue dans les autres camps pour les prisonniers belges et français fait défaut par mesure de représailles.

Des renseignements complémentaires seront fournis dans notre prochain rapport.

DIVERS.

Notre lettre du 22 mars à la Vermittlungsstelle C. N. (annexe 13) vous donnera de nouvelles indications concernant les fonctionnaires du Comité National déportés en Allemagne et non encore libérés.

.·.·.

11*

SS. HAELEN ET FRIDLAND.

Nous vous remettons ci-joint (annexe 14 et 15) copie de deux communications des 25 et 27 mars concernant cette affaire.

Pour atténuer la pénible impression faite sur le public par suite de la diminution de la ration de pain, le Comité Provincial d'Anvers a pris la résolution que nous reproduisons à l'annexe 16.

* * *

Au sujet de l'Alimentation des soupes populaires nous avons arrêté d'accord avec l'autorité allemande les règles suivantes pour l'achat de la viande nécessaire au ravitaillement des soupes populaires :

1.) Les Comités Provinciaux indiqueront au Président de l'Administration Civile de leur ressort, les besoins en viande des œuvres de leur circonspection, pour qu'il y soit satisfait dans la mesure où les ressources provinciales le permettront.

Eventuellement, l'autorisation d'acheter du bétail dans une autre province sera demandée, afin que le Président de l'Administration Civile du ressort puisse se mettre en rapport avec son collègue de la province qui doit livrer.

2.) Afin d'éviter une hausse factice des prix, les achats agréés seront dans les diverses provinces, sauf le Hainaut, vérifiés par la Société Coopérative Intercommunale. Ce sera celle-ci qui fera exécuter les livraisons au fur et à mesure des disponibilités du marché. La question du paiement sera réglée commercialement entre le Comité National et la Société Coopérative Intercommunale.

3.) En ce qui concerne le Hainaut, le Comité Provincial indiquera les besoins en viande des œuvres à M. le Président de l'Admnistration Civile de cette province, comme il est dit au sub. 1.) mais ce sera le Comité qui devra intervenir comme acheteur.

Ces principes ont été portés à la connaissance des Comités provinciaux par M. le Président du Comité Exécutif dans l'ordre du jour de la séance du 22 mars 1918.

* * *

Les annexes 17 et 18, concernant la prise de possession de locaux du Comité National dans les provinces de Liége et de Namur vous donneront une idée des démarches multiples qu'il faut entreprendre pour atténuer les perturbations dont souffre le fonctionnement des divers Comités Provinciaux, Régionaux et Locaux du fait de la réquisition des Magasins et locaux divers par les armées d'occupation.

* * *

Nous vous remettons aussi en annexe 19, copie de l'extrait d'un rapport trimestriel du Comité Provincial du Brabant relatif aux conséquences résultant de l'incendie de ses magasins et dans lequel sont exposés les moyens employés et les résultats obtenus pour l'utilisation des produits alimentaires retirés des décombres.

CONCLUSIONS:

Il y a lieu d'attendre, avant d'émettre une nouvelle opinion, les effets des récentes assurances renouvelées par le Gouverneur Général aux Ministres Protecteurs.

LES DIRECTEURS,
P. SAURA. LANGENBERGH.

ANNEXE 1.

N° A-2750.   Bruxelles, le 24 octobre 1917.

MÉMORANDUM
POUR LA
DEUTSCHE VERMITTLUNGSSTELLE C. N.

Le Comité Hispano-Néerlandais a l'honneur d'annexer à la présente différents rapports concernant des infractions aux garanties dans diverses régions du pays.

LES DIRECTEURS.

Bruxelles, le 24 octobre 1917.

Note pour la Deutsche Vermittlungsstelle C.N. concernant des infractions aux garanties.

PROVINCE DE HAINAUT

QUEVAUCAMPS

Le lieutenant de gendarmerie de Quevaucamps a demandé verbalement au bourgmestre de la commune de faire remettre, pour les besoins des soldats, 10 klg. de pommes de terre par chaque fermier de la localité. L'administration communale a fait remettre cet ordre par écrit à tous les cultivateurs qui ont fourni ensemble environ 1.200 klg. de pommes de terre.

PROVINCE DE LIEGE

REMERSDAEL

Un troupeau de bêtes à cornes comprenant des vaches, des génisses et des taureaux, escorté militairement, est sorti de la zone clôturée par la barrière d'Opsenich, le 4 octobre vers la soirée. On ignore si elles ont été chargées à Remersdael. On signale, au contraire, qu'elles auraient été dirigées sur Aubel, pour être expédiées de cette gare directement pour le front.

Plusieurs wagons de fruits provenant de cette région ont été chargés à Remersdael les derniers jours de la semaine du 7 au 13-10-17, pour une destination inconnue. Comme par le passé, tous ces achats ont encore été effectués par le trafiquant anversois Meyer, qui détient le monopole dans cette région.

BLEYBERG

Le personnel actif et sédentaire du chemin de fer, moyennant rémunération en nature ou argent, se met toujours de bonne grâce à la disposition des trafiquants pour faciliter leur commerce louche. C'est ainsi qu'en gare de Hombourg, le 5-10-17, le chef-garde arrivant vers 17 h. à Bleyberg passa à la femme Xhoffer Ant., de Moresnet, qui voyageait dans ce convoi, une caisse et une valise devant contenir du beurre et apportées au dit train par un jeune garçon inconnu. La surveillance douanière cessant au coucher du soleil, ces trafiquants ont donc actuellement toute facilité pour le transport de leurs marchandises sans document, au retour de ce train.

STAVELOT.

Les sieurs Demblié, de Masta, et Gabriel, de Wavreumont, sont signalés comme faisant du commerce suspect. Ces individus semblent être journellement en rapport avec leurs voisins d'Allemagne et semblent aussi coopérer aux exportations de tous genres.

Le 11-10-17, vers 10 h. 30, 3 militaires allemands ont conduit vers la gare 11 bêtes à cornes. Ils étaient suivis par un officier et un civil. Il semble que ce civil était le sieur Kaufmann, marchand allemand. Ces bêtes à cornes ont été chargées en gare de Stavelot dans le wagon no. 15551 Cöln. Elles provenaient des étables du sieur Goffinet, à Rivage (Stavelot).

PROVINCE DE LUXEMBOURG.

Le 2-10-17, le contrôleur allemand Bernstein de la Ernte Kommission a exigé du fermier Wathelet, de Hargimont, qu'il lui soit livré 300 kgs. de froment qu'il a payé comptant en lui disant qu'il lui en serait tenu compte dans ses fournitures à faire au Comité. Les deux sacs ont été enlevés immédiatement par un soldat accompagnant le dit contrôleur et transportés à Marche par le tram vicinal.

Il y a quelques semaines, des soldats avaient tenté de se faire livrer par le fermier Marcour, de Buisson (Ortho, dont la ferme est sous séquestre, 4 bœufs à raison de 2 frs. le Ko. Marcour avait refusé. Un amateur belge en ayant offert 5 frs. le Ko., les Allemands se sont opposés à la livraison et ont alors payé ce dernier prix.

Le nommé Espenschied, sujet allemand, qui avait été employé dans les bureaux du Commissaire civil de Marche, est retourné en Allemagne le 8-9 dr., emportant 10 kgs. de beurre. Ce beurre provenait des saisies opérées sur les civils belges et lui a été vendu à prix réduit par deux demoiselles allemandes qui tiennent la cantine située au coin des rues Américaine et de Marenne, à Marche.

Le 2-10, une charrette chargée de 3.000 kgs. de pommes de terre et convoyée par un soldat a été livrée à la firme allemande Wolff, de Vielsalm. Ces pommes de terre avaient été achetées au sieur Remacle-Rémacle Joseph, cultivateur à Ville-du-Bois, notoirement connu comme se livrant au trafic clandestin de denrées.

Le 1er ct., 3.000 kgs. environ de pommes de terre, convoyées par un soldat, ont été fournies à la susdite firme par le sieur Remacle-Masson, à Ville-du-Bois.

La firme allemande Grün & Bilfinger et la cantine allemande Depoorter & Hendrickx, à Ville-du-Bois, ont acheté 2.500 kgs. de pommes de terre au sieur Talbot-Remacle, cultivateur à Ville-du-Bois. La livraison a eu lieu fin septembre.

Les soldats de Bodange ont acheté 2 tombereaux de pommes de terre aux nommés Hendrickx et Beune, cultivateurs en cette localité.

La cantine allemande Havelange, à Vielsalm, a acheté environ 4.000 kgs. de pommes de terre au sieur Remacle-Cuvelier, à Ville-du-Bois. Ces pommes de terre ont été livrées le 1er ct le 2 courant.

Le 30-9 dr., 3.000 kgs. de pommes de terre expédiées par le bourgmestre de Baconfoy-Tenneville ont été déchargées à la cantine militaire de On.

Le 22-9-17, des soldats d'On ont acheté 500 gks. de pommes de terre chez le fermier Legros en disant que cette quantité était à défalquer de celle à fournir à la Centrale. Quelques jours après, ces soldats sont revenus et ont demandé à acheter 1.500 kgs. de pommes de terre. Le fermier a refusé, déclarant que sa récolte était destinée à la population belge et qu'il ne livrerait rien sans bon de réquisition. Les soldats se sont alors adressés au cultivateur Watlet, à Hargimont, qui a également refusé de rien livrer sans autorisation du bourgmestre.

Dans la 1re quinzaine de septembre, Lefèvre Joseph, cultivateur à Tellin, a été invité par des soldats de Wellin à leur fournir 2 à 300 kgs. de pommes de terre. Se croyant obligé de les fournir Lefèvre les a livrées à 30 frs. les 100 kgs.

Les agents de la poste de Neufchâteau se sont fait délivrer les premiers jours d'octobre, 3.000 kgs. de pommes de terre par les sieurs Bourivain, au Chêne, à Ebly, et Kaiser à Grapfontaine. Ceux-ci leur fournissent régulièrement du beurre.

Les soldats (pionniers) de Neuvillers ont acheté, pendant la dernière quinzaine de septembre, 1.300 kgs. de pommes de terre à St-Pierre (Libramont) dont 800 kgs. chez Noël et 500 kgs. chez Marbehan. Ils les ont payées 25 frs. les 100 kgs. et les ont fait voiturer par le sieur Tilmon Jacquemin, de Neuvillers.

Vers le 1er octobre, des agents du chemin de fer, en uniforme, se sont présentés chez les nommés Félicien Lambert et Léon Ledent, cultivateurs à Neuvillers, et ont tenté de se faire délivrer 1.500 kgs. de pommes de terre. Ils ont présenté un écrit que les intéressés n'ont pas examiné attentivement mais qui était revêtu d'un cachet portant le mot « Kartoffeln ». Les cultivateurs susdits ont refusé de livrer ; les agents se sont alors présentés chez le ff. de bourgmestre, qui a également refusé.

ANNEXE 1b.

TRADUCTION

Gouvernement Général
D. V. C. N.
C. 542

Bruxelles, le 31 mars 1918.

Après clôture des enquêtes relatives aux cas soumis par votre lettre A 2750 du 24 octobre, nous pouvons vous communiquer ce qui suit :

1) Il a été reconnu exact que le contrôleur des céréales Bernstein a acheté 200 kgs. de froment. Cet achat a eu lieu dans le but de procurer des semences à différents fermiers à qui le Bureau des Récoltes n'en avait pas encore fourni à cette époque. Selon information de la Commission Provinciale des Récoltes, ces 200 kgs. de froment ont déjà été restitués au Comité.

2) Le fermier Marcour, de Buisson, déclare que déjà depuis longtemps aucun soldat n'a été chez lui ; les communications à ce sujet doivent donc reposer sur une erreur.

3) Le préposé Espenschied a quitté son service à Marche en septembre 1917 pour retourner en Allemagne. Son séjour est inconnu ; on n'a donc pu établir ce qu'il a emporté en fait de vivres. Il n'y a cependant aucune raison de croire qu'il ait dépassé la quantité permise. Il a été établi avec certitude, dans le magasin de vente signalé par le C. H. N., que les 10 kgs. de beurre auxquels il fait allusion ne lui ont pas été cédés là.

4) Le 2 octobre, Remacle a livré 1500 kgs. de pommes de terre à la firme de construction de chemins de fer Wolff et non 3.000 comme il est dit dans les communications du C. H. N. La firme susdite a employé ces pommes de terre au ravitaillement de son personnel ouvrier belge, de sorte qu'il n'y a pas d'infraction aux conventions existantes.

5) Il a pu être établi que des soldats en garnison à Wellin n'ont pas acheté de pommes de terre chez Joseph Lefèvre.

6) Les personnes citées par le C. H. N. ont toutes été interrogées et ont déclaré n'avoir vendu ni beurre, ni pommes de terre aux employés des postes à Neufchâteau.

7) Il est exact que le Kommando de Neuvillers a acheté 500 kgs. de pommes de terre chez les fermiers Marbehan, Naicis et Noel, et qu'il les a payées à raison de 16 Mk. le double quintal. L'attention du corps de troupe intéressé a été attirée sur l'inadmissibilité de cet achat.

8) Les fermiers cités, Lambert et Ledent, ainsi que le bourgmestre de Neuvillers, ont été interrogés afin d'établir de quels préposés il a pu s'agir. Aucune de ces personnes n'a toutefois été en mesure de donner une indication quelconque permettant d'examiner à fond l'affaire plus à fond.

9) La firme Wolff, à Vielsalm, n'a pas acheté 3.000, mais bien 1.508 kgs. de pommes de terre à Remacle, le 1er octobre. Ces pommes de terre ont également été employées au ravitaillement d'ouvriers belges de cette firme, ainsi qu'il est dit pour le cas no. 4.

10) La firme Grün & Bilfinger, ainsi que la cantine Depoorter & Hendrickx, ont également acheté 2.500 kgs. de pommes de terre à Remacle, à Ville-du-Bois. De même que la firme Wolff, Grün & Bilfinger ont employé ces pommes de terre au ravitaillement de leurs ouvriers belges. Le passavant pour le transport a été valablement établi par le bourgmestre de Vielsalm. On peut au surplus ajouter qu'aussi bien la firme Wolff que Grün & Bilfinger ont quitté le district après achèvement de leurs travaux.

11) Quelques soldats de Bodange ont en effet acheté chez les fermiers Hendrik et Bœur 600 et 400 kgs. de pommes de terre. Une enquête au sujet de cette affaire a révélé qu'à un moment où il y avait grande pénurie de pommes de terre, quelques soldats se sont adressés à un sous-officier, le priant d'acheter des pommes de terre, chacun d'eux ne pouvant se rendre isolément chez les fermiers. Cela a été fait et ces soldats ne croyaient pas avoir dépassé ainsi le droit d'achat individuel. L'autorité hiérarchique est toutefois d'un autre avis et estime d'abord que la quantité achetée est trop importante pour pouvoir être considérée comme achat individuel occasionnel. Ensuite, les acheteurs n'avaient pas non plus le passavant réglementaire pour le transport des pommes de terre. Les coupables ont donc été sévèrement réprimandés et de plus des dispositions ont été prises pour que des cas pareils ne puissent plus se reproduire.

12) La cantine d'Havelange appartient à la firme Wolff qui, ici également comme dans les deux cas cités plus haut, a acheté des pommes de terre pour ses ouvriers belges. L'achat ne s'élevait toutefois pas à 4.000, mais à 1.500 kgs.

13) Le bourgmestre de Tenneville a été interrogé au sujet des communications du C. H. N. et a déclaré ne pas avoir expédié de pommes de terre à la cantine militaire d'On. La direction de cette cantine déclare également ne pas avoir reçu de pommes de terre du susnommé.

14) Il a été reconnu exact que des soldats ont acheté 500 kgs. de pommes de terre chez le fermier Legros. Cet achat a également été reconnu comme inadmissible et les mesures nécessaires ont été prises pour éviter une répétition. Si, comme le disent les communications du C. H. N., Legros a refusé de livrer de nouvelles quantités, il eut été correct de sa part de refuser purement et simplement la première vente aux soldats en question.

(s.) RIETH.

Au Comité Hispano-Néerlandais,
Bruxelles.

ANNEXE 2.

No. A 3010.

Bruxelles, le 20 novembre 1917.

Memorandum pour la Deutsche Vermittlungsstelle C. N.

Le C. H. N. a eu connaissance de ce que les autorités militaires ont récemment pris possession du haras annexé à la propriété de Moriamé (province de Namur) pour y installer 280 bêtes à cornes fournies par le nommé Dropsy, dont il a été question dans la lettre no. 17115 en date du 15 septembre de la V.C.N.

Pour soigner le bétail, les autorités allemandes ont placé un soldat, lequel a recruté une dizaine de garçons d'écurie. La commune de St-Aubin a dû fournir la literie pour ce soldat, les ustensiles de cuisine qui lui sont nécessaires, ainsi que du charbon. Le haras constitue un dépôt pour approvisionner les troupes de Givet.

Naturellement, pour nourrir tout ce bétail il faut de grandes quantités de fourrages, 7.300 kgs. par jour, et c'est de nouveau Dropsy qui s'est chargé du soin de les procurer. De nombreux témoignages indiquent que depuis quelque temps l'intéressé a acheté dans toute la région de grandes quantités de fanes de betteraves, de betteraves, de rutabagas, etc. Des personnes dignes de foi signalent qu'il a offert d'acheter des haricots à raison de 22 frs. le Ko. et des pommes de terre à raison de 65 frs. les 100 kgs.

De vastes silos ont été établis au haras pour contenir les betteraves et les rutabagas. Chaque fois la commune de Florennes est réquisitionnée pour transporter les fourrages de la gare au haras.

Il résulte de ces faits que si le nommé Dropsy Jean, de Hanzinelle, connu actuellement sous le sobriquet de « Baron von Pitje », ne se livre plus ouvertement au commerce de bétail, il en possède néanmoins lui-même de grandes quantités dans des prairies lui appartenant et aisément reconnaissables aux clôtures intactes en fil de fer barbelé qui les entourent. Ce bétail est livré par voie d'intermédiaires à l'autorité militaire.

Le C. H. N. est persuadé que ces faits ne manqueront pas de retenir l'attention de la D. V. C. N. et qu'une enquête impartiale sera entreprise à cet égard dans le but de faire respecter les engagements relatifs aux garanties.

LES DIRECTEURS,

ANNEXE 2b.

TRADUCTION

Gouvernement Général
D. V. C. N.
C. 611

Bruxelles, le 4 mars 1918.

Votre lettre A 3010 du 20 novembre 1917 a servi de base à la V. C. N. pour une enquête très approfondie. Dans cette lettre il est allégué que :

Les autorités militaires auraient pris possession du haras d'un nommé Meunier, de Morialmé. Jusqu'à quel point cette assertion est exacte ressort le mieux d'une déclaration du susdit Meunier, ainsi conçue :

« Je déclare que l'attaché du Feldmagazin de » Givet est venu un jour chez moi pour me con- » tracter à cause de ma ferme située sur le ter- » rain de St-Aubin et appelée le Haras.

« J'ai loué la ferme *volontairement* au Feld- » magazin de Givet, personne ne m'a forcé de » le faire.

« Nous avons fait un contrat et comme loua- » ge on me donne le fumier de la ferme, qui » me paie largement. Il est convenu encore » que le magasin me rend ma ferme telle qu'el- » le était lorsqu'il y est entré.

« Je suis bien heureux que l'autorité a bien » voulu prendre possession de ma ferme, je » n'aurais d'ailleurs trouvé personne pour me » la louer à des conditions aussi avantageuses » pour moi.

» Signé H. MEUNIER.
» Florennes, le 10-12-1917. »

Il ne peut donc plus être question d'une prise de possession de ce haras par la force. Comme il est dit très exactement, l'installation du surveillant du haras a été livrée par la commune de St-Aubin et se compose, selon les pièces que nous avons sous les yeux, de : 1 lit, 1 poêle, 2 marmites, 1 table, 2 chaises, 1 lampe. On ne voit pas ce que l'on pourrait trouver à redire contre la réquisition de ces objets d'ameublement, qui est complètement en concurrence avec les obligations de logement de troupes de la commune de St-Aubin.

Il est dit de plus que le troupeau de bétail de 280 têtes, logé au haras, aurait été livré par le marchand de bestiaux Dropsy, déjà souvent nommé antérieurement. En opposition avec cela, il y a lieu de signaler que le nombre maximum des têtes de bétail logées au haras n'a jamais dépassé 198. Dropsy *n'a participé que dans une mesure très limitée à la livrai- son de ce troupeau*, et cela à la suite de l'ac- cord suivant conclu avec l'administration :

A l'occasion d'une remise de jeune bétail provenant des étapes à l'administration du dépôt de Morialmé, Dropsy a demandé s'il ne pouvait échanger un certain nombre de ces jeunes bêtes contre du bétail d'abatage. Il motivait sa demande par le fait que beaucoup de fermiers des environs demandaient du jeune bétail et qu'il n'était pas en mesure à ce mo- ment d'en trouver. Les prairies de l'adminis- tration du dépôt étaient à ce moment rem-

plies, de sorte qu'elle a également trouvé que l'échange proposé était utile. Par conséquent, il a été livré à Dropsy 180 têtes de jeune bé- tail, contre lesquelles il a mis à la disposition de l'administration du bétail d'abatage d'un poids égal à celui des 180 bêtes reçues (c'est-à- dire 60 bêtes). Aucun dommage n'a été causé par cet échange au cheptel du pays ; bien plus, un service très appréciable a *été rendu aux fermiers de cette contrée.*

Que Dropsy fasse le commerce de bétail, cela n'offre aucun doute, par contre, les nou- velles investigations ont encore une fois prou- vé que ses rapports avec les autorités *ne peu- vent donner lieu à aucune critique.* Lui-même est d'avis qu'il est constamment *calomnié* par ses concitoyens, *précisément parce qu'il entre- tient des rapports avec des autorités alleman- des.* Il ressort d'un interrogatoire de Dropsy, ainsi que de l'examen de ses livres et enfin de renseignements pris dans les communes intéressées, que Dropsy a vendu le bétail qui se trouve sur ses prairies pour la plus grande partie au marché au bétail d'Anderlecht, ainsi qu'aux *Restaurants Bruxellois, à Bruxelles, par l'intermédiaire du sous-traitant Lamboi- te, de Lesves.*

Il a également été reconnu inexact que Drop- sy soit chargé de fournir la quantité totale de fourrage nécessaire au bétail de Morialmé. Il ressort au contraire, en toute certitude, des pièces et lettres de voiture que nous avons sous les yeux, que la majeure partie du four- rage est importée d'Allemagne. Dropsy ne par- ticipe à la livraison de betteraves et de feuil- les de betteraves qu'en ce sens que, depuis le début de la guerre et donc également l'année dernière, il a repris à l'administration tout le fumier provenant du dépôt de Givet et a livré en échange des betteraves et des feuilles de betteraves. Dropsy a toujours cédé le fumier ainsi obtenu aux campagnards de cette région et leur a ainsi rendu un service d'autant plus grand qu'ils manquaient totalement d'engrais artificiel, ainsi que de fumier de vache. Par contre, il est erroné que Dropsy se soit occupé du commerce de pommes de terre et de fèves ; il déclare n'avoir jamais acheté de ces ali- ments et, en tout cas, les autorités intéressées n'ont jamais reçu une offre de ce genre.

Il est tout aussi inexact que la commune de Florennes aurait été forcée au transport de fourrages. Nous avons sous les yeux, des dé- clarations légalisées par les bourgmestres de la région de tous les ouvriers ayant été occu- pés au déchargement et au chargement, dans lesquelles ceux-ci déclarent avoir été librement embauchés et pleinement payés. De même, la commune de Florennes déclare, par l'organe de son bourgmestre, avoir dans chacun des cas reçu plein paiement pour les chariots qu'elle a mis à disposition pour le transport.

Il est exact que Dropsy a été provisoirement exempté de l'obligation de livrer une partie des fils de fer barbelés qui entourent ses prai- ries. Cette faveur momentanée ne lui a toute- fois été accordée qu'à titre *révocable et seule- ment après qu'une enquête a révélé que les fils de fer en question étaient très vieux et fortement rouillés, de sorte qu'en les écrou- lant il n'en serait resté que des morceaux très courts, qui n'auraient pas répondu à l'emploi envisagé.*

(s.) PIETH.

Au Comité Hispano-Néerlandais,
Bruxelles.

ANNEXE 3.

No. A 3557.

Bruxelles, le 9 janvier 1918.

Memorandum pour la Deutsche Vermittlungsstelle C. N.

D'un rapport de notre service de contrôle de la province de Liège nous extrayons les pas- sages suivants :

« Le marchand Fraiture, de Wegnez, a ache-
» té à peu près une vingtaine de bêtes à cor-
» nes. Elles ont été conduites chez le sieur
» Gillet, restaurateur, rue de Mangombroux à
» Verviers, où le bétail séjourne dans les éta-
» bles jusqu'au lundi. Sans la moindre hésita-
» tion, Gillet a déclaré que ce bétail est des-
» tiné au front; Fraiture, a-t-il ajouté, a trafi-
» qué en grand avec les intermédiaires des au-
» torités occupantes. »
« Les laiteries St-Roch et St-Lambert, de
» Johanster (Polleur), continuent à recevoir
» chaque semaine des soldats allemands qui
» en sortent avec des paquets de 2 à 3 kgs. de
» beurre.
» Sur réquisition militaire, les communes de
» La Reid, Theux, Sart, Jalhay, Polleur, et
» probablement d'autres encore, doivent four-
» nir journellement du lait destiné aux établis-
» sements sanitaires de l'autorité occupante à
» Spa. Pour la 2me quinzaine de novembre, la
» commune de Polleur en a livré, à elle seule,
» environ 1500 litres payés à raison de 0.50 fr.
» le litre ».

Nous vous saurions gré de bien vouloir entreprendre une enquête au sujet des faits dont
il est question ci-dessus et de nous tenir au
courant des résultats de celle-ci.

LES DIRECTEURS,

ANNEXE 3b.

TRADUCTION

Gouvernement Général
D. V. C. N.
C. 712

Bruxelles, le 25 mars 1918.

En réponse à la deuxième partie de votre
lettre A 3557 du 9 janvier, il peut être communiqué que les directeurs des deux laiteries St-
Roch et St-Lambert contestent formellement
avoir vendu du beurre à des soldats, ou que
des soldats aient quitté leurs laiteries chargés
de paquets. Ils déclarent que ces affirmations
sont inexactes. La Kommandantur locale de
Theux a également fait des investigations relatives à cette affaire, mais n'a pu trouver la
preuve que des soldats auraient acheté du
beurre dans ces deux laiteries.
La livraison de lait à des lazarets à Spa,
mentionnée plus loin, ne constitue pas, à notre avis, une infraction aux conventions existantes. En outre, les lazarets en question sont
licenciés depuis longtemps, de sorte qu'il est
superflu de continuer l'examen de cette affaire.
En ce qui concerne le commerce de bétail
d'un nommé Fraiture, auquel il est fait allusion dans la première partie de votre lettre, la
V. C. N. y reviendra après clôture de l'enquête en cours.

(s.) RIETH.

Au Comité Hispano-Néerlandais,
Bruxelles.

ANNEXE 4.

No. A 3964.

*Mémorandum pour la Deutsche
Vermittlungsstelle C. N.*

La Deutsche Vermittlungsstelle C. N., dans
sa réponse à la lettre du 21 janvier, fait remarquer au Comité Hispano-Néerlandais que
les pigeons dont « le commandant du contrôle
des pigeons » à Charleroi sollicite la livraison
au printemps prochain ne sont pas destinés à
la subsistance des troupes.
Elle croit devoir en conclure que, dans ces
conditions, il n'y a point de transgression des
conventions.
Le Comité Hispano-Néerlandais ne peut partager cette manière de voir. Il est certain que,

suivant les garanties, la volaille, autant que le
bétail, doit demeurer à la disposition des populations. Il est, en effet, difficile de ne pas
considérer les pigeons comme des « vivres indigènes ».
La reconnaissance de la thèse de la Deutsche
Vermittlungsstelle C. N. permettrait de distrai-
re une partie des animaux servant à la subsistance des populations. Le fait que les animaux dont il s'agit ne servent pas à l'alimentation des troupes ne paraît pas au Comité
Hispano-Néerlandais un argument susceptible
de justifier la manière de voir des autorités de
Charleroi.

LES DIRECTEURS,

ANNEXE 4b.

TRADUCTION

Gouvernement Général
D. V. C. N.
C. 750

Bruxelles, le 9 mars 1918.

En réponse à votre lettre A 3964 du 8 février,
la V. C. N. regrette de ne pouvoir partager
l'opinion du C. H. N.
Il n'y a aucun doute que la volaille doit être
considérée comme aliment. Les pigeons également ne font en général pas exception, sauf
quand, comme dans le cas en question, il
s'agit d'une race spéciale, élevée comme pigeons voyageurs, qui ne sont acquis que dans
ce but.

(s.) RIETH

Au Comité Hispano-Néerlandais,
Bruxelles.

ANNEXE 5.

No. A 3545

Bruxelles, le 9 janvier 1918.

Monsieur le Docteur Rieth,
Conseiller de Légation
Place Royale, 7,
Bruxelles.

Monsieur le Conseiller,

Comme suite à une enquête personnelle à
laquelle nous nous sommes livrés à Hal, il
nous a été donné de constater que :
1o) le lazaret militaire de Hal reçoit toutes
les semaines 10 kgs. de beurre ;
2o) la compagnie casernée dans cette localité reçoit 34 kgs. de beurre par semaine ;
3o) le mess d'officiers reçoit 12 kgs. de beurre hebdomadairement ;
4o) le personnel de la station reçoit 30 kgs.
de beurre par semaine ;
tandis que la population de la dite ville est
privée de cette denrée.
De plus, défense a été faite à la laiterie « Le
Progrès » de vendre du lait à la ville.
Nous nous permettons d'attirer votre spéciale attention sur ces faits qui constituent des
infractions évidentes aux garanties.
Veuillez agréer, Monsieur le Conseiller, l'assurance de notre considération distinguée

LES DIRECTEURS,

ANNEXE 5b.

Gouvernement Général
D. V. C. N.
C. 714

Bruxelles, le 25 mars 1918.

Dans votre lettre A 3545 du 9 janvier, vous
citez différents lazarets, mess, etc., à qui des
quantités déterminées de beurre ont été fournies.

Il résulte toutefois des renseignements recueillis par les autorités compétentes que les quantités effectivement livrées ont toujours été sensiblement moindres. De plus, en raison de la pénurie de beurre, ces livraisons ont encore été sensiblement réduites depuis fin décembre.

Il est inexact que la vente de lait à la ville de Bruxelles ait été défendue à la laiterie «Le Progrès», à Hal. La défense ne concerne que le lait complet, dont la livraison n'est permise qu'aux enfants, malades, vieillards et comités.

(s.) RIETH.

Au Comité Hispano-Néerlandais,
Bruxelles.

ANNEXE 6.

No. A 4497.   Le 22 mars 1918.

Memorandum pour la Deutsche
Vermittlungsstelle C. N.

Le C. H. N. croit devoir signaler à la V. C. N. que le 1er mars dernier, un transport de 343 kgs. de beurre, convoyé par le personnel de la Concentration des beurres, a été saisi sur le territoire du Grand-Bruxelles et conduit au Commissariat d'Etat.

L'envoi était fait cependant très réglementairement; il venait de la région de Campenhout—Bergh—Nedereckerzeel.

Malgré toutes les démarches entreprises par le Commissaire Civil de Bruxelles—Rural, on n'est pas arrivé à rentrer en possession du beurre saisi. Jusqu'à présent le paiement de ce beurre n'a pas été effectué. Monsieur le Commissaire d'Etat de la Concentration, le Dr. Dalberg, a proposé de faire verser la contrevaleur de la marchandise saisie, sous déduction de 10 % représentant les frais de saisie.

La Concentration des Beurres n'a pas cru pouvoir accepter cette proposition car elle estime que rien ne pouvait justifier la saisie.

Le C. H. N. a été informé de ce que des délégués du Commissariat d'Etat ont visité de nombreuses laiteries de l'arrondissement de Bruxelles et y ont laissé des ordres de réquisition. Il s'agit d'une série de laiteries dont la production était réservée à la Concentration.

Le C. H. N. croit devoir insister sur le fait que les arrivages de beurre qui étaient peu importants à Bruxelles ces derniers temps, sont, par suite de ces nouvelles réquisitions, encore sensiblement réduits.

* * *

Il est nécessaire d'attirer également l'attention de la V. C. N. sur les difficultés persistantes que M. le Commissaire d'Etat pour la province de Brabant, suscite à la Concentration des Beurres. Des entraves continuelles sont apportées à l'exécution de la tâche essentielle du ravitaillement du Grand-Bruxelles en lait et en beurre.

Si le C. H. N. se plaît à reconnaître l'aide accordée par MM. les Commissaires Civils de Bruxelles-Rural et du Grand-Bruxelles, il regrette de devoir insister sur la façon dont se comporte vis-à-vis de la Concentration des Beurres M. le Commissaire d'Etat du Brabant.

Ce délégué de l'Autorité ne se borne pas à prendre, ainsi que le C. H. N. s'autorise à le signaler dans la note ci-dessus, des mesures aboutissant à la réquisition de la plus grande partie de la production de nombreuses laiteries à Bruxelles-Rural. Il se réserve aussi directement la production de la plupart des laiteries de l'arrondissement de Louvain qui, depuis plus d'un an, n'a pu fournir un kilogramme de beurre à la Concentration. Cet arrondissement, qui pourvoyait abondamment Bruxelles, est à présent complètement fermé à la Concentration des Beurres.

Alors que M. le Commissaire Civil de Bruxelles-Rural et celui de Malines ont facilité la tâche de la Concentration, M. le Commissaire Civil de Louvain se refuse à mettre à la disposition de Bruxelles un seul litre de lait entier. Seul le lait écrémé peut être recueilli.

L. C. H. N. s'en voudrait de ne point appuyer sur les conséquences d'un tel régime. Pour se rendre compte de ses effets, il suffit de signaler que des organismes tels que la «Nutricia» et la «Hollandia» n'ont plus obtenu la permission de continuer l'importation du lait à Bruxelles qu'à la condition de restituer à M. le Commissaire d'Etat toutes les semaines, la quantité de beurre correspondant à la quantité de lait qu'ils ont importée. Il en résulte que ces sociétés ne peuvent mettre à la disposition des enfants, des vieillards et des malades que du lait écrémé. Il importe d'ajouter que le beurre remis à M. le Commissaire d'Etat n'est pas mis à la disposition de la population civile. Enfin, M. le Commissaire d'Etat suspecte même la loyauté de la «Concentration» en faisant saisir entre les mains de ceux qui transportent le beurre pour elle, alors que la marchandise est cependant accompagnée des pièces requises. De plus, on refuse de restituer le beurre à la Concentration et on ne le paie que si l'on accepte une déduction de 10 % sur le prix.

Dans ces conditions, la Concentration des beurres, qui loyalement contribue à l'exécution de l'arrêté pris en faveur des Unions dans l'intérêt général et dans le but qu'elle poursuit. L'alimentation en lait des malades et des enfants est compromise par le fait d'une intervention que la V. C. N. trouvera, comme le C. H. N. regrettable et la Concentration verrait, si des mesures ne peuvent être prises, tous ses efforts énervés sinon annihilés.

LES DIRECTEURS,

ANNEXE 7.

No A 3621

Bruxelles, le 15 janvier 1918.

Memorandum pour la Deutsche
Vermittlungsstelle C. N.

Le Comité Hispano-Néerlandais a l'honneur d'informer la Deutsche Vermittlungsstelle C. N. de ce que, pendant les mois de septembre et octobre derniers, la commune de Tessenderloo a dû livrer 450 kilogrammes de pommes de terre pour le mess des officiers du camp de Beverloo.

LES DIRECTEURS,

ANNEXE 7b.

TRADUCTION.

Gouvernement Général
D. V. C. N.
C. 729

Bruxelles, le 31 mars 1918.

En réponse à votre lettre A 3621 du 15 janvier, nous vous informons de ce que, à la suite de représentations antérieures de même nature, des passavants ne sont plus délivrés aux communes pour des livraisons de pommes de terre à des «Selbstverpfleger» (soldats pourvoyant eux-mêmes à leur subsistance) du camp de Beverloo.

(s.) RIETH.

Au Comité Hispano-Néerlandais,
Bruxelles.

ANNEXE 8.

No. A 3356

Bruxelles, le 19 décembre 1917.

Memorandum pour la Deutsche
Vermittlungsstelle C. N.

Le Comité Hispano-Néerlandais a l'honneur
de remettre sous ce pli, à la Deutsche Vermittlungsstelle C. N., une note relative à des
achats de foin et de carottes, par les troupes
d'occupation, dans la province de Luxembourg.

LES DIRECTEURS,

———

Note concernant les achats, par les troupes
d'occupation, de foin et de carottes, dans
la province de Luxembourg.

Le 19 novembre, deux soldats de Sibret, accompagnés d'un soldat interprète de Morhet,
ont parcouru cette dernière localité pour y
acheter de la paille ; ils ont pu en acheter
chez le fermier Georges, à Morhet ; la livraison doit se faire prochainement.

Il a été signalé antérieurement que le sieur
Blocus, de St-Hubert, achetait du foin pour
compte des Allemands. Pendant les semaines
du 10 au 17 et du 17 au 24 novembre 1917, il
a réceptionné à Lavaux le foin qui avait été
acheté par ses sous-agents Plompteux Lambert, de Léglisse et Borteux, de Louftemont, à
différents fermiers de Behême, Louftemont,
Vlessart et des environs de Léglisse. Plusieurs
wagons de foin ont été expédiés par Blocus
de la gare de Lavaux vers une destination inconnue.

Il a été signalé, dans une note précédente,
que la Kommandantur de Bomal avait donné
ordre à chacun des villages dépendant de son
district, de livrer chacun environ 2.000 kgs. de
foin ou de trèfle séché, pour les besoins de
l'armée occupante. Nous donnons ci-après la
liste des fournitures de foin qui ont été effectuées par les communes en question :

Tohogne	3.000 kgs.
Bomal	2.000 »
Villers-SteGertrude	1.500 »
My	3.000 »
Izier	3.000 »
Heyd	2.000 »
Borlon	2.465 »

Une partie (de 4 à 5.000 kgs.) de ce foin est
restée à Bomal pour être réservée à la nourriture des chevaux de la Kommandantur. L'autre partie a été expédiée vers Marche.

Le 19 novembre 1917, un chariot de l'intendance militaire allemande a été chercher des
carottes chez Auguste Laruelle et chez Mme
Vve Dupuis, à Feys-les-Veneurs. Le chargement comportait environ 1.200 kgs. de carottes ; il était destiné à la garnison de Bertrix.

Le brigadier de la Feldgendarmerie de Feys-
les-Veneurs a exigé du bourgmestre de cette
localité la fourniture de 100 kgs. de foin ; le
17 novembre, une nouvelle réquisition de
150 kgs. a été faite ; le foin a été payé à raison de 12 frs. les 100 kgs.

Au début du mois de novembre dernier, un
soldat de Champlon (Ardennes) a acheté 500
kgs. de foin à 34 frs. les 100 kgs. au sieur Petit
Arnould, à Journal (commune de Champlon).
Le foin acheté a été enlevé quelques jours
après par des soldats de la garnison de Laroche.

Dans le courant du mois d'octobre 1917, le
fermier Gillet Nicolas, de Champlon (Ardennes) a vendu à un soldat de cette localité 2.187
kgs. de foin à raison de 22,50 frs. les 100 kgs.
Ce foin a servi à la nourriture des chevaux
des soldats travaillant à l'exploitation forestière de Mochamps (Tenneville).

ANNEXE 8b.

TRADUCTION

Gouvernement Général
D. V. C. N.
C. 679

Bruxelles, le 31 mars 1918.

Les communications faites par votre lettre
A 3356 du 19 décembre 1917, ont été examinées
d'une façon approfondie par les autorités intéressées. Il est exact que le fermier Georges,
à Morhet, a livré environ 500 kgs. de paille à
un organisme militaire. Toutefois, d'après les
renseignements reçus, il n'y a pas eu d'achat,
mais plutôt un échange contre du fumier, extrêmement recherché par les fermiers.

Déjà précédemment il a été fait une enquête
concernant les achats de foin de Blocus, de
St-Hubert, sans que l'on ait pu établir à sa
charge des infractions aux prescriptions. Cette
fois encore, il a dû être de nouveau établi
qu'aucun corps de troupe de la province de
Luxembourg n'a fait aucune espèce d'affaire
avec Blocus.

Des investigations, qui ont pris beaucoup de
temps, concernant des livraisons de foin qui
auraient eu lieu à Tohogne, Bomal, Villers,
My, Isier, Heyd et Borlon, n'ont donné presque aucun résultat, tous les corps de troupe
intéressés ayant quitté depuis longtemps le
district de Bomal. Toutefois, ici aussi, il a pu
être établi qu'il s'est agi uniquement d'échanges, auxquels les fermiers sont toujours volontiers disposés.

La communication datée du 19 novembre,
suivant laquelle un chariot de l'intendance
militaire aurait cherché des carottes chez une
Vve Dupuis, à Fays-les-Veneurs, doit sûrement
reposer sur une erreur. Il n'existe pas d'intendance dans la province de Luxembourg et
conséquemment il n'y a pas de chariot d'intendance. La Vve Dupuis, aussi bien que le
Belge Laruelle, contestent très formellement
qu'une vente de cette espèce ait eu lieu.

Egalement dans les autres cas, il ne s'agit
pas d'achats de foin, mais simplement d'échanges contre du fumier. Sans doute, le foin en
question a été cherché par les troupes, comme
il n'existait pas d'autre possibilité de transport.
                                    (s.) RIETH.

———

ANNEXE 9.

FOURRAGES

I. — Réquisition directes et systématiques
dans l'arrondissement de Thuin.

Pour le ravitaillement des nombreuses troupes actuellement en mouvement dans la région, l'autorité militaire a installé à Binche,
dans les bâtiments de la verrerie, près de la
station, un magasin d'étape dirigé par un
« Feldmagazin-Inspector ».

Depuis une quinzaine de jours, cet officier
se rend dans les communes agricoles des environs et procède à de véritables réquisitions
d'importantes quantités de foin et de paille.

Ces fourrages ne sont pas transportés en magasin d'étape. Les troupes auxquelles ils sont
destinés vont en prendre livraison, dans les
fermes contre remise d'un billet de réquisition
payable au bureau du « Feldmagazin » à Binche.

Au cours de ma tournée, je me suis attaché
à établir les faits dans les divers villages que
j'ai traversés et dans la mesure du temps dont
je disposais. Les précisions que j'ai pu obtenir
dans ces localités peuvent être généralisées et
s'appliquent à toute la région.

A Haulchin, le « Feldmagazin-Inspector »
s'est présenté chez le bourgmestre, il y a une
quinzaine de jours, accompagné d'un civil allemand habitant Binche où il tient la taverne
Weber, en face de la gare, et s'appelant de
prénom Charles. Il a dit au magistrat communal que sa commune avait à fournir 9.000
kgs. de foin et 9.000 kgs. de paille. Le bourgmestre avait à rechercher les fermes où ces

fourrages étaient disponibles, l'officier le menaçant de les prendre si le bourgmestre ne lui donnait pas les indications nécessaires, ajoutant « si vous ne les trouvez pas, vous les achèterez, mais vous devez les fournir ».

Le bourgmestre a envoyé alors le garde-champêtre faire le tour des fermiers de la commune, lesquels ont été taxés comme il suit :

Noms des fermiers :	Quantités de foin.	Quantités de paille.
Honorez Victor	500 kgs.	500 kgs.
Olivier Auguste	500 »	500 »
Dersin Victor	200 »	— »
Lefebure Ernest	1500 »	1000 »
Canart Victor	500 »	500 »
Ransart Albert	— »	1500 »
Catherine Omer	— »	100 »
Honorez Adolphe	2000 »	— »
Fauconnier Jules	1000 »	— »
Hainaut Léon	1000 »	— »
Debrue Philibert	200 »	— »
Dujardin Edmond	— »	2000 »
François Adolphe	500 »	500 »

Les troupes sont venues chercher les fourrages chez Victor Honorez le 13 ct., chez Adolphe François le 14 dans la matinée, chez Adolphe François et chez Victor Canart le 14 après-midi.

Ce dernier fermier était à court de fourrages et avait dû en acheter à Hantes-Wihéries. Il se trouve donc, par suite de la réquisition, à nouveau dans l'obligation d'en racheter et tel est le cas pour la plupart des intéressés, lesquels n'avaient déjà pas suffisamment de fourrages pour leur bétail.

J'ai vu les soldats enlever le foin et la paille chez François Adolphe, le bourgmestre. Ils avaient leur épaulière retournée et il n'était pas possible de voir le no. de leur régiment. En outre, les inscriptions sur les camions étaient cachées par des planchettes clouées. Ils disaient être en cantonnement à Herbes-Ste-Marie.

Le foin sera, d'après l'officier de l'intendance, payé à raison de 400 frs. les 1000 kgs., et la paille à raison de 250 frs.

A chaque fournisseur, il est remis un billet de réquisition pas plus grand qu'un décimètre carré et libellé de la même façon. Je reproduis ci-après celui délivré à Victor Honorez :

« Mr. Victor Honorez, Haulchin, est prié de
» remettre 500 kgs. de foin
» 500 kgs. de paille
» Fuhrpark Kol. 641.
» Binche, le 13-3-18.
» Feldmagazin-Inspector Et. »
» (Signature illisible)

Le payement des fournitures doit s'effectuer au bureau du Feldmagazin à Binche (Verrerie).

A Peurœulx, l'officier et son acolyte civil se sont d'abord rendus chez la Vve Scouperman où, en usant de moyens d'intimidation, ils sont parvenus à acheter 2000 kgs de foin et 2.000 kgs de paille, respectivement à raison de 400 frs. et de 250 frs. les 1.000 kgs. Ils ont payé d'avance et j'y ai vu charger 3 camions le 14 ct. dans la matinée par des militaires dont il ne m'a pas été possible d'identifier le no. du régiment, pas plus qu'à Haulchin.

Ils sont ensuite allés chez le fermier Avelette où ils ont extorqué 500 kgs. de paille.

Puis, ils sont venus chez le bourgmestre Techy Georges, c'était le 2 mars, et lui ont dit qu'il devait lui trouver du foin qu'ils payaient au prix du jour, c'est-à-dire 400 frs. pour le foin et 250 frs. pour la paille. Le bourgmestre a protesté disant qu'il n'avait pas de fourrages disponibles et qu'il avait dû acheter du foin à raison de 500 frs. Les délégués allemands ont alors dit : « Si vous refusez, on réquisitionnera. Nous allons vous inscrire par 2.000 kgs. et vous ferez passer une liste dans les fermes pour y faire inscrire les quantités disponibles. » Devant cette menace, le bourgmestre s'est exécuté, et le 14 ct. on est venu charger chez lui 600 kgs. de trèfle et 900 kgs. de paille.

Un autre fermier, nommé Segers, a dû fournir 500 kgs. de foin et d'autres sont inscrits pour des quantités variables.

J'ai appris qu'à Vellereilles-lez-Brayeux, les mêmes faits se sont passés dans les mêmes conditions.

A Estinnes-au-Mont, le bourgmestre et les fermiers ont opposé à l'officier un refus énergique de fournir et l'on n'a pas insisté.

A Peissant, Croix-lez-Rouveroy, Montignies-St-Christophe, Thirimont, Erquelinnes et Lobbes, l'officier du Feldmagazin n'était pas encore passé ; mais je n'ai pas manqué de mettre les bourgmestres et quelques fermiers de ces communes au courant de leurs droits et de leurs devoirs pour le cas où des militaires voudraient leur acheter ou réquisitionner des fourrages ou des vivres.

II. — Réquisitions occasionnelles.

Haulchin. — Du samedi 9 ct. au lundi 11, le fermier Honorez Adolphe a eu à loger et à nourrir dans ses écuries 49 chevaux d'une troupe de passage.

De ce chef, il ne lui a été rien payé ; mais il lui a été remis le billet de réquisition ci-inclus pour 200 kgs. de foin alors que les chevaux en ont consommé au moins 500 kgs.

Pour ma gouverne, ce billet m'a été confié à charge de restitution dans le plus bref délai possible. (1).

* * *

Au passage des mêmes troupes, le bourgmestre, Mr. Techy Georges, leur a fourni 16 bottes de foin sans paiement, ni billet de réquisition.

Montignies-St-Christophe. — Les troupes de passage dans la commune, la semaine dernière, ont pris de la paille — pour donner à leurs chevaux — chez le fermier Matton Léon, sans rien lui demander.

Au mois de décembre dernier, d'autres militaires lui ont vidé toute sa grange de paille.

III. — Achats par intermédiaire et Divers.

A. *Fontaine-Valmont,* le nommé Trouillet, qui fait le trafic de foin et de paille, obtient facilement tous les wagons nécessaires pour ses transports, alors que les fournisseurs des charbonnages ne peuvent plus disposer d'aucun wagon depuis plusieurs semaines déjà.

Il y a donc de présomptions sérieuses de croire que ce Trouillet approvisionne l'occupant, comme on le dit dans la région.

J'ai d'ailleurs vu, en gare de Lobbes, plusieurs wagons de foin indigène (non comprimé) attachés à un train en formation pour le front.

A *Charleroi,* le magasin de fourrages installé par les Allemands dans la plâtrerie de M. Dubreucq vient d'être incendié.

Depuis lors, l'on voit journellement en déchargement au Proviantamt installé dans cet entrepôt, des wagons de fourrages indigènes.

Pour ma part, j'y ai vu le wagon no. 252570 Essen, chargé de trèfle en provenance de Hodemedenne. D'après une inscription à la craie, le nom du fournisseur pourrait bien être n certain André.

J'ai également vu qu'à l'entrepôt les militaires ont mis en silos des pommes de terre et des betteraves fourragères en quantités considérables.

* * *

Dans la caserne de cavalerie, j'occupent a installé le Pferdelazarett no. 69 et journellement il y arrive des camions chargés de foin et de paille en provenance de l'arrondissement de Philippeville.

---

(1) Copie du billet :
BESCHEINIGUNG
« Von Adolf Honorez, Haulchin-
2 Zentner
» Heu entnommen zu haben, bescheinigt.
» Haulchin, 4-3-18.
(s.) RUSSIG (?).
Ltn. u. Kdr. Nun. Rol.
3 Batt. Fussa. Batl. 67.

Dans les usines Bonnehill, à Marchiennes, lesquelles sont entièrement vidées, les militaires sont occupés à aménager un dépôt pour plusieurs milliers de chevaux. C'est le Pferde-depot no. 61.

Le 17 mars 1918.

L'Inspecteur,

PROVINCE DE NAMUR

Régions de Philippeville et de Mariembourg. Trafic de fourrages.

Nous savons que l'occupant manque de fourrages. Cette pénurie a été proclamée au Reichstag. D'autre part, à maintes reprises, nous avons eu l'occasion de signaler dans nos rapports que les chevaux de l'armée recevaient à manger des pommes de terre indigènes. On me signale que tel est encore le cas à Romedenne où sont abrités environ 400 chevaux pour le moment.

Rien d'étonnant dans cette situation à ce que des trafiquants peu scrupuleux s'occupent activement à acheter le plus de fourrages possible pour en approvisionner l'intendance allemande.

A Philippeville, on me signale que le nommé Vitry, habitant rue Léanne, 13, à Namur, est connu dans la région comme le principal fournisseur de foin et de paille des Allemands. Cet individu avance de 25 à 30.000 frs. à quantité de petits marchands bien connus des fermiers et qui leur achètent leurs meules à tout prix. Dans presque toutes les stations de Givet à Châtelineau, il a été ainsi chargé de nombreux wagons pour le compte de Vitry, lequel les expédiait au «Proviantamt» de Charleroi, de Namur, de Liège et aussi à Berzée. Incidemment, je signalerai que ce Vitry s'est vanté d'avoir acheté du froment au fermier Delcourt, de Doische.

Vitry a comme agent un certain Dorselle, de Mérlémont. On sait que Victor Alexandre, marchand de fourrages à Philippeville, lui a fourni beaucoup de wagons de foin. Malgré la suspension des transports de grosses marchandises, ce Victor Alexandre devait charger 2 wagons de foin cette semaine à Villers-le-Gambon.

Dans la vallée de l'Eau-Blanche, opèrent également toute une nuée de trafiquants en fourrages dont le quartier général se trouve à Mariembourg. Ils ont chargé des milliers de wagons à Mariembourg, à Aublain, à Boussu-en-Fagne et à Frasnes et, bien qu'ils prétendissent acheter pour des charbonnages, l'on est persuadé que la grosse part de leurs achats allait à l'occupant, attendu que l'on a vu souvent des lettres de voiture portant l'adresse du «Proviantamt» de Namur.

A Mariembourg, le principal trafiquant paraît être un certain Anseval, de Weillen. Son représentant était un nommé Marchot, de Namur, que nous avons vu dans nos tournées antérieures dans la région, faire des amabilités au chef de station de Givet. Ce Marchot disait qu'il achetait pour le charbonnage de Ressaix. Il s'est brouillé avec son patron et c'est un nommé Bernard Ernest, de Mariembourg, qui a pris sa place. Ce dernier est au mieux avec le chef de district de Mariembourg avec lequel il tripote au moyen des marchandises : huile, pétrole, etc. — de la firme « Fix », laquelle a l'entreprise de la construction de la double voie de Givet à Chimay. On cite encore comme fournisseur de fourrages à l'occupant : Meillard à Lodelinsart, Mirgaux de Boussu-en-Fagne, Moulin Jules de Dourbes et Thomas de Frasnes.

Pour le moment, ce trafic est considérablement ralenti parce qu'il n'y a presque plus de fourrages dans la région. Le foin a atteint le prix de 500 frs. la tonne et un fermier de Frasnes, qui en possède encore un millier de kilogrammes, m'assurait qu'il en aurait au moins 1000 frs.

J'ai attiré sur ce trafic l'attention des contrôleurs régionaux de Philippeville, de Doische et de Couvin, lesquels m'ont promis de me tenir au courant et de faire rapport éventuellement au Comité Provincial de Namur.

Un courtier honnête, agissant pour le compte de charbonnages, un certain M. Stiernon, de Fontaine-l'Evêque, que j'ai rencontré à Mariembourg m'a assuré que les centres les plus importants où l'on achète des fourrages pour l'occupant sont Dinant et Hastière.

Le 4 mars 1918.

L'Inspecteur,

ANNEXE 10.

Rapport du service de surveillance de la province de Liège.
Semaine du 24 février au 2 mars 1918.

L'exportation des denrées par route est peu importante. Toutefois, elle a une tendance à augmenter, car les passages aux environs de Ster et de Hockay de civils allemands se rendant aux marchandises à Verviers sont plus fréquents.

La fraude des chevaux est toujours très importante, surtout via la commune de Francorchamps, où elle s'effectue généralement avec le concours de la force armée.

Le bétail acheté par les marchands est en majeure partie dirigé vers la province de Luxembourg, où il échoue très probablement entre les mains des marchands achetant pour le compte de l'autorité. Les derniers jours de la semaine, c'est-à-dire les jeudi et vendredi, les bêtes que l'on rencontre se dirigent vers Bodeux-Werbomont et vers La-Gleize-Stoumont, sont destinées au marché du samedi, à Aywaille.

Le 4 mars 1918.

ANNEXE 11.

Rapport du service de surveillance de la province de Liège.
Fraude de denrées et de bétail à Stavelot.

Semaine du 24 février au 2 mars 1918.

L'exportation par porteurs civils est pour ainsi dire nulle. On remarque encore de temps en temps des agents du chemin de fer allemand de Malmedy qui viennent faire des achats en gros à Stavelot, sur des trains ou locomotives se dirigeant vers Malmedy. Cette exportation est toutefois peu importante.

Trafic des bêtes à cornes. Expéditions au départ de la commune dont la destination est douteuse : le 25, le sieur Albert Lejeune, de Masta-Stavelot, a expédié 4 génisses pesant 750 kgs. et une vache pesant 400 kgs., au sieur Nyssen, de Gouvy.

Le 4 mars 1918.

ANNEXE 12.

Le 23-3-1918.

NOTE SUR LA CENTRALE DES BEURRES.

Cette Centrale est constituée par les représentants des producteurs, des vendeurs et des consommateurs. De toutes les institutions similaires c'est celle qui, par son organisation, présente théoriquement le plus de garanties au point de vue de la population belge.

Dans la pratique, elle n'a pas donné jusqu'ici tous les résultats qu'on aurait pu en espérer. Si dans quelques régions telles que le Hainaut, le Luxembourg, les arrondissements de Bruxelles-Rural et de Nivelles elle a réalisé une concentration et une répartition plus ou moins satisfaisante, dans la plus grande partie du pays elle n'est parvenue à récolter et à distribuer à la population belge qu'une partie relativement faible et quelquefois nulle de la production.

Cet échec est dû en premier lieu aux causes suivantes : Certains commissaires civils s'opposent à ce que la Centrale s'établisse et fonctionne dans le territoire de leur ressort et ils organisent eux-mêmes la récolte et la distribution du beurre, ce qui suscite naturellement la méfiance et l'abstention des producteurs ; d'autres commissaires civils placés à la tête des arrondissements de grande production édictent des interdictions de sortie et privent ainsi de ce qui doit normalement leur revenir les arrondissements non producteurs ;

le Commissaire d'Etat, les commissaires civils et les autorités militaires, en contravention avec les garanties d'avril 1916 et avec les instructions du Gouverneur Général, prélèvent ou réquisitionnent de notables quantités de beurre dans les laiteries, dans les fermes et à la Centrale, au bénéfice des troupes ou de la population civile allemande ;

les autorités allemandes ne remettent pas à la Centrale tous les beurres qu'elles saisissent en cours de transport clandestin.

Pour remédier à cette situation, il n'est nullement nécessaire, ni même utile, de modifier l'organisation de la Centrale. Il suffit que l'autorité allemande fasse rigoureusement appliquer par le Commissaire d'Etat, les commissaires civils et les autorités militaires ses instructions relatives à l'observation des garanties de 1916 et de l'entente relative à la Centrale actuelle, conformément aux engagements qu'elle a pris et notifiés aux Ministres Protecteurs.

En second lieu, l'action de la Centrale est plus ou moins entravée par le fait que certains producteurs dissimulent une partie de leur production pour la vendre clandestinement à des prix supérieurs aux prix maximum imposés.

Ces prix maximum ayant été fixés par l'autorité occupante, il appartient évidemment à celle-ci de prendre telles mesures qu'elle jugera utiles pour supprimer ou atténuer les conséquences fâcheuses que sa décision a pu entraîner.

Dans le cas où cette autorité croirait devoir, à cette fin, restreindre l'application des prix maximum à une partie du beurre, laquelle devrait être seule livrée à la Centrale, le reste étant laissé aux producteurs qui en disposeraient en toute liberté ; il semble que cette partie-là devrait pas être inférieure aux 2/3 de la production, déterminée par une évaluation rationnelle non exagérée. D'autre part, il serait absolument indispensable que toute liberté fût laissée au commerce des producteurs et des vendeurs, notamment en ce qui concerne les transports, qui ne pourraient être soumis à aucune restriction, ni demande d'autorisation, ni passavant.

ANNEXE 13.

Le 22 mars 1918.

No. A 4489.

Monsieur le Conseiller,

Comme suite à notre lettre du 26 février dernier, no. A—4185, par laquelle nous avons demandé votre bienveillante intervention en faveur de personnes attachées aux organismes du Comité National, qui ont été déportées en Allemagne en 1916—1917 et ne sont pas encore rentrées dans leurs foyers, nous avons l'honneur de vous faire connaître que les trois personnes désignées ci-après nous ont été signalées dernièrement comme se trouvant dans la même situation.

N° de la demande de repatriement	Nom et prénom	Qualité	Lieu Date Siège de la de la du réqui- réqui- serv. sition sition
231	Caillet (Léon)	Contrôleur	Nimy, Havre, 13-11-16.
232	Croquet (Georg.)	Aide-magas.	id. id. id.
229	Lancelot (Emile)	Magasinier	id. id. id.

Nous espérons, Monsieur le Conseiller, que vous voudrez bien intervenir en vue de leur rapatriement et nous vous renouvelons l'assurance de notre considération la plus distinguée.

Les DIRECTEURS,

à Monsieur le Docteur RIETH,
Conseiller de Légation à Bruxelles.
7, Place Royale.

ANNEXE 14.

Le 27 mars 1918.

Ministre d'Espagne à Bruxelles.

No. 36. Ambassadeur d'Espagne à Berlin télégraphie ce qui suit :

« M. Samso, lieutenant-auditeur de l'armée, assiste le 13 à la séance du tribunal de prises pour la cause du vapeur belge Haelen. Le radiotélégramme de l'Ambassadeur continue en disant que le tribunal a déclaré bonne prise se le bateau et la charge considérant que celui-ci se trouvait dans la zone défendue sans que sa présence dans celle-ci fût justifiée. Il résulte au contraire que le capitaine accomplissait des actions défavorables au plan de guerre germanique. L'Ambassadeur de Sa Majesté ajoute qu'il est possible qu'on interpose une appellation ; j'informerai Votre Excellence de ce qui se passera. »

Ministre Affaires Etrangères.

ANNEXE 15.

Politische Abteilung
bei dem
Generalgouverneur in Belgien
J. No. V. 4896

Bruxelles, le 25 mars 1918.

En réponse à la lettre que Votre Excellence a bien voulu m'adresser sous la date du 19 février dernier, no. 172, j'ai l'honneur de Lui faire savoir qu'aucun rapport officiel n'est jusqu'à présent parvenu au Gouvernement Impérial concernant la destruction du vapeur « Fridland ». Les autorités compétentes ont donné aux unités de la marine impériale les ordres nécessaires pour éclaircir la question si la perte de ce navire a été causée par un sous-marin allemand.

Dès que je serai en possession de plus amples informations, je ne manquerai pas de les communiquer à Votre Excellence.

Je profite de l'occasion pour renouveler à Votre Excellence les assurances de ma haute considération.

(s.) LANCKEN.

A Son Excellence
le Marquis de Villalobar,
Ministre de Sa Majesté le Roi d'Espagne
Bruxelles.

ANNEXE 16.

PROVINCE D'ANVERS

Le 20 mars 1918.

Comité Local à

Le Comité Local est invité à afficher dans chacun de ses locaux accessibles au public, l'avis suivant, transcrit en caractères suffisamment grands pour pouvoir être lus facilement.

Diminution de la ration de pain.

Depuis le début de cette année, le ravitaillement en céréales pour panification a rencontré de grosses difficultés. En Amérique les expéditions ont été entravées pour diverses causes successives : le gel des ports d'embarquement, l'encombrement des voies ferrées, etc....

A ces causes d'ordre général, est venue s'ajouter la perte de deux cargaisons de froment : celle du Steamer « Haelen », capturé par un sous-marin et emmené à Swinemunde, 4363 tonnes, et celle du steamer « Friedland » coulé 6.715 tonnes, soit 11.078 tonnes.

A partir du 15 mars, la ration de pain sera réduite de 330 à 250 grammes, la ration de farine de 250 à 190 grammes. La ration supplémentaire de 70 grammes est maintenue.

ANNEXE 17.

TRADUCTION

Le Président de l'Administration
Civile pour la Province de
Liége.
No. A—2305   Le 11 mars 1918.

Au C. H. N., Liége,

A la suite de votre lettre du 2 février 1918 no. 221, je me suis mis en rapport avec le Gouvernement Militaire de Liége, au sujet de la non occupation des bâtiments occupés par les Comités dans la Province de Liége. Les informations prises à ce sujet, par le gouvernement militaire, ont montré ce qui suit :

COMMUNE DE MAGNÉE. — Le local de la soupe de la commune n'était pas occupé par les troupes. Par contre, des chevaux de l'armée se trouvaient dans les deux petites places à côté, dans lesquelles étaient entreposée une petite quantité de choux et de carottes. Les choux et les carottes ont pu dans l'entretemps être entreposés ailleurs sans difficulté.

Dans la maison du Président du Comité local, une petite chambre sert de bureau au Comité qui n'a pas été dérangé par un officier qui a été logé dans une chambre séparée.

Dans le local des nourrissons, lequel n'est occupé qu'une fois par semaine par le Comité, se trouvait jusqu'à présent la cantine des officiers. Celle-ci a à présent été installée dans une autre place.

COMMUNE D'OREYE. — On ne peut malheureusement renoncer à l'occupation par les autorités militaires des bâtiments en question. Le Comité n'employait dans ce bâtiment, que les places du bas alors que les places de l'étage supérieur étaient complètement vides. Comme la maison convenait tout spécialement pour l'établissement d'un home pour soldats un tel y fut installé. Pour ceci on eut besoin des places employées par le Comité et on mit immédiatement en remplacement une autre place appropriée dans un autre bâtiment à la disposition du Comité. Le fonctionnement du Comité n'a subi aucun dérangement par suite de ce changement. Il n'y a pas à OREYE un autre bâtiment convenant pour l'établissement d'un home pour soldats.

COMMUNE DE ROMSEE. — Les troupes logées dans cette commune furent sans exception obligées de mettre les chevaux de l'armée dans une écurie occupée par le Comité local de ROMSEE, car autrement les chevaux auraient dû être placés dans des écuries contaminées. Des mesures ont été prises pour qu'à l'avenir l'écurie soit libre d'occupation par les troupes.

COMMUNE DE SPA. — Les troupes allemandes avaient absolument besoin de l'ancien musée de SPA, dans lequel se trouvait un magasin du Comité. L'évacuation de la part

du Comité se fit sans que celui-ci n'ait fait aucune protestation ou remarque. La maison dans laquelle était installée la cantine maternelle et qui était également absolument nécessaire à l'administration allemande a été évacuée par le Comité local après en avoir conféré avec le Président du Comité qui a donné son accord absolu. Pour ces deux places, on mit immédiatement d'autres places convenables à la disposition du Comité avec l'assurance que ces nouvelles places ne seraient pas occupées militairement.

COMMUNE DE DALHEM. — Une occupation militaire de la maison de Mr. FRANCOTTE, dans laquelle se trouvent les bureaux et salles de réunions du Comité de District n'a plus eu lieu depuis deux ans déjà.

COMMUNE DE BOMBAYE. — Le Magasin du Comité dans la propriété SIMONIS FAFCHAMPS n'est actuellement pas occupé par les militaires allemands. Des instructions ont été données pour que les places entrant en considération pour le Comité ne soient également pas à l'avenir réquisitionnées pour des logements.

En général le Gouvernement Militaire fait observer qu'il n'est pas toujours possible par suite de la forte occupation des communes des environs de LIEGE de trouver des lieux de logement en quantité suffisante et que par suite de ceci, il n'est pas toujours possible d'éviter complètement des dérangements dans les installations locales du Comité. On veillera toutefois à ce que les places occupées par le Comité ne soient pour autant que possible réquisitionnées dans des buts militaires.

(s.) CONRAD.

ANNEXE 18.

COPIE-TRADUCTION

Le Président de l'Administration
Civile pour la Province de Namur.
Z. 4816/18

Namur, le 18 mars 1918.

Réponse à V/lettre du 2 mars 1918 à Monsieur le Commissaire Civil de DINANT.

La Kommandantur locale de Brabant m'informe de ce qu'elle avait eu l'intention de loger des troupes, mais que le logement d'une façon close n'était pas possible d'ailleurs, au rez-de-chaussée du château. Elle s'était au préalable mise en rapport à ce sujet avec le bourgmestre et celui-ci n'avait émis aucune objection.

Sur mon intervention, il a été provisoirement renoncé au logement des troupes dans les locaux susdits.

Par ordre,
(s.) OTTO.

Monsieur Mario Pineiro,
Délégué du Comité Hispano-Néerlandais
NAMUR.

ANNEXE 19.

Comité National de Secours et d'Alimentation
Comité Hispano-Néerlandais pour la
protection du ravitaillement.
Comité provincial du Brabant.

Rapport du quatrième trimestre 1917,
présenté au Comité National de Secours
et d'Alimentation.

Département « ALIMENTATION »

Denrées diverses. — Le début du 4me trimestre de 1917 a été marqué par les difficultés de toute espèce, résultant de l'incendie de notre stock.

Au point de vue pécuniaire, les conséquences de l'incendie peuvent se résumer comme suit :

Valeur avant l'incendie   Frs. 1.811.723,—
Valeur du sauvetage   »   328.194,—

Perte   Frs. 1.483.529,—

L'ensemble des denrées et matériaux entreposés en nos hangars était assuré à cette époque pour un total de Frs. 1.500.000 ; les compagnies d'assurances nous payèrent une somme de frs. 1.228.274,70, d'où une perte nette de frs. 255.255. Certaines des marchandises entreposées appartenant soit au Comité National, soit à la Section Agricole, la perte réelle subie par le Département d'Alimentation du Comité Provincial du Brabant fut en réalité de frs. 85.000 environ.

Les quantités de denrées mentionnées, ci-après ont été retirées des décombres :

Lard   kgs. 50.233
Déchets lard et saindoux   »   20.600
Farines avariées et céréalines   »   140.000
Pois et haricots   »   200.000
Café   »   16.000
Cacao   »   15.000
Lait condensé   boîtes 100.000

Le lard a pu être revendu après nettoyage et remise au sel ; ce fut la récupération la plus heureuse, les pans retirés ayant conservé, ou repris plutôt, leur valeur ordinaire.

Les déchets de corps gras : lard et saindoux, ont été transportés à une savonnerie qui les traite de façon à éliminer les impuretés pour ne retenir que la graisse ; nous sommes en pourparlers avec l'autorité occupante pour pouvoir, par la suite, convertir le tout en savon.

Les farines ont reçu diverses affectations, selon leur degré de détérioration :
8.000 kgs. ont pu être mélangés directement à la farine pour panification ;
20.000 kgs. ont été incorporés dans des biscuits « soupe » ou des biscuits pour chiens.

Le reste a été cédé à la Section Agricole qui en a tiré le meilleur parti possible ; un lot important a servi à l'alimentation du bétail.

Les céréalines ont été affectées, après séchage, à la fabrication de biscuits.

Les pois et haricots ont été séchés et nettoyés ; une notable partie a pu être utilisée directement ; le reste est actuellement en cours de triage ; les meilleures parties seront, après mouture, converties en biscuits « soupe » et en biscuits pour chiens ; les déchets sont affectés à l'alimentation du bétail.

Le café a également donné lieu à une heureuse opération : après triage, les parties bonnes ont été torréfiées et nous avons obtenu ainsi un lot de 8.000 kgs. d'excellente qualité que nous avons pu revendre au public à 5,50 frs. le Ko.

Les boîtes de lait condensé ont été triées et nettoyées une à une et nous avons pu retirer près de 90.000 boîtes en excellent état ; en outre, plus de 20.000 boîtes, partiellement endommagées, sont vidées peu à peu de façon à en extraire le sucre.

Les compagnies d'assurances s'étant montrées extrêmement modérées dans leur estimation de la valeur du « sauvetage », nous avons pu racheter ces matières à des prix très avantageux, de telle sorte que la revente des produits récupérés à des prix voisins de leur valeur primitive, a permis d'amortir la plus grande partie de la perte pécuniaire subie, en faisant abstraction même de la revente prochaine du cacao travaillé.

En résumé donc, et compte tenu des sommes remboursées par les compagnies d'assurances, l'incendie de notre hangar n'a pas eu de conséquences financières graves pour notre comité, mais ce n'en fut pas moins un désastre économique à cause de la destruction sans profit aucun de stocks importants de matières, notamment :

120 tonnes de farine
120   »   » féculents
80   »   » corps gras
120.000 boîtes   » lait condensé
50 tonnes   » cacao
50 tonnes   » cacao
10   »   » fromage
10   »   » savon.

Rapport au 1er mai 1918

1er mai 1918.

I. — GARANTIES

En terminant notre mémoire précédent nous réservions notre opinion quant aux résultats qu'il fallait attendre des nouvelles dispositions prises par le Gouverneur Général à la suite de sa déclaration du 8 mars dernier aux Ministres Protecteurs.

Les effets tangibles de cette déclaration n'ont pas encore pu être constatés jusqu'ici ce qui ne surprendra guère puisque les rapports dont il est question dans ces notes se rattachent à des faits qui se sont passés il y a plusieurs semaines et qui remontent même souvent à plusieurs mois — cependant à notre connaissance des officiers contrôleurs ont été nommés dans les gares de Bruxelles, Louvain, Hasselt, Anvers, Malines, Esschen, Liége, Visé, Verviers, Welkenraedt, Namur, Dinant, Charleroi, Libramont, pour vérifier les expéditions privées et les envois militaires.

Il est certain que malgré les ordres et les instructions des administrations dépendant du Gouvernement Général, l'Intendance Militaire de l'armée de campagne qui n'a pas souscrit aux garanties a le plus grand intérêt à se pourvoir en Belgique de vivres relativement abondants qu'elle peut y trouver moyennant le concours d'intermédiaires allemands et, il faut le reconnaître de quelques belges qui, nonobstant les arrêtés, parviennent à lui procurer du bétail, des porcs, de la viande de boucherie, des fourrages, des légumes, du beurre et des œufs.

Ces intermédiaires, quoique peu nombreux, n'en existent pas moins ; ils ont à leur solde des individus tarés comme il s'en trouve malheureusement partout qui, aiguillonnés par l'appât d'un gain facile, déploient une extraordinaire activité. Une véritable organisation fraudu-leuse fonctionne dans le but de tirer parti des réserves du pays en échappant aux ordonnances et en trompant la vigilance des autorités.

Nous avons à chaque occasion signalé ces abus à l'attention de la Vermittlungsstelle ; malheureusement les investigations des pouvoirs occupants n'ont amené jusqu'ici aucune solution pratique ; des sanctions sont prises contre les agents, fonctionnaires ou militaires reconnus « en défaut », mais aucune mesure générale n'est arrêtée pour enrayer les trafics interdits.

C'est à cette inertie ou tout au moins à cette absence d'initiative de la part du pouvoir supérieur que se heurtent nos efforts pour améliorer une situation évidemment regrettable.

Nous vous remettons ci-joint en annexe différentes réclamations adressées à LL. EE. Messieurs les Ministres Protecteurs et à la Vermittlungsstelle C.N. concernant les réquisitions ou l'exportation :

A. des Produits indigènes (annexes 1 à 7);
B. des Pommes de terre (annexes 8 à 18);
C. du Bétail et des Porcs (annexes 19 à 24);
D. des Fourrages (annexe 25);
E. du Beurre (annexes 26 et 27);
F. de la viande (annexes 28 à 32);

II. — CENTRALES

A la suite de l'arrêté du 21 février dernier concernant la saisie de l'orge, de l'escourgeon, de l'avoine, des pommes de terre, du tabac et de la chicorée de la récolte de 1918, le Commissaire Civil de l'arrondissement de Soignies a adressé aux communes de son ressort un avis fixant les conditions d'application de cet arrêté pour ce qui concerne les pommes de terre tardives.

Le Comité Hispano-Néerlandais a demandé à ses différents délégués de lui faire savoir quels sont les Commissaires qui auraient donné des instructions analogues pour leurs régions respectives, et de lui faire parvenir copie de ces instructions.

III. — PRISONS

Comme suite à notre rapport du 1er avril 1918, nous avons l'honneur de faire connaître ci-après la situation des prisonniers incarcérés dans les prisons de Diest, de Vilvorde et d'Anvers.

1o) *DIEST ET VILVORDE.*

Les prisonniers se plaignent de l'insuffisance du ravitaillement et de ce qu'ils ne reçoivent pas de colis de l'étranger, ni même de Belgique.

Par suite des ordres formels des autorités allemandes, tous les envois individuels de vivres sont supprimés pour Vilvorde ; seules l'agence des prisonniers et les sociétés activistes flamandes ou wallonnes peuvent envoyer des paquets à Diest et à Vilvorde.

Au sujets des installations du camp de Diest, il y a lieu de noter qu'il y fait *froid et humide.* La cour centrale, jadis assez vaste, est affectée à divers bâtiments ou baraquements. L'espace réservé aux prisonniers est réduit dans une notable mesure. Une seule cour leur est réservée pour faire des promenades et prendre l'air. Cette cour est entourée de glacis hauts de 10 à 12 mètres, de telle manière qu'elle constitue une cavité d'où les prisonniers ne voient absolument rien. Les prisonniers subissent le même régime que celui des prisons ordinaires, quoiqu'ils ne soient pas assimilables aux condamnés par les tribunaux.

2o) *ANVERS.*

Les prisonniers sont ravitaillés sur le même pied que la population civile belge. Toutefois, ils ne peuvent recevoir ni café ni cacao.

La ration des vivres supplémentaires pour la soupe est accordée depuis le 22 avril 1918 à tous les prisonniers (25 grammes de féculents et 5 grammes de graisse par jour et par personne).

Jusqu'à présent, l'autorité allemande s'était refusée à tout contrôle des vivres destinés aux prisonniers, mais un accord vient d'être conclu. Il en résulte qu'il

sera créé dans la province d'Anvers, un Département spécial pour le ravitaillement des prisonniers. Le Département Alimentation du Comité Provincial, d'accord avec nous mettra à la disposition de ce nouveau Département, les rations ordinaires des produits divers et les rations ordinaires et supplémentaires de pain revenant aux détenus.

Les prisonniers pourront recevoir deux colis par semaine conformément à un réglement spécial ayant reçu notre accord.

Un arrangement est également intervenu pour que les prisonniers, dont la cause est en instruction, puissent se ravitailler eux-mêmes.

CONTROLE.

Un inspecteur, attaché spécialement à la cuisine de la prison, veillera :

1o) à ce que les produits du Comité Hispano-Néerlandais, fixés par les avis de quinzaine et relatifs aux distributions générales, ainsi que les vivres frais et ceux réservés à la soupe, reçoivent leur destination propre.

2o) à ce que la part d'intervention de l'Administration de la prison ne soit pas diminuée.

* * *

Concernant les prisonniers anglais travaillant pour le compte des autorités militaires dans le Nord de la France et dont le ravitaillement laisse fortement à désirer, nous nous sommes mis en rapport avec le Hauptmann Comte Wengersky du Grand-Quartier Général dans le but d'obtenir qu'une quantité suffisante de vivres et de vêtements soit distribuée aux intéressés. Nous vous tiendrons au courant du résultat de ces démarches qui, nous avons tout lieu de le croire, aboutiront à une solution favorable.

DIVERS

Avec l'appui de l'administration allemande, des organismes activistes flamands de propagande se sont constitués avec l'espoir d'étendre l'influence de ce parti politique ; tel est le Volksopbeuring dans la Province d'Anvers au sujet duquel nous vous remettons ci-joint une note suggestive. (Annexe 33).

LES DIRECTEURS,

ANNEXE 1.

No. A—4657

Bruxelles, le 6 avril 1918.

Monsieur le Marquis,

Nous avons l'honneur d'adresser à Son Excellence le mémorandum ci-annexé, relatif à une série de réquisitions systématiques de produits indigènes par des représentants de l'autorité.

Son Excellence y verra certes, comme nous, une transgression des accords intervenus et nous prenons la liberté d'espérer qu'Elle voudra bien user de Sa Haute influence afin d'empêcher le retour de ce genre de réquisition.

Nous adressons à Son Excellence l'expression de notre haute considération.

LES DIRECTEURS,

A Son Excellence
Monsieur le Marquis de Villalobar,
Ministre plénipotentiaire et Envoyé extraordinaire de Sa Majesté le Roi d'Espagne
en Belgique à BRUXELLES.

ANNEXE 1a.

*Mémorandum pour Son Excellence
Monsieur le Marquis de Villalobar.*

Le C.H.N. s'autorise à attirer l'attention de Votre Excellence sur une série de réquisitions directes et systématiques qui se font dans l'arrondissement de Thuin.

Dans le but de ravitailler les nombreuses troupes qui se trouvent actuellement dans cette région, l'autorité militaire a ouvert à Binche, dans les bâtiments de la verrerie, non loin de la gare, un magasin d'étape dirigé par un « Feldmagazin-Inspektor ».

Depuis une quinzaine de jours, cet officier se rend dans les communes agricoles des environs de Thuin et procède à la réquisition d'importantes quantités de foin et de paille. Ces fourrages ne sont pas transportés au magasin d'étape. Les troupes auxquelles ils sont destinés vont prendre livraison dans les fermes, contre remise d'un billet de réquisition payable au bureau du Feldmagazin, à Binche.

A Haulchin, le Feldmagazin-Inspektor s'est présenté chez le bourgmestre et lui a déclaré que la commune qu'il administrait avait à fournir 9.000 kgs. de foin et 9.000 kgs. de paille. Le bourgmestre a été forcé de taxer tous les fermiers de la commune et chacun a été forcé de fournir une quantité de foin et de paille, variant entre 500 kgs. et 2.000 kgs., d'après l'importance des exploitations. Treize fermiers ont été taxés de cette façon, mais plusieurs d'entre eux n'avaient plus les quantités requises lorsque les troupes sont venues chercher les fourrages. Il en est parmi eux qui n'avaient pas suffisamment de fourrages pour leur bétail et qui ont été forcés d'en acheter pour satisfaire à la réquisition.

Il a été impossible de noter le numéro du régiment auquel appartenaient les soldats qui ont enlevé ce foin et la paille. Les inscriptions des camions étaient dissimulées. Les soldats disaient être cantonnés à Merbes-Ste-Marie.

D'après l'officier de l'Intendance, le foin sera payé à raison de 400 frs. les 1.000 kgs. et la paille à raison de 250 frs.

A Faurœulx, on a eu recours à l'intimidation, mais on a payé par anticipation le foin et la paille saisis. Les délégués de l'autorité ont déclaré au bourgmestre que si la commune ne fournissait pas les quantités requises, on réquisitionnerait. Le bourgmestre a été forcé de s'exécuter et le 14 mars on est allé chercher chez lui 600 kgs. de trèfle et 900 kgs. de paille.

A Estinnes-au-Mont, le bourgmestre et les fermiers ont opposé à l'officier un refus énergique et l'on n'a pas insisté.

Dans plusieurs communes de la région, des tentatives identiques de réquisition ont été faites.

Le C.H.N. se permet d'insister sur tous ces faits qui, ainsi que Votre Excellence le constatera, constituent un regrettable oubli des accords intervenus et une incontestable réquisition de produits indigènes.

Le 6 avril 1918.

ANNEXE 2.

Légation d'Espagne
en
Belgique.

Bruxelles, le 10 avril 1918.

A Messieurs
Pedro Saura et C. G. W. Langenbergh,
Directeurs du Comité Hispano-Néerlandais
pour la Protection du Ravitaillement.

Messieurs les Directeurs,

J'ai trouvé votre lettre du 6 courant no. A—4657 en rentrant de La Haye et j'ai signalé immédiatement à Monsieur le Baron von der Lancken les réquisitions des produits indigènes, dont vous voulez bien me donner connaissance, aux effets opportuns.

Veuillez agréer l'expression de ma reconnaissance pour votre active et documentée information qui nous permet de réclamer avec tant d'efficacité et de promptitude pour subvenir aux besoins de la population belge éprouvée.

Agréez, je vous prie, Messieurs les Directeurs, les assurances de ma considération la plus distinguée.

Le Marquis de Villalobar.

ANNEXE 3.

No. A—4730.   Bruxelles, le 16 avril 1918.

*Mémorandum pour la Deutsche
Vermittlungsstelle C. N.*

A diverses reprises, le C. H. N. a été contraint d'adresser à la D. V. C. N. des réclamations au sujet des exportations de vivres indigènes vers l'Allemagne.

Récemment encore, le C. H. N. était mis au courant du passage à Herbesthal, à destination de l'Allemagne, de wagons de lard et de sucre venant du territoire du Gouvernement Général.

Le C. H. N. trouve, dans l'article ci-dessous du *Berliner Tageblatt*, en date du 6 avril 1918, une preuve du bien fondé de ses réclamations relatives aux exportations de vivres:

« EIN GROSSER SCHLEICHHANDEL ist, wie
» uns ein Privat-Telegram meldet, in Kassel
» aufgedeckt worden. Die dortige Kriminalpo-
» lizei beschlagnahmte für 300.000 Mark Oel
» und 750 Zentner Schweinefleisch und Och-
» senfleisch, das auf dem Wege des Schleich-
» handels aus Belgien eingeführt worden und
» einem Kasseler Grossfabriekbetrieb zuge-
» dacht war. Die beschlagnahmten Lebens-
» mittel wurden der Stadtverwaltung zur Ver-
» teiling in die Einwohnerschaft zugeführt. »

Il s'agit donc, à toute évidence, de vivres importés en fraude en Allemagne et provenant de Belgique. L'article du journal allemand signale que ces vivres ont été répartis à la population.

Le C. H. N. n'a pas à rechercher quels sont les organismes allemands qui ont exporté ces produits belges. Il se borne à constater la matérialité du fait et il y voit, naturellement, un manquement aux accords intervenus.

Il s'agit, d'après le *Berliner Tageblatt*, de marchandises représentant une valeur de 300.000 mark et le C. H. N. ose espérer que la D. V. C. N. usera de toute son influence pour amener la ristourne de ces marchandises, ou tout au moins leur remboursement par les Administrations qui ont cru pouvoir en bénéficier.

LES DIRECTEURS,

ANNEXE 4.

No. A—4020.   Bruxelles, le 12 février 1918.

Memorandum pour la Deutsche
Vermittlungsstelle C. N.

Le Comité Hispano-Néerlandais croit devoir solliciter de la Deutsche Vermittlungsstelle C. N. la fermeture de la succursale de la maison Albert Dahlberg & Cie, dont le siège est situé Boulevard Henri de Dinant no. 4, à Liège.

Cette firme s'occupe, depuis novembre 1914, d'expédier des vivres aux civils allemands et aux militaires, en Belgique et dans le Nord de la France.

Les vivres qui servent au trafic auquel se livre cette firme sont presque tous d'origine belge. Les inscriptions qui se trouvent dans les magasins mêmes ne permettent pas d'avoir de doute à ce sujet. Elles signalent notamment que les liqueurs proviennent d'une maison de Hasselt et que les conserves sont fournies par la maison Maes, de Bruxelles. Il serait superflu d'indiquer les autres produits d'origine belge et d'insister. Les faits sont incontestables et le Comité Hispano-Néerlandais espère que la Deutsche Vermittlungsstelle C. N. fera mettre fin au commerce spécial auquel se livre la firme Dahlberg & Cie. La fermeture de ces magasins s'impose.

LES DIRECTEURS,

ANNEXE 5.

TRADUCTION

Gouvernement Général
  D. V. C. N.
        C. 807   Bruxelles, le 20 avril 1918.

En réponse à votre lettre A—4020 du 12 février, nous pouvons vous communiquer que la firme Dalberg & Cie exploite un magasin ouvert, dont les articles principaux ne sont pas des aliments, mais des objets d'usage de toute espèce, ainsi que des cigarettes allemandes Ci-joint une liste de ces articles. Ceux-ci proviennent presque tous d'Allemagne. Il est exact qu'il y est vendu également des spiritueux, parmi lesquels il en est d'origine belge, et des conserves venant de Liège. Cela se fait en vertu du même droit qu'a tout commerçant belge de vendre des marchandises à des clients isolés, qu'ils soient allemands ou belges. Il n'y a donc rien à redire contre le commerce de la firme Dalberg & Cie. Il n'y a pas de motif pour sévir contre le propriétaire ou, comme il est suggéré, pour fermer le magasin.

Les soupçons du C. H. N., d'après lesquels les marchandises mises en vente seraient en première ligne destinées à l'exportation vers l'Allemagne, ne sont pas confirmés. Ces communications semblent reposer sur des réclames de la firme susdite, dans lesquelles il est question de livraison à des sociétés de ravitaillement allemandes. Des livraisons de ce genre n'ont toutefois plus lieu depuis longtemps, Dalberg ayant été instruit des prescriptions sur la matière.

(s.) RIETH.

Au Comité Hispano-Néerlandais
  Bruxelles.

Liste des articles vendus par la firme Albert Dalberg & Cie, Société à responsabilité limitée.

Bretelles
Brosses à souliers
Lacets
Savon de toilette
  »   à laver
  »   en poudre
  »   à raser
Lampes de poche et batteries
Crayons
Papier à lettre et cartes pour la poste de campagne.
Cigarettes allemandes
Tabac
Cigares
Crèmes pour chaussures
Miroirs de poche
Peignes de poche
Brosses à dent
Café artificiel
Vins et liqueurs
Semelles de paille
Papier d'emballage
Allumettes
Boutons.

ANNEXE 6.

No. A—4328   Bruxelles, le 7 mars 1918.

Memorandum pour la Deutsche
Vermittlungsstelle C. N.

Le C. H. N. signale à la D. V. C. N., à titre documentaire, que, vers la mi-janvier, une saisie a été opérée par l'autorité chez le nommé Verhulst, habitant Néthen (Brabant).

3.000 kgs. de produits indigènes ont été enlevés : 1700 kgs. de pommes de terre et 1300 kgs. de grains. Ces marchandises ont été conduites chez le nommé Germain, à Wavre, qui est connu dans la région comme faisant le commerce de ces marchandises.

* * *

Le C. H. N. signale également que les 5 gendarmes casernés à Alken (Brabant) réclament régulièrement leurs rations de sucre au magasin communal qui les leur délivre.

LES DIRECTEURS,

ANNEXE 7.

TRADUCTION

Gouvernement Général
  D. V. C. N.
        C. 872   Bruxelles, le 22 avril 1918.

La communication contenue dans votre lettre A—4328 du 7 mars, suivant laquelle le corps de gendarmerie en garnison à Alken serait régulièrement approvisionné de sucre par le magasin communal, s'est révélée inexacte. Par contre, il est exact que le chef de ce corps a demandé, il y a longtemps, au bourgmestre d'Alken s'il pourrait lui obtenir un peu de sucre, ce à quoi ce dernier a répondu affirmativement : A la suite de cela, les hommes ont reçu deux fois du sucre, la première fois entre la Noël et le jour de l'an, la deuxième fois vers le commencement de mars, et chaque fois environ 5 livres. Vu l'empressement du bourgmestre à fournir ce sucre, le chef de corps en l'acceptant, a cru ne pas enfreindre les conventions existantes.

Le corps de troupe intéressé a été déplacé à la mi-mars ; les soldats arrivés à Alken après

12*

cette époque n'ont ni reçu du sucre, ni n'en ont demandé.

(s.) RIETH.

Au Comité Hispano-Néerlandais
Bruxelles.

ANNEXE 8.

No. A—3355.　　　　　　Le 19 décembre 1917.

Memorandum pour la Deutsche
Vermittlungsstelle C. N.

Le Comité Hispano-Néerlandais a l'honneur de remettre sous ce pli, à la Deutsche Vermittlungsstelle C. N., une note concernant de nouveaux achats de pommes de terre, par les troupes d'occupation, dans la province de Luxembourg.

Les Directeurs,

ANNEXE 8a.

Note concernant les achats de pommes de terre, par les troupes d'occupation, dans la province de Luxembourg.

Le 22 novembre 1917, le bataillon Coesfeld, en garnison à Bertrix, a reçu en gare de cette localité environ 10.000 kgs. de pommes de terre, qui étaient chargées sur le wagon no. 18789 « Sachs ». Ce transport provenant de Marche.

Il nous revient que 90.000 kgs. de pommes de terre doivent être fournies par la Centrale des pommes de terre au Commissaire Civil de Marche.

Jusque maintenant, les wagons indiqués ci-après ont déjà été expédiés à ce fonctionnaire, par la gare vicinale de Champion-Ardennes :

le 23 novembre	wagon 14957	10.000 kgs.
le 26 »	» 17825	7.500 »
le 28 »	» 17824	11.750 »
le 30 »	» 6840	10.200 »
le 1er décembre	» 14394	8.000 »
	soit au total :	47.450 kgs.

D'après les renseignements qui nous sont donnés, ces pommes de terre seraient destinées à la population allemande — civile et militaire — de Marche ; elles sont remisées dans un hangar appartenant à M. Lefèvre-Delfosse, rue des Religieuses à Marche.

Le fermier Marcour L., de la ferme du Vivier à Ortho (propriété française séquestrée) a livré, le 9 novembre écoulé 5.000 kgs. de pommes de terre, expédiées de Laroche vers Melreux, sur wagon vicinal no. 3031.

Le 10 novembre 1917, le civil belge Demelenne a acheté au cultivateur Servais H., de Oster, Commune d'Odeigne, 500 kgs. de pommes de terre qu'il disait destinées au Commissaire Civil de Marche.

Le Commissaire Civil de Marche a informé, par écrit, le bourgmestre de Champion-Ardennes, de ce que le cultivateur Lambion François, de Belle-Vue (Champion) lui avait fourni 1000 kgs. de pommes de terre, que cette fourniture devait être déduite de la quantité à livrer par l'intéressé.

Le 20 novembre 1917, la commune d'Arbrefontaine a dû livrer, en vertu d'une réquisition du Commissaire Civil de Bastogne, 13.000 kgs. de pommes de terre à l'institut Johaninum à Grand Halleux. C'est le sieur Monnay, contrôleur civil au service de l'occupant, qui a été chargé de remettre la réquisition au bourgmestre d'Arbrefontaine. L'institut Johaninum comprend 75 personnes, dont :

10 frères allemandes,
5 domestiques belges,
55 élèves allemands,
5 élèves belges.

Le Comité local de Grand Halleux ravitaille complètement 53 personnes de cet institut, les 22 autres étant arrivés après le 4 août 1914. Les quantités de pommes de terre livrées par la commune d'Arbrefontaine à l'institut en question sont hors de proportion avec le ravitaillement accordé à la population belge ; et le fait est d'autant plus remarquable que les fermiers qui ont transporté les pommes de terre réquisitionnées à l'institut ont pu constater que d'importantes quantités de pommes de terre se trouvaient déjà en dépôt dans les caves de cet établissement.

Le samedi 24 novembre 1917, des soldats de Vielsalm, munis d'un passavant du Commissaire civil de Bastogne, sont venus prendre livraison de 700 kgs. de pommes de terre chez M. Gaspard Maurice, cultivateur à Arbrefontaine. Ils étaient en possession d'un bon de réquisition portant le cachet « Postambt Alt. sam., der Abteilung J II », daté du 22 novembre, adressé à M. Gaspard Maurice et signé Stoobtesch, Offz.

Les gendarmes de Grand Halleux ne remettent pas aux communes les pommes de terre qu'ils saisissent au cours de leurs tournées. C'est ainsi que, dans le courant de septembre dernier, ils ont saisi 1.000 kgs. de pommes de terre appartenant au sieur Lemaire-Jeunejean de Bacharprez (section de Grand Halleux), et ont chargé le sieur Meyer-Grosjean, de Wanne, de transporter ces pommes de terre au local de la gendarmerie de Grand Halleux où elles ont été emmagasinées.

M. Duroy, bourgmestre d'Orgeo, a fourni, à plusieurs reprises, des pommes de terre au détachement du génie en garnison à Orgeo ; le total des fournitures faites est d'environ 2.000 kgs. ; il fournit en outre, journellement, deux litres de lait à la cantine de ce détachement.

Le sieur Tinant Eléonor, échevin à Orgeo, a fourni également 1.000 kgs. de pommes de terre au détachement du génie à Orgeo ; il a refusé d'approvisionner de pommes de terre à la soupe de cette commune, sous prétexte qu'il ne possédait pas de passavant pour le transport.

ANNEXE 9.

TRADUCTION

Gouvernement Général
Deutsche Vermittlungsstelle C.N.
C. 678

Bruxelles, le 20 avril 1918.

Réponse à votre lettre A—3335 du 19 décembre.

Les enquêtes terminées ont donné les résultats suivants :

CAS 1. — Il est arrivé en effet à Bertrix, le 29-11-17, un wagon de pommes de terre adressé aux troupes y cantonnées. L'expéditeur de ce wagon était le Proviantamt de Marche ; on ne voit pas que le ravitaillement des troupes par les Proviantamter compétents a à faire avec les conventions existantes.

CAS 9 et 10. — Dans ces deux cas, de petites unités de troupes ont, de leur propre autorité, fait des achats de pommes de terre. Les autorités hiérarchiques ont été priées, non seulement de faire remarquer la non-admissibilité de ces achats, mais aussi d'infliger des punitions. Nous ferons encore remarquer que les fermiers auraient été libres de refuser la vente ; ils auraient trouvé en tout temps l'appui nécessaire à la Kartoffelversorgungsstelle.

Tinant a déclaré qu'il n'a jamais été invité à fournir des pommes de terre pour la soupe, et que, conséquemment, il n'a jamais dû le refuser.

CAS 2, 3, 4 et 5. — On nous informe de Marche que les besoins annuels de pommes de terre pour le ravitaillement des « Selbstver-

pfleger » (1) et des ouvriers du district s'élèvent à 135.000 kgs. au taux de la ration journalière usuelle. Il n'a été livré par la Kartoffelversorgungsstelle que . . 66.000 kgs.
il a été acheté directement , 6.000 »
de sorte qu'ensemble , 72.000 kgs.
au lieu de la quantité susdite ont été mis à disposition.

CAS no. 6. — On ne voit pas ce que le ravitaillement en pommes de terre d'un établissement d'instruction, qui héberge aussi bien des Belges que des Allemands, a de commun avec les conventions existantes.

Il y a seulement lieu de faire remarquer, en ce qui concerne l'affaire en elle-même que, contrairement aux informations données au C.H.N. par son délégué, il n'y avait pour ainsi dire plus de provisions de vieilles pommes de terre lors de l'arrivée des pommes de terre nouvelles.

CAS No. 7. — L'administration forestière de Vielsalm a en effet reçu des pommes de terre pour les ouvriers belges qu'elle occupe, mais non pour des soldats.

CAS No. 8. — Les communications relatives à ce cas nous sont incompréhensibles en ce sens qu'il n'existe pas de convention suivant laquelle les pommes de terre saisies par les troupes devraient être mises à la disposition des communes. L'administration compétente est plutôt le Commissaire Civil qui agit alors, pour les pommes de terre saisies suivant les instructions de la Kartoffelversorgungsstelle. C'est ainsi qu'il a été fait dans le cas sous rubrique. L'autorité intéressée profite de cette occasion pour émettre le vœu que son activité ne soit pas chargée par de pareilles enquêtes qui n'ont aucun rapport avec les conventions.

(s.) RIETH.

Au Comité Hispano-Néerlandais
Bruxelles.

ANNEXE 10.

No. A 3913.

Bruxelles, le 4 février 1918.

Memorandum pour la Deutsche
Vermittlungsstelle C. N.

Le Comité Hispano-Néerlandais ne peut se dispenser d'exprimer à la Deutsche Vermittlungsstelle C. N. son étonnement au sujet de l'obligation, imposée par le Commissaire civil de Namur, à la commune de Sclayn, de livrer 200 kgs. de pommes de terre au personnel allemand de la gare de Sclaigneaux. Il y a dans ce fait un regrettable oubli des conditions fixant le régime de répartition des produits indigènes.

La commune de Bonneville, de son côté, a dû livrer 4.200 kgs. de pommes de terre aux carrières de La Rochette, à Samson (Namèche), et les communes de Sclayn et d'Andenne ont été obligées de fournir l'une 1.201 kgs., l'autre 6.628 kgs. de pommes de terre aux ouvriers occupés aux carrières et exploitations de terre plastique. Dans le premier cas, les pommes de terre devaient servir à la préparation de la soupe des ouvriers occupés dans ces exploitations, pendant la période du 1er novembre au 15 juin. Ce supplément a été distribué en une seule fois.

Le Comité Hispano-Néerlandais a maintes fois signalé à la Deutsche Vermittlungstelle C. N. des cas similaires et regrette la tendance qu'ont certaines autorités, au mépris des stipulations des conventions intervenues, de favoriser certaines catégories de personnes au détriment d'autres. Il n'est pas admissible que les produits indigènes puissent servir en quelque sorte de prime accordée aux ouvriers

qui sont employés par les autorités. Ce manque d'équité dans la répartition est d'autant plus regrettable que les communes de Sclayn, Bonneville et Andenne ne disposent pas d'assez de pommes de terre pour assurer aux populations la ration réglementaire. Les suppléments répartis à certaines catégories d'ouvriers sont prélevés sur les stocks destinés aux habitants dont les rations devront être complétées par des rutabagas.

Un autre cas mérite également de retenir l'attention de la Deutsche Vermittlungsstelle C. N. Il concerne la commune de Hanzinne (district du Commissaire civil de Florennes). La production de pommes de terre de cette commune a été fixée à 17.500 kgs. pour l'ensemble des 10 hectares cultivés. Il en résulte d'après les contrôleurs, que le village d'Hanzinne a un déficit de 12.000 kgs. en raison des besoins de la population. Malgré cela, le Commissaire civil a donné l'ordre à la commune de Hanzinne de livrer 22.500 kgs. de pommes de terre. Hanzinne se trouvait évidemment dans l'impossibilité de satisfaire à cette demande. Néanmoins, le bourgmestre, pour obéir à l'ordre donné, a privé toute la population de pommes de terre et a fait expédier à Walcourt 17.990 kgs. qui ont été déchargés dans des caves. Quinze jours après, les pommes de terre ont été enlevées par des soldats pour les besoins de l'armée.

La Deutsche Vermittlungsstelle C. N. reconnaîtra, certes, qu'il s'agit bien en l'occurence d'un oubli des garanties.

LES DIRECTEURS.

ANNEXE 11.

TRADUCTION

Gouvernement Général
D. V. C. N.
C. 789

Bruxelles, le 12 avril 1918.

Réponse à votre lettre A 3913 du 4 février 1918.

1) Il est exact que la commune de Sclayn a dû livrer 200 kgs. pommes de terre pour des ouvriers chargés de travaux durs. Toutefois, elle n'a été informée que cette quantité n'était exigée que par mesure d'accommodement et serait remplacée bientôt.

2) Par contre, l'information parvenue de Florennes au C. H. N. est riche en erreurs :

Il est affirmé que la récolte de pommes de terre de la commune de Hanzinne aurait été fixée à 17.500 kgs. pour 10 hectares, ce qui aurait eu pour conséquence un manquant de 12.000 kgs. D'après cela, 1 hectare fournirait un produit de 1.750 kgs., soit considérablement moins que ce qu'il faut pour l'ensemencement. En réalité, les circonstances sont les suivantes :

La commune avait planté 10,31 hectares de pommes de terre. La récolte fut évaluée à 8.000 kgs. par hectare, de sorte qu'après le ravitaillement de 620 habitants et après avoir laissé les pommes de terre de plantation et après avoir tenu compte d'une perte de 10 %, il devait rester un excédent de 22.194 kgs. La commune a livré 17.990 kgs. et parce que, par suite d'une erreur des autorités communales, le ravitaillement des habitants n'avait pas été fait correctement, il lui a été relivré 6.000 kgs.; il reste donc 11.990 kgs. que la commune a livrés au lieu de 22.194 kgs. L'erreur de la commune consistait en ce que son administration, après la récolte, sans attendre l'autorisation de la Kartoffelverteilungsstelle, a permis aux fermiers de vendre *en commerce libre* des pommes de terre à des non-producteurs à l'intérieur de la commune. Un contrôle sur ces ventes faisait complètement défaut. Il en est suivi des plaintes de ravitaillement insuffisant de la part de ceux qui avaient été négligés. Toutefois, suivant un avis du bourgmestre, chaque habitant de la commune a reçu entre-temps la quantité qui lui revenait.

---

(1) Militaires ou fonctionnaires devant pourvoir eux-mêmes à leur subsistance.

3) La dernière communication du C. H. N. manque également de fondement. Pas 1 kilo des pommes de terre, entreposées à Walcourt, n'a été employé aux besoins de l'armée. Si, d'après les sources où le C. H. N. puise ses informations, des soldats ont pris livraison de pommes de terre, cela ne peut être allégué comme une preuve du contraire. Le ravitaillement des ouvriers belges chargés de travaux durs partait de Walcourt. Les exploitations intéressées se trouvent presque toutes sous surveillance militaire et c'est ainsi que s'explique le fait que les transports de pommes de terre étaient conduits par des soldats.

(s.) RIETH.

Au Comité Hispano-Néerlandais,
Bruxelles.

ANNEXE 12.

No. 4096. Bruxelles, le 18 février 1918.

Memorandum pour la Deutsche
Vermittlungsstelle C. N.

Le Comité Hispano-Néerlandais attire l'attention de la Deutsche Vermittlungsstelle C.N. sur les deux faits suivants :

1o.) Le 31 janvier dernier, les autorités ont fait distribuer aux soldats en garnison à Florennes, une certaine quantité de pommes de terre, provenant de l'excédent de production de Serville (canton de Florennes). Chaque soldat a obtenu une part d'environ un kilo.

2o.) Les pommes de terre que la commune de Mazy devait fournir à Tamines ont été enlevées le 30 janvier. Elles ont été chargées sur cette ville. Il s'agissait de 3.000 kgs.

La Deutsche Vermittlungsstelle C. N. tiendra, certes, à intervenir auprès des autorités compétentes afin d'éviter le retour de semblables interventions préjudiciables aux intérêts des populations qui, suivant les conventions, doivent bénéficier des produits indigènes.

Les Directeurs,

ANNEXE 13.

TRADUCTION

Gouvernement Général
D. V. C. N.
C. 826 Bruxelles, 12 avril 1918.

Aux communications contenues dans votre lettre A—4096 du 18 février, il est répondu :

1o.) que le surplus de la localité de Serville a en effet été réparti en partie à des « Selbstversorger ». (1)

2o.) que la commune de Tamines, contrairement aux dispositions premières, n'a pas reçu les pommes de terre lui revenant de Mazy, mais d'autres communes de l'arrondissement. En conséquence, les 2600 kgs. environ de pommes de terre devenues disponibles à Mazy ont été emmagasinées à Namur.

(s.) RIETH.

Au Comité Hispano-Néerlandais
Bruxelles.

(1) Soldats ou fonctionnaires devant pourvoir eux-mêmes à leur subsistance.

ANNEXE 14.

No. A 4061. Bruxelles, le 16 février 1918.

Memorandum pour la Deutsche
Vermittlungsstelle C. N.

En présence de la gravité des faits et de la tendance à méconnaître les conventions reconnues par M. le Gouverneur Général, le Comité Hispano-Néerlandais croit devoir attirer l'attention spéciale de la Deutsche Vermittlungsstelle C. N. sur le rapport ci-après qui lui est parvenu ce jour de son service d'inspection du Luxembourg :

Le 28 janvier 1918, un auto occupé par un officier et son chauffeur et l'auto-camion no. 354—V conduit par 2 soldats se sont arrêtés en face de l'habitation de M. Bacheleart « à la barrière », à Chassepierre. L'officier, s'adressant au propriétaire, lui dit textuellement : « Je viens chercher les 4 sacs de pommes de terre pour les soldats du front ». Ayant essuyé un refus, cet officier, malgré les protestations de M. Bacheleart et de sa femme, s'est introduit dans la cave et s'est emparé de 50 kgs. de pommes de terre qu'il a payés 10 frs.

Les mêmes se sont alors rendus chez M. Husson où ils se sont fait remettre de force 6 œufs qu'ils ont payé 2,35 frs.

Chez M. Edmond Lejeune, ils se sont emparés de 3 kgs. de lard qu'ils ont payé à 20 frs. le kilo.

Descendent ensuite dans le village de Chassepierre, cet officier tua, à coups de revolver, 2 poules appartenant à M. Gilles et une à Mme Lambert : il emporta ces volatiles sans payer. Aux protestations de Mlle Gilles, l'officier opposa un sourire ironique et l'un des soldats de l'auto-camion s'écria : « Mêdame les officiers ont le droit de tout ».

Plusieurs coups de feu ont encore été tirés dans les environs de l'habitation de M. Delhie.

M. Gilles Joseph s'est plaint à la kommandantur de Florenville des agissements de ces militaires.

Les Directeurs,

ANNEXE 15.

TRADUCTION

Gouvernement Général
D. V. C. N.
C. 812 Bruxelles, le 20 avril 1918.

Les incidents regrettables que vous nous avez communiqués par votre lettre A—4061 du 16 février, ont donné lieu à l'introduction d'une action judiciaire contre les coupables. Le résultat de celle-ci sera communiqué au C. H. N. après clôture de l'affaire.

(s.) RIETH.

ANNEXE 16.

No. A—3706 Bruxelles le 21 janvier 1918.

Memorandum pour la Deutsche
Vermittlungsstelle C. N.

Le Comité Hispano-Néerlandais a l'honneur de remettre sous ce pli à la Deutsche Vermittlungsstelle C. N., une note relative à des achats et réquisitions de pommes de terre opérés dans la province de Luxembourg par les troupes d'occupation.

Les Directeurs,

ANNEXE 16a.

PROVINCE DE LUXEMBOURG

Achats et réquisitions de pommes de terre.

Le 2-12-1917, le nommé Cornette, fermier à Assenois, a vendu 900 kgs. de pommes de terre au contrôleur allemand des moulins Bauerfeind.

Les soldats allemands emmagasinent environ 40.000 kgs. de pommes de terre dans les caves et les serres de l'habitation de M. l'avocat Poncelet, à Neufchâteau ; ces pommes de terre ont été achetées dans les environs de Neufchâteau. Une partie, tout au moins, d'entre elles est destinée à la nourriture des chevaux du Pferdedepot de Neufchâteau.

Dans le courant du mois d'octobre 1917, 2.500 kgs. de pommes de terre, achetées à Ucimont, ont été fournies aux soldats du lazaret de Bouillon ; elles ont été amenées au lazaret par 2 chariots conduits par des soldats allemands.

Le 29-11-1917, le wagon 5094, comprenant un chargement de 12.500 kgs. de pommes de terre et venant de Marche, a été déchargé à Bertrix par des soldats allemands du bataillon Coesfeld. Le 7-12-17, des soldats ont encore déchargé à la gare de Bertrix le wagon 530, expédié également de Marche et contenant 10.000 kgs. de pommes de terre. D'autre part, le 2-12, des soldats ont déchargé à la gare de Bertrix le wagon no. 32651, qui provenait de Paliseul et qui était chargé de pommes de terre.

Le 4-10 dr., la commune de Bonnert a dû fournir 5.740 kgs. de pommes de terre au Commissaire civil d'Arlon.

Le 20-10 dr., la commune de Bonnert a fourni 10.000 kgs. de pommes de terre aux hôpitaux militaires d'Arlon.

Le 29-11 dr., les charretiers Husson et Durrule Lucien, de Villers-devant-Orval, conduisaient à la gare de Florenville, 1er 800 kgs. de pommes de terre fournies à la Centrale par M. Cady Adolphe, le 2d 900 kgs. fournis par M. Dubrulle Célestin, de Villers-devant-Orval. A leur arrivée à Florenville, les camionneurs reçurent de M. Dury, agent de la Centrale, l'ordre de conduire les pommes de terre qu'ils transportaient dans les caves du mess des officiers.

Le 26-11-1917, M. Créplet, ff. de bourgmestre à Villers-devant-Orval, a reçu l'ordre de fournir 200 kgs. de pommes de terre au commandant de cette localité.

Dans le courant de novembre, le même commandant a donné l'ordre à M. Créplet de fournir 100 kgs. de pommes de terre qui ont été chargées dans une auto allemande de passage dans la commune.

Dans le courant d'octobre, 2.500 kgs. de pommes de terre ont dû être fournis par le sieur Champagne Constant, de Virton, à M. Bitaine-Rancy, restaurateur à Virton. Celui-ci donne journellement des repas à de nombreux sujets allemands.

500 kgs. de pommes de terre ont été livrés dans le courant d'octobre dernier, au Casino allemand (maison Bucholtz) à Virton, par le sieur Dechamps P. J.

200 kgs. de pommes de terre ont été fournis dans le courant d'octobre par le sieur Jacob Biren, de Virton, à un employé allemand de la censure, habitant chez Rancy Constant, à Virton.

Le 21 janvier 1918.

ANNEXE 17.

No. A—3742   Bruxelles, le 22 janvier 1918.

Memorandum pour la Deutsche Vermittlungsstelle C. N.

Le Comité Hispano-Néerlandais a l'honneur de remettre sous ce pli, à la Deutsche Vermittlungsstelle C. N., une note relative à des achats et réquisitions de pommes de terre, dans la province de Luxembourg, par les troupes d'occupation.

LES DIRECTEURS.

ANNEXE 17a.

PROVINCE DE LUXEMBOURG

Achats et réquisitions de pommes de terre.

Un auto-camion venant du front passe, le mercredi de chaque semaine, à Strainchamps pour y prendre, à l'hôtel Bihain, un chargement de pommes de terre, etc., fourni par le nommé Bantz, domicilié dans la dite localité. Les soldats donnent du carbure et du pétrole en échange des produits qu'on leur apporte. La concentration des marchandises s'opère dans le magasin de l'hôtel Bihain.

Les 15 et 23 octobre et le 8 novembre derniers, un camion-automobile, conduit par des soldats allemands, est venu enlever, à chaque voyage, environ 2.500 kgs. de pommes de terre chez le sieur Bouvy-Perlot, à Vance.

Le 3 décembre dernier, les wagons du vicinal no. 14953 et 4336, chargés, le 1er de 8.500 kgs. et le 2me de 10.500 kgs. de pommes de terre, ont été expédiés de la gare vicinale de Champlon-Ardennes à M. le Commissaire civil à Marche.

Le civil belge Demelenne, au service de l'occupant pour le contrôle de la fraude des denrées alimentaires, s'est fait livrer, le 10 novembre dernier, par le cultivateur Servais Hubert, à Oster (commune d'Odeigne), 500 kgs. de pommes de terre qu'il disait être destinées au Commissaire civil de Marche. Cette quantité de pommes de terre était à défalquer de celle à fournir par l'intéressé à la Kartoffelnzentrale.

M. Avril, planteur à Alle s/Semois, a fourni, dans le courant du mois de novembre, 6.000 kgs. de pommes de terre à l'occupant ; des soldats-ont accompagné les transports jusqu'à la station de Carlsbourg, où les pommes de terre ont été chargées sur wagon et expédiées vers une destination inconnue.

Le Commissaire civil de Neufchâteau a fait remettre, le 25 décembre dernier, un bon de réquisition de 1.800 kgs. de pommes de terre au bourgmestre de Hamipré pour la compagnie des aérostiers en garnison à Neufchâteau et dans les environs.

Le 22 janvier 1918.

ANNEXE 18.

TRADUCTION

Gouvernement Général
    D. V. C. N.
    C. 746 et 758

Bruxelles, le 20 avril 1918.

Réponse à vos lettres A—3706 du 21 et 3742 du 22 janvier 1918.

Les résultats des enquêtes terminées vous sont donnés ci-après :

Lettres 3706, cas 7, 11, 12, et 3742, cas 8. Les pommes de terre étaient destinées à des « Selbstversörger » (soldats ou fonctionnaires devant pourvoir eux-mêmes à leur subsistance) et leur délivraison a eu lieu sur disposition de l'autorité.

Lettre 3706/5. Il est exact que 5.740 kgs. de pommes de terre ont été livrés à M. le Commissaire Civil d'Arlon ; elles étaient destinées à l'école allemande et à la cuisine pour indigents y annexée ; dans l'école sont nourris journellement environ 80 enfants de parents indigènes, qui tous étaient domiciliés à Arlon déjà longtemps avant la guerre ; dans la cuisine pour indigents également, environ 81 belges nécessiteux reçoivent de la soupe, dans la préparation de laquelle les pommes de terre jouent naturellement le rôle principal.

Lettre 3706/6. Les 10.000 kgs. de pommes de terre mentionnés sous ce no. ont servi au même but que celles dont il est question sous le no. 5. Une petite partie en a été remise au lazaret local.

Lettre 3706/8 et 9. Le commandant local mentionné dans ces cas ne se trouve plus, depuis longtemps déjà, dans le territoire du Gouvernement Général. En conséquence, il n'est malheureusement pas possible d'obtenir des éclaircissements complets sur ces incidents. Il paraîtrait toutefois que l'intéressé, malgré les instructions sévères données aux troupes, a simplement passé outre. Dans des cas pareils, des peines disciplinaires sévères seront appliquées aux délinquants.

On ne sait rien dans la localité de pommes de terre emportées par une auto allemande. La V. C. N. a déjà signalé à de nombreuses reprises que des ventes pareilles à des soldats ne peuvent avoir lieu que par la complaisance des fermiers, qui préfèrent vendre en cachette, à des soldats allemands avec un bénéfice un peu plus fort, plutôt que de livrer leurs pommes de terre au profit de leurs concitoyens nécessiteux. Que Créplet aussi, qui comme bourgmestre devait savoir parfaitement qu'il n'avait pas d'ordres à recevoir du commandant local relativement à des livraisons de pommes de terre, a fait personnellement de pareilles affaires, est aussi incompréhensible que regrettable.

Lettre 3706/10. Les pommes de terre livrées à l'aubergiste Constant Champagne ne dépassent pas la quantité attribuée à chaque auberge dans laquelle des repas sont servis.

Lettre 3706,1. Bauerfeind n'a pas acheté les pommes de terre en question pour ses besoins personnels; elles — et 500 kgs. au lieu de 900 comme il est dit — étaient destinées à un groupe d'ouvriers du chemin de fer. L'affaire a déjà eu une sanction en ce sens qu'avant la réception de l'information du C. H. N., on avait appris qu'on M. le Commissaire civil avait établi, de sa propre autorité, l'autorisation d'achat. Une instruction a été ouverte contre ce préposé; elle est en cours actuellement.

Lettre 3706/3. Ces communications doivent reposer sur une erreur. Il a pu être établi sans aucun doute que le lazaret indiqué n'a pas acheté de pommes de terre; il n'y en a pas d'autre dans la localité.

Lettre 3706/4 et 3742/3 et 4. Ces communications ne font que compléter celles contenues dans votre lettre A—3355 du 19 décembre et peuvent être considérées comme réglées par la réponse de la V. C. N. no. C. 678 de ce jour.

Lettre 3742/5. Les investigations faites à ce sujet sont malheureusement restées sans aucun résultat.

Lettre 3742/2. Le nommé Bouvy-Perlot, conteste de la façon la plus formelle les renseignements du délégué; il prétend n'avoir jamais rien avoir entendu de toute l'affaire.

Lettre 3706/2. Les renseignements du Comité sont exacts; toutefois les pommes de terre proviennent du Proviantamt, qui a loué une quantité de caves privées, parce que lui-même n'a pas à sa disposition les locaux nécessaires aux grandes quantités de pommes de terre destinées au fourrage des chevaux. Ce cas n'a donc rien de commun avec les conventions.

Au Comité Hispano-Néerlandais
Bruxelles.

No. A 4647.   Bruxelles, le 5 avril 1918.

*Memorandum pour la Deutsche
Vemittlungsstelle C. N.*

Par ces communications du 14 mars no. A 4396 et du 28 dito no. A 4568, le C. H. N. a attiré l'attention de la V. C. N. sur le trafic de bétail qui se pratique dans le Nord de la province de Luxembourg (région de Barvaux et Bomal), au profit des troupes d'occupation.

Des renseignements parvenus au C. H. N., il résulte qu'une véritable association, a été formée par les sieurs Paquot, de la Sarthe (Huy), Lamboray de Barvaux, Halloy de Profondeville et Pierre Meulen de Liége; ce dernier, né à Weert (Hollande) le 3 avril 1893 et domicilié à Liége, Quai de la Dérivation, 33, est un acheteur travaillant pour le compte des autorités allemandes.

Cette association a comme rabatteurs plus d'une vingtaine de personnes connues, habitant diverses communes de la région; le trafic qui s'opère ainsi amène à certaines dates des concentrations de centaines de têtes de bétail à Barvaux, chez Lambory.

Voici quelques précisions au sujet de constatations faites il y a quelque temps.

Le vendredi 1er mars, 96 bêtes à cornes achetées par Paquot et Lambory ont été chargées en gare de Bomal, pour compte de Pierre Meulen.

Le même jour, 60 bêtes à cornes étaient chargées sur wagons en gare de Barvaux pour compte du même marchand. Les wagons ont été expédiés à une destination qui n'a pu être déterminée. Ils ont pris la direction de Liége et il est vraisemblable qu'ils étaient destinés à Anvers, comme plusieurs des expéditions faites antérieurement par les mêmes marchands; la V. C. N. se souviendra sans doute, à ce propos, que dans ses communications du début de l'année, relatives aux contration de bétail faites à Anvers par les soins de l'Oelzentrale, la C. H. N. a eu l'occasion de signaler de nombreux wagons venant de cette région.

D'autre part, dans le courant de la même journée, est arrivée à Barvaux une voiture automobile conduite par un soldat allemand et occupée par le marchand Halloy de Profondeville, Bouchat de Namur et un Allemand en civil. Ce dernier a fait la réception et a assisté au pesage du bétail à la ferme Lamboray. Après les opérations de réception, 60 bêtes ont été expédiées par route pour Ciney et 40 pour Marche; elles étaient toutes destinées à l'armée d'occupation.

Le C. H. N. espère que la V. C. N. accordera toute son attention à ces faits contraires aux garanties fondamentales et s'emploiera à en prévenir la répétition.

LES DIRECTEURS,

TRADUCTION

Gouvernement Général
D. V. C. N.

C. 925   Bruxelles, le 30 avril 1918.

Par votre lettre A—4647 du 5 avril, vous nous faites une quantités de représentations, se rapportant toutes à des transports de bétail dans la province de Luxembourg.

Pour chaque cas il est dit, avec beaucoup d'assurance, que le bétail en question aurait été destiné à l'Allemagne ou à des troupes allemandes, mais dans aucun des cas il n'est fourni une preuve quelconque d'une pareille affirmation. Si, déjà pour ce motif, les représentations susdites se prêtent peu à l'ouverture d'une enquête, la circonstance que les faits relatés se sont passés tous au commencement de mars milite encore contre leur transmission. Mais, entretemps, de nouvelles mesures ont été prises par les autorités intéressées; de sorte que l'on peut admettre que des achats non autorisés de bétail — s'ils ont réellement eu lieu — ont cessé actuellement.

(s.) RIETH.

Au Comité Hispano-Néerlandais
Bruxelles.

ANNEXE 21.

PROVINCE DE HAINAUT

Arrondissement de Thuin.

— *Bétail.*

Le Commissaire Civil de Thuin vient d'a dresser à tous les bourgmestres de l'arrondissement la circulaire ci-après :

No. 3540.   Le 16 avril 1918.

Monsieur le Bourgmestre...

L'établissement de passavants pour le bétail par les bourgmestres a donné lieu à des irrégularités de toutes sortes.

C'est pourquoi il est, à partir du 18 courant, strictement défendu aux bourgmestres d'établir aucune autorisation de transport.

Les fermiers qui, pour des raisons particulières, voudront effectuer des transports de bétail devront s'adresser à moi directement.

Tout bétail transporté sans autorisation spéciale de ma part sera confisqué et le transporteur sera puni.

Veuillez m'accuser réception de la présente circulaire et m'indiquer le no. de la dernière autorisation établie par vous.

(s.) Dr. BRESGEN.

Or le Commissaire Civil n'admet pas que les bouchers qui abattent pour la population civile achètent leurs bêtes à un prix supérieur à celui qu'il a fixé, c'est-à-dire, 6 frs. 50 le kilo sur pied, et il prétend que les prix maxima imposés pour la viande de boucherie (9.60 frs. le kilo pour la viande de 1re qualité) ne peuvent pas être dépassés.

Il s'ensuit que ces bouchers se trouvent dans l'impossibilité absolue d'acheter. Ce fait m'est certifié par le boucher Leblicq de Haine-St-Pierre, qui a cependant exposé au Commissaire civil qu'il avait parmi sa clientèle quantité d'agents du chemin de fer lesquels lui ont offert de payer la viande à un prix plus rémunérateur pour lui.

Il arrive toutefois que des bouchers tuent des bêtes qu'ils ont achetées au prix fort et dont ils sont, par conséquent, obligés de vendre la viande également au prix fort. Mais alors les civils allemands les employés du chemin de fer sont venus exiger de la viande aux prix fixés et c'est la population civile belge qui a dû supporter la perte que les bouchers faisaient de ce chef. Aussi, la plupart des bouchers renoncent-ils, provisoirement du moins, à exercer leur métier. Le même à Lobbes et Thuin, se sont trouvés sans viande la semaine dernière.

Il est évident qu'en présence des hauts prix payés pour le bétail au marché d'Anderlecht, qui règle malgré tout les prix pour tout le territoire du gouvernement général, les éleveurs de l'arrondissement de Thuin ne consentiront pas à lâcher leurs bêtes à 6,50 le kilo. Il n'y a guère que l'officier qui s'occupe de l'achat du bétail pour le Casino qui a déclaré, en ma présence, le jeudi 18 courant, entre 15 et 16 heures, à l'hôtel Godeau, avoir acheté deux bœufs la semaine dernière à raison de 6,50 le kilo. Il proposait au patron de l'établissement d'acheter du bétail pour lui ou de lui indiquer où il pourrait s'en procurer, qu'il aurait comme commission la différence entre le prix maximum (6,50) et le prix payé qui devait naturellement être inférieur à ce maximum.

Dans la situation exposée, on peut se demander à juste titre ce que devient le bétail de boucherie de l'arrondissement de Thuin qui, en temps normal, fournit la moitié des bêtes exposées au marché d'Anderlecht. Nous savons, en effet, que l'exportation du bétail est défendue par le Commissaire Civil et, comme nous venons de le voir, la consommation de la population civile est pour ainsi dire nulle.

Il est vrai que les charbonnages de Mariemont continuent à s'approvisionner largement et que le marchand Eugène Biche, de Carnières, en achète régulièrement 16—17 par semai-

ne, pour cet établissement. Il a été accusé auprès du Commissaire Civil de payer un prix supérieur au prix maximum ; mais le Commissaire Civil n'a pas voulu écouter l'accusateur. La firme « Fix Söhne » abat également toutes les semaines beaucoup de bétail a l'abattoir de Chimay et les officiers, qui sont nombreux dans la région (école d'aviation à Bourlers), consomment beaucoup de viande.

D'autre part, certains marchands possèdent des autorisations délivrées par le Commissaire Civil. Ceux-là paient le prix du jour et ne sont pas inquiétés parce qu'ils achètent pour l'occupant.

J'ai eu l'occasion de rencontrer l'un d'eux, un certain Schwartz, habitant rue Turenne à Charleroi, qui parcourt la région de Chimay avec un individu surnommé « Bayonnette », de St. Remy. Il enlève ses achats dans un camion-automobile, pouvant contenir 5 bêtes à la fois.

Un autre marchand qui opère dans les mêmes conditions pour l'occupant est un certain Balat, de Couvin.

J'ai omis de dire que la firme Fix achetait les bêtes saisies par le Commissaire Civil au prix fixé par ce dernier et qu'elle tient du bétail dans des pâtures aux environs de Chimay.

De ce qui précède on peut conclure que la majeure partie du bétail de l'arrondissement de Thuin va à l'occupant, surtout que nous savons que telle est aussi la destination du bétail gras échangé contre du maigre de la province de Namur.

A mon avis, c'est le but réel poursuivi par le Commissaire Civil en prenant ses ordonnances vexatoires concernant le trafic du bétail.

Bruxelles, le 20 avril 1918.

L'Inspecteur,

ANNEXE 22.

No. A 3895.   Bruxelles, le 2 février 1918.

Memorandum pour la Deutsche Vermittlungsstelle C. N.

Le Comité Hispano-Néerlandais signale à la Deutsche Vermittlungsstelle C. N. 3 cas de réquisition de bêtes de boucherie qui, sans conteste, constituent une méconnaissance des accords intervenus.

Le mercredi, 17 janvier, le marchand de bestiaux Walthère Ledoux, demeurant à Jupille (Liège) rue Chafnay, 36, a tué 7 bêtes, dont 6 devaient être vendues aux Halles de Liège ; la 7me était destinée à l'œuvre de la soupe communale de Jupille. Le soir, un contrôleur allemand s'est présenté chez M. Ledoux et a prononcé la saisie des bêtes abattues, priant leur propriétaire de se rendre chez le Commissaire civil de Liège. Ce fonctionnaire a reproché à M. Ledoux de ne point avoir consigné dans un registre spécial ses achats de bêtes et les noms des personnes à qui celles-ci sont vendues. M. Ledoux a déclaré qu'il était autorisé à abattre des bêtes et qu'au surplus il exerçait avant la guerre déjà le commerce de boucherie. L'après-midi même, les 7 bêtes ont été enlevées par ordre du contrôleur allemand. La bête destinée à la soupe communale n'a pas trouvé grâce devant les agents chargés de la saisie. Malgré les demandes réitérées, M. Ledoux n'a pas obtenu de bon de réquisition. Au cours du jour, les 7 bêtes saisies représentaient environ 17.000 francs.

Le même jour, à Jupille également, dans des conditions identiques, l'on a saisi 3 bêtes destinées aux Halles de Liège.

La Deutsche Vermittlungsstelle C. N. reconnaîtra qu'il s'agit dans ces deux cas d'une véritable réquisition de bêtes indigènes et par conséquent d'une infraction aux conventions. Au surplus, la saisie a causé un préjudice sérieux aux intéressés qui, tous deux, étaient autorisés à exercer leur commerce.

Un cas semblable s'est produit à Liége, au préjudice de M. Charles Laroche, rue du St.-Esprit, 50. Le 16 janvier, à 7 h. 1/2 du soir, des soldats ont opéré, au préjudice de ce boucher, la saisie de 4 têtes de bétail identifiées régulièrement par le directeur de l'abattoir de Liége, conformément aux prescriptions de l'arrêté du 4 novembre 1915 de M. le Gouverneur Général. Cette saisie s'est faite sans remise d'un bon de réquisition, à la tuerie établie depuis 1905 chez M Bierser, à Jupille.

Le Comité Hispano-Néerlandais espère que la Deutsche Vermittlungsstelle C. N. voudra bien examiner ces divers cas et interviendra afin que de semblables réquisitions ne puissent plus se renouveler

Les Directeurs.

ANNEXE 23.

TRADUCTION

Gouvernement Général
 D. V. C. N.
  C. 774   Bruxelles, le 20 avril 1918.

Réponse à votre lettre A 3895 du 2 février 1918.

Les saisies chez Ladoux et Laroche, ainsi que la troisième, non particulièrement désignée, ont eu lieu à l'occasion de la découverte d'abatages clandestins à Jupille. Le motif de la saisie était le soupçon formel d'infraction à plusieurs arrêtés de M. le Gouverneur Général, relatifs à l'abatage, la livraison de la graisse et des peaux et aux prescriptions commerciales. Plainte a été déposée contre 30 inculpés, le 1er février, auprès du tribunal du Gouvernement Impérial. Parmi ceux-ci il y avait Ladoux et Laroche, contre lesquels il semblait nécessaire d'agir immédiatement. Vu l'importance de l'affaire, l'instruction n'a pas encore pu être clôturée à ce jour, mais on peut déjà considérer comme prouvé — parce qu'avoué par les inculpés — dans le cas Ledoux, l'abatage d'une vache à lait (arrêté du 22 octobre 1916), art. 2, paragr. 1); dans le cas Laroche, la retenue de graisse (arrêté du 7 février 1917); dans les deux cas, infraction à l'obligation de tenir des livres (arrêté du 10 juin 1917).

La saisie des bêtes pratiquée en attendant le jugement, est conforme au dernier arrêté. Si cette saisie ne devait pas être justifiée par l'arrêt, la contre-valeur serait restituée.

L'autorité ignore que, dans le cas Ledoux, une bête était destinée à la Soupe communale; en aucun cas cela n'a été déclaré à l'occasion de la saisie et il faut donc croire que l'assertion en question n'est qu'un prétexte inventé par Ledoux après coup.

Des quittances ne sont pas remises aux inculpés en pareil cas, ceux-ci ont déjà été interrogés protocolairement le lendemain de la saisie et savaient donc très bien que la saisie est connexe à l'action judiciaire engagée contre eux.

S'il faut admettre que ces gens ont informé eux-mêmes le C. H. N. de leur cas, on doit élever contre eux le reproche d'avoir fait un rapport incomplet et non conforme à la vérité.

(s.) RIETH.

Au Comité Hispano-Néerlandais
 Bruxelles.

ANNEXE 24.

No. A 4811.   Bruxelles, le 22 avril 1918.

Memorandum pour la Deutsche
Vermittlungsstelle C. N.

Le C. H. N. est au regret de devoir signaler à la Deutsche Vermittlungsstelle C. N. que, dans certaines parties de la province de Liége,

l'on continue à acheter des porcs à destination du front malgré les assurances données que les garanties sont observées.

Le 9 avril dernier, au marché de Clavier, presque toutes les bêtes exposées (une cinquantaine de porcs, 6 bêtes à cornes, une trentaine de veaux, quelques moutons et chèvres) ont été expédiées au Val-St-Lambert, au nom des nommés Delcourt, de Seraing, Duchâteau, de Ramelot, les deux seuls marchands qui soient en possession des autorisations nécessaires à l'utilisation du vicinal de Clavier au Val-St-Lambert. Ces autorisations sont données par le Kreischef de Huy.

27 porcs (wagon no. 7563), 5 bêtes à cornes (wagon no. 7626), 22 veaux, 9 moutons et 1 chèvre (no. 7787) ont été expédiés au nom de Delcourt, de Seraing; 24 porcs (wagon no. 7547), ainsi que 16 porcs, 5 veaux, 2 moutons, dans un autre wagon, ont été expédiés au nom du Duchâteau, de Ramelot.

Les porcs sont abattus à l'abattoir de Seraing, d'où ils sont transportés, par camions, à la Halle de la rue des Carmes, à Liége, et ensuite au frigorifère de la place des Carmes, à Liége, en attendant qu'ils soient chargés à la gare de Longdoz, *à destination du front.*

Le C. H. N. a insisté à maintes reprises déjà après de la D.V.C.N. sur la concentration de bétail indigène, qui se fait à Anvers, d'où les bêtes, partent pour le front. Il est avéré à présent que Liége est un centre vers lequel des fournisseurs des armées allemandes drainent une très grande partie des porcs engraissés dans le territoire du Gouvernement Général.

C'est ainsi qu'entre le 13 et le 15 mars dernier, il a été expédié, sous escorte militaire, 13 wagons de 15 tonnes de viande de porc salée, de la gare de Liége-Longdoz à destination du front.

Les porcs notamment envoyés à Liége par le nommé Aug. Dockx, de Heyst-op-den-Berg, de plus, les porcs abattus en grand nombre à l'abattoir de Tongres sont conduits à Liége par camions; enfin, le vicinal de Genck en amène aussi du Limbourg une assez grande quantité.

Le C.H.N. possède du reste à ce sujet des renseignements détaillés sur le mécanisme de cette véritable concentration.

Il résulte de l'application de ce système que la population civile ne dispose que d'une part minime de la viande des porcs engraissés dans le pays.

Le C. H. N. espère que la D. V. C. N. voudra bien user de son influence pour qu'il soit mis un terme à ces oublis persistants des garanties.

Les Directeurs.

ANNEXE 25.

No. A. 4899.   Le 27 avril 1918.

Memorandum pour la Deutsche.
Vermittlungsstelle C. N.

Le C. H. N. a l'honneur de transmettre ci-joint à la D. V. C. N. copie de deux notes relatives à des réquisitions et achats de fourrages opérés dans les provinces de Hainaut et de Luxembourg par les troupes d'occupation.

Les Directeurs.

ANNEXE 25a.

PROVINCE DE HAINAUT

Fourrages.

Les bourgmestres des communes frontières de la kommandantur de Sebourg (France) : Angre, Angreau, Baisieux, Elouges, Roisin, Montignies, Onnezies, Audregnies, ont reçu par l'organe des commandants de place ordre de mettre à la disposition de l'autorité allemande un certain nombre d'hectares de prairies :

Angre doit fournir 20 Ha., Angreau 12 Ha., Elouges 10 Ha., Audregnies 12 Ha., Autreppe 8 1/4 Ha., Roisin 45 Ha., Montignies 6 1/2 Ha., Onnezies 7 Ha., Baisieux 9 Ha.

Les cultivateurs ont été convoqués spécialement dans les maisons communales, où le délégué de la kommandantur leur a soumis un projet de contrat de location avec estimation de loyer de 300 à 350 frs. l'hectare, suivant la qualité des prairies.

Le double du contrat (établi au nom du bourgmestre et dont copie ci-dessous) a été remis aux communes, à la réunion du vendredi 22 mars. Le secrétaire, délégué de Roisin, a interpelé M. le Commissaire civil au sujet de cette réquisition — qui a promis l'examen de la question.

« Entre............ et............ est conclu le bail suivant:

« X.............. cède à la Lagerkommandantur
» de Sebourg une plaine de la surface de......
» hectares, pour le temps du 1er avril au 31
» octobre 1918, au prix de 300 francs (240 Mark).
» Le fermage est à payer par termes, la pre-
» mière moitié le 15 juillet 1918, la seconde le
» 20 octobre 1918. Le locataire a plein pouvoir,
» ou à annuler le bail ou a le passer à une
» autre troupe, sous les mêmes conditions.
» Si le contrat est délié avant le temps, le fer-
» mage ne sera payé que jusqu'à la fin de la
» moitié du mois commencé. Pour ce cas, sont
» fixées les quotes parts suivantes:
» Pour le mois d'avril 3 %;
»   »   »   de mai 18 %;
»   »   »   de juin 35 %;
»   »   »   de juillet 24 %;
»   »   »   d'août 12 %;
»   »   »   de septembre 6 %;
»   »   »   d'octobre 2 %.
» La Lagerkommandantur de Sebourg,
»   (s.)..................

»   » Le Bailleur,
»   (s.).............. »

La commune d'Hainin a signé un contrat avec l'autorité allemande pour la location de 6 Ha. de prairies.

Le placeur de la kommandantur de Jurbise exige que la commune d'Erbaut fournisse une pâture pour y mettre le matériel des colonnes de passage (camions, canons, etc.), alors que la place publique pourrait servir à cet usage.

Le nommé Trouillet Jules, habitant Fontaine-Valmont, fait depuis quelque temps le commerce de foin et de paille; il circule dans les régions de Merbes-le-Château et Beaumont, et il parvient à obtenir les wagons pour charger ces produits, alors que des charbonnaires, par eux aussi achètent chez des marchands connus dans ces régions, ne savent pas obtenir de wagons.

D'après renseignements obtenus de source certaine, ce Trouillet serait le courtier d'un certain Lengrand Paul, ancien fermier à Hante-Wihéries, habitant actuellement Charleroi, où il s'occupe du commerce de foin et paille pour les Allemands.

Le 26 avril 1918.

ANNEXE 25b.

PROVINCE DE LUXEMBOURG

Fourrages.

Dans le courant du mois de février, des soldats de Vielsalm se sont rendus chez les cultivateurs de Hardigny dans le but d'acheter du foin et de la paille; ils ont pu en obtenir environ 1.000 kgs., qu'ils ont chargés sur wagon à Bourcy.

Dans le courant des mois de février et mars, des soldats de Cugnon se sont présentés 3 fois,

avec leur camion, à Belleveaux, au domicile des personnes suivantes, chez qui ils ont chargé des carottes: Nemery Arnould Auguste, Bertand-Waulin Adolphe, Lambion frères et sœurs, Collard-Evrard Jules, Marchal-Nicolas Xavier, et Vve Nemery-Nicolas.

Le 27-3 dr., le fermier Lekeux, de Strainchamps, a fourni un wagon de foin aux Allemands. Ce wagon, portant le no. 7192, a été chargé en gare du vicinal de Strainchamps et expédié à Bastogne où il a été déchargé le même jour par les soldats logés à la brasserie Colin.

Au début du mois de mars, le sieur Joseph Thiry, de Corbion, a vendu à Edmond Petit, de Noirefontaine, pour compte des Allemands, 500 kgs. de foin à raison de 300 frs. les 1000 kgs.

Une section d'artillerie étant cantonnée à Maissin, le bourgmestre de cette localité a fait paraître, vers le 21-1, un avis conçu à peu près en ces termes: « A partir de ce jour, à 6 h. du soir, les contrats pour la vente de
» foin et de paille, passés soit avec des mar-
» chands, soit avec des particuliers, sont an-
» nulés en vertu du présent arrêté. Tous ceux
» qui ont du foin ou de la paille à vendre, doi-
» vent s'adresser au bourgmestre, qui doit re-
» mettre, contre paiement, ces produits à l'oc-
» cupant.

»   » (s.) Henrion ».

Le sieur Dermin, de Maissin, a déclaré, en présence de témoins, qu'à la suite de cet arrêté il avait été obligé de décharger une voiture de foin qu'il avait vendue et de la livrer aux Allemands.

Dans le courant du mois de février, le sieur Lempereur Guillaume, de St-Médard, a fourni 2.000 kgs. de rutabagas à la compagnie du génie à St.Médard.

Le 4-3 dr., le sieur Nemery Joseph, d'Offagne, a vendu 10.000 kgs. de foin aux magasins allemands de Paliseul.

Le 5-3 dr., le sieur Arthur Guiot, de La Flèche (Offagne) a vendu 4.000 kgs. de foin pour 1.800 frs. aux soldats allemands d'Offagne. Ce foin était destiné à la nourriture des chevaux et des bœufs utilisés à la coupe des bois.

Nous donnons ci-dessous une nouvelle liste des wagons chargés en gare de Paliseul par le nommé Pretlot, de Fays-les-Veneurs, et expédiés par les magasins généraux allemands de Paliseul vers la France; ces wagons sont chargés, par les soins des intermédiaires de Pretlot, les sieurs Dauvin, Quolin, Collignon, Hamelot et Adam, de Paliseul, et Pipaux, d'Offagne:

Le 14-3, les wagons 13203 Breslau, 216368 Essen et 14787 Essen, chargés tous trois de rutabagas, et le. wagon 15387 Cöln, chargé de carottes.

» 15-3, les wagons 32739 Sachs, 44146 Halle et 33624 Magdenburg, chargés de foin.

» 16-3, les wagons 31108 Cöln et 42246 Halle, chargés de foin, et le wagon 9995 Münster, chargé de rutabagas.

» 18-3, les wagons 6237 Stettin et 14787 Essen, chargés de rutabagas, et ceux 24827 Bromberg, 104429 Essen et 42349 Breslau, chargé de foin.

» 19-3, les wagons 23784 Bromberg, chargé de foin (expédié à Carignan) et le wagon 39672 Hannover, chargé de foin (expédié à Sedan).

» 20-3, les wagons 43562 Halle et 54521 Baden, chargés de foin, et 216368 Essen, chargé de rutabagas (vers Sedan).

» 21-3, les wagons 55267 Breslau, 27067 Cöln, 54251 Baden et 43562 Halle, chargés de foin (vers Carignan).

» 23-3, les wagons 46302 Halle et 42553 Halle, chargés de foin, et 46758 Augsburg, chargé de rutabagas (vers Carignan).

En outre, les wagons indiqués ci-après ont été expédiés par le sieur Pretlot, de la gare d'Offagne aux magasins allemands de Paliseul:

Le 8-3, les wagons 54514 Baden et 44130 Halle, chargés de foin par les soins du sieur Moreau, d'Offagne.

» 10-3, les wagons 103311 Essen et 40389 Hannover, chargés de foin par les soins des sieurs Moreau et Ovide Pierson d'Offagne.

Les wagons dont les numéros suivent ont été expédiés, chargés de foin, de la gare de Bertrix vers des localités belges où les Allemands concentrent des foins ; nous n'avons pu connaître le nom de l'expéditeur ; il s'agit de foin indigène, livré à l'armée :

Le 27-2, les wagons 76827 Nürnberg et 24582 Bromberg, de Bertrix à Bressoux

» 1-3, les wagons 103372 Essen, de Bertrix à Ronet.

» 2-3, les wagons 103527 Essen, 204674 Essen et 54594 Magdeburg, de Bertrix à Chimay.

» 11-3; 40170 Hannover et 82632 Magdeburg, de Bertrix à Florennes et 81475 Magdeburg, de Bertrix à Ronet.

A Houdrigny, les habitants doivent fournir la litière nécessaire aux chevaux de l'armée qu'ils doivent abriter.

Nous donnons ci-dessus une nouvelle liste des wagons chargés en gare de Paliseul par le sieur Pretlot, de Fays-les-Veneurs, et expédiés par les magasins généraux allemands de Paliseul vers la France; ces wagons sont chargés par les soins des intermédiaires de Pretlot, les sieurs Dauvin, Quoilin, Ramelot, de Paliseul, et Pipaux, d'Offagne :

Le 25-3, les wagons 44246 Halle, chargé de foin, expédié vers Sedan, et 42560 Oldenburg, chargé de foin, expédié vers Carignan.

» 25-3, les wagons 217683 Essen, chargé de rutabagas, 6353 Hannover, chargé de foin, et 65213, chargé de paille, expédiés tous trois vers Carignan.

» 27-3, les wagons 25192 Essen et 48772 Breslau, expédiés vers la France.

» 28-3, les wagons 23320 Sachs, chargé de rutabagas, 45766 Halle et 54660 Breslau, chargés de foin et expédiés vers Carignan.

» 29-3, les wagons 31108 Cöln et 45076 Würtemberg, chargés de foin et expédiés vers la France.

» 30-3, les wagons 3313 F. B., chargé de foin, et 9995 Bromberg, chargé de rutabagas, expédiés vers Carignan.

Le sieur Pretlot, de Fays-les-Veneurs, a expédié de la station d'Offagne aux magasins allemands de Paliseul les wagons indiqués ci-après :

Le 13-3, les wagons 103769 Essen, chargé de foin par le sieur Arsène Hallet, de Blanche-Oreille.

» 20-3, les wagons 42664 Halle, 76727 Nürnberg, 30322 Bonn et 43562 Halle, chargés de foin, 8416 Bromberg, chargé de rutabagas, 20599 Sachs et 6799 Danzig, chargés de carottes, et 16117 chargé de paillettes d'épeautre.

» 27-3, les wagons 28911 Baden, chargé de rutabagas, 48464 Breslau, chargé de foin et 43771 Halle, chargé de paille et de foin.

» 28-3, les wagons 45138 Altona, 50969 Magdeburg, 32745 Kattowitz, chargés de foin.

Toutes ces denrées avaient été fournies par des cultivateurs du pays.

Le 20-3, le sieur Willemen; Arthur, de Fays-les-Veneurs, a fourni 1.800 kgs. de carottes à la cantine du 45me régiment à Bertrix.

Les wagons indiqués ci-après, chargés de foin provenant des environs de Bertrix, ont été expédiés de la gare de cette commune aux magasins allemands de Paliseul :

Le 22-3, les wagons 42232 Halle, 81964 Magdeburg et 882917 Magdeburg.

» 28-3, les wagons 26990 Cöln et 421 Berlin.

» 29-3, 82061 Magdeburg, 45649 Würtemberg et 76705 München.

Le 26 avril 1918.

ANNEXE 26.

No. A 2813.   Bruxelles, le 31 octobre 1917.

Memorandum pour la Deutsche Vermittlungsstelle C. N.

Le C. H. N. a l'honneur de signaler les faits suivants à l'attention de la V. C. N. :

La bataillon d'Elberfeld, qui est resté en garnison, pendant trois ans environ, à Ceroux-Mousty et vient d'être déplacé, il y a un mois à peine, se distinguait par les achats de vivres considérables que les soldats faisaient chez les cultivateurs.

Maintenant encore, ces soldats reviennent dans la région pour s'approvisionner en vue surtout des expéditions de denrées alimentaires à faire à leur famille en Allemagne.

Ces nouveaux arrivés s'abstiennent, paraît-il, jusqu'à présent, de faire des rafles dans les fermes comme leurs prédécesseurs. Il est vrai que la commune est obligée de leur délivrer hebdomadairement 70 kgs. de beurre, quantité correspondant à une ration de 250 grs. pour les soldats et les employés militarisés et 100 grs. pour les ouvriers, alors que les habitants belges ne reçoivent en général que 60 grs. par semaine et rarement 80 grs.

D'autre part, les militaires font très souvent des saisies de beurre et jamais ils n'en font la remise à la commune.

LES DIRECTEURS.

ANNEXE 27.

TRADUCTION

Gouvernement Général
D. V. C. N.

C. 564   Bruxelles, le 29 avril 1918.

En réponse à votre lettre A 2813 du 31 octobre, nous vous informons de ce que le bataillon de Landsturm, dont il est question, a quitté le district de Nivelles déjà en novembre de l'année dernière. Sa nouvelle garnison est éloignée de la précédente de plusieurs centaines de kilomètres, de sorte que la communication du C. H. N., suivant laquelle les hommes appartenant à ce bataillon reviennent régulièrement à Nivelles pour y effectuer des achats personnels, doit reposer sur une erreur. M. le Commissaire civil de Nivelles a eu connaissance d'un seul cas dans lequel un homme, ayant appartenu précédemment à ce bataillon, est un jour venu occasionnellement à Nivelles pour y acheter du beurre. Ce cas a donné lieu à l'organisation d'un contrôle sur tous les militaires venant de l'extérieur.

La compagnie actuellement cantonnée à Ceroux-Mousty ne reçoit pas de beurre de la commune. Les petites quantités livrées jusqu'à présent par cette dernière étaient plutôt destinées à des personnes n'appartenant pas à l'armée. Toutefois, des changements furent apportés à ce ravitaillement déjà en janvier dernier. Du beurre est saisi de-ci, de-là par les inspecteurs militaires des pommes de terre et livré à la Concentration du Beurre de la commune, conformément aux instructions de Mr le Commissaire civil.

                                        (s.) ....

Au Comité Hispano-Néerlandais
Bruxelles.

ANNEXE 28.

No. A 4742.   Bruxelles, le 16 avril 1918.

Memorandum pour la Deutsche Vermittlungsstelle C. N.

En confirmant sa communication no. A 4730 du 16 courant, le C. H. N. se voit forcé de revenir sur la question des exportations de viande de porc qui ont donné lieu à de nombreuses réclamations de sa part, restées jusqu'ici sans résultat.

En effet, les sieurs Vermandel et De Wolff, dont il a été souvent question, notamment dans le mémorandum du 1er février dr. no. A 3862, ont de nouveau fait des envois se chiffrant à 500.500 fr. Dans la seule semaine du 17 au 23 février, cette marchandise est sortie des frigorifères De Beck, Quai de l'Industrie, et des frigorifères des abattoirs de Cureghem.

La semaine précédente, Vermandel, prénommé, avait vendu aux Allemands 70.000 kgs. de lard à 22 frs. le Ko.

D'autres expéditions importantes pour le front allemand sont imminentes. Indépendamment de Vermandel, les nommés Claeys, Goffin et Philips, dont il a aussi été question dans le mémorandum prérappelé, ont acheté depuis quelques semaines de grandes quantités de viande de porc qui se trouvent en partie dans les saloirs De Beck et dans les frigorifères des abattoirs de Cureghem, où Claeys possède à lui seul un dépôt dont la valeur atteindrait, d'après les rapports qui nous sont parvenus, un million de francs.

Le dit Claeys ne fait plus que de rares apparitions aux abattoirs; il s'y fait remplacer par un homme de paille qui achète pour lui et qui n'est autre que le sieur Gailler Pierre, demeurant rue du Bâteau, à Cureghem. Ce dernier dispose, pour faire les achats dont il est chargé, d'une somme importante qui a été déposée par Claeys et le charcutier Seiderslag, qui a repris les affaires du nommé Goossens de la rue de la Colline.

Pour donner une idée de l'importance des quantités de viande enlevées ainsi à la consommation de la population belge, il suffira de mentionner que, pendant la période du 24 février au 6 avril, 373 porcs seulement ont été acquis par les charcutiers débitants de l'agglomération bruxelloise, sur un total de plus de 5.700 porcs, tant vivants qu'abattus, entrés aux abattoirs de Cureghem. Dans ce chiffre ne sont pas compris les porcs envoyés chez le nommé De Wolff, rue Melsens, où 300 à 350 bêtes, également destinées au pouvoir occupant, sont conduites chaque semaine sans passer à l'abattoir.

Le C. H. N. est convaincu que la gravité de cette situation n'échappera pas à la D. V. C. N. et que des mesures seront prises à bref délai pour mettre fin à ces violations des garanties fondamentales.

LES DIRECTEURS.

ANNEXE 29.

No. A 4213.   Bruxelles, le 28 février 1918.

Memorandum pour la Deutsche Vermittlungsstelle C. N.

Le C. H. N. tient à signaler à la V. C. N. que le contrôleur allemand Parisot a saisi, dans la commune d'Opitter (Limbourg) deux porcs; un chez le cultivateur Pareyn, l'autre chez Goossens.

Pour justifier la saisie, il a fait remarquer que le prix auquel les deux cultivateurs vendaient leurs bêtes était supérieur au prix fixé par l'arrêté du Gouverneur Général.

Les porcs saisis ont dû être livrés aux autorités militaires de la garnison de Maeseyck.

Les cultivateurs ont reçu 3,25 frs. par Ko., sur pied, mais ils ont été frappés d'une amende qui, pour Pareyn, est supérieure au prix du porc.

Ce prix de 3,25 frs. ne se justifie pas, car les autorités allemandes avaient, dans cette région, fixé elles-mêmes les prix à 9 à 12 frs. le Ko., suivant les localités.

Les deux cultivateurs en cause n'ont pas commis de faute. Leur bonne foi a été surprise par les instances des personnes qui se

présentaient chez eux sous prétexte d'achat et qui étaient des civils allemands.

Le C. H. N. ne peut se défendre, dans ces conditions, de voir dans le « as présent une réquisition détournée au profit d'une garnison.

LES DIRECTEURS.

ANNEXE 30.

TRADUCTION

Gouvernement Général . D. V. C. N.

C. 846   Bruxelles, le 4 avril 1918.

En réponse à votre lettre A 4214 du 28 février, nous vous informons de ce que, d'après les résultats de l'enquête actuellement clôturée, l'état de choses décrit par le C. H. N. ne répond en aucune façon aux faits.

En vertu de l'arrêté sur le commerce usuraire, des porcs ont en effet été saisis chez les paysans Pareyn et Goossens, ceux-ci exigeant le prix de 14 à 15 frs. au Ko., poids vivant, alors que le prix maximum autorisé ne dépasse pas 3,25 frs. au Ko. En présence de pareils prix usuraires, la saisie de la viande n'a pas été considérée comme une punition suffisante et, en conséquence, outre cette saisie, des amendes d'un montant de 150 et 300 frs. ont été appliquées. La viande saisie a été employée en faveur de la population civile de la province.

Rien ne semble justifier la critique que le C. H. N. croit devoir exercer sur cette mesure d'administration des autorités; il est inexact que les autorités elles-mêmes paient pour des porcs 9 à 12 frs., poids vivant. Il est dit sans aucune preuve que les Allemands ont poussé les paysans à établir les prix usuraires en question, et enfin, l'allégation qu'il ne s'agit ici que d'une saisie déguisée doit être formellement rejetée.

La V. C. N. ne peut s'empêcher de faire remarquer que le C. H. N. servirait mieux la cause de l'œuvre du ravitaillement par une rédaction plus prudente de ses représentations.

(s.) RIETH.

Au Comité Hispano-Néerlandais Bruxelles

ANNEXE 31.

No. A 4685.   Bruxelles, le 10 avril 1918.

Memorandum pour la Deutsche Vermittlungsstelle C. N.

Le C. H. N. a pris connaissance avec intérêt de la lettre de la D. V. C. N. du 4 avril 1918, relative à la saisie de deux porcs chez des cultivateurs d'Opitter (Limbourg).

Il est heureux d'apprendre que la viande saisie a servi à l'alimentation de la population civile de la province, mais il saurait gré à la D. V. C. N., de bien vouloir lui faire connaître quels sont les organismes qui ont été chargés de la distribution.

La V. C. N. invoque dans sa réponse un arrêté sur le commerce usuraire des porcs, arrêté fixant le prix maximum du porc à 3,25 frs. le Ko. Le C. H. N. ignore l'existence de cet arrêté et il serait reconnaissant à la V. C. N. de lui indiquer la date de publication.

Le C. H. N. regrette que la V. C. N. ait jugé nécessaire de le rappeler à la prudence dans ses réclamations.

La V. C. N. reconnaîtra que les faits signalés autorisaient le C. H. N. à solliciter des renseignements en raison de la forme de la saisie.

Il suffirait d'indiquer quels organismes ont été chargés de la distribution pour éviter tout malentendu

LES DIRECTEURS.

ANNEXE 32.

TRADUCTION

Gouvernement Général
    D. V. C. N.
        C. 846   Bruxelles, le 30 avril 1918.

En réponse à votre lettre A 4685 du 10 avril, la V. C. N. confirme par la présente que la saisie de 2 porcs à Opitter (Limbourg), a eu lieu en vertu de l'arrêté sur le commerce usuraire. Dans la lettre C. 846 du 4 avril, il n'est pas dit que le prix payé de 3,25 frs. par Ko. de poids vivant ait été fixé par arrêté, il a été simplement dit que ce prix constituait un maximum qui — comme il peut être ajouté — a été fixé par les autorités compétentes, sur la base des prix régulateurs locaux.

En ce qui concerne l'emploi des animaux saisis, on ne peut que répéter encore une fois que, suivant communication des autorités, la viande a été employée en faveur de la population civile de la province. Le C. H. N. reste encore redevable aujourd'hui d'une preuve à son affirmation qu'il y a ici une saisie déguisée. En conséquence, la V. C. N. ne peut que maintenir le point de vue exprimé dans sa lettre C. 846.

(s.) RIETH.

Au Comité Hispano-Néerlandais,
    Bruxelles.

ANNEXE 33.

Note du service d'inspection de la province d'Anvers.

Le 30 avril 1918.

Dans la commune de Willebroeck en dehors de la quantité de beurre délivrée par le magasin communal pendant la 1re quinzaine du mois d'avril, il a été réparti à la 2me quinzaine d'avril par l'intermédiaire de l'organisme «Volksopbeuring», 560 kgs. de beurre qui ont été réservés aux personnes inscrites comme membres du dit organisme à l'exclusion de tous les autres habitants de la commune.

Le «Volksopbeuring» a été chargé de cette vente à la suite d'une punition infligée à la commune dont l'administration avait refusé d'obtempérer aux ordres donnés par l'autorité occupante concernant la suppression des inscriptions françaises des noms des rues. Pour ce même motif la vente de sucre pour le mois de mai sera également réservée exclusivement au «Volksopbeuring».

Rapport au 1er juin 1918

I. — GARANTIES

Il résulte en général de la correspondance que nous avons reçue de la part de la Deutsche Vermittlungsstelle C. N. en réponse à nos réclamations antérieures que de nouvelles dispositions paraissent avoir été prises par le pouvoir occupant pour atténuer le nombre d'achats individuels effectués par des soldats, achats qui présentaient, ces temps derniers, un véritable caractère systématique, en opposition avec les conventions.

En date du 30 mai, en effet, la Deutsche Vermittlungsstelle nous informait que des mesures de police étaient prises pour éviter de gros achats par les soldats et que ces mesures donnaient de bons résultats. Le memorandum indiquait qu'une surveillance spéciale des marchés serait continuée.

De nos rapports d'inspection de province nous pouvons également, dans le même ordre d'idées, constater une amélioration sensible. Cependant on ne saurait trop insister sur l'activité commerciale de certains organismes tels que la Maraîchère, les Produits Agricoles, etc... souvent mentionnés dans nos rapports, qui possèdent de véritables monopoles d'achat, de vente et de transport et qui par ce fait jouissent d'un réel privilège au détriment des coopératives d'alimentation, intercommunales, etc...

La situation est donc telle que si d'une part l'administration allemande veille à réprimer les achats individuels, elle ne fait rien pour empêcher les transactions commerciales des organismes dont il est question plus haut, laissant ainsi exister un des principaux facteurs du commerce à l'exportation.

Une discussion est actuellement engagée avec la V. C. N. au sujet de cette question.

Nous annexons au présent rapport copie des échanges de correspondance que nous avons eus avec la V. C. N. au sujet d'infractions aux garanties.

Bétail, porcs et viande, annexes 1, 1a, 1b, 2, 2a.
Pommes de terre, annexes 3, 3a, 4, 4a, 5, 5a.
Grains et farine, annexes 6, 6a.
Divers, annexes 7, 7a, 8, 8a, 9, 9a.

* * *

En date du 1er mai les Ministres Protecteurs nous ont transmis une note du département Politique concernant l'application de la Convention des engrais.

Il résulte de ce document que les quantités distribuées du 1er avril 1917 au 31 décembre 1917 ont été les suivantes :

I. — a) *Phosphates bruts* exportés en Allemagne :

du 1er avril au 30 juin 1917.............. 20.906 t.
du 1er juillet au 30 septembre 1917. 22.609 »
du 1er octobre au 31 décembre 1917... 17.377 »

Total 60.892 t.

L'Allemagne ne s'est donc réservé qu'environ les 2/3 de la quantité à laquelle la convention lui donne droit.

b) *Sels de potasse.*

	Import. de l'Allemagne en Belgiq.	Distrib. en Belgique
du 1er avril au 30 juin 1917	13.500 t.	10.900 t.
du 1er juill. au 30 sept. 1917	30.900 »	28.821 »
du 1er oct. au 31 déc. 1917	48.900 »	35.579 »
Total	93.300 t.	75.300 t.

La convention ne prévoyant qu'une importation annuelle de 50.000 tonnes, les autorités compétentes ont donc pleinement prouvé leur sollicitude pour l'agriculture belge.

II. — a) *Acide sulfurique* importé en Belgique pour la fabrication de superphosphates :

du 1er avril au 30 juin 1917.............. 4.081 t.
du 1er juillet au 30 septembre 1917... 4.994 t.
du 1er octobre au 31 décembre 1917... 4.035 »

Total 13.110 t.

b) *Superphosphates :*

Stock existant le 1er avril 1917........ 3.975 t.
Quantités fabriqués du 1er avril au
30 juin 1917 .... 1.836 t.

Total 5.811 t.
Quantités remises à la disposition de
l'agriculture belge pendant cette pé-
riode .... 3.941 t.

Stock existant le 30 juin 1917... 1.870 t.
Quantités fabriquées du 1er juillet au
30 septembre .... 3.587 t.

Total 5.457 t.
Quantités mises à la disposition de
l'agriculture belge pendant cette pé-
riode .... 3.057 t.

Stock existant le 30 septembre 1917 2.400 t.
Quantités fabriquées du 1er octobre
au 31 décembre 1917 .... 2.493 t.

Total 4.893 t.
Quantités mises à la disposition de
l'agriculture belge pendant cette pé-
riode .... 1.519 t.

Restent en stock le 1er janvier 1918 3.374 t.

c) *Superphosphates doubles :*

Stock existant le 1er avril 1917........ 1.243 t.
Quantités fabriquées du 1er avril au
30 juin 1917 .... 1.257 t.

Total 2.500 t.
Quantités mises à la disposition de
l'agriculture belge .... 226 t.
Quantités expédiées en Allema-
gne .... 1.385 t. 1.611 t.

Stock existant le 30 juin 1917 .... 889 t.
Quantités fabriquées du 1er juillet au
30 septembre 1917 .... 2.123 t.

Total 3.012 t.
Quantités mises à la disposition de
l'agriculture belge .... 260,5 t.
Quantités expédiées en Allema-
gne .... 136,5 t. 1.625 t.
Stock existant le 30 septembre 1917... 1.387 t.
Quantités fabriquées du 1er octobre
au 31 décembre 1917 .... 1.745 t.

Total 3.132 t.
Quantités mises à la disposition de
l'agriculture belge .... 216 t.
Quantités expédiées en Allema-
magne .... 2.077 t. 2.293 t.

Restent en stock le 1er janvier 1918 839 t.

III. — *Phosphates Rhenania :*

Les quantités livrées aux agriculteurs belges s'élèvent :
du 1er avril au 30 juin à................. 2.313 t.
du 1er juillet au 30 septembre 1917 à 3.060 t.
du 1er octobre au 31 décembre 1917 à 294 t.

Total 5.667 t.

La section agricole du C. N. consultée
à ce sujet nous a répondu ce qui suit :

I. — *Phosphates bruts et sels de potasse*

Pour les motifs cités dans notre note
du 7 septembre dernier nous ne sommes
pas en mesure de contrôler les chiffres

fournis par l'autorité occupante. A part
cette réserve nous n'avons pas d'observations à présenter au sujet de ces chiffres.

II. — *La quantité d'acide sulfurique
importée en Belgique pour la fabrication
de superphosphates* continue à rester notablement en dessous de celle prévue à
l'art. 3 de la Convention sur les engrais.
Aux termes de celle-ci, il serait mis mensuellement 2500 t. d'acide à la disposition des fabricants de superphosphates,
soit pour une période de 9 mois : 22.500
tonnes.

Le déficit s'élève donc à :

22.500 — 13.110 = 9390 t. d'acide.

La Belgique a-t-elle eu sa part du super fabriqué?

Superphosphates.

Stocks au 1-4-1917....................... 3.975
Fabriqué du 1-4-17 au 30-6-17... 1.836
    »   1-7-17 au 30-9-17... 3.567
    »   1-10-17 au 31-12-17. 2.493

Total 11.891 11.891 t.

Superphosphates doubles.

Stocks au 1-4-17....................... 1.243
Fabriqué du 1-4-17 au 30-6-17... 1.257
    »   1-7-17 au 30-9-17... 2.123
    »   1-10-17 au 31-12-17. 1.745

Total 6.368 t.
soit transformé en super simple
6.368 × 3000 = 15.920 t

1200

15.920 t.

Total 27.811 t.
Quantités mises à la disposition de
l'agriculture belge :
Super simple .... 8.517 t.
Super double, équivalent en super
simple .... 1.756 t.

Total 10.273 t.

Conclusion. — Pour la période du 1er
avril 1917 au 31 décembre 1917 il revenait à la Belgique la 1/2 de la quantité
totale, soit 27.811 : 2 = 13.905 t. La quantité lui attribuée d'après la note de la
Politische Abteilung n'étant que de
10.273 t. il s'en suit qu'il doit encore être
fourni à la Belgique :

13.905 — 10.273 = 3.632 t.

Remarque. — D'après nos renseignements la quantité de superphosphates
fournie à la Belgique n'atteindrait même
pas 10.273 t. mais seulement 7006 t.,
chiffre qui se décompose comme suit :
Production du « Superphosphate Bel-
ge » .... 4.500 t.
Quantité fournie par l'Usine d'Engis 2.288 t.
Quantité fournie par l'Anglo-Conti-
nentale d'Anvers au Land- en Tuin-
bouwcomiteit d'Anvers .... 220 t.

Total 7.006 t.

III. — *Phosphates Rhenania.*

D'après les chiffres de la Politische Abteilung, il n'a été fourni que 5.667 t. de Vesta pendant la période envisagée, alors que les fournitures auraient dû comporter 9000 t. Il y a donc un déficit de 2.333 tonnes, pour la période du 1-4-17 au 31-12-17 et le déficit total pour la période du 26-8-16 au 31-12-17 atteint 2,333 + 6056 = 8.389 t.

La note semble vouloir attribuer les fournitures insuffisantes au peu d'intérêt montré par l'agriculture belge pour cet engrais.

Déjà dans notre réponse du 7 septembre dernier nous avons réfuté cette assertion en montrant qu'à la date de fin août 1917 les quantités fournies étaient de 7.958 t. en dessous des quantités commandées par les agriculteurs.

Dans ces conditions nous estimons que ce déficit est dû aux quantités insuffisantes mises à la disposition de l'agriculture belge. Cette opinion est corroborée par la déclaration qui nous a été faite par l'un des deux concessionnaires pour la vente de l'engrais Vesta. Aux dires de celui-ci, le tonnage total dont le pays a pu disposer depuis le mois d'août 1917 serait seulement de 250 t. par mois au lieu des 1000 t. prévues par la Convention.

Nous insistons vivement pour que le tonnage mensuel de 1000 tonnes de Vesta soit mis à la disposition de l'agriculture belge qui en a d'autant plus besoin que la quantité de superphosphate lui attribuée n'atteint même pas la 1/2 des 3000 t. prévues.

(s.)...... ....

Concernant les engrais vous trouverez parmi les annexes (no. 10) copie de notre lettre du 4 juin 1918 à la V. C. N.

II. — CENTRALES

Nous joignons au présent rapport (annexe II) une copie de l'arrêté du 17 avril par lequel le chef de l'Administration Civile pour la Flandre a fixé les dispositions réglementaires de l'arrêté du 21 février 1918 concernant, de l'avoine, des pommes de terre hâtives et tardives, du tabac et de la chicorée de la récolte de 1918.

Nous joignons également une copie de l'arrêté précité du 21 février du Gouverneur Général. (Annexe 12).

Dans notre rapport au 1er mai, nous disions que le Commissaire Civil de Soignies avait adressé aux Communes de son ressort un avis fixant les conditions d'application de l'arrêté du 21 février, en ce qui concerne les pommes de terre tardives. D'autres Commissaires civils ont pris des dispositions analogues, dont nous avons reçu copie.

Jusqu'à présent, ces instructions n'ont donné lieu à aucune réclamation.

Notre rapport au 1er avril annonçait qu'une nouvelle réglementation pour la répartition du beurre était en préparation. Cette organisation, qui embrasse non seulement la question d'utilisation économique du beurre, mais aussi celle du lait, a été définitivement fixée. Elle fait l'objet de deux arrêtés identiques du 25 avril, respectivement pour les régions administratives wallonne et flamande ; la copie de l'un de ces arrêtés est jointe au présent rapport (annexe 13).

Nous avons également reçu à ce sujet la copie d'une lettre envoyée par le Commissaire civil de l'arrondissement de Huy à tous les Bourgmestres de cet arrondissement. Nous aurons soin de nous enquérir de ce qui aura été fait dans le même ordre d'idées par les autres Commissaires Civils.

Nous joignons au présent rapport la copie d'un arrêté du 25 avril (annexe 14), concernant la perception d'un droit spécial sur les sucres, sirop de betteraves et mélasse.

III. — PRISONS

Camp de Diest. — Effectifs : 602 hommes, 7 femmes.

Les paquets de Suisse et de Hollande et ceux réexpédiés des camps parviennent maintenant aux prisonniers. Les biscuits sont distribués, les représailles ayant pris fin. L'Agence belge de Renseignements pour les Prisonniers correspond avec le Comité Bernois qui doit assurer le ravitaillement du Bureau de Bienfaisance du Camp de Diest.

Aucune modification n'est survenue au régime des prisonniers en ce qui concerne l'espace d'air libre mis à leur disposition pour les récréations.

Le contrôle du camp par les délégués des Puissances Neutres n'a pas encore reçu de solution ; nous insistons naturellement sur ce point.

Les membres du C. H. N. ne peuvent vérifier que les écritures, livres d'inventaires et d'utilisation de l'emploi des rations de pain et des vivres importés fournis au camp pour le ravitaillement des prisonniers, établi sur la même base que celui de la population belge.

Nous ignorons toujours les motifs qui ont amené l'Autorité allemande à installer ce camp de Prisonniers civils belges à Diest.

* * *

Prison de Vilvorde. — Effectifs : 572 ;
femmes (en prison 28
(trav. forcés 13
hommes (en prison 403
(trav. forcés 128.

Les deux paquets mensuels autorisés parviennent aux prisonniers. Jusqu'à présent la Fédération de Paris n'a pas expédié de biscuits pour les prisonniers de cette prison.

Les Délégués du Comité Hispano-Néerlandais se rendent à la prison pour vérifier l'emploi des vivres importés, tout comme à Diest, mais il y aura lieu de régler le plus tôt possible la question du droit de contrôle de tout l'établissement et des visites aux prisonniers.

L'autorité allemande s'est refusée à nous donner les listes des prisonniers incarcérés au camp de Diest et à la prison de Vilvorde.

Les autres établissements où se trouvent incarcérés des détenus politiques sont visités par nos délégués pour vérifier l'emploi des vivres et pour améliorer autant que possible par l'envoi de secours la nourriture des prisonniers ; leur tâche est fort difficile et l'on n'obtient des résultats pratiques que par le bon vouloir des directeurs allemands des différentes prisons.

IV. — VETEMENTS

L'annexe 15 reproduit la traduction d'un memorandum de la V. C. N. concernant les garanties qui seraient éventuellement accordées par le Gouvernement allemand au cas où de nouvelles importations seraient consenties de la part du Gouvernement britannique.

LES DIRECTEURS,
P. SAURA. LANGENBERGH.

No. A 4235.   Le 1er mars 1918.

Memorandum pour la Deutsche
Vermittlungsstelle C. N.

Le C. H. N. signale à la V. C. N. que le nommé Alphonse Wéry, boucher, demeurant dans les dépendances de l'abattoir de Marchienne-au-Pont, se rend toutes les semaines à Chimay où il procède au chargement d'un wagon de têtes de bétail. Wéry est, chaque fois, accompagné d'un soldat allemand.

A Marchienne, ce même Wéry tue des bêtes qui n'ont pas deux ans.

* * *

Le nommé Eugène Biche, boucher à Carnières, est autorisé officiellement à acheter une bête par semaine. Il est porteur d'une autorisation lui permettant d'acheter 17 bêtes.

La V. C. N. pourrait-elle faire savoir au C. H. N. les raisons pour lesquelles Eugène Biche dispose de cette faveur et la destination du bétail qu'il peut acheter?

LES DIRECTEURS,

TRADUCTION

Gouvernement Général
D. V. C. N.
C. 854   Bruxelles, le 23 avril 1918.

Il peut être répondu à votre lettre 4235 du 1er mars, que le boucher Biche, de Cernières, a en effet la permission d'acheter hebdomadairement 17 têtes de bétail. 16 de ces bêtes servent au ravitaillement des ouvriers belges, travaillant dur, du charbonnage de Marimont-Bascoup, tandis qu'une bête sert à l'exploitation de sa propre boucherie.

Il sera revenu sur le cas Wéry, dont il est encore question dans votre susdite.

(s.) RIETH.

Au Comité Hispano-Néerlandais,
Bruxelles.

TRADUCTION

Gouvernement Général
D. V. C. N.
C. 854   Bruxelles, le 21 mai 1918.

Réponse à votre lettre A 4235 du 1er mars 1918.

Il résulte de l'enquête que, au cours de l'été 1917, A. J. Wéry a obtenu de M. le Commissaire Civil à Thuin l'autorisation d'acheter chaque semaine 4 têtes de bétail pour l'alimentation des Belges occupés dans les ateliers du chemin de fer à Marchiennes. Pendant les mois d'août et de septembre 1917 Wéry s'est rendu une fois par semaine à Chimay pour y chercher du bétail. Dans ses voyages il était fréquemment accompagné par l'économe des susdits ateliers. Wéry conteste formellement avoir abattu du bétail de moins de 2 ans. Une telle contravention ne lui a pas non plus pu être imputée. Par contre, déjà en septembre 1917, d'autres agissements de Wéry ont été établis, qui ont eu pour conséquence que l'autorisation qui lui avait été accordée lui a été retirée.

Les communications de M. le Délégué doivent donc se rapporter à une époque antérieure de plusieurs mois.

(s.) RIETH.

Au Comité Hispano-Néerlandais,
Bruxelles.

No. A 4256.   Le 4 mars 1918.

Memorandum pour la Deutsche
Vermittlungsstelle C. N.

Le C. H. N. a l'honneur de soumettre à la V. C. N. les cas ci-joints de saisies et achats de viande opérés par les troupes d'occupation dans la province de Luxembourg et dans la région de Charleroi.

LES DIRECTEURS.

PROVINCE DE LUXEMBOURG

Porcs et viandes.

A Ottré (Bihain), les soldats de Vielsalm ont saisi et enlevé, au commencement de décembre, un cochon de 100 kgs. abattu sans autorisation, appartenant au cultivateur Eug. Pérotte.

Vers le 20 janvier, 6 soldats de Corbion ont saisi, chez le boucher Brasseur Louis, un porc récemment tué, pesant 50 kgs. environ. La viande a été expédiée à la Kommandantur de Bouillon. Jusqu'à présent elle n'a pas été remise à la population belge.

Le 23 février 1918.

RÉGION DE CHARLEROI

Viande.

Au commencement du mois de février, il a été saisi par l'autorité occupante, chez M. Dehan, fermier à Saint-Remy, environ 75 kgs. de porc se trouvant dans un saloir, à la cave. Cette viande, qui a été remise à la Kommandantur de Chimay n'a pas été restituée.

Le nommé Rombaut Edouard, époux de Remy Clémence, sujet belge demeurant à Jeumont, extrême-frontière, se rend chaque semaine chez le boucher Berondiaux Alphonse, accompagné de soldats, où il charge un panier de viande destinée aux officiers attachés aux usines électriques de Jeumont, sous séquestre.

Le 25 février 1918.

TRADUCTION

Gouvernement Général
D. V. C. N.
C. 855   Bruxelles, 10 mai 1918.

Réponse à votre lettre 4256 du 4 mars 1918.

Dans les deux cas signalés, il s'agit d'abatages à domicile défendus. Dans le 1er cas, la viande a été remise, par le Commissaire Civil, à des ouvriers appartenant à la population civile belge; dans le 2e cas, la viande a été utilisée par des corps de troupes. Dès qu'elle a eu connaissance du fait, l'autorité militaire hiérarchique a pris position contre cette utilisation en punissant les coupables et en prévenant une répétition par un nouvel avis.

(s.) RIETH.

Au Comité Hispano-Néerlandais,
Bruxelles.

No. A 3598.   Le 11 janvier 1918.

Memorandum pour la Deutsche
Vermittlungsstelle C. N.

Le C. H. N. a l'honneur de porter à la connaissance de la V. C. N. que le 6 décembre dernier, 476 kilos de pommes de terre saisies par l'autorité allemande à Sombreffe, et 442 kgs. saisies à Ligny, ont été amenés à Namur.

13*

Le 15 décembre, un camion y amenait enco-
re.650 kgs. saisis à Sombreffe et 95 kgs. saisis
à Ligny.

Enfin, le 31 décembre, 2115 kgs de pommes
de terre saisies à Sombreffe, ainsi que 52 kgs.
de farine et 129 kgs. de froment confisqué à
Tongrinne, pour transport illicite, étaient conduits à Namur.

Le tout a été déposé à l'Ecole des Cadets,
bâtiment occupé par la troupe, et appelé «Proviantamt».

LES DIRECTEURS.

ANNEXE 3a.

TRADUCTION

Gouvernement Général
D. V. C.N.
C. 726   Bruxelles, le 9 mai 1918.

En réponse aux communications contenues
dans votre lettre A 3598 du 11 janvier, la V.
C. N. reçoit l'information que, dans les cas
signalés, il s'agit de saisies de pommes de
terre se produisant journellement. Actuellement, de telles saisies ont fréquemment lieu
pour transport sans passavant; elles sont conformes aux arrêtés de M. le Gouverneur Général. Les quantités isolées mentionnées par
le Comité ont été d'abord rassemblées dans
diverses communes et ensuite transportées à
Namur. C'est la Kartoffelversorgungsstelle qui
décide de leur emploi. Il est inexact qu'une
cession de ces pommes de terre au Proviantamt ou à l'Ecole des Cadets ait eu lieu; elles
ont été distribuées à des ouvriers belges.

(s.) RIETH.

Au Comité Hispano-Néerlandais,
Bruxelles.

ANNEXE 4.

No. A 3804.   Le 28 janvier 1918.

*Memorandum pour la Deutsche
Vermittlungsstelle C. N.*

Le Comité Hispano-Néerlandais a l'honneur
de remettre sous ce pli, à la Deutsche Vermittlungsstelle C. N., une note relative à des
achats et réquisitions de pommes de terre opérés dans la province de Luxembourg par les
troupes d'occupation.

LES DIRECTEURS,

PROVINCE DE LUXEMBOURG
Pommes de terre.

Il y a deux mois, la fermière Martin, à
Lavacherie, a vendu 400 kgs. de pommes de
terre aux soldats de St-Hubert.

MM. Wuidart frères, cultivateurs à Sibret,
ravitaillent en pommes de terre, depuis octobre, la Kommandantur de cette commune par
ordre du commandant.

Isle le Pré, ferme Son.

Le prénommé avait déclaré deux hectares
de pommes de terre en mai. Le rendement a
été évalué par les Allemands à 13.500 kgs. à
l'hectare, soit 27.000 kgs., dont la totalité a
été livrée aux soldats de Bastogne, par ordre
du Commissaire civil qui a délivré les passavants nécessaires.

Le sous-officier Knospe E., employé à la
Kartoffeln Zentrale à Libramont, a expédié
des pommes de terre de Libramont à l'adresse
Jockstrasse 31, Potsdam, ainsi qu'à trois autres
adresses inconnues.

100 kgs. de pommes de terre ont été réquisitionnés le 1er- septembre par les soldats de
Bastogne chez M. Talbot Victor, fermier à
Longchamp, et n'ont pas encore été payés à
l'intéressé.

le 19 janvier 1918.

ANNEXE 4a.

TRADUCTION

Gouvernement Général
D. V. C. N.
C. 764   Bruxelles, le 30 avril 1918.

En réponse à votre lettre no. 3804 du 28 janvier et après clôture des enquêtes, nous sommes en mesure de vous communiquer ce qui
suit:

CAS No. 1. — Il est bien possible que quelques soldats en garnison à St.Hubert aient
acheté occasionnellement des pommes de terre
pour leur propre compte. Il ne peut toutefois
s'agir ici ni de grandes quantités, ni d'un ravitaillement systématique.

CAS No. 2. — Ni parmi le corps de troupe
cantonné à Libramont, ni parmi un des deux
cantonnés aux environs, il n'y a un sous-officier du nom de Knospe; un nom analogue y
est également inconnu. Il semble aussi exclu
que quelqu'un puisse expédier des pommes de
terre en Allemagne. Le Versandbüro de Libramont le conteste formellement.

CAS No. 4. — Il est inexact que le commandant de Sibret ait ordonné au fermier Wuidart
de ravitailler la Kommandantur en pommes
de terre. Dans la maison de Wuidart se trouve le Soldatenheim. Des employés du bureau
ou certaines ordonnances d'officiers qui fré-
quentent ce Soldatenheim, ont acheté de petites quantités de pommes de terre chez Wuidart, sans qu'il puisse être question de livraisons systématiques. Quoiqu'il en soit, des mesures ont été prises pour éviter la répétition
de ces achats.

CAS No. 3. — Déjà dans des communications
précédentes du C. H. N. des données erronées
ont été fournies au sujet de la propriété sous
séquestre Isle-le-Pré; les chiffres communiqués cette fois ne répondent pas non plus aux
faits. Les pommes de terre de la récolte d'Isle-
le-Pré ont été attribuées en première ligne à
deux institutions religieuses du district; en
outre des ouvriers civils belges et allemands
ont reçu de petites parties de cette récolte.

CAS No. 5. — La saisie sans payement, par
des soldats, de 100 kgs. de pommes de terre
chez le fermier S. Talbot, à Bastogne, est formellement contestée.

(s.) RIETH.

Au Comité Hispano-Néerlandais,
Bruxelles

ANNEXE 5.

No. A 4908.   Le 29 avril 1918.

*Memorandum pour la Deutsche
Vermittlungsstelle C. N.*

Le C. H. N. remercie la V. C. N. des réponses
qu'elle lui adresse au sujet de certains achats
de pommes de terre, par les troupes d'occupation, dans la province de Luxembourg.
(Lettre A—3355 du 19 décembre 1917).

La V. C. N. ne peut prendre de mauvaise
part que le C. H. N. lui rappelle que, dans sa
note, il signalait que le wagon no. 18735, venant de Marche, était chargé de pommes de
terre du pays.

Le C. H. N. se croit donc autorisé à constater que les Proviantämter perdent de vue les
garanties et s'il est intervenu c'est uniquement parce qu'il s'agissait de vivres indigènes.

En ce qui concerne les cas 8 et 9, le C. H
N. constate que la V. C. N. se base sur le fait
que les pommes de terre saisies par les troupes ne doivent pas être à la disposition des
communes. Le C. H. N. partage cette manière
de voir, mais à la condition que les pommes
de terre servent à la population civile belge et
qu'elles ne soient point consommées par les
troupes.

La V. C. N. reconnaîtra certainement, comme le C. H. N. que les garanties doivent être respectées par tout le monde. L'œuvre du ravitaillement de la Belgique serait compromis s'il n'en était pas ainsi et le C. H. N. est convaincu de ce que la V. C. N. comprend, autant que lui, l'intérêt qui s'attache au respect des garanties.

LES DIRECTEURS,

ANNEXE 5a.

TRADUCTION

Gouvernement Général
D. V. C. N.
C. 678 . Bruxelles, le 9 mai 1918.

Nous nous empressons de répondre à votre lettre A—4908 du 29 avril, que le Proviantamt de Marche n'a jamais reçu des pommes de terre indigènes : L'assertion suivant laquelle le wagon « Sachsen » en aurait contenu, est qualifiée d'inexacte.

La V. C. N. peut se déclarer complètement d'accord sur les autres explications du C. H. N. Elle croit déjà l'avoir exprimé dans sa lettre C. 678 du 20 avril par le fait qu'elle a fait prévoir la punition des coupables dans les cas 9 et 10, dans lesquels l'utilisation de certaines quantités — petites, il est vrai, — de pommes de terre par les troupes était prouvée.

(s.) RIETH.

Au Comité Hispano-Néerlandais,
Bruxelles.

ANNEXE 6.

No. A—2722. Le 22 octobre 1917.

Memorandum pour la Deutsche
Vermittlungsstelle C. N.

Le C. H. N. a l'honneur de transmettre ci-dessous à la V. C. N. copie d'un rapport concernant une réquisition d'avoine, de seigle et de farine à laquelle semble mêlé le Commandant d'Andennes (province de Namur).

Le C. H. N. serait reconnaissant à la V. C. N. de lui fournir quelques éclaircissements à cet égard et de lui indiquer les organismes belges auxquels les vivres saisis ont été remis.

Le samedi 29 septembre dernier, vers 6 heures du soir, sur la route de Sclayn à Andennes, au lieu dit Rouvroy, 2 gardes auxiliaires de la commune de Sonneville ont arrêté l'attelage du sieur Pierre Marchal, d'Andennes, et ont confisqué le chargement, soit 5 sacs d'avoine d'un poids total de 373 kgs. 500, un sac de seigle de 50 kgs., un sac de farine de 15 kgs. 500, un sac de pommes de terre de 24 kgs. 500, pour le déposer au magasin communal de Sclayn.

Sur ces entrefaites, le compagnon de Marchal étant allé prévenir le Commandant d'Andennes, celui-ci arriva en toute hâte à Sclayn, et donna ordre au bourgmestre de faire recharger le tout immédiatement, déclarant que ces vivres lui étaient destinés. Le rechargement fut opéré et à 10 heures, la voiture, accompagnée du Commandant, reprit la route d'Andennes.

Le déchargement a été opéré chez le commandant d'Andennes.

LES DIRECTEURS,

ANNEXE 6a.

Gouvernement Général
D. V. C. N.
C. 532 Bruxelles, le 21 mai 1918.

Réponse à votre lettre A 2722 du 22 octobre 1918.

Les communications contenues dans votre lettre susdite ont été reconnues exactes. En

septembre 1917, les Belges François Wilmotte et Pierre Marchal ont été surpris au transport de froment et de farine. Ils ont cherché à se décharger en prétendant que ces marchandises étaient destinées au Commandant local d'Andennes. Pour cette raison, ce dernier a été appelé. Il a saisi la marchandise et a pris des arrangements pour qu'elle soit mise à la disposition de la Commission provinciale des Récoltes à Namur. La livraison a eu lieu entretemps. Les Belges Wilmotte et Marchal ont été punis pour le transport défendu.

(s.) RIETH.

Au Comité Hispano-Néerlandais,
Bruxelles.

ANNEXE 7.

No. A—3533. Le 8 janvier 1918.

Memorandum pour la Deutsche
Vermittlungsstelle C. N.

Le Comité Hispano-Néerlandais a l'honneur de remettre sous ce pli, à la Deutsche Vermittlungsstelle C. N., une note relative aux manquements aux garanties commis dans la province de Luxembourg par les troupes d'occupation.

LES DIRECTEURS,

PROVINCE DE LUXEMBOURG
Manquements aux garanties.

Le mercredi 28 novembre dernier, des soldats sont arrivés avec un auto-camion devant l'habitation du sieur Dessoye, marchand de porcs à Longlier. Ils ont chargé 27 cochons sur leur camion et sont partis dans la direction de St. Hubert.

Le jeudi 29 novembre 1917, le sieur Blocus, de St. Hubert, qui fournit régulièrement du foin à l'occupant, a chargé deux wagons de foin à Longlier. Les véhicules sont partis vers Liège pour une destination inconnue. Le sieur Juseret, à Malenne (Neufchâteau) achète pour Blocus.

Il y a quelque temps, les gendarmes de Martilly ont saisi un cochon fraîchement tué au domicile du sieur Talbot, cultivateur à Tournay (Neufchâteau). Jusqu'à présent, cette viande n'a pas été livrée à la consommation de la population civile.

Vers la fin novembre, deux porcs, abattus sans autorisation à Liourges, l'un chez Nicolay Auguste, l'autre chez Pierret Joseph, ont été saisis par les soldats allemands et conduits à Bertrix. Ils n'ont pas été livrés à la consommation de la population civile.

Fin octobre, l'agent forestier chargé de l'exploitation des bois dans la forêt d'Aye s'est présenté chez le cultivateur Kahonvalle à Aye, accompagné d'un soldat, et y a acheté 414 kgs. de foin à 30 frs. les 100 kgs. Ce foin a été enlevé par le soldat et conduit vers l'exploitation forestière susdite.

Le nommé Selette Joseph, de Recogne, ayant tué un porc sans autorisation, s'est vu saisir la viande qui a été transportée à Libramont et n'a pas été livrée à la consommation de la population civile.

ANNEXE 7a.

TRADUCTION

Gouvernement Général
D. V. C. N.
C. 705/10. Bruxelles, le 21 mai 1918.

Réponse à votre lettre A—3533 du 8 janvier.

Les enquêtes ont donné les résultats suivants :

CAS No. 1. — Malheureusement aucun résultat.

— 194 —

CAS No. 2. — Blocus conteste formellement d'avoir chargé du foin le 29 novembre, ou à un jour similaire.

CAS No. 3. — La viande du porc, saisie par la gendarmerie de Martilly, a été vendue de la main à la main à des ouvriers belges.

CAS Nos. 4 et 5. — Il peut être communiqué que la saisie a eu lieu en raison d'abatages à domicile défendus Dans les 2 cas l'emploi de la viande n'a pas été conforme aux conventions existantes. L'autorité intéressée nous a en conséquence informé qu'elle aura soin qu'à l'avenir la viande saisie soit attribuée à la population civile.

CAS No. 6. — Il n'a plus été possible d'établir un état de choses incontestables, les troupes cantonnées à Recogne ayant été changées dans ces derniers temps.

(s.) RIETH.

Au Comité Hispano-Néerlandais,
Bruxelles.

ANNEXE 8.

No. A—4328. Le 7 mars 1918.

Memorandum pour la Deutsche Vermittlungsstelle C. N.

Le C. H. N. signale à la D. V. C. N. à titre documentaire, que vers la mi-janvier, une saisie a été opérée par l'autorité, chez le nommé Verhulst, habitant Nethen (Brabant).

3000 kgs. de produits indigènes ont été enlevés: 1700 kgs. de pommes de terre et 1300 kgs. de grains. Ces marchandises ont été conduites chez le nommé Germain, à Wavre, qui est connu dans la région comme faisant le commerce de ces marchandises.

Le C. H. N. signale également que les cinq gendarmes, caserné à Aiken (Brabant) réclament régulièrement leurs rations de sucre au magasin communal qui les leur délivre.

Les Directeurs,

ANNEXE 8a.

TRADUCTION

Gouvernement Général
D. V. C. N.
C. 871. Bruxelles, 10 mai 1918.

En réponse à votre lettre A—4328 du 7 mars, nous vous informons de ce que, le 17 janvier, il a été saisi chez le fermier Joseph Verhulst, à Nethen, 1650 kgs. de pommes de terre, 420 kgs. de froment, 145 kgs. de seigle et 90 kgs. d'avoine, qu'il avait cachés derrière une porte murée dans sa cave. Les pommes de terre saisies ont été remises à M. le Commissaire Civil à Wavre, les autres denrées à la Kommandantur locale de la même commune. Il sera décidé de l'emploi des marchandises saisies dès qu'un arrêt aura été prononcé dans l'action judiciaire en cours.

Votre information suivant laquelle une partie de ces produits a été portée chez un nommé Germain est exacte en ce sens qu'un des chargements est arrivé tard dans la soirée à Wavre et a dû être remisé passagèrement chez le susnommé pour être emmagasiné le lendemain, comme il est dit ci-dessus.

(s.) RIETH.

Au Comité Hispano-Néerlandais,
Bruxelles.

ANNEXE 9.

No. A—4651. Le 5 avril 1918.

Memorandum pour la Deutsche Vermittlungsstelle C. N.

Wagons égarés.

Le Comité Hispano-Néerlandais a l'honneur de signaler à la Deutsche Vermittlungsstelle C. N. deux nouveaux cas de disparition de wagons de marchandises appartenant au Comité Français:

1o.) Wagon S.S. 20320, contenant 205 sacs de café vert, pesant 12059 kgs, expédié le 29 décembre 1917;

2o.) Wagon Magdeburg 19506, contenant 264 sacs de café vert, pesant 15699 kgs., expédié le 7 janvier 1918.

Ces deux wagons, expédiés de Haren à Valenciennes, ne sont pas arrivés à destination; les recherches faites dans les gares de ces deux localités n'ont donné aucun résultat.

Le C. H. N. croit devoir attirer l'attention de la V. C. N. sur la fréquence des disparitions de wagons dans le trajet Haren—Valenciennes et lui serait reconnaissant de bien vouloir ouvrir une enquête à ce sujet.

Les Directeurs,

ANNEXE 9a.

TRADUCTION

Gouvernement Général
D. V. C. N.
24602. Bruxelles, le 10 mai 1918.

Nous nous empressons de répondre à votre lettre A—4651 du 5 avril, que les autorités ont réussi à arrêter les gens qui ont participé au vol au chemin de fer à Mons: des employés du chemin de fer et un préposé du C. N. Ils ont été livrés à la justice. Le résultat de l'action judiciaire sera communiqué au Comité après clôture de celle-ci; en même temps le Comité sera informé de la restitution des marchandises retrouvées.

(s.) RIETH.

Au Comité Hispano-Néerlandais,
Bruxelles.

ANNEXE 10.

No. A—5344. Bruxelles, le 4 juin 1918.

Memorandum pour la Deutsche Vermittlungsstelle C. N.

Le C. H. N. a l'honneur de transmettre, ci-joint, à la V. C. N. une lettre destinée à la Kohlenzentrale. Il la prie de bien vouloir la faire parvenir à destination.

Les Directeurs,

No. A—5344. Bruxelles, le 4 juin 1918.

A la Kohlenzentrale,
Bruxelles.

Messieurs,

Monsieur le Président du Comité Exécutif du Comité National nous a transmis une demande de M. le baron Coppée, tendant à obtenir de la part de votre organisme du sulfate d'ammoniaque au profit des ouvriers mineurs pour la culture de leurs terres.

Le C. H. N., après avoir examiné la question et pris connaissance des notes récemment échangées entre la Politische Abteilung et

Leurs Excellences les Ministres Protecteurs du Comité National, estime, après vérification des chiffres concernant les quantités de sulfate d'ammoniaque distribuées, qu'il n'est pas possible de favoriser les ouvriers mineurs, comme le propose M. le baron Coppée, avant que l'autorité compétente ait accordé à la Section agricole du Comité la libération des quantités qui reviennent à l'agriculture du pays.

À l'heure actuelle, il reste encore à fournir sur la production de 1917 et sur celle du 1er janvier 1918, 470 tonnes de sulfate d'ammoniaque.

Nous vous présentons, Messieurs, l'assurance de notre considération distinguée.

LES DIRECTEURS,

ANNEXE 11.

ARRÊTÉS ET AVIS ALLEMANDS.

Disposition réglementaires du 21 février 1918, concernant la saisie de l'orge, de l'escourgeon, de l'avoine, des pommes de terre hâtives et tardives, du tabac et de la chicorée de la récolte de 1918.

En exécution de l'arrêté du 21 février 1918, concernant la saisie de l'orge, de l'escourgeon, de l'avoine, des pommes de terre hâtives et tardives, etc. de la récolte de 1918, j'arrête ce qui suit, relativement aux pommes de terre hâtives :

Art. 1er. — La « Kartoffelversorgungsstelle der Verwaltungschefs für Flandern und Wallonien » (Bureau de répartition des pommes de terre près les chefs de l'administration civile de la Flandre et de la Wallonie) à Bruxelles, est la seule autorité ayant droit d'acheter des pommes de terre hâtives.

Dans le territoire des communes énumérées dans la liste ci-après, l'achat et le transport sont réservés au « Verladerbureau beim Zivilkommissar » (Bureau de chargement près le Commissaire civil) à Mechelen ; en dehors de ce territoire, l'achat se fera par l'intermédiaire des commissaires civils compétents et de leurs mandataires.

La « Kartoffelversorgungsstelle » est autorisée à allouer, outre le prix d'achat fixé, une prime en cas de prompte livraison de pommes de terre hâtives. Les commissaires civils compétents sont autorisés à fixer au-dessous de 25 frs. les 100 kgs. le prix des pommes de terre hâtives qui n'auraient pas été livrées dans les délais déterminés.

Art. 2. — Le « Kartoffelversorgungsstelle » est autorisée à fixer la date à partir de laquelle la récolte des pommes de terre hâtives sera permise ; avant cette date, les pommes de terre ne doivent pas être enlevées des champs, fût-ce même en vue de subvenir aux besoins personnels des producteurs.

Art. 3. — Le Commissaire civil compétent détermine, conformément à l'article 3 de l'arrêté du 21 février 1918, les quantités à livrer. Les présidents de l'administration civile (Präsidenten der Zivilverwaltung) sont autorisés à transférer aux commissaires civils les attributions à eux conférées par le paragraphe 4 du dit arrêté.

Art. 4. — Les pommes de terre hâtives ne peuvent être transportées qu'à la condition d'être accompagnées des documents requis pour le transport ; quiconque transporte des pommes de terre hâtives doit être nanti des dits documents.

L'autorisation sera accordée :

1) Par la « Kartoffelversorgungsstelle » exclusivement, pour les transports de pommes de terre hâtives, soit par chemin de fer ordinaire ou vicinal, soit par bateau, d'un arrondissement à un autre ;

2) par le Commissaire civil à Mechelen, exclusivement, pour les transports à effectuer dans le territoire des communes énumérées dans la liste ci-après et, en dehors de ce territoire, par le Commissaire civil compétent.

Art. 5. — Quiconque aura enfreint les prescriptions du présent arrêté sera puni, conformément au paragraphe 7 de l'arrêté du 21 février 1916, d'une amende pouvant atteindre 20.000 Mk. ou d'un emprisonnement de 5 ans au plus. Outre la peine, on prononcera la confiscation des choses qui auront formé l'objet de l'infraction ou servi à transporter illicitement les produits agricoles saisis.

Si l'infraction a été commise dans l'intention de réaliser un gain illicite, la peine encourue sera un emprisonnement d'une semaine au minimum ou une amende s'élevant au moins au décuple des prix résultant du paragraphe 2 et qui, en aucun cas, ne pourra être inférieure à 25 Mk.

Bruxelles, le 17 avril 1918.

De Verwaltungschef für Flandern,
SCHAIBLE.

Liste des communes relevant du « Verladerbureau beim Zivilkommissar » (Bureau de chargement près le Commissaire civil), à Mechelen, chargé de régler l'utilisation économique des pommes de terre hâtives.

Arrondissement de Mechelen : toutes les communes de l'arrondissement.

Arrondissement d'Antwerpen : Broekhem, Emblehem, Kontich, Linth, Massenhoven, Pulderbosch, Pulle, Ranst, Reef, Rumst, Terhagen, Viersel, Waarloos, Zandhoven.

Arrondissement de Turnhout : Bouwel, Goel, Gierle, Grobbendonck, Herenthals, Herenthout, Herselt, Houtvenne, Hulshout, Morkhoven, Noorderwyk, Oevel, Olen, Poederlee, Ramsel, Sint-Pieters-Lille, Tielen, Tongerloo, Varendonck, Voerle, Vorselaar, Vorst, Wechelderzande, Westerloo, Westmeerbeek, Zoerle-Parwys.

Arrondissment de Brussel-Campagne : Humbeek, Kapellen-op-den-Bosch, Londerzeel, Malderen, Mulzen, Nieuwenrode, Ramsdonck, Steenhuffel.

Arrondissement de Leuven : Baal, Begynendyk, Boortmeerbeek, Haacht, Keerbergen, Tildonck, Tremeloo, Werchter, Wespelaar.

ANNEXE 12.

Arrêté concernant la saisie de l'orge, de l'escourgeon, de l'avoine, des pommes de terre hâtives et tardives, du tabac et de la chicorée de la récolte de 1918.

J'arrête ce qui suit pour la région administrative wallonne :

1. — Sont saisis : l'orge et l'escourgeon, l'avoine, les pommes de terre hâtives et tardives, le tabac et la chicorée provenant de la récolte de 1918.

En ce qui concerne les betteraves sucrières, les dispositions appliquées jusqu'à présent restent en vigueur. Le blé, (seigle, froment, épeautre) donnera lieu à des dispositions qui seront édictées ultérieurement.

2. — Certaines quantités (3) des produits énumérés au 1er alinéa du paragraphe 1 doivent être cédées à des autorités qui seules sont autorisées à acheter. Ces autorités paieront ces prix suivants :

	les 100 kgs.
Pour l'orge et l'escourgeon	frs. 46
Pour les pommes de terre hâtives	» 25
Pour les pommes de terre tardives	» 25
Pour l'avoine	» 40
Pour la chicorée	» 8

Pour le tabac (selon la qualité) 200 à 400 frs. les 100 kgs. plus une prime pouvant aller jusqu'à 100 frs. les 100 kgs. pour les produits particulièrement bien soignés.

Le chef de l'administration civile (Verwaltungschef) de la Wallonie a le droit d'établir des prix moins élevés pour les produits qui n'auraient pas été livrés dans un délai déterminé.

3. — La quantité qui, pour chacun des produits énumérés au 1er alinéa du paragraphe 1, doit être livrée par chaque commune, est déterminée par les autorités auxquelles mandat est donné à cette fin.

Cette détermination tiendra compte, d'une part de la superficie cultivée et d'autre part d'un rendement à fixer par hectare pour chacun des dits produits; en outre, il se fera d'une manière que les agriculteurs conservent la libre disposition d'une partie des produits récoltés par eux. A cet effet, on se basera pour les pommes de terre, l'orge et l'avoine, sur les superficies cultivées qui sont dans la statistique belge de 1910, mais on les diminuera de 25 %; pour la chicorée on se basera sur les superficies cultivées en 1916. Chaque commune a le droit de répartir les quantités à livrer par elle entre les agriculteurs cultivant des terres dans son territoire.

Si les agriculteurs réclament contre la livraison qui leur est imposée, c'est le Commissaire civil (Zivilkommissar) qui décidera, autant que possible, après avoir entendu des experts belges. Après s'être acquittés des livraisons obligatoires, les agriculteurs auront le droit de disposer librement des produits qui leur resteront et de les céder conformément à des dispositions qui seront édictées ultérieurement (paragraphe 6), par les voies du commerce libre et sans être liés par les prix fixés au paragraphe 2.

4. — Les présidents de l'administration civile (Präsidenten der Zivilverwaltung) ont le droit d'infliger aux communes, soit aux agriculteurs qui n'auront pas fait la livraison prescrite ou l'auront effectuée trop tard, une amende de 1 à 10 Mk. par kilo des quantités dont la livraison aura été faite en retard ou n'aura pas eu lieu, et de prononcer, comme peine subsidiaire ou supplémentaire, l'expropriation de plantes légumineuses ou d'autres produits cultivés par les dits agriculteurs. L'expropriation se fera à des prix raisonnables, au profit de la population civile belge, mais ne pourra pas avoir lieu quand et tant que l'agriculteur aura besoin de ces produits pour lui-même et pour son exploitation. Les produits qui n'auront pas été livrés avant l'expiration d'un délai déterminé ou qui auront été tenus cachés illicitement, pourront être confisqués sans indemnité, au profit de la population civile belge, par les présidents de l'administration civile.

5. — Les présidents de l'administration civile ont le droit d'autoriser les communes, à la demande de celles-ci, soit à affermer, soit à cultiver pour leur compte les champs laissés en friche par les propriétaires et les fermiers.

6. — Le chef de l'administration civile de la Wallonie est chargé de l'exécution du présent arrêté. Il a le droit d'édicter des dispositions réglementaires et de prendre toutes mesures nécessaires pour assurer son application et la réglementation du trafic des produits saisis.

Il a le droit de réunir plusieurs communes en vue de constituer des groupes de livraison qui, conformément au pragraphe 3, se substitueraient aux simples communes, en ce qui concerne leur obligation de livrer. En outre, ils pourront autoriser les présidents de l'administration civile à transférer à d'autres autorités les attributions à eux conférées par les paragraphes 3 à 5.

7. — Quiconque aura enfreint les prescriptions du présent arrêté ou les dispositions et mesures destinées à assurer son exécution (paragraphe 6) sera puni d'une amende pouvant atteindre 20.000 Mk. ou d'un emprisonnement de 5 ans au plus. Les deux peines pourront aussi être réunies. La tentative est punissable. Outre la peine, on devra prononcer la saisie des choses qui auront formé l'objet de l'infraction ou servi à transporter illicitement les produits saisis.

Si l'infraction a été commise dans l'intention de réaliser un gain illicite, la peine encourue sera soit un emprisonnement d'une semaine au minimum, soit une amende s'élevant au moins au décuple des prix résultant du paragraphe 2 et qui, en aucun cas, ne pour-

ra être inférieure à 25 Mk. Les tribunaux et commandants militaires connaîtront de ces infractions.

Bruxelles, le 21 février 1918.

De Generalgouverneur in Belgien,
Freiherr von Falkenhausen.

ANNEXE 13.

Arrêté en date du 25 avril 1918 concernant l'utilisation économique du beurre et du lait.

J'arrête ce qui suit pour la région administrative wallonne. (1)

Article 1.

Les communes sont tenues de livrer aux endroits qui seront désignés à cette fin (art. 3) et aux prix fixés (art. 4) le beurre ou le lait produit dans leur territoire; les quantités à livrer seront déterminées par les autorités compétentes (art. 2).

Article 2.

Le Commissaire civil (Zivilkommissar) est chargé de fixer en se basant sur la quantité maximum déterminée chaque mois par le chef de l'administration civile (Verwaltungschef) les quantités à livrer par les diverses communes; il tiendra compte dans ce calcul du nombre de vaches laitières existant dans la commune ainsi que de la saison et des autres circonstances importantes au point de vue économique. Si une commune réclame au sujet de la quantité dont la livraison lui est imposée, le chef de l'administration civile ou l'autorité chargée par lui décidera définitivement.

Sous la surveillance du Commissaire civil compétent, chaque commune répartit la livraison à elle imposée par le 1er alinéa, entre les personnes qui possèdent des vaches laitières dans la commune.

Quiconque possède une vache laitière est tenu d'effectuer la livraison à lui imposée de ce chef.

Article 3.

Conformément aux instructions générales données par le chef de l'administration civile, et d'un commun accord avec le Commissaire de la Fédération Nationale des Producteurs et marchands de beurre (Staatskommissar) des Belgischen Buttervertriebsverbanden), le Commissaire civil détermine dans quelle mesure et à quels endroits le lait ou le beurre doit être livré. Il règle aussi les conditions dans lesquelles le lait non écrémé ait été livré pour autant que le lait non écrémé ait été livré pour être transformé en beurre.

Article 4.

Le chef de l'administration civile fixe les prix de livraison du beurre et du lait.

Article 5.

Sous réserve des dispositions de l'article 6, les producteurs peuvent disposer librement du lait et du beurre qui leur reste après livraison des quantités prescrites.

Article 6.

La fabrication industrielle de fromage au moyen de lait écrémé n'est permise qu'avec l'autorisation du Commissaire civil. Cette autorisation peut être subordonnée à certaines conditions et à certaines prestations. Le Commissaire civil peut permettre de mélanger du lait non écrémé, en vue de la fabrication du fromage. Dans tous les autres cas, la fabrication industrielle de fromage au moyen de lait non écrémé est interdite.

Les laiteries et les fromageries qui auront soit enfreint les dispositions du présent arrêté ou bien celles des arrêtés ou instructions destinés à assurer son exécution, soit exploité le

_____

(1) Même arrêté pour la région flamande.

public, soit, de toute autre manière, agi contrairement à l'intérêt du public, pourront, par décision du chef de l'administration civile, être fermées ou placées sous surveillance ou séquestre. En cas de mise sous séquestre, l'entreprise sera gérée par un séquestre pour compte du propriétaire.

Article 7.

Pour autant que le chef de l'administration civile ne prenne pas d'autres dispositions à cet égard, l'achat et la vente du beurre et du lait se feront par la Fédération Nationale des Unions Professionnelles des Marchands et Producteurs de Beurre (Belgischer Buttervertriebsverband) qui, ainsi que les Unions Professionnelles provinciales des Marchands et Producteurs y affiliées, continue à exercer ses fonctions conformément à l'article 1er de l'arrêté du 26 juillet 1916 concernant la réglementation du commerce du beurre. Le Commissaire de la dite Fédération Nationale (Staatskommissar des Buttervertriebsverbandes) dispose du beurre et du lait qu'il fait distribuer, ainsi qu'il convient, à la population civile. Il est chargé de surveiller toutes les opérations de la Fédération Nationale et des Unions Professionnelles y affiliées ; il décide aussi de la constitution et de l'utilisation d'une réserve de beurre.

Les mandataires du commissaire de la Fédération Nationale ont le droit de pénétrer dans les locaux où l'on fabrique, conserve ou met en vente des produits de l'industrie laitière, et d'y procéder à des inspections ; ils ont aussi le droit de prendre connaissance des livres de commerce, factures et autres papiers d'un usage courant dans les relations commerciales, ainsi que de faire toutes les constatations nécessaires pour contrôler la production du lait dans les communes et chez les divers cultivateurs.

Article 8.

Les présidents de l'administration civile (Präsidenten der Zivilverwaltung) ont le droit d'infliger aux communes ou bien aux producteurs de beurre ou de lait qui n'effectuent pas ou pas à temps les livraisons à eux imposées, conformément aux articles 1er et 2, une amende pouvant aller jusqu'à 100 frs. par kg. de beurre et 3 frs. par litre de lait livrés en retard ou dont la livraison n'a pas eu lieu. Le recouvrement de l'amende se fera par voie administrative. Le chef de l'administration civile mettra les fonds ainsi prélevés à la disposition d'œuvres de bienfaisance.

Le beurre et le lait qui n'auront pas été livrés dans le délai fixé pourront être confisqués sans indemnité par le président de l'administration civile.

Article 9.

Le chef de l'administration civile de la Wallonie est chargé de l'exécution du présent arrêté. Il a le droit de publier les dispositions réglementaires et de prendre toutes les mesures nécessaires à son application.

Il a le droit de réunir plusieurs communes en vue de constituer des groupes de livraison qui, conformément à l'art. 3, se substitueraient aux simples communes, en ce qui concerne leur obligation de livrer; en outre, il pourra autoriser les présidents de l'administration civile à transférer à d'autres autorités les attributions à eux par l'art. 8.

Article 10.

Le chef de l'administration civile peut décider si, et le cas échéant, dans quelle mesure le transport du beurre sera placé sous contrôle, notamment soumis à l'obligation d'un permis de transport.

Article 11.

Quiconque aura enfreint les prescriptions du présent arrêté ou les dispositions et mesures destinées à assurer son exécution, quiconque n'aura pas tenu compte des conditions et prestations fixées conformément à l'art. 6, quiconque, notamment, se sera soustrait ou aura tenté de se soustraire à l'obligation de livrer à lui imposée et, à cette fin, aura fait de fausses déclarations aux autorités allemandes ou aux mandataires du commissaire de la Fédération Nationale des Unions Professionnelles des Marchands et Producteurs de Beurre, ou bien, quiconque aura enfreint les instructions données conformément à l'art. 10, sera puni d'une amende pouvant atteindre 20.000 Mk. ou d'un emprisonnement de 5 ans au plus. Les deux peines pourront aussi être réunies. Outre la peine, on prononcera la confiscation des choses qui auront formé l'objet de l'infraction ou auront servi à transporter illicitement du lait ou du beurre saisi.

Le beurre et le lait confisqués seront mis à la disposition de la population civile belge par le commissaire de la Fédération Nationale.

Si l'infraction a été commise dans l'intention de réaliser un gain illicite, la peine encourue sera d'un emprisonnement d'une semaine au minimum ou d'une amende s'élevant au moins au décuple des prix fixés, sans être jamais inférieure à 25 Mk. Les tribunaux et commandants militaires connaîtront des infractions.

Article 12.

Les arrêtés des 26 juillet et 22 août 1916, concernant la réglementation du commerce du beurre, et leurs modifications des 18 et 23 octobre 1916 restent abrogés en tant qu'ils ne restent pas en vigueur conformément à l'article 9. Pour les infractions déjà commises, on appliquera les anciennes dispositions.

Article 13.

Le présent arrêté entrera en vigueur le 15 mai 1918.

Bruxelles, le 25 avril 1918.

Der Generalgouverneur in Belgien,
Freiherr von Falkenhausen
Generaloberst.

ANNEXE 14.

ARRÊTE

concernant la perception d'un droit spécial sur les sucres, sirops de betteraves et mélasse.

Article 1.

1. — Pour la levée de saisie des sucres, il sera perçu, outre les droits fixés par l'arrêté du 1er février 1917 (Bull. off. des lois et arr. pour le territoire belge occupé, p. 3257) un droit spécial se montant,

a) par 100 kgs. soit de sucre destiné à la fabrication du sucre interverti ou du miel artificiel, soit de sirop de betteraves (même mélangé avec de la gelée de fruits), soit de mélasse, à 50 frs.

b) par 100 kgs. soit de sucre destiné à la fabrication industrielle des conserves de légumes, conserves de viande, confitures, marmelades, gelées de fruits, lait condensé et farine lactée, soit de sucre devant servir, après dénaturation à l'alimentation des abeilles, à 100 frs.

c) par 100 kgs. de sucre destiné aux ménages ou aux pharmacies, à 150 frs.

d) par 100 kgs. de sucre destiné à la fabrication industrielle des chocolats, pains d'épices, liqueurs, sirops de fruits, cidres, limonades, bières et bonbons de toute espèce (voir aussi l'article 2 de l'arrêté du 1er février 1917, bull. off. des lois et arr., page 3257). à 150 frs.

2. — Les taxes prévues à l'article 1er, 3me alinéa de l'arrêté du 18 juillet 1916 (bull. off. des lois et arr., pour le territoire belge occupé, p. 2451) et destinées à couvrir les frais de la « Zuckerverteilungsstelle der Verwaltungschefs für Flandern und Wallonien » (Bureau de répartition des sucres des chefs de l'administration civile de la Flandre et de la Wallonie) sont supprimées.

Article 2.

1. — Le droit doit être acquitté à la «Zuckerverteilungsstelle der Verwaltungschef für Flandern und Wallonien» par le fabricant chargé de la livraison; la «Zuckerverteilungsstelle» versera les montants ainsi reçus à la «Zentralkasse der Finanzabteilung» bei dem Generalgouverneur».

2. — Les recettes obtenues de la sorte contribueront de la manière à déterminer par le chef de la section des Finances près le Gouverneur Général (Leiter der Finanzabteilung bei dem Generalgouverneur), à couvrir les frais de l'administration du territoire belge occupé; sur ces recettes, il ne sera pas prélevé de part en faveur des fonds communaux créés par la loi du 18 juillet 1860.

Article 3.

1. — Les sucres mélasse, sirops de betteraves, ainsi que les produits en provenant dont la saisie aura déjà été levée par la «Zuckerverteilungsstelle der Verwaltungschefs für Flandern und Wallonien» lors de l'entrée en vigueur du présent arrêté, mais qui n'auront pas été livrés à la consommation avant le 1er juillet 1918, seront soumis ultérieurement au droit spécial fixé au 1er alinéa de l'article 1er.

2. — Ces quantités devront être déclarées par leurs détenteurs à la «Zuckerverteilungsstelle der Verwaltungschefs für Flandern und Wallonien», au plus tard le 10 juillet 1918, par lettre recommandée.

Article 4.

Le chef de la section des Finances près le Gouverneur général, de commun accord avec les chefs de l'administration civile (Verwaltungschef) de la Flandre et de la Wallonie, décrètera les dispositions réglementaires nécessaires pour l'exécution du présent arrêté.

Article 5.

1. — Quiconque aura fraudé ou tenté de frauder les droits à acquitter conformément à l'article 1 sera puni d'un emprisonnement de 2 ans au plus ou d'une amende pouvant atteindre 200,000 Mk., soit des deux peines réunies, abstraction faite, s'il y a lieu, de l'application d'autres peines. En outre, le droit spécial à acquitter pour les sucres dont le droit aura été fraudé, sera calculé d'après le taux le plus élevé prévu à l'article 1er.

2. — Sera considéré notamment comme fraude du droit spécial, le fait d'avoir employé le sucre dans un but motivant la perception d'un droit plus élevé que le droit acquitté.

3. — Dans tous les cas, on pourra prononcer la confiscation des marchandises qui auront formé l'objet de l'infraction.

Article 6.

Les tribunaux et autorités militaires allemandes connaîtront les infractions au présent arrêté.

Brussel, le 25 avril 1918.

Der Generalgouverneur in Belgien,
Freiherr von Falkenhausen
Generaloberst.

ANNEXE 15.

TRADUCTION

Gouvernement Général
D. V. C. N.
25500   Bruxelles, le 31 mai 1918.

Il est remis ci-joint au G. H. N. copie d'une lettre adressée à la C. R. B. et relative à l'importation d'objets d'habillement.

Par ordre,
(s.) SCHRAMM.

Au Comité Hispano-Néerlandais,
Bruxelles.

TRADUCTION

D. V. C. N.   30 mai 1918.

Nous référant au télégramme de la C. R. B. à Rotterdam, à la C. R. B. à Bruxelles, relatif à l'importation de vêtements dans les territoires occupés, ainsi que dans ceux de l'étape et des operations, nous nous permettons de faire remarquer que son contenu ne nous est pas compréhensible.

Il semble que M. Poland, à Londres, a mal compris le sens des négociations qui ont eu lieu ici.

Afin d'exposer encore une fois les détails des négociations antérieures, la V. C. N. désire établir ce qui suit:

D'abord le télégramme donne l'impression que M. Poland n'a pas remarqué que, relativement aux objets d'habillement importés par le C. N., il a été donné en son temps une garantie d'exemption de réquisition, qui a été communiquée au Ministre du roi d'Espagne par lettre de Mr. le Verwaltungschef en date du 12 décembre 1914. Cette garantie est toujours en vigueur et n'est pas entamée par les négociations actuellement en cours.

Il s'ensuit que la question posée en son temps aux habitants de Mons, qui a donné lieu aux négociations actuelles, n'a aucunement été ordonnée avec l'intention d'envoyer des vêtements en Allemagne ou à l'armée, mais uniquement afin de rendre possible un nivellement parmi la population belge, c'est à dire de prendre des vêtements parmi les classes de la population où règne le superflu, pour les remettre à celles où un manque absolu l'exige.

L'esprit des négociations avec es autorités militaires qui ont précédé la remise des déclarations dont vous avez connaissance, a donc également été compris ici en ce sens qu'il n'existe aucune intention de réquisitionner des vêtements si le C. N. est en situation de fournir à la population des vêtements dans une mesure suffisante et s'il le fait effectivement. Tant que tel est le cas, il n'existe à notre avis aucun motif pour que l'autorité militaire entreprenne la répartition susmentionnée. Toutefois, si le C. N. n'était plus en mesure d'assurer cette fourniture, les autorités militaires seraient naturellement obligées de prendre elles-mêmes en mains le règlement de la question et de prendre des mesures en conséquence. Pour ce dernier cas, qui va de soi, il a cependant été donné, d'une façon bienveillante, l'assurance qu'une réquisition n'aurait lieu qu'après dénonciation préalable de 3 mois de la concession faite.

Il semble y avoir un autre malentendu dans le fait que Mr. Poland désire voir étendre la garantie aux chaussures.

Dans la déclaration de Mr. le Gouverneur Général, respectivement celle de la Direction Supérieure de l'Armée, il a été accordé exemption de réquisition pour «objets d'habillement», expression qui comprend naturellement aussi les chaussures.

Après ces explications, la V. C. N. est vou vaincue qu'il sera facile à la C. R. B. de rectifier la conception évidemment erronée de Mr. Poland au sujet de ces questions et de lui exposer que le résultat de nos négociations d'ici est complètement d'accord avec les principes de l'Œuvre du Relief et avec les conventions générales existantes. A notre avis il n'y a donc aucune raison pour les Gouvernements alliés de priver plus longtemps la population civile d'ici, de l'importation si nécessaire d'objets d'habillement.

A la Commission for Relief
in Belgium,
Bruxelles.

Rapport au 1ᵉʳ juillet 1918

Nous vous avons informés déjà par correspondance spéciale (voir notre lettre du 11 mars no. A-4350-51) de la situation menaçante que prenaient vis-à-vis du Comité National les journaux, organismes et groupements affiliés au parti activiste flamand qui trouvent aide et protection auprès du « Conseil des Flandres » dont ils ne sont du reste que des créations voulues.

Vous vous souviendrez qu'à ce sujet les Ministres Protecteurs ont engagé avec le Département Politique un échange de vues qui a abouti à la réponse reproduite ci-après (annexe I) de M. le baron von der Lancken. Nous avons suggéré à MM. les Ministres qu'il soit répondu à ce mémorandum suivant l'annexe 2.

Ces faits ne présenteraient aucun caractère de gravité pour le Comité National ni pour le ravitaillement du pays s'ils ne paraissaient faire partie d'un programme politique bien déterminé du Gouvernement d'occupation.

Avec l'appui occulte de ce dernier la Société Volksopbeuring a pris récemment un essor tel que nous nous voyons forcés d'en retracer ici le but, les origines et le développement :

Fondée à Courtrai par l'activiste flamand Doussy, Volksopbeuring eut successivement des filiales à Gand, Anvers, Malines, Lierre, Vilvorde, etc......

D'après les circulaires qu'il commence à répandre un peu partout dans la partie flamande du pays, le Volksopbeuring est une société flamande qui poursuit un double but :

1o) l'adoucissement de la détresse matérielle de ses membres en faisant le commerce en vue de se procurer toutes sortes de denrées à bon marché :

2o) l'adoucissement de la détresse morale de la population en général et de misères matérielles déterminées, par l'instauration d'œuvres de charité spéciales.

De plus, toujours d'après les dites circulaires, la société s'abstient de toute immixtion dans la lutte flamande ou dans les différends politiques.

Elle comprend deux sections : une section commerce et une section bienfaisance.

La première procure à ses membres ou tâche de leur procurer du savon, des flocons d'avoine, du tabac, du cuir, du cirage, du carbure, des engrais, de la laine à tricoter.

La seconde section comprend plusieurs subdivisions :

a) « Soldatentroost », qui envoie des paquets, des livres, des musiques, etc., aux soldats prisonniers de guerre en Allemagne.

Cette section écrit également des lettres pour les illettrés et se charge de renseignements à prendre concernant les militaires belges.

b) Secours sous toutes ses formes aux orphelins de la guerre et mutilés ;

c) Œuvre du vêtement ;

d) Secours discrets aux pauvres honteux ;

e) Education populaire par voie de cours et de conférences.

La société émet des actions à 25 frs, rémunérées dans la mesure du possible, à raison de 6 % l'an. Outre les actionnaires, elle comprend des membres privilégiés à 50 frs. et plus, des membres protecteurs à 10 frs. et des membres ordinaires à 5 frs., 2.50 frs. et 1.25 fr.

Au début son action fut pour ainsi dire nulle ; elle parvint à procurer des allumettes à ses membres et à envoyer aux prisonniers de guerre belges en Allemagne quelques caissettes et beaucoup de livres de propagande flamingante.

Grâce à l'appui non déguisé que le pouvoir occupant accorde aux activistes et aussi peut-être grâce à l'aide matérielle allouée par le Comité protecteur néerlandais, dont les flamingants se réclament mais dont presque tous les membres auraient actuellement donné leur démission, « Volksopbeuring » a pu se développer et émettre la prétention de créer une organisation calquée sur celle du Comité National.

Le siège principal se trouve à Bruxelles, sous la direction du sieur Angermille, ci-devant administrateur à Anvers. De ce Comité Central dépendent 4 comités provinciaux subdivisés en Comités régionaux et locaux.

Pour le moment, les dirigeants mettent à leur actif des secours discrets et l'envoi de milliers de caissettes et de dix-milliers de livres aux prisonniers en Allemagne. Ils se glorifient aussi d'avoir, à Anvers, fait rentrer dans leurs foyers des chômeurs déportés et d'avoir réalisé, sans l'appui de l'administration communale une exposition d'objets fabriqués par des prisonniers belges en Allemagne.

Dans l'arrondissement d'Anvers, l'organisation de «Volksopbeuring» est cependant encore embryonnaire. Il n'est signalé qu'une commune (celle de Bornhem) où cette société serait chargée de la distribution du sucre, miel artificiel, confitures, etc. Il n'existe même, paraît-il, encore aucun comité local, sauf à Anvers même (lequel est dirigé par un nommé De Smet). Ici, la société semble prendre de l'extension. Le dimanche, 16 juin, les activistes ont inauguré le nouveau local du «Volksopbeuring», installé dans la maison désignée sous la dénomination de «Pater Noster» et sise Grand'Place, no. 50. Auparavant, le siège de la société était établi dans un petit local Rempart Ste Catherine. Le bruit court à Anvers que bientôt l'on n'obtiendra plus de sucre si l'on n'est pas affilié au «Volksopbeuring». On prétend que jusqu'à maintenant les actionnaires ont pu obtenir un kilogr. de gruau d'avoine et un kilogr. de gruau d'orge par mois, tandis que la ration des membres ordinaires était fixée à la moitié de ces quantités.

A Turnhout, le «Volksopbeuring» est installé rue d'Hérenthals, 57. Il est dirigé par des activistes bien connus : Président, le docteur Vogels ; Secrétaire : Borgmans, ancien employé de la Banque de Turnhout, et Jacobs, ex-employé de la Banque Nationale, lequel, dans les réunions publiques, développe des théories bolchevistes. La société procure à ses membres du gruau d'avoine à 1.25 Mk. le kg., du tabac, du cuir pour semelles, du fil à coudre, des sabots, etc...

A la fenêtre du local est exposé un tableau indiquant les diverses branches d'activité de la société, à savoir :

1. Kinder- en zuigelingsbescherming (protection de l'enfance et des nourrissons).

2. Volkskleeding—Volksvoeding (vêtements et alimentation populaires).

3. Voorschotskas en hulpbank (caisse d'avances et de prêts).

4. De stille hulp (le secours discret).

5. Werk van het Schoeisel (œuvre de la chaussure).

6. Hulp voor oorlogsverminkten (aide aux mutilés de la guerre).

7. Oorlogsschade (dégâts de la guerre).

8. Oorlogswezen (Orphelins de la guerre).

9. Volksontwikkeling (éducation populaire).

10. Inlichtingen (renseignements).

1. Verzoekschriften (petitions).

Ceux qui désirent se faire inscrire, sont priés d'apporter leur *carte de ménage* et leur *livret de mariage*.

D'organisations locales, il y en a aussi dans l'arrondissement de Turnhout, à Grobbendonck, à Hérenthout, à Vosselaer et à West meerbeeck. Mais les intéressés se remuent beaucoup et, après avoir, comme à Anvers, accrédité le bruit que, pour avoir du sucre il faudra bientôt être affilié à leur œuvre, ils ont fait démarches sur démarches pour obtenir le monopole de la distribution de tous les vivres centralisés. La société vient de prendre en location un vaste local situé en face de celui du Comité National.

C'est dans l'arrondissement de Malines que «Volksopbeuring» atteint son plus grand développement, tout au moins, dans la province d'Anvers.

Au début, son action s'est bornée comme ailleurs, à procurer des allumettes à ses membres et à créer une masse d'ennuis à l'œuvre des prisonniers de guerre en Allemagne. Son siège était situé dans un tout petit local de la rue Notre-Dame, no. 18, à Malines. La société était dirigée par le Député activiste flamingant Peters-Populeuse et un certain Genet, agréé aux chemins de fer de l'Etat Belge.

Depuis quelque temps, elle délivre à ses membres du gruau d'avoine, du savon, du tabac, du cuir pour semelles, etc. et on a pu constater, d'après les numéros des cartes d'inscription, que le nombre des membres atteignait environ 1.400. Comme cotisation, on a d'abord payé 1 franc et actuellement on paie 5 francs. Le local a été transféré Augusteynenstraat, no. 20/22 et les dirigeants actuels sont :

Delvaen, directeur pour l'arrondissement de Malines.

Avant la guerre, l'intéressé faisait les fonctions de receveur des contributions à Wavre-Notre-Dame. Il avait été nommé chef de division au Ministère flamingant des Beaux-Arts au traitement de 7000 frs. Il vient de donner sa démission, son nouveau poste comportant un traitement de 10.000 frs.

Van Hoorenbeeck, pharmacien, Adeghemstraat, sous-directeur au traitement de 6000 frs.

Van Hilst, pharmacien, administrateur.

Van Renterghem, actuellement préfet des études à l'Athénée royal, administrateur.

De Heet, instituteur, Commissaire.

Telle est la composition du Conseil d'Administration pour l'arrondissement de Malines.

Le Directeur pour la Ville de Malines, est un certain Beullens Léopold, représentant de commerce de l'Ebénisterie Malinoise.

Dans la plupart des communes de l'arrondissement, il y a une organisation locale du «Volksopbeuring». A Puers, il y a même un Comité Régional ainsi qu'on peut le voir par la lecture de la circulaire distribuée.

A partir du mois de juillet prochain, toutes les administrations communales seront désaisies de la distribution du *sucre*, du *miel artificiel*, des *confitures*, etc. et cette répartition sera confiée au «Volksopbeuring».

Cette décision résulte à toute évidence d'une lettre adressée par le Commissaire civil de Malines à la Ville de Malines, ainsi que de la correspondance échangée entre le Commissaire Civil de Malines et les communes de St-Amand et de Mariakerke. Il s'agit d'une organisation nouvelle pour tout l'arrondissement et toutes les protestations que la Ville de Malines a adressées, tant au Commissaire Civil qu'au président du Gouvernement Civil à Anvers, sont restées vaines ; la mesure prise doit servir les intérêts de la politique allemande et ne souffre aucune exception.

Les administrations doivent néanmoins constituer le fonds de garantie pour la fourniture du sucre, qui sera distribué par un organisme sur lequel elles n'auront plus le moindre contrôle.

A notre connaissance les administrations communales de Lierre et de Malines refusent catégoriquement de se prêter à cette mesure.

A Anvers les Magasins Communaux ont été récemment forcés de renoncer aux distributions d'allumettes dont «Volksopbeuring» a obtenu le monopole de vente.

Nous avons mentionné dans notre rapport précédent la situation privilégiée du «Volksopbeuring» à Willebroeck ; on cite de nombreux cas du même genre.

A Vilvorde l'œuvre affiliée est installée 21, Boulevard Hanssens. Elle compte comme principaux organisateurs :

Walkiers, architecte au Chemin de fer de l'Etat, demeurant Boulevard Campion, 23, Vilvorde.

Van den Berghe, Guillaume, chef de bureau à la Poste Centrale de Bruxelles, rue de l'Harmonie, 41, Vilvorde.

Hanssel, brodeur, demeurant rue Roger de Grimberghe, Vilvorde.

Nielens, Pierre, employé, demeurant Boulevard Hanssens, 23, Vilvorde.

Laffean, employé, rue Léopold,20, Vilvorde.

D'après le règlement de cet organisme, la délivrance de denrées alimentaires est subordonnée à l'adhésion par écrit au mouvement flamingant.

A Hasselt, «Volksopbeuring» est installé dans une maison de la rue Neuve, à proximité de la Grand'Place. Cette maison porte une enseigne libellée comme suit :

«.Volskopbeuring »

Soldatentroost.
Warenbezorging. Stille hulp.
Paketten voor Krijgsgevangenen.
Inlichtingen.
Ontwikkelingswerk.

L'activité de ce comité local est insignifiante. La société compte à peine une centaine de membres et, jusqu'à présent, elle ne leur a procuré que du tabac, du savon, du carbure, et un peu de gruau d'avoine. Elle s'attache surtout à procurer des faveurs aux soldats prisonniers en Allemagne.

A Maeseyck, la situation de «Volksopbeuring» n'est pas plus brillante qu'à Hasselt. Il est installé dans la Maison d'un certain Geyens, rue de l'Eglise, et son action est pour ainsi dire nulle. Toutefois, les activistes y disposent de l'appui du Kreischef.

A St. Trond, «Volksopbeuring» est dirigé par un employé des accises, un certain J. Hawinkel. Il est installé rue

Chaussée Neuve, no. 54, dans une maison de l'intéressé, portant la même enseigne qu'à Hasselt.

C'est à St.Trond que les activistes bien connus : le Dr. Quintens, les frères Vrydaghs, Borms, etc... tiennent des réunions dans la maison de l'architecte Moers ; mais leur influence sur la population n'y est pas plus grande qu'ailleurs. Parmi leurs adhérents se trouvent une dizaine d'employés des accises et un certain Huert, dessinateur aux chemins de fer de l'Etat Belge, lequel est soupçonné d'avoir la spécialité de rédiger, dans le « Bode van Limburg » des articles calomniant les organismes du Comité National et leurs dirigeants.

A Tongres, on a entendu parler de «Volksopbeuring » depuis 6 semaines environ. Il a été organisé par un certain Desmet, voyageur de commerce, venu récemment d'Anvers et installé rue Large, no. 2, où il reçoit pour la société, le mardi et le jeudi après-midi. Jusqu'à présent il n'y a même pas d'enseigne sur la maison. Toutefois, il y a des affiches en ville insistant sur la section « Soldatentroost » et signalant, in fine, que l'on peut s'inscrire comme membre, à raison de 2 frs. par an, pour obtenir du tabac, du cuir, du savon.

Le parti activiste ne compte pas de chef à Tongres. Il n'y a que de tout jeunes gens qui y font un peu de bruit. On cite parmi eux les frères Cremeke, fils d'un adjudant de gendarmerie au front belge et dont l'un est employé au Comité Local d'Alimentation. Ce dernier a dit un jour, au bureau, que Borms avait engagé la lutte contre le Comité National.

A Peer, «Volksopbeuring» vient également d'installer une section cantonale. On peut s'inscrire, tous les jeudis matin, chez Théod. Bleuckx, Grand'Place. On mettra tous les mois à la disposition des membres, du tabac, du gruau d'avoine, de la céréaline (mais-vlokken) du savon, etc..

* *

Dans une lettre et un memorandum, jointe à notre rapport au 1er mars, (annexes 19 et 20) nous avons soumis à LL. EE. les Ministres Protecteurs le point de vue du C. H. N. au sujet du caractère d'uniformité que doit présenter la répartition des vivres indigènes départie aux Centrales.

LL. EE. nous ont fait parvenir à ce sujet la copie d'une lettre du 30 mai du Département Politique (annexe 3).

A la suite de cette communication, nous avons adressé à LL. E.. un memorandum (annexe 4) exposant l'opinion du C. H. N. au sujet des arguments invoqués par l'autorité occupante pour justifier l'attribution de rations supplémentaires aux ouvriers belges occupés à des travaux répondant à des buts militaires.

* *

A différentes reprises le C. H. N. avait demandé à la V. C. N. de lui faire parvenir les procès-verbaux des séances de Conseils annexés aux différentes Centrales, ainsi que ceux des séances des Centrales non pourvues d'un Conseil, mais comprenant des membres belges, et les rapports périodiques des Centrales dépourvues à la fois de Conseil et de membres belges.

A la suite de ces instances la V. C. N. nous a fait parvenir un certain nombre de procès-verbaux relatifs aux Conseils ou aux Centrales des Sucres, des Orges, des Pommes de terre et des Eaux-de-Vie.

Les traductions d'une partie de ces documents sont jointes en copie au présent rapport (annexes 5, 6, 7 et 8). Les autres seront annexées aux prochains rapports.

La V. C. N. nous a également fait parvenir la traduction du rapport de la séance tenue le 29 avril dernier par le Conseil annexé à la Centrale des Huiles. Il convient d'en retenir notamment :

que les Magasins Communaux de l'Agglomération Bruxelloise ont obtenu des fournitures de graisse, grâce à l'appui efficace des conseillers belges de la Centrale ;

que la conséquence de cette mesure a été la suppression des distributions de graisses à la Croix-Rouge de Belgique au sujet desquelles les délégués belges n'ont cessé de protester ;

que des distributions de graisses sont faites, par l'intermédiaire des Commissaires Civils, aux ouvriers occupés à des travaux pénibles, pour autant que ces ouvriers soient employés dans des entreprises où la graisse peut être utilisée dans des cuisines.

En ce qui concerne la partie du procès-verbal relative au beurre, les conseillers belges estiment que la rédaction ne rend pas d'une façon suffisamment fidèle les opinions qui ont été formulées. Ils ont l'intention d'adresser au Président une note rectificative, dont ils demanderont l'insertion au procès-verbal de la séance suivante.

Nous annexerons cette note à notre prochain rapport en même temps que le procès-verbal qu'elle est destinée à rectifier

On trouvera en annexe (no. 9) une note relative à l'application dans la Province d'Anvers de l'arrêté du Gouverneur Général, du 25 avril 1918, concernant la réglementation de l'emploi du beurre et du lait.

Nous joignons également au présent rapport copie de l'arrêté du 20 juin, pris en vue de réprimer le trafic usuraire du bétail et des viandes (annexe 10).

PRISONS

PRISONS DE VILVORDE. L'effectif est actuellement porté à 1185 prisonniers. Plusieurs prisonniers des prisons de Rheinbach et Cassel ont été transférés à Vilvorde en mai et en juin.

L'Office central Belge pour les prisonniers au Havre a écrit, le 18 mai dernier, au Président du Comité de Secours du camp de Vilvorde que la Fédération Nationale avait été priée de faire expédier à Vilvorde 50 kilos de biscuits par semaine, l'effectif du camp étant 21 prisonniers?? Jusqu'ici cet envoi n'est pas parvenu à destination.

Il y a lieu de remarquer que Vilvorde est *une prison* et non un camp de prisonniers. Ceux-ci subissent leur peine tout comme s'ils se trouvaient incarcérés dans une prison en Allemagne.

Ainsi que nous l'avons écrit, voir notre rapport au 1er avril 1918, les prisonniers reçoivent le ravitaillement en pain et en viande importés sur la même base de ravitaillement que celui de la population belge. Le montant en est payé par le Gouvernement allemand. Les biscuits de la Fédération Nationale devraient être expédiés à la prison de Vilvorde comme ils le sont aux prisonniers incarcérés dans différentes prisons d'Allemagne.

CAMP DE DIEST. — Effectif: 668 prisonniers, dont onze femmes — de nouveaux contingents de prisonniers sont attendus.

L'article 49, de l'Accord du 15 mars 1918 concernant les Prisonniers, Relations avec les Puissances Protectrices, permet les visites du camp par les Délégués de ces puissances. Nous insistons encore pour qu'il reçoive son application.

LES DIRECTEURS.

ANNEXE 1.

Politische Abteilung
bei dem
Generalgouverneur in Belgien.
J. no. V. 5225.

Bruxelles, le 20 juin 1918

Monsieur le Ministre,

J'ai eu l'honneur de recevoir les lettres que Vous avez bien voulu me faire parvenir concernant l'attitude de certains journaux envers le Comité National, dont Vous croyez devoir rendre responsable la censure allemande. Je me suis mis en rapport à ce sujet avec les autorités chargées de la censure des quotidiens qui ont examiné avec soin la question traitée dans Vos lettres. J'ai l'honneur de résumer ci-après le sens des entretiens qui ont eu lieu à ce propos :

Examinant d'abord la question de principe, le service de la censure estime que son activité doit être considéré comme absolument négative ; qu'il est en effet chargé d'empêcher des publications contraires aux intérêts militaires allemands, mais qu'il n'a point pour mission de s'immiscer dans des discussions au sujet de prétendus défauts d'organisations belges. La censure décline aussi toute responsabilité pour les critiques paraissant dans les journaux. Les opinions exprimées dans la presse et tolérées par la censure n'étant nullement à considérer comme représentant l'opinion des autorités occupantes.

Ceci étant exposé, le service de la censure s'est toutefois déclaré disposé, sur mes instances, à donner à ses organes dans les provinces au sujet des articles concernant le Comité National des instructions plus précises qu'il ne paraît en avoir données jusqu'à présent. Il affirme toutefois à ce propos l'impossibilité pratique d'empêcher l'expression de toute opinion au sujet des questions intéressant le ravitaillement. Il croit aussi que dans certains cas une critique émanant de la population peut même être utile aux dirigeants du Comité National et leur faciliter la surveillance de leurs nombreuses sous-organisations dans le pays. Si, par exemple, certains organes du Comité-National devaient se servir de leurs fonctions dans un but politique ou s'ils devaient commettre d'autres actes en contradiction avec les règlements du Comité ou les desseins de ses dirigeants, ceux-ci seraient renseignés par les journaux sur des faits qu'ils auraient peut-être ignorés sans cette publication et trouveraient ainsi l'occasion de sévir.

J'ai insisté que pareille critique devait toutefois, et tant le contenu et la forme, se tenir dans des limites convenables ; ainsi notamment des critiques injustifiées, des attaques personnelles contre les dirigeants du Comité et en général une campagne de presse systématique et tendancieuse contre l'Œuvre du ravitaillement ne devraient pas être tolérées. J'ai obtenu qu'à ce sujet des instructions aussi précises que possible soient données aux censures dans les provinces.

Le service de la censure a toutefois attiré à ce propos mon attention sur la difficulté et la diversité de la tâche qui incombe aux censeurs des quotidiens. Il m'a fait remarquer que malgré sa bonne volonté, il ne pouvait donner la garantie de temps à autre qu'un article qui dépasserait peut-être, d'après l'avis du comité National, la limite ci-dessus tracée, ne parvienne à passer le contrôle, soit que le fonctionnaire qui en est chargé n'ait pu se rendre compte de la portée de l'article, soit que certains détails aient échappé à sa compétence ou à son attention.

Dans les cas où le Comité estimerait que des reproches injustifiés lui ont été adressés par des journaux — qu'il s'agisse de malentendus ou d'attaques tendancieuses, et que la censure n'aurait pu reconnaître comme tels — il me semble, et la direction de la censure

s'est ralliée à mon avis, que rien n'empêche le Comité de répondre par la même voie et de réfuter ainsi des accusations qui lui paraîtraient infondées. La presse est ouverte en ce cas au Comité National comme elle l'est à toutes les voix qui émanent de la population dans des questions concernant les intérêts publics.

J'espère que les considérations qui précèdent répondent aux désirs que Vous avez bien voulu me transmettre, tenant compte et des difficultés que rencontre l'administration dans l'accomplissement de sa tâche et de l'intérêt que présente pour la population de ce pays l'Œuvre dont Vous avez bien voulu assumer le Protectorat.

Je Vous prie, Monsieur le Ministre, de bien vouloir agréer l'assurance de ma haute considération

(s.) LANCKEN.

Monsieur Van Vollenhoven

ANNEXE 2.

No. A—5613.   2 juillet 1918.

Excellence,

Comme suite à la communication no. V. 5225, adressée à Votre Excellence par la Politische Abteilung, en date du 20 juin écoulé, et dont Votre Excellence a bien voulu nous transmettre une copie, nous avons l'honneur de Lui remettre, ci-joint, un projet de mémorandum destiné à S. E. Monsieur le Baron von der Lancken.

Nous prions Votre Excellence de bien vouloir agréer l'assurance de notre haute considération.

A Son Excellence Monsieur van Vollenhoven,

Ministre Résidant de Sa Majesté la Reine
des Pays-Bas
à Bruxelles,

ANNEXE 2a.

*Memorandum pour Son Excellence
Monsieur le Baron von der Lancken.*

Je vous sais le plus grand gré de l'attention que vous avez bien voulu porter sur les considérations que j'ai cru devoir, en ma qualité de Ministre Protecteur du Comité National, vous présenter au sujet de l'attitude de certains journaux censurés envers l'Œuvre que j'ai l'honneur de patronner.

Je me félicite de voir la Censure décliner toute responsabilité dans les critiques qui se font jour dans la Presse.

Je tiens de plus à vous assurer qu'il ne m'est jamais venu à l'esprit de supposer un instant que des fonctionnaires supérieurs du Gouvernement Impérial se soient associés, en quoi que ce soit, à une campagne de calomnies qui, en fait, atteint plus particulièrement les Gouvernements Neutres, protecteurs de l'Œuvre du Ravitaillement.

Permettez-moi de vous faire observer que cette campagne est organisée à l'occasion de conventions intervenues entre les Gouvernements qui entretiennent avec le Gouvernement Impérial des relations d'amitié.

Votre Excellence ne s'est du reste pas méprise sur ma pensée. Elle a, en effet, eu l'obligeante amabilité de mettre son influence au service de l'Œuvre que je protège en voulant bien s'entretenir de la question avec le service de la Censure.

Je ne puis que me rallier à votre idée d'user du droit de réponse et lorsque des observations de nature à porter atteinte, soit aux intérêts d'une œuvre dont je suis le Protecteur, soit à la dignité de ceux qui la dirigent, seront présentées, je ne manquerai pas de les relever moi-même.

Je vous prie, Excellence, de bien vouloir agréer l'expression de ma haute considération.

ANNEXE 3.

Politische Abteilung
bei dem
Generalgouverneur in Belgien.
J. No. V. 5171.

Bruxelles, le 30 mai 1918.

Monsieur le Ministre,

J'ai l'honneur de recevoir la lettre que Vous avez bien voulu me faire parvenir le 7 mai, concernant, comme celle du 11 février, la répartition des vivres indigènes et plus particulièrement de la graisse alimentaire.

En ce qui concerne cette dernière question, vous aviez, dans une lettre datée du 19 décembre 1917, exprimé le désir que les Magasins Communaux de Bruxelles soient également admis à prendre part à cette répartition. Après avoir reçu cette lettre, je me suis mis en communication avec la Centrale des Huiles et j'ai constaté que la non livraison de graisse à ces institutions était la suite d'un malentendu entre la Centrale et les Magasins Communaux. A mon intervention, ce malentendu a été dissipé et depuis lors les livraisons à ces magasins ont eu lieu chaque mois. Récemment encore, ces distributions ont atteint 2.500 kgs. en un mois et la Centrale a même supprimé, pour pouvoir arriver à pareils résultats, les fournitures faites précédemment à la Croix-Rouge de Belgique, ainsi contracté à cette cela d'un désir exprimé par les Conseillers belges de la Centrale.

Les Magasins Communaux et hôpitaux en province, ainsi que d'autres institutions, telles que des asiles d'aveugles, bénéficiant également dans une large mesure des distributions de graisse de la Centrale, il me paraît que la crainte exprimée par le Comité Hispano-Néerlandais que cette graisse soit réservée à certaines catégories d'ouvriers, est infondée.

Dans la susdite lettre, Vous vous référez aussi à propos de cette dernière question à Votre lettre du 16 novembre dernier, dans laquelle est traitée d'une manière générale la répartition des vivres indigènes. J'apprends que cette question a plusieurs fois fait l'objet de conversations entre la Deutsche Vermittlungsstelle et le Comité Hispano-Néerlandais. Se basant entre autre sur la teneur des notes que j'ai eu l'honneur d'échanger avec Vous les 7, 14 et 18 avril 1916, la Vermittlungsstelle a demandé au Comité Hispano-Néerlandais par quelle garantie accordée par lui Monsieur le Gouverneur Général aurait contracté l'obligation de répartir d'une manière uniforme les vivres indigènes. Une réponse précise à cette question n'a pas été donnée par le Comité. En effet, à ma souvenance, pareille garantie n'a jamais été donnée. M. le Gouverneur Général s'est au contraire toujours explicitement réservé toutes dispositions à prendre au sujet des vivres, etc., produits dans le pays, ainsi que j'ai déjà eu plusieurs fois, l'occasion de Vous l'exposer et notamment dans ma note du 17 janvier 1917.

Ceci étant exposé, il me paraît que l'esprit pas plus que le texte des conventions conclues avec Messieurs les Ministres ne s'opposent à la répartition de certaines quantités de vivres indigènes à des ouvriers dont le dur travail justifie cette mesure. Il paraît en effet incontestable que les ouvriers occupés à pareils travaux aient un besoin plus grand de nourriture que les personnes ne travaillant pas ou peu. La nécessité physiologique a d'ailleurs été reconnue et mise en pratique dans tous les pays ayant introduit chez eux le système du rationnement. Les autorités intéressées n'ont fait qu'appliquer ce même principe dans le territoire du Gouvernement Général sans tenir compte si les ouvriers en bénéficiant étaient occupés à des travaux exécutés dans l'intérêt de l'armée occupante ou dans celui de la population civile.

Le Comité National lui-même semble du reste avoir reconnu le bien fondé de la thèse que je viens d'exposer et selon laquelle certaines catégories de la population se trouvant dans une situation spéciale peuvent être justifiées à jouir dans une certaine mesure d'un traitement de préférence dans la répartition des vivres. Je ne citerai à ce propos comme exemple que les rations supplémentaires de pain ou de farine accordées par le Comité National aux ouvriers en général, ainsi que particulièrement à ceux occupés à de durs travaux, de même l'attribution de lait et de vivres fortifiants aux femmes enceintes et aux enfants en bas âge, les rations supplémentaires accordées aux tuberculeux et aux prétuberculeux, les repas scolaires etc. Il me semble donc qu'il ne peut être question à ce propos ni de réquisitions de produits indigènes, ni d'une répartition préjudiciable aux intérêts de la population et que l'on ne puisse parler, comme le fait le Comité Hispano-Néerlandais (dans le memorandum du 15 novembre dr.) d'une atteinte aux principes des engagements contractés ou d'une violation flagrante des garanties accordées.

La question me paraissant ainsi élucidée, je tiens cependant à ne pas laisser sans réponse quelques arguments mis en avant par le Comité Hispano-Néerlandais à l'appui de sa thèse dans le dit memorandum.

Si, dans la répartition des vivres indigènes, comme il est décrite ci-dessus, certaines catégories d'ouvriers belges travaillant dans un intérêt allemand, bénéficient de rations supplémentaires — au même titre d'ailleurs que d'autres travailleurs occupés dans l'intérêt de la population civile — ce fait, à mon avis, ne serait pas non plus, comme l'expose le Comité Hispano-Néerlandais, en contradiction avec la clause de nos conventions contenues dans ma note du 29 juillet 1915 et disant que «Monsieur le Gouverneur Général ne se servira » jamais du Comité National » pour forcer la » population belge à s'employer au service de » l'armée allemande, contrairement aux stipu- » lations de la convention de La Haye ». Il ne s'agit ici, en effet, que d'une répartition de vivres indigènes qui ne rentre nullement dans les attributions du Comité National et il ne peut donc pas être question que les autorités se serviraient de celui-ci dans le but prévu dans le texte précité.

Je puis encore moins me rallier à l'avis du Comité Hispano-Néerlandais s'il essaye d'étendre à des ouvriers belges l'assurance donnée le 14 avril 1916, à savoir que «Monsieur le » Gouverneur Général donnera également a » l'intendance militaire du Gouvernement Gé- » néral, pour les effets conséquents, l'ordre de » ne plus ni réquisitionner ni acheter par li- » bres transactions dans le territoire occupé » de la Belgique pour les besoins de l'armée » d'occupation, aucun des produits ci-dessus » mentionnés ».

Une pareille assimilation d'ouvriers belges à l'armée d'occupation n'était nullement dans mes intentions ni, j'en suis certain, dans les vôtres lors de la conclusion de ces conventions, sans quoi le texte de ces dernières aurait sans nul doute une rédaction différente de celle que je viens de citer textuellement.

Je profite de l'occasion pour vous renouveler, Monsieur le Ministre, l'assurance de ma haute considération

(s.) LANCKEN.

Monsieur Van Vollenhoven,
Ministre Résident des Pays-Bas
à Bruxelles.

ANNEXE 4.

No. C. 5438.
No. C. 5439.   Bruxelles, le 12 juin 1918.

Monsieur le Marquis,
Monsieur le Ministre,

Comme suite à notre lettre no. C. 4986 du 4 mai écoulé et à la communication V. no. 5171 en date du 30 mai de la Politische Abteilung, nous avons l'honneur de transmettre ci-joint à Votre Excellence un projet de memorandum pour S. S. M. le baron von der Lancken.

Nous saisissons cette occasion pour renouveler à Votre Excellence les assurances de notre considération la plus haute.

LES DIRECTEURS,

A Son Excellence Mr. Marquis de Villalobar, Ministre de Sa Majesté le Roi d'Espagne,
A Son Excellence Monsieur van Vollenhoven, Ministre Résidant de Sa Majesté la Reine les Pays-Bas,
Bruxelles.

———

Projet de memorandum pour S. E.
Monsieur le Baron von der Lancken.

Dans sa lettre qu'Elle m'a fait l'honneur de m'adresser le 30 mai dernier, J. No. V. 5171, en réponse à la mienne du 1er février dernier, Votre Excellence veut bien me fournir des indications au sujet de sa manière d'interpréter les conditions dans lesquelles doit s'opérer la répartition des vivres indigènes. Au moment où la convention du mois d'avril 1916, relative à ces vivres, se négociait, ne prévoyant pas que la question de leur distribution pût jamais donner lieu à des divergences de vues, il nous a semblé, à mes collègues protecteurs de l'œuvre du ravitaillement et à moi-même, superflu de stipuler expressément que cette répartition devrait s'opérer équitablement entre tous les Belges, une telle chose nous paraissant aller de soi et résulter implicitement de l'accord intervenu. C'est pourquoi je suis persuadé que nos Gouvernements ne pourront accueillir sans réserve les explications fournies par Votre Excellence au sujet de l'attitude des autorités allemandes en cette matière.

Quoi qu'il en soit, en supposant même que le principe exposé par Votre Excellence puisse être admis en pratique, je ne puis m'empêcher de faire remarquer à Votre Excellence qu'Elle a dû être induite en erreur lorsqu'on lui a déclaré que les rations supplémentaires de vivres indigènes étaient accordées « sans tenir » compte si les ouvriers en bénéficiant étaient » occupés à des travaux exécutés dans l'intérêt de l'armée occupante ou dans celui de la » population civile ».

A différentes reprises, en effet, des personnes employées à de rudes travaux, comme les ouvriers des usines à gaz, des usines d'électricité, des tramways, des services de la voierie des villes, les agents de police, les employés des administrations communales, les membres du personnel enseignant, les employés de banques et d'administrations privées, etc., se sont adressées aux Ministres Protecteurs en vue d'obtenir des suppléments de vivres exotiques; les Ministres Protecteurs, à qui ces demandes ont été soumises, voulant respecter l'esprit des conventions intervenues entre leurs Gouvernements respectifs et les Gouvernements intéressés au ravitaillement de la Belgique, ont toujours refusé de faire des exceptions en faveur de ces ouvriers et ont invité chaque fois ceux qui leur faisaient ces demandes à s'adresser aux autorités compétentes des Centrales allemandes. Les démarches faites ainsi auprès des Centrales, n'ont jamais abouti à un résultat. En réalité, les ouvriers belges qui travaillent dans un intérêt allemand bénéficient de rations supplémentaires de vivres indigènes, tandis que d'autres travailleurs, occupés dans l'intérêt de la population civile, en sont exclus. Qui plus est, ces rations supplémentaires de vivres indigènes ne sont pas seu-

lement attribuées à des ouvriers dont le dur travail justifierait cette mesure; elles sont même distribuées à la famille des ouvriers belges travaillant en Allemagne au profit desquelles le même motif ne peut être invoqué. Votre Excellence voudra bien reconnaître que, dans ces conditions, même le principe, dont elle proclame la conformité avec les conventions intervenues entre les Gouvernements Neutres et le Gouvernement Général ne reçoit pas dans la pratique une explication satisfaisante des faits sur lesquels ils nous ont demandé des éclaircissements.

Nous avons donc la confiance qu'Elle voudra bien nous prêter une fois ses bons offices pour arriver à un accord sur la question soulevée.

Le 11 juin 1918.

———

ANNEXE 5.

PROCÈS VERBAL

de la première séance du Comité Consultatif attaché à la Centrale des Pommes de Terre, du lundi 13 novembre 1916, à l'Hôtel de Flandre.

Sont présents :

le Conseiller intime: Kaufmann, président ; le Conseiller du Gouvernement: Kühn ; l'Assesseur du Bureau de district: dr. Knoch ; les Directeurs techniques et commerciaux de la K. V. S.: Levy et Weissgerber.

Sont encore présents :

Pour les producteurs de pommes de terre :
le Directeur Général du Ministère Belge de l'Agriculture: M. Schreiber, Bruxelles ;

Pour les consommateurs de pommes de terre :
le Sénateur Colleaux, Chênée près de Liège ; le Bourgmestre Mettewie, Molenbeek-St-Jean (comme invité) :
l'Echevin Strauss, Anvers.

———

Après avoir salué les assistants, le Président commence par indiquer la tâche du Comité, qui aura à donner des impulsions et des conseils, et qui doit avoir, d'autre part, l'occasion de prendre la connaissance nécessaire de la marche des affaires et de l'exploitation de la K. V. S. et de ses sous-organismes. Sur demande, il sera permis aux membres de se rendre compte, d'une façon approfondie, de l'activité de la K. V. S.

Malgré la déclaration formelle de M. le Gouverneur Général, une grande partie de la population belge a la conception erronée que les pommes de terre ne lui sont pas réservées, mais sont expédiées à la famille en quantités importantes en Allemagne ou à l'armée de campagne. Il ressort clairement de la comptabilité de la K. V. S. que ceci est complètement infondé et que, bien plus, conformément aux arrangements de M. le Gouverneur Général avec les Ambassadeurs neutres, la récolte totale de pommes de terre est réservée à l'alimentation de la population belge.

Il est indiscutable que, jusqu'à présent, la fourniture de pommes de terre n'a pas toujours fonctionné comme il était désirable. Toutefois, il y a lieu de faire remarquer que :

1o. La récolte a été beaucoup plus mauvaise qu'on n'aurait pu le prévoir (40 à 50 % de déficit).

2o. Egalement qu'à cause du mauvais temps anormal, la récolte n'a été rentrée que tardivement ; dans les districts principaux de production dans le Luxembourg, elle n'est pas encore terminée.

3o. Que des perturbations dans l'exploitation des chemins de fer, précisément dans les dernières semaines, ont nui au transport de pommes de terre hors des centres de production, ce à quoi a encore contribué d'une façon aggravante l'arrêt du trafic sur quelques chemins de fer secondaires et les réquisitions de chevaux nécessitées par l'état de guerre.

En tous cas, il y a lieu de constater que les expéditions se sont considérablement relevées dans les derniers jours.

Conformément aux ordres de M. le Gouverneur Général, il est pris expressément soin que d'abord les grandes villes et les centres industriels reçoivent leur provision et ensuite seulement les petites villes et les communes rurales. Cette favorisation de la partie peuplée du pays est justifiée par le fait que les habitants des grandes villes reçoivent leur nourriture presque exclusivement par l'entremise de la commune, tandis que les habitants des petites villes sont en situation de s'approvisionner autrement, par les produits de leur jardin en fruits et légumes, ou par leur petit élevage de bétail. Pour cette raison, les grandes villes doivent recevoir leur pleine ration de 300 grs. par tête; les petites villes, par contre, reçoivent moins, c'est-à-dire seulement 200 grs.

De la part de la K. V. S. tout a été fait pour arriver à un approvisionnement régulier. Les Commissaires civils des centres de livraison devaient télégraphier journellement combien ils avaient expédié aux communes réceptionnaires, et si la quantité était insuffisante, la K. V. S. leur envoyait immédiatement un rappel.

Cependant, il y avait une difficulté capitale à vaincre, c'est-à-dire la résistance des producteurs de pommes de terre contre la livraison de leurs produits. En voici les raisons:

1o. Les paysans espéraient une nouvelle hausse du prix, bien que les prix maxima fixés jusqu'à présent soient déjà suffisants et rémunérateurs. Il ne faut donc pas songer à une nouvelle majoration, ce qui a du reste déjà été communiqué par M. le Gouverneur Général à MM. les Gouverneurs.

2o. Les paysans se sont encore et toujours retranchés derrière le prétexte, soi-disant patriotique, que les pommes de terre partaient pour l'Allemagne quoique, par proclamation, M. le Gouverneur Général avait déjà déclaré que ce bruit était faux. Pour les membres du Comité, une tâche particulièrement digne de reconnaissanse serait de travailler à donner des éclaircissements à ce sujet (à la population).

3o. La viande de porc et principalement la graisse, sont à un très haut prix, de sorte que les paysans sont enclins à employer des pommes de terre à l'élevage des cochons. Par sa défense absolue d'employer des pommes de terre à la nourriture du bétail, du 15 crt., M. le Gouverneur Général s'est opposé à cette pratique, néanmoins, malgré l'intervention des postes militaires de surveillance, de MM. les Commissaires civils et des autorités des chemins de fer, un contrôle suffisant des producteurs isolés est difficilement réalisable. (Quoi qu'il en soit, il doit être fait ce qui est possible, particulièrement par la nomination d'agents contrôleurs belges. (d'après le second exemplaire du procès-verbal).

Dans la discussion qui s'ensuit, et en réponse à une question du bourgmestre Mettewie, relative à une réquisition militaire de pommes de terre dans une gare des environs de Bruxelles, M. Lévy dit qu'il s'agissait là uniquement de la réception d'un envoi de pommes de terre destinées à la population civile allemande en Belgique et aux ressortissants d'États neutres.

M. le Directeur Général Schreiber essaie de prouver, en s'appuyant sur une statistique succincte, que la récolte serait si favorable qu'il serait possible de distribuer 416 grs. par tête. Il base son calcul sur une récolte moyenne de 8 T. 5 par Ha. sur une surface cultivée de 110.000 Ha. dans le Gouvernement Général, dont il faut déduire 1.600 kgs. de pommes de terre de plantation par Ha. pour la même superficie, de sorte qu'il reste 700.000 T. pour 5 millions d'habitants à partager en 8 mois.

Le Président réplique que ces chiffres ne peuvent être considérés comme probants. Du côté allemand, il a été fait un triple recensement et ce comme suit: 1o) une évaluation préalable de la récolte sur la base de la moyenne des 10 années précédentes; 2o) une déclaration de la récolte par les producteurs eux-mêmes, et 3o) une vérification de ces données et évaluation par parcelle par des contrôleurs compétents allemands. Il résulte des faits que c'étaient les évaluations des contrôleurs qui étaient les plus conformes à la réalité. Sur 80.046 Ha. de terrain cultivé il a été récolté 650.000 T. de sorte qu'après déduction de 2.000 kgs. de pommes de terre de plantation par Ha. et 44.000 T. de pommes de terre déjà employées et après addition d'environ 60.000 T. de pommes de terre hâtives à récolter l'été prochain, il reste 505.000 T. pour 5.650.000 habitants, soit 250 grs. par tête et par jour pendant 12 mois.

Après une discussion, à laquelle prennent part principalement MM. Schreiber, Strass et Colleaux, les chiffres du Président sont reconnus comme devant servir de base.

A la remarque de M. Strauss que puisque l'on peut compter sur une existence minimum de 505.000 T. on peut espérer un surplus éventuel, le Président répond que ce serait une profonde erreur de compter sur des surplus, la résistance des paysans contre la livraison étant trop grande; ils espèrent toujours une augmentation de prix.

Après une discussion approfondie, au cours de laquelle M. Strauss exprime l'avis que dès le début les prix auraient dû être fixés à un taux plus élevé que cela n'a été fait, le Comité décide finalement, à l'unanimité, qu'il serait désirable que M. le Gouverneur Général fasse savoir également au public qu'en aucun cas on ne peut s'attendre à une majoration du prix des pommes de terre.

L'assemblée examine ensuite de quelle façon les membres du Comité pourraient, de leur côté, peser sur les producteurs de pommes de terre. Le Sénateur Colleaux espère un résultat d'une telle intervention, pour autant que les membres soient mis en situation de déclarer qu'après vérification de l'œuvre de la K.V.S., ils peuvent affirmer que les membres interviennent, dans les communes de production, auprès des producteurs pour que ceux-ci remplissent leur devoir de livrer et de ravitailler les communes consommatrices. Toutefois, ces éclaircissements devraient être donnés et cette intervention devrait avoir lieu à un point de vue général; il ne serait pas admissible qu'ils essaient d'obtenir un avantage pour leurs communes respectives. De plus, il n'y aurait pas d'objection à ce que les membres du Comité déclarent seuls que les communes en défaut verront restreindre leur ravitaillement en sucre, carbure, etc.

Après un exposé de l'organisation de la K. V. S. par le Conseiller du Gouvernement Kuhn, il est prié daté, sur la proposition du Président, pour la visite des bureaux de la K. V. S. et pour prendre connaissance de la comptabilité. De commun accord, rendez-vous est fixé au samedi 18 novembre 1916 à 11 h du matin.

ANNEXE 6.

PROCÈS VERBAL

de la deuxième séance du Comité Consultatif attaché à la Centrale des Pommes de Terre, du lundi 20 novembre 1916, à l'Hôtel de Flandre.

Sont présents:

le Conseiller intime: Kaufmann, en qualité de Président;
le Conseiller du Gouvernement: dr. Rintelen;
le Conseiller du Gouvernement: Kuhn;
l'Assesseur du Bureau de district: dr. Knoch;
l'Expert: Girgensohn;
les Directeurs techniques et commerciaux de la K. V. S. Lévy et Weissgerber.

Sont également présents:

le Directeur Général du Ministère Belge de l'Agriculture: M. Schreiber, Bruxelles;
l'Echevin Strauss, Anvers.
le Sénateur Colleaux, Liège.

.Après que le Président a fait part à l'assemblée de ce que le Bourgmestre de Molenbeek-St-Jean, M. Mettewie, ne pourra assister à la séance parce qu'il est débordé de besogne, la question de l'*échange de semences* est discutée. Le Président déclare qu'il ne faut pas compter sur des envois venant de Hollande ou des provinces faisant partie de la zone d'étape, la Flandre Orientale et la Flandre Occidentale, et qu'un échange ne peut donc avoir lieu qu'avec l'Allemagne.

La discussion de la question des *semences de pommes de terre hâtives* se termine par la décision unanime de l'assemblée qu'un échange est nécessaire pour empêcher la dégénération des pommes de terre belges, et qu'un échange avec l'Allemagne sera adopté, même s'il est trouvé désirable, notamment par l'Echevir Strauss, que toute la récolte de pommes de terre hâtives serve à l'alimentation de la population belge.

Le président ajoute que les intérêts belges seront autant que possible pris en considération, mais il fait remarquer que cet échange serait plutôt profitable aux Belges qu'aux Allmends et que pour cette raison il n'est pas certain que la proposition soit acceptée du côté allemand.

Finalement, le Comité adhère au principe de la nécessité de l'échange des semences.

Concernant les semences de pommes de terre tardives, le Président déclare que vu la *grande* (*minime*, d'après le second exemplaire du procès-verbal) quantité de semence, un échange avec l'Allemagne n'est guère possible, et que l'on devrait plutôt travailler à faire un échange de l'intérieur de la Belgique avec la Hollande.

Après discussion, toute l'assemblée se rallie à la proposition de faire renseigner les producteurs de pommes de terre par les agronomes de l'Etat sur la nécessité qu'il y a de renouveler les semences et de tenter de commencer un échange avec la Hollande et de confier les échanges belges aux comités provinciaux d'agriculture, d'accord avec les Commissaires civils.

Le Directeur Général Schreiber examine ensuite la question du transport: en vue d'accélérer la répartition des pommes de terre, vu le manque de moyens de transport, il propose de recourir aux personnes privées, mais le Sénateur Colleaux, d'accord avec le Président refuse d'entrer dans cette voie qui aurait pour résultat de pourvoir les riches, qui paieraient des prix plus élevés que ceux fixés, tandis que les pauvres ne pourraient rien obtenir.

Le Directeur Général Schreiber explique alors sa proposition: à toutes les communes de consommation il faudrait assigner des communes de surproduction. Les bourgmestres des communes de consommateurs autoriseraient leurs habitants à charger eux-mêmes dans les communes de surproduction la quantité de pommes de terre à laquelle ils auraient droit. Un contrôle serait exercé de part et d'autre afin que chacun ne reçoive que sa ration légitime.

De plus, il serait décidé que tous les producteurs doivent livrer leurs pommes de terre à l'endroit et au jour fixés, faute de quoi les retardataires se verraient confisquer leurs pommes de terre sans indemnité aucune.

Cette dernière proposition est acceptée à l'unanimité et l'Echevin Strauss insiste sur le point de faire respecter énergiquement les décisions allemandes. Le Président approuve et propose de soumettre les décisions de l'assemblée à M. le Gouverneur Général.

L'Echevin Strauss dit que la province d'Anvers, qui doit pourvoir à ses propres besoins, est taxée pour un chiffre trop élevé pour les fournitures à faire au Grand-Bruxelles, et que le Commissaire civil d'Anvers favorise la population civile allemande au détriment de la population civile belge. Le Président décide que cette question fera l'objet d'une enquête.

Les membres du Comité sont conduits dans les bureaux de la K. V. S. par le Directeur commercial, qui leur explique par toutes les commandes des districts consommateurs sont remises par les Commissaires civils intéressés à la K. V. S. et que celle-ci les remet aux Commissaires civils des districts producteurs. Il leur montre les écritures, séparées pour chacun des districts consommateurs: de ces écritures ressort la situation des commandes, des livraisons et des paiements. Pour expliquer plus clairement la façon de tenir les écritures, le Directeur commercial montre aux membres du Comité les diverses écritures passées pour une facture émanant du Bureau de chargement de Libramont.

Pour clôturer la séance, le Directeur montre aux membres la comptabilité, qui est tenue d'après le système américain: journal-grand-livre.

ANNEXE 7.

PROCÈS-VERBAL

de la troisième séance du Comité Consultatif attaché à la Centrale des Pommes de Terre, du samedi 20 janvier 1917, à l'Hôtel de Flandre.

Sont présents :

le Conseiller du Gouvernement; dr. Rintelen, l'Assesseur du Bureau de district: dr. Knoch; l'Assesseur : Dollacker; l'Expert : Girgensohn ; les Directeurs technique et commercial de la K. V. S. : Levy et Weissgerber.

Sont également présents, les membres du Comité :

le Directeur Général du Ministère Belge de l'Agriculture : M. Schreiber, Bruxelles ; l'Echevin Strauss, Anvers. le Sénateur Colleaux, Liége.

Après que le Président a salué l'assemblée, le dr. Knoch fait un rapport sur la demande faite aux Présidents des provinces au sujet de l'opportunité d'une culture forcée des pommes de terre pour la prochaine année économique. Une copie de la lettre concernant cette question est remise à chacun des Messieurs. Les Présidents des provinces de Brabant, Anvers, Liége et Hainaut se sont prononcés en faveur d'une contrainte absolue de la culture de la pomme de terre sur une surface égale à celle de 1916. La mise à exécution de ce projet présente un danger, l'administration allemande endossant une responsabilité sans être certaine que la semence existe en quantité suffisante ; aussi, les agronomes de la province de Luxembourg ont-ils déconseillé la culture forcée des pommes de terre, dans une séance tenue à Arlon le 29 décembre écoulé.

Le Directeur Général Schreiber tient la contrainte pour nécessaire, car pour l'obtention d'une ration suffisante, il est absolument nécessaire de maintenir une surface de culture égale à celle de 1916. Il stipule que la quantité de 2.000 kgs. de plants de pommes de terre par Ha., laissée aux paysans, est parfaitement suffisante, même après déduction des pommes de terre consommées et des pommes de terre gâtées, et que le jugement des agronomes du Luxembourg a été influencé par le fait qu'ils dépendent des producteurs; il est du reste contredit par l'opinion des agronomes du Brabant.

L'Echevin Strauss tient la contrainte pour nécessaire, car du moment que l'on a commencé à réglementer, il est logique que l'on continue. L'année prochaine on ne devra plus se contenter de fixer un prix maximum pour les pommes de terre seulement, il faudra également fixer des prix pour les céréales et en général pour tous les produits de l'agriculture et des jardins.

Le Sénateur Colleaux fait connaître l'avis du Conseil provincial du Luxembourg ainsi que celui du Président du Comité Agricole du Luxembourg et le sien, suivant lesquels il y a lieu d'introduire une culture forcée, mais il y a lieu en même temps de suggérer un prix maximum d'environ 12 frs.; pour les autres produits agricoles, il faut également fixer des prix maxima qui soient en rapport avec celui fixé pour les pommes de terre. Il donne à l'appui le relevé joint, concernant les différents produits. Il n'a aucune inquiétude quant à la quantité de semences ; il suffirait de procéder à un échange approprié. La culture forcée ne devrait pas être maintenue à ce qu'elle était en 1916 : on devrait aller plus loin et laisser aux communes le soin d'agrandir la surface consacrée à la culture des pommes de terre. La fourniture suffisante des semences nécessaires à la Ligue des Coins de Terre contribuerait à atteindre ce but.

A la question posée par le Président, s'il ne conviendrait pas de fixer un prix minimum dans l'arrêté,

l'Echevin Strauss répond négativement, se basant sur des expériences malencontreuses de la dernière récolte des pommes de terre hâtives, et où le prix maximum dut être abaissé avant l'expiration du terme fixé, vu l'offre trop grande. L'Echevin Strauss propose de stipuler l'obligation de fixer un prix basé :

1o.) sur la valeur nutritive,
2o.) sur le prix de revient

des pommes de terre de l'année prochaine.

Le Sénateur Colleaux se prononce en faveur d'un prix minimum de 12 frs.; il ajoute que le prix définitif doit être fixé en tenant compte :

1o.) de la valeur nutritive,
2o.) du rendement.

Le Directeur Général Schreiber hésite à se prononcer en faveur de l'une ou l'autre proposition et préconise l'adoption d'un prix intermédiaire entre un prix minimum et un prix maximum fixés.

Le Président constate l'unanimité des avis quant à la nécessité d'une culture forcée et admet l'examen des autres propositions.

Quant au 2me point. — Réglementation du commerce des plants indigènes

le dr. Knoch développe le plan de demander le conseil des agronomes pour le choix des sortes de semences et de faire effectuer par les commissaires civils l'échange à l'intérieur des districts ainsi que celui de district à district. Les paysans feraient part de leurs besoins à leur bourgmestre et celui-ci remettrait les commandes globales au commissaire civil, lequel se procurerait dans les districts en question les quantités demandées, en wagons fermés, et délivrerait à la consommation une quantité égale de pommes de terre.

M. Strauss préconise l'échange entre paysans, sans intervention des commissaires civils.

M. Schreiber recommande la plus grande simplicité dans les procédés, liberté pour le paysan d'échanger des plants contre d'autres pommes de terre là où il l'a déjà fait. Les associations de paysans existantes seraient chargées de l'échange des pommes de terre. Les commissaires civils devraient simplement contrôler les transactions. Il est d'avis que de cette façon on ne pourra plus, comme cela s'est fait, se servir des permis de transport des plants pour faire le commerce de pommes de terre de consommation.

Le Sénateur Colleaux se prononce en faveur de l'intervention des commissaires civils. Il veut que les paysans isolés s'adressent à leur commune, tandis que les groupes de producteurs et les associations de producteurs auraient le droit de s'adresser directement aux commissaires civils.

M. Levy et le dr. Knoch font ressortir encore une fois que la simplicité dans les procédés est le désir de la K. V. S. et que celle-ci ne veut en aucune façon influencer l'échange à l'intérieur du district, mais que l'échange d'un district à l'autre doit être placé sous le contrôle des commissaires civils.

M. le Président déclare qu'il sera donné suite, dans la mesure du possible, aux vœux de ces Messieurs, tendant à simplifier les procédés d'échanges et à limiter l'activité des commissaires civils dans le contrôle.

3me point. — Importation de pommes de terre pour semailles

Le Sénateur Colleaux rend compte d'un voyage en Hollande fait avec M. Levy et dont il est revenu hier.

Le résultat du 1er voyage, fait au commencement de décembre de l'année écoulée, et de ce voyage-ci, est la communication du Directeur de la « Aardappel-Vereeniging », O. van Biessum, disant qu'il ne serait pas impossible que l'on introduise en Belgique des pommes de terre pour semailles venant de Hollande, si M. le Gouverneur Général déclare que les pommes de terre importées seront employées uniquement comme plants et en Belgique seulement, et qu'en aucun cas elles ne seront saisies par les militaires. De plus, le Gouvernement hollandais désire qu'à la déclaration de M. le Gouverneur Général s'ajoute celle du bureau compétent de Berlin que l'importation en Belgique de pommes de terre pour semailles pourra se faire aussitôt que le permis d'exportation aura été accordé par la Hollande. Des pourparlers des commissaires du royaume pour la surveillance de l'exportation des pommes de terre sont entamés actuellement en Hollande ; on peut s'attendre à une décision pour la 1re ou la 2me semaine de février.

Des représentants de communes ont, de leur côté, fait une demande pour l'achat en Hollande de pommes de terre ; ils ont essuyé un refus, parce que la permission pour l'achat de plants ne sera accordée que pour la totalité du Gouvernement Général.

Tandis que le Sénateur Colleaux croit pouvoir attendre 1.500 wagons de pommes de terre pour semailles,

M. Levy ne compte pas sur plus de 300 wagons, car, en Hollande, la pénurie de pommes de terre est au moins aussi grande qu'en Belgique.

Le 18 janvier, le prix de certaines sortes de pommes de terre de consommation atteignait déjà 30 frs.

4me point. — Relatif au remplacement des pommes de terre

M. Weissgerber discute sur le point de savoir s'il est opportun d'arrêter la distribution des pommes de terre, de les garder pour les derniers mois avant la nouvelle récolte et de les remplacer totalement maintenant par des raves comestibles, aussi longtemps que celles-ci restent mangeables. Il dit qu'il est à prévoir que les provisions de pommes de terre ne seront pas suffisantes jusqu'à la prochaine récolte.

MM. Strauss, Colleaux et Schreiber se prononcent contre une telle mesure. Ils recommandent d'engager les communes à diminuer peu à peu la ration de pommes de terre et à remplacer celles-ci par des raves. On ne doit plus livrer de pommes de terre aux communes qui en sont déjà pourvues.

M. Strauss donne ensuite lecture des remarques ci-jointes.

Sur la proposition de M. le Directeur Général Schreiber, la discussion de ces points est remise à la prochaine séance.

Le Président lève la séance, à 1 h. 20 de relevée.

———

L'Echevin Strauss demande qu'il soit inséré dans le procès-verbal de ce jour :

1o. Que l'oubli d'avoir inscrit sa déclaration dans le procès-verbal de la séance précédente a été plus ou moins réparé par l'échange des lettres entre l'Echevin et la K. V. S. et dont celle-ci s'est chargée de remettre copie aux autres membres du Comité Consultatif.

2o. Dans les deux séances précédentes, l'Echevin Strauss a demandé la liste des envois de pommes de terre par commune d'expédition, jou par jour, avec indication des numéros des wagons, de la quantité chargée et de la destination. M. le Conseiller intime Kaufmann avait promis ces listes ; on ne les a pas données. On a fait un relevé des envois par groupement, ce qui ne permet pas le contrôle ; mais on a déclaré avoir donné aux commissaires civils des instructions pour fournir aux membres du Comité Consultatif tous les renseignements que ceux-ci demandent. Les commissaires civils ne répondent pas aux demandes.

3o. Contrairement au texte de l'ordonnance de S. E. M. le Gouverneur Général, de fortes quantités de pommes de terre sont livrées aux commissaires civils. Les administrations communales ignorent ce qu'elles deviennent.

Par erreur, le Commissaire civil de Malines a envoyé à l'administration communale d'Anvers la facture d'un chargement de pommes de terre que l'administration n'a jamais reçu. Une enquête a prouvé, en effet, que le bateau Arnold est arrivé à Anvers avec 75.000 kgs. de pommes de terre consignés à M. le Commissaire civil. Les explications furent demandées à Malines et à Anvers, même à Bruxelles. On ne les a pas données.

10.000 kgs. de ces pommes terre ont été remis à la Compagnie du Gaz et 10.000 kgs. à celle des Water Works, deux sociétés dont la direction est confiée à un liquidateur désigné par M. le Gouverneur Général. Que sont devenus les autres 50.000 kgs. ?

4o. Pourquoi favorise-t-on les ouvriers des deux compagnies qui travaillent sous une direction allemande? On leur a remis, en janvier, 40 kgs. par personne, soit, à raison de 300 grs., l'approvisionnement jusqu'à la récolte des nouvelles pommes de terre, alors que le reste de la population ne reçoit presque rien ; les arrivages sont descendus à une moyenne de 10.000 kgs. par jour pour 100.000 habitants, soit 25 grs. par personne et par jour. Et il n'y a pas de stock !

5o. Alors qu'Anvers ne reçoit plus de pommes de terre, on en expédie d'énormes quantités dans les communes des provinces de Liège et de Hainaut, dans les centres où le parti ouvrier a le plus d'influence.

Pourquoi cette faveur spéciale? Les communes des provinces de Liège et de Hainaut ont reçu, en quelques semaines, 50 à 60 % de leurs commandes pour toute la saison, tandis que l'agglomération anversoise n'a reçu, depuis le 15 septembre jusqu'à maintenant, que 30 %, de ses commandes.

Pourquoi cette inégalité, alors que sous le rapport agricole, la province d'Anvers est bien plus pauvre que les deux autres. La province d'Anvers n'a d'avantages que pour les pommes de terre et on les lui a enlevées pour les envoyer ailleurs.

L'équité exige que puisqu'on ne peut plus fournir des pommes de terre à Anvers, de la province d'Anvers, on lui en donne du Brabant, du Limbourg ou du Luxembourg, au moins jusqu'à concurrence de 50 à 60 % de ses commandes.

6o. Il a été convenu que les grandes agglomérations continueraient à recevoir la ration de 300 grs. par jour, par personne, et les autres communes 200 grs. Or, M. le Commissaire civil d'Anvers a fait savoir à l'administration communale d'Anvers qu'elle ne peut plus délivrer que 200 grs. par jour. Il est vrai qu'elle ne reçoit pas même de quoi fournir cette ration réduite.

7o. Par contre, si Anvers ne reçoit pas de pommes de terre, on en fournit à Lierre, à Eeckeren et à beaucoup d'autres communes rurales qui, au lieu d'en recevoir, devraient en livrer. (à Mortsel).

8o. La réglementation abusive n'avait qu'une excuse : la répartition équitable des pommes de terre. Or, les auteurs du régime n'ont pas été capables de prendre les mesures pour obtenir les résultats qu'ils espéraient avoir. Les riches paient des prix trop élevés pour avoir la denrée ; les pauvres ne reçoivent pas leur part et parmi les malheureux on favorise quelques catégories, notamment ceux des centres où la politique semble jouer son rôle.

ANNEXE 8.

PROCÈS VERBAL

de la 4me séance du Comité Consultatif de la Centrale des Pommes de Terre, du 23 août 1917.

Sont présents :

Pour M. le Chef d'Administration pour la Flandre : M. le Dr. Knoch ;
Pour M. le Chef d'Administration pour la Wallonie : M. le Dr. Rademacher ;
Les membres du Comité Consultatif :
   M. l'Echevin Strauss, d'Anvers ;
   M. le Sénateur Colleaux, de Liège.
Comme invité : M. le Directeur au Ministère de l'Agriculture : de Caluwé, de Gand ;
Le Directeur commercial de la K. V. S. : M. le lieutenant Weissgerber ;
Le Directeur technique : M. Levy.

M. le Dr. Rademacher regrette de ne pouvoir assister à la séance, en étant empêché par son service.

Après avoir salué les assistants, M. le Dr. Knoch communique qu'après le départ du Directeur au Ministère de l'Agriculture Schreiber, qui a résigné ses fonctions, M. de Caluwé a été proposé à M. le Gouverneur Général comme successeur de M. Schreiber. M. de Caluwé assiste déjà à cette séance comme invité.

M. le Dr. Knoch rend compte de ce que M. le Gouverneur Général a décliné l'admission des contrats de livraison proposés de différents côtés pour l'utilisation de la récolte des pommes de terre d'automne de 1917 et a décidé que l'on s'en tiendra au règlement actuel, mais que l'utilisation doit avoir lieu en tenant compte de l'expérience acquise.

Le but de l'assemblée de ce jour est d'entendre les vues de ces Messieurs du Comité Consultatif au sujet de cette mise en œuvre.

M. le lieutenant Weissgerber donne connaissance d'une proposition tendant à admettre au Comité Consultatif également un représentant de l'arrondissement de Verviers et proposant comme tel M. Katschges, échevin de la ville de Verviers.

L'assemblée approuve.

M. le Sénateur Colleaux recommande d'admettre également au Comité Consultatif deux messieurs de la province de Hainaut, dont l'un serait choisi parmi les milieux bourgeois et l'autre dans celui des ouvriers. Comme représentant de ces derniers, il recommande l'Echevin Lombard, de Souvret. La proposition rencontre l'approbation unanime. La K. V. S. fait prévoir que la question sera examinée.

Avant d'entreprendre la discussion du 1er point de l'ordre du jour, l'Echevin Strauss demande qu'il soit noté au procès-verbal que la discussion, décidée en séance du Comité Consultatif de février 1917, de ses griefs exposés par écrit, ne figure pas à l'ordre du jour d'aujourd'hui.

M. Levy, rend compte des innovations projetées dans l'utilisation des pommes de terre qui consistent dans une nouvelle façon d'administrer le bureau de Libramont, ensuite en ce que des hommes de confiance, pris dans les milieux consommateurs, devront aider à la vérification des surfaces cultivées et au relevé des récoltes, enfin en ce que la responsabilité solidaire de la commune sera instituée.

M. le lieutenant Weissgerber annonce, à la suite d'une proposition de M. de Caluwé, tendant à former dans les communes des comités spéciaux pour la surveillance des livraisons de pommes de terre, que la formation de pareils comités est aujourd'hui examinée.

M. Strauss propose de saisir immédiatement toute la récolte et d'exiger qu'elle soit prête à être livrée dans les 8 jours. Ces MM. de la K. V. S. répliquent qu'en raison du manque de chevaux, de charrettes et d'ouvriers, la mise à exécution de cette idée est techniquement impossible.

M. de Caluwé et ces MM. de la K. V. S. ne peuvent pas non plus adhérer à l'autre proposition de M. Strauss, d'emmagasiner les pommes de terre dans les communes productrices, car il résulte de l'expérience que l'emmagasinement cause des pertes importantes par suite de corruption, parce que le personnel compétent manque le plus souvent pour la surveillance des provisions.

M. Strauss insiste sur la nécessité de la saisie immédiate de tous les approvisionnements et recommande de faire suivre immédiatement toutes les livraisons aux consommateurs ; de cette façon on aura la meilleure assurance d'une bonne conservation.

Cette proposition est combattue par :

M. le lieutenant Weissgerber et

M. le Sénateur Colleaux, qui signalent que, principalement chez les classes peu fortunés, il y a danger pour que toutes les provisions soient rapidement consommées.

M. le lieutenant Weissgerber annonce que l'on a l'intention de proposer aux communes de ne mettre en consommation que la quantité calculée pour une consommation de 2 mois. Cette intention est unanimement approuvée.

M. l'Echevin Strauss demande si un changement est envisagé au principe suivant lequel les communes sont libres de faire faire la vente soit par les organismes de vente communaux, soit par les magasins de petits détaillants.

M. le lieutenant Weissgerber répond qu'une modification n'est pas envisagée pour le moment, mais qu'à la demande de plusieurs communes, la question a été examinée s'il y avait lieu de majorer le bénéfice à calculer sur la vente par les communes.

Après que M. Lévy a constaté que le bénéfice maximum, qui s'élève actuellement à 4 cmos, forme, vu les transactions considérables des communes, des sommes importantes qui couvrent certainement tous les frais des communes.

Et après que M. Strauss a fait connaître le règlement institué à Anvers, il est décidé à l'unanimité de renoncer à une majoration du bénéfice de 4 cmes au kilo.

Relativement à la question posée par M. le lieutenant Weissgerber si, lors du relevé des récoltes il n'y aurait pas lieu de bonifier aux paysans un certain tantième comme déchet, un échange de vues animé a lieu, dont la conclusion est qu'en effet la quantité de pommes de terre de plantation accordée est déjà très large, mais qu'une attribution de 10 % environ de plus à livrer par le producteur, placera en meilleure posture le cultivateur qui livrera de suite, parce qu'il est de fait qu'après un emmagasinement et une conservation prolongés des pommes de terre destinées à la livraison, il se produit une grande perte par la chute de la terre, par le séchage, etc. Il est à espérer que ce moyen engagera également les cultivateurs à livrer leurs pommes de terre très tôt.

En ce qui concerne la question posée par M. le lieutenant Weissgerber, au sujet du prix à fixer cette année pour les pommes de terre d'automne ;

Et sur la proposition de M. Lévy, au sujet de la question d'éviter plus tard le reproche de ne pas avoir suffisamment tenu compte des prix du jour d'autres produits de l'agriculture, il est décidé à l'unanimité que le prix de 16 frs. les 100 kgs. est suffisant ; comme l'année dernière on pourra admettre des exceptions pour des espèces spéciales.

On est d'accord que les propriétaires des environs de Malines, touchés par l'inondation, ne doivent pas être indemnisés par l'octroi d'un prix plus élevé ; mais on recommande d'indemniser les petits fermiers qui ont uniquement planté pour leurs propres besoins et qui ont tout perdu par l'inondation.

2me point de l'ordre du jour :

Importation de pommes de terre de plantation de Hollande.

M. Lévy annonce qu'il existe deux possibilités d'importation ; que notamment :

1o) L'Allemagne veut bien libérer sur le contingent allemand 200 wagons de pommes de terre hâtives de plantation, pour l'importation en Belgique, mais qu'elle veut être instruite par l'autorité allemande sur la possibilité de disposer du produit de ces plançons.

L'Echevin Strauss émet l'avis qu'aucune condition ne doit être liée à la livraison de plançons du contingent allemand et que le Comité Consultatif ne peut prendre position sur la question de savoir si une partie du produit de ces plançons peut être exportée plus tard en Allemagne. Le Comité Consultatif n'est pas autorisé à une telle prise de position aussi longtemps que la convention avec les Puissances Protectrices existe.

M. le Lieutenant Weissgerber rappelle qu'au printemps de cette année il a été concédé à la C. R. B. de pouvoir employer à son usage 8 fois la valeur des plançons importés.

MM. Lévy et Colleaux font ressortir l'utilité qu'il y aurait, eu égard à la nécessité urgente de l'échange des plançons, à prendre en considération une proposition de l'Allemagne, basée peut-être sur 2 parties d'exportation contre 1 partie d'importation.

MM. de Caluwé et Strauss expriment l'avis qu'il peut uniquement être question de la restitution d'une quantité égale. M. Strauss maintient son point de vue que l'Allemagne ne peut nullement recevoir plus qu'elle n'a donné ; que la nécessité urgente de l'échange n'est pas niable, mais que l'Allemagne a le devoir de soigner pour un échange de l'espèce. Au surplus, l'offre ne peut être discutée avant que les Puissances Protectrices n'aient pris position à son sujet.

M. Lévy communique encore que, se basant sur les conventions du printemps, la K. V. S. a autorisé la C. R. B. à importer de Hollande 300 wagons de pommes de terre hâtives de plantation, avec l'obligation d'organiser la répartition d'accord avec la K. V. S.

Le C. R. B. a été prié d'augmenter le plus possible la quantité à importer.

Cette mesure est unanimement approuvée.

M. le Lieutenant Weissgerber communique que la C.R.B. décline de faire faire par des experts de la K. V. S. l'achat des pommes de terre de plantation à importer.

Ce fait est particulièrement regretté par M. de Caluwé. Celui-ci rappelle quelles quantités importantes des plançons importés au printemps dernier par la C. R. B. sont arrivées gâtées.

3me point de l'ordre du jour : Raves.

M. le Dr. Knoch annonce qu'on a l'intention de mettre la mise en valeur de la récolte des raves entre les mains de la K. V. S. Il développe 2 possibilités de cette mise en valeur.

1o) pas de saisies, ni de prix maximum, ni d'obligation de livrer.

Mais après introduction de l'obligation du passavant, le commerce libre doit être supprimé et l'achat des provisions disponibles doit être confié à la K. V. S. qui, de son côté, veille au ravitaillement des communes.

2o) Si l'on doit renoncer à une organisation rigide, il y aurait à introduire l'obligation du passavant telle qu'elle a existé pour les légumes, mais avec cette différence que les passavants ne seraient délivrés qu'à des communes et à des institutions publiques lesquelles auraient pour obligation de se conformer à un prix régulateur et de limiter leurs achats à certains territoires.

M. l'Echevin Strauss exprime l'avis que, du moment qu'il faut un règlement, on ne peut arriver à des résultats que par une organisation rigide, comme celle qui existe pour les pommes de terre. Il est adversaire du 2me système, parce qu'il est difficile et souvent impossible d'établir les passavants en temps utile.

M. le Sénateur Colleaux partage complètement cette opinion et recommande le système de la K. V. S. existant pour les pommes de terre, mais déclare que le système des passavants, malgré ses lacunes, serait également applicable.

M. l'Echevin Strauss croit devoir contredire ce dernier point parce que, sous le régime du passavant, les prix maxima ont été transgressés par l'autorité allemande quand elle l'a jugé utile, alors que l'on exigeait des acheteurs belges l'observation des prix régulateurs ; cela s'est produit pour les confitures.

DIVERS

M. le Sénateur Colleaux demande que la tâche des membres du Comité Consultatif de se renseigner sur l'état de l'utilisation des pommes de terre dans la province, soit rendue possible en obtenant de l'administration compétente un passe-port prolongé pour les zones barrées de Dinant et de Marche.

ANNEXE 9.

PROVINCE D'ANVERS

Rapport au sujet de la livraison de lait et de beurre dans la région de Cappellen et Westmalle.

Un arrêté du gouverneur général, en date du 25/4 1918 et publié au «Verordnungsblatt für Flandern» No. 47 du 12 mai dernier, donne une nouvelle réglementation concernant l'emploi du beurre et du lait.

Les communes sont obligées de livrer tout le lait et le beurre produits sur leur territoire, au prix fixé par le chef de l'administration civile, aux institutions indiquées par le commissaire civil. Ce dernier fixe la quantité de lait à fournir par chaque commune, en tenant compte de toute circonstance de nature économique. Sous la surveillance du commissaire civil, les communes font la répartition parmi les différents producteurs de la commune. Chaque détenteur de vaches laitières est tenu à livrer la quantité imposée. Le chef de l'administration civile ou son délégué décide en dernier lieu des plaintes faites éventuellement par la commune au sujet de la quantité à livrer. Quand les producteurs ont fourni le lait et le beurre réclamés, ils peuvent disposer librement des excédents si d'autres quantités ne sont pas prises par l'autorité allemande.

La fabrication professionnelle de fromage, de lait écrémé, n'est autorisée que par le commissaire civil compétent.

Pour autant que le chef de l'administration civile n'en dispose pas autrement, l'achat et la vente du lait et du beurre se font par le « Belgische Boterbond ».

En vertu des dispositions d'autre part, le commissaire civil a donné ordre aux communes de créer un conseil de producteurs « Boerenbond », composé comme suit :

2 conseillers parmi les détenteurs de 1 à 2 vaches ;

2 conseillers parmi les détenteurs de 3 à 4 vaches ;

2 conseillers parmi les détenteurs de 6 vaches et plus.

Par vache laitière, on entend celle qui donne journellement plus de 3 litres de lait. Le « Boerenraad » doit indiquer la quantité à délivrer par détenteur, il doit se réunir hebdomadairement et se mettre au courant des changements produits. Le « Boerenraad » doit, pour faire ces évaluations, partir de ce principe qu'il y a lieu de déterminer pour chaque vache une livraison hebdomadaire de 30 litres

de lait ou 1 Kg. de beurre. Il peut y avoir des circonstances telles que des familles nombreuses, des vaches peu productives, de mauvaises récoltes, etc., pour diminuer la ration de 30 litres de lait ou 1 Kg. de beurre, mais en tout cas, la commune est tenue à livrer la quantité lui imposée.

Contre les mesures prises par le «Boerenraad», il y a recours auprès du commissaire civil.

Le commissaire civil d'Anvers a fixé le prix à payer au producteur à 0,70 fr. par litre de lait contenant 30 % de graisse ; du lait avec moins de 26 % de graisse est refusé. Pour chaque % de graisse en plus de 30 %, il est payé 0,01 fr. en plus ; pour chaque degré en moins, 0,01 fr. en moins.

Les communes de Cappellen, Oorderen, Eeckeren et Wilmarsdonck et Hoevenen d'une part, et celles de Westmalle, Oostmalle et Zoersel d'autre part, doivent fournir le lait, (pas de beurre) de leur territoire à la laiterie Ceulenaere à Cappellen et à Westmalle.

Ceulenaere était fabricant de fromage avant la guerre, en association avec son frère, qui habite actuellement la région des étapes. Depuis la guerre, il s'est spécialement occupé à Cappellen de la fabrication des fromages «Camembert des Peupliers», qui se vendent dans le commerce libre. Il se procurait du lait dans les communes du Polder, notamment à Hoevenen, Oorderen et Wilmarsdonck (environ 3000 litres par jour).

La laiterie à Westmalle est de création toute récente, on y a installé tout un mécanisme moderne pour la fabrication du fromage ; elle a été dirigée pour l'exploitation en vue de la nouvelle réglementation.

Par lettre du 23/5, le commissaire civil d'Anvers a informé le bourgmestre de Westmalle que la laiterie Ceulenaere est désignée pour livrer le lait pur aux malades de la commune; par lettre du 12 juin dernier, le bourgmestre est informé que le lait du groupe de Westmalle, (Westmalle, Oostmalle, Zoersel) doit être livré à la laiterie Ceulenaere, et cela à partir du 17 juin.

Jusqu'ici l'autorité communale de Westmalle, ni celle de Cappellen, n'ont reçu avis officiel de ce qu'une autorisation pour la fabrication de fromage par la firme Ceulenaere a été délivrée.

Comme l'article 6 de l'arrêté du 25 avril du Gouverneur stipule que la fabrication professionnelle de fromage par le lait écrémé doit être autorisée par le commissaire civil et que cette autorisation dépend de certaines conditions intéressant le producteur, il est nécessaire que les communes intéressées soient prévenues .e cas échéant. Un contrôle pourrait être exercé ainsi.

Dans la circulaire que Ceulenaere envoie aux communes, il met à la disposition de la population de Westmalle :

Lait pur pour malades à	Fr. 0,90	le litre.
Lait écrémé	» 0,60	»
Lait battu	» 0,30	»
Kaaswei	» 0,10	»

ce qui prouve qu'il est décidé à fabriquer du fromage.

Cette mesure du commissaire civil a donné lieu à des récriminations amères de la part du producteur belge qui se voit lésé dans ses intérêts ; le Boerenbond de Westmalle a déjà envoyé une lettre de protestation le 15 courant au commissaire civil d'Anvers, demandant de pouvoir livrer le beurre au lieu de lait.

Le 17 juin, premier jour de livraison, aucun paysan ne s'est présenté à la laiterie de Westmalle.

A Cappellen, les producteurs des communes intéressées ont également envoyé une pétition au commissaire civil dans le but de pouvoir fournir du beurre au lieu de lait, ajoutant que la quantité de lait à fournir ne leur permet pas d'avoir des excédents pour le commerce libre. La quantité de lait livrée par le groupe de Cappellen n'est pas fort considérable.

La commune de Westmalle doit livrer pour elle seule 10,000 litres de lait par semaine, que Ceulenaere paie 7.000 frs.

Il vend 1500 litres à raison de fr. 0,90 (pour les malades) . . . . frs. 1.350.—
Les 8500 litres restants donnent 850 litres de crème (à raison de 10 %) — 10 litres de crème donnent 3 kgs. de beurre et 7 litres de lait battu.
Les 7650 litres de lait écrémé sont vendus à raison de 0,60 fr. le litre. » 4.590.-
Les 850 litres de crème donnent 255 kgs. de beurre à raison de 7,70 frs. le kgs. ou . . . . » 1.963,50
Les 595 litres de lait battu sont vendus à fr. 0,30 le litre . . . . . . » 178,50
Les 10.000 litres de lait rapportent à la laiterie . . . . » 8.083.—
ou un bénéfice brut de 1.082 frs. par semaine.

En faisant du fromage, la laiterie disposant de 7650 l. de lait écrémé, obtiendra 465 kgs. de fromage (à raison de 6 kgs. par 100 litres) vendu à raison de frs. 14 le kg. Le bénéfice sera plus considérable : 1350 + 1963,50 + 178,50 + 5610 = 10.002 ou 3002 de bénéfice.

Les producteurs doivent livrer le lait plein (30 % de graisse) à 0.70 frs. et peuvent recevoir du lait écrémé à 0.60 fr. le litre. La différence est remarquable, et les plaintes sont fondées.

Sauf l'autorisation de fabriquer du fromage, dont les communes intéressées n'ont pas encore été saisies, je n'ai découvert ni à Westmalle, ni à Cappellen, d'interprétation fausse ou frauduleuse de l'arrêté du Gouverneur général.

Ce 26/6/1918.

ANNEXE 10.

ARRETE

pris en vue de réprimer le trafic usuraire du bétail et des viandes.

En complément de l'arrêté du 10 juin 1917 et du 1er novembre 1917, pris en vue de réprimer le trafic usuraire des objets de première nécessité (Bull. off. des l. et arr. pour le terr. belge occ., pp. 3869 et 4721) et par dérogation à l'arrêté du 30 mai 1916, concernant le commerce des bêtes de boucherie (Bull. off. des l. et arr. pour le terr. belge occ., p. 2235), j'arrête ce qui suit pour la région administrative wallonne (et flamande) :

Article 1er

L'exercice, à titre professionnel, du commerce de bétail et de viandes sera, à partir du 1er juillet 1918, subordonné à une autorisation écrite et spéciale, même pour les commerçants qui ont pratiqué ce commerce pour leur compte dès avant le 1er août 1914. Toutes les autorisations accordées antérieurement seront considérées comme nulles et non avenues à partir du 1er juillet 1918.

L'autorisation sera, le cas échéant, accordée, d'un commun accord avec le «Gouvernements-Veterinär» (vétérinaire du Gouvernement) par par le «Präsident der Zivilverwaltung» (Président de l'Administration civile) dans le ressort duquel se trouve l'établissement industriel du requérant. Cette autorisation sera toujours révocable et pourra être subordonnée à certaines conditions et prestations. Elle donnera le droit d'exercer le dit commerce dans la province pour le territoire de laquelle elle

aura été accordée ; toutefois, ses effets pourront être étendus à d'autres provinces moyennant une mention à inscrire sur le permis par le «Präsident der Zivilverwaltung» compétent.

Des autorisations valables pour tout le territoire du Gouvernement Général pourront être accordées par les «Verwaltungschefs» (Chefs de l'Administration civile) d'un commun accord avec la «Veterinär-Abteilung» (Service vétérinaire) du Gouvernement Général.

Article 2.

Les prescriptions de l'article 1er s'appliquent aussi aux industriels ou aux associations qui, sans viser à réaliser des bénéfices, achètent ou vendent du bétail ou des viandes, dans l'exercice d'un commerce régulier, pour en approvisionner le public, ainsi qu'aux industriels qui exploitent des fabriques de conserves de viande ; elles s'appliquent, en outre, à toutes les personnes qui, en leur qualité de mandataires, soit des personnes faisant par profession le commerce de bétail ou de viandes, soit d'industriels ou d'associations appartenant à une des catégories susmentionnées, achètent ou vendent du bétail ou des viandes.

Article 3

Toutes les personnes autorisées, conformément à l'article 1er, à pratiquer le commerce de bétail et de viandes, ainsi que leurs mandataires doivent, dans l'exercice de ce commerce, toujours être nantis de leur permis qu'ils sont tenus de présenter en même temps que leur certificat d'identité, au vendeur avec lequel ils vont conclure un marché.

Le permis doit être présenté, sur demande, aux agents des autorités allemandes.

Article 4.

Les personnes autorisées à pratiquer le commerce de bétail et de viandes doivent, relativement à leurs achats et ventes de bétail ou de viandes, tenir une comptabilité conforme aux formules ci-jointes.

Article 5.

Les prescriptions du présent arrêté ne sont pas applicables à l'achat et à la vente de viande en détail.

Article 6

Le «Verwaltungschef» a le droit de prendre des dispositions réglementaires en vue de l'exécution du présent arrêté.

Article 7

Les infractions au présent arrêté seront punies conformément aux prescriptions pénales des arrêtés des 10 juin 1917 et 1er novembre 1917, pris en vue de réprimer le trafic usuraire des objets de première nécessité, arrêté dont toutes les autres prescriptions aussi resteront en vigueur en cas d'infractions au présent arrêté.

Les tribunaux et commandants militaires connaîtront des infractions au présent arrêté.

Bruxelles, le 20 juin 1918.

Der Generalgouvernement in Belgien.
Freiherr von Falkenhausen,
Generaloberst.

COMPTABILITÉ I

I. RELATIVE AU COMMERCE DE BÉTAIL

N° d'ordre	ESPÈCES DE BÉTAIL (Nombre de têtes)					Date de l'achat	Prix d'achat Poids sur pied en kg	Précédent détenteur (Nom et domicile)	Date de la vente	Prix de vente Poids sur pied en kg	Acheteur (Nom et domicile)	Observations
	Bœufs	Veaux	Porcs	Moutons	Chèvres							

II. POUR LE COMMERCE DE VIANDES

N° d'ordre	ESPÈCES DE BÉTAIL ET QUANTITÉS					Date de l'achat	Prix d'achat le kg	Précédent détenteur (Nom et domicile)	Date de la vente	Prix de vente le kg	Acheteur (Nom et domicile)	Observations
	Bœuf kg	Veau kg	Porc kg	Mouton kg	Chèvre kg							

Rapport au 1er août 1918

VOLKSOPBEURING

Nous référant à notre rapport précédent et ayant en vue le crédit croissant que rencontrent les membres activistes du « Volksopbeuring » auprès de certaines autorités allemandes, nous avons suggéré aux Ministres Protecteurs l'envoi à M. le Baron von der Lancken du memorandum repris à l'annexe 1o. Dans sa réponse fort intéressante (annexe 1b) nous relevons la déclaration suivante qu'il importe de noter au moment où l'administration allemande paraît vouloir donner plus d'influence aux organismes dépendant du Volksopbeuring :

« Monsieur le Gouverneur Général a
» décidé en principe que la répartition
» des vivres tant indigènes qu'importés
» ne doit pas se faire de manière à favo-
» riser l'un ou l'autre des groupements
» politiques du pays. Une enquête a déjà
» été ordonnée sur les faits signalés par
» Votre Excellence pour établir si réelle-
» ment un organisme privé ne tenant pas
» compte du principe que je viens d'énon-
» cer aurait été chargé de la répartition
» des vivres. Si tel est le cas, des mesu-
» res ne manqueront pas d'être prises en
» conséquence ».

Un rapport de la Direction du « Volks-opbeuring » dont nous joignons une copie au présent rapport (annexe 1c) vous éclairera sur les efforts de ce groupement politique.

GARANTIES

Comme suite à la correspondance engagée par les Ministres Protecteurs avec le Département Politique au sujet des distributions spéciales de vivres aux ouvriers travaillant pour le pouvoir occupant et dont il a été question dans nos rapports du 1er mars (annexes 19 et 20) et du 1er juillet (annexes 3 et 4) M. le Baron von der Lancken a adressé à M. le Ministre d'Espagne, en date du 26 juillet, le memorandum faisant l'objet de l'annexe 2a.

D'autre part on trouvera (annexe 2b) copie du memorandum envoyé par le Département Politique à M. le Ministre des Pays-Bas, en date du 22 juillet, au sujet des infractions constatées dans l'arrondissement de Thuin et dont il était question dans l'annexe 1 de notre rapport au 1er mai dernier.

Nous n'avons pas manqué non plus de saisir la V. C. N. des cas les plus flagrants intéressant les garanties ; vous trouverez aux annexes 3a, 3b et 3c copie de nos memorandums A. 5945, A. 5951, A. 5955 du 25 juillet dernier à cet organisme, dont nous ne manquerons pas de vous communiquer les réponses ultérieurement. Au surplus nous avons tenu à mettre la V. C. N. en présence des constatations qu'il nous a été donné de faire au sujet de la répartition des pommes de terre hâtives dans l'arrondissement de Nivelles. Copie de cette documentation figure en annexe au présent rapport (4a et 4b).

CENTRALES

Comme le disait le précédent rapport, les membres belges du Conseil annexé à la Centrale des Huiles ont adressé au Président de ce conseil une note mentionnant les rectifications qu'ils estiment devoir être apportées au procès-verbal de la séance du 29 avril dernier.

Dès qu'une décision aura été prise par le Conseil au sujet de ces rectifications, nous les introduirons dans le procès-verbal et nous annexerons à l'un de nos prochains rapports la copie de ce document ainsi modifié.

Nous avons déjà, dans notre dernier rapport, dégagé certains points traités dans ce procès-verbal, relativement à la répartition de la graisse alimentaire.

Nous complétons cette analyse en mentionnant, pour ce qui concerne le beurre, les deux déclarations suivantes de M. le Commissaire d'Etat :

« 1o) Il a été formé des réserves de
» beurre, destinées, d'après M. le Com-

missaire d'Etat, à éviter autant que pos-
» sible toute restriction dans la réparti-
» tion générale, pendant les mois où il y
» a disette de beurre. »

Par memorandum du 15 juillet, dont
un extrait est ci-joint (annexe 5) nous
avons attiré l'attention de ces réserves
dans les frigorifères et nous leur avons
demandé de bien vouloir provoquer, de
la part de l'autorité occupante, les mesures nécessaires pour la sauvegarde des
vivres indigènes ainsi accumulés.

Nous avons également signalé le fait à
la Deutsche Vermittlungsstelle.

Le Comité Hispano-Néerlandais suivra
autant que possible, cette affaire en vue
de s'assurer de ce que ces réserves sont
affectées à la population belge.

« 2o) A la suite de différentes réclama-
» tions formulées par le Comité Hispano-
» Néerlandais il a été remis au Départe-
» ment Politique, afin qu'il en fasse usa-
» ge, une partie des reçus par lesquels
» l'Union Professionnelle des Marchands
» et Producteurs de Beurre du Brabant
» certifie avoir obtenu, par l'intermé-
» diaire du Commissaire d'Etat, certai-
» nes quantités de beurre. Ces reçus se-
» ront soumis par le Département Politi-
» que à l'examen des Conseillers, si ceux-
» ci le désirent ».

Le Comité Hispano-Néerlandais se tiendra au courant de la suite de cette affaire.

On trouvera ci-après (annexes 6 et 7)
le texte des circulaires adressées par les
Commissaires Civils de Nivelles et de
Namur aux bourgmestres de leurs arrondissements respectifs, en exécution de
l'arrêté du 25 avril, relatif à l'utilisation
économique du beurre et du lait.

* * *

A la date du 30 avril, le Comité National avait attiré l'attention de LL. EE. les
Ministre Protecteurs sur la déplorable
situation alimentaire dans laquelle allait
se trouver la population belge, pendant
les mois de mai et de juin, et avait suggéré comme remède à apporter à cette
situation l'utilisation partielle des réserves de sucre existant dans le pays.

LL. EE. ont bien volu faire une démarche dans ce sens auprès de M. le Gouverneur Général.

En réponse, LL. EE. ont reçu du Département Politque une note du 3 juillet
concluant à l'impossibilité de prévoir à
ce moment une libération complémentaire de sucre.

Nous joignons au présent rapport un
extrait de cette note (annexe 8).

On trouvera également ci-jointes les
copies d'un memorandum no. C. 5859/
1320, du 19 juillet et d'une note annexe
de la même date que nous avons adressée
à la Deutsche Vermittlungsstelle (annexes 9 et 10) concernant les irrégularités
auxquelles a donné lieu, dans le canton
de Jodoigne, la répartition du sucre aux
évacués français et à la population belge.

PRISONS

Des prisonniers de guerre français et
italiens sont employés à des travaux divers en Belgique.

Il nous est revenu que ces prisonniers
sont fort mal nourris, mal logés,
qu'il est défendu à la population de
les secourir. Les corvées sont très rudes.
Il leur est interdit d'écrire à leur famille.

Nous savons que dans les environs de
Gand, il y a environ 4000 prisonniers
français. On nous dit que l'autorité allemande prend des Belges à Gand pour
remplacer ces prisonniers qui effec-
tuaient des travaux dans la région du
front.

A Liége des prisonniers de guerre italiens séjournent à la citadelle et dans la
ville d'Andenne.

Dans la Province de Luxembourg, on
nous renseigne des prisonniers français
à Athus, des Italiens à Halanzy, Musson
et Autange.

Il est interdit à nos délégués de s'occuper de ces prisonniers.

Il appartient d'ailleurs à chaque gouvernement de faire tout le nécessaire
pour assurer le meilleur sort à ses natio-
naux faits prisonniers. Il est donc urgent
de les renseigner et de veiller à l'application de l'art. 49 de l'accord du 15 mars
pour permettre aux ambassades et légations protectrices de pouvoir exercer leur
action hautement humanitaire.

Nous rappelons que depuis fin avril le
Comité Hispano-Néerlandais a eu l'honneur de demander que le contrôle des
prisonniers belges internés à la prison de
Vilvorde et au camp de Diest soit exercé
pour compte des Légations d'Espagne et
des Pays-Bas par les représentants en
Belgique du Comité Hispano-Néerlandais. (Voir annexe 11).

LES DIRECTEURS,

ANNEXE 1a.

Memorandum pour Son Excellence Monsieur le Baron von der Lancken.

J'ai eu soin, ainsi que mon collègue d'Espagne, de faire connaître au Gouvernement de la Reine les récentes difficultés de la situation alimentaire en Belgique et la crise qui a troublé le ravitaillement de ce pays dans ces derniers temps.

Fidèle aux obligations que nous avons contractées à l'égard de toutes les puissances belligérantes et conscient des responsabilités qu'il a assumées, mon Gouvernement n'a pas manqué d'intervenir auprès des Gouvernements Alliés, pour obtenir que les engagements que ceux-ci ont pris envers lui, au sujet du ravitaillement des territoires occupés, fussent scrupuleusement observés.

Je suis heureux de pouvoir faire savoir à Votre Excellence qu'à la suite des démarches faites par le Gouvernement Espagnol et par le Gouvernement hollandais, ainsi que par mon collègue d'Espagne et moi-même, les obstacles qui entravaient l'importation régulière des denrées alimentaires exotiques dans les territoires occupés ont pu être écartés et que les Gouvernements des Puissances Neutres qui patronnent l'œuvre du ravitaillement de la Belgique et du Nord de la France, ont reçu aujourd'hui l'assurance que les Gouvernements Alliés maintiendront les promesses qu'ils leur ont faites concernant cet objet.

En leur faisant ces déclarations, les Gouvernements Alliés ont attiré, avec insistance, l'attention de nos Gouvernements sur les infractions aux garanties données par le Gouvernement Impérial et sur les abus qui ont été commises dans les territoires occupés par des organismes ou des agents subordonnés à S. E. M. le Gouverneur Général.

Aussi, le Gouvernement, que j'ai l'honneur de représenter, m'a-t-il donné, d'une manière formelle, l'ordre de signaler au Gouvernement Impérial Allemand la nécessité absolue qu'il y aurait que des mesures plus efficaces fussent prises pour mettre fin aux abus qui empêchent l'entière observation des engagements pris envers lui par le Gouvernement Impérial.

Malgré les instructions données par S. E. M. le Gouverneur Général pour défendre « l'exportation hors du territoire du Gouvernement Général des vivres (y compris les » bestiaux), denrées et fourrages servant à » l'alimentation humaine et à celle du bétail », on constate journellement qu'un nombre important de têtes de bétail et de porcs, ainsi que de grandes quantités de viande de boucherie et de porc, sont exportés vers le Nord de la France. De même, des fourrages provenant du territoire du Gouvernement Général sont exportés hors de ce territoire. Il semble que certaines autorités allemandes, au mépris des engagements pris par le Gouvernement Impérial à l'égard de mon Gouvernement, ne tiennent pas compte de l'interprétation que S. E. M. le Gouverneur Général a donnée lui-même à la défense qui vient d'être rappelée. Dans la lettre qui nous a été adressée le 14 avril 1916 par le Département Politique, il est, en effet, expressément déclaré : « En dehors des autorisations qui pourront être accordées » à la C. R. B. pour l'exportaion, hors du ter-» ritoire du Gouvernement Général vers le » Nord de la France, de vivres, bétail et four-» rages dont il y aurait un excédent sur les » besoins de la consommation, *la défense pré-cifée ne souffrira pas d'exception.* »

Dans l'opinion de mon Gouvernement, la réserve reprise dans la lettre précitée de Votre Excellence et qui avait été convenue par le Marquis de Villalobar, lors d'un de ses voyages à Londres, avec le Gouvernement Anglais, « pour les quantités de certains produits du » sol belge dépassant les besoins de la popula-» tion du territoire occupé de la Belgique », doit demeurer limitée à ce qui a été indiqué dans la lettre de Votre Excellence du 16 février 1916, c'est-à-dire à « certains produits du sol, » constituant pour la plupart *des articles de* » *luxe* et ayant été produits de tout temps en

» quantités dépassant de beaucoup les besoins » de la consommation, tels que chicorée, légu-» mes primeurs, fruits ».

L'application qu'on fait de cette réserve ne tient aucunement compte des besoins de la population. Pour s'en convaincre, il suffira à Votre Excellence de relire les centaines de notes adressées par le Comité Hispano-Néerlandais à la Deutsche Vermittlungsstelle C.N. ou par les Ministres Protecteurs à Votre Excellence elle-même. Le dernier abus qui nous est signalé en est un exemple probant : du 27 mai au 4 juin dernier, sur 138 wagons de légumes expédiés de Malines, 54 ont été réservés à la Belgique, tandis que 84 étaient dirigés sur Herbesthal.

Il est cependant de notoriété publique que la population belge est actuellement privée, d'une manière à peu près complète, de légumes frais. Il semble, d'ailleurs, que les mesures, prises isolément par les autorités locales allemandes et sans concert préalable entre elles, aient plutôt pour conséquence d'entraver le ravitaillement de la population belge et de créer ainsi des excédents fictifs pour l'exportation.

Je suis chargé par le Gouvernement de la Reine de demander qu'on en revienne à une plus saine interprétation des accords intervenus sur ce point.

De même, après que S. E. M. le Gouverneur Général eut donné à l'intendance militaire du Gouvernement Général, comme l'indique la lettre de Votre Excellence en date du 14 avril 1916, l'ordre de ne plus réquisitionner ni acheter par libres transactions, dans le territoire occupé de la Belgique, pour les besoins de l'armée d'occupation, aucun des produits ci-dessus mentionnés, j'ai déclaré que je ne considérais pas des « achats occasionnels de ces produits » faits individuellement par des personnes ap-» partenant à l'armée comme étant contraires » à l'engagement pris par M. le Gouverneur » Général, pour autant que ces achats ne » soient aucunement *systématiques ni effec-* » *tués pour compte de l'intendance militaire.* »

Votre Excellence voudra bien reconnaître que c'est à tort que des agents de l'autorité allemande ont cru voir dans cette tolérance, accordée par les Ministres Protecteurs pour répondre au désir de S. E. M. le Gouverneur Général, qui « attachait la plus grande impor-» tance à ce qu'une situation définitive et nette » fût créée », le droit reconnu aux militaires de procéder sans limite à des achats dans le pays, sous la seule condition que ces achats fussent effectués individuellement. En effet, Votre Excellence voudra bien convenir que la convention du mois d'avril 1916 a pu avoir objet de réserver uniquement à la population civile belge les produits alimentaires indigènes et que ce serait aller directement à l'encontre de l'esprit qui l'a inspirée que de transformer la tolérance en question en une pratique qui en annihile les effets.

Pour n'en citer qu'un seul exemple entre mille, je signalerai que la Centrale des Œufs fonctionnant à Ath, a distribué du 22 mai au 22 juin de cette année, sur les 276.188 œufs qu'elle a recueillis, 98.417 œufs à des militaires, qui ont ainsi obtenu plus de 36 % du total, ce qui représente plus de 57 % de la part laissée à la population civile belge. On devra bien admettre cependant qu'il y a pénurie d'œufs en Belgique, puisque ceux-ci se paient 1 fr. 45 la pièce à Bruxelles.

Malgré la défense formelle résultant de conventions précitées, de réquisitionner ou d'acheter par libres transactions des fourrages pour les besoins de l'armée d'occupation, l'intendance militaire revendique le droit, que mon Gouvernement considère comme inadmissible, de prendre à bail des prairies pour l'engraissement du bétail destiné à ses troupes : elle élargit ainsi, contrairement à l'esprit de ces conventions et au sens précis des accords intervenus à cette fin, la portée de la tolérance temporaire consentie par les Ministres Protecteurs pour le bétail non belge se trouvant dans le territoire du Gouvernement Général *au moment où la convention a été conclue.*

A plusieurs reprises, j'ai eu l'occasion d'attirer l'attention de Votre Excellence sur les difficultés que provoque la pratique suivie par les autorités allemandes de consacrer une part importante de vivres indigènes à attribuer des suppléments de raison à certaines catégories de Belges à l'exclusion du reste de la population civile belge.

Dans une dépêche que je viens de recevoir, mon Gouvernement me signale que les Gouvernements Alliés lui ont fait observer que c'est à tort que Votre Excellence, dans la réponse qu'Elle a bien voulu me faire parvenir le 30 mai dernier, cherche à assimiler cette attitude des autorités allemandes à celle du Comité National qui attribue, hors part, une portion des vivres qu'il importe à certaines catégories de Belges : les enfants, les femmes enceintes et les femmes nourrices, les tuberculeux et les prétuberculeux, les nécessiteux, etc.

Mon Gouvernement, qui partage à ce sujet complètement la manière de voir des Gouvernements Alliés, fait remarquer que la détermination des bénéficiaires avantagés par le Comité National est la conséquence de l'âge, d'un état physiologique, de la santé ou du besoin qui excluent toute autre préoccupation.

D'autre part, il ne peut s'empêcher de constater qu'en fait, contrairement à ce que Votre Excellence m'a écrit dans sa lettre précitée, une certaine catégorie d'ouvriers seulement est appelée à bénéficier de la ration supplémentaire de vivres indigènes.

Mon Gouvernement a également été frappé des remarques qui lui ont été faites par le Gouvernement de Sa Majesté Britannique qui, en lui transmettant la note annexée sous le no. 1, est obligé de constater que, dans maints endroits, des personnes qui ne se livrent pas à un travail lourd reçoivent, de même que leur famille, cette ration de vivres, à la condition de souscrire l'engagement repris dans l'annexe en question.

Je partage d'autant plus l'émotion de mon Gouvernement que la preuve de ce fait m'est fournie personnellement par la lecture des documents annexés sous les nos. 2 et 3.

Mon Gouvernement ne peut que se rallier à la façon de voir des Puissances Alliées qui font observer que, s'il permettait le maintien de cette situation, c'est-à-dire que s'il acceptait que des organismes de distribution belges s'efforçassent d'imposer par la faim le but qu'ils visent, en usant des vivres indigènes dont l'emploi doit, en vertu des conventions, être contrôlé par moi et mon collègue d'Espagne, mon Gouvernement non seulement sortirait de sa neutralité qu'il s'est engagé à observer tant à l'égard du Gouvernement Impérial qu'à l'égard des Gouvernements Alliés, mais manquerait encore aux engagements solennels qu'il a pris à l'égard de tous les belligérants et, peut-on dire, du monde entier, de ravitailler équitablement les pays occupés et de secourir ces malheureuses populations.

Votre Excellence ne pourra refuser de reconnaître que tel est bien l'esprit de la convention qui règle le ravitaillement de la Belgique. C'est pourquoi, sans examiner si cette obligation était ou non inscrite formellement dans son texte, ai-je toujours exigé que la répartition des vivres exotiques s'opérât équitablement entre toute la population civile belge.

Si le point de vue auquel se place maintenant l'autorité allemande devait être accepté, mon Gouvernement déclare qu'il n'aurait aucune raison à opposer aux Gouvernements Alliés si ceux-ci voulaient imposer un mode de distribution des vivres importés rétablissant l'équilibre entre les différentes catégories de la population.

Bien plus, il aurait à examiner s'il ne se trouverait pas dans l'obligation de me proscrire de prendre moi-même de telles dispositions. En effet, l'unique but des efforts que mon Gouvernement, en acceptant de patronner l'œuvre du ravitaillement de la Belgique, a été de venir également en aide à toutes les classes des populations éprouvées des pays occupés sans intervenir en quelque manière que ce soit dans le conflit et les divergences de vues qui séparent les puissances belligérantes.

Personne ne pourrait contester que, si mon Gouvernement en était réduit à cette extrémité, et de toutes celles qu'il patronne aurait bientôt cessé d'exister. Je crois inutile d'ajouter que mon Gouvernement attache la plus grande importance à pouvoir calmer les appréhensions que lui ont communiquées à ce propos les Gouvernements Alliés.

Enfin, dans sa lettre du 14 avril 1916 aux Ministres Protecteurs, le Département Politique déclare :

« Votre Excellence est à même de se rendre » compte que les stipulations de cette conven- » tion et de toutes celles conclues précédem- » ment avec le Gouvernement représenté par » Votre Excellence sont consciencieusement ob- » servées par les autorités et les troupes sous » les ordres de S. E. Monsieur le Gouverneur » Général est toujours prêt à aider Votre Ex- » cellence de toutes les manières possibles » dans l'accomplissement de cette tâche ».

Le Gouvernement de Sa Majesté Britannique appréhende que les nouvelles dispositions manifestées par certains agents, placés sous les ordres de S. E. M. le Gouverneur Général, ne mettent les Ministres Protecteurs dans l'impossibilité d'accomplir cette partie de leur mission. C'est ainsi qu'il a attiré l'attention de mon Gouvernement sur le fait que, d'après les informations qu'il a reçues, les commissaires civils ont décidé de retirer aux administrations communales de leur ressort le soin de répartir à la population civile belge les vivres indigènes provenant des centrales allemandes pour le confier à des organismes privés, d'un caractère politique.

A ce propos, mon Gouvernement, partageant ces appréhensions, me fait remarquer que, lorsque, suivant la pratique mise en vigueur par feu le Général von Bissing, ces vivres étaient distribués par l'intermédiaire des administrations publiques, composées de mandataires élus par toute la population et responsables envers elle, il ne voyait aucun inconvénient à ce que je me misse en rapport avec ces administrations, car il n'avait aucune crainte de me voir ainsi porter atteinte à la neutralité qu'il tient à observer strictement. Il reconnaît que, si l'on substitue aujourd'hui aux pouvoirs légalement constitués des organismes nettement politiques, je ne pourrais entrer en relations avec ces organismes qu'en abandonnant la neutralité de mon pays. Il me fait remarquer à ce sujet que, si je m'associais à l'action de ces organismes, contrairement à ses instructions formelles, j'interviendrais en fait dans les affaires de pure politique intérieure.

Mon Gouvernement, qui attache le plus grand prix à maintenir soigneusement sa neutralité à l'égard de toutes ces puissances avec lesquelles il a conclu des conventions solennelles relativement au ravitaillement des territoires occupés, m'interdit avec la même rigueur de nouer des relations avec des organismes politiques ayant des tendances anti-allemandes. Il doit, en effet, rester logique avec lui-même et, quant à moi, je ne puis que me conformer ponctuellement aux instructions formelles que j'ai reçues de m'en tenir soigneusement aux obligations imposées aux neutres par la convention de La Haye et de m'abstenir de tout rapport avec les organismes politiques quelconques.

Je ne doute pas que le Gouvernement Impérial ne comprenne les raisons qui ont dicté à mon Gouvernement les instructions qu'il vient de me donner et j'espère que S. E. M. le Gouverneur Général voudra bien prendre des mesures pour remédier à tous les faits que je viens de signaler.

En examinant ces faits, le Gouvernement Impérial voudra bien ne pas perdre de vue qu'au moment de la paix, lorsque les détails de l'organisation du Relief en Belgique, qui a déjà importé à l'heure actuelle pour plus de 2 milliards et demi de francs de vivres dans les territoires occupés, seront rendus publics, les Gouvernements neutres qui ont accordé leur patronage à cette œuvre humanitaire grandiose se trouveront en présence d'une énorme responsabilité. Il y ira de leur honneur de n'avoir point alors à subir le reproche de n'avoir pas suffisamment sauvegardé leur neutralité. C'est une des raisons pour lesquelles les Ministres Protecteurs mettent tant de soin à exécuter la mission qui leur a été dévolue à ce point de vue.

Je me permettrai d'ajouter, en terminant cette lettre, que mon Gouvernement m'a chargé de demander au Gouvernement Impérial de bien vouloir lui marquer au plus tôt son accord sur les questions soulevées ci-dessus. Je compte sur l'obligeant concours de Votre Excellence pour être mis à même de satisfaire à ce désir dans un délai rapproché.

Je prie Votre Excellence....

Le 8 juillet 1918.

ANNEXE 1a.

Annexe I

Défense National
Conseil des Flandres.

Le soussigné s'affilie au programme du Conseil des Flandres, qui est basé sur l'autonomie des Flandres, et s'engage sur l'honneur et en conscience de défendre en toutes circonstances le dit Conseil, représentant du peuple flamand.

Il certifie en outre n'avoir reçu la moindre gratification financière ou autre, pour l'appui qu'il demande, de qui que ce soit ou avoir offert à qui que ce soit une indemnité pour le même objet.

Nom et prénom   Né le   (lieu)   (jour)
profession   demeurant à (commune)
rue et no.   Signature.

Annexe II

AVIS TRES IMPORTANT

Volksopbeuring est maintenant fondé définitivement. L'Administration supérieure fait savoir qu'en dehors des autres marchandises on fournira encore du carbure et de l'avoine aux ayants droit et après l'hiver des engrais chimiques à des prix avantageux.

La distribution du carbure aura lieu d'après l'ordre d'inscription et naturellement exclusivement pour les ayants droit qui n'ont pas l'éclairage électrique. Seuls ceux qui se sont fait inscrire à la société et qui paieront plus tard la cotisation d'entrée jouiront de ces avantages.

Tous ceux qui désirent recevoir à l'avenir du carbure à un prix avantageux et tous les propriétaires de chevaux viendront donc se faire inscrire chez le secrétaire dimanche ou samedi après la grand'messe.

La liste sera expédiée mardi prochain et ceux inscrits plus tard ne participeront aux distributions que 2 mois plus tard.

L'année prochaine, tous les paysans propriétaires d'un bœuf ou d'un cheval, qui sont inscrits, recevront évidemment de nouveau de l'avoine.

Que chaque intéressé se fasse donc inscrire au jour fixé. Cinquante membres sont déjà inscrits.

Arrêté à la réunion du Conseil du 25 crt.

Pour l'Administration,

Annexe III

D'un rapport transmis aux Ministres Protecteurs du Comité National, il résulte que, dans la commune de Duffel, les pommes de terre qui ont été saisies pour contravention aux arrêtés du pouvoir occupant, ont été vendues par l'intermédiaire de «Volksopbeuring»; elles

ont été refusées à certains habitants sous le prétexte qu'ils ne s'étaient pas fait inscrire à cette institution et, par conséquent, n'en étaient pas membres.

ANNEXE 1b.

Politische Abteilung
bei dem
Generalgouverneur in Belgien
J. No: V. 5397.

Bruxelles, le 28 juillet 1918.

Monsieur le Ministre,

J'ai eu l'honneur de recevoir la lettre que Votre Excellence a bien voulu me faire parvenir le 8 de ce mois, m'informant des démarches qu'Elle-même et le Gouvernement qu'Elle représente ont bien voulu faire auprès des Gouvernements Alliés au sujet de l'importation régulière des denrées alimentaires destinées à la population civile des territoires occupés.

J'ai été très heureux d'apprendre le résultat favorable de ces démarches qui font preuve une fois de plus de l'intérêt que Votre Excellence n'a cessé de témoigner pour l'œuvre humanitaire du Ravitaillement dont Elle a bien voulu accepter le protectorat.

Votre Excellence mentionne également dans Sa lettre certaines infractions aux conventions existantes qui, à Son avis, auraient été commises par des agents subordonnés à Monsieur le Gouverneur Général. Je puis répéter à ce sujet l'assurance que Son Excellence a encore eu récemment l'occasion de donner personnellement à Messieurs les Ministres Protecteurs que les accords conclus doivent être observés scrupuleusement par toutes les autorités et troupes sous ses ordres.

Monsieur le Gouverneur Général a ordonné d'ouvrir des enquêtes minutieuses au sujet des différentes questions soulevées dans la lettre de Votre Excellence. Pour ce qui concerne l'exportation de bétail et de fourrages qui aurait eu lieu vers le front, des pourparlers ont déjà eu lieu parmi les autorités intéressées pour établir si pareilles expéditions ont été effectuées, et le cas échéant, quelles mesures seraient à prendre pour les éviter à l'avenir. Ces autorités se sont également donné pour mission de remédier autant que possible à la cherté de la viande, dont la population du Gouvernement Général souffre depuis quelque temps.

Des décisions, que j'espère efficaces, ont déjà été prises. Ainsi l'autorisation d'achats a été retirée à tous les marchands signalés par le Comité Hispano-Néerlandais comme pouvant être soupçonnés de prêter la main à un trafic illégitime. Un nouveau service de contrôle, en dehors des officiers qui en sont déjà chargés, a été installé dans les principaux centres; il a le devoir de surveiller surtout les acheteurs venant soit du front, soit d'Allemagne. Cet organisme a reçu des pouvoirs très étendus et s'est assuré la collaboration de certaines autorités de Berlin. Quoiqu'il ne fonctionne que depuis peu de temps, il a déjà obtenu des résultats très appréciables. D'autres mesures encore tendant à régulariser le marché en limitant le nombre des personnes autorisées à s'occuper des achats de bétail, ont déjà été prises ou sont encore en préparation. Les autorités ayant ainsi la possibilité d'exercer un contrôle plus complet de ce commerce espèrent pouvoir non seulement procurer à la population de la viande à des prix abordables, mais aussi être mieux à même de supprimer des achats contraires aux conventions existantes.

Je suis d'accord avec Votre Excellence au sujet des clauses de nos conventions concernant l'exportation admise des excédents de certains produits du sol belge. Les objections que Votre Excellence a cru devoir faire quant à l'application de ces clauses, ont été examinées; il y a lieu d'admettre que les mesures

15

prises par quelques autorités locales, sans concert préalable avec celles d'autres régions peuvent ne pas toujours avoir été très heureuses ; elles peuvent également à première vue avoir donné l'impression d'entraver le ravitaillement de la population civile dans le but de créer des excédents fictifs. Je peux cependant affirmer à Votre Excellence que tel n'a nullement été l'intention de ces autorités. Ces mesures avaient été prises exclusivement dans l'intérêt de la population même. Elles avaient été occasionnées par les prix d'accaparement exigés par les marchands de légumes et avaient pour but de procurer à cette population des vivres à des prix raisonnables, but qui en fin de compte a effectivement été atteint.

L'exportation de légumes vers l'Allemagne paraît d'après des renseignements obtenus avoir eu lieu dans des proportions normales. Il semble difficile de s'en rendre compte d'après le tableau d'une seule semaine comme celle du 27 mai au 4 juin, dont on a soumis les chiffres à Votre Excellence. L'affluence des choux-fleurs au marché de Malines était à cette époque particulièrement considérable. Une exportation assez importante a par conséquent eu lieu à ce moment. Sans elle — les besoins de la consommation indigène ayant été auparavant couverts —, ces légumes se seraient, au grand dommage des marchands, probablement gâtés. Pendant d'autres semaines l'exportation vers l'Allemagne était pour ainsi dire nulle ; pour se rendre compte de son importance, il faudrait attendre la fin de la saison des légumes et comparer le total des chiffres qui, d'après les renseignements que j'ai pu me procurer jusqu'à présent resteront en dessous de ceux des années précédentes.

Pour ce qui concerne les achats isolés, je suis d'accord avec Votre Excellence que les conventions conclues ne reconnaissent en effet pas aux militaires le droit de procéder sans limite à des achats dans le pays. Les autorités intéressées s'efforceront de maintenir ces achats dans les limites prévues par ces conventions. Dans un cas comme celui qui selon les informations de Votre Excellence se serait passé à Ath, j'ai été informé que des mesures énergiques seront prises immédiatement.

La question de l'utilisation des prairies me paraît réglée par l'échange des notes du 17 juin et du 17 juillet de cette année. Quant à l'autre question concernant la répartition de vivres indigènes à certaines catégories d'ouvriers belges, j'espère que ma lettre du 26 juillet a pu dissiper le dernier malentendu qui a pu encore subsister à ce sujet.

Monsieur le Gouverneur Général a décidé en principe que la répartition des vivres, tant indigènes qu'importés, ne doit pas se faire de manière à favoriser l'un ou l'autre des groupements politiques du pays. Une enquête a déjà été ordonnée sur les faits signalés par Votre Excellence pour établir si réellement un organisme privé ne tenant pas compte du principe que je viens d'énoncer aurait été chargé de la répartition des vivres. Si tel est le cas, des mesures ne manqueront pas d'être prises en conséquence.

J'espère que ce qui précède apaisera les appréhensions que Votre Excellence a cru devoir exprimer au sujet de l'application de quelques-unes de clauses de nos conventions et qu'Elle y trouvera des arguments satisfaisants pour répondre aux objections que les Gouvernements Alliés auraient pu élever à ce sujet.

Veuillez agréer, Monsieur le Ministre, l'assurance de ma haute considération.

(s.) LANCKEN.

A Son Excellence
Monsieur le Marquis de Villalobar,
Ministre de S.M. le roi d'Espagne en Belgique.

TRADUCTION.

Répartition de charbon pour la Flandre
Succursale de Louvain
10, rue de l'Eau Potable.

L'Œuvre du Volksopbeuring à Louvain.

L'Œuvre si patriotique : Volksopbeuring—Bienfaisance avait depuis longtemps à Louvain une succursale, c'est-à-dire une section du « Soldatentroost » (consolation aux soldats) qui a rendu à nos pauvres exilés et à leurs familles les plus grands services. Il y a 3 ou 4 mois, après réorganisation de la direction locale, on a adjoint à ce premier centre d'action une section « Stille Hulp » (assistance discrète) rue Notre-Dame 15, et ensuite une section de « Ravitaillement » qui devait contribuer à atténuer les misères provoquées par la guerre.

Afin de donner à ces sections l'extension désirée, la Direction vient de prendre possession d'un vaste local (rue Joseph II no. 2) où seront installés les différents départements du Volksopbeuring-Bienfaisance tels que « Soldatentroost » (actuellement établi au local de Volksopbeuring-Commerce, rue Marie Thérèse, 55), Protection aux nourrissons et aux enfants, Éducation du peuple, Prévoyance sociale.

Depuis plus de 3 mois déjà, « Stille Hulp » a distribué discrètement ses modestes bienfaits parmi la population de Louvain, si éprouvée par la guerre. Avec des ressources limitées elle a déjà fait beaucoup de bien, s'adressant avec une délicate clairvoyance et un véritable désintéressement à la classe la plus à plaindre : les pauvres « honteux », sans distinction d'opinions politiques ou religieuses. C'est ainsi que ses enquêtes se sont déjà portées sur 40 à 50 ménages, dont une trentaine déjà entrent en ligne de compte pour des secours mensuels.

En ce qui concerne l'action du Volksopbeuring à Louvain, il ne s'agit que d'un commencement, mais d'un bon commencement, qui est le gage de succès futurs.

En même temps que les extensions données à l'Œuvre, il y a quelque mois, notre direction locale — d'accord avec les vœux de la Direction Générale à Bruxelles, qui concordent parfaitement avec les nôtres — a pris en considération et mis à l'étude des plans beaucoup plus étendus, Louvain, la ville flamande de l'Université française — sol aride pour l'épanouissement du noble sentiment de la race — Louvain la ville de la bourgeoisie française et de ceux qui oublient leur devoir — doit être travaillée dans les couches profondes de sa population, afin qu'elle apprenne à nouveau à sentir et à agir en flamand. C'est ce que notre Œuvre du « Volksopbeuring » accomplira. C'est pour cela que tout notre programme doit être réalisé dans cette ville avec énergie.

La section qui — à côté de celles qui existent déjà — mérite en premier lieu de susciter de l'intérêt, est celle de la protection des enfants et de la jeunesse, à laquelle devront être adjoints méthodiquement : crèche, jardin d'enfants, plaines de jeux pour enfants, homes pour enfants ayant quitté l'école. La tâche étant ici plus compliquée, plus diverse, elle a exigé un travail préliminaire plus considérable. Néanmoins, le besoin absolu de semblables organismes nous a d'autre part imposé la plus grande hâte possible ; la Direction n'a, en conséquence, pas un de cesse avant d'avoir réalisé ses projets.

Nous pouvons donc annoncer de bonnes nouvelles. Le plan de la Section de la « Protection aux Enfants et Nourrissons » est à la veille d'être réalisé, c'est-à-dire qu'un début pourra avoir lieu en août. Toutes les mesures sont prises : les locaux nécessaires sont trouvés, le personnel est en partie engagé. Naturellement nous devons avant tout nous occuper de la création d'un service médical efficace. Cela a déjà été fait, et sous peu les examens corporels préliminaires pourront commencer.

Certainement ils se passera encore du temps, avant que l'œuvre soit complètement achevée. En raison de la mortalité infantile, véritable plaie de nos contrées flamandes, si arriérées, — nous avons besoin, non seulement de la collaboration de médecins, mais de l'aide désintéressée de femmes disposées à s'occuper des enfants eux-mêmes et à aider les mères de toutes façons. Plus tard, à mesure que nos ressources le permettront, nous devrons veiller à avoir une installation agricole qui nous procurera directement le lait dont l'œuvre a besoin, tant pour les institutions elles-mêmes que pour la livraison aux mères qui soignent leur enfant chez elles (œuvre du lait en flacons). Dans ces œuvres de secours les enfants seront également nourris ; et cela gratuitement pour les indigents. Ensuite on étudie, comme nous l'avons dit, la création d'une crèche pour nourrissons, de jardins d'enfants pour enfants de moins de 6 ans et l'organisation de plaines de jeux pour les écoliers a leurs moments de liberté. Enfin, on aménagera des homes pour enfants ayant quitté l'école.

On voit que c'est une vaste entreprise que notre Direction a mise sur pied. Mais nous acceptons la tâche, confiants dans le zèle de nos collaborateurs et, avec la conviction que notre population reconnaîtra enfin qui lui veut du bien, et qu'elle ne nous refusera pas son concours.

Il y a encore d'autres objets au programme du « Volksopbeuring »; en voici les principaux : vêtements, Ravitaillement, Bourse du travail, Caisse d'Avances et Banque d'Assistance, Œuvre de la Chaussure, Aide aux Invalides de la guerre, Orphelins de la Guerre, Dommages causés par la guerre, enfin l'éducation du peuple et Prévoyance ouvrière.

Tous ces objets seront réalisés en leur temps. Déjà il y a dans « Ons Vlaamsch Huis » (Notre maison flamande) certains préliminaires de réalisation. Que sont, entre autres, les lectures et conférences que nous organisons ou encourageons, si ce n'est un pas dans la voie de l'Education populaire ?

Dans ce dernier ordre d'idées, un grand champ d'action nous est ouvert et il est probable que dès le prochain hiver les questions à l'ordre du jour seront prises en considération.

Notre peuple doit être mis à même de se développer scientifiquement et techniquement. L'éducation scientifique devra nécessairement commencer par des cours pour les illettrés qui, dans nos contrées flamandes — même à Louvain et dans les environs — sont encore très nombreux, en raison de l'organisation détestable de notre enseignement populaire. Pour ceux qui sont plus instruits viendront les cours des langues (principalement notre langue maternelle, ensuite l'Allemand et le Français) machine à écrire, sténographie, calcul, comptabilité et ensuite cours ménagers. La prévoyance ouvrière comprend l'enseignement professionnel pour les différents métiers aussi bien pour les métiers ordinaires que pour les métiers plus spéciaux depuis celui de tailleur et de menuisier jusqu'à celui d'ajusteur et d'électricien. Pour les deux groupes il y aura des conférences et des lectures, avec ou sans projections.

Le but principal de toute notre action dans le sens du développement du peuple doit être le relèvement complet de notre classe populaire flamande, par une instruction appropriée et en se servant de la langue maternelle. C'est ainsi que nous espérons élever notre classe ouvrière au niveau de la classe ouvrière bien autrement favorisée d'autres pays : Allemagne, Angleterre, Amérique, et cela en lui donnant plus de connaissances professionnelles et en leur assurant par le fait même des salaires plus élevés et un meilleur traitement, tant de la part des employeurs qu'au point de vue des lois du pays ; des lois sociales plus avantageuses seront naturellement la conséquence d'une meilleure éducation des classes ouvriè-

res. Un temps viendra où notre industrie flamande, devenue indépendante du capital wallon et étranger — qui réalise actuellement de gros bénéfices par l'exploitation de la main d'œuvre flamande à bon marché — pourra se mesurer, non seulement avec l'industrie wallonne, mais avec toutes les autres.

Le but d'ensemble que le Volksopbeuring poursuit répond à ce but particulier. Tous les travaux énumérés ci-dessus et déjà commencés en partie, tendent vers la réalisation de ce but considérable : la régénération complète du peuple flamand dans le domaine matériel et moral.

Nos sections louvanistes y mettront du leur. Louvain — qui fut la capitale du Brabant — est une ville purement flamande. Ce n'est que comme telle, dans le chaud rayonnement de son caractère et de son esprit anciens, que notre ville de Louvain peut espérer, que le peuple louvaniste peut s'assurer une existence digne et heureuse.

Puisse chaque Louvaniste, en soutenant l'Œuvre du « Volksopbeuring », aider à la réalisation de notre but, le relèvement du peuple flamand, et, en particulier de la population de Louvain ; rendre à notre belle ville natale son rang dans le pays flamand, lui préparant ainsi un nouvel avenir.

Tous ceux qui veulent jouir des avantages du Volksopbeuring-Bienfaisance peuvent se faire inscrire rue Joseph II no. 2, tous les jours ouvrables, excepté le samedi, de 9 à 12 et de 2 à 5 heures.

La cotisation est fixée à frs. 2.50 pour la moitié de l'année courante.

La carte d'identité et la carte de pain ou de farine sont exigées lors de l'inscription.

Les inscriptions pour les leçons instituées par Volksontwikkeling (Education populaire) seront recueillies sous peu.

Louvain, 20 juillet 1918.

La Direction du Volksopbeuring.

ANNEXE 2a.

Politische Abteilung
bei dem
Generalgouverneur in Belgien
J. N. V. 5309.

Bruxelles, le 26 juillet 1918.

Monsieur le Ministre,

Ayant reçu la lettre que Votre Excellence a bien voulu me faire parvenir le 17 juin dernier au sujet de la répartition des vivres indigènes, je crois pouvoir déduire des développements contenus dans cette lettre, que Votre Excellence appréhende surtout que la répartition des vivres supplémentaires dont il est question, n'ait lieu exclusivement au profit des ouvriers travaillant dans le seul intérêt de l'armée occupante.

Je crois cependant pouvoir assurer que telle n'est nullement l'intention des autorités intéressées. Ces rations, ainsi que j'ai eu l'honneur de le dire dans ma lettre du 30 mai dernier, doivent être réparties d'une manière générale à des ouvriers occupés à des durs travaux.

Si des faits ont été portés à la connaissance de Votre Excellence que des rations supplémentaire ont été refusées à des ouvriers occupés à de pareils travaux, parce qu'ils travaillent uniquement dans l'intérêt de la population civile, je suis prêt, si ces faits me sont signalés, de les faire examiner et d'y faire remédier le cas échéant.

Dans ces conditions, je pense que tout malentendu qui peut avoir existé au sujet des clauses des conventions conclues peut être considéré comme dissipé.

Je profite de l'occasion pour renouveler à Votre Excellence les assurances de ma haute considération.

(s.) LANCKEN.

Son Excellence le Marquis de Villalobar, Ministre de Sa Majesté le Roi d'Espagne, Bruxelles.

ANNEXE 2b.

Légation des Pays-Bas.
No. 7998.

Bruxelles, le 24 juillet 1918.

Messieurs les Directeurs,

En me référant à votre lettre du 6 avril dernier, No. A 4658, concernant une série de réquisitions systématiques de produits indigènes, j'ai l'honneur de vous transmettre ci-joint copie d'un mémorandum que je viens de recevoir à ce sujet, de la « Politische Abteilung bei dem Generalgouverneur in Belgien », en date du 22 courant, J. No. V. 5052.

Veuillez agréer, Messieurs les Directeurs, l'assurance renouvelée de ma haute considération.

Messieurs les Directeurs du Comité Hispano-Néerlandais pour la Protection du Ravitaillement, Bruxelles.

ANNEXE 2b.

Copie.

Politische Abteilung
bei dem
Generalgouverneur in Belgien
J. No. V. 5052.

Bruxelles, le 25 juillet 1918.

MEMORANDUM

En possession du mémorandum de la Légation des Pays-Bas du 11 avril, le Département Politique a demandé l'ouverture d'une enquête au sujet d'une série de réquisitions qui, selon les renseignements du Comité Hispano-Néerlandais, auraient eu lieu dans l'arrondissement de Thuin.

Cette enquête a été rendue difficile par le fait que des changements de troupes ont eu lieu fréquemment dans la région en question. Il paraît toutefois en résulter que des réquisitions de fourrages n'ont pas eu lieu; d'autre part, il ne semble pas douteux que certains achats ont été pratiqués, qui ne paraissent pas justifiés d'après les conventions existantes. Il n'a cependant pas été possible, pour les motifs prémentionnés, d'établir d'une façon catégorique quels en ont été les auteurs.

Les autorités militaires de l'endroit, averties par les indications contenue dans le mémorandum de la Légation des Pays-Bas, se sont empressées de faire rappeler à la mémoire de leurs subordonnés l'obligation donnée par Monsieur le Gouverneur Général, et elles croient pouvoir donner l'assurance que pareils faits seront à l'avenir évités.

Politische Abteilung
(cachet) bei dem

Generalgouverneur in Belgien.
Monsieur van Vollenhoven, etc...

ANNEXE 3a.

Le 25 juillet 1918.

No. A—5945.

*Memorandum pour la Deutsche
Vermittlungsstelle C. N.*

Le C. H. N. croit devoir attirer l'attention de la V. C. N. sur l'existence d'une véritable organisation qui s'occupe de l'achat de viandes et de denrées alimentaires destinées à l'exportation vers l'Allemagne.

Le premier semble avoir à sa tête un nommé Waller, de Cologne, qui réside actuellement au Palace Hôtel, à Bruxelles. Il aurait, comme homme de paille, un Anversois, Charles Boone. Le principal acheteur, sur le marché de Bruxelles, serait un nommé Strasse. Waller n'est autre que le Président de La Maraîchère, dont le siège est à Malines, et qui a une succursale Avenue des Boulevards à Bruxelles.

Actuellement, le principal trafic s'opère à l'intervention d'un boucher de la rue Ste Catherine, nommé Vermander, Edmond.

Le second groupe qui s'occupe de l'achat des denrées alimentaires diverses, serait dirigé par le Hauptman Pohly ou Paoli, de Dusseldorf, assisté d'un nommé Grieff, de nationalité allemande également. Tous deux servent d'intermédiaires entre les autorités, et les fournisseurs. Ils habitent, depuis près de deux ans, au Palace Hôtel, à Bruxelles. Grieff y occupe la chambre 311 et Pohly la chambre 44. Ils s'absentent parfois pendant 15 jours et se rendent dans diverses provinces belges et en Hollande pour y effectuer d'importants achats de viande.

Un bureau serait installé place Bronkart, à Liège, où le sous-officier Caps tiendrait la comptabilité commerciale des achats et expéditions de produits indigènes vers l'Allemagne.

Cette organisation se compose de deux groupes distincts : l'un s'occupe du bétail et des porcs, l'autre des denrées alimentaires en général.

Pierre Haering, de Welkenraedt, et Joostens, de Verviers, anciens marchands de chevaux, sont tous deux actuellement expéditionnaires en conserves. Ils traitent avec Waller, président de «La Maraîchère» pour les expéditions de viandes de porc. Les conserves alimentaires sont expédiées dans les wagons de légumes.

En ce moment, aux frigorifères des Abattoirs de Cureghem se font des chargements sur camions à destination de la fabrique allemande de conserves, à Borgerhout-lez-Anvers et des expéditions de viandes en fûts, désossées, pour compte de Vermander.

Il importe de mettre en corrélation avec ces faits, les opérations faites par une société fondée à Liège, dans la première quinzaine de juin, au capital de 2.500.000 frcs.; entre les nommés Martens A., rue Haute-Sauvenière, Liège; Sauvage A., rue Léopold, 26, Liège; Levy, Place de la Vieille-Montagne, no. 6, Liège; Franz Jambroers, courtier à Waremme; Chavoir, soldat allemand réformé, à Seraing; Walthausen, C., courtier, rue des Eburons, 36, à Liège.

Cette société a pour but l'achat de viandes provenant de bêtes à cornes. Ces viandes sont salées, placées dans des tonneaux et centralisées aux frigorifères des Carmes, à Liège. Elles sont destinées à être expédiées en Allemagne.

La V. C. N. n'aura pas de peine à se renseigner sur le fonctionnement de ces organismes et à constater qu'il s'agit d'une véritable exportation de produits indigènes vers l'Allemagne, c'est-à-dire d'une infraction aux garanties.

LES DIRECTEURS,

ANNEXE 3b.

Le 25 juillet 1918

No A—5951

*Memorandum pour la Deutsche
Vermittlungsstelle C. N.*

Le C. H. N. se voit dans l'obligation d'attirer une fois encore l'attention de la V. C. N. sur la question de la répartition inégale de denrées à diverses catégories d'habitants et sur la tendace, de plus en plus accentuée, qu'ont certaines autorités de distribuer en échange de prestations variées et sous forme de primes, des vivres du pays.

Dans la province d'Anvers, le Président de la Zivilverwaltung, engage par voie d'affiches et de circulaires insérées dans les journaux, les habitants à se livrer à la récolte des orties pour le compte des autorités. L'appel adressé aux habitants de Boom notamment annonce « que les personnes qi se seront particulièrement distinguées dans la récolte des orties seront récompensées par l'octroi de « freigabe » pour du sucre et du charbon »

Dans la province de Namur, l'autorité civile délivre gratuitement un pot de confiture à toute personne qui lui fournit 25 kgs. de noyaux de fruits. La fourniture de 5 kgs. de noyaux permet l'achat d'un pot de confiture au prix maximum fixé par l'autorité.

La livraison de 100 kgs. d'orties donne droit à l'obtention gratuite de 2 pots de confiture.

A Louvain, les familles des ouvriers qui consentent à travailler pour les autorités, en Belgique ou en Allemagne, reçoivent une carte de ménage, sur la présentation de laquelle il leur est octroyé régulièrement des vivres indigènes à la « Fürsorgehaus » du gruau d'avoine et du miel artificiel.

Pendant la semaine du 8 au 13 juillet la carte de ménage leur donnait droit à une certaine quantité de pommes de terre et de charbon.

La V. C. N. admettra qu'il y a dans ces divers cas, infraction aux Conventions. Celles-ci, dans l'intérêt même de l'œuvre du ravitaillement, ne prévoient pas de régimes préférentiels, elles se basent sur le principe de la répartition équitable des produits indigènes à tous les habitants.

La V. C. N. reconnaîtra le bien fondé de l'intervention du C. H. N. et voudra bien user de son influence pour éviter que des produits du sol soient répartis sous forme de primes à certaines catégories d'habitants au détriment de la généralité.

LES DIRECTEURS

ANNEXE 3c.

No. A 5955   Le 25 juillet 1918.

Memorandum pour la Deutsche
Vermittlungsstelle C. N.

Dans son mémorandum du 26 décembre 1917, No. A 3417, le C. H. N. a eu l'occasion d'exposer à la V. C. N. certaines considérations au sujet de la firme Reiche, d'Anvers, qui a donné lieu à diverses protestations de LL. EE. les Ministres Protecteurs auprès du département politique; une note qu'ils ont remise à Monsieur le Baron von der Lancken en avril 1917 contenait des détails circonstanciés quant au trafic de riz exercé par la firme précitée.

Le C. H. N. est à même de fournir à ce sujet des renseignements complétant ceux qui ont été donnés à ce moment.

Lorsque la marchandise avait été pesée à son entrée dans les magasins de la firme Vereycken, no. 32, rue Picard, à Molenbeek-Saint-Jean, chargée de l'emmagasinage pour compte de Reiche, cette firme délivrait aux fournisseurs une bon provisoire sur le vu duquel Reiche leur payait 80 % de la valeur de la marchandise, en sa qualité de délégué de la « Zentrale Einkaufgesellschaft für Belgien ».

La firme Vereycken prenait des échantillons et lorsque la marchandise était agréée, les fournisseurs venaient toucher les 20 % restants.

Il a été établi que, du 15 juillet 1916 au 13 février 1917, la firme Meunier et Sieglitz, fournisseurs de Reiche, dont il a été question dans la note prérappelée de MM. les Ministres Protecteurs, lui a procuré plus de 82.000 kilos de riz; quant aux quantités de riz entier ou mou-

lu que s'est procurées dans le pays durant la même période la firme Williquet et Polak, autre fournisseur également cité, elles se sont élevées à près de 398.000 kilos.

Le C. H. N. saurait gré à la V. C. N. de lui faire connaître les sanctions qui ont été prises contre Reiche et la Zentrale Einkaufsgesellschaft.

LES DIRECTEURS.

ANNEXE 4.

Bruxelles, le 17 juillet 1918.

No. A. 5839.

Memorandum pour la Deutsche
Vermittlungsstelle C. N.

Le C. H. N. a l'honneur d'adresser sous ce pli, à la V. C. N., un rapport concernant la culture et la répartition des pommes de terre dans l'arrondissement de Nivelles qui suggère les remarques suivantes :

1o.) La répartition des pommes de terre dans l'arrondissement de Nivelles ne s'opère, dans la plupart des cas — si pas dans tous — que moyennant paiement de commissions exagérées, exigées par une bande d'intermédiaires qui profitent de la crise que traverse le pays pour exploiter les communes et leurs habitants.

2o.) Il apparaît avec évidence que les dispositions officielles prises par le pouvoir supérieur n'ont pas été conçues dans le but de permettre ce trafic blâmable; il n'en est pas moins permis de constater que les arrêtés officiels ont facilité d'une façon regrettable ce trafic.

En ce qui concerne les contrats, c'est l'avis du 29 novembre 1917 qui en fait mention pour la première fois — avis suivi immédiatement de la communication d'une liste des fermiers disposés à conclure pareilles conventions.

Cet avis du 29 novembre 1917, indiquant qu'une grande quantité de plançons était disponible, est suivi, le 19 février 1918, d'un nouvel avis disant cette fois que la quantité est extrêmement réduite. C'est en se basant sur ces avis qu'on s'imagine que les intermédiaires justifiaient la nécessité de leur intervention.

3o.) Les relevés portant décompte des plançons devraient être communiqués pour que l'on ne s'imagine pas que ceux-ci sont payés deux fois : d'abord par la commune qui les règle au Commissaire civil par versements à la Deutsche Bank, ensuite par le fermier qui souvent doit acheter ses semences à l'un ou à l'autre.

4o.) Un grand nombre de contrats stipulent que le fermier possède les plants. Pourquoi, dès lors, toutes les communes, sauf une, ont-elles dû décaisser des sommes d'autant plus importantes pour livraison de ces semences que l'on a fixé à un chiffre élevé la quantité nécessaire par Ha.

5o.) La répartition n'est pas régionale. On a vu le même jour des pommes de terre venant de Jodoigne être déchargées en gare de Wavre pour cette localité, alors que l'on chargeait pour des destinations inconnues de tubercules venant par camions de Chaumont-Gistoux et autres communes voisines. Ce système, s'il permet d'attribuer les frais d'expédition au chargeur, entrave tout contrôle, occasionne des pertes sérieuses de temps et de marchandises.

6o.) Les communes ne bénéficient pas du tarif imposé aux cultivateurs. Alors que ceux-ci touchent 20, 18, 16, 14, 12, 10 et même 5 frs., les administrations, en général, décaissent le prix maximum. On se demande qui peut bénéficier de la différence.

7o.) Les vérifications et les contrôles à l'arrivée ne sont en général pas admis. Il y a parfois des manquants importants pour lesquels il n'est fait aucune bonification.

15*

8o.) Les sacrifices particulièrement lourds, imposés aux communes déficitaires, risquent de l'avoir été en pure perte, les administrations responsables de la livraison des pommes de terre dans les communes productrices pouvant être amenées à réquisitionner la production des terres affectées aux contrats.

9o.) Dans ces conditions, dès à présent, l'on prévoit — si l'on n'y met bon ordre — l'intervention des mêmes individus qui exigeront de nouvelles commissions.

10o.) L'ensemble du système de la culture et de la répartition des pommes de terre dans l'arrondissement de Nivelles semble complètement vicié. Lorsqu'on le compare à l'organisation admise dans d'autres arrondissements — Louvain par exemple — où les pommes de terre sont facturées par le Commissaire civil et transmises d'après une répartition régionale, par un chargeur officiel honnête et scrupuleux auquel on paie simplement une commission équitable de 1 fr. par 100 kgs., l'on se rend compte aisément que des réformes radicales seraient opportunes dans l'intérêt de la population belge, et même dans l'intérêt de l'autorité allemande.

Les Directeurs,

ANNEXE 4a.

Rapport sur la culture et la répartition des pommes de terre dans l'arrondissement de Nivelles.

I. — Les prescriptions officielles.

En exécution de l'arrêté du Gouverneur Général en date du 21 février 1918, relatif notamment à la saisie et à la répartition des pommes de terre, le Commissaire civil de l'arrondissement de Nivelles a adressé aux bourgmestres des communes de son ressort une série de circulaires.

1o.) Un premier avis, daté du 25 mars 1918 Tgb. no. 5304 Z. IV., indique que la quantité des produits à délivrer par la commune est établie d'après le chiffre des cultures de la statistique belge de l'année 1910 diminué de 25 %.

Il est expressément stipulé « in fine » que *les communes ont un intérêt considérable à se procurer des semences et qu'elles recevront au sujet des plantes de pommes de terre une indication spéciale.*

2o.) Un second avis du 25 mars 1918 Tgb. no. 920 Z. K. concerne plus spécialement les pommes de terre et précise le système qui sera employé.

La superficie de culture qui servira de base à l'établissement de l'obligation de livrer est spécifiée pour chaque commune. Le rendement par Ha. est fixé à 7.250 kgs., les cultivateurs recevant l'entière liberté de disposer du surplus de la production sans être liés par les prix maxima.

3o.) Une troisième circulaire, datée du 18 avril 1918 Tgb. no. 5748 Z. IV., rectifie tout d'abord certains chiffres donnés pour les superficies, puis fixe en kilogrammes la quantité des pommes de terre qui devra être livrée par la localité.

Les administrations communales seront responsables de la quantité imposée. Elles encourront éventuellement des amendes pécuniaires, mais aussi se verront forcées, le cas échéant, de livrer les fruits des champs non réquisitionnés.

Ces différentes dispositions ont été envoyées à l'assemblée des communes par circulaires imprimées. Les mesures édictées sont surtout importantes au point de vue des communes productrices.

Le premier avis du 25 mars 1918, rappelé ci-dessus, stipule formellement que les communes recevront dans la suite des dispositions distinctes en ce qui concerne les plançons de pommes de terre.

A ce moment, déjà plusieurs mois auparavant, certaines localités, principalement les communes déficitaires, c'est-à-dire celles où la production est insuffisante pour les besoins de la population, avaient cependant reçu par communications dactylographiées, des instructions spéciales.

1o.) Dès le 29 novembre 1917, par circulaire datée d'Ottignies Tgb. no. 7341 Z. K., le Commissaire civil annonçait qu'il serait en mesure de livrer en *grande quantité* des plançons de pommes de terre venant du dehors du district.

Si la commune désirait s'en procurer, elle devait le faire savoir le plus tôt possible et indiquer la quantité et l'endroit où la fourniture devrait se faire. Le prix était de 22 frs. les 100 kgs.

Les conditions suivantes étaient imposées :

a) La commune devrait payer immédiatement la valeur au compte du Commissaire civil à la Deutsche Bank ;

b) La commune devrait planter les pommes de terre, soit directement sur des terrains lui appartenant ou loués, *soit par contrat avec un fermier qui ferait la plantation des pommes de terre pour compte de la commune.*

2o.) Quelques semaines plus tard, par une circulaire du 20 décembre 1917 Tgb. no. 7632 Z.K., le Commissaire civil communiquait une liste nominative de fermiers du canton de Jodoigne et de Perwez qui « s'étaient présentés pour récolter des pommes de terre pour le commissaire civil et pour les communes ».

3o.) Enfin, en daté du 19 février 1918, un nouvel avis Tgb. no. 472 Z. K. indiquait cette fois que l'on ne pouvait pas prévoir la quantité de plançons qu'il serait possible de livrer, ni même, s'il serait possible d'effectuer des livraisons quelconques.

A nouveau, cette communication indiquait la possibilité de fourniture, rappelait la possibilité de cultiver par contrat et insistait sur l'obligation de payer à l'avance le coût des plançons.

II. — Les intermédiaires.

Sous le couvert de ces dispositions, un groupe d'individus prétendant agir d'après les ordres du Commissaire civil ou de son représentant se mit en rapport avec les communes, tant productrices que déficitaires, aux fins de régler les conditions de la culture et de la répartition. Ce sont :

1. SCHUTTE, attaché au Commissaire civil, Président du bureau des pommes de terre ;

2. BARBE, Joseph Ghislain, sans profession, se disant architecte-entrepreneur, né à Braine-l'Alleud le 1er décembre 1889 et y domicilié ;

3. DUPONT, Victor Edouard Alfred, négociant en armes et munitions, chargeur officiel pour les pommes de terre, né à Jodoigne, le 18 avril 1888, y domicilié place Urban, 7 ;

4. GERMAIN, Charles Joseph, marchand de pommes de terre et cabaretier, chargeur officiel, né à Wavre le 29 mai 1874, y domicilié rue de la Station, 7 ;

5. GRAVY, Joseph Désiré, plombier, chargeur officiel, né à Wavre le 30 octobre 1864, domicilié à Grez-Doiceau, chaussée de Jodoigne, 7 ;

6. GUILLAUME, Gustave, rejointoyeur, né à Braine-le-Château le 13 août 1877 et y domicilié actuellement.

Certaines de ces personnes ont déjà été l'objet de condamnations devant les tribunaux correctionnels de Bruxelles et de Nivelles.

III. — Les contrats.

Faisant état de la circulaire du Commissaire civil du 29 novembre 1917, qui suggérait aux communes déficitaires la conclusion des contrats avec des fermiers qui planteraient à leur profit, BARBE, DUPONT et GUILLAUME qui, nous le verrons, étaient déjà intervenus lors de la dernière récolte, se mirent en rapport avec les administrations communales et leur soumirent des types de contrats, s'offrant à faire les démarches nécessaires pour trouver les terrains.

Ces contrats sont de deux espèces, contenant des dispositions identiques, sauf en ce qui concerne les plançons.

Ils stipulent, en général, que le fermier s'engage à planter pour le compte de la commune une superficie déterminée de terre. L'entièreté de la récolte sera fournie sur wagons en gare, la plus proche du terrain de culture et ce aux prix qui seront fixés par les arrêtés en vigueur au moment de l'arrachage.

En ce qui concerne les plançons, une partie des contrats mentionne que le fermier possède la plante, tandis qu'une autre partie indique que la plante sera fournie au fermier au prix de 23 à 25 frs. par 100 kgs. et à concurrence de 2.000 kgs. par Ha.

C'est ainsi que, dans un contrat, intervenu le 26 Février 1918 entre le cultivateur Bouchez, de Thorembais-les-Béguines, et la commune de Braine-l'Alleud, relatif à la plantation de 2 Ha., il est stipulé que le 1er recevra 4.000 kgs. de plants.

D'après le contexte de la convention, ce serait la commune qui devrait fournir au cultivateur, moyennant paiement, les plants nécessaires.

Nous verrons qu'en réalité les opérations qui se passent à cet égard échappent à tout contrôle de la part des administrations communales.

Il convient également de remarquer immédiatement que 2.000 kgs. de plançons par Ha. constituent un chiffre exagéré, la moyenne normale étant de 1.600 à 1.700 kgs.

Tous les contrats sont rédigés sur des formules imprimées. Ils sont tous passés au nom de Joseph BARBE, agissant comme mandataire des différentes communes.

La conclusion et la signature de ces contrats ont donné lieu à toute une série de manœuvres abusives et doleuses, qui ont été employées tant dans les communes productrices que dans les communes déficitaires.

Il doit être bien entendu que les détails donnés dans ce rapport ne le sont qu'à titre de simple exemple. Nous pourrions fournir des renseignements identiques pour chaque commune de l'arrondissement.

L'exactitude de ces indications a été contrôlée par le service d'inspection, les administrations communales ou les dirigeants des organismes intéressés se refusant, en général, à communiquer des données officielles.

IV — La situation dans les communes productrices.

Sur ordre du Président de la « Provinzial Ernte Kommission », les cultivateurs ont été convoqués par ordre alphabétique, à des réunions tenues dans les maisons communales afin de remettre leurs déclarations relatives aux superficies de terre cultivées pour l'année 1918.

Ces réunions étaient présidées par SCHUTTE ; y assistaient en général BARBE, GERMAIN, DUPONT et GRAVY ; ce dernier abusivement, sans aucun titre ni droit, s'est même fait passer pour délégué du Comité National, notamment à Tourinnes-la-Grosse et à Bossut-Gottechain et à Grez-Doiceau.

En général, les contrats avaient déjà été présentés aux fermiers. On les aguichait par toute une série de procédés, leur promettant de leur laisser une certaine quantité de tubercules pour leur consommation personnelle ; leur faisant entrevoir qu'ils échapperaient aux perquisitions, aux saisies de plançons, aux amendes qui allaient être infligées.

Comme c'était à ces réunions que SCHUTTE saisissait pour non-livraison et condamnait aux amendes, on faisait passer certains cultivateurs n'ayant pas contracté ; ils étaient rigoureusement frappés, puis venait un fermier ayant passé contrat qui, lui, échappait à toute mesure de rigueur.

Immédiatement ses concitoyens s'empressaient d'accepter les conventions qui leur étaient présentées. Le système a été fructueusement employé à Bossut-Gottechain.

D'autres moyens sont mis en œuvre. C'est ainsi qu'à Hamme-Mille le fermier Jonckers avait été sommé par GERMAIN de livrer 500 kgs. de pommes de terre conservées pour les semailles. Cette sommation demeura sans suite à la condition formelle de passer la convention.

A Tourinnes-la-Grosse, le fermier Th. Servaye, qui devait livrer 3.000 kgs., a été trouver SCHUTTE qui l'a mis en rapport avec GERMAIN. Le contrat signé, le fermier n'a plus été inquiété.

Une grande partie des pommes de terre conservées comme plançons a été confisquée. Le fait s'est produit notamment à Jauche, à Folx-les-Caves, à Jandrain, à Autre-Eglise, à Bossut-Gottechain.

Lorsque les plançons étaient saisis, le fermier, qui avait passé contrat, pouvait se présenter chez GERMAIN à Wavre ou au dépôt de DUPONT à Jodoigne et racheter les plantes qui lui étaient nécessaires.

C'est ainsi que, à Bossut-Gottechain, une saisie ayant été pratiquée à charge du cultivateur Taymans, celui-ci, après avoir signé un contrat, put reprendre ses pommes de terre chez GERMAIN à Wavre, en lui payant 25 frs. par 100 kgs.

En général, les pommes de terre saisies ou confisquées sont transportées dans les dépôts installés, soit par GERMAIN à Wavre, soit par DUPONT à Jodoigne.

Ces individus ne se font pas faute, à l'occasion, de vendre des pommes de terre à des prix usuraires. Un procès-verbal dressé par le commissaire de police de Jodoigne établit que des pommes de terre, venant du dépôt de DUPONT ont été vendues 230 frs. à un particulier. Le dépôt de pommes de terre de Victor DUPONT est installé chaussée de Tirlemont. L'on sait que c'est à cet endroit que les pommes de terre saisies et confisquées étaient transportées et que les fermiers pouvaient se procurer les plançons. Il résulte des renseignements recueillis que 225.000 kgs. environ de plançons ont été livrés, dont 71.000 kgs. seulement provenant de Libramont, le restant provenant de saisies et de confiscations. Le prix de vente, soit 55.000 frs., a été versé directement au Commissaire civil sans passer par l'intermédiaire de la Deutsche Bank.

Les saisies donent parfois lieu à des incidents singuliers.

A Grez-Doiceau, la réunion des cultivateurs présidée par SCHUTTE, s'est tenue le 7 mars 1918. Y assistaient : GERMAIN, de Wavre, DUPONT, de Jodoigne, et Joseph GRAVY ; ce dernier se disant délégué du Comité National.

Les fermiers ayant contracté ont, en général, échappé aux amendes, aux réquisitions et aux confiscations.

Quelques jours auparavant, des soldats avaient saisi 6.740 kgs. de pommes de terre ; SCHUTTE opéra la saisie de 11.106 kgs., soit un total de 17.846 kgs. qui fut réparti comme suit :

Croix-Rouge, 1.000 kgs.; Gastuche, 14.200 kgs. Limal, 2.400 kgs.; Gravy Joseph, 300 kgs.

On se demande pourquoi 1.000 kgs. sont attribués à la Croix-Rouge et l'on se demande surtout pourquoi 300 kgs. sont alloués à GRAVY et détournés ainsi de leur véritable destination, c'est-à-dire la population belge.

Les 14.200 kgs. ont été mis sur wagon en gare de Gastuche. C'est Joseph GRAVY qui a réceptionné et fait le chargement ; on ignore la destination réelle. Il serait intéressant de savoir qui a bénéficié de ces envois. Sont-ce des communes ou d'autres organismes ? Les tubercules saisis ont-ils été facturés aux prix habituels ? Il est évident que l'autorité, questionnée à ce sujet, n'hésitera pas à fournir les indications utiles.

Quelque temps après la saisie, les pommes de terre furent payées au receveur communal par un versement officiel venant de la Deutsche Bank, mais bientôt un ordre transmis par l'intermédiaire d'un soldat, surnommé le « Grand Charles » et qui doit s'appeler Poerske, invitait le receveur communal à restituer les fonds qui avaient été, disait-on, transmis par erreur.

Ainsi, des sommes d'argent officiellement versées devaient être retournées de la main à la main. Cette manière de procéder présente incontestablement des inconvénients sur lesquels il est inutile d'insister.

Pour la dernière récolte, les pommes de terre n'ont pas été payées aux fermiers à des prix uniformes, mais suivant un tableau de taxation établi par les chargeurs officiels. Il est donc surprenant que les tubercules soient généralement facturés aux destinataires au prix uniforme de 20 frs.

Prenons par exemple les chargements de Grez-Doiceau. Ils ont été taxés par GRAVY à 20 frs., mais aussi à 18, 16, 10 et même 5 frs. et tous ils ont été facturés à Braine-l'Alleud à 20 frs.

Les frais de chargement, d'expédition, d'emballage, sont portés en compte. On ne comprend donc pas pourquoi des communes déficitaires doivent acquitter une somme supérieure à celle du tableau de taxation.

Une réforme de ce système serait équitable et de nature à éviter les plus fâcheux commentaires.

La commune d'Ottignies, de son côté, a eu un excédent de 8.360 kgs. de pommes de terre pour la récolte dernière.

Il avait été entendu avec Victor DUPONT que ces pommes de terre seraient payées 20 frs. aux cultivateurs, règlement qui fut fait par l'intermédiaire de la commune.

Les tubercules furent livrés le 8 décembre à Court-St-Etienne.

Lors du paiement par DUPONT, celui-ci ne fit parvenir qu'une somme de 1.170 frs. 50 au lieu de 1.678 frs. Le 11 février 1918, la commune envoya une lettre de protestation à DUPONT, lettre qui resta sans suite.

Si l'on pouvait déterminer la destination du wagon, l'on constaterait certainement que l'acheteur a réglé les pommes de terre à 20 francs.

Nous avons vu que les communes productrices doivent planter une certaine superficie en Ha. Or, il n'est pour ainsi dire pas un village qui atteigne le chiffre imposé.

La différence est sensible. Cette situation provient notamment :

a) des saisies et des confiscations de plançons opérées dans la généralité des localités ;

b) de l'envoi trop tardif des circulaires de mars et avril qui ne sont parvenues qu'au moment où les cultures étaient déjà réparties.

Il est certain que les conséquences de cette situation seront graves.

Les communes déficitaires se sont imposé de lourds sacrifices pour obtenir des contrats. Or, les administrations des communes productrices étant personnellement responsables de la livraison des quantités imposées, ne manqueront pas de réquisitionner le produit des terrains affectés aux conventions.

Remarquons en outre que le manque de netteté des instructions relatives au recensement officiel a occasionné des hésitations et certainement des méprises.

C'est ainsi que, à Hamme-Mille, sur indications données par les contrôleurs allemands, on a déduit de la déclaration officielle la superficie affectée aux contrats ; tel fermier ayant cultivé 60 a., dont 50 a. pour une commune déficitaire, ne figure dans le recensement officiel que pour 10 a., mais est porté dans une liste spéciale « d'étrangers cultivant dans la commune » pour 50 a. Ailleurs, à Jodoigne par exemple, on a scindé les déclarations, mais on les totalise dans le recensement officiel. Dans d'autres localités, enfin, comme à Grez-Doiceau, on ne tient nullement compte des contrats qui ne figurent sur aucun relevé.

Cet état de choses, quelque peu incohérent, provient vraisemblablement du fait que les documents s'établissent suivant les instructions arbitraires et diverses de SCHUTTE et de ses compagnons habituels DUPONT et GERMAIN ; nous avons pu constater que ceux-ci n'hésitent pas à donner des ordres, parfois même écrits, à des fonctionnaires communaux.

Pour la récolte prochaine, la commune d'Ottignies doit planter une superficie de 50 Ha. 64 a. Le recensement établit que la superficie réelle cultivée est loin d'atteindre ce chiffre.

En conséquence, le 3 juin 1918, la commune a adressé au Commissaire civil une lettre ainsi conçue :

« Suite à votre instruction 5748 du 18 avril, » j'ai l'honneur de vous adresser les renseigne- » ments ci-joints :

» Des déclarations des cultivateurs pour la » P. E. K. je relève :

» 1o.) Cultivateurs de plus d'un Ha

» Pommes de terre hâtives, 2 Ha. 36 a. » Pommes de terre tardives, 14 Ha. 11 a.

» 2o.) Cultivateurs de moins d'un Ha.

» Pommes de terre hâtives, 3 Ha. 15 a. » Pommes de terre tardives 15 Ha. 30 a.

» La culture de la commune est

» donc : 35 Ha. 30 a.

» Ci-annexé, pour appréciation, les justifica- » tions des intéressés.

» Agréez, M... »

L'on n'a pas connaissance de contrats passés dans la commune. Celle-ci, de son côté, n'a fait aucune convention par l'intermédiaire de DUPONT, bien que ce dernier eût fait des démarches à cet effet.

En exécution de l'arrêté du 21 février 1918, relatif notamment à la saisie et à la répartition des pommes de terre, le Commissaire civil de l'arrondissement de Nivelles a adressé aux bourgmestres de son ressort une nouvelle circulaire faisant suite à ses avis précédents. Cette circulaire est datée du 4 juin 1918 et numérotée Tgb. 24872 K. Z. Ci-dessous copie-traduction de cette circulaire :

Commissaire civil
  J. No. 24872 K
Objet : Récolte des
pommes de terre
  tardives,   Ottignies, le 4 juin 1918.

« MM. les Bourgmestres de
  » l'arrondissement de Nivelles,

« Par ma disposition du 18 avril 1918, no. » 5748 Z. IV. (art. III), je vous ai fait connaître » la quantité des pommes de terre tardives que » votre commune devra mettre à la disposition » du bureau d'approvisionnement en pommes » de terre. Selon le par. 3 de l'arrêté du Gou- » verneur Général en date du 21 février 1918 » (Bull. off. des l. et arr., p. 146) les communes » ont réparti la quantité à livrer leur imposée » entre les personnes de la commune s'adon- » nant à la culture.

» D'après l'arrêté du chef de l'administration » des Flandres et de la Wallonie, en date du » 29 mars 1918, no. 1981 Z., cette répartition » entre les habitants doit se faire par la com- » mune sous l'inspection et avec la collabora- » tion du Commissaire civil. En conséquence, » je prendrai encore des dispositions plus pré- » cises au sujet des règles d'après lesquelles » cette répartition devra se faire ; je vous in- » vite, dès lors, comme il a déjà été fait par » l'art. II de ma disposition du 18-4-1918 no. » 25748 V.IV., à ne rien faire sous ce rapport » avant d'avoir reçu de nouvelles instructions » de ma part.

» Afin de procurer une base appropriée à » cette répartition par la commune entre les » cultivateurs, il est nécessaire que l'adminis- » tration communale ait un aperçu exact de la » grandeur effective de la culture des pommes » de terre dont elle dispose en vue de cette ré- » partition.

» I. — A cette fin, je vous invite à dresser » des listes, d'après les modèles ci-joints, ren- » seignant toutes les personnes ayant cultivé » des pommes de terre dans votre commune.

» Il y a lieu, en particulier, de remarquer à
» ce sujet ce qui suit :

» A) Les cultivateurs de profession ont, d'a-
» près les prescriptions sur la statistique des
» cultures de cette année, à déclarer leurs cul-
» tures dans la commune où ils ont leur rési-
» dence. Les cultivateurs établis dans votre
» commune ont donc à déclarer à votre liste
» communale les cultures de pommes de terre
» qui sont situées dans le territoire d'une com-
» mune voisine. L'obligation de déclarer est de
» rigueur pour les cultures totales de 3 a. et
» plus.

» Les cultivateurs de profession seront in-
» scrits sur formulaires A, sous un numéro
» continu. Il y a lieu de renseigner dans la
» colonne 7 (Observations) les parcelles de cul-
» ture constatées qui sont situées dans une
» commune autre que la commune de résiden-
» ce de l'exploitant.

» Exemple d'inscription dans la colonne 7 :
» dont situées

    dans la commune L. :   Ha.
    dans la commune J. :   Ha.

» Vos listes ne considèrent donc nullement
» les cultures situées dans votre commune ap-
» partenant à des cultivateurs de profession
» ayant leur résidence dans une commune
» voisine.

» B) Les non-cultivateurs habitant votre com-
» mune étaient également obligés, d'après les
» prescriptions de la statistique de culture de
» cette année, à déclarer leurs parcelles de
» pommes de terre pour autant qu'ils cultivent
» plus de 3 a. Les non-cultivateurs figureront
» sur la formulaire B, sous un numéro con-
» tinu.

» C. Concernant les non-cultivateurs qui ont
» planté des pommes de terre dans votre com-
» mune sans y avoir leur résidence, l'avis ci-
» joint, en simple expédition, du Commissaire
» civil, sera prochainement publié, stipulant
» que ceux d'entre eux qui envisagent le trans-
» port de leur récolte hors de la commune n'y
» seront autorisés que s'ils auront déclaré leurs
» cultures pour le 10 juillet 1918 à l'administra-
» tion de la commune de culture aux fins
» d'inscription dans une liste spéciale C. Ceci
» s'applique tant aux personnes habitant dans
» ou hors de l'arrondissement de Nivelles de
» qu'aux cultures de moins de 3 a.

» En vertu de ces déclarations, il y a lieu de
» porter à la liste D (d'après modèle annexé),
» les non-cultivateurs habitant hors de votre
» commune pour autant qu'en conformité de
» l'avis susdit, ils aient déclaré leurs cultures
» et en tant que leur déclaration soit reconnue
» fondée.

» D. Pour autant que dans votre commune il
» ait été constaté des cultures non visées par
» le litt. C qui sont administrées en propre ré-
» gie par des non-cultivateurs n'habitant pas
» votre commune, soit des terres en propriété
» ou en location, elles devront être reprises à
» la liste D (d'après modèle annexé).

» Il convient d'observer en ceci que des par-
» celles plantées de pommes de terre par un
» cultivateur de votre commune pour compte
» d'une tierce personne, doivent être déclarées
» par ce cultivateur (et non par la tierce per-
» sonne) et conséquemment être reprises à la
» liste A ensemble avec les autres parcelles de
» pommes de terre cultivées par lui. Donc,
» dans tous cas où un cultivateur aurait, par
» contrat, repris la culture de pommes de terre,
» sur une parcelle cultivée, avec obligation de
» lui d'en céder au tiers de rendement après la
» la récolte, ces parcelles de terre sont attri-
» buées au cultivateur qui peut en laisser le
» rapport au tiers après s'être acquitté de son
» devoir de livrer. Ceci est également d'appli-
» cation lorsque le tiers a fourni les plantes.

» 2. — Les listes A—D formeront les bases
» de la répartition par laquelle la commune
» reporte sur chaque exploitant la part qui lui
» incombe dans la quantité à livrer imposée.
» Comme au cours de cette année de récolte,
» la quantité à livrer par la commune est déjà

» nettement établie sur la base du nouvel ar-
» rêté du 21-2-1918 et cela indépendamment de
» l'étendue des parcelles effectivement culti-
» vées, le Commissaire civil n'a lui-même au-
» cun intérêt à établir si les déclarations de
» cultures faites par les cultivateurs sont con-
» formes à la réalité. Par contre, il est de l'in-
» térêt d'une répartition équitable par la com-
» mune que celle-ci détermine par un examen
» sérieux la grandeur effective des parcelles
» cultivées par chacun.

» Je vous engage par conséquent à faire une
» vérification méthodique des déclarations fai-
» tes en vue de la statistique des cultures de
» cette année. Je laisse à la décision du Con-
» seil communal le soin de faire procéder à
» cette vérification par une commission locale
» choisie par lui à cette fin ou par l'interven-
» tion des commissions communales des récol-
» tes créées par ma disposition du 28-3-1918 no.
» 5611 Z.IV.

» En cas de choix de ce dernier procédé, je
» vous prie de vous mettre en rapport avec le
» Président de cette commission et de traiter
» avec lui la reprise du travail de contrôle.

» Les frais résultant de cette vérification, no-
» tamment pour le mesurage éventuel, tombent
» à charge de la commune.

» La vérification recherchera notamment :
» 1o.) si les étendues déclarées répondent à
» la réalité ;
» 2o.) si effectivement toutes les parelles de
» pommes de terre sont déclarées et spéciale-
» ment celles des non-cultivateurs ;
» 3o.) si les cultivateurs ont déclaré aussi les
» parcelles qu'ils ont cultivées pour compte de
» tiers (voir litt. D ci-dessus) et que d'un autre
» côté, il n'y ait pas non plus de parcelle dé-
» clarée deux fois : par le cultivateur et par
» le tiers.

» Le résultat de la vérification devra être
» inscrit aux listes A—D dans les colonnes à
» ce réservées (6 modèles A—B ou 5 modèles
» C—B). Les listes dûment remplies devront
» être remises pour le 10 août à la komman-
» dantur compétente qui me les transmettra.

» Les listes devront être dressées en double
» expédition dont l'une sera conservée par l'Ad-
» ministration communale pour son propre
» usage

» (s.) BESCHORNER. »

Court-St-Etienne figure parmi les communes
à excédent. L'on ne signale cependant ni confiscations abusives de plançons, ni aucune situation anormale digne d'attirer l'attention.

Il paraîtrait que, sur le territoire du hameau
de Chenoy, l'on a cultivé une certaine quantité d'Ha. pour compte du Commissaire civil.
Il y a, quelques temps, environ 15.000 kgs. ont
été transportés dans un local de Court-St-
Etienne servant de dépôt aux autorités allemandes. L'on a constaté que, dans la semaine
du 8 au 15 juin, des camions militaires ont effectué plusieurs chargements.

V — *La situation dans les communes
déficitaires.*

Les communes déficitaires sont mises en
coupe réglée par les mêmes individus.
Sans intervention directe, sans leur
payer de grosses commissions, il est impossible d'obtenir des envois réguliers et normaux.
Pour préciser les faits en ce qui concerne la
récolte passée, la récolte prochaine et la question de la fourniture des plançons, citons au
hasard quelques localités.

BAULERS.

La Coopérative des Magasins Communaux
de l'arrondissement de Nivelles a passé dans
les cantons de Jodoigne et de Perwez des contrats pour une superficie d'environ 66 Ha. ; ces
conventions sont toutes faites à l'intervention
de Victor DUPONT de Jodoigne agissant au
nom de l'arrondissement de Nivelles. Le
texte est identique à celui des autres contrats,
sauf que, pour les plançons, la quantité néces-

saire a été fixée à 1.600 kgs. au lieu de 2.000. La Coopérative n'a versé aucune commission et aucune provision pour les plançons.

BRAINE-L'ALLEUD

Pour la dernière récolte. — Les pommes de terre livrées à la commune ont été facturées par le Commissaire civil. Les relevés vont du 27-10-17 au 21-12-17. Ils sont rédigés sur des formules dont voici la copie du texte imprimé :

« Civil Kommissar
» Des Kreises Nivelles
                            » Ottignies, den................ :

     » An.........................
» An .... sind für dortige Rechnung » mit Waggon no... und no... des Frachtbrie- » fes...... Ko...... Kartoffels expediert worden. » Das genie werde mit :
  » .... für Kartoffeln,
  » .... für Verladenspenssen,
  » .... für besonderen gebuhren zuschlag » insgesamt uit................
  » Belastet und bitte ich um Gutschrift »

C'est ainsi que le premier relevé, portant la date du 27-12-17 numéroté Tgb. 6929 Z.K. mentionnant l'envoi des wagons no. 11518 et 9210 contenant 17.500 kgs. porte les sommes suivantes :

pour le premier poste	frs.	3.500.—
» second poste	»	131.25
» troisième poste	»	131.25

soit un total de : frs. 3.762.50

Le dernier relevé du Commissaire civil est daté du 21-12-17. Un envoi fut effectué postérieurement mais facturé par la Société coopérative des Magasins Communaux du canton et de l'arrondissement de Nivelles en date du 9 avril 1918. Cette facture est rédigée comme suit :

« Pommes de terre, Wagon no. 17311 :
» Wagon no. 17311 :
10.700 kgs. de pommes de terre frs. 2.301.—
» Wagon no. 64972 :
  1.500 kgs. de pommes de terre » 322,50
  9.800 kgs. de pommes de terre » 2.107,—

frs. 4.731,—
» Pourcentage de la Coopérative » 94,62

frs. 4.825,62

Remarquons, pour être précis, que le wagon no. 64972 n'est jamais arrivé et qu'il y a eu confusion entre deux expéditions.

Les paiements ont été effectués à la Banque du Centre à Braine-l'Alleud et transmis par virements au compte du Commissaire civil de Deutsche Bank.

La somme globale déboursée de ce chef s'élève à frs. 106.152,02. Il a été facturé à la commune 514.025 kgs. de pommes de terre et l'on a utilisé 425.000 kgs.; il y a donc eu un déchet pour manquants et inutilisables de 89.025 kgs.

Pour obtenir ces envois, la commune a dû verser des commissions à BARBE, commissions, qui aux dires de ce dernier, étaient destinées à SCHUTTE. Le compte des sommes payées de ce chef s'établit comme suit :

1er septembre 1917	frs.	10.000,—
18 novembre 1917	»	10.000,—
16 novembre 1917	»	10.000,—
20 janvier 1918	»	10.706,25

frs. 40.706,25

Les paiements ont été faits par chèques sur la Banque du Centre, créés au nom de Barbe.

Pour la prochaine récolte, la commune a contracté par l'entremise de BARBE pour une superficie de 38 Ha. 65 a. Voici la liste des contrats :

Wirmart Jusitcien, Melin	50 a.
Claes Herman, Lathuy	50 a.
Dewact, Nodebais,	3 Ha.
Cordier-Vanderborght, Sart-Risbart	2 Ha.
Liesse Auguste, Opprebais	1 Ha.
Dewact, Nodebais	4 Ha.
Stassens (Vve), Houppaye	2 Ha. 40 a.
Docq Joseph, Jodoigne-Souveraine	80 a.
Dieudonné, Melin	2 Ha. 50 a.
Mottoule Charles, Bomal,	4 Ha.
id. id.	1 Ha. 75 a.
Malève Jules, Bomal	1 Ha. 30 a.
id. id.	1 Ha.
Mottoule Joseph, Mont-St-André	1 Ha. 50 a.
Bartholeym Gustave, Sart-Risbart	2 Ha.
Mottoule Joseph, Mont-St-André	2 Ha. 40 a.
Claes Joseph, Jodoigne-Souveraine	50 a
Goderiaux Albert, Opprebais	1 Ha.
Leurquin, Corroy-le-Grand	4 Ha. 50 a.
Boucher, Thoremhais-les-Béguines	2 Ha.

soit 38 Ha. 65 a.

Une commission de 400 frs. l'Ha. destinée au Commissaire civil, toujours d'après les affirmations de BARBE, a été payée. La commune a décaissé de ce chef 19.660 frs., somme qui a été remise à BARBE en un chèque créé en son nom.

Pour les plançons. — D'après les contrats, les plançons doivent être livrés aux fermiers ; la commune ne les possédant pas, a dû acheter au Commissaire civil et a déboursé de ce chef une somme de 15.000 frs. qui, par virement, a été versée à la Deusche Bank.

Il est à remarquer que les plantes n'ont pas été livrées à la commune, mais directement aux fermiers et ceux-ci n'ont, jusqu'à présent, rien remboursé à la caisse communale.

Ajoutons que BARBE a réclamé pour son intervention une commission spéciale et personnelle.

BRAINE-LE-CHATEAU

Pour la dernière récolte, la commune a reçu en pommes de terre hâtives :

3 juillet 1917,	6.000 kgs. pour	frs. 1.380,—
16 »	10.000 » »	» 2.300,—
21 »	20.000 » »	» 4.200,—
23 »	10.000 » »	» 2.100,—
28 »	7.500 » »	» 1.576,50

Elle a payé à GUILLAUME, sans quittance, à titre de commission, 375 frs. par wagon :

21 juillet 1917	frs.	750,—
25 »	»	1.125,—

en tout : frs. 1.875,—

Elle a obtenu en pommes de terre de saison en octobre et novembre 1917 kgs. 93.770 utilisables » 85.525

déchet surtout en manquant : kgs. 8.245

Il a été payé pour ces envois au Commissaire civil frs. 17.711,54.

En novembre, la commune a été autorisée à faire prendre à Rebecq-Rognon 11.000 kgs. sur lesquels il y a eu un déchet de 530 kgs.

Le paiement a été de 2.400 frs.

Le 1er décembre 1917 elle a obtenu kgs. 43.720 utilisables » 40.348

manquant : kgs. 3.372

Somme payée au Commissaire civil : 9.401,90 francs.

En mars, réception d'un wagon de 11.300 kgs., payés frs. 2.478,60 à la Coopérative.

En avril, réception d'un dernier wagon de 9.000 kgs., payés frs. 1.974,72 à la Coopérative.

Les commissions suivantes ont été payées à GUILLAUME pour ces divers envois :

13 octobre 1917	frs. 2.266,—
10 novembre 1917	» 2.423,50
28 novembre 1917	» 660,—
4 décembre 1917	» 6.558,—
26 mars 1918	» 1.695,—
30 mars 1918	» 1.350,—

soit un total de : frs. 15.951,—

Ces sommes ont été remises sans quittances et sans décharges.

Pour la prochaine récolte la commune a contracté pour 27 Ha. 40 a.

Voici la liste des conventions intervenues :

Gillard Jules, Tourinnes-la-Grosse		50 a.
Grenier Léon, Mont-St-André		80 a.
Vanderstraeten Oswald, Néthen		1 Ha
Vangroenderbeek Max, Néthen		50 a
Vandenplas Joseph,		
Rosemans Jean,		
	id	1 Ha.
Vandenplas Frédéric et		
Balcnke Julien		
Grittens Désiré et		
Gilles Joseph	id	50 a.
Delbacke Jules, Autre-Eglise.		25 a.
id.	id.	35 a.
Sente Gustave	id.	45 a.
Richard Joseph,	id.	60 a.
id.	id.	40 a.
Stevenart Jean, Incourt		1 Ha.
Deroloffe Henri, Dongelberg		50 a.
Colette Joseph,	id.	90 a.
Deroloffe Adèle, Piétrebais		70 a.
Brasseur Joseph,	id.	50 a.
de Hemptinne Henri, Jandrain,		3 Ha.
Michiels Emile, Foix-les-Caves,		1 Ha.
Defort Jules,	id	2 Ha
Guillaume Afred, Bomal,		40 a.
Mihoule Octave, Bomal		50 a.
Mihoule Henri. Autre-Eglise		1 Ha. 25 a.
Moureau Atnoine, Glimes		1 Ha.
Verger Lucien, Tourinnes-la-Grosse		1 Ha. 20 a.
Everard Joseph, Nodebais		50 a.
id.	id.	50 a.
Jonckers Dieudonné, Nodebais		1 Ha.
Brasseur Victor, Bossut-Gottechain		1 Ha. 50 a.
id.	id.	50 a.
Lorent Joseph, Piétrebais		10 a.
id.	id.	15 a.
Bruyère Alfred,	id.	10 a.
id.	id.	15 a.
Smet Victor,	id.	10 a.
Colette Ernest,	id.	10 a.
id.	id.	25 a.
Smet Victor,	id.	15 a.
Saublens Eugène, Doiceau		50 a.
Peeters Jean,	id.	1 Ha.
Saublens Eugène	id.	50 a.

Une commission de 400 frs. l'Ha. a été remise à GUILLAUME, qui a touché de ce chef, le 27 mars 1918, la somme de 11.100 frs.

Pour les plançons. — La commune a versé à la Deutsche Bank :

20 mars 1918	frs.	6.295
28 » »	»	8.076
	soit : frs.	15.000

Jusqu'à présent elle n'a reçu aucun décompte.

GENAPPE.

Genappe est commune déficitaire. Nous y relevons les mêmes agissements que dans les autres régions.

Pour la dernière récolte, la commune a reçu 151.450 kgs, par le Commissaire civil. Elle a réglé frs. 28.935,70 à la Deutsche Bank et a payé, à titre de commission à Victor DUPONT, en 3 versements successifs, une somme de frs. 15.145, qui a été remise sans quittance mais dont on peut retrouver la trace dans la comptabilité.

Pour la prochaine récolte, la commune n'a passé aucun contrat. Il y avait eu des pourparlers avec DUPONT mais ils sont demeurés sans résultat par suite du décès de la personne qui traitait cette affaire au nom de la commune

NIVELLES.

Pour la dernière récolte, la commune de Nivelles a obtenu la quantité de pommes de terre suivante :

par envoi du Commissaire civil,	kgs.	236.805
par réquisition	»	41.845
par plantations sur des terrains de la commune	»	126.270
	soit :	kgs. 404.920

Il y a eu comme déchets et manquants imputables principalement sur 'e premier poste, 14.500 kgs.

Depuis septembre 1917, c'est la Coopérative des Magasins Communaux de l'arrondissment de Nivelles qui facture. Elle se contente de reproduire les relevés du Commissaire civil auxquels elle ajoute pour ses frais les 2 % habituels

Pour obtenir les envois, la commune a dû payer à BARBE une commission de 6 frs. par 100 kgs.

La commune avait reçu avis du Commissaire civil que celui-ci lui réservait environ 800.000 kgs. et après négociations elle avait obtenu 4 lettres de voiture. Elle était déjà en possession de ces lettres lorsque BARBE est intervenu et a déclaré que le paiement d'une commission était nécessaire pour que les expéditions se fassent.

Il réclamait 15 frs., mais sur le refus net qui lui a été opposé il a, au cours d'une seconde démarche, ramené ce chiffre à 6 frs. De ce chef, les sommes suivantes ont été payées à BARBE :

29 janvier 1918	frs.	405,75
2 février 1918	»	10.094,90
19 » »	»	1.592,40
26 » »	»	500,—
11 mars »	»	550,—
76 avril »	»	986,60
	soit :	frs. 14.129,65

Il a été de plus payé à BARBE, le 8 avril 1918, pour un compte antérieur, une somme de frs. 2.126,40, ce qui porte les sommes touchées par lui, de janvier à avril, à frs. 16.256,05.

Il est à remarquer que les commissions n'ont été payées que postérieurement à la réception des expéditions et sur le poids constaté. Les versements se sont faits par chèque au porteur sur la Banque du Centre.

Pour la prochaine récolte, la commune a contracté, par l'intermédiaire de BARBE, pour une superficie de 70 Ha. Elle a versé une commission de 400 frs. par Ha. BARBE a déclaré que sur cette somme il y avait 300 frs. pour les Allemands, aux fins d'obtenir les plançons, et 100 frs. pour les frais de recherches de terrains, voyages, etc.

Une somme de frs. 28.000 a été ainsi remise le 7 mars 1918 à BARBE en un chèque au porteur sur la Banque du Centre.

Pour les plançons. La commune avait demandé 75.000 kgs. de plançons. Elle a versé à titre de provision à la Deutsche Bank 19.000 frs. ; jusqu'à présent elle n'a obtenu aucun décompte.

QUENAST.

Pour la dernière récolte, la commune a reçu les envois suivants :

	kgs.	kgs.
30 octobre 1917, 5 wag. de	17.470	
	15.710	
	15.200	
	15.780	
	18.375	soit : 82.485
10 novembre 1917, 1 wag. de		14.760
16 décembre 1917, 4 wag. de	8.000	
	3.700	
	14.000	
	14.900	soit : 40.600
30 mars 1917, 1 wag. de		9.000
	soit en tout :	146.845

Les paiements ont été effectués au compte du Commissaire civil à la Deutsche Bank, sauf le dernier envoi qui a été facturé par la Société Coopérative des Magasins Communaux.

On a payé à GUILLAUME pour commissions:

30 octobre 1917,	frs.	4.205
commission spéciale pr GUILLAUME,	»	200
13 novembre 1917,	»	738
3 janvier 1918,	»	6.135
commission spéciale pr GUILLAUME,	»	100
9 avril 1918.	»	1.350
	soit :	frs. 12.728

ce qui représente 5 frs. par 100 kgs. pour le 1er envoi et 15 frs. pour les autres, sans compter les 300 frs. de commissions spéciales.

Pour la prochaine récolte, la commune a contracté pour 29 Ha. Voici la liste des contrats signés :

Oyen Maximil., Chaumont-Gistoux 1 Ha.
Gigot, Félicien, id. 1 Ha. 50 a.
Prinzen François, Bossut, 1 Ha.
Deticane René, Corroy-le-Grand, 3 Ha.
Taymans Auguste, Bossut 1 Ha.
Noël François, Chaumont-Gistoux 1 Ha.
Bero Emile, Courroy-le-Grand 2 Ha. 50 a.
Demortier Antoine, Longueville 1 Ha.
Vanderstraeten Joseph, Bossut, 1 Ha.
Van Gest Antoine, Roux-Miroir 1 Ha.
Mathy Jean, Longueville 1 Ha.
Dupont Ernest, Corroy-le-Grand 1 Ha.
Ectors, Bossut 2 Ha.
Ekrad, Tourinnes-la-Grosse 1 Ha.
Thyrion Adel., Tourinnes-la-Grosse 2 Ha.
Huysbrechts Joseph, Bossut 1 Ha.
Leclercq (Mme), Corroy-le-Grand 1 Ha.
Clément Rosy, père, Longueville 1 Ha. 50 a.
Servais Oscar, Bossut 1 Ha.
Gillard Joseph, id. 1 Ha.
Vonck Oscar, Hamme-Mille 70 a.
Riguelque Emile, id. 40 a.
Deconinck Alexandre, id. 25 a.
Duchateau Victor, id. 50 a.
Havet, François, id. 50 a.
Taelman Victor, id. 40 a.
Degueldre Lucien, ⎫
Colaard Joseph et ⎬ id. 75 a.
Deyns Ferdinand ⎭

La commission exigée a été de 400 frs. par Ha. De ce chef, une somme de 11.600 frs. a été versée le 1e mars 1918.

Pour les plançons. — La commune n'a rien décaissé, ni à titre de versement, ni à titre de provision.

REBECQ-ROGNON

Pour les récoltes passées. — Il y a 2 ans, la commune fut mise à la portion congrue. Grâce aux démarches personnelles entreprises par le fils du bourgmestre, il fut expédié 1 ou 2 wagons, puis celles furent supprimés.

A la fin de 1916, le nouvel organisme fonctionnant sous la direction du Commissaire civil fut créé.

L'on constata bientôt que d'autres communes obtenaient des pommes de terre ; la population de Rebecq-Rognon réclamait et, comme d'habitude, s'insurgeait contre les administrations communales, les accusant d'incapacité.

C'est alors que l'on apprit qu'il y avait possibilité d'obtenir des pommes de terre moyennant paiement de commissions à SCHUTTE, l'homme de confiance du Commissaire civil et le Président du bureau des pommes de terre.

A la suite d'un voyage à Jodoigne, au commencement de 1917, les dirigeants furent mis en rapport avec Victor DUPONT, qui promit de visiter la commune. Il y vint, accompagné de Gustave GUILLAUME, de Braine-le-Château. Ils promirent l'envoi de wagons moyennant une commission de frs. 3,75, qui devait être payée à SCHUTTE.

La commune demanda 60.000 kgs. de pommes de terre hâtives ; elle a reçu environ 30.000 kgs. La commission de frs. 3.75 par 100 kgs. fut payée.

Lorsqu'il s'agit des pommes de terre de provision, au cours d'une rencontre à Bruxelles, GUILLAUME déclara : « Ce n'est plus frs. 3,75 qu'il faut payer à SCHUTTE, mais frs. 5, parce qu'il y a une autre personne qui doit intervenir ». Cette autre personne c'était BARBE. La commune hésitait. Mais à cette époque elle reçut une lettre du Commissaire civil lui enjoignant de fournir 231.000 kgs. Or, elle avait cultivé en tout et pour tout 28 Ha. et devait faire appel à la production étrangère.

La commission fut acceptée. La commune reçut 105.000 kgs. et il ne fut plus question de la livraison des 231.000 kgs. imposés. La commission fut payée le 27 octobre 1917. Il vint toucher lui-même la somme de frs. 5.754,75, qui lui fut remise sans quittance.

Pour la prochaine récolte, le nouveau système fut indiqué par Victor DUPONT.

« — Nous allons essayer d'arranger les choses. Le Commissaire civil a décidé avec » SCHUTTE que les communes pourraient » louer des terres dans le canton de Jodoigne. » Nous nous en occuperons. Mais surtout ne » tardez pas ».

« — C'est parfait, mais à quelles conditions ? »

« — Le fermier paiera les plançons et les » communes auront toute la récolte ».

« — Mais encore, que faudra-t-il payer ? »

« — Cela, il faut le demander à BARBE ».

Ce dernier déclara que la commission serait de 375 frs. l'Ha., somme qui, la semaine suivante, fut portée à 400 frs.

La commune contracta pour 30 Ha. 59 a. et elle a payé, le 16 mars 1918, à Gustave GUILLAUME, à titre de commission, la somme de frs. 12.236, versement effectué sans quittance.

Le 14 novembre 1917, l'autorité a procédé à la confiscation de 23.000 kgs. de plançons, sous prétexte que des cultivateurs n'avaient pas fourni les quantités imposées. Ces plantes ont été transportées partie à Braine-le-Château, partie à Tubize. Comme l'on protestait en disant qu'il s'agissait de semences, le commandant de la patrouille répondit : « Des plantes, nous vous en enverrons les vôtres ne valent rien ! »

Pour les plançons. — La commune a reçu les circulaires du Commissaire civil relatives aux plançons, circulaires que nous connaissons.

Elle avait demandé 24.000 kgs. ; elle reçut immédiatement un avis du Commissaire civil d'avoir à verser 6.000 frs. à la Deutsche Bank ce qui fut fait. Une nouvelle lettre du Commissaire notifia à la commune que ce n'était pas à la Deutsche Bank qu'il fallait verser, mais à la Société Coopérative des Magasins Communaux. Pour éviter tout retard, une nouvelle somme de frs. 6.000 fut envoyée à la Coopérative. Le gérant, M. Delbrassine, accusa réception en disant : « qu'il ne savait pas ce que cela signifiait ».

Ne recevant pas de plantes, la commune réclama son argent au Commissaire civil qui envoya les frs. 6.000 de la Deutsche Bank, en ajoutant que pour le versement fait à la Coopérative il fallait s'arranger avec cette dernière.

Une circulaire récente vient de notifier à l'Administration de Rebecq-Rognon que la commune était, pour la prochaine récolte, taxée pour 41 Ha. et devrait fournir 287.000 kgs. de pommes de terre.

Or, la commune n'a planté, d'après le recensement officiel, que 21 Ha. ; il y a donc un déficit de 20 Ha. Une réunion des cultivateurs a eu lieu et une protestation a été envoyée au Commissaire. Celui-ci la retourna en déclarant qu'il n'avait pas à intervenir, puis, lorsqu'on lui notifia que le recensement officiel ne donnait que 21 Ha., il répondit sans autre explication qu'il en prenait note.

Au cours d'une conversation, le mercredi 5 juin 1918, avec DUPONT père et fils, ceux-ci ont déclaré : « Il faudra bien fournir ».

Il y a là des préliminaires d'une nouvelle combinaison qui, une fois encore, sera vraisemblablement fort onéreuse !

TUBIZE

Pour la dernière récolte, la commune a reçu, par l'intermédiaire du Commissaire civil, 425.765 kgs. de pommes de terre, d'après les envois. Les relevés mentionnent 429.410 kgs. qui ont été payés par 3 versements effectués au compte de la Deutsche Bank, formant un total de frs. 91450,08. Il y a eu, comme manquants et déchets inutilisables, environ 48.000 kgs. qui ont été portés comme « perte sur pesées ».

Pour obtenir ces pommes de terre, des commissions ont dû être payées au nommé Gustave GUILLAUME, de Braine-le-Château, qui servait d'intermédiaire entre la commune et Victor DUPONT.

Au cours d'une décision du Comité du Magasin Communal, en date du 27 novembre 1917, il avait été décidé de payer à GUILLAUME de Braine-le-Château une commission de 5 frs. par wagon pour les pommes de terre fournies par le Commissaire civil. Il a été envoyé 29 wagons et l'on a payé frs. 25.732, se décomposant comme suit :

22 octobre 1917	frs.	6.486
29 novembre »	»	7.847
10 » »	»	9.649
4 décembre »	»	600
5 »	»	1.150

soit frs. 25.732.

Pour la prochaine récolte, la commune a contracté pour environ 38 Ha. Elle a versé à DUPONT, à titre de commission destinée à SCHUTTE et, disait-il au Commissaire civil, une somme de frs. 15.562 dans les premiers jours du mois d'avril 1918.

Pour les plançons. — Après plusieurs sommations rappelant l'urgence du versement, la commune a remis en compte du Commissaire civil à la Deutsche Bank une somme de 20.000 francs

WAUTHIER-BRAINE

Pour la dernière récolte, la commune a reçu 61.070 kgs. de pommes de terre et elle a versé à GUILLAUME, comme commission destinée à SCHUTTE, la somme de frs. 3.053,75 qui a été remise sans quittance.

Pour la prochaine récolte, Wauthier-Braine a contracté pour 12 Ha. 5 a. Voici la liste des contrats passés :

Piérard Clément, Limal	50 a.	
Carême Henri, Wavre	1 Ha.	
Romain Ch., Tourinnes-St-Lambert	1 Ha.	
Servais Oscar, Bossut-Gottechain	50 a.	
Servaye Théophile, Nodebais	50 a.	
Remy Joseph, Grez-Doiceau	60 a.	
Nelis Jean B., Nodebais	40 a.	
Denys Lucien, Enines	40 a.	
Bacq Désiré, Jodoigne-Souveraine	50 a.	
Chaltin Théophile, Jauchelette	40 a.	
Bourguignon, Vve Const., Linsmeau	40 a.	
Strale J. et Sœur, Jodoigne-Souveraine	50 a.	
Laurensis Désiré,	id.	40 a.
id.	id.	40 a.
Martin Adolphe,	id.	40 a.
Coisman Jules,	id.	65 a.
Liesse Lucien, Tourinnes-la-Grosse	60 a.	
Ectors Clément, Bonlez	1 Ha	
Delfosse, Vve Auguste, Enines	40 a.	
Clément Rosy, frères, Longueville	50 a.	
Marsus Pierre, Nodebais	50 a.	
Lefèbvre Clément, Hil-St-Martin	50 a.	

Le 4 avril 1918, la commission s'élevant à frs. 4.820, a été payée sans quittance à Gustave GUILLAUME.

Pour les plançons. — La commune a versé à la Deutsche Bank une provision de frs. 6.000.

Ces exemples suffisent! Nous pourrions donner les mêmes renseignements pour les autres localités : Clabecq, Ittre, Waterloo, Rixensart, etc. Les pommes de terre de la récolte dernière ont été obtenues moyennant des commissions qui ont varié de 5 à 15 frs. pour 100 kgs. et les contrats ont été passés moyennant une commission de 400 frs. par Ha.

Les localités qui n'ont pas payé de commissions n'ont reçu que des envois inférieurs aux quantités nécessaires.

A Wavre, par exemple, la quantité indispensable était de 336.400 kgs.; il a été expédié et porté en compte 126.425 kgs. seulement sur lesquels il manquait :

a) dans les wagons, 6.350 kgs., pour lesquels aucune réclamation n'a été admise;

b) dans les transports par camions, 7.185 kgs., pour lesquels une ristourne a été effectuée.

Les localités qui se sont refusées systématiquement à se soumettre aux exigences de SCHUTTE et ses acolytes, comme Ophain-Bois-Seigneur-Isaac, ont été pour ainsi dire privées de ravitaillement.

No. A 5980. le 29 juillet 1918.

Memorandum pour la Deutsche Vermittlungsstelle C. N.

Le C. H. N. a l'honneur de soumettre à la V. C. N. les renseignements ci-après, complétant ceux contenus dans le rapport annexé à sa lettre du 17 juillet no. A 5839, relative à la question des pommes de terre dans l'arrondissement de Nivelles.

La situation dans la commune de *Nethen,* pour la récolte 1917, s'est présentée dans les conditions suivantes :

Taxation imposée, 50 hectares 19 a.		
Rendement total, 513.065 kilos		
Besoin pour la population des cultivateurs;	kgs.	48.048
Besoin pour la plantation.	»	100.380
total :	kgs.	148.428
Besoin de la population locale	kgs.	46.800
total :	kgs.	195.228

L'excédent d'après le Commissaire civil, 325.000 kgs., devait être livré.
Superficie réellement cultivée : 47 Ha. 22 a.
Rendement réel, 271.201 kgs.

Réservé à la population des cultivateurs	kgs.	48.048
Réservé à la plantation	»	94.440
total :	kgs.	142.488

Distribué à la population locale (70 kgs. au lieu de 52) kgs. 63.000

Il a été expédié ou plutôt chargé sur wagons à la Gare de Weert St-Georges :

	Pommes de terre.	wag. No.
1o.) le 9 novembre 1917 :	10050 kgs.	64106
id.	16400 »	42437
id.	13360 »	163060
id.	17610 »	8433
2o.) le 12 novembre 1917 :	10880 »	17481
id.	12090 »	20694
total :	80390 kgs.	

de pommes de terre expédiés.

Des visites domiciliaires ont eu lieu dans la suite par la troupe d'occupation.

Au début de février, probablement le 6, une soi-disant séance d'achat eut lieu à Nethen.

Tous les cultivateurs furent invités à cette réunion. Il leur fut demandé, sans aucun commentaire, s'il leur restait des pommes de terre à vendre.

Tous les cultivateurs répondirent négativement. L'un après l'autre ils durent se présenter au bureau d'achat, où il leur fut dit, sans leur poser la moindre question, qu'ils avaient à livrer telle ou telle quantité.

C'est alors que les visites, dont question d'autre part, eurent lieu.

Sans même descendre dans les caves, les soldats ordonnaient de conduire autant de kilos de pommes de terre au dépôt de Nethen. terre à vendre.

Des pommes de terre furent saisies même chez les personnes disposant à peine de leurs plants et de la quantité nécessaire à leur alimentation.

Plus de 6000 kgs. furent réquisitionnés abusivement. Ces pommes de terre furent conduites chez Germain à Wavre.

Parmi les personnes ayant reçu l'ordre de conduire des pommes de terre, nous citerons Collard Edgard, Ronsmans J.B., Verhulst J.B., Rose J.B., Sacré Th. et Socquet David.

Ces pommes de terre (6000 kgs.) n'ont jamais été payées.

Pour la récolte de 1917, par une lettre du 6 novembre 1917, numérotée 7102 ZK, le commissaire civil avait fixé comme suit les besoins des communes déficitaires :

Braine-l'Alleud	kgs.	732000
Braine-le-Château	»	356000
Clabecq	»	123000
Genappe	»	155000
La Hulpe	»	250000
Genval	»	164000
Lillois-Witterzée	»	103000
Nivelles	»	960000
Quenast	»	212000
Rixensart	»	280000
Tubize	»	428000
Virginal	»	218000
Waterloo	»	356000
Wavre	»	671000

Cette constatation est intéressante; il est à
remarquer qu'à ce moment des communes
comme Rebecq-Rognon et Ittre ne figurent pas
sur la liste des communes déficitaires; elles
ont cependant reçu des pommes de terre grâce
aux paiements des commissions.

LES DIRECTEURS,

ANNEXE 5.

*Mémorandum pour Son Excellence
Monsieur le Baron von der Lancken.*

....

Aux frigorifères De Beck, quai de Mariemont 168, à Bruxelles, il a été loué, au nom
du Commissaire d'Etat pour le beurre, d'abord
deux compartiments pouvant contenir environ
30.000 kgs. de beurre, puis 4 compartiments
d'une contenance totale de 80.000 kgs. environ.
Le Directeur des établissements en question
vient d'être invité à établir, pour le Commissaire d'Etat, un 5me compartiment, les loges
dont ce dernier dispose pour emmagasiner
son beurre étant sur le point de devenir insuffisantes. Au total, il doit y être approvisionné approximativement 75.000 kgs. Dans le
premier compartiment se trouve un grand tas
de paquets de beurre de tout poids et de toute
provenance et, autour des parois, sont ran-
gées de grosses mottes de belle qualité. Dans
les autres compartiments, sont déposées uniquement des mottes pesant au moins 5 kgs.
chacune.

D'après les renseignements recueillis, le
beurre dont il s'agit est amené aux frigorifères soit par des automobiles de l'armée, soit
par des camions. Les transports sont accompagnés de soldats et de civils. La plupart du
temps, le beurre provient directement des laiteries; mais il arrive aussi qu'il est expédié
par chemin de fer à l'une des gares de Bruxelles et camionné aux frigorifères. Les arrivages comportent des 2, 3 et même 4 mille
kilogrammes à la fois et se font continuelle-
ment plusieurs fois par semaine. Les enlève-
ments se font, par plus petites quantités, mais
régulièrement, chaque semaine sur un camion
du Commissaire d'Etat, conduit par un soldat.

Il arrive que ce beurre est conduit à la gare
de Bruxelles Tour et Taxis pour être expédié
par chemin de fer. La semaine dernière, il a
été demandé au directeur des frigorifères de
camionner 1.500 kgs. de beurre à la station de
Tour et Taxis

Bruxelles, le 15 juillet 1918

ANNEXE 6.

Imprimerie Jos. Delloye.
Ottignies.   12 juin 1918

Circulaire No. 2275 Z III
du Commissaire civil

N.B. Cette traduction n'a rien d'officiel et on
ne peut en aucun cas s'en prévaloir. Je n'assume aucune responsabilité du chef d'erreur
d'interprétation quoique donnant une bonne
traduction, ni de retard dans la réception.
l'expédition en temps voulu

Messieurs les Bourgmestres de
l'Arrondissement de Nivelles.

L'arrêté du 25 avril 1918 (Bulletin des lois et
arrêtés, p. 375) concernant l'utilisation économique du beurre et du lait, nécessite une nouvelle détermination des quantités de beurre à
produire par chaque commune. M. le Chef
d'Administration a ordonné que l'obligation
de livrer de la commune soit calculée sur la
base de 1 kilo par vache laitière et par semaine.

D'après cela, la quantité de beurre à produire hebdomadairement dans votre commune
s'élève à ...... kilos.

Selon l'arrêté du 25 avril 1918, votre commune est responsable de cette fourniture et
tenue de répartir la quantité lui imposée entre
les personnes de votre commune ayant des
vaches laitières

Je vous engage conséquemment à entreprendre sans retard une telle répartition d'après
les livres tenus par le bureau de concentration
du beurre (liste de situation numérique et registre B) et de rappeler à chaque possesseur la
quantité de beurre qu'il doit livrer. Il va de
soi que l'ensemble des fournitures de chacun
en particulier ne doit pas absolument corres-
pondre au taux de 1 kilo par vache et par
semaine.

Il y a lieu de tenir une liste renseignant la
quantité à livrer par chaque possesseur de
vaches. Les personnes qui ne fournissent pas la
quantité prévue, devront être signalées au
moyen de bulletin hebdomadaire B pour pénalités. La colonne 3 de ce bulletin devra porter (au lieu du nombre de membres du ménage): « Montant de la quantité à livrer déterminée par la commune » et cette colonne devra être remplie en conséquence

Je fais remarquer que les instructions contenues dans le présent arrêté ne sont que pro-
visoires et que des instructions complémentaires suivront des réceptions des dispositions
exécutoires de M. le Chef d'Administration.

J'attire expressément l'attention sur l'article
8 et l'arrêté du 25 avril 1918, stipulant que des
amendes pourront être mises à charge des
communes qui ne remplissent pas leur devoir
de livrer.   (signé)

ANNEXE 7.

Der Zivilkommissar
des Kreises Namur
no. 2190 B.   Namur le 14 mai 1918.

A Messieurs les Bourgmestres de
l'Arrondissement de Namur.

TRADUCTION

Objet : Ravitaillement en beurre.

En me référant à l'article 2 de l'arrêté publié
dans le bulletin officiel des lois et des arrêtés
pour la Wallonie no. 37 du 10 ct., concernant
l'utilisation économique du beurre et du lait,
je fixe provisoirement la quantité de beurre à
livrer par semaine et par vache laitière à 1
kilo, sans tenir compte de la consommation
dans les ménages. En conséquence, votre
commune devra livrer autant de kilos de beurre qu'il y a de vaches laitières dans votre localité. Les excédents en beurre et en lait pourront être vendus par les voies du commerce
libre.

Les fournitures de lait pour la ville de Namur doivent être effectuées comme auparavant.

Des instructions plus détaillées vous par-
viendront ultérieurement.

v. SANDES.

ANNEXE 8.

Politische Abteilung
bei dem
Generalgouverneur in Belgien
J. No. V. 5152.

Bruxelles, le 3 juillet 1918.

Monsieur le Ministre,

....

Les statistiques du Ministère Belge des Finances, chargé de la surveillance des stocks de sucre dans le pays entier, renseignent au 1er janvier 1918 l'existence de kgs. 115.826.637
ce chiffre comprend une certaine quantité de sucre brut, qui, par sa transformation en sucre de consommation perd environ .... »   6.495.140

Il resterait donc pour la consommation en Belgique .... » 109.331.497
Ce chiffre, en son tour, comprend les stocks de sucre des régions d'étapes estimés à »   12.000.000

de sorte que le territoire du Gouvernement Général disposerait au 1er janvier 1918 de »   97.332.497
ou, en chiffres ronds, de 97.000 tonnes.

La consommation de la population du territoire du Gouvernement Général doit être calculée sur la base d'une répartition de 800 grs de sucre et 1.000 grs. d'aliments à étendre sur le pain tels que confiture, marmelade, etc. par mois. Il s'ajoute à cette quantité 4.000 tonnes de sucre que les autorités du Gouvernement Général ont, sur Vos instances, consenti à fournir aux étapes et enfin une autre quantité très considérable qui doit être tenue à la disposition de l'industrie. Ainsi établie, la consommation de sucre dans le territoire du Gouvernement Général correspond à la quantité disponible au commencement de l'année. Diminuer encore par des répartitions supplémentaires les stocks se trouvant aujourd'hui à la disposition des autorités responsables serait — Vous le reconnaîtrez certainement — le fait d'une administration peu prévoyante. Les autorités allemandes ne croient pas pouvoir prendre pareille responsabilité et je suis, à mon regret, obligé de Vous informer que, selon l'avis de toutes les autorités compétentes, il ne sera pas possible de prévoir actuellement une libération supplémentaire de sucre.

Je saisis l'occasion pour Vous renouveler, Monsieur le Ministre, les assurances de ma haute considération.

(s.) LANCKEN.

A Monsieur Van Vollenhoven, etc., etc.

ANNEXE 9.

No. C. 5859/1320.
Annexe : 1.   Bruxelles, le 19 juillet 1918.

Memorandum pour la Deutsche
Vermittlungsstelle C. N.

Le C. H. N. a l'honneur de communiquer à la V. C. N. les renseignements ci-joints relatifs à la répartition du sucre dans le canton de Jodoigne. Ces renseignements montrent :

1o) que les évacués français, arrivés en janvier et février derniers, ont dû être ravitaillés jusqu'en mai au moyen des prélèvements opérés sur la ration de la population belge ;

2o.) que la ration envoyée en mai pour ces mêmes évacués était insuffisante et qu'elle a dû être complétée par une nouvelle réduction de la ration de la population belge ;

3o.) que 1.750 kgs. de sucre et 1.750 kgs. de miel envoyés à la Société Coopérative des M. C. du canton de Jodoigne pour les communes de Jauche et de Jandrain n'ont pas été distribués dans ces communes qui avaient été exclues de la répartition. En admettant, sous toute réserve, que cette exclusion fût légitime, ces quantités de sucre et de miel auraient dû faire retour à la Centrale ou aux producteurs. Il n'en a pas été ainsi. Elles ont été remises à M. le Commissaire civil et par conséquent soustraites à leur destination normale ;

4o.) il en est de même de 3.600 kgs. de sucre et 3.600 kgs. de produits à étendre sur le pain destinés à Beauvechain, et que M. le Commissaire civil s'est également fait remettre ;

5o) que bien que les 7.200 kgs. repris au litt. 4o.) eussent été enlevés au canton de Jodoigne et remis à M. le Commissaire civil, la Centrale des Sucres les a déduit de la quantité nécessaire au dit canton pour le trimestre suivant.

Le C. H. N. ne doute pas que la V. C. N. ne fasse procéder à une enquête sur ces faits, dont la gravité ne lui échappera pas, et ne provoque les mesures nécessaires pour en éviter le retour.

Le C. H. .N. serait reconnaissant à la V. C. N. de vouloir bien lui faire connaître la suite qui aura été donnée à cette affaire.

LES DIRECTEURS.

ANNEXE 10.

Bruxelles, le 19 juillet 1918

Annexe à notre memorandum no. 5859/1320.

SUCRE.

La répartition du sucre dans le canton de Jodoigne a été faite dans des conditions qui sont de nature à porter une sérieuse atteinte au ravitaillement de la population belge

Une situation certainement regrettable s'est produite en tout premier lieu en ce qui concerne les évacués qui sont pour la majeure partie des Français. Ils sont arrivés principalement en janvier et février. Immédiatement la liste a été transmise au Commissaire civil. Les envois du supplément nécessaire ne se sont effectués qu'en mai. Pendant les mois précédents, l'on a donc été contraint de partager avec les évacués français la ration destinée à la population belge, ce qui a notablement diminué cette ration.

Il y a eu 4.844 évacués pour une population de 31.468 habitants et telle petite commune ayant une faible population, mais un nombre relativement important d'évacués, a dû réduire sa ration de plus du tiers.

En mars, un contrôleur de la Centrale des Sucres a fait son inspection et a constaté un certain nombre « d'existants » dans quelques magasins provenant soit de rations non enlevées, soit de suppressions de distributions pour non fourniture de beurre. Il releva la liste globale de ces petites réserves. En avril, le ration supplémentaire des évacués n'étant pas encore parvenue, l'on distribua les excédents, ce qui ne permit pas d'ailleurs d'atteindre la ration normale.

En mai, le supplément fut envoyé pour la première fois, mais la Centrale déduisait de son expédition la quantité représentée par les réserves constatées par le contrôleur allemand A nouveau, pour le mois de juin, la ration a donc dû être diminuée.

Cet état de choses explique les constatations faites notamment à Piétrebais, Longueville, Hamme-Mille, Tourinnes-la-Grosse.

La responsabilité de cette situation paraît devoir être recherchée soit dans l'envoi tardif des listes d'évacués par le Commissaire civil à la Centrale des Sucres, soit dans un retard anormal que mettrait celle-ci à effectuer des envois complémentaires.

Non seulement la répartition est insuffisante, mais il s'est produit des incidents spéciaux qui permettent de supposer qu'une partie de sucre et de matières à beurrer le pain a été attribuée à une autre destination qu'à la population belge.

Les communes de Jauche et de Jandrain, conformément à un ordre du Commissaire civil, adressé à la Société Coopérative des Magasins Communaux de l'arrondissement de Nivelles en décembre, ont été exclues de la répartition pour le mois de janvier et cela pour non fourniture de beurre.

Il y avait pour Jauche 905 kgs. de sucre et 905 kgs. de matières à beurrer le pain, en l'espèce du miel artificiel et pour Jandrain 845 kgs. de sucre et 845 kgs. de miel, soit en tout 1.750 kgs. de sucre et 1.750 kgs. de miel.

En même temps, par un ordre transmis cette fois à la Société Coopérative des Magasins Communaux du canton de Jodoigne, le Commissaire civil donnait l'ordre de remettre ces marchandises « à son adresse ». L'expédition se fit par tram jusque Wavre, où Charles Germain, agissant pour le Commissaire civil, prit possession de l'envoi et le conduisit, paraît-il, à Ottignies.

Une situation anormale encore se présente en ce qui concerne la commune de Beauvechain, situation qui a entraîné une répercussion des plus fâcheuse sur la répartition du sucre dans tout le canton de Jodoigne.

Lors de la fondation des Sociétés Coopératives des Magasins Communaux dans l'arrondissement de Nivelles, la commune de Beauvechain avait adhéré, en août 1917, mais avait dû différer le versement du montant de sa souscription, qui ne fut versée que le 6 avril 1918.

Dans l'entretemps, au début du mois de novembre, un ordre du Commissaire civil avait défendu de fournir des denrées provenant des Centrales aux communes qui n'avaient pas adhéré aux Coopératives.

La Cantonale de Jodoigne avait en magasins la ration destinée à Beauvechain pour les mois de décembre, janvier, février, soit en tout environ 3.600 kgs. de sucre et environ 3.600 kgs. de matières à beurrer le pain. La ration de mars n'avait pas été envoyée, la Centrale ayant été avertie par le Commissaire civil. La ration d'avril fut cependant expédiée. Vers la mi-avril, le Commissaire civil écrivit à la Société Coopérative d'avoir à envoyer d'urgence au chargeur Charles Germain, de Wavre, le sucre qu'elle avait pour lui, de manière à ce qu'il puisse le faire prendre là.

La commune de Beauvechain avait réglé son versement au début d'avril, aussi, sur notification de ce paiement, le Commissaire civil, quelques jours après l'envoi de sa lettre, adressait une nouvelle missive disant de délivrer une ration mensuelle de sucre et de produits à étendre sur le pain, les autres provisions destinées à Beauvechain devant être envoyées à Charles Germain à Wavre.

Immédiatement, la ration d'avril fut remise à Beauvechain et l'excédent, soit de 3.600 kgs. de sucre et 3.6000 kgs. de produits à beurrer le pain, formant les rations de décembre, janvier et février, furent expédiés par wagon au nom du Commissaire civil.

Cette expédition se fit d'autant plus rapidement que Schute, l'homme de confiance du Commissaire, aurait, paraît-il, fait une démarche personnelle. Il serait intéressant de savoir avec précision quelle a été la destination réelle des marchandises ainsi expédiées et quelle est la partie de la population belge qui en a profité.

En mars, lors de sa visite, le contrôleur allemand avait constaté la présence des denrées destinées à Beauvechain. Et voici qu'actuellement la Centrale des Sucres envoie au canton de Jodoigne la quantité nécessaire sous déduction des 3.600 kgs. formant les trois mois de ration d'excédent de Beauvechain. Il faudra donc ou bien que l'on prive à nouveau cette commune de sucre pendant trois mois, ce qui est absolument inadmissible, ou bien que l'on diminue la ration de tout le canton, ce qui est profondément regrettable.

ANNEXE 11.

M. Saura a été appelé le mercredi 31 juillet par les autorités allemandes pour conférer au sujet de la prison de Vilvorde et du camp de Diest. Il lui a été demandé de bien vouloir signer une déclaration constatant que le régime des prisonniers à Vilvorde et à Diest ne laissait rien à désirer. M. Saura a catégoriquement refusé de signer pareille affirmation, jusqu'au moment où il pourrait juger par lui-même de l'installation du camp et de la prison et interroger les prisonniers.

Il a appris alors que la Légation d'Espagne à Berlin avait protesté au sujet de la déplorable situation, sous tout rapport, des prisonniers incarcérés dans ces localités.

L'autorité lui a répondu que le droit de contrôle était contraire au droit des gens, la prison et le camp se trouvant en pays occupé!

L'effectif de la prison de Vilvorde est de 1274 hommes et 93 femmes, celui du camp de Diest de 657 hommes et 11 femmes.

Nous estimons qu'il y a urgence d'agir énergiquement pour exiger le droit de contrôle et de visite de ces établissements. Nous ne sommes pas parvenus à connaître la raison qui a amené le Gouvernement allemand à installer une prison centrale et un camp de prisonniers belges en Belgique. Il est à craindre, si les protestations ne sont pas très catégoriques et pressantes, que d'autres prisons et camps ne soient installés encore ici afin d'éviter tout contrôle par les Délégués des Puissances Neutres.

Rapport au 1er septembre 1918

Nous continuerons à exposer sous ce titre les nouvelles relatives au développement des organismes activistes de ravitaillement en vivres et denrées indigènes. Nous discutons précisément en ce moment avec la Vermittlungsstelle la question relative à la distribution de ces vivres par des organismes spéciaux. Nous y reviendrons dans un prochain rapport.

Nous sommes heureux à cette occasion, de pouvoir joindre en *annexe 1* une communication de S. E. Monsieur van Vollenhoven, Ministre Résident des Pays-Bas, nous informant de ce que les personnalités hollandaises, dont il était question dans notre rapport au 1er juillet 1918, ont donné leur démission de membre d'honneur du Comité de soutien de « Volksopbeuring » en Hollande. Cette information a causé ici la meilleure impression.

GARANTIES

Les exportations du *bétail* à destination des étapes via Anvers n'ont pas cessé malgré nos réclamations réitérées ; l'autorité allemande a bien pris un arrêté au sujet des autorisations régulières dont devaient être munis les marchands de bestiaux pour pouvoir exercer leur commerce, mais ces gens n'en continuent pas moins, grâce à l'intervention d'hommes de paille, à battre le pays en tous sens pour y rassembler les bêtes de boucherie. Les *annexes 2, 2a, 3, 3a, 3b et 4*, vous permettront de vous rendre compte de nos diverses réclamations à la V.C.N. relativement à cette question.

Les *fourrages* font encore l'objet d'importantes transactions de l'occupant. A ce propos nous publions en annexe (*annexes 5, 5a, 5b, et 5c*,) la correspondance échangée avec la V. C. N. concernant une saisie de fourrages dans la province de Luxembourg. Elle permet d'apprécier la façon dont se traite par lettre une affaire relative au respect des garanties.

Au sujet des *légumes*, un arrêté a paru, annulant toutes les conventions passées pour l'achat des légumes (*annexe 6*) ; cet arrêté est particulièrement préjudiciable aux Intercommunales de ravitaillement qui ont contracté en province des baux de location pour la culture des féculents et des légumes. Nous sommes intervenus pour faire valoir l'intérêt qu'il y avait pour la population de pouvoir bénéficier des distributions des produits de la culture faites par les Magasins Communaux. Nous avons le ferme espoir que des facilités seront données dans ces conditions à ces organismes de ravitaillement.

Les exportations de légumes vers l'Allemagne continuent à Malines ; nous vous remettons en annexe copie de notre plus récente communication y relative à la V. C. N. (*annexe 7*).

* *

Comme suite à nos réclamations répétées en ce qui concerne les nombreux achats effectués sur les marchés de Bruxelles et des faubourgs par les soldats de passage, la Vermittlungsstelle nous a adressé la lettre reprise à l'*annexe 8*.

* *

Relativement à la Convention des Engrais, nous avons reçu de la part du Département Politique, par l'intermédiaire des Ministres Protecteurs, un nouveau résumé des quantités fabriquées et exportées de superphosphates et superphosphates doubles. (*Annexe 9*). Comme nous ne possédons pas de données précises sur les sulfates d'ammoniaque, nous avons prié les Ministres Protecteurs de bien vouloir insister auprès du Département Politique pour que ces renseignements nous soient fournis dans le plus bref délai.

CENTRALES

Nous avons joint, en copie, à notre rapport au 1er juillet, des rapports de Centrales et des procès-verbaux de séances tenues par les Conseils annexés à ces organismes.

Nous continuons la publication des documents de l'espèce que nous avons reçus de la V. C. N. en annexant au présent rapport les copies :

1o.) du rapport de la Centrale des Orges relatif à l'exercice 1916/17 (annexe 10).

2o.) des procès-verbaux des séances des 12 juillet 1916 et 17 janvier 1917 de la même Centrale (annexes 11 et 12).

En application de l'arrêté du 25 avril relatif à l'utilisation économique du lait, annexé à notre rapport au 1er juin dernier, et dont les dispositions réglementaires font l'objet de l'arrêté du 24 juillet dernier, les Commissaires Civils ont édicté des règles d'exécution pour leurs arrondissements respectifs.

Ces règles fort différentes entre elles ont donné lieu de la part des producteurs à des observations qui nous ont paru intéressantes au point de vue du ravitaillement de la population et de la conservation du cheptel. Aussi, bien que la question ne soit pas directement connexe à l'observance des garanties de 1916, nous avons cru devoir en faire l'objet de 2 memorandums que nous avons adressés à la V. C. N.

La fonctionnement de la Centrale de pommes de terre n'a pas donné entière satisfaction aux populations de l'agglomération bruxelloise et de la ville d'Anvers, à raison de l'insuffisance des quantités de pommes de terre hâtives mises à la disposition des organismes distributeurs.

Nous avons traduit la plainte de la Ville d'Anvers en un memorandum que nous avons adressé à la V. C. N. (annexe 13).

Quant à l'Agglomération Bruxelloise, la Société Coopérative des Magasins Communaux, qui a assumé la charge de ravitailler la population, s'est mise directement en rapport avec le Gouvernement Général.

Le Bulletin officiel des Lois et Arrêtés a publié un arrêté du 19 août 1918 donnant les dispositions réglementaires concernant les pommes de terre tardives (annexe 14).

On trouvera également plus loin le texte :

1o.) d'un arrêté du 20 juin concernant la saisie des radicelles de malt, (annexe 15).

PRISONS

Des démarches répétées continuent à être faites pour améliorer le ravitaillement des prisonniers incarcérés par l'autorité occupante.

L'effectif de la prison de Vilvorde est de 1554 prisonniers au 1er septembre, y compris 32 femmes.

Celui du camp de Diest au 14 août est de 782, y compris 14 femmes.

Il y a lieu de veiller à faire continuer les envois de biscuits pour ces deux établissements, en tenant compte des effectifs indiqués ci-dessus.

Quant au contrôle effectif de la prison de Vilvorde et du camp de Diest par les Délégués des Pays Neutres, il n'en est toujours pas question.

Les notes en annexe (annexes 17a et 17b) indiquent l'état de nos discussions avec le pouvoir occupant.

Nous sommes parvenus à améliorer sensiblement la nourriture des personnes détenues dans les prisons d'Anvers et de Turnhout.

Ainsi que nous l'avons écrit en mai dernier, il a été créé au siège du Comité Provincial d'Alimentation à Anvers, un service de ravitaillement des prisonniers. Des repas journaliers sont servis aux prévenus autorisés à les recevoir ; un colis de vivres est envoyé hebdomadairement à tous les prisonniers.

Les personnes en état de les payer font rembourser, par leur famille, les frais occasionnés par ces divers envois. En outre, des colis et vêtements sont remis aux prisonniers condamnés, envoyés soit en Allemagne, soit à Vilvorde ou encore dans les camps.

Cette organisation faite à Anvers avec l'accord des autorités allemandes, donne satisfaction à tous les intéressés. Nous sommes en négociation pour établir ce même service dans toutes les provinces; malheureusement il nous faut souvent patienter, des difficultés nous étant faites par certains représentants du pouvoir occupant.

Il va de soi que tout ce qui est dit ci-dessus concerne les personnes arrêtées par les Allemands, les détenus de droit

— 237 —

commun restant soumis au régime des prisons belges.

Nous devons attirer toute l'attention de nos collègues de Londres et de La Haye sur la nature *confidentielle* de tous ces renseignements. Les Légations des Pays Neutres nous seconderaient puissamment, nous insistons encore sur ce point, en obtenant le contrôle par les Délégués du C. H. N. si elles ne peuvent pas envoyer, comme cela se fait dans les autres pays belligérants, les Délégués des Ambassades et des Légations Protectrices, visiter au moins mensuellement le camp de Diest et la prison de Vilvorde.

GENERALITES

A titre d'information et à seule fin de faire apparaître combien sont souvent ingrates et difficiles les enquêtes et les investigations du C. H. N., nous vous remettons en annexe *(18 a et b)* copie des notes que nous avons échangées avec la V. C. N. concernant le fonctionnement de notre service d'informations.

* * *

Le C. H. N. a été saisi en janvier et février derniers à l'intervention de M. le Représentant de la C. R. B. à Bruxelles, d'une question relative à la fabrication du savon entreprise par l'autorité occupante dans les établissements de MM. *Lever Brothers & Co.*

Une récente communication du même genre a été adressée au C. H. N. à ce sujet à l'occasion d'une demande d'importation de savon. Nous avons cru devoir y faire la réponse suivante :

« Le C. H. N. n'a pas connaissance » d'envois de savon vers l'Allemagne. Si » ces expéditions existent, ce doivent » être des quantités minimes, vu la pé-

» nurie de ce produit en Belgique et les » hauts prix y payés. (Plus de 100 frs. » le kilo pour du savon de toilette).

» La population civile allemande peut » évidemment, tout comme la popula- » tion belge, se procurer dans le com- » merce privé du savon à haut prix.

» En ce qui concerne des distributions » spéciales faites par les autorités alle- » mandes à des civils ou militaires alle- » mands, les Ministres Protecteurs ont » adressé une demande d'explication à ce sujet au Département Politique.

» LEVER & BROTHERS reçoit en ef- » fet de la Oel-Zentrale des suifs — grais- » ses non comestibles — qui servent à la » fabrication des savons. Le régime de » l'utilisation des graisses n'a pas été » modifié. (Voir rapports mensuels du » C. H. N.)

» Vous tiendrons au courant de la sui- » te qui sera donnée à la demande d'ex- » plication des Ministres Protecteurs.

» Sommes aux regrets que demande » d'augmentation d'importation savon » n'ait pas été agréée, la pénurie de ce » produit se faisant vivement sentir ».

* * *

Le Comité National a été invité par lettre du 6 août de la Vermittlungsstelle C. N. à n'employer aucun des fonctionnaires ayant cessé le travail à la suite de la consécration de la séparation administrative des régions Flamande et Wallonne.

Nous reproduisons ci-joint pour gouverne, la liste de ces fonctionnaires faisant l'objet de la mesure d'exception prise par l'autorité allemande *(annexe 19)*.

LES DIRECTEURS.
SAURA. LANGENBERGH.

ANNEXE 1.

Monseigneur van de Wetering, archevêque d'Utrecht, Jhr. Mr. de Savornin Lohman, Ministre d'Etat et Mr. Th. van Welderen Baron Rengers, n'ayant accepté la Présidence d'honneur du « *Nederlandsche Comité* tot steun van Volksopbeuring », et non de « Volksopbeuring » lui-même, qu'à la condition expresse que ce dernier limiterait son action au soulagement matériel et moral des Flamands, ne désirent en aucun cas être considérés comme membres protecteurs du Comité fonctionnant en Belgique.

Monseigneur l'archevêque d'Utrecht et le Jhr. de Savornin Lohman ont pris déjà depuis longtemps leur démission comme Président d'honneur du Comité Néerlandais, tandis que Mr. Th. van Welderen Baron Rengers communique même ce qui suit :

« Des actions comme celles de la Section Puurs du « Volksopbeuring » sont en flagrante contradiction avec les conditions posées par moi pour l'acceptation de la Présidence d'Honneur du Comité Néerlandais. »

ANNEXE 2.

No. A 5474.   Bruxelles, le 14 juin 1918.

Memoradum pour la Deutsche Vermittlungsstelle C. N.

Le C. H. N. a l'honneur de remettre, ci-dessous, à la V. C. N. une note relative à des expéditions, achats, et saisies de bétail opérés dans les provinces de Luxembourg, de Namur et de Limbourg par les troupes d'occupation.

Les Directeurs,

BÉTAIL. — PORCS.

Province de Luxembourg.

Le samedi 18-5, Pierre Meulen, de Liége, qui fournit du bétail directement aux Allemands, a expédié de la gare de Barvaux en destination d'Anvers-Sud les wagons 41507 Augsburg, 43617 G. M., 9244 Essen et 14008 Magdeburg, contenant au total 60 têtes de bétail. Au moment du chargement, Meulen était accompagné d'un civil allemand qui était venu faire la réception du bétail.

Province de Namur.

On constate depuis peu à côté du trafic de fourrages, dans la région de Philippeville, un trafic de bétail assez considérable.

Le sieur Victor Alexandre, marchand de fourrages, est l'agent en titre des Allemands pour l'achat du bétail. Il a pour collaborateur Edmond Monier, de Philippeville.

Dans la région de Florennes, l'agent des Allemands est Jules Herment, de Surice, qui se livre aussi au trafic de fourrages.

Un arrêté ayant été pris et affiché interdisant la vente et le transport du bétail sans autorisation des autorités allemandes, et ces 3 personnages possédant une autorisation écrite qu'ils exhibent chez les propriétaires de bêtes, on conçoit qu'il leur est facile de trouver du bétail, eux seuls ayant actuellement pouvoir d'acheter et de prendre livraison.

Province de Limbourg.

L'autorité allemande a amené pendant la semaine dernière à l'abattoir, 4 porcs saisis dans la commune de Landen (prov. de Liége). Ces porcs ont été abattus à l'abattoir militaire et remis au charcutier Colette, Grand'Place à Hasselt, pour être convertis en saucissons destinés aux Allemands.

Le 14 juin 1918.

ANNEXE 2a.

TRADUCTION

Gouvernement Général
D. V. C. N.
C. 1073.

Bruxelles, le 1er août 1918.

Réponse à votre lettre A 5474 du 14 juin 1918.

Les 4 porcs saisis dans la commune de Landen, suivant une communication venant du Limbourg, avaient une été achetés par une certaine Vve Math. Landught, sans aucune autorisation de faire le commerce et à des prix usuraires.

Abattus, ces animaux ont été utilisés, conformément aux conventions, au profit de la population civile du pays.

(signature)

ANNEXE 3.

No. A 5727.   Bruxelles, le 10 juillet 1918.

Memoradum pour la Deutsche Vermittlungsstelle C. N.

Le C. H. N. appelle la bienveillante attention de la V. C. N. sur le prélèvement régulier d'un certain nombre de têtes de bétail opéré par les autorités militaires, à Tongres. Ces bêtes sont prélevées parmi celles qui sont réquisitionnées pour la consommation de la population civile belge. Les autorités les font débiter par certains bouchers à des organismes allemands de Tongres.

Du 2 au 5 juillet, le nombre des bêtes enlevées à la consommation de la population belge s'est élevé à 9.

Les bouchers Straetmans, Morin, Erberich et Léon Logtman sont tenus de ne fournir de la viande qu'aux organismes allemands (Soldatenheim, Offizierkasino et Generalstab). Le Verpflegungsmagazin reçoit en outre, directement de l'abattoir, une bête par semaine.

Il paraîtrait assez malaisé de prétendre qu'il ne s'agit pas, dans le cas présent, d'une mesure systématique qui porte un préjudice sérieux au ravitaillement de la population belge en vivres indigènes.

Le C. H. N. estime qu'il y a, en l'occurrence, infraction aux Conventions. De plus, il ose formuler l'espoir qu'après vérification des faits signalés, la V. C. N. jugera devoir intervenir auprès des autorités compétentes pour obtenir la restitution à la population civile d'un poids de bétail exotique équivalent à la quantité dont elle a été privée. Il s'agit bien entendu, en l'occurence, d'un dédommagement particulier et non de la reconnaissance d'un principe qui semblerait admettre la légitimité de certains échanges de bétail au mépris des conventions.

Les Directeurs,

ANNEXE 3a.

TRADUCTION

Gouvernement Général
D. V. C. N.
C. 1116.   Bruxelles, le 2 août 1918.

Réponse à votre lettre A 5727 du 10 juillet 1918.

La V. C. N. ne peut partager la manière de voir du Comité. Des livraisons de viande à des Soldatenheim et mess sont permises dans le sens des conventions existantes. Il ne peut donc être question ni d'une mesure systématique qui pourrait causer un tort sérieux à l'œuvre du ravitaillement, ni d'une livraison de bétail importé d'Allemagne en remplacement de la viande ainsi réquisitionnée.

Si, comme il le fait entendre, le Comité connaissait d'autres organismes allemands au profit desquels de la viande ou du bétail auraient été saisis et nous les faisait connaître, la V. C. N. n'hésiterait pas à ordonner une enquête. (s.)....

Au Comité Hispano-Néerlandais,
Bruxelles.

ANNEXE 3b.

No. A 6123. Bruxelles, le 10 août 1918.

Memorandum pour la Deutsche
Vermittlungsstelle C. N.

Le C. H. N. sait gré à la V. C. N. de la réponse qu'elle lui adresse au sujet de la livraison de viande à des Soldatenheim et à des mess (C. 1116).

Il ne peut cependant admettre la manière de voir de la V. C. N. en ce qui concerne les Soldatenheim. Les conventions ne mettent nullement sur le même pied les mess et les Soldatenheim. Ces derniers organismes ne peuvent bénéficier des mêmes avantages que les mess et les lazarets et il est certain que le Verpflegungsmagazin ne peut pas être considéré comme un mess. Au surplus, il n'est pas douteux que le Soldatenheim est un organisme dépendant de l'armée.

Il y a certes, en l'occurence, un malentendu que la V. C. N. aidera certainement à dissiper, auprès des autorités intéressées.

* * *

Dans sa réponse à la note du C. H. N. au sujet de l'achat d'un porc par le Soldatenheim de Jemelle, la V. C. N. fait remarquer que le Soldatenheim doit être considéré comme une cantine. Le C. H. N. estime que c'est là une interprétation qui ne respecte ni l'esprit ni la lettre des conventions, car celles-ci réservent à la population belge l'utilisation du bétail et des porcs.

LES DIRECTEURS,

ANNEXE 4.

No. A 6314. Bruxelles, le 23 août 1918.

Memorandum pour la Deutsche
Vermittlungsstelle C. N.

Le C. H. N. transmet à la V. C. N. le résumé ci-dessous de nouveaux renseignements relatifs au mouvement du bétail à Anvers, comme suite à sa communication du 14 août courant, no. A 6209.

ARRIVAGES.

Le 3-8, sont arrivés à la gare du Sud 14 wagons avec 210 bêtes à cornes venant de Gembloux et Tirlemont et destinées à J. Van Landegem.

Le 5-8, il a été acheté pour compte de Portocarrero, au marché d'Anvers, 140 têtes de bétail.

Le 6-8, 6 wagons avec 90 bêtes venant d'Esschen, ont été déchargés au hangar 9.

Le 9-8, au dit hangar, ont été déchargés 6 wagons de bétail contenant environ 100 bêtes qui ont été placées dans les étables du hangar.

Le 11-8, 3 wagons de bétail sont arrivés à la gare du Sud venant de Tirlemont pour le nommé Van Landegem.

Le même jour, 180 bêtes à cornes ont été achetées au marché d'Anvers pour la firme Portocarrero.

Le 12-8, 2 wagons avec 30 bêtes ont été déchargés à la gare du Sud pour le nommé Van Landegem, venant de Héverlé

La nuit du 15 au 16-8, environ 400 bêtes à cornes sont arrivées par route de Bruxelles ++ ont été remises dans les étables de Portocarrero, rue de Bréda.

DÉPARTS.

Le 8-8, 325 têtes de bétail ont été chargées dans 25 wagons au hangar 9 des quais Sud; ce transport était accompagné de soldats armés.

Le même jour, au hangar 29, bassin Asia, il a été chargé 35 wagons avec 420 bêtes à cornes; ce transport était aussi surveillé par des soldats armés.

Le mercredi suivant (14) le transport habituel n'a pas eu lieu; tout le bétail contenu dans les étables de Portocarrero a été abattu pour le compte des firmes Classen et D'Heere Luxembourg; cette dernière a fait l'objet de diverses réclamations de la part du C. H. N.

* * *

D'autre part, il a été constaté dans diverses régions du Gouvernement Général des embarquements de bétail pour Anvers, notamment :

Le samedi 20 juillet, 3 wagons ont été chargés à Wavre à destination d'Anvers à l'adresse de Carton, qui a fait l'objet du memorandum du C. H. N. du 29 juillet dernier, no. A 5982; ils contenaient 34 têtes de bétail vendues par Demortier Jean (14 bêtes), Carême Jacques (10 bêtes), Somville Alexandre (6 bêtes) et Van der Cappel (4 bêtes).

L'autorité a concédé au sieur Pierre Opdecamp, de Maeseyck, le monopole de l'achat dans l'arrondissement de Maeseyck. Celui-ci fait acheter le bétail par les rabatteurs suivants : Frans Broekmans, de Maeseyck; Chasseur, boucher à Maeseyck; Deckers, à Eelen; Smets Kemmen, à Eelen; Florquin Théodore, à Ophoven; Conventz, à Peer.

Fin juillet, il a été expédié de Maeseyck à Hasselt 170 têtes de bétail qui ont été réexpédiées à Anvers; le 9 août, Opdecamp a expédié de Maeseyck 6 wagons, de St-Trond 6 wagons et de Diest 6 wagons, de 10 bêtes chacun.

Quant au bétail acquis dans la région de Peer, il est expédié à Bourg-Léopold à l'adresse du sieur Swennen (de Baelen-sur-Nèthe) et réexpédié de là à Anvers; il a été expédié le 21 juillet, 91 têtes de bétail; le 28 dito 94 et le 5 août 97.

Les expéditions partent généralement le mardi de chaque semaine de Bourg-Léopold en destination d'Anvers.

De son côté, Cryns, de Wonck, dont il a été question dans la communication prérappelée, du 14 août, a expédié, le 9 août, de Tongres en destination d'Anvers-Sud, 10 wagons de bétail soit 135 bêtes.

* * *

Pour terminer, le C. H. N. croit intéressant de communiquer à la V. C. N. des renseignements qui viennent de lui parvenir au sujet du nommé Fernand Rouard, de Ciney, dit «le Baron», dont il a déjà été question précédemment.

Le prénommé ne peut traiter que pour la consommation allemande et ne peut faire d'affaires personnelles; afin d'obvier à cet inconvénient, il a fait obtenir une autorisation d'achat à Monjoie, de Houyet, qui lui sert ainsi de prête-nom.

Cet associé complaisant obtient des permis de transport directement du Kreischef de Dinant, ce qui lui permet de négliger de remplir les formules communales exigées par les commissaires civils; tout au plus daigne-t-il informer la commune de ses achats.

Le samedi 10 août, Monjoie charge 3 wagons de bestiaux, soit 50 bêtes, pesées chez Lovens le matin même et qu'il expédie pour le marché de Bruxelles; le même jour, le beau-frère de Rouard vient à la commune faire la déclaration d'achat de 2 porcs par Monjoie

16*

chez Rouard ; il est muni des deux autorisations du Kreischef de Dinant.

Le dimanche 11 août, Rouard devait peser un important lot de bêtes chez Lovens pour l'autorité militaire.

LES DIRECTEURS,

ANNEXE 5.

No. A 3150. Le 3 décembre 1918.

Memoradum pour la Deutsche Vermittlungsstelle C. N.

Le Comité Hispano-Néerlandais porte à la connaissance de la Deutsche Vermittlungsstelle C. N. les nouvelles réquisitions de fourrages, reprises à la note ci-annexée, qui ont été opérées dans le Luxembourg en violation des garanties accordées par Son Excellence le Gouverneur Général.

Il prie la Deutsche Vermittlungsstelle C. N. de vouloir bien intervenir pour que de pareils faits ne retrouvent pas de répétition dans l'avenir.

LES DIRECTEURS,

PROVINCE DE LUXEMBOURG.

Saisie de fourrages.

Entre le 4 et le 7 novembre, la Kommandantur de Bomal a donné ordre aux bourgmestres de son district, c'est-à-dire de Bomal, My, Izier, Villers, Tohogne, Bende-Jenneret, Septon et Borlon, de fournir chacun 2.000 kgs. de foin ou de trèfle séché, ou une quantité équivalente de foin et de trèfle. Il fallait 2.000 kgs. de ces fourrages par cheval pour tous les chevaux du service de l'armée à Bomal, Marche et Barvaux.

Les fermiers Hamoir, Handfroid, France Joseph, France Isidore, Detroux Jules, Hanozet frères, Gillet François et Demeuse Joseph ont livré les 2.000 kgs. pour Bomal le 13 novembre ; ils ont été chargés sur wagons en gare de cette localité.

Il y a un mois environ, un gendarme de Durbuy a demandé dans la commune de Septon du trèfle sec. Il n'a nullement forcé les gens à lui livrer ce fourrage, insistant fortement sûr ce point ; la livraison devait se faire de plein gré à la gendarmerie. Le trèfle devait être payé à raison de 26 frs. les 100 kgs. Jusqu'à ce jour les fournisseurs n'ont pas été payés.

Ont fourni :

MM. Detrooz, bourgmestre	kgs.	225
Petry Charles	»	150
Kaye Joseph	»	25
Depierreux	»	25
Hougardy Flagottier	»	25
Dochain	»	50
kgs.		500

Le 9 novembre 1917, Pétry Joseph, fils de Charles, cultivateur à Palange, a conduit 1.225 kgs. de foin dans le fenil de la cantine militaire de Bomal. Ce foin provenait d'achats faits aux personnes indiquées ci-après :

Clavier Isidore	kgs.	50
Nuiane Hubert	»	100
Senny Louis	»	25
Lemauvais Joseph	»	100
Wenin Narcisse	»	50
Hollande Louis	»	15
Marcin Joseph	»	100
Lemalleux Théophile	»	25
Ninane Victor	»	50
Vve Gouverneur	»	50
Wenin Joseph	»	25
Magis Alphonse	»	10
Demarche Achille (veuve)	»	250
Courtois Joseph	»	50

Demarche Alexis	»	50
Daquedre Hubert	»	50
Dodet Félicien	»	25
Dury Hubert	»	25
Gillet Henri	»	50
Courtois Hubert	»	50
Dujardin Florent	»	25
Magis François	»	25
Laboulle Antoine	»	25
kgs.		1.225

ANNEXE 5a.

TRADUCTION

Gouvernement Général
D. V. C. N.
C. 636. Bruxelles, le 9 mai 1918.

Il ressort des investigations des autorités intéressées que les données fournies par le C. H. N. dans sa lettre A. 3150 du 3 décembre, n'ont aucunement prouvé que les prétendus achats de foin et de fourrage par des troupes aient eu lieu. C'est ainsi que le C. H. N. nous communiquait qu'en septembre 500 kgs. de trèfle ont été achetés et non payés ; les personnes ainsi lésées étaient citées nommément. Bien que ces gens, parmi lesquels se trouvait le Bourgmestre, aient été interrogés et malgré une enquête dans la commune, on n'a pu trouver quelqu'un élevant une prétention quelconque.

Ce fait seul prouve la valeur des accusations.

(s.) RIETH.

Au Comité Hispano-Néerlandais,
Bruxelles.

ANNEXE 5b.

No. A. 5459. Bruxelles, le 14 juin 1918.

Memoradum pour la Deutsche Vermittlungsstelle C. N.

La V. C. N., dans sa réponse à la lettre du C. H. N. en date du 3 décembre (No. A 3150), estime que les renseignements qui lui étaient transmis au sujet des achats de foin et de fourrages ne reposaient pas sur une base sérieuse.

Le C. H. N. est au regret de devoir revenir sur ces faits et de maintenir que, le 24 novembre dernier, les fournisseurs, dont il s'agit, n'avaient pas été payés ; ils l'ont sans doute été depuis. Mais la question n'est pas de savoir s'ils réclament ou s'ils ne réclament pas, il importe de savoir s'ils ont fourni ou non le trèfle.

Le C. H. N. regrette que la V. C. N. n'ait pas examiné ce côté de la question.

LES DIRECTEURS,

ANNEXE 5c.

TRADUCTION

Gouvernement Général
D. V. C. N.
C. 636. Bruxelles, le 18 août 1918.

Réponse à vos lettres A 3150, du 3 décembre, et A 5459, du 14 juin.

Après de nouvelles investigations il nous est communiqué qu'en effet un bataillon de Landsturm a acheté de la main à la main 500 kgs. de foin et 1000 kgs. de trèfle. Le corps de troupe en question fait valoir comme excuse qu'un ordre a été mal interprété. En tout cas, cette constatation et les mesures récemment prises par l'autorité compétente donnent l'assurance qu'un incident pareil ne se représentera pas.

Par ordre,
(s.).....

Au Comité Hispano-Néerlandais,
Bruxelles.

ANNEXE 6.

Note du Comité Hispano-Néerlandais,
lue à la séance du Comité National du
22 août 1918.

Un arrêté, paru sous la date du 8 août, annule toutes les conventions passées pour l'achat de légumes.

L'article 1 ajoute cependant, que les présidents de l'administration civile sont autorisés à accorder des exceptions, tant pour les contrats déjà conclus que pour ceux que les intéressés désireraient négocier à l'avenir.

Les Comités sont en conséquence priés de se mettre immédiatement en rapport avec le président civil de leur région pour obtenir le maintien de toutes les conventions qu'ils auraient passées avec les producteurs pour les fournitures de légumes destinés aux soupes populaires et de demander son autorisation pour la conclusion de nouveaux contrats.

Les Comités voudront bien signaler d'urgence avec tous les renseignements et les preuves circonstanciées à l'appui, au Comité Hispano-Néerlandais, les objections et les difficultés que les présidents de l'administration civile pourraient susciter pour ne pas donner suite favorable aux demandes qui leur seront adressées.

ANNEXE 7.

No. A 6353.   Bruxelles, le 28 août 1918.

Memorandum pour la Deutsche
Vermittlungsstelle C. N.

Le C. H. N. a bien reçu en temps la lettre 1083/1097 de la V. C. N. du 31 juillet 1918, concernant les marchés de légumes et les exportations vers l'Allemagne. La V. C. N., dans la lettre prérappelée, laissait supposer qu'une amélioration de la situation serait rapidement atteinte, grâce aux nouvelles mesures prises par les pouvoirs compétents. Entretemps, le C. H. N. a pu constater combien il était difficile aux organismes belges de s'approvisionner à Malines pour les besoins de la population, eu égard aux entraves apportées par l'organisme centralisateur, qui ne respecte pas les arrêtés de l'autorité établissant des prix maxima et, par le fait, se crée un privilège au détriment des intérêts belges.

Le C. H. N. croit devoir donner ci-dessous, à la V. C. N., comme suite à ses nombreuses communications antérieures sur le même objet, un nouveau résumé des expéditions et exportations de légumes au départ de *Malines*.

Les «Produits Agricoles» continuent à faire des envois importants vers l'Allemagne :
le 12-8, 7 wagons, le 13-8, 3 wagons, le 14-8, 5 wagons, le 17-8, 2 wagons, le 20-8, 14 wagons, le 21-8, 19 wagons, tous avec des légumes divers, pour Herbesthal.

Les militaires ont chargé le :

14-8, 1 wagon pour Binche ;
17-8, 1 » » Rochefort ;
20-8, 1 » » Libramont ;
20-8, 1 » » destination inconnue ;
21-8, 1 » » Bogone (?)

Le même jour, 1 wagon a été chargé par des civils allemands pour Marchiennes-au-Pont au profit d'une usine mise sous séquestre.

Les wagons chargés par les «Produits Agricoles» le 13 août, sont les numéros 11567 Magdeburg, 14040 Sachsen, 18865 Cöln.

Ceux du 14, sont les numéros 11986 Cassel, 32651 München, 26402 Baden, 6464 Sarrebrück, 1460 Bromberg.

Ceux du 17-8, sont les numéros 12917 Künigsberg et 37710 Münster.

Parmi les 14 wagons du 20-8, se trouvaient les numéros 213839 Essen; 8919 Bromberg, 6593 Stettin, 141162 Cöln, 71245 Brussel, 42703 Elberfeld.

Parmi les 19 du 21-8, se trouvaient les numéros 15608 Cöln,150201 Brussel, 13398 Lothringen, 35805 Lothringen, 14405 Magdeburg, 9950 Sachsen, 17962 Els. Lothr.

Les militaires ont chargé, le 14-8, le wagon 8993 Cöln et, le 17-8, le wagon 14974 Cöln.

Le wagon chargé pour Marchiennes, le 21-8, portait le numéro 19237 Breslau.

A *Berlaer*, le nommé Flierackers, de Koningshoyckt, charge, depuis le 19 courant, plusieurs wagons de tomates pour Herbesthal : le 21, 3 wagons ; le 22, 4 wagons, le 23, 7 wagons.

Le C. H. N. ne doute pas que ces précisions amèneront la V. C. N. à intervenir à nouveau auprès des autorités compétentes pour mettre fin à une situation de fait absolument contraire aux promesses formulées par S. E. le Gouverneur Général aux Ministres Protecteurs du ravitaillement.

LES DIRECTEURS,

ANNEXE 8.

TRADUCTION

Gouvernement Général
D. V. C. N.
C. 1085

Bruxelles, le 1er août 1918.

Réponse à votre lettre A 5529 du 19-6-1918.

En réponse au rapport remis avec la susdite, au sujet des achats observés sur les marchés de Bruxelles depuis la mi-mars jusqu'à la mi-mai, nous pouvons vous communiquer que, suivant les avis reçus ici régulièrement, le contrôle, très renforcé depuis fin avril et étayé par un personnel nombreux semble travailler avec un succès remarquable. Il a déjà été établi une diminution sensible des essais d'exportation.

(s.)..........

Au Comité Hispano-Néerlandais,
Bruxelles.

ANNEXE 9.

Politische Abteilung
bei dem
Gneralgouverneur in Belgien
J. No. V. 5394.

Bruxelles, le 23 août 1918.

Monsieur le Ministre,

En réponse à la lettre que Votre Excellence a bien voulu m'adresser le 29 juin dernier, no. 510, relative à l'application de la Convention des Engrais, j'ai l'honneur de Lui faire savoir que les questions soulevées dans la lettre prémentionnée ont été examinées par l'autorité compétente, qui m'a fourni les renseignements suivants :

L'importation d'acide sulfurique a été influencée par des difficultés de production et de transport. D'ailleurs, cette éventualité a été prévue dans l'article 3, dernier alinéa, de la dite convention, où il a été stipulé que si les fournitures d'acide étaient moins importantes que 2.500 tonnes par mois, les contingents belges et allemands de produits fabriqués seraient diminués proportionnellement.

Quant à la distribution du superphosphate fabriqué, elle est exécutée de manière que les fabricants belges livrent une partie à leur production au Comité National et une autre directement à leur clientèle d'avant la guerre, proportionnellement aux fournitures antérieures.

Le Comité National, en dressant le calcul contenu dans la lettre de Votre Excellence du 29 juin dernier, est arrivé à un résultat erroné parce qu'il n'a pas tenu compte de ma lettre du 25 octobre 1917, no. V. 4117, où il est démontré que l'agriculture belge avait reçu dans la période du 26 août 1916 au 31 mars 1917, une quantité de superphosphate supérieure de 7.012 tonnes à celle à laquelle la convention lui aurait donné droit. Il appert du relevé ci-annexé que cet état de choses est resté le même jusqu'au temps présent et que les chiffres respectifs sont 5219 tonnes pour le 31 décembre 1917 et 9358 tonnes pour le 30 juin 1918.

Je saisis l'occasion pour renouveler à Votre Excellence les assurances de ma haute considération.

p. a,
(s.) LANCKEN.

À Son Excellence Monsieur le Marquis de Villalobar, Envoyé extraordinaire et Ministre plénipotentiaire de Sa Majesté le Roi d'Espagne en Belgique, à Bruxelles.

ANNEXE 9a.

SUPERPHOSPHATES

	Quant. fabriquées	Quant. fournies agriculture bel.
QUANTITÉS FABRIQUÉES	T.	T.
Stock du 26 août 1916	2368	
Fabriquées du 26- 8 au 31-12-16	7240	4042
» 1- 1 au 31- 3-17	4097	5690
» 1- 4 au 30- 6-17	1836	3941
» 1- 7 au 30- 9-17	3587	3057
« 1-10 au 31-12-17	2493	1519
Total :	21623	18240
Fabriquées du 1- 1 au 31- 3-18	2348	4465
» 1- 4 au 30- 6-18	2420	2848
Total :	26391	25562

SUPERPHOSPHATES DOUBLES

	Export. en Allemagne	Livrées agricult. belge
QUANTITÉES FABRIQUÉES	T.	T.
Stock du 26 août 1916	760.	
Fabriq. du 26- 8 au 31-12-16	1853	1350	365
» 1- 1 au 31- 3-17	852	305	202
» 1- 4 au 30- 6-17	1257	1385	226
» 1- 7 au 30- 9-17	2123	1363,5	260,5
» 1-10 au 31-12-17	1745	2077	216
Total :	8590	6481,5	1269,5
Fabriq. du 1- 1 au 31- 3-18	1129	811	264,5
» 1- 4 au 30- 6-18	2264	985	262
Total :	11983	8277,5	1796

REMARQUE :

Quantités fournies à l'agriculture belge le 31-12-17, le 30-6-18 super simple	18249 T.	25662 T.
Super double, équivalent en super simple	3174 T.	4490 T.
Total :	21423 T.	30052 T.
Super double exporté en Allemagne équivalent en super simple	16204 T.	20694 T.
Restent encore à livrer à l'Allemagne	5219 T.	9358 T.

Rapport concernant l'année économique écoulée (1916-17) pour les membres de la Commission des Orges.

I. — Produit de la récolte.

Les bonnes prévisions qui s'étaient manifestées l'été dernier pour la récolte du Gouvernement Général en 1916 se sont en général réalisées.

Alors que l'action de la Gerstenzentrale ne s'était appliquée, pendant l'année 1915-16, qu'à 14.847 Ha. 74, la surface totale des champs d'orge contrôlés par la Gerstenzentrale s'est élevée, pour l'année économique courante, à 23.577 Ha. 75, réduits à 19.998 Ha. après cession de l'étape. L'augmentation de la surface contrôlée, en connexion avec une récolte en général moyenne faisait prévoir une récolte élevée ; deux circonstances ont fait que le produit de cette récolte est resté en-dessous des prévisions. D'abord, la récolte a souffert, non seulement en qualité mais aussi en quantité, de l'humidité, par endroits très forte. En second lieu, des parties considérables du Gouvernement Général ont été séparées de celui-ci et incorporées dans l'étape. Une partie de ces territoires (Mons et Arlon) est néanmoins restée sous l'administration de la Gerstenzentrale, mais une autre partie a été complètement perdue pour la Gerstenzentrale (Tournai, Maubeuge). La récolte ainsi influencée de deux côtés s'est élevée, sous déduction des semences, à :

35.734 tonnes

contre 34.312 tonnes l'année précédente.

Les circonstances ci-dessus n'ont pas été sans influencer la production des germes de malt. La production des germes de malt est, cette année, de :

627.344 kgs. 500

contre 753.507 kgs. 500 l'année précédente.

II. — Utilisation de l'orge :

L'arrêté prévoit une triple destination à l'utilisation de l'orge :

a) *La fourniture aux fabricants de levure.*

Par décision de la Commission de l'Alimentation, la Gerstenzentrale doit couvrir, en cas de blocus, les besoins de levure du Gouvernement Général (y compris Mons et Arlon), réduits à 50 %. Les matières premières nécessaires à cet effet étaient apprêtées. Toutefois, comme entretemps l'importation et la fabrication de levure par le Comité National se font encore en quantité appréciable et comprennent ensemble plus de 50 % des besoins de levure, toutes les matières premières que nous avions préparées n'ont pas été employées ; il a été économisé environ 700 tonnes.

Il a été livré en tout, aux fabriques de levure :

6.083.209 kgs. d'orge ;
391.326 kgs. 500 de germes de malt ;
2.864.929 kgs. de mélasse,

qui, par l'entremise de la Gerstenzentrale, ont été libérés par la Zuckerverteilungsstelle.

Sont encore prêts à être répartis :

25.581 kgs. 500 d'orge ;
158.673 kgs. 500 de germes de malt ;
256.605 kgs. de mélasse ;

de sorte que, d'ici la fin de l'année économique, il aura été distribué en tout :

6.108.790 kgs. 500 d'orge ;
550.000 kgs. de germes de malt ;
3.121.534 kgs. de mélasse.

Il faut encore signaler que, par l'arrêté du 13-12-16, relatif à la réglementation du commerce de l'eau-de-vie et de la levure, la réglementation de la levure a été transférée à la Branntweinzentrale ; à l'avenir donc, la Gerstenzentrale devra effectuer ses livraisons aux fabriques de levure par l'entremise de la Branntweinzentrale, de façon similaire au ravitaillement des brasseries par la Brauerei-Kontroll-Stelle.

b) *Torréfaction (usines à).*

Dans l'année courante, il n'y a eu aucune livraison à des usines de torréfaction de café de malt. La vente à ces usines est interdite par le nouvel arrêté du 16-6-17.

c) *Brasseries.*

Conformément aux indications de la B. K. S., il a été livré jusqu'à présent, aux brasseries du Gouvernement Général; et des territoires d'Arlon et de Mons :

25.153 tonnes 644.

D'après de récentes conventions avec la B. K. S., cette quantité sera majorée d'environ 1.000 tonnes; une autre majoration modérée n'est pas exclue.

d) *Meunerie.*

L'importation réduite, en raison des événements sur mer, ainsi que la diminution constante et de plus en plus menaçante de cette importation, engagent à la prudence et à l'économie dans la consommation de tous les aliments et fourrages et ont provoqué différentes mesures légales.

C'est ainsi que, dans le domaine particulier de la Gerstenzentrale, l'arrêté du 24-2-17 a confié à la Zentrale, à côté de la fourniture aux fabriques de levure et aux brasseries, également la transformation de l'orge en gruau et la répartition de ce dernier; le nouvel arrêté du 16-6-17, concernant l'orge, s'occupe donc aussi de la transformation de l'orge en gruau.

Ce n'est que dans l'année courante que la transformation d'orge en gruau a été entreprise ; sur la base de contrats très favorables, deux moulins :

Moulins de Tamise, Société Anonyme, Tamise, Stevens & Decoster, Overyssche, sont en marche avec une base de mouture de 87 %.

On a l'intention de mettre en manipulation et en répartition 150 à 200 tonnes par mois, depuis juin jusqu'à la fin de l'année économique. D'après les prévisions, ce chiffre ne sera pas dépassé.

La répartition a lieu principalement aux ouvriers des différentes industries, particulièrement de l'industrie houillère ainsi qu'à des institutions d'intérêt social.

e) Le restant de l'orge, soit environ 2.500 tonnes, reste provisoirement comme réserve, selon l'ordre de la Commission de l'Alimentation. Il sera décidé plus tard de son emploi.

III. — Personnel.

En plus du Président, le personnel de la Gerstenzentrale se compose de 167 préposés, dont :

Masculins.

14 Allemands
1 sans nationalité
2 Luxembourgeois
3 Hollandais
39 Belges
80 » (courtiers)
—
139

Féminins.

15 Belges
10 Allemandes
1 Autrichienne
1 Hollandaise
1 Française.
—
28

Le renchérissement croissant de la vie a provoqué une majoration appréciable des salaires, auparavant très réduits et souvent insuffisants.

En outre, il a été créé un département «Aliments », en vue de procurer aux employés des vivres à bon marché.

IV. — Département juridique et tribunal arbitral.

D'une part la misère croissante de la population et d'autre part l'appât d'un gain facile

au détriment des concitoyens ont mené à un nombre de plus en plus croissant d'infractions à l'arrêté sur les orges. Le tableau ci-dessous en donne une image frappante :

a) pour infractions à l'arrêté sur les orges ont été introduites :

de juillet 1915 jusqu'au 30 juin 1916
(arrêté du 20-7-1915)
873 demandes de poursuites,

de juillet 1916 jusqu'au 30 juin 1917
(arrêté du 15-6-1916)
2043 demandes de poursuites

desquelles :

1) ont été retirées ou les poursuites ont été arrêtées :

221 = 25 %   635 = 31 %

2) terminées par des verdicts :

413 = 47 %   845 = 42 %,

de sorte qu'au 30 juin 1916 ou au 30 juin 1917, il restait à solutionner :

239 = 28 %   563 = 27 %

b) Les condamnations suivantes ont été prononcées par les Kreischefs et par les tribunaux militaires dans les demandes de poursuites terminées par des verdicts :

Jusqu'au 30 juin 1916 :

1) 397 amendes, d'ensemble 83.419 Mk.,
2) 16 peines d'emprisonnement d'ensemble 526 jours. Soit 413 peines.

Jusqu'au 30 juin 1917 :

1) 840 amendes, d'ensemble 92.400 Mk.
2) 23 peines d'emprisonnement, d'ensemble 808 jours. Soit 863 peines.

c) Moyennes :

	au 30 juin	
	1916,	1917
1) des amendes	210. Mk.	110 Mk.
2) des emprisonnements :	33 jours	35 jours.

Une sérieuse amélioration de cet état de choses ne sera apportée, en dehors du contrôle susdit et des condamnations plus sévères, que par l'aide de la population. Tant que la majorité de celle-ci considérera presque comme un devoir patriotique de ne pas faire de dénonciations et de supporter en silence les actes des coupables, elle ne pourra pas se plaindre des difficultés de ravitaillement.

V. — Organisation intérieure.

Aux anciens départements :

Orge,
Germes de malt,
Statistiques,
Département Juridique,
Caisse,
Expédition de correspondance,

sont venus s'ajouter :

Meuneries,
Aliments,
Personnel.

Le Département «Levure» est passé à la Branntweinzentrale.

Les départements Juridique, Statistiques, Expédition de correspondance et Personnel de la Gerstenzentrale travaillent aussi par contrat pour la Branntweinzentrale et la Brauereikontrollstelle, contre remboursement du prorata des frais.

V. — Situation financière.

L'avoir de la Gerstenzentrale était au

31 mai 1916 .... frs. 1.165.796,54
31 mai 1917 .... » 952.033,29

L'avoir de la Zentrale a donc diminué, dans le courant de l'année dernière, de 213.763,25 francs.

Comme la Zentrale n'est pas une société exploitante et ne peut, suivant ses statuts, faire de bénéfices ; comme son avoir représente plutôt un fonds de roulement qui, jusqu'au moment de la dissolution de la Zentrale, doit être diminué dans la mesure du possible, cette diminution de l'avoir n'a en soi rien d'inquiétant. Elle forme du reste la suite naturelle des dépenses croissantes (salaires, Brauereikontrollstelle, frais de magasin); de plus, par l'abaissement à 2 frs. de la majoration antérieure de 4 frs. pour la partie de loin la plus grande de la récolte, le revenu de la Zentrale s'est trouvé diminué de près de 50 %.

Pour l'année prochaine, il ne faut pas s'attendre à une diminution des dépenses; il faut au contraire prévoir une augmentation. En plus de cela, il faudra se résoudre à l'emmagasinement de la récolte d'orge sur une échelle encore plus large que jusqu'à présent, ce qui exigera des moyens d'exploitation importants. Pour ces raisons, l'Administration vous propose de vous en tenir, jusqu'à nouvel ordre, à la majoration de 4 frs. Aussitôt que les circonstances permettront une diminution, l'administration de la Commission fera une proposition dans ce sens.

VII. — Nouvelle récolte.

Les prévisions de la nouvelle récolte ne sont pas défavorables. Cependant, les relevés statistiques prouvent que la culture de l'orge, suivant en cela l'exemple des autres céréales, est en recul et que particulièrement les petits fermiers se sont adonnés à la culture de produits qui, en raison de l'absence d'un prix maximum ou pour d'autres raisons, promettent un bénéfice plus considérable.

La surface cultivée, qui s'élevait l'année dernière à 19.998 Ha. (après déduction des différentes étapes), s'élève cette année à 16.090 Ha. Elle est donc en diminution de 3.908 Ha.

La récolte en elle-même promet un bon rendement, d'après une évaluation modérée, et donnera pour une moyenne de 2.000 kgs. par Ha., environ 32.000 tonnes. On peut toutefois compter avec certitude que cette moyenne de rendement sera dépassée de façon appréciable et que le produit ira jusqu'à 2.500 kgs. par Ha. Si l'on prend une moyenne entre les deux chiffres, soit 2.250 kgs. par Ha., on arrive à une récolte de 36.000 tonnes.

VIII.

Il n'a pas encore été pris de décisions fermes concernant la répartition de la nouvelle récolte à ses différentes destinations. Toutefois, on peut déjà dire en général, aujourd'hui, qu'il sera attribué à la fabrication de la levure environ 7.000 tonnes d'orge et que les brasseries recevront à peu près la même quantité que cette année-ci.

ANNEXE 11.

TRADUCTION

Bruxelles, le 12 juillet 1916.

PROCES-VERBAL

de la séance de la Commission des Orges du 12 juillet 1916.

MM. le Major Geheimrat Kaufmann,
le Rittmeister Donnevert,
J. Manneback,
Fernand Piron,
Gabriel Dumont,
Hermann Wiener,
Hubert Bruneel.

Le Président de la Centrale des Orges (Gerstenzentrale), Mr. le Major Geheimrat Kaufmann, ouvre la séance à 11,30 h. et souhaite la bienvenue aux assistants. Il donne la parole au Vice-Président, Mr. le Rittmeister Donnevert, pour lecture du rapport.

No. 1 de l'ordre du jour :

Le rapport commercial de l'exercice écoulé ne donne pas lieu à discussion.

No. 2 de l'ordre du jour :

Le rapport financier, dont lecture est donnée par le Vice-Président, est approuvé sans discussion.

No. 3 de l'ordre du jour :

Le Vice-Président propose de réduire le prix de vente de l'orge provisoirement de frs. 2.— et de ne rien changer à celui des germes de malt.

Au cours de l'échange de vues relatif à ces propositions, Mr. Piron défend la conception que les suppléments payés jusqu'à présent sur les prix d'achat de l'orge par les brasseurs et autres acheteurs ne constituaient en réalité qu'une avance à restituer pour autant qu'elle n'était pas absorbée par les frais généraux.

Le Président et le Vice-Président se prononcent contre cette façon de voir. Ils donnent à ce sujet des explications détaillées et s'en réfèrent au texte très clair de l'arrêté, principalement de l'article 3.

Dans les débats approfondis et détaillés qui s'en suivent, tous les autres membres de la Commission se prononcent contre l'exposé de Mr. Piron. Comme conception unanime de la Commission (à l'exception de Mr. Piron), il est établi ce qui suit :

Les brasseurs ou autres acheteurs ne peuvent élever de prétentions sur le bénéfice net; ce ne sont que les provinces qui y ont droit. C'est à elles que doit revenir, suivant le texte très clair de l'art. 3 de l'arrêté sur les orges, le bénéfice net, lequel doit être appliqué à des œuvres de bienfaisance.

En conséquence, la commission considère, comme incompatibles avec les droits des provinces et inadmissibles, une diminution ou une suppression intentionnelles du bénéfice net par des mesures quelconques, par exemple par la diminution ou la suppression des redevances.

D'autre part, la Commission est d'avis que le bénéfice net disponible peut très bien être employé à la couverture de pertes ou dommages pouvant se produire éventuellement (par, ex. détérioration des marchandises, incendie, baisse de prix, etc.)

Par contre, de l'avis de la Commission, il n'y a aucun inconvénient à une diminution ou même à une suppression complète des redevances pour l'avenir, en proportion avec le montant des frais réels.

En fin de discussion, les deux propositions relatives à la fixation des prix de vente de l'orge et des germes de malt sont acceptées à l'unanimité.

Après la séance a lieu une visite des locaux par les membres de la Commission.

(s.) *Kaufman, Donnevert, Manneback, Piron, Wiener, Dumont, Bruneel.*

ANNEXE 12.

TRADUCTION DU PROCES-VERBAL

de la séance de la Commission de la Centrale des Orges du 17 janvier 1917.

Sont présents :

MM. Rittmeister Donnevert,
Assessor Dollacker, comme représentant du 1er Président de la Centrale des Orges, Mr. le Reg. Rat Rintelen empêché.
Gabriel Dumont,
Hermann Wiener,
Hubert Bruneel.

1) M. le Rittmeister Donnevert présente la proposition de l'Administration d'augmenter la cotisation sur le prix des orges de frs. 2.— à frs. 4.— pour le restant des quantités d'orges encore à distribuer et la motive d'une façon détaillée.

La Comission se déclare unanimement pour l'acceptation de la proposition.

Le membre M. Piron avait donné son consentement par lettre.

II) M. le Rittmeister Donnevert donne un résumé de la situation des affaires jusqu'à ce jour et surtout du produit de la récolte d'orge jusqu'à présent.

La Commission exprime sa satisfaction quant à la façon dont les affaires ont été conduites. Chaque membre de la Commission recevra un rapport s'y rapportant.

III) La Commission est d'avis que les prix pour la récolte prochaine en orge ne devraient utilement être fixés qu'au mois de mai.

La Commission considère comme opportun que des prix maxima pour d'autres espèces de céréales ne soient pas fixés sans entente préalable des administrations compétentes, entre elles et avec la Centrale des Orges, et prie Mr. le Rittmeister Donnevert d'en informer l'Administration supérieure.

(s.) *Donnevert, Dollacker, H. Wiener, Hubert Bruneel, Gabriel Dumont.*

ANNEXE 13.

No. C. 6352/1613. Le 28 août 1918.

Memoradum pour la Deutsche Vermittlungsstelle C. N.

Pour assurer à chaque habitant sa ration quotidienne de 300 grammes de pommes de terre et pour respecter ses engagements envers les diverses institutions et communes, la ville d'Anvers doit disposer journellement de 90 tonnes de pommes de terre.

Or, le C. H. N. apprend que jusque vers la fin de juillet dernier, les arrivages ont été assez réguliers et que la ration de 300 gr. a pu être respectée; mais, depuis les envois ont été diminués dans de telles proportions que la ration susdite n'a pu être distribuée journellement; il a fallu réduire la ration à 200 gr. le 17 août, et actuellement il est question de la porter à 150 gr.

En 1916 et 1917, la distribution des pommes de terre hâtives a été assurée jusqu'au 16 septembre.

En août, la distribution en 1916 a été de 3 k. 100 gr. et en 1917 de 7 k. 100 gr. par habitant.

Pour les 8 premiers jours d'août de l'année en cours, la livraison a été de 1 k. 200 gr. par tête, et la situation s'empire d'avantage.

L'Autorité Allemande ne semble pas être bien au courant de cette situation alarmante, car par ordre de son bureau central, des chargements pour Anvers ont été désignés pour d'autres destinations; le 13 août, le wagon 35505 chargé de 8390 kgs. à Beuwel pour Anvers a été envoyé à Thuin par ordre du bureau central de Malines; de même le 17 août à Nylen, où de deux wagons chargés pour Anvers, l'un avec 6000 kgs., a été envoyé au Commissaire Civil de Maeseyck.

Le C. H. N. serait reconnaissant à la V. C. N. de vouloir bien intervenir auprès de l'autorité compétente pour qu'il soit promptement remédié à cette situation.

LES DIRECTEURS.

ANNEXE 14.

DISPOSITION REGLEMENTAIRE concernant les pommes de terre tardives.

Conformément à l'article 6 de l'arrêté du 21 février 1918, concernant la saisie de l'orge, de l'escourgeon, de l'avoine, des pommes de terre hâtives, du tabac et de la chicorée de la récolte 1918, il est décidé ce qui suit:

Il est défendu de récolter les pommes de terre tardives, avant le 1er septembre 1918.

Avant cette date, on ne peut arracher des pommes de terre même pour sa consommation personelle.

Les « Zivilkommissare » (Commissaires Civils) ont le droit d'autoriser des exceptions.

Les infractions seront punies conformément au par. 7 de l'arrêté du 21 février 1918. Outre la peine, on prononcera la confiscation des pommes de terre tardives récoltées illicitement et des objets ayant servi soit à leur récolte, soit à leur transport.

Namur, le 19 août 1918.

De Verwaltungschef für Wallonien
HANIEL.

C. W. VII. B. 6547 I.

ANNEXE 15.

ARRETE concernant la saisie des radicelles de malt.

Pour la région administrative wallonne, j'arrête:

Article 1.

Sont frappées de saisie: toutes les radicelles de malt se trouvant dans le territoire de la région administrative wallonne. La saisie est applicable aux nouvelles radicelles dès le moment où le malt dont elles proviennent sort de la touraille. Elle ne s'appliquera pas aux radicelles importées de l'étranger.

Article 2.

Tout détenteur ou producteur de radicelles frappées de saisie, est tenu de déclarer à la « Gerstenzentrale der Verwaltungschef für Flandern und Wallonien » (Bureau central des orges près les Chefs de l'Administration de la Flandre et de la Wallonie) toutes les quantités de radicelles qu'il détient, de permettre aux mandataires de la « Gerstenzentrale » de rénétrer dans tous ses locaux où des radicelles sont produites ou déposées, de leur présenter ses livres de commerce et de leur fournir tous les renseignements relatifs à la production et à l'emploi des radicelles.

La production devra donner un minimum de 2 kgs. de radicelles bonnes et saines par 100 kgs. d'orge répartie.

Article 3.

Seule, la « Gerstenzentrale der Verwaltungschefs für Flandern und Wallonien » est autorisée à acheter les radicelles de malt frappées de saisie, soit qu'elles doivent être livrées, sur demande, soit à elle soit aux consommateurs qu'elle aura désignés. La « Gerstenzentrale » fixera le prix des radicelles, jusqu'au prix maximum de frs. 45.— les 100 kgs., en tenant compte de leur teneur en poussière et des autres propriétés déterminant leur degré d'utilisation.

Article 4.

Le transport des radicelles de malt n'est autorisé qu'en vertu d'un passavant délivré par la « Gerstenzentrale ».

Article 5.

Il est interdit de soustraire illicitement des radicelles de malt frappées de saisie, de les détériorer, de les détruire, de les transformer industriellement ou de les consommer, de même que de les acheter, de les vendre ou d'en disposer de toute autre façon.

Ces dispositions s'appliquent aussi aux radicelles réparties par la « Gerstenzentrale » aux fins d'utilisation industrielle.

Article 6.

La « Gerstenzentrale » vendra, d'un commun accord avec la « Branntweinzentrale » (Bureau central des eaux de vie) les radicelles achetées par elle, aux fins de la fabrication de l'aérolevure.

Les prix de vente se régleront sur les prix d'achat majorés du montant de ce qui semble nécessaire pour couvrir les frais.

Article 7.

Toutes les contestations survenant au sujet soit d'achats ou de ventes, soit de l'utilisation industrielle des radicelles, seront portées devant le tribunal d'arbitrage institué en vertu de l'arrêté du 16 juin 1917, concernant la saisie de l'orge (Bulletin officiel des Lois et Arrêtés pour le territoire belge occupé, p. 3909.)

Article 8.

Les infractions au présent arrêté seront punies d'une amende pouvant atteindre 20.000 marcs et d'un emprisonnement de 3 ans au plus, soit d'une seule de ces deux peines. La tentative est punissable. Outre les peines précitées, on prononcera la confiscation des choses ayant formé l'objet de l'infraction ou servi à des transports illicites.

Les tribunaux et commandants militaires connaîtront des infractions.

Bruxelles, le 20 juin 1918.

Der Generalgouverneur in Belgien,
Freiherr von Falkenhausen,
Generaloberst.

C. W. VII. B. 4331 I.

ANNEXE 16.

DISPOSITIONS REGLEMENTAIRES
de l'arrêté du 21 février 1918, concernant la saisie de l'orge (y compris l'escourgeon) etc.

En exécution de l'arrêté du 21 février 1918, concernant la saisie de l'orge (y compris l'escourgeon), etc., je décide ce qui suit pour la Wallonie :

Article 1.

La «Gerstenzentrale der Verwaltungschefs für Flandern und Wallonien» (Bureau central des orges des Chefs de l'Administration civile de la Flandre et de la Wallonie) à Bruxelles a le droit exclusif d'acheter l'orge et l'escourgeon.

Le prix fixé de 46 frs. les 100 kgs. s'entend pour livraison sans sac et franco aux lieux déterminés par le «Gerstenzentrale» (gare, quai d'embarquement, dépôt, magasin de l'acheteur); toutefois, si ce lieu est éloigné de plus de 15 km. il sera payé une indemnité spéciale basée sur le tarif des frais de camionnage en vigueur dans la localité ou la région. Ce prix sera payé pour l'orge (y compris l'escourgeon) de qualité moyenne. Si l'orge est de qualité inférieure, la «Gerstenzentrale» en fixera le prix, sous réserve de la décision du «Gerstenschiedsgericht» (Tribunal d'arbitrage).

La «Gerstenzentrale» est autorisée à réduire les prix à payer pour les quantités qui n'auront pas été livrées dans le délai prescrit.

Article 2.

La «Gerstenzentrale» est chargée de déterminer les quantités à livrer conformément au paragraphe 3 de l'arrêté du 2 février 1918 concernant la saisie de l'orge.

C'est la commune qui, sous réserve de la décision du «Zivilkommissar» (Commissaire civil) est chargée de répartir les quantités à livrer par elle entre les agriculteurs intéressés de son territoire.

L'obligation de livrer porte aussi sur les quantités de semences nécessaires pour les nouvelles semailles.

Toutefois, la «Gerstenzentrale» rend ces quantités aux communes qui les distribuent aux agriculteurs conformément à un plan de répartition spécial.

Les agriculteurs sont tenus de récolter et conserver régulièrement l'orge à livrer, de battre dans les délais à fixer par les Präsidenten der Zivilverwaltung (Présidents de l'Administration civile) les quantités dont la livraison est imposée et de les livrer à la «Gerstenzentrale» dans les délais prescrits.

Il est défendu de labourer les champs d'orge et de couper l'orge sur pied avant la récolte, de détériorer l'orge, de la détruire, transformer ou consommer, notamment d'en donner au bétail, peu importe qu'elle soit non battue, battue, concassée ou moulue. Sont également interdits, la vente, l'achat et tout autre mode de cession ou d'acquisition de l'orge (y compris les quantités laissées comme semences aux agriculteurs), ainsi que la transformation de l'orge en malt. Cette interdiction s'applique aussi à l'orge répartie en vue d'être transformée en malt (à l'exception des déchets d'orge) ainsi qu'au malt ou aux radicelles répartis. Si, pour un motif quelconque, par exemple par suite de la fermeture d'une exploitation, certaines quantités réparties ne sont pas transformées en malt, elles doivent être rendues à la «Gerstenzentrale» contre remboursement du prix d'achat ou, en cas de dépréciation, d'un prix réduit en conséquence.

Conformément au paragraphe 3, 3e alinéa, de l'arrêté du 21 février 1918, les agriculteurs ont le droit de disposer librement de l'orge qui leur reste après que la commune a livré les quantités prescrites.

La «Gerstenzentrale» a le droit d'autoriser des exceptions aux dispositions du présent article.

La transformation d'orge en malt doit, dans chaque cas particulier, être autorisée par la «Gerstenzentrale».

Article 3.

Pour autant que l'orge, battue ou non battue, les déchets d'orge, la farine d'orge, le malt ou les radicelles ne proviennent pas du territoire du Gouvernement Général, aucun transport de ces produits n'est autorisé qu'en vertu d'un permis. Peuvent être transportés sans permis, l'orge, les déchets d'orge et l'orge maltée, par quantités ne dépassant pas 5 kgs.

Les permis sont délivrés par la «Gerstenzentrale». Celle-ci est autorisée à transmettre l'exercice de cette attribution au «Zivilkommissar» et à lever l'obligation d'un permis pour les districts qui ont livré les quantités prescrites.

Article 4.

Pour autant que, conformément au paragraphe 4 de l'arrêté du 21 février 1918, il est procédé soit à l'expropriation d'autres produits agricoles, en remplacement de l'orge à livrer mais non livrée, soit à la confiscation de l'orge, les produits expropriés sont remis à la «Gerstenzentrale» moyennant paiement d'un prix raisonnable; celle-ci les utilise au profit de la population civile.

Article 5.

Les membres de la «Gerstenzentrale», à l'exception des délégués de l'Administration civile, touchent par séance un jeton de présence de 25 frs., plus le remboursement de leurs frais de voyage ; la rémunération à payer aux commissionnaires en orge est fixée à 50 centimes par 100 kgs. d'orge provenant du district du commissionnaire et livrés à la «Gerstenzentrale». La «Gerstenzentrale» a le droit d'accorder un supplément de rémunération aux commissionnaires particulièrement méritants.

Le prix des drêches est fixé à 9.00 frs. les 100 kgs. (pesés à l'état sec) de farine, déclarés et payés au fisc et pris à la brasserie.

Article 6.

Chaque agriculteur qui a semé de l'orge est tenu de faire véridiquement toutes les déclarations requises à la commune et aux mandataires des autorités allemandes ; il est obligé aussi de déclarer sans délai les quantités d'orge qu'il a battues, afin qu'elles soient inscrites au livre des moissons que les communes doivent tenir conformément aux instructions spéciales de la «Gerstenzentrale».

Les mandataires des autorités allemandes ont le droit de pénétrer dans tous les locaux de l'agriculteur et, le cas échéant, de prendre connaissance de ses livres de comptabilité.

Les mandataires de la « Gerstenzentrale » ou des « Zivilkommissare » ont, en outre le droit de pénétrer dans tous les locaux servant à la fabrication, conservation ou transformation de l'orge, des radicelles ou du malt.

Article 7.

Les « Präsidenten der Zivilverwaltung » sont autorisés à transférer au « Zivilkommissar » les fonctions qui leur sont confiées par le paragraphe 4 de l'arrêté du 21 février 1918.

Les communes ainsi que les agriculteurs qui sont en retard dans leurs livraisons peuvent être obligés de livrer à titre de codébiteurs solidaires. Les communes qui n'effectuent pas la livraison prescrite peuvent être contraintes de se procurer les quantités manquantes en les achetant aux agriculteurs qui disposent d'excédents.

Namur, le 9 juillet 1918.

De Verwaltungschef für Wallonien
HANIEL.

C. W. VII, 4928 I.

ANNEXE 17a.

No. P/6280.   Le 21 août 1918.
1 annexe.

Memorandum pour la Deutsche Vermittlungsstelle C. N.

En réponse à la note de la D. V. C. N. no. 27633, du 18 août 1918 transmettant une demande de l'Administration du camp de Diest, tendant à voir fournir par le C. H. N. pour les 700 prisonniers belges incarcérés dans le camp, des fournitures diverses destinées aux ateliers de répartition des vêtements et des chaussures, nous avons l'honneur de vous faire savoir que nous ne pouvons y donner suite.

En effet, lorsqu'il a été donné connaissance au C. H. N. de l'installation de prisonniers à Diest et à Vilvorde, la question du ravitaillement en vivres importés a été uniquement examinée et tranchée de commun accord.

Il nous a été dit, à plusieurs reprises, que les prisonniers incarcérés dans ces établissements auraient à subir le même régime et le même règlement que s'ils se trouvaient en Allemagne, qu'ils ne pourraient obtenir notamment aucun avantage par suite de leur transfert d'Allemagne en Belgique.

Or, la charge de l'habillement, du linge et des chaussures nécessaires aux prisonniers incombe à l'Administration des prisons et camps en Allemagne. Nous ne pouvons donc que vous confirmer notre memorandum, ci-joint en copie, du 9 juillet 1918, no. P/5706, ayant pour objet une demande de couvertures pour la prison centrale de Vilvorde.

LES DIRECTEURS,

ANNEXE 17a (suite).

No. P–5706.   Bruxelles, le 9 juillet 1918.

Memorandum pour la Deutsche Vermittlungsstelle C. N.

En réponse à la note de la V. C. N. no. 26005 du 22 juin 1918, nous avons l'honneur de faire savoir que le C. H. N. n'a jamais fait espérer à la V. C. N. qu'il livrerait des couvertures pour la prison centrale de Vilvorde. Il est exact que des demandes de couvertures lui ont été faites par cet organisme le 19 décembre 1917, notre No. 20500 et le 22 février 1918, note 22117 et que chaque fois il a été répondu verbalement que nous ferions en sorte de secourir

individuellement les nécessiteux pour leur faire donner une couverture supplémentaire, soit par l'intermédiaire des familles, soit par l'intermédiaire des œuvres charitables.

Or, comme toute visite à la prison de Vilvorde nous est refusée, nous ne parvenons pas à connaître le degré de misère des détenus.

Nous estimons ne pouvoir fournir des couvertures pour tous les prisonniers incarcérés dans cet établissement; ce soin incombe au Gouvernement Allemand au même titre que les objets de couchage, bassins, gamelles, cuillers, torchons, etc., ainsi que les vêtements et les chaussures.

LES DIRECTEURS,

ANNEXE 17b.

No. P/6351.   Le 28 août 1918.

Memorandum pour la Deutsche Vermittlungsstelle C. N.

Nous avons l'honneur de faire savoir à la D. V. C. N. qu'en suite des promesses qui avaient été faites à Monsieur Saura par M. le Docteur Rieth et par M. Spöcken en ce qui concerne la remise des listes des prisonniers incarcérés à la prison de Vilvorde et au camp de Diest, Monsieur Saura s'est rendu quelques jours après cet entretien à Vilvorde et à Diest, à l'effet de réclamer ces listes. Il lui a été répondu par les Directeurs de ces établissements que les listes lui seraient envoyées au fur et à mesure de la possibilité de les faire copier. Ces listes n'étant pas parvenues à Monsieur Saura, celui-ci s'est rendu lui-même à Diest le lundi 26 août 1918. Le Commandant du camp lui a dit qu'une liste a été remise il y a quelque temps à l'Agence Belge des Prisonniers, qu'il ne pouvait en remettre une nouvelle au Comité Hispano-Néerlandais.

Nous sommes obligés de rappeler (très nettement) à la D. V. C. N. qu'il a été entendu dans nos entretiens et qu'il a été clairement stipulé dans l'annexe à notre note du 8 février 1918 que le contrôle des vivres importés se fera d'accord avec les services des prisons et les Délégués du C. H. N. en établissant la liste des prisonniers, le nombre de jours pendant lesquels ils ont été ravitaillés et leur domicile habituel, renseignement indispensable pour éviter les abus du double rationnement.

En conséquence de ce qui précède, nous prions la D. V. C. N. de vouloir bien nous dire s'il y a un malentendu dans l'exécution des ordres donnés quant à la remise de ces listes au C. H. N.

Si la D. V. C. N. nous refusait ces listes, nous aurions à envisager le retrait de tous vivres importés aux établissements de Vilvorde et de Diest, notre contrôle y étant impossible.

LES DIRECTEURS,

ANNEXE 18.

TRADUCTION

Gouvernement Général
D. V. C. N.
C. 1100   Bruxelles, le 1er août 1918.

Par lettre no. 11548 du 7 mai, le Délégué Espagnol de Comité, M. Ruylla, a transmis à M. le Commissaire civil de Charleroi le rapport d'un contrôleur contenant des accusations contre des troupes stationnées à Presles. Les investigations approfondies qui ont eu lieu ont révélé que les données de ce contrôleur n'ont aucun fondement.

La femme Doyen, interrogée relativement à l'alinéa 1, a déclaré avoir vendu au soldat qui s'est présenté à la ferme Borlet, sur demande, des œufs au prix de 50 centimes. Elle n'a donc pas repoussé la demande du soldat et celui-ci ne lui a pas fait de reproches. La femme

Doyen n'a jamais été à la Kommandantur de Châtelet avant son interrogatoire au sujet des accusations élevées par M. Buylla.

L'accusation exprimée dans l'alinéa 2, suivant laquelle un homme du corps de police de Presles aurait offert en vente du son à l'acheteur officiel Wypeur, est également inexacte. Wypeur, qui est un homme tout à fait considéré et jouissant du meilleur renom, a déclaré n'avoir jamais reçu une offre pareille, ni ne jamais avoir acheté du son.

Le nommé Servais Mignot, interrogé au sujet de l'alinéa 3, dénie de la façon la plus formelle qu'il lui ait jamais été offert de la farine au prix de 12 frs. le ko.; pas d'avantage il ne lui a été raconté qu'en remettant 50 Mk. à la gendarmerie on pouvait rentrer en possession de la farine saisie.

Relativement à l'alinéa 4, il peut être communiqué qu'il n'existe pas de nommé Lacroix à Châtelineau. Il pourrait être question d'un nommé Delcroix, habitant à proximité de la place d'Arenberg. Celui-ci soutient également n'avoir jamais acheté de vivres de gendarmes.

Ainsi qu'il ressort de ce qui précède, tous les témoins nommés par le « contrôleur » de M. Buylla ont été interrogés. Tous, sans exception, ont contesté les racontars transmis à M. le Commissaire civil et cela d'une façon si formelle que nous pouvons bien vous prier de veiller à ce que le rapporteur étaie un peu plus ses rapports par des faits avant de prendre le temps de si nombreuses autorités par des enquêtes de longue haleine

Il y a lieu de remarquer encore que le rapport du contrôle porte le titre suivant : « Ch. cas no. 172 ». Le droit de surveillance des conventions existantes n'a jamais été contesté au C. H. N. et ses délégués espagnols et hollandais. Toutefois, dans ce cas-ci, M. le Délégué de Charleroi semble avoir chargé une autre personnalité, apparemment belge, d'une action de contrôle. La V. C. N. ne peut manquer de signaler qu'un tel procédé semble au plus haut degré douteux parce que inadmissible et pourrait avoir des conséquences sérieuses.

(s.) RIETH.

Au Comité Hispano-Néerlandais,
Bruxelles.

ANNEXE 18a.

No. A 6294. Bruxelles, le 22 août 1918.

Memorandum pour la Deutsche Vermittlungsstelle C. N.

Le C. H. N. a pris connaissance avec intérêt de la réponse faite par la V. C. N. à la lettre relative à certains agissements qui étaient reprochés à des hommes de la garnison de Presles.

Monsieur Saura a pu constater par lui-même la véracité des renseignements transmis à la V. C. N. et qui avaient été communiqués au Délégué par son service de contrôle.

La V. C. N. soulève à cette occasion une question de principe dont l'importance ne peut échapper au C. H. N. Elle semble ne pas reconnaître aux Délégués du C. H. N. — Espagnols et Hollandais — le droit de s'entourer, dans leurs enquêtes relatives aux garanties, de témoignages émanant de sujets belges.

C'est un point de vue qu'il est malaisé d'admettre. Certes, les Délégués espagnols ou hollandais doivent procéder eux-mêmes aux enquêtes et veiller à ce que les conventions soient respectées. Mais il doit leur être permis de recueillir les témoignages qu'ils jugent nécessaires et utiles à l'accomplissement de leur mission. Il est indispensable aussi qu'il leur soit loisible, dans certains cas, de pouvoir se renseigner, sous leur direction et leur responsabilité, à des sources d'information allemandes, belges ou étrangères. S'il en était pas ainsi, le C. H. N. devrait avoir des délé-

gués dans toutes les localités du pays occupé et ce serait envisager une modification complète du régime que les autorités ont établi avec les Ministres Protecteurs.

ANNEXE 19.

TRADUCTION

Gouvernement Général
D. V. C. N.

27478 Bruxelles, le 8 août 1918.

La V. C. N. vous remet ci-joint la liste des fonctionnaires qui ont cessé le travail dans l'administration Wallonne à l'occasion de la séparation administrative.

Nous référant à la lettre de la V. C. N. no. 22816 du 4 mars 1918, le G. N. est invité par la présente à ne pas employer les fonctionnaires susdits et à ne pas les soutenir d'une façon quelconque.

Prière d'accuser réception de la présente.

Par ordre :
(s.) Dr. HERZBERG.

Au Comité National de Secours
et d'Alimentation, E/V.

ANNEXE 19.

LISTE DES FONCTIONNAIRES DU MINISTÈRE DES ARTS ET DES SCIENCES.

Directeur Général	E. Verlant.
Directeur	L. De San.
»	E. La Garde.
»	A. Hocepied.
Chef de Division	F. Asselberghs.
» »	L. Bauwens.
» »	A. Rutten.
» »	C. Dupont.
Chef de Bureau	C. Bastin.
» »	L. Rousseau.
» »	C. Govaert.
» »	E. de Madre.
Professeur	H. Houbeau.
Sous-Chef de Bureau	G. Adollet.
» »	A. Hennaux.
» »	J. Detierre.
» »	A. Oppelt.
» »	A. Buoz.
» »	L. Neels.
Rédacteur	L. Moniquet.
»	J. De Vigneron.
»	N. Dack.
Commis	A. Paulus.
»	D. Charlier.
»	L. Livain.
»	J. Bisschops.
»	R. De Hulte.
»	G. Maertens.
»	L. Sterpin.
Expéditeur	J. Hottat.
Sténodactylographe	V. Minne.
Domestique	L. Moureau.
Messager	A. Hannesse.
»	G. Badot.
»	J. Bero.
Vérificat' comptable	J. Benniaux.
Chef de Bureau	Glesener.
» »	Dumortier.
Chef de Div. Profess'	Liégeois.
Inspecteur Général	L. Goemans.
Inspecteur de l'enseignem' moyen p' le territoire administr. wallon	
» »	J. Duqué.
» »	H. Ploumen.
» »	H. Goulard.
Chef de Division	F. Cabu.
» »	F. Peteau.
» »	F. Vygen.
Chef de Bureau	A. Van Lée.
» »	O. Cornet.

Commis	F. Van Dormael.
»	E. de Meurisse.
»	J. Gillis.
Employé temporaire	Bodart.
» »	de Prez.
» »	F. Rousseuw.
Domestique	J. Cornet.
»	F. Sas.
Messager	J. Vanderbiest.
»	A. Glibert.
»	F. Wynants.
Concierge	L. Fierens.
Portière	Badot.

LISTE DES FONCTIONNAIRES DU MINISTERE DE L'INDUSTRIE ET DU TRAVAIL A NAMUR.

Directeur Général	A. Julin.
Directeur	T. Théate.
»	S. Delannoy.
Inspecteur-Chef	A. Roulin.
Ingénieur des Mines	G.è Lemaire.
Chef de Division	D. Warnotte.
Sous-Inspecteur	A. Glibert.
» »	E. Henrotte.
» »	E. de Cannart d'Hamale.
Chef de Bureau	P. Clement.
» »	J. Bribosia.
» »	F. Lesneucq.
» »	M. Capart.
Contrôleur	N. Laurent.
»,	M. Gérard.
Rédacteur	V. Blaise.
»	N. Mercier.
»	R. Desenberg.
»	J. Guyot.
»	F. Legrand.
»	L. Lejeune.
»	G. Brichant.
Commis.	F. Wilmotte.
»	G. Taminiau.
Commis aux écritures	F. Miesse.
» »	J. Adam.
» »	L. Seguin.
» »	G. Libert.
» »	A. Jacob.
» »	A. Tamigneau.
» »	F. Servais.
» »	H. Pesesse.
» »	E. van Malleghem.
» »	A. Jamme.
» »	V. Lion.
» »	A. Leroux.
» »	S. Louvette.
Concierge	A. Grand.
»	E. Dumont.
»	Ernst Husquin.
»	E. Hoferlin.
Chauffeur	F. Hougardy.
»	G. Demaret.
»	Mme Abraham Demerre
»	Vve Massart
»	Mme Delmotte
»	Mme M. Guisset
»	Mme Carlier
Directeur	Vercruysse.
Directeur Général	Wauters.
Messager	P. Teurcq.
Chef de Bureau	J. Ausloos.
Directeur Général	J. P. Dubois.

LISTE DES FONCTIONNAIRES DU MINISTERE DE L'INTERIEUR A NAMUR.

Directeur Général	E. Mahiels
Inspecteur-Chef	E. F. Grognard.
» »	V. Dulière.
Chef de Division	V. Simon.
Ingénieur	Fourez.
»	Bertholet.
Sous-Chef de Bureau	Landeroy.
» »	Ducat.
» »	Corvilain.
Rédacteur	J. Carpentier.
Comptable	Henry.
Commis	Leclercy.
»	Conrardy.

Messager	Molineau.
»	Gillain.
»	Abraham.
»	Van Holder.
»	Bardiaux.
Concierge	Stocquart.

LISTE DES FONCTIONNAIRES DU MINISTERE DE LA JUSTICE A NAMUR.

Directeur Général	Maus.
Directeur	De Rasse.
»	Lannoy.
»	Ralet.
»	Gillard.
Chef de Division	De Le Court.
»	Lebrun.
»	Stinghamber.
»	Gautier.
Inspecteur	Renault.
Chef de Bureau	De Hertogh.
» »	Poncelet.
» »	Blaise.
» »	Urbain.
» »	Baltus.
» »	Gerber.
» »	Henry.
» »	Amiable.
» »	Baiwir.
» »	De Bournonville.
» »	Maliva.
» »	Maquet.
Sous-Chef de Bureau	Dermins.
» »	Marin.
» »	Biermé.
Commis	Cornil.
»	Weens.
»	Martyn.
»	Grimonpont.
»	Marchal.
»	Dohon.
»	Lenain.
»	Delaruelle.
»	Lecomte.
»	Sandrart.
»	Haquin.
»	Quintin.
»	Artus.
»	Belvaux.
»	Mollez.
»	Thiry.
»	Missair.
»	Dom.
»	Louis Dubois.
»	Léon Dubois.
»	Hambourg.
»	Gilsoul.
Expéditeur	Piessens.
Messager	Sacré.
»	Scheitler.

LISTE DES FONCTIONNAIRES DU MINISTERE DE L'AGRICULTURE ET DES TRAVAUX PUBLICS A NAMUR.

Directeur	Reding, A.
Chef de Division	Banneux, L.
» »	Stricher, A.
» »	Stadeler, E.
Chef de Bureau	Puchet, L.
Ingénieur en Chef	Lefèbvre, E.
» »	Walio, C. E.
Directeur	Brulé, A.
Chef de Division	Bonnet, L.
» »	Wilmet, F.
Sous-Chef de Bureau	Leroy, J.
Commis	Maréchal, E.
»	Brasseur, J.
I. Commis	Henrard, L.
»	Bonquiaux. G.
»	Malchior, J.
II. Commis	Artus, J.
»	Dachelet, A.
»	Caponilié, O.
Expéditionnaire	Sou, A.
»	Maes, E.
»	Waroux, E.
»	Delporte, G.
II. Commis	Descamps, J.

Secrétaire Général	Manneback.
Directeur Général	Crahay.
Inspecteur	Demarneffe.
Directeur	Henry
Chef de Division	Gaspart.
» »	Deltenre.
Chef de Bureau	Jamart.
» »	Brassine.
Sous Inspecteur	Pérau.
Commis	J. Wittamer.
»	J. Wary.
»	Mison.
»	L. De Raedt.
Agent technique	P. Lefebvre.
Sous-Chef de Bureau	B. Mousel.
Messager	A. Dardenne.
Commis	A. J. Evrard.
Professeur	Legrand ; Bouckaert.
Profess. extraordin⁹	Journée.
» »	Paul Boskin.
Instituteur	Palmans; Arth. Boskin.
Directeur	Meurice.
Instituteur adjoint	Lange.
Assistant	Huyge.
Assistant agronome	E. Germain.

LISTE.

Dr. en droit à Namur, H. Bribosia, greffier provincial.

Moiron, à Wavre, vérificateur de l'enregistrement.

Gomain Télesphore, sous-brigadier des douanes à Gedinne.

Dogny, Jules, surveillant des douanes à Doische.

Rapport au 1er octobre 1918

VOLKSOPBEURING

Rien n'avait plus ému le C. H. N. que les nouvelles qui circulaient un peu partout au début de l'été, au sujet de la distribution des vivres indigènes qui devait être confiée, dans les provinces flamandes, uniquement aux magasins du «Volksopbeuring » par l'Administration Supérieure Allemande. De ce fait cet organisme de propagande activiste allait bénéficier d'un véritable monopole. Des articles de journaux flamands confirmaient ces bruits. Comme nous l'avons exposé dans nos rapports précédents, une décision de l'espèce eût porté un coup mortel aux Intercommunales de Ravitaillement, aux Magasins Communaux, etc.

Nous n'avons cessé, pendant tout l'été, de protester contre la réalisation de ce projet et nous avons eu le plaisir de constater que les démarches entreprises à cet égard par les Ministres Protecteurs ont abouti à un plein succès.

En effet dans son memorandum du 11 septembre écoulé, le Département Politique s'exprime comme suit : « Pour qu'aucune équivoque ne puisse plus subsister à ce sujet, le Département Politique tient à confirmer aujourd'hui à nouveau, la décision prise par M. le Gouverneur Général stipulant que la répartition des vivres, tant indigènes qu'importés, ne doit pas se faire de manière à favoriser l'un ou l'autre groupement politique du pays. Il est heureux de pouvoir ajouter que S. E. a bien voulu décider en plus que la «Volksopbeuring » ne sera pas chargée de la répartition de vivres indigènes.»

« Il résulte de ces déclarations que M. le Gouverneur Général maintient intégralement le principe selon lequel la répartition des vivres ne doit pas servir à favoriser l'un ou l'autre groupement politique du pays ».

Forts de cette déclaration, il nous est possible de faire contrôler toutes les distributions faites dans les différentes localités des régions flamandes. Nos services d'Inspection nous ont apporté le détail des marchandises vendues dans la province d'Anvers (voir annexe I).

Le 12 septembre, du reste, la V. C. N. nous écrivait : « Il nous semble inutile d'examiner de plus près cette affaire, *la répartition des vivres centralisés ayant été retirée à la «Volksopbeuring» depuis le 1er août 1918 ».*

D'autre part, le Dr. Rieth ayant déclaré qu'on avait l'intention de créer pour cette répartition un organisme qui comprendrait aussi quelques activistes parmi ses membres, nous nous sommes énergiquement opposés à ce projet et nous avons réussi à faire maintenir intégralement la répartition des vivres par les Magasins Communaux.

GARANTIES

On ne saurait pas non plus attacher trop d'importance à la nouvelle déclaration du Gouverneur Général concernant le respect des garanties. Dans le même document du 11 septembre dernier, dont il est question plus haut, le Département Politique déclare solennellement aux Ministres Protecteurs :

« Le Département Politique profite de cette occasion pour confirmer une fois de plus que Monsieur le Gouverneur Général est fermement décidé à maintenir et à faire respecter les garanties données par lui et ses prédécesseurs. Il ne manquera pas de donner une fois de plus d'une manière catégorique des instructions précises dans ce sens. Il

» prescrira de prendre les mesures que
» la situation peut exiger et il sévira con-
» tre tout acte de transgression des ga-
» ranties qui pourrait être commis par un
» de ses subordonnés ».

Il y a sans nul doute lieu de se réjouir
de ces déclarations officielles. Elles semblent de plus en plus indiquer le bon
vouloir de l'administration supérieure allemande. On ne peut que regretter, en
présence de ces bonnes dispositions ap-
parentes que la plupart des indications
fournies par le C. H. N. à la V. C. N. au
sujet des fraudes et des infractions ne
soient pas accueillies comme elles devraient l'être, avec le désir de réprimer
les abus.

Il semble qu'à côté des autorités gou-
vernementales, d'autres influences accordent à certaines organismes, en leur assurant l'impunité, la faculté de se livrer
au commerce, à l'exportation et à l'approvisionnement des magasins de l'Intendance Militaire.

La région des étapes vient d'être étendue jusqu'aux portes de Bruxelles. La
délimitation en a été indiquée par lettre
du Département Politique en date du 20
septembre 1918 (annexe 2).

Les garanties ont été maintenues pour
les nouvelles régions incorporées. Cependant, en présence de l'annonce de certaines mesures menaçant le personnel des
Comités régionaux et locaux, des soupes
populaires et des œuvres, mesures par
lesquelles on prévoit le remplacement des
hommes au-dessous de 40 ans par des
femmes ou des hommes au-dessus de 40
ans, nous avons adressé aux Ministres
Protecteurs le memorandum reproduit à
l'annexe 3 qui a été immédiatement transmis au Département Politique.
Est-ce en raison de ces nouvelles dispositions qui ont augmenté l'influence de
l'élément militaire, est-ce pour un motif
différent comme par exemple la crainte
de l'espionnage aux environs des gares et
des voies de communication? Toujours
est-il que le Meldeamt a refusé depuis
plus d'un mois aux inspecteurs de notre
service de contrôle les autorisations de
voyage qui leur sont nécessaires pour
l'accomplissement de leur mission en
province. Les démarches entreprises auprès de la V. C. N. n'ont pas eu de résultat jusqu'à présent. Il est regrettable de
devoir mentionner également que cette
administration cherche à contester depuis un certain temps au C. H. N. le droit
d'utiliser le concours de Belges. L'impor-

tance de cette question au point de vue
des principes né nous a, pas échappé ;
soumise aux Ministres Protecteurs elle a
été traitée par eux avec le Département
Politique.

Une solution n'est pas encore intervenue à ce jour ; les annexes 4a et 4b, auxquelles nous nous en référons, vous permettront d'apprécier la discussion dans
son entièreté.

Une série de lettres à la V. C. N. avec
leurs réponses et ayant trait à différentes garanties relatives à la viande, au
bétail, aux fourrages, au lait, aux œufs,
aux légumes, aux produits de la piscicul-
ture privée, font l'objet des annexes 5a et
5b — 6a et 6b — 7a et 7b — 8 — 9a et 9b
— 10 et 11.

On prendra aussi connaissance avec intérêt (annexes 12 et 13) de nos memorandums à la V. C. N. relatifs aux fraudes
importantes qui ont été récemment constatées dans la zone frontière. La question a été en même temps signalée en
ce qui concerne les saisies de blé à la
Commission Centrale des Récoltes.

CENTRALES

Des constatations intéressantes ont été
faites au sujet des prélèvements de beurre effectués par certains Commissaires
Civils et le memorandum repris à l'annexe 14 a été adressé à la V. C. N.

Nous joignons au présent rapport (annexe 15) une copie du procès-verbal de la
séance partielle du Comité Consultatif de
la Zuckerverteilungsstelle du 8 novembre 1917.

NORD DE LA FRANCE

Depuis le début du mois de septembre,
notre Directeur M. van Maasdijk a installé ses bureaux à Charleville, remplaçant dans ce district M. Samson, délégué.

Grâce à la faculté laissée à M. van
Maasdijk par le Grand Quartier Général
de circuler dans les divers districts du
Nord de la France et de se tenir de ce
fait en contact plus étroit avec nos délégués néerlandais, nous augurons les meilleurs résultats de son séjour à Charleville.

Des constatations importantes ont été
faites par M. van Maasdijk dans les divers Comités de districts et nous avons
pu déjà donner au Comité Français des
indications utiles sur les magasins, les
soupes, les précautions à prendre en cas
d'incendies provoqués par les attaques
d'avions etc.

La présence de M. van Maasdijk dans le Nord de la France facilitera beaucoup le transfert des magasins à l'arrière par suite de l'évacuation graduelle des territoires occupés ; c'est ainsi que les approvisionnements de Vouziers ont pu sans encombre être mis en lieu sûr.

Une note spéciale concernant les prisonniers dans le district de Charleville a été remise au Représentant de la C. R. B à Bruxelles.

L'annexe n° 16 reproduit l'avis de l'autorité militaire concernant l'évacuation de Douai dans lequel sont mentionnées les instructions concernant les dernières distributions du C. H. N.

Nous joignons également à ce mémoire (annexe 17) copie d'un ordre du jour du Comité Exécutif de Comité Français, nous offrant leurs sentiments de reconnaissance pour le travail accompli.

Tout en acceptant cet hommage avec émotion, nous ne pouvons que regretter de n'avoir pu entrer en contact plus étroit avec les malheureuses populations des territoires occupés et d'avoir dû limiter nos efforts aux négociations ingrates et aux démarches difficiles qui accompagnent les formalités officielles que nous devions respecter.

PRISONS

L'effectif au 30 septembre du camp de Diest était de 825 prisonniers ; celui de la prison de Vilvorde de 1620 prisonniers.

Jusqu'à ce jour ce camp et cette prison ne peuvent être visités par les représentants des Puissances Neutres.

L'autorité allemande n'ayant pas répondu aux notes qui vous ont été communiquées par notre rapport précédent, nous lui avons fait savoir par le memorandum ci-joint (annexe 18) qu'à dater du 1er octobre nous limitions le nombre de rations à fournir à Vilvorde et à Diest, au nombre de prisonniers incarcérés dans ces établissements au 30 septembre.

Le traitement des prisonniers de la maison pénitentiaire de Vilvorde a fait l'objet d'un article de fond d'un journal prohibé germanophobe de la capitale, sous le tire « Le bagne allemand de Vilvorde ». Nous n'avons pas manqué de souligner auprès des autorités allemandes l'effet désastreux que produira sur les belges la lecture de cet article révélant si exactement la situation.

En ce qui concerne le ravitaillement des prisonniers politiques incarcérés dans les autres prisons, nos négociations avec l'autorité allemande sont sur le point d'aboutir ; le règlement adopté pour le ravitaillement des prisonniers dans la province d'Anvers sera appliqué ailleurs très prochainement.

REQUISITIONS DE LOCAUX

Comme nous le disions dans nos rapports précédents, les réquisitions et menaces de réquisitions de locaux deviennent de plus en plus nombreuses. Elles nécessitent de notre part une vigilance constante. Jusqu'à présent nous avons pu dans la plupart des cas éviter l'occupation des principaux magasins, installations des soupes populaires, etc.

Les Directeurs,
P. SAURA LANGENBERGH.

ANNEXE 1.

PROVINCE D'ANVERS.

Marchandises vendues dans les magasins du Volksopbeuring.

av. : magasins ouverts avant le 15 juillet 1918.
ap. : magasins ouverts après le 15 juillet 1918.

Aertselaer ap. Allumettes.
Anvers av. Savon, fil à coudre, sabots, vin, tabac, farine d'orge ou d'avoine, savon de toilette, lacets, cirage, brosses, pudd. etc. Grand'Place 50, pour les membres et activistes seulement.
Le 15-7, allumettes, Longue rue Ste Anne, pour tout le monde.
Austruweel
Beirendrecht ap. Allumettes.
Berchem ap. Allumettes
Boom (r. d. Lib. 19) ap. Allumettes.
Boom (r. d. Bassin) av. Sabots, tabac, gruau d'avoine, pour les membres seuls.
Borgerhout (Pl. Ms 6) av. Allumettes.
Borgerhout (r. De Braeckel) ap. Farine d'orge tabac, savon, cir., fil à coudre, lacets, sabots, pour membres et activistes seuls.
Borsbeeck ap. Allumettes
Bouchout
Brasschaet ap. Allumettes
Brecht
Broechem
Calmpthout
Cappellen av. Mokitos (café). Pour les membres : malt d'avoine.
ap. allumettes, chicorée, sabots, brides pour sabots, flocons de pois, pour les membres ; vin, cuir, savon
Contich ap. Allumettes.
Deurne ap. Allumettes. Pour les membres: tabac, sabots, gruau d'avoine, fil à coudre, cuirs pour sabots.
Edegem ap. Allumettes.
Eeckeren av. Allumettes.
Emblehem.
Esschen (grens)
Halle ap. Allumettes.
Hemixem
Hoboken ap. Allumettes
Hoevenen ap. Allumettes.
Hove ap. Allumettes
Lillo
Linth ap. Allumettes.
Loenhout
Massenhoven.
Merxem ap. Allumettes.
Mortsel av. Galoches, étoffe pour pantoufles, lacets.
Niel av. Allumettes, savon, cirage, pudding. Pour les membres : tabac.
Oeleghem.
Oorderen.
Oostmalle
Pulderbosch
Pulle ap. Allumettes.
Rumpst
Reeth
Santhoven
Santvliet
Schelle.
Schilde.
Schooten ap. Allumettes.
s'Gravenwezel.
St-Job-in-'t-Goor.
St-Lenaerts ap. Allumettes.
Stabroeck ap. Allumettes.
Terhagen av. Allumettes.
Viersel.
Vremde ap. Allumettes.
Waerloos.
Westmalle ap. Allumettes.
Wilmarsdonck ap. Allumettes.
Wilryck ap. Allumettes, Tabac.

Wommelghem ap. Allumettes.
Wuestwezel.
Wyneghem ap. Allumettes
Zoerzel.

FLANDRE ORIENTALE

(annexé à la province d'Anvers)

Basel av. Allumettes, vinaigre, lacets, tabac, Les paysans peuvent obtenir du carbure moyennant livraison de pois et fèves.
Beveren ap. Allumettes
Burght ap. Allumettes.
Calloo ap. Allumettes.
Cruybeke av. Allumettes, cigares, fil à coudre, vinaigre, amidon, eau minérale. Les paysans peuvent obtenir du carbure moyennant livraison de pois et fèves.
Haesdonck av. Allumettes.
ap. Savon, vinaigre, amidon, bleu, poudre à laver, tripoli. Pour les membres : tabac, cigares.
Melsele ap. Allumettes.
Nieukerken av. Allumettes. Les paysans peuvent obtenir carbure moyennant livraison pois et fèves.
ap. Amidon, vinaigre, chicorée, poudre à laver, bleu, tabac, cigares et cigarettes, fil à coudre.
Rupelmonde av. Allumettes.
St-Nicolas av. Allumettes. Pour les membres: tabac, cigares, cigarettes.
an. pour les membres : fromage, sel, chicorée, vinaigre, fil à coudre, poudre à laver, bleu, amidon
Steendorp av. Allumettes, tabac.
Tamise ap. Allumettes. Pour les activistes seuls : tabac.
Thielrode av. Allumettes. Pour les activistes seuls : tabac
Zwijndrecht ap. Allumettes.

ARRONDISSEMENT DE MALINES

Beersel av. Allumettes, sucre, gruau d'avoine, savon, miel, confiture, à tout le monde
Berlaer av. Allumettes, sucres, gruau d'avoine, miel à tout le monde.
Bevel av. Allumettes, sucres, miel à tout le monde.
Blaesvelt av. Allumettes, sucre, miel, confiture
Boisschot av. Allumettes, sucre, miel, confiture.
Bonheyden av. Allumettes, sucre, miel, confiture, à tout le monde.
Bornhem av. Allumettes. Aux membres seuls: Vinaigre, cirage, savon, malt d'avoine.
ap. Allumettes, sucre, miel, confiture.
Breendonck av. Allumettes, sucre, miel, confiture.
Duffel av. Allumettes. Aux membres seuls : farine, riz.
Gestel av. Allumettes, sucre, miel, cirage, pâte à polir, à tout le monde.
Hallaer.
Heffen ap. Allumettes, sucre, miel, confiture.
Heyndonck av. Allumettes, sucre, miel, confiture.
Heyst-op-den-Berg av. Flocons d'avoine, sirop, savon.
Hingene ap. Allumettes, sucre. Aux membres seuls : gruau d'avoine.
Hombeek av. Allumettes.
ap. Sucre, miel, confiture.
Itegem av. Allumettes, sucre, miel.
Kessel av. Allumettes, sucre, miel.
Koningshoyckt av. Allumettes, sucre, miel, confiture. Aux membres seuls : gruau d'avoine, flocons d'avoine, tabac, sucre.
Leest av. Allumettes, sucre, miel, confiture.
Lier av. Sucre, miel, oignons. Aux membres seuls : tabac, savon, flocons d'avoine, sabots, cirage.
Liezele ap. Allumettes, sucre. Aux membres seuls : gruau d'avoine.
Lippeloo ap. Allumettes, sucre. Aux membres seuls : gruau d'avoine.
Mariakerke av. Allumettes. Aux membres seuls : Vinaigre, cirage, savon, malt d'avoine.
ap. Allumettes, sucre, miel, confiture.

Malines av. Allumettes, sucre, miel, aux sous-
cripteurs. Aux membres seuls : gruau
d'avoine, flocons d'avoine, tabac, cigares, cirage, savon.
Nijlen av. Allumettes.
ap. aux membres seuls : vinaigre,
tabac, cigares, sabots, miel, sucre.
Wavre-N-D av. Allumettes, sucre, miel, confiture, à tout le monde rationné
Oppuers av. Allumettes
ap. Allumettes, sucre, miel, confiture.
Aux membres seuls : vinaigre, cirage,
savon, malt d'avoine.
Puers av. Allumettes.
ap. Allumettes, sucre, miel, confiture
Aux membres seuls : vinaigre, cirage,
savon, gruau d'avoine.
Putte av. Sucre, miel, Rat. Supplém. pr
signature à tout le monde
Rymenam av. Allumettes, sucre, miel, confi-
ture à tout le monde.
Ruysbroeck av. Allumettes, sucre, miel.
Schriek av. Sucre, miel, etc. Cotis. 2 fr. 50
rat. sup.
St-Amand av. Allumettes. Aux membres seuls :
vinaigre, cirage, savon, malt d'avoine
ap. sucre, miel, confiture.
Wavre Ste-Cath. av. Sucre, miel.
Thisselt av. Allumettes, sucre, miel, confiture.
Waelhem av. Allumettes, sucre, miel
Weert av. Allumettes. Aux membres seuls :
vinaigre, cirage, savon, malt d'avoine.
ap. Allumettes, sucre, miel, confiture.
Wiekevorst av. Allumettes, sucre, miel, con-
fiture.
Willebroeck av. Allumettes, sucre, miel, beurre. Aux membres seuls : farine d'orge,
flocons d'avoine, cuir, sabots.

ARRONDISSEMENT DE TURNHOUT.

Arendonck av. Allumettes, brosses, savon,
tabac, vinaigre.
Baelen
Baer-le-Duc
(Zonderheygen)
Beersse
Bouwel
Casterlé
Desschel
Eynthout
Gheel
Gierle
Grobbendonck
Herenthals av. Allumettes, flocons d'avoine.
ap. Tabac, savon, sabots, cirage, cuir.
Herenthout
Hersselt
Hoogstraeten av. Allumettes.
Houtvenne
Hulshout
Lichteert
Lille
Meerhout
Meerle (front.)
Meir (front.)
Merxplas
Minderhout (front.)
Moll
Morckhoven
Norderwyck
Oevel
Olmen
Oolen
Vieux-Turnhout av. Allumettes, carbure, tabac,
gruau d'avoine. On inscrit pour vête-
ments, installation d'une section «Se-
cours Discret».
Poederlé
Poppel (front.)
Raevels (front.)
Raevels (fabrig.)
Ramsel
Rethy
Ryckevorsel
Thielen
Tongerloo
Turnhout av. Allumettes, brosses, vinaigre de
vin, savon, sabots.
Vaerendonck
Veerle
Vlimmeren
Vorsselaer
Vorst
Vosselaer
Wechelderzande
Weelde (front.)
Westerlo
Westmeerbeeck
Wortel
Zoerle-Parwys

ANNEXE 2.

COPIE

POLITISCHE ABTEILUNG
bei dem
GENERALGOUVERNEUR IN BELGIEN

Nr. V. 5630   Brüssel, le 20 septembre 1918.

Monsieur le Ministre,

J'ai l'honneur de porter à Votre connaissance que, pour des motifs d'ordre militaire, une
nouvelle partie du territoire du Gouvernement Général a été transférée au territoire
d'étapes à la date du 15 septembre dernier.
La ligne séparant les deux territoires laissera la commune de Vracene (Anvers) à l'étape, suivra le contour Ouest de la région forti-
fiée d'Anvers jusqu'à l'Escaut, le contour Nord
de l'arrondissement de Bruxelles jusqu'à Cha-
pelle-au-Bois, laissera les communes de Nieuwenrode — Wolverthem — Zellick — Itter-
beek — Ruysbroeck — Tourneppe — Braine-
l'Alleud — Lillois — Witterzée — Nivelles au
territoire de l'étape et suivra de là le contour
Ouest de l'arrondissement de Charleroi et le
contour Est de l'arrondissement de Thuin.
D'après l'arrangement intervenu entre Monsieur le Gouverneur Général et le Commandant supérieur de l'Armée, les garanties données au sujet de l'œuvre de l'Alimentation ont
été reconnues et seront maintenues par les
autorités militaires intéressées. Les régions
précitées ne subiront donc pas de changement
quant aux conventions établies entre Messieurs les Ministres Protecteurs et Monsieur
le Gouverneur Général.
Je profite de l'occasion pour Vous renouveler, Monsieur le Ministre, les assurances de
ma haute considération.

(s.) A. Pauli.

Monsieur van Vollenhoven
etc., etc... etc.

ANNEXE 3.

30 septembre 1918.

Nos : A—6699
A—6700

Monsieur le Marquis,
Excellence,

Nous avons l'honneur de soumettre à l'appréciation de Votre Excellence un projet de
mémorandum destiné à S. E. Mr le Baron
von der Lancken que nous avons cru devoir
Lui adresser à la suite d'une communication
urgente qui nous a été faite par Monsieur
Francqui, Président du Comité Exécutif du
Comité National au sujet de mesures projetées
par les autorités militaires dans la nouvelle
zone d'étape, et de nature à causer les plus
graves perturbations dans l'organisation des
comités et œuvres dépendant du Comité
National.
Nous espérons que Votre Excellence voudra
bien, si Elle le juge utile et partage notre
manière de voir, saisir le Département Politique de cette importante question.
Nous prions Votre Excellence de bien vouloir agréer les assurances de notre haute considération.

LES DIRECTEURS.

A Son Excellence Monsieur le Marquis de
Villalobar Envoyé Extraordinaire et Ministre Plénipotentiaire de Sa Majesté le Roi
d'Espagne en Belgique
A Son Excellence Monsieur M. Van Vollenhoven, Ministre Résident de S. M. la Reine
des Pays-Bas à Bruxelles.

Projet de Memorandum pour
S.E. Monsieur le Baron von der Lancken

Par sa communication du 20 courant, le Département Politique a bien voulu informer les Ministres Protecteurs de la nouvelle extension de la zone d'étape à l'ouest de la ligne Anvers-Bruxelles-Charleroi.

Il spécifiait à ce propos que : « D'après l'arrangement intervenu entre Monsieur le Gouverneur Général et le « Commandement Suprême de l'Armée, les garanties données au sujet de l'œuvre de l'alimentation ont été reconnues et seront maintenues par les autorités militaires intéressées. »

La communication du Département Politique ajoutait :

« Les régions précitées ne subiront donc pas de changement quant aux conventions établies entre Messieurs les Ministres Protecteurs et Monsieur le Gouverneur Général. »

A l'encontre de ces déclarations les Ministres Protecteurs viennent d'être informés de ce que l'autorité militaire venait de faire placarder par les bourgmestres des communes de Wauthier-Braine, Braine-l'Alleud, Braine-le-Château, Clabecq, Tubize, Quenast et Rebecq, l'avis suivant :

« Il est laissé aux communes le temps, jusqu'au 15 octobre, pour remplacer les hommes au dessous de 40 ans dans le ravitaillement et les différentes institutions, etc. par des femmes ou des hommes au dessus de 40 ans. Si cet échange ou remplacement ne peut se faire, il faut prévenir avant le 5 octobre et en indiquer les motifs. »

« Il faut des cas sérieux pour que la proposition soit prise en considération. »

« Jusqu'au 15 octobre, les listes doivent rentrer et être conforme au modèle. »

« Les forces féminines sont à énumérer spécialement. »

...... le 26 septembre 1918. »

Les Ministres Protecteurs ne peuvent supposer que ce soit en pleine connaissance de cause que les autorités militaires locales aient pris pareille décision.

Les garanties fondamentales protégeant l'œuvre du ravitaillement placée sous le haut patronage des Ministres Protecteurs accordent en effet au Comité National et à ses sous-organismes une pleine et entière liberté d'action; au surplus le Département Politique n'ignore pas qu'un accord spécial concernant les employés et ouvriers des œuvres dépendant du C. N. règle l'immunisation de ce personnel.

Les Ministres Protecteurs tout en rappelant ces faits à la bienveillante attention du Département Politique ne peuvent s'empêcher de lui signaler les perturbations qui résulteraient pour l'œuvre du ravitaillement des régions visées, de mutations dans le personnel employé et ouvrier, aussi sérieuses que celles qui semblent être exigées.

Les Ministres Protecteurs se permettent enfin de rappeler au Département Politique son mémorandum du 14 avril 1916 par lequel Monsieur Baron von der Lancken voulait bien les informer de ce que le « Gouverneur Général, feu Baron » von Bissing, accordait comme par le passé toute son aide et toute sa protection au Comité National et à la Commission for Relief in Belgium pour permettre aux membres de ces deux organismes de continuer les efforts qu'ils avaient accomplis jusqu'alors avec tant de dévoûment dans leur œuvre humanitaire et bienfaisante, destinée à alléger, pour la population de la Belgique, le poids des souffrances de la guerre. »

Les Ministres Protecteurs ne doutent pas dans ces conditions qu'il suffira au Département Politique de transmettre leurs appréhensions à S. E. Monsieur le Gouverneur Général pour que les autorités locales visées soient informées des accords auxquels il est fait allusion cidessus et renoncent à leur projet concernant le personnel des œuvres du ravitaillement.

Bruxelles, le 30 septembre 1918.

ANNEXE 4a.

TRADUCTION

GOUVERNEMENT GÉNÉRAL
D. V. C. N.
C. 1249

Bruxelles, le 7 septembre 1918.

Nous répondons par la présente à votre lettre n° 6294 du 22 août que M. le Gouverneur Général a invité en temps MM. les Protecteurs de l'œuvre du ravitaillement à constater que les promesses faites par lui sont observées par les autorités et les troupes lui subordonnées. La tâche donnée en son temps à la C.R.B. d'exécuter les dispositions prises à ce sujet par MM. les Ministres, a été transmise plus tard au C.H.N., composé de Délégués Espagnols et Néerlandais. Il ressort de cela qu'il n'a jamais été question de confier cette tâche à une personnalité belge, quelle qu'elle soit.

La V. C. N. ne peut donc que confirmer sa lettre C. 1100 du 1er août dernier et se voit obligée de décliner toute conception contraire.

(s) Rieth.

Au Comité Hispano-Néerlandais,
BRUXELLES.

ANNEXE 4b.

Bruxelles, le 25 septembre 1918.

Monsieur le Marquis,
Excellence,

Nous avons l'honneur d'adresser à Son Excellence le projet de mémorandum qu'Elle voudra bien trouver ci-joint et dont l'envoi a été décidé mardi dernier.

Nous serions très reconnaissants à Son Excellence de bien vouloir le transmettre, s'il Lui agrée, au Département Politique du Gouvernement Général.

Nous prions Son Excellence de croire à nos sentiments de haute considération.

LES DIRECTEURS,

A Son Excellence Monsieur le Marquis de Villalobar, Envoyé extraordinaire et Ministre plénipotentiaire de sa Majesté le Roi d'Espagne en Belgique.

A Son Excellence Monsieur Van Vollenhoven Ministre Résident de Sa Majesté la Reine des Pays-Bas.

Mémorandum pour Son Excellence Monsieur le Baron von der Lancken.

J'ai l'honneur, en ma qualité de Ministre Protecteur de l'Œuvre du Ravitaillement de la Belgique occupée, d'appeler votre bienveillante attention sur les difficultés que rencontre lo Comité Hispano-Néerlandais dans l'accomplissement de sa mission de surveillance et de contrôle.

Certaines autorités allemandes croient devoir apporter des entraves sérieuses au fonctionnement des services d'inspection du Comité Hispano-Néerlandais et, en ces derniers temps, les inspecteurs qui sont attachés à cet organisme ont été privés des autorisations de voyage sans lesquelles il leur est impossible de remplir leurs fonctions.

Permettez-moi, Excellence, de manifester une certaine surprise devant les réserves que la Deutsche Vermittlungsstelle C. N. semble vouloir faire au sujet de la collaboration et de l'aide que des sujets belges peuvent apporter au Comité Hispano-Néerlandais qui, vous le savez, n'a d'autres soucis que le respect des garanties qui constituent la base même de toute l'œuvre du ravitaillement de la Belgique. Une œuvre de contrôle ne doit-elle pas pouvoir s'entourer des collaborateurs qui lui sont nécessaires et qui, d'ailleurs, n'agissent que sous sa direction et sous sa seule responsabilité?

Veuillez m'excuser si je m'autorise à vous rappeler les conventions intervenues au mois d'avril 1916. Vous n'avez certes pas perdu de vue que, d'accord avec les autorités allemandes, les Ministres Protecteurs ont confié à la «Commission for Relief in Belgium» le soin de veiller à ce que les vivres indigènes et les vivres importés reçoivent une destination équitable et conforme à l'esprit et à la lettre des accords intervenus.

Le régime adopté permettait aux Ministres Protecteurs d'être renseignés sur les infractions que pouvaient commettre certaines individualités ou certains organismes, placés sous les ordres de S.E. Monsieur le Gouverneur Général, et de contrôler la régularité du fonctionnement des œuvres dépendant du Comité National.

Dans la suite, tenant compte d'une suggestion de feu M. le Baron von Bissing, les Ministres Protecteurs s'empressèrent de recommander à la C.R.B. de remplacer par des Belges, dans ses divers organismes, le plus grand nombre possible de délégués américains. Le régime nouveau réduisit en réalité le nombre de ces derniers à un par province. La C.R.B. fit alors appel à la coopération de Belges, agissant sous sa seule responsabilité.

La substitution du Comité Hispano-Néerlandais à la C.R.B. ne porta aucune atteinte à l'organisation qui avait été établie. La seule modification qui fut introduite était la conséquence logique d'une circonstance nouvelle; le remplacement des délégués américains par des délégués espagnols et hollandais.

Ne suis-je pas en droit, dans ces conditions, de m'étonner des difficultés que rencontre, dans l'accomplissement de sa tâche, le Comité Hispano-Néerlandais à la suite de l'intervention d'autorités allemandes qui refusent à certains agents les autorisations de voyage ou maintiennent en état d'arrestation des collaborateurs de cet organisme à raison de faits dépendant strictement de l'exercice de leurs fonctions.

Ces interventions ont énervé sinon aboli le droit de contrôle du Comité Hispano-Néerlandais.

Je ne puis me dispenser d'évoquer les conséquences regrettables qu'une modification aussi importante, apportée dans un régime qui avait reçu la haute approbation de S.E. Monsieur le Gouverneur Général, pourrait avoir sur le ravitaillement des populations des territoires occupés. Je m'en voudrais d'insister sur une question dont Votre Excellence comprendra toute la portée.

En ma qualité de Ministre Protecteur, agissant au nom de mon Gouvernement, je me trouve dans l'obligation de demander le retour à une plus juste conception des droits des Puissances Neutres qui ont assumé la protection de l'œuvre du ravitaillement de la Belgique occupée et du Nord de la France.

Paralyser l'action du Comité Hispano-Néerlandais — qui fonctionne du reste à la satisfaction non seulement des Puissances Neutres mais aussi du Gouvernement Impérial — rendrait à peu près inopérante également sa mission de surveillance des Comités de ravitaillement.

Les Ministres Protecteurs ont eu trop de preuves du souci qu'a S.E. Monsieur le Gouverneur Général de s'en tenir rigoureusement aux conventions conclues, pour que je me permette de douter un instant de ses intentions envers l'œuvre qu'ils patronnent.

Je me permets dès lors de croire que vous voudrez bien attirer l'attention de Son Excellence sur la nécessité de rappeler certaines autorités, placées sous ses ordres, à un respect plus rigoureux des accords intervenus.

Bruxelles, le 25 septembre 1918.

ANNEXE 5a.

Bruxelles, le 21 juin 1918.

Mémorandum pour la Deutsche Vermittlungsstelle C. N.

Comme suite à la lettre du 25 avril dernier, No A 4869 le C.H.N. croit utile de communiquer à la V.C.N. les renseignements ci-après qui lui sont parvenus au sujet de la question de la vente dans l'arrondissement de Thuin.

Le Commissaire civile de Thuin a adressé à tous les bourgmestres de son arrondissement la circulaire ci-après :

« Monsieur le Bourgmestre,

» Par son ordonnance du 10 juin 1917, Monsieur le Gouverneur Général de Belgique interdisait, sous menaces de sévères punitions, tout commerce usuraire de marchandises de première nécessité et en particulier de vivres.

» Il m'a été demandé de divers côtés ce qu'il fallait entendre par prix usuraires. Afin de ne pas laisser subsister des doutes à cet égard, d'accord avec M. le Kreischef de Thuin, j'ai décidé que ne tomberont pas sous l'application de l'ordonnance de M. le Gouverneur Général, les fermiers qui demanderont, ou les bouchers qui paieront les prix suivants : pour le gros bétail, 4 à 6 Frs le Ko, poids vivant, selon la qualité; pour les porcs, 10 à 11 Frs., et pour les moutons, 4 à 5 Frs.

» Lors de la vente au bétail, les bouchers pourront se baser sur ces prix pour demander les prix indiqués sur l'affiche ci-jointe. Ces prix, établis afin de leur assurer un bénéfice raisonnable, ne pourront, en aucun cas, entraîner une condamnation du fait de prix usuraires.

» Veuillez porter ceci à la connaissance des bouchers, en les avisant que, s'ils paient ou demandent des prix supérieurs à ceux indiqués par la présente circulaire, ils tombent sous l'application de l'ordonnance de M. le Gouverneur Général et s'exposent à de graves condamnations.

» Der Zivilkommissar,
(s.) Dr. Bresgen. »

« Le 4 juin 1918. »

Les prix fixés pour la viande varient, pour le bœuf et le mouton, entre 8.50 et 11 frs. le K°, pour le porc entre 14.50 et 20 frs le K°, et pour le veau entre 8 et 10.50 frs le K°.

Ces dispositions mettent les bouchers dans l'impossibilité d'acheter et le Commissaire civil cherche à amener les bourgmestres à réquisitionner du bétail pour les besoins des habitants de leur commune et ceux des villes de l'arrondissement.

A Lobbes et à Chimay, les autorités communales ont introduit la carte de viande. En principe, chaque habitant peut recevoir 250 gr. de viande par semaine. Mais comme les beaux morceaux sont pour les lazarets, les Allemands et les hôteliers, la quantité de viande réellement mangeable se réduit à 125 gr. par bouche. D'autre part, à Lobbes, notamment, l'on n'a pu encore faire qu'une seule distribution depuis trois semaines.

A Chimay, l'on répartit 3 bêtes entre 4 bouchers et les lazarets exigent la fourniture de viande bien qu'on abatte des bêtes pour eux à l'abattoir.

La V. C. N. ne croit-elle pas pouvoir utilement intervenir pour remédier à cette situation anormale ?

LES DIRECTEURS,

ANNEXE 5.

GOUVERNEMENT GENERAL
D. V. C. N.   TRADUCTION
C. 1091

Bruxelles, le 21 septembre 1918.

Concernant les incidents relatés dans votre lettre n° A 5541 du 26 juin 1918, on nous avise de ce qui suit :

La circulaire du Commissaire civil de Thuin a été adressée à tous les bourgmestres et cela afin d'expliquer clairement ce qu'il y a lieu de considérer, le cas échéant, comme prix usuraire dans le commerce de bétail et de viande. Les prix fixés pour la viande ont été acceptés par les bouchers de l'arrondissement comme satisfaisants. Des cartes de viande n'ont pas été introduites dans l'arrondissement. Si l'une ou l'autre commune en a fait imprimer, cela s'est fait à l'insu de l'autorité compétente, qui a immédiatement provoqué leur suppression. Les lazarets ne sont pas approvisionnés par la commune. Les lazarets de Chimay n'abattent pas dans cette commune, mais reçoivent leur viande de Hirson. Les hôtels où les Allemands prennent leurs repas, reçoivent exactement la même qualité de viande que le restant de la population. La communication relative à une faveur qui leur serait accordée n'est pas conforme aux faits et doit être rejetée formellement. La viande de bœuf est en partie rationnée par les communes et est délivrée à raison d'environ 200 à 300 grs par tête et par semaine. La viande de porc, de veau et de mouton est libre. A Lobbes, on abat depuis longtemps chaque semaine, de même à Chimay. Il n'y a aucun préjudice pour cette commune.

Par ordre,
(s.) Speyer.

Au Comité Hispano-Néerlandais.
Bruxelles.

ANNEXE 6a.

N° A 5674.   Bruxelles, le 6 juillet 1918.

Memorandum
pour la Deutsche Vermittlungsstelle C. N.

Le C. H. N. a l'honneur de communiquer ci-après, à la V. C. N., une note relative au trafic de bétail qui se fait dans les provinces de Hainaut et de Luxembourg, pour compte de l'autorité militaire.

PROVINCE DE HAINAUT.

Depuis 2 mois environ, le Commissaire civil de Florennes a élaboré un règlement sur le commerce de bétail dans l'arrondissement de Philippeville. Plus aucune bête ne peut être vendue à des marchands de bestiaux, sauf à Dropsy Jean, dit le «Pitje» et à ses nombreux courtiers.

Le motif invoqué par le Commissaire civil est la stomatite aphteuse régnant dans l'arrondissement en question.

Dropsy évacue actuellement plus de 100 bêtes par semaine. Sans doute que le rendement de l'arrondissement de Philippeville n'est pas assez important puisque le Commissaire civil de Thuin vient de délivrer à Dropsy des passavants pour acheter 100 bêtes dans les cantons de Chimay et de Beaumont.

Bernard, marchand de vaches à Fourbechies, et un marchand de Cerfontaine ont été chargés par Dropsy de faire ces achats. Ils sont munis à cet effet des passavants nécessaires leur fournis par Dropsy.

A la suite des instructions données par le Commissaire civil de Thuin et tendant à établir dans chaque commune une boucherie communale qui serait alimentée en bétail fourni par des réquisitions à faire par des commissions établies par les soins des administrations communales, la commune de Rance avait choisi comme membre de cette commission, outre 2 fermiers, un conseiller communal, le marchand de vaches Navet, de la commune. Cette commission avait réquisitionné éventuellement 14 bêtes se trouvant dans les conditions d'abatage. La boucherie communale, par suite de réclamations, ne fonctionne pas. Navet, voyant une belle occasion de faire de l'argent, a acheté les 14 bêtes pour être livrées à l'autorité allemande à des prix beaucoup plus élevés que ceux de la réquisition.

Le 4 juin, à midi, il s'est présenté au bureau du secrétaire communal de Sautin, un soldat allemand porteur d'une carte d'autorisation d'achat de bétail faite au nom de Traupe, de Charleroi; cette carte était datée du P—3—1918 et était valable jusqu'au 1—10—1918; elle autorisait l'achat de 5 bêtes à cornes par semaine.

Après avoir vérifié si la carte était en règle, le secrétaire a refusé de délivrer l'autorisation, pour les motifs suivants : la carte ne portait pas le sceau du Commissaire civil; la signature du Commissaire civil était douteuse; la validité de la carte était anormale; les allures du militaire, après avoir écouté les observations, étaient suspectes.

Le secrétaire a soumis l'affaire au Commissaire civil; la gendarmerie de Rance a fait enquête et a donné l'ordre suivant dans les secrétariats : « Auguste Traupe, du service des « machines à Charleroi, n'a pas la permission « d'acheter du bétail. Si ce dernier ou un autre « personnage voulaient acheter du bétail avec « une carte au nom de Traupe, la gendarmerie « doit en être instruite immédiatement et le « possesseur de la carte arrêté jusqu'à l'arri- « vée d'un gendarme. »

Il résulte de ce qui précède que le nommé Traupe a acheté en moyenne 5 bêtes par semaine (et des quantités importantes de beurre) au moyen d'une fausse carte.

L'incident s'est produit à la suite de l'achat d'une bête par le sieur Joseph Denis, de Sivry, pour compte de Traupe, chez le fermier Broghiet Zénon, de Sautin. La bête est retournée à la ferme. Le fermier ignorait qu'elle était destinée à Traupe. Celui-ci avait acheté, le 5 avril, un taureau de 320 kgs chez le fermier Ducour Valéri, de Froidchapelle, et un taureau du même poids, le même jour, chez Romt Augustin, fermier dans la même localité.

Le nommé Dropsy, marchand de bestiaux à Hansinelle, a opéré, le 22 juin, en gare de Philippeville, un chargement de 400 têtes de bétail pour compte des Allemands; il a chargé le lendemain, dans la même gare, 200 têtes de bétail ayant la même destination

PROVINCE DE LUXEMBOURG.

LES DIRECTEURS,

ANNEXE 6b.

TRADUCTION

GOUVERNEMENT GENERAL.
D. V. C. N.
C. 1120.

Bruxelles, le 21 septembre 1918.

En réponse de votre lettre n° A 5674 du 6 juillet, on nous informe de la province de Hainaut que le soldat Traupe avait reçu un permis d'achat d'une tête de bétail par semaine destinée au ravitaillement des ouvriers belges. Ce permis délivré à Traupe semble avoir été falsifié par celui-ci en changeant le nombre de têtes de bétail et en le portant à 5. Une enquête au sujet de cette affaire est encore en cours. Mais d'autres achats par le susnommé ont déjà été empêchés depuis longtemps.

Il résulte d'autres investigations que le marchand Bernard, de Fourbechies, n'a pas reçu du marchand de bestiaux bien connu Dropsy, mission d'acheter du bétail. De la part de M. le Commissaire civil de Thuln des permis d'achat de bétail n'ont été délivrés ni au marchand Dropsy, ni aux autres personnes citées. Il est inexact qu'un nommé Navez aurait livré à haut prix à des autorités allemandes, 24 têtes de bétail achetées pour la Boucherie communale. Des investigations approfondies ont prouvé que Navez n'a pas acheté une seule tête de bétail, mais n'a figuré que comme intermédiaire dans une vente de 7 têtes de bétail à des bouchers des communes de Binche et de Ressaix. Ces bouchers ont abattu uniquement pour la population belge.

Par ordre,
(s. Speyer.

Au Comité Hispano-Néerlandais,
BRUXELLES.

ANNEXE 7a.

N° A 5473.   Bruxelles, le 14 juin 1918.

Memorandum pour la Deutsche
Vermittlungsstelle C. N.

Le C.H.N. a l'honneur de remettre ci-après à la V.C.N. une note relative à des réquisitions et saisies de fourrages opérées dans les provinces de Luxembourg, de Limbourg et d'Anvers par les troupes d'occupation.

PROVINCE DE LUXEMBOURG

Dans le courant du mois d'Avril, les soldats autrichiens logés chez les habitants de la commune de Latour ont nourri leurs chevaux avec le fourrage qu'ils prenaient dans les greniers des particuliers.

PROVINCE DE LIMBOURG.

L'autorité militaire a loué dans la commune de 's Heeren-Elderen, au prix de 250 frs l'Ha., une prairie d'une contenance de 5 Ha. appartenant au fermier Lenaerts, une prairie de 1 1/2 Ha. au sieur Destexhe et une autre de 2 Ha. au sieur Stas Pierre. Les autorités militaires ont fait signer un bail aux intéressés après les avoir prévenus qu'en cas de refus elles prendraient possession de leurs prairies sans redevance aucune. Devant cette sommation et de crainte de représailles diverses, les fermiers en question ont consenti, à leur corps défendant, à céder leurs prairies.

Le 4 mai, M. le Kreischef de Maeseyck s'est fait conduire au château de Rothen et là a déclaré au régisseur qu'il requerrait les prairies. Deux jours après, une prairie se trouvant devant la propriété, d'une contenance de 1 Ha. 20 a., était livrée en pâture à 12 chevaux. Peu après, les Allemands ont fauché une partie des prés (40 a.) autour du château. Comme de coutume avant la guerre, le notaire Indekeu, de Neeroeteren, avait sollicité l'agréation et l'affichage d'une vente d'herbage;

ceci fut consenti. Mais, depuis, défense lui a été faite, ainsi qu'au régisseur, de procéder à la vente des herbages croissant autour du château, soit 4 Ha. 30 a. Les prés de Meuse sis aux hameaux de Hoppeneert et Aldeneyck sous Maeseyck, ont également été saisis.

PROVINCE D'ANVERS:

Diverses prairies ont été réquisitionnées par les Allemands à Calmpthout-Achterbroeck :

1) Van Loon-Willemsen Jean, demeurant à Calmpthout-Achterbroeck section C N° 6, déclare que les chevaux du régiment d'infanterie n: 136 en quartier chez M. Donnet, ont brouté le foin d'une prairie appartenant au susdit cultivateur et cela nonobstant la demande de quitter le terrain. Le dommage causé au cultivateur s'élève à environ 1.000 frs.

2) Le même cas, s'est présenté chez Jean Van der Keylen, demeurant à Calmpthout-Achterbroeck section C N° 9. Une prairie d'une étendue de 70 a. a été en partie fauchée par les militaires puis broutée; les dommages s'élèvent à 70 frs.

3) Egalement chez Pierre Van de Velde-Mertens, Calmpthout, section C, dans une prairie de 85 a. prise en location d'un cultivateur de Wildert; dommages 600 frs.

4) Chez L. Pauwels, Calmpthout-Achterbroeck section C n. 14, dans 2 prairies; dommages 150 frs.

5) Chez les enfants Ruyssers-Meesters, Calmpthout-Achterbroeck section C N° 78, dans une prairie de 1 Ha. 60 a. située près de la chaussée de Wuestwesel; dommages 1.000 frs.

Les susdits cultivateurs déclarent que les militaires, nonobstant défense réitérée, sont allés quand même dans les prairies avec leurs chevaux et ont même, par la force, rompu le fil de fer. Les soldats qui ont agi de la sorte chez Van de Velde étaient en quartier chez M. Ommeganck.

Il est à noter qu'aucun des cultivateurs en question n'a reçu un dédommagement, malgré leurs protestations.

Les Allemands ont réquisitionné une grande prairie d'environ 4 Ha. appartenant à la colonie de Hoogstraeten. Cette prairie est située à l'entrée même de l'établissement. Ce sont les chevaux de la 4eme Kompagnie Landsturm Infanterie Bataillon de Osnabrück, en garnison à Hoogstraeten, qui paissent sur la dite prairie.

LES DIRECTEURS,

ANNEXE 7b.

TRADUCTION

GOUVERNEMENT GENERAL
D. V. C. N.
C. 1070.

Bruxelles, le 23 septembre 1918

Les communications faites par votre lettre 45473 14 juin, relatives à la réquisition de prairies dans la province d'Anvers, ont donné lieu à une enquête approfondie. Il est exact que dans les environs d'avril de cette année des troupes ont été cantonnées passagèrement dans les localités en question, troupes qui cependant n'avaient qu'un petit nombre de chevaux avec elles.

Dans le cas Hoogstraeten, une prairie a volontairement été affermée aux troupes et le loyer a été payé par celles-ci.

Dans d'autres cas, il peut être arrivé qu'à l'arrivée des troupes quelques irrégularités se soient produites. Toutefois, l'attention a été immédiatement attirée sur les conventions existant dans le territoire du Gouvernement Général et une stricte observance de ces conventions a été exigée. Cet avis a déjà été donné le premier jour après l'arrivée dans les quartiers et à partir de ce moment il n'a été permis de faire paître les chevaux qu'aux bords des chaussées et des fossés.

Dans deux cas, des terres ont été mises à disposition comme pâture par des fermiers.

Les noms et domiciles de ces fermiers n'ont plus pu être établis, les troupes ayant elles-mêmes quitté la localité depuis longtemps.

Il semble singulier que, pendant le séjour de la troupe à Calmpthout-Achterbroeck pas une seule réclamation n'est parvenue au bataillon au sujet de l'emploi abusif de prairies. Cela fait supposer que les déclarations des habitants ne correspondent pas aux faits. Les renseignements donnés par M. le Délégué datent d'environ 2 mois après le jour où les troupes ont quitté les localités susnommées. Il semble tout particulièrement invraisemblable que les quelques chevaux (20 environ) logés à Achterbroeck aient mangé pour près de 3.000 frs de gazon. De pareilles données ne peuvent être examinées avec perspective de succès que lorsqu'elles sont fournies en temps utile.

Par ordre.
(s.) SPEYER.

Au Comité Hispano-Néerlandais,
Bruxelles.

ANNEXE 8.

TRADUCTION

GOUVERNEMENT GENERAL
D V. C N.
C. 1167.

Bruxelles, le 23 septembre 1918.

En réponse à votre lettre A 5966 du 29 juillet, nous pouvons vous informer de ce que la laiterie de Stabroeck a cédé aux troupes non 80, mais 40 litres de lait. Aussitôt que ce fait a été connu, les livraisons ont été suspendues.

Par ordre,
(s.) SPEYER.

Au Comité Hispano-Néerlandais,
Bruxelles.

Nº A 5966   Bruxelles, le 29 juillet 1918.

Memorandum pour la Deutsche
Vermittlungsstelle C. N.

Le C. H. N. croit devoir attirer spécialement l'attention de la D. V. C. N. sur l'obligation qui est imposée à la Laiterie Cérès, de Stabroeck (Anvers), de livrer tous les jours 80 litres de lait complet aux troupes.

Il y a là une infraction aux conventions et le C. H. N. remercie d'avance la V. C. N. des démarches qu'elle voudra bien faire à ce sujet auprès des autorités compétentes.

LES DIRECTEURS,

ANNEXE 9a.

Nº A 6051   Bruxelles, le 5 août 1918

Memorandum pour la Deutsche
Vermittlungsstelle C. N.

Le C. H. N. a l'honneur de remettre, ci-joint, à la V. C. N., une note relative à des réquisitions d'œufs, opérées dans la province de Brabant, par les troupes d'occupation.

LES DIRECTEURS,

ŒUFS.

PROVINCE DE BRABANT.

Sur réquisition des Allemands de Lennick Saint-Quentin, la commune de Goyck leur fournit 40 œufs par semaine. Cette réquisition date du début du mois de Juillet.

En même temps que Goyck, Lennick-Saint-Quentin et 11 autres communes du canton de Lennick avaient été sommées de remettre une certaine quantité d'œufs aux soldats de Lennick. Seules les communes de Goyck, Gaesbek et Lombeek Notre-Dame ont obtempéré à leur ordre en leur livrant des œufs chaque semaine.

Le 5 août 1918.

ANNEXE 9.

TRADUCTION

GOUVERNEMENT GENERAL
D. V. C. N.
C. 1202.

Bruxelles, le 23 septembre 1918.

Nous avons l'honneur de répondre à votre lettre du 5 août, n. A 6051. que les représentations qu'elle contient sont justifiées dans une certaine mesure. Un officier, commandant dans le temps à Lennick, avait, dans ses efforts pour soigner pour le ravitaillement de ses hommes, prié les communes de son district de livrer 30 œufs par semaine. Comme quelques-unes seulement des communes intéressées ont satisfait à ce désir, l'officier en question, qui croyait être absolument dans son droit, a signalé à ses chefs hiérarchiques que certaines communes étaient en retard de livraison. Cet avis a eu pour suite que l'attention de cet officier a été tout de suite attirée sur l'irrégularité de sa disposition et qu'il a été prié de renoncer à poser de telles exigences vis-à-vis des communes, même si ces exigences n'étaient pas présentées sous la forme d'un ordre, mais d'une demande.

Par ordre,
(s.) SPEYER

Au Comité Hispano-Néerlandais.
Bruxelles.

ANNEXE 10.

TRADUCTION

GOUVERNEMENT GENERAL
D. V. C. N.
C. 1127.

Bruxelles, le 21 septembre 1918.

En réponse à votre lettre A 5690, du 8 juillet, on nous communique que M. le Kreischef de Malines a pris toutes les mesures destinées à empêcher des achats de légumes par des soldats appartenant aux troupes du front. A la suite de cette disposition, des achats d'une certaine importance n'auraient plus été constatés dans ces derniers temps.

Par ordre,
(s.) SPEYER.

Au Comité Hispano-Néerlandais
Bruxelles.

Nº A 5690.   Bruxelles, le 8 juillet 1918.

Memorandum pour la Deutsche
Vermittlungsstelle C. N.

Comme suite à ses communications n. A.5585 du 28 juin écoulé et A 5640 du 4 juillet courant, relatives aux enquêtes qu'il a entreprises à Malines, le C. H. N. a l'honneur de transmettre, ci-après, à la V. C. N., quelques renseignements complémentaires :

Les militaires continuent à faire des achats individuels de grande importance. Le 28 juin écoulé, des soldats des régiments B/5, 150 Kaiserliche Marine, B/6, ont acheté des carottes, des choux-fleurs, des asperges et des pois; un camion 2ème Kompagnie Bataillon Nienberg charge presque journellement. Le 29 juin, des soldats des régiments 52, 40, B/1, le I-7 des marins «Pionniers Flandern» Schwere Korps artillerie Flandern et divers soldats sans numéro de régiment, ont également fait des achats.

Le 2 juillet, il y avait au marché 15 sacs de poids : 8 ont été achetés par des militaires et 7 par des marchands.

Les Directeurs,

ANNEXE 11.

N° A 5570.   Bruxelles, le 26 juin 1918.

Memorandum pour la Deutsche
Vermittlungsstelle. C. N.

Le C.H.N. s'autorise à attirer l'attention de la D.V.C.N. sur le fait que certains militaires, péchant à la dynamite, dépeuplent les rivières et les étangs dans la région de Chimay.

Dans le bois de Senzeilles, ils ont vidé un étang appartenant à M. Durant, de Charleroi, et ont transporté les poisons à Cerfontaine.

Le C.H.N. saurait gré à la D.V.C.N. de bien vouloir intervenir à ce sujet auprès des autorités que la chose concerne. Il la remercie d'avance.

Les Directeurs,

TRADUCTION

GOUVERNEMENT GÉNÉRAL
D.V.C.N.
C. 1092.

Bruxelles, le 21 septembre 1918.

En réponse à votre lettre A 5570 du 26 juin, on nous informe de ce que, l'incident de la pêche dans l'étang près de Senzeilles a été réglé il y a longtemps déjà. Le propriétaire de cet étang, Durant de Charleroi, a été dédommagé. En général, défense sévère a été faite aux troupes de pêcher avec des explosifs. Les contrevenants sont sévèrement punis.

Par ordre,
(s.) SPEYER.

Au Comité Hispano-Néerlandais,
Bruxelles.

Bruxelles, 30 septembre 1918.

Memorandum pour la Deutsche
Vermittlungsstelle C. N.

Le C.H.N. a été informé à différentes reprises par le Bureau Central des Récoltes, de certains transports et approvisionnements de seigle effectués pour la Oehl-Zentrale ou pour le compte de cet organisme.

Ces blés indigènes semblent provenir en grande partie de la zone frontière.

Le C.H.N. a, en effet, été informé de ce que, dans le Kabeljauwpolder par exemple, commune de Santvliet, les fermiers qui y ont des terrains et habitent au sud du fil, ne sont plus autorisés, comme l'année précédente, à faire leur moisson et à passer les produits des polders situés au nord du fil vers le sud de ce dernier. Les propriétaires hollandais se trouvent dans le même cas, et sont également obligés de céder les produits à la Grenzbewirtschaftung.

Le prix fixé pour le froment est de 48 frs les 100 kgs. Le C.H.N. voudrait savoir comment en bénéficie la population belge, à laquelle il revient de droit et prie à cet effet la V.C.N. de bien vouloir faire donner à la Grenzbewirtschaftung les instructions pour que l'entièreté de la production de céréales panifiables dans la région, y compris la production des cultivateurs hollandais, soit délivrée dans les dépôts du Bureau Central de Stabroeck.

Le C.H.N. signale encore à la V.C.N. qu'il existe au N° 375 de la Plezantstraat, à St-Nicolas, dans une maison nommée «Kasteeltje» et servant de dépôt aux fraudeurs, une quantité de 1800 kgs de seigle. Cette marchandise, qui a été constatée le 7 septembre, était couverte de l'attestation suivante :

« Léon Kets
» Handelaar   *BESCHEINIGUNG*
» Telefoon 54
» Van Aerdtstraat 56.

« Ich bescheinige hierdurch Herrn Oscar » Van der Borght, Groote Markt, in St-Niklaas, » angestellt zu haben um für meine Rechnung » alle VON HOLLAND EINGEFURRTE LE- » BENSMITTEL zu transportieren in Gebiet » des General-Gouvernements und in seinen » Lager in der Reidestraat, Kasteeltje genaamt, » unterzubringen. Alle diese Waare sind be- » stimmt für den Grensbewirtschaftungstelle » Antwerpen.

Antwerpen, den 5 September 1918.
[gez.] Léon Kets. »

Le 7 septembre également, un chariot de seigle a été rencontré sur la grand'route d'Anvers. Il était muni du passavant N° 2179 de la Grenzbewirtschaftungstelle.

Il a été constaté au surplus par le C.H.N. que :

1°) le sous-agent de M. Kets, Camille Audenaert a expédié le 4 septembre 2.500 kgs de seigle à Anvers, avec le passavant N° 2185 de la Oehl-Zentrale. De ces 25 sacs, 12 sacs ont été chargés par lui dans la maison du nommé Emile Donkerwolk, Vracenestraat n. 388, à Nieuwkerke; 6 sacs ont été chargés dans les champs et 7 sacs à son propre domicile.

2°) 1.205 kgs de seigle et 100 kgs de froment ont été saisis par la Provinzial Ernte Kommission, chez la Veuve De Wilde, Lepelhoekstraat, n. 14, à St-Nicolas.

3°) 2.31 kgs de seigle ont été saisis le 4 courant par le Contrôleur Gläsig du Zivilkommissar de St-Nicolas, chez Théo Pardon, Plezantstraat, n. 375, à St-Nicolas: La femme Pardon a déclaré que ce grain appartenait à un nommé Goossens de la Kalkstraat à St-Nicolas.

On peut donc admettre que, journellement, plusieurs milliers de kilos de seigle et de froment sont expédiés à Anvers par les soins de M. Kets et de ses sous-agents.

Dans ces conditions tout contrôle devient impossible pour le Bureau Central des Récoltes.

Les années précédentes, il suffisait qu'un non-producteur fût trouvé en possession de grains panifiables, pour que ces grains soient saisis, remis au Bureau Provincial des Récoltes et confisqués au profit de la Députation Permanente.

Maintenant, au contraire, il suffit que M. Kets déclare qu'une partie des céréales lui est destinée, pour que le camionneur ne soit pas inquiété. Les passavants de la Oehl-Zentrale rendent la marchandise invulnérable. De même, il suffit, naturellement, que le premier venu déclare vouloir livrer à M. Kets, pour qu'il puisse circuler librement avec du grain.

Cependant, il est impossible que M. Kets puisse être certain de l'origine hollandaise, le grain hollandais ne pouvant être distingué du grain du pays. Au fait, la Oehl-Zentrale couvre ces transports parce que M. Kets lui assure que le grain ne vient pas du gouvernement Général; les agents de M. Kets, tels que Audenaert, Pardon, Goossens, etc. donnent à M. Kets la même assurance, alors qu'ils ne peuvent savoir où les nombreux fraudeurs qui sont leurs fournisseurs, vont chercher le grain.

A Schooten, dans un établissement appelé «Séchage Artificiel» dont un Monsieur de Bruyne est directeur, se trouvent 10 tonnes de seigle appartenant à la Oehl-Zentrale.

La Provinzial-Ernte-Kommission ayant questionné cette institution sur la provenance de ces 10 tonnes, il a été répondu que ce grain provenait de la partie de la commune de Santvliet, située entre le fil électrique et la frontière hollandaise et appartiendrait à des cultivateurs hollandais ayant ensemencé sur cette partie du territoire de la Belgique.

Comme, d'après l'arrêté relatif à la saisie des céréales panifiables, toutes les céréales produites en Belgique sur le territoire du Gouvernement Général sont saisies au profit du Comité National, sans que cet arrêté fasse une distinction entre les nationalités des propriétaires, le C. H. N. émet l'avis que :

1º) ou bien ce grain doit être délivré au Bureau Provincial des Récoltes, comme étant saisissable d'après l'arrêté.

2º) Ou bien ce grain doit être réexpédié en Hollande pour y être remis aux propriétaires légitimes.

Le C. H. N. a été avisé encore de ce que, en date du 24 septembre :

2720 kgs de seigle avec passavant n. 1944 du 20 septembre et

5000 kgs de seigle avec passavant n. 3284 du 21 septembre ont été effectués pour le compte de la Grenzbewirtschaftung-Oehl-Zentrale le 22 septembre.

Il avait été expédié dans les mêmes conditions 4 lois 4000 kgs de céréales, soit

le 13 septembre, 16.000 kgs
19	»	5.000 » avec passavant n. 1919 du 16 sept.;
20	»	2.500 » de seigle et de froment avec passavant n. 1935 et
		4.500 » de seigle avec passavant n. 1934,
21	»	4.000 » de seigle avec passavant n. 1944 et
		2.500 » de seigle avec passavant n. 1945 du

20 septembre (valable pour 5.000 kgs).

Le 13 septembre, il a été transporté à Anvers
5.000 kgs de pois et
5.000 » de seigle avec passavant n. 2221.

Le 16 septembre, avec passavants 2239 — 2241 — 2242 — quatre chariots chargés de
15.000 kgs de seigle, sarrazin et pois. (Le poids du seigle n'a pu être déterminé séparément).

Le 18 septembre, avec passavants 1920 — 1917 — 2246 — 15.000 kgs de seigle

Le C. H. N. ne doute pas qu'en présence de toutes ces révélations, la V.C.N. tiendra à s'entendre avec la Commission Centrale des Récoltes pour faire respecter les garanties concernant les céréales panifiables et obtiendra que des mesures sérieuses soient prises pour empêcher que des organismes tels que la Oehl-Zentrale ou la Grenzbewirtschaftung ne méconnaissent les ordres et instructions de S. I. M. le Gouverneur Général.

Le C. H. N. considérant que cette question a une importance capitale au sujet des principes régissant l'œuvre du ravitaillement serait reconnaissant à la V. C. N. de bien vouloir lui faire connaître au plus tôt les dispositions qui seront prises par le pouvoir compétent.

LES DIRECTEURS,

ANNEXE 13.

Nº A 6705. Bruxelles, le 30 septembre 1918.

Memorandum pour la Deutsche Vermittlungsstelle C. N.

La V. C. N. se souvient sans doute de la correspondance échangée entre elle et le C. H. N. au sujet de l'activité déployée dans la zone frontière de la province de Liége par le nommé Meyer, ex-agent de l'Oelzentrale.

Par lettre du 17 mai dernier, n. A 5143, le C. H. N. a notamment signalé que le prénommé continuait ses opérations, comme agent de la Grenzbwirtschaftung; il se voit contraint de revenir à nouveau sur cette question en présence des renseignements qu'il vient de recevoir.

Le nommé Meyer occupe actuellement la ferme de Snauwenberg, commune de Fouron-le-Comte, et se trouve tout à fait à la limite frontière hollandaise. Il possède pour le moment 70 porcs à l'engraissement; qu'il nourrit du lait des vaches de la dite ferme et de farine provenant des céréales produites par des terres situées sur territoire belge, aux environs de la ferme, et appartenant à des Hollandais: Meyer rachète ces récoltes et fait moudre le grain au moulin Debougneux, de Fouron-le-Comte.

On dit en outre que le même Meyer va occuper également la ferme Collette et Sœur, de Navagne, près de Visé, ferme que l'autorité allemande s'est appropriée depuis le 1er septembre 1918; le but de cette mesure serait, a-t-il été dit, de remettre la ferme dans la zone frontière, mais il y a lieu de croire que ce n'est pas la seule raison; ce serait en effet un moyen d'avoir des étables et surtout des prairies pour le bétail qui arrive régulièrement par wagons d'Aywaille, Ans, Waremme et Huy à destination des étables de quarantaine de Visé, à l'intervention de Meulen Pierre, dont il a été souvent question.

En plus du bétail, on y a déchargé, en 15 jours, au moins 30 wagons de foin, qui ont été mis en tas à côté de ces étables.

Il ressort de ce qui précède que la réclamation pré-rappelée du 17 mai n'a pas eu le résultat que le C.H.N. en attendait. Le sieur Meyer, loin de cesser ses agissements abusifs, s'occupant de donner de l'extension à son trafic, le C. H. N. est convaincu que la V.C.N. verra en l'occurrence matière à intervention énergique de sa part pour faire respecter les assurances qu'elle a données précédemment.

LES DIRECTEURS,

ANNEXE 14.

Nº C. 6688/1519.

Bruxelles, le 30 septembre 1918.

Memorandum pour la Deutsche Vermittlungsstelle C. N.

D'après la lettre n. C. 1027 du 3 écoulé de la V.C.N., tout le beurre importé de la province de Limbourg aurait été remis à la Fédération Nationale des Unions Professionnelles. L'autorité compétente déclarerait pouvoir le prouver à tout moment.

En ce qui concerne les prélèvements effectués dans les laiteries de l'arrondissement de Bruxelles, la V.C.N., dans sa lettre n. C. 1080 de la même date, écrit que, d'après M. le Commissaire d'Etat, la livraison du beurre s'est faite, de tout temps, en conformité avec les conventions.

D'autre part, par sa lettre C. 1066 du 1er août, la V. C. N. fait savoir que le beurre arrivant des différents arrondissements chez le Commissaire d'Etat est en partie remis à l'Union Professionnelle et en partie employé à la constitution d'une réserve et que, dans tous les cas, l'utilisation en est conforme aux conventions.

Le C. H. N. prend bien volontiers note de ces déclarations. Il doit toutefois faire remarquer que celles-ci auraient une valeur probante plus grande si elles étaient appuyées de relevés donnant, d'une part, les prélèvements opérés dans le Limbourg et dans l'arrondissement de Bruxelles, d'autre part, les remises faites à la Fédération Nationale sur ces prélèvements.

A cet égard, le C. H. N. croit devoir signaler qu'il a pu, par ses investigations, établir qu'à la date du 23 août écoulé il avait été expédié de la province de Limbourg, comme l'indiquent les relevés ci-joints :

à Bruxelles	kgs 46.350
à Liège	» 29.501

Précédemment, le C. H. N. avait établi (par son memo n. C 5507/1519 du 18-6) que les prélèvements dans les laiteries de l'arrondissement de Bruxelles, en tendance croissante, atteignaient avant le milieu de juin 19.000 kgs par semaine, soit pour 4 mois environ .... » 32.000

ensemble	kgs 108.351

Sur cette quantité, M. le Commissaire d'Etat avait remis en tout et pour tout, à la date du 26-4, à l'Union Professionnelle du Brabant » 27.215

à l'Union Professionnelle de Liège néant.

la différence	kgs 81.136

n'a pas, à la connaissance du C. H. N., été remise aux Unions Professionnelles chargées de la répartition à la population belge et, conséquemment, le C. H. N. doit la considérer comme n'ayant pas fait l'objet d'un usage conforme aux engagements souscrits par le Gouvernement Général.

La V. C. N. jugera sans doute nécessaire de prescrire une enquête complémentaire à ce sujet et d'en faire connaître les résultats au C. H. N. en vue de mettre celle-ci à même de renseigner LL. EE. les Ministres Protecteurs.

A la fin de sa lettre n. C.1027 prérappelée, la V. C. N. signale que 376 kgs 625 de beurre ont été à Tongres même, soit distribués à des institutions sociales, soit attribués à des « Selbstverpfleger ».

Le C. H. N. estime qu'il serait oiseux de rappeler que dans les conventions n'autorise le ravitaillement des Selbstverpfleger au moyen de vivres indigènes, ceux-ci devant être entièrement réservés à la population belge, à la seule exception de ce qui concerne les hôpitaux militaires, les lazarets et les mess d'officiers.

D'autre part, il ne suffit pas que ces vivres soient distribués par des institutions sociales pour que les conventions soient observées%, il faut encore que les distributions en soient faites exclusivement et équitablement au profit de la population belge.

La V. C. N. jugera sans doute opportun de provoquer aussi sur ce point un retour à l'observation des conventions.

PRELEVEMENTS DE BEURRE EFFECTUES
DANS LE LIMBOURG ET
EXPEDIES POUR BRUXELLES :

Du 30—4 au 4—5		500
» 6—5 » 11—5		400
» 14—5 » 18—5		600
» 4—6 » 8—6		1.500
» 8—6 » 12—6		2.000
» 10—6 » 15—6		5.000
» 11—6 » 15—6		1.700
» 16—6 » 22—6		2.200
» 17—6 » 23—6		6.000
» 25—6 » 29—6		2.450
» 1—7 » 7—7		2.100
» 9—7 » 13—7		3.000
» 14—7 » 20—7		3.000
» 21—7 » 28—7		3.000
» 30—7 » 3—8		3.000
» 12—8 » 17—8		2.750
» 18—8 » 25—8		4.900
» 19—8 » 23—8		2.750
		46.850

EXPEDIES A LIEGE :

Du 30—4 au 4—5		200
» 6—5 » 11—5		200
» 14—5 » 18—5		500
» 4—6 » 8—6		1.700
» 8—6 » 12—6		1.250
» 11—6 » 15—6		2.050
» 16—6 » 22—6		2.325
» 25—6 » 29—6		2.351
» 1—7 » 7—7		3.350
» 9—7 » 13—7		2.675
» 14—7 » 20—7		2.975
» 21—7 » 28—7		2.750
» 30—7 » 3—8		2.600
» 12—8 » 17—8		2.275
» 19—8 » 23—8		2.300
		29.501

REMISES FAITES A L'U. P. DU BRABANT :

10 avril 1918.		100 kgs
11 »	»	20 »
10 mai	»	95 »
10 juin	»	1.000 »
4 juillet	»	2.000 »
11 »	»	1.000 »
15 »	»	955 »
18 »	»	1.045 »
20 »	»	2.000 »
29 »	»	3.000 »
6 août	»	3.000 »
12 »	»	2.700 »
17 »	»	2.300 »
19 »	»	3.000 »
26 »	»	3.000 »
		27.215 kgs

ANNEXE 15.

SEANCE PARTIELLE
du Comité Consultatif de la Zucker-
verteilungsstelle du 8-11-1917.

Sont présents :
pour la Zuckerverteilungsstelle :
MM. le lieutenant Schraube, comme Président de la séance ;
Donnerberg,
Boske ;

pour le Comité Consultatif :
MM. Craftiau,
Janssens, représentant du Ministère belge des Finances ;
Peeten, représentant de l'Agriculture ;
Van Iseghem, représentant des fabriques de sucre ;
Gräffe, représentant des raffineries ;
Marchal, représentant des fabricants de sirop.

Le Président ouvre la séance à 11 1/2 h. et salue les assistants.
En ce qui concerne le n° 1 *de l'ordre du jour :*

Arrêté concernant les betteraves
sucrières,

il expose ce qui suit :
M. le Gouverneur a pris, le 22 septembre de cette année, un arrêté concernant la réglementation du transport des betteraves.
Le but de l'arrêté était principalement d'influencer les prix des betteraves fourragères, afin que les fermiers se

servent de celles-ci comme fourraget et, de cette façon, de battre en brèche la retenu des pommes de terre à des fins de fourrage.

Mais, un autre motif était encore celui d'empêcher que des betteraves sucrières, au lieu d'être livrées aux fabriques de sucre ne soient également employées en grandes quantités à la nourriture des animaux.

D'après les arrêtés existants, le transport des betteraves de toute espèce ne peut plus avoir lieu que sous autorisation.

L'art. 3 de l'arrêté dit que la Zuckerverteilungsstelle dispose des betteraves sucrières.

S'appuyant sur l'arrêté du 2 décembre 1916, proposé sur la base de pourparlers avec le Comité Consultatif, l'arrêté du 22 septembre 1917 contient également la disposition que les betteraves sucrières non livrées à la date du 15 janvier de l'année prochaine seront confisquées à un prix d'achat encore à fixer.

Les dispositions exécutives relatives à cet arrêté, décrétées par MM. les Verwaltungschefs pour la Flandre et la Wallonnie, contiennent des prescriptions pour le trafic de toutes espèces de betteraves sucrières, et sont de nature à avoir une influence réelle sur les prix des betteraves.

Effectivement, les prix des betteraves fourragères, rutabagas, etc., qui, avant la publication de l'arrêté, étaient extraordinairement élevés, ont sensiblement baissé.

Un autre arrêté exécutif de MM. les Verwaltungschefs pour la Flandre et la Wallonie en date du 29 septembre, s'occupe du trafic des betteraves sucrières.

L'arrêté décrète au principal que seules les fabriques de sucre et de sirop à ce autorisées par la Zuckerverteilungsstelle, ont le droit d'acheter des betteraves sucrières, et qu'une mise en œuvre de betteraves sucrières peut avoir lieu uniquement dans ces fabriques. Quoique la défense d'employer des betteraves sucrières existât déjà, elle est encore une fois signalée dans l'arrêté.

La Zuckerverteilungsstelle a cru devoir faire appel, pour l'exécution de l'arrêté, à la collaboration des fabriques de sucre et de sirop, en ce sens que les demandes d'autorisation de transport doivent être adressées aux fabriques de sucres ou de sirop, et que les autorisations de transport sont délivrées aux expéditeurs par les fabriques.

Par ces mesures, dès l'abord, l'espoir a été enlevé aux possesseurs de betteraves sucrières que celles-ci pourraient trouver un autre emploi.

La situation légale créée par les arrêtés susmentionnés est telle que si des betteraves sucrières sont trouvées ailleurs que dans les champs ou les fabriques de sucres ou de sirop, c'est qu'elles y sont arrivées sans autorisation, c'est-à-dire, sans permis de transport, de sorte qu'une action pénale peut être engagée.

L'emmagasinement de betteraves n'est justifié que lorsque, par suite de manque de moyens de transport, le transport vers une fabrique n'a pu avoir lieu. Là où il peut être prouvé qu'il y a mauvaise volonté, il existe également dans ce cas la possibilité d'une action pénale.

La Zuckerverteilungsstelle est d'avis que, par ces mesures, il a été tenu compte dans la mesure la plus large des intérêts justifiés de la population et de l'industrie.

Elle est convaincue que le Comité Consultatif partagera cette manière de voir.

Au cours de la discussion M. van Iseghem signale que l'on a défendu aux fabricants de sucre de conclure directement ou indirectement de nouveaux contrats avec les cultivateurs de betteraves qui, l'année dernière, ont livré leurs betteraves aux fabricants de sirop agréés par la Zuckerverteilungsstelle. Les fabricants demandent la réciprocité, on ce sens qu'il soit également défendu aux fabricants de sirop d'acheter des betteraves aux cultivateurs qui ont livré l'année dernière leurs betteraves aux fabricants de sucre.

Le Président répond à M. Van Iseghem qu'il ne s'agit certainement ici que d'une considération théorique, car les cultivateurs de betteraves préfèrent presque toujours livrer leurs betteraves à des fabricants de sucre, ce qui leur semble plus avantageux en raison de la grande quantité de déchets qui leur est livrée en retour. Au surplus, des prescriptions générales ne semblent pas nécessaires; il suffit qu'en cas d'inconvénients les fabricants fassent une réclamation à la Zuckerverteilungsstelle ; sur la base des autorisations de transport, la Zuckerverteilungsstelle peut faire valoir son influence. Mais, d'autre part, il est absolument nécessaire que les fabricants de sirop reçoivent également des betteraves en quantité suffisante.

M. Graftiau expose longuement la situation dans laquelle se trouvent différents cultivateurs, parce qu'il leur a été livré des semences impures ou autres que celles qui étaient commandées. Il est arrivé très fréquemment qu'au lieu de semences de betteraves fourragères il a été livré des betteraves sucrières, et les cultivateurs intéressés se trouvent en grand embarras pour la subsistance de leur bétail. Le manque de fourrage est grand et la production de viande, de lait et de beurre, également nécessaires à l'alimentation humaine, est mise en question.

Au cours de la discussion sur ce point, à laquelle prennent part MM. Maréchal, Peten, Van Iseghem, Janssens et Boske, on fait valoir du côté des fabricants que l'on restitue aux cultivateurs de grandes quantités de déchets et que ceux-ci sont à leur disposition comme fourrage, en outre des feuilles et des têtes de betteraves. On ne peut reconnaître que l'agriculture soit dans une situation assez précaire pour justifier une décision aussi importante que celle qui consisterait à autoriser l'emploi de betteraves sucrière comme fourrage, car les paysans revendent les déchets en grande quantité et des milliers de chargements ont été vendus jusqu'à 175 frs. la tonne. D'autre part, il y a de nombreux cultivateurs qui, en aucun cas, ne veulent donner des betteraves sucrières à leur bétail, comme les résultats donnés en décembre et janvier et dans les mois suivants par l'emploi de betteraves sucrières comme fourrage ont été tout autre chose que satisfaisants. Par contre, un mélange de déchefs, de feuilles et de têtes constitue un fourrage excellent, qui est réellement à préférer à la betterave fourragère et le produit d'un hectare vaut à peu près, comme valeur fourragère, celui d'un hectare de betteraves fourragères. — Cette manière de voir ne reste pas sans être contredite. Toutefois, il est reconnu unanimement que l'admission d'exceptions pourrait mener loin et que tout contrôle efficace serait ainsi perdu.

Le Président expose que la situation légale est telle qu'il faudrait un nouvel arrêté si l'emploi de betteraves sucrières comme fourrage était permis, que toutefois il ne semble pas prudent de changer la loi, d'autant plus qu'il est prouvé que, pour l'alimentation humaine, la meilleure mise à profit de la betterave sucrière consiste à la transformer en sucre. Il y a aussi un intérêt financier à ne pas soustraire les betteraves sucrières à la production de sucre et de sirop.

Par contre, l'assemblée exprime le vœu de voir attribuer, aux cultivateurs qui ont été trompés avec des semences de betteraves, des quantités plus grandes de mélasse fourragère qu'aux autres. Le Président consent à donner des instructions dans ce sens aux organismes provinciaux de répartition, chargés de la distribution de mélasse fourragère.

Après cela, le point n° 1 de l'ordre du jour est déclaré épuisé.

N° 2 de l'ordre du jour :
Semence de betteraves

Le Président expose ce qui suit :

Je suppose qu'il est connu que la semence de betteraves sucrières est rare en Allemagne, et que les prix ont généralement haussé par suite de l'augmentation des frais de production. Ensuite, l'exportation hors d'Allemagne est interdite et des prix maxima pour la semence de betteraves sucrières ont même été fixés jusqu'en 1920. En conséquence, il est devenu nécessaire de prendre des dispositions spéciales pour satisfaire aux besoins belges, pour préparer les semences nécessaires aux prochaines semailles.

La Zuckerverteilungsstelle a donc cru à propos d'entreprendre une enquête au sujet des besoins de l'année prochaine, dont le résultat n'est toutefois pas encore connu. Aussitôt que la Zuckerverteilungsstelle sera en possession de l'aperçu d'ensemble nécessaire, elle entrera en négociations avec les services compétents en Allemagne, au sujet de l'importation de la quantité de semences nécessaire.

On a l'intention de mettre la semence à la disposition des fabriques. De cette façon, la possibilité est créée pour celles-ci d'exercer pour la campagne de l'année prochaine une influence sur les paysans en ce qui concerne la conclusion des contrats de livraison de betteraves.

Le règlement projeté contribuera aussi à ce que la situation décrite par M. Craftiau ne puisse se représenter l'année prochaine.

Les membres du Comité Consultatif se déclarent pleinement d'accord sur les mesures proposées par la Zuckerverteilungsstelle.

N° 3 de l'ordre du jour :
Prix maxima.

Le Président expose que les prix de production plus élevés aussi bien chez les cultivateurs que dans l'industrie, rendent nécessaire une augmentation générale des prix pour les produits de la betterave. Il propose d'examiner en particulier le prix pour chacun des produits. Tous les assistants prennent part à la discussion au sujet des prix du sucre.

a) Sucre brut.

Le Président expose que la proposition de l'Union des Fabricants de Sucre tend à fixer le prix du sucre brut (base 88) à frs. 64.75, soit donc de l'augmenter de frs. 9.75 par rapport à l'année dernière. Si la Zuckerverteilungsstelle ne peut pas se dissimuler la nécessité d'une augmentation de prix, elle tient néanmoins la fixation à frs. 64.75 pour non justifiée ; ce serait plutôt le prix de frs. 63 que la Zuckerverteilungsstelle considérerait comme convenable, tous les facteurs étant pris en considération.

Contrairement à cela, on fait valoir du côté intéressé qu'en Allemagne les prix du sucre ont été augmentés de 20 frs. par rapport à l'année précédente, tandis que les fabriques de sucre belges ne demandent qu'une augmentation de 9.75 frs. Non seulement le charbon et toutes les matières premières sont devenus beaucoup plus chers, mais aussi les salaires. Dans cet ordre d'idées, il faut encore tenir compte de ce que le rendement des ouvriers a baissé très sensiblement par suite de l'alimentation insuffisante.

Du côté non intéressé, on propose de fixer le prix entre frs. 63 et frs. 64.75, soit à 64 frs. environ, comme la différence de 1 fr. par rapport à la proposition de la Zuckerverteilungsstelle ne serait pas bien sensible pour le consommateur, car il ne faut pas oublier que le sucre brut forme la base de la fabrication du sucre comestible, c'est-à-dire de la raffinade. En tous cas, une minime augmentation de prix ne serait pas d'un grand poids, car malgré cela le sucre serait encore extrêmement bon marché en comparaison des autres aliments.

On n'arrive pas à se mettre d'accord. Sur la proposition du *Président*, on reviendra sur la question après discussion des autres prix.

b) sucre cristallisé.

Le Président expose que les fabriques de sucre proposent un écart de 7 frs 50 entre le sucre brut et le sucre cristallisé. mais qu'à son avis il n'y a pas de nécessité d'augmenter l'écart de l'année dernière, qui s'élevait à 7 fr. et qu'en conséquence la Zuckerverteilungsstelle a l'intention de proposer à M. le Verwaltungschef le prix de 70 frs pour le sucre cristallisé.

L'assemblée n'élève aucune objection spéciale à ce sujet.

c) Prix de la mélasse.

Le Président expose que les fabricants proposent le prix de 20 frs. Il faut reconnaître que le prix de l'année dernière, qui s'élevait à 12 frs, doit être augmenté en présence de la situation actuelle. Dans l'intérêt de l'agriculture, il voudrait cependant proposer, au nom de la Zuckerverteilungsstelle, un prix de 18 frs au maximum. L'assemblée partage cette manière de voir.

d) Prix du sirop de betteraves.

Le Président communique que les fabricants ont proposé le prix de 68 frs., absolument trop élevé; il propose de mettre en discussion le prix de 60 frs. par 100 kgs. de sirop de betteraves.

Le représentant des fabricants de sirop signale que la fabrication a à souffrir dans une mesure élevée du renchérissement actuel des matières premières, particulièrement du charbon, etc. On doit tenir compte de ce que seulement une minime partie des besoins en charbon a pu être couverte par le bassin de Liège et que, par suite d'un concours de diverses circonstances malheureuses, le ravitaillement en charbon des fabriques de sirop n'a pu être mis en œuvre que tard, à des prix plus élevés que pour les fabriques de sucre, et qu'en certains cas il doit encore être effectué. L'augmentation du prix des toiles à filtrer sera d'un poids beaucoup plus lourd pour la fabrication du sirop que pour l'industrie du sucre, la première en employant des quantités considérablement plus grandes. Une simple comparaison avec les prix du sucre n'est pas de circonstance, le genre de fabrication étant tout différent et, par exemple la récupération du sucre de betteraves étant beaucoup moins complète que dans la transformation des betteraves en sucre. Les déchets de l'industrie sucrière ne contiennent que des fractions de degrés de sucre, tandis que les déchets des fabrications de sirop en contiennent 12. En outre, les fabricants de sirop doivent payer les betteraves sensiblement plus cher que les fabriques de

sucre, parce que les betteraves pressurées sont beaucoup moins appréciées des cultivateurs que les rognures de fabrication de sucre et que la fabrication en donne une quantité beaucoup plus petite, soit 17 % (contre 60).

Parmi l'assemblée on fait valoir qu'en temps de paix le prix du sirop de betteraves était moindre que celui du sucre brut et que la population ne comprendrait pas que le sucre brut puisse être moins cher que le sirop de betteraves. Au surplus, il ne faut pas perdre de vue que le sirop de betteraves, qui est le « Brotaufstrich » (matière à étendre sur les tartines) des petites gens, ne peut pas devenir trop cher. On ne se dissimule pas la nécessité de devoir prendre en considération les frais de production plus élevés, mais on doit cependant regretter que les fabricants de sirop ont établi des prix pour les betteraves sucrières sensiblement supérieurs à ceux établis par les fabricants de sucre. Si les fabricants de sirop ont agi ainsi, ils doivent s'en prendre à eux-mêmes pour des pertes éventuelles.

Par contre, le *représentant des fabricants* de sirop expose que ce n'est pas du tout de leur faute s'ils ont dû payer de 80 à 90 frs. pour les betteraves. Ils désireraient beaucoup pouvoir acheter aux mêmes prix que les fabriques de sucre; mais cela est tout à fait impossible à cause de la question des déchets. Précédemment, il s'est déjà efforcé de conclure un accord avec les fabriques de sucre suivant lequel celles-ci auraient cédé, à leur prix coûtant, des betteraves aux fabricants de sirop; toutefois, ses propositions n'ont pas été accueillies.

M. Peten donne connaissance à l'assemblée d'un accord qu'il a conclu avec une fabrique de sirop de betteraves. Le prix des betteraves sucrières, sans décompte de pourcentage de sucre, est de 85 frs.; les betteraves pressurées sont reprises à raison de 25 frs. A la conclusion de cet accord, le fabricant de sirop en question s'est basé sur le prix de 65 frs. par 100 kgs. de sirop.

Il est sous l'impression qu'à un prix moindre, les fabriques de sirop n'y trouveraient pas leur compte; il propose d'examiner s'il ne serait pas possible de fixer, par un arrêté ayant effet rétroactif, le prix des betteraves livrées aux fabriques de sirop, d'une façon générale à 75 frs. Cette proposition est toutefois rejetée par l'assemblée, comme impraticable; par contre, *M. Janssens* propose de se montrer coulant envers les fabricants de sirop dans la fixation des prix du sirop mélangé, afin de les garantir contre des pertes.

Le Président expose qu'il est complètement impossible de fixer le prix du sirop au-dessus de celui du sucre brut. La proposition de M. Janssens peut être examinée. Il propose de revenir encore une fois sur le prix du sirop après examen des autres questions relatives aux prix maxima.

e) Raffinade.

Le Président expose que les frais de transformation ont subi, pour la raffinade, une augmentation sensible et que la Zuckerverteilungsstelle, après un examen approfondi des données mises à sa disposition, s'est vue obligée de reconnaître que la somme de 22 frs. proposée par les raffineries comme écart entre le sucre brut et le sucre en dés était justifiée.

Aucune objection n'est faite à ce sujet au sein de l'assemblée.

Pour la raffinade moulue et les déchets de dés, ces derniers étant réservés à des fins industrielles, l'assemblée considère un écart de 20 frs. comme convenable.

Un long échange de vues se développe sur la question de savoir si la fixation d'un prix pour la raffinerie vergeoise est faisable, vu que, de l'avis de la Zuckerverteilungsstelle, appuyé de différents côtés, la fabrication de vergeoise ne doit pas être considérée comme nécessaire. Il a été établi que la vergeoise n'est presque plus fabriquée que dans la raffinerie du membre du Comité Consultatif M. Gräffe ; d'autre part, il a aussi été établi que ce n'est que dans des contrées déterminées que la vergeoise est demandée. Il y a même eu différentes plaintes au sujet de la vergeoise et il a été exposé que la population préfère de beaucoup par exemple le miel artificiel à la vergeoise. L'assemblée exprime le vœu de voir réduire la fabrication de la vergeoise. Toutefois, comme on n'arrive a se mettre d'accord ni sur la quantité à fabriquer, ni sur le prix, on propose à la Zuckerverteilungsstelle de s'entendre sur cette question directement avec M. Gräffe.

f) Hausses mensuelles.

Le Président expose qu'à son avis il serait plus pratique et plus facile pour les décomptes avec les communes, de ne pas fixer de hausses mensuelles, mais d'accorder aux fabriques une bonification globale, qui serait à exprimer dans le prix du sucre. Par contre, il faut toutefois tenir compte de ce que les prix du sucre constituent, pour les cultivateurs, un baromètre pour le prix des betteraves, de sorte qu'au point de vue des fabriques il serait préférable d'établir les hausses mensuelles isolément. Une hausse de 35 centimes par mois pour le sucre brut et de 4 centimes pour le sucre cristallisé lui semble convenir.

Par contre, les fabricants exposent qu'en Allemagne la hausse mensuelle a été fixée à 37 centimes 5. D'après cela, le prix du sucre brut étant un peu plus bas, cette hausse est déjà plus élevée que celle qui est proposée par la Zuckerverteilungsstelle. Ils proposent de fixer la hausse mensuelle à 40 centimes pour le sucre brut et à 45 centimes pour le sucre cristallisé.

Le Président et les membres du Comi-té Consultatif se joignent à cette manière de voir.

g) Décompte du degré.

En raison du prix plus élevé du sucre brut, le Président propose que le décompte du degré soit fait sur la base de 60 centimes par degré ; en ce faisant, il adhère à la proposition de l'Union des Fabricants de sucre.

Aucune objection n'est émise à ce sujet par l'assemblée.

Au cours de la suite de la discussion, la question du décompte des sous-produits est soulevée et, à ce sujet, il est reconnu que ceux-ci donnent sans aucun doute beaucoup plus de travail aux raffineries que les premiers-produits et cela malgré leur teneur en sucre parfois élevée. Pour le sucre brut, base 75 degrés, on pourrait fixer un prix spécial, moindre d'environ 10 frs que celui des premiers-produits. Cette façon de procéder a toutefois ce désavantage que, pour les sous-produits à haut rendement, la différence d'évaluation par rapport aux premiers-produits est sensible.

L'assemblée tient pour plus équitable l'autre manière de fixer les prix, qui consiste à introduire d'abord pour les sous-produits une déduction fixe de 1.50 fr., sans tenir compte de leur rendement, et de décompter en plus les degrés de sucre à un taux encore à fixer.

Les membres du Comité Consultatif demandent que cette question puisse être réglée directement entre la Zuckerverteilungsstelle et les fabricants intéressés.

Résumant et examinant encore une fois les différentes propositions de prix, le Président propose à l'assemblée les prix suivants :

Sucre brut, base 88,	63 frs
Sucre cristallisé.	70 frs
Mélasse, base 46 Cl.	48 frs
Sirop de betteraves, après une nouvelle discussion dans laquelle l'assemblée exprime l'avis que le prix du sirop ne peut pas être fixé à un taux plus élevé que le prix du sucre brut	63 frs
Sucre en dés	85 frs
Raffinade moulue et déchets	83 frs

(La vergeoise est réservée).

Hausse pour le sucre brut, 40 cmes par mois.

Hausse pour le sucre cristallisé, 45 cmes par mois.

Le décompte du degré pour le sucre brut est fixé à 60 cmes par degré pour les premiers-produits; pour les sous-produits, les degrés doivent encore être fixés spécialement, en tenant compte de ce que les sous-produits doivent être évalués à 1 fr. 50 en dessous des premiers produits.

En liaison avec la question des prix maxima, le Président expose, en ce qui concerne les taxes en passavant, que l'activité de la Zuckerverteilungsstelle s'est considérablement développée depuis août 1916. Cela a eu pour conséquence une augmentation considérable des débours de la Zuckerverteilungsstelle qui, suivant arrêté, sont à couvrir par une taxe sur les passavants pour sucre, etc à fixer par M.M. les Verwaltungschefs

L'année dernière, les taxes étaient fixées à 40 cmes sur les passavants pour sucre, et à 20 cmes sur les passavants pour mélasse ou sirop de betteraves.

Proportionnellement aux débours considérablement plus élevés actuels, 1 fr. pour le sucre et 50 cmes pour le sirop ou la mélasse semblent convenir.

L'assemblée, appréciant le travail fourni par la Zuckerverteilungsstelle et en reconnaissant la nécessité, adopte à l'unanimité les propositions de la Zuckerverteilungsstelle.

N° 4 de l'ordre du jour :
Augmentation de prix pour la raffinade de l'ancienne récolte.

A ce sujet, *le Président* expose ce qui suit :

La Zuckerverteilungsstelle voudrait profiter de la présence du Comité Consultatif pour entendre ses vues sur la situation spéciale des raffineries.

Comme on sait, les prix pour la raffinade et son emballage ont été fixés, pour la campagne 1916-17, par un avis de M.M. les Verwaltungschefs en date du 28 août 1916.

En même temps furent fixés les prix du sucre brut, du sucre cristallisé, etc.

La fixation des prix a eu lieu à une époque où l'on pouvait avoir une vue d'ensemble sur la situation du marché des betteraves et les frais de production probables du sucre brut et du sucre cristallisé. Il n'en a pas été de même pour les frais de transformation du sucre brut en raffinade. Ces frais sont effectivement devenus, depuis lors, beaucoup plus élevés. Non seulement les salaires, mais aussi les dépenses pour toutes les matières premières telles que le charbon, etc., ont considérablement augmenté. Ce qui a aussi rendu la situation des raffineries plus difficile, c'est le fait que les réserves faites dans l'intérêt de l'assurance du ravitaillement de la population au cours de l'hiver à venir ont fortement grevé les raffineries au point de vue financier, de sorte que les intérêts sur capital ont augmenté les frais généraux des raffineries dans une mesure beaucoup plus large qu'il n'avait été prévu.

Les prix des emballages n'ont pas non plus pu être tenus dans les limites prévues ; quoique les fabriques avaient conclu en temps utile des accords pour les caisses, etc. qui devaient couvrir les besoins pour toute l'année d'exploitation, il n'a pas été possible, à la longue, de maintenir le prix fixé de 3 frs. 50.

Par des pourparlers directs avec les fabriques de caisses, la Zuckerverteilungsstelle a pu se convaincre que l'état du marché du bois ne permettait pas le maintien des anciens contrats. Il en est de même pour les emballages de papier et de carton.

Comme il semblait difficile à la Zuckerverteilungsstelle, vu les fluctuations continuelles des frais de raffinage, d'emballage, etc., de fixer les prix à l'avance, et que des changements trop fréquents des prix de vente à la population n'auraient pas convenu, elle a préféré maintenir les prix anciens. En ce qui concerne la fixation des prix pour la prochaine année d'exploitation, on devrait examiner s'il n'y aurait pas lieu de permettre aux raffineries de mettre en circulation une quantité déterminée de sucre ancien au prix du sucre nouveau. De cette façon, il serait le mieux tenu compte de la situation spéciale des raffineries après évaluation exacte des dépenses supplémentaires et l'on pourrait ainsi établir une compensation, sans créer de difficultés à la répartition aux communes. Il ne s'ensuivrait aucun préjudice pour la population, cette augmentation de prix n'étant pas importante et comme il est indifférent à la population de supporter sous une forme ou sous une autre l'augmentation de prix devenue indispensable.

Il semble à la Zuckerverteilungsstelle qu'il est justifié et équitable d'agir de la façon exposée ci-dessus, et elle prie les membres du Comité Consultatif de donner leur opinion à ce sujet.

La parole est accordée sur ce sujet à *M. Gräffe.* Celui-ci appuie les dires du Président.

L'assemblée reconnaît en principe la nécessité de dédommagement pour le surcroît de dépenses des raffineries et se joint à la conception de la Zuckerverteilungsstelle qu'il serait plus juste de régler en une fois la question du prix plutôt que de soumettre le prix de la raffinade à des variations constantes.

Elle suggère à la Zuckerverteilungsstelle de fixer, d'accord avec les raffineries, le surcroît de dépenses et de libérer, sur cette base, une quantité correspondante de sucre ancien.

No. 5 de l'ordre du jour :
DIVERS

Le Président expose ce qui suit :
a) *Arrêté relatif au sucre.*

M. le Gouverneur Général a pris, le 1er novembre, un arrêté complétant celui du 18 juillet 1916, concernant l'utilisation des betteraves sucrières et de leurs produits. Après comme avant, l'arrêté du 18 juillet 1916 reste la base juridique de la Zuckerverteilungsstelle. Le but de l'arrêté complémentaire est de fournir une meilleure arme légale contre le commerce de sucre non autorisé et la mise en œuvre clandestine de sucre. Il n'apporte donc rien de réellement nouveau, car jusqu'ici le commerce du sucre et sa mise en œuvre étaient déjà défendus en théorie.

Les prix des produits de la betterave, soit le sucre brut, le sucre cristallisé, la mélasse et le sirop de betteraves, sont fixés par MM. les Verwaltungschefs pour la Flandre et la Wallonie.

La Zuckerverteilungsstelle fait connaître par des affiches, dans les lieux de vente, les prix des produits obtenus par un nouveau travail, par exemple la raffinade, le miel artificiel, la marmelade, le sirop mélangé, la mélasse fourragère, etc.

Cette dernière mesure a été choisie parce que les prix des produits en question sont sujets à fluctuations et que la publication de ces prix par les communes a été préférée comme étant le système le plus simple.

Il a été pris soin pour que les prix fixés par la Zuckerverteilungsstelle soient valables comme prix maxima.

Les pénalités ont également été étendues.

Il est à espérer que le nouvel arrêté contribuera à réprimer le commerce usuraire des aliments et des fourrages distribués aux communes par la Zuckerverteilungsstelle.

Sur le désir de l'assemblée le nouvel arrêté est lu en détail. L'assemblée exprime son complet assentiment à tous les articles, principalement en ce qui concerne les mesures énergiques contre le commerce usuraire et les pénalités appliquées aux offres de sucre, etc. Est aussi unanimement jugée comme efficace, la mesure prise pour la fixation des prix des produits obtenus par un nouveau travail du sucre, etc

b) Questions de répartition.

Le Président demande si l'assemblée désire voir mettre d'autres vœux en discussion, ou si elle désire des éclaircissements sur des mesures de la Zuckerverteilungsstelle. MM. Janssens et Craftiau soulèvent la question de la quantité de sucre à distribuer à la population.

Après que, pendant quelques mois, la ration était montée à 800 grs. par tête, il n'est plus délivré actuellement que 600 grs. D'après les provisions de sucre existant dans le pays, cette diminution ne semble pas justifiée et il serait désirable que la ration mensuelle de sucre pour la population soit de nouveau augmentée.

En raison de la pénurie actuelle de graisse, le sucre est un produit indispensable et il n'y a pas de doute que l'alimentation, particulièrement celle des enfants, ne soit absolument insuffisante.

Les orateurs donnent comme preuve leurs expériences personnelles, qui leur ont permis de constater un accroissement réellement effrayant de la phtisie parmi les enfants. Il est à la connaissance des orateurs que des quantités considérables de sucre sont libérées pour la fabrication de la marmelade ; mais la quantité de marmelade distribuée, par exemple à Bruxelles, ne semble pas être en proportion exacte avec la quantité de sucre libérée, de sorte que l'on peut se demander ce que devient cette marmelade.

Le Président expose à ce sujet que les efforts de la Zuckerverteilungsstelle ont toujours tendu à répartir à la population des quantités de sucre aussi grandes que possible, tout en tenant compte de la nécessité de constituer des réserves, et que la diminution de la ration mensuelle de sucre n'est qu'apparente. Il est exact que, depuis peu, il est distribué moins de sucre qu'auparavant, mais, par contre, il faut tenir compte de ce qu'en même temps il y a eu une augmentation très appréciable de la quantité de «Brotaufstrich» mise en distribution. Il n'a pas été possible de fixer cette augmentation de façon égale partout ; toutefois comme la Zuckerverteilungsstelle partage l'opinion des préopinants que quelque chose doit être fait surtout pour la population citadine et industrielle, la ration mensuelle de « Brotaufstrich » pour cette population est fixée à 1.000 grs. par mois.

Par exemple, le miel artificiel contient 75 % de sucre. Conséquemment, la quantité de sucre mise par mois à la disposition de la population citadine et industrielle est de 1.350 grs. Certainement, la quantité est un peu plus petite pour la population rurale, mais, pour celle-ci la nécessité de répartitions plus élevées n'existe pas dans la même mesure ; néanmoins, la ration de «Brotaufstrich» pour la population rurale a également été augmentée.

M. Craftiau insiste à nouveau sur la nécessité d'augmenter la ration de sucre de la population et donne comme preuve de « la faim pour du sucre » qu'il y a une affluence extraordinairement grande dans une boutique du boulevard du Nord qui vend des sucreries à un prix meilleur marché que les autres magasins, quoique ce prix soit encore relativement élevé.

Le Président estime que cette affluence doit être attribuée principalement aux prix moins chers, et que la Zuckerverteilungsstelle a l'intention de faire valoir son influence auprès des fabricants de confiserie afin que ce ne soit pas dans un seul magasin que la vente à bon marché se fasse, mais que les articles de confiserie en général soient fournis à la population à des prix normaux.

M. Janssens s'occupe encore spécialement de la population des villes et demande d'examiner si, dans les villes, il n'est pas possible d'arriver à une distribution de sucre non réduite et de faire une répartition spéciale aux institutions de bienfaisance, malades, enfants, etc.

Le Président revient encore une fois sur ses explications antérieures et fait valoir qu'à son avis il a suffisamment été tenu compte du besoin de sucre indiscutablement plus élevé dans les villes, par un traitement différentiel dans la question des « Brotaufstrich ». Les 1000 grs. de ces produits, auxquels il a été fait allusion, sont mis à la disposition de la population sous forme de miel artificiel, marmelade ou sirop ; si le préopinant a constaté que, pendant un certain temps, il n'y a pas eu de marmelade à Bruxelles, cela tient à cette circonstance que, dans les fabriques de marmelades, il a été accumulé des stocks dont de grandes parties sont déjà libérées pour novembre.

La libération de 1.000 grs. mise en perspective n'est nullement une mesure prise maintenant seulement ; elle était déjà en cours d'exécution et les « Freigaben » pour novembre sont déjà délivrés depuis quelque temps.

Un kilo de « Brotaufstrich » et 600 grs. de sucre forment actuellement le maximum de ce qui peut être distribué et si le Président est en mesure de promettre la libération de ces quantités pour les prochains mois jusque et y compris avril, cela est basé sur une évaluation prudente du produit de la récolte, lequel ne peut pas encore être connu à l'heure présente, de sorte que l'on a la garantie que la mesure continuera à exister pour la période indiquée.

Si la campagne sucrière donnait un résultat favorable, on pourrait peut-être envisager une augmentation de la ration. Mais pour cela il est encore trop tôt.

Les membres du Comité Consultatif expriment leur plein assentiment à ces déclarations et voient surtout avec plaisir que des quantités aussi importantes de « Brotaufstrich » ont été mises à la disposition de la population, ce qui a une importance particulièrement grande pour celle-ci.

Le Président remercie l'assemblée pour sa collaboration.

Au nom de l'assemblée, M. Janssens remercie de son côté le Président pour la convocation de l'assemblée, et les intéressants renseignements qui ont été fournis avec tant d'obligeance au Comité Consultatif. Il espère qu'il est possible de provoquer de temps en temps un échange de vues analogue.

La séance est levée à 3 h. 20.

ANNEXE 16.

AVIS CONCERNANT L'EVACUATION DE DOUAI.

1°) Par suite du placement de la ville de Douai dans la première ligne de feu, les habitants de la Kommandantur de Douai seront évacués pour leur propre sûreté dans un pays plus éloigné.

L'évacuation des habitants s'ensuivra à pied.

2°) La place de rassemblement se trouve sur le territoire à l'Est de la «Maison Rouge» directement au nord de WAZIERS (situé sur la grand'route de Douai-Frais-Marais).

Cette place est marquée par des grands placards blancs visibles de loin avec l'inscription «Place de rassemblement».

Comme route pour y aller, est à prendre seulement le chemin suivant la Scarpe.

Le chemin est marqué par des placards blancs avec l'inscription «à la place de rassemblement».

3°) Tous les habitants doivent se présenter à cette place à l'heure indiquée sur le billet de l'ordre d'évacuation; la carte d'identité, carte de contrôle, carte de ravitaillement et l'ordre d'évacuation, ainsi que les bagages sont à porter sur soi.

Comme bagages sont seulement compris des affaires de la plus grande nécessité et tant qu'on peut porter pendant une marche plus longue.

On doit se procurer de la nourriture pour trois jours. Le Comité Hispano-Néerlandais distribuera le pain dans les locaux réguliers, les autres denrées, aux autres entrepôts de la ville.

4°) Pour l'évacuation des gens malades, et incapables de marcher, seront donnés des ordres spéciaux.

5°) Celui qui ne suivra pas l'ordre d'évacuation ou qui après l'heure fixée sera trouvé dans la Ville par des patrouilles militaires, comme celui qui ne se subordonnera pas absolument aux ordres donnés, sera sévèrement puni.

La Kommandantur attend que les habitants garderont la tranquillité et leur tenue connue jusqu'à présent et assisteront l'autorité allemande pour exécuter les mesures prises à leur protection.

Douai, le   1918.

Der Ortskommandant
foerst major.

ANNEXE 17.

Les membres du Comité Exécutif du Comité d'Alimentation du Nord de la France,

Réunis à Bruxelles, les 16 et 21 septembre 1918.

Se font un devoir d'offrir au Comité Hispano-Néerlandais, à ses dévoués Directeurs, et à tous ses délégués, leurs sentiments de profonde reconnaissance pour l'appui si large et si généreux qu'ils prêtent aux populations du territoire occupé du Nord de la France depuis un an et demi déjà.

Les habitants de ce territoire, appréciant les services si précieux leur rendus tous les jours par le Comité Hispano-Néerlandais et ses collaborateurs, ont voué à ceux-ci une gratitude qui ne s'éteindra pas.

Bruxelles, le 21 septembre 1918.

Pour le Comité Exécutif du C. F.
Le Président à Bruxelles,
signature.

ANNEXE 18.

N° P. 6599.   Bruxelles, 24 septembre 1918.

Memorandum pour la Deutsche Vermittlungsstelle. C. N.

Nous avons l'honneur de rappeler à la Deutsche Vermittlungsstelle C. N. nos mémorandums No. P/6251, en date du 20/8 1918 et No. P/6351, du 28 août dernier.

Nous saisissons cette occasion :

1° pour lui confirmer que nos délégués, M. Ordas, ainsi que MM. Campion et Van den Abeele, qui ont à exécuter les ordres du C. H. N. pour le ravitaillement des prisonniers à Diest et à Vilvorde, se trouvent dans l'impossibilité de remplir leur mission, les listes des prisonniers n'étant pas remises, malgré les différentes promesses faites à ce sujet à Monsieur Saura;

2° pour lui faire savoir que nous donnons l'ordre au service compétent de ne pas dépasser à partir du 1er octobre prochain le nombre de rations de pain et de vivres importées accordé à la date du 30 septembre.

A cet effet, nous vous serions obligés de nous donner un tableau des effectifs journaliers de la prison de Vilvorde et du camp de Diest depuis le jour de l'ouverture de ces deux établissements.

Veuillez lire après cette page les Rapports

Spéciaux du 26 octobre et 19 novembre 1918

(pages 48 à 71).

Rapport au 1ᵉʳ novembre 1918

VOLKSOPBEURING

Les événements politiques et militaires de ces dernières semaines ont mis dans l'ombre toutes les questions se rapportant à la politique activiste soutenue par le Gouvernement d'occupation.

Beaucoup de ressortissants belges qui avaient, au cours des mois précédents, prêté un concours empressé au Conseil des Flandres, se préoccupent en ce moment de bénéficier des dernières faveurs accordées par l'administration allemande.

L'avis reproduit ci-après, montre avec quel souci, l'administration supérieure pour la Flandre a désiré prendre sous sa protection ces trop zélés serviteurs :

Der Verwaltungschef
für Flandern.
Abt. IX

Brussel, den............1918.

« Der Inhaber dieses Ausweiss
» der ....
» verlässt infolge Ruckkehr der belgi-
» schen Regierung mit zustimmung der
» Deutschen Verwaltung seine Heimat.
» Alle Behörden werden gebeten, ihm
» grösstmöglichen Schutz angedeihen zu
» lassen. (Stempel)»

Il va de soi dans ces conditions, que nous n'avons plus eu à nous préoccuper des distributions de vivres par les différents magasins créés par Volksopbeuring.

GARANTIES

Notre travail concernant l'application stricte et formelle des assurances données par le Gouvernement Général a été quelque peu énervé pendant le mois d'oc-tobre par suite du recul des armées, de l'extension des zones d'étape *(annexe 1)* et surtout par le travail absorbant qui est résulté pour nous de l'afflux des évacués dans le territoire du Gouvernement Général.

Cependant nous n'avons pas manqué de continuer nos investigations et de donner suite à toutes les réclamations qui nous parvenaient par l'entremise de nos services provinciaux.

Dans une certaine mesure notre intervention est devenue inutile car la plupart des organismes commerciaux contre l'activité desquels nous avons si souvent protesté sont plus préoccupés en ce moment de liquider leurs entreprises et de rapatrier leur personnel en Allemagne que d'entreprendre de nouvelles transactions.

Nous donnons à ce propos *(annexe 2)* le texte original et la traduction d'une carte postale adressée à tous les membres et fonctionnaires du « Deutscher Wohlfahrtsausschuss Brüssel ».

La correspondance avec la V.C.N. s'est ralentie : sans doute cette administration se préoccupe-t-elle en ce moment de mettre un peu d'ordre dans ses archives. Nous nous en voudrions cependant de ne pas exiger de sa part, dans la mesure des possibilités présentes, des réponses aux dernières réclamations que nous lui avons adressées.

On trouvera ci-joint *(annexe 3a, 3b, 4a, 4b et 4c)* copie des memorandums que nous avons envoyés aux Ministres Protecteurs concernant le trafic du sucre dans les régions d'étape. Cette question révélant une mentalité particulière de certains officiers préposés au ravitaillement et de hauts fonctionnaires de l'administration civile, n'a pas jusqu'à ce jour reçu de solution.

Nous vous remettons ci-joint *(annexe 5)* copie de la réponse qui a été faite par la V.C.N. à nos protestations au sujet de la répartition de la récolte de pommes de terre dans l'arrondissement de Nivelles.

Les Ministres Protecteurs nous ont fait parvenir en date du 21 octobre, les documents repris aux *annexes 6a et 6b*, concernant les distributions de sulfate d'ammoniaque et de poudres d'os calcinés.

EVACUES

La situation des évacués s'est améliorée depuis l'envoi de notre rapport spécial.

L'acheminement des malades sur Bruxelles, leur passage en Hollande et l'établissement de différents postes sanitaires dans le pays ont donné des résultats appréciables.

Certes le sort de ces malheureux reste toujours critique, mais les soins dont ils sont entourés triompheront de la situation lamentable des premiers jours.

Notre Directeur M. van Maasdijk, rentré de Charleville, assure que l'évacuation des populations vers l'arrière n'aura plus lieu. Les civils resteront dorénavant sur place.

Un rapport spécial suivra à cet égard.

Nous joignons au présent mémoire *(annexe 7)* une note rédigée par l'archevêque de Cambrai, actuellement en Belgique, et relatant les conditions dans lesquelles s'est fait l'exode de la population de sa ville.

Nous continuons à suivre de près le sort des populations en exil et nous ne cessons pas de batailler avec l'administration allemande pour l'immunisation des locaux abritant les réfugiés, pour leur transport, les soins médicaux et les produits pharmaceutiques dont ils ont besoin, etc. Nous ne manquerons pas de continuer à vous tenir au courant de la situation réelle.

Nous vous remettons ci-joint *(annexes 8a et 8b)* copie de notre memorandum aux Ministres Protecteurs concernant la rigueur des ordres du Commandant Supérieur de la 17e armée.

L'*annexe 9* reproduit un ordre de la 2e armée en date du 15 octobre concernant les populations évacuées, et l'*annexe 10* est la photographie d'un avis placardé à Jemappes.

PRISONS

L'*annexe 11* donne un aperçu de la scène qui se passa le 3 octobre 1918 au camp de Diest à l'occasion de la visite de ce camp par Borms, Président du Conseil des Flandres.

CENTRALES

Continuant la publication des documents relatifs aux Centrales, nous annexons au présent rapport les copies :

1o) du rapport de Centrale des Orges relatif à l'exercice 1917/18 *(annexe 12)* ;

2o) des procès-verbaux des séances tenues les 8 août 1917 et 18 juillet 1918 par la même Centrale *(annexes 13 et 14)*.

Le Conseil annexé à la Centrale des Huiles avait fixé au 21 octobre une séance dont l'ordre du jour devait comporter, sur la demande des délégués belges, les deux points ci-après :

1o) répartition du beurre dans les arrondissements où la concentration n'est pas faite par l'Union Professionnelle, etc. ;

2o) constatation d'achats dans la région de Louvain de grandes quantités de bétail paraissant destinées à une section de la Centrale des Huiles.

Le 14 octobre, les délégués belges ont reçu du Président allemand du Conseil, la note suivante :

« Die Oelzentrale teilt mit, dass die » sitzung am 21 Oktober nicht stassfin- » det. » « signé : Brinckman ».

Notre rapport au 1er août traitait la question des réserves de beurre faites par M. le Commissaire d'Etat dans les frigorifères et annonçait que le C.H.N. reverrait autant que possible cette affaire en vue de s'assurer de ce que ces réserves étaient affectées à la population belge.

Au cours de ses investigations à ce sujet, le C.H.N. a appris que dans les premiers jours d'octobre MM. les Présidents de la Concentration des beurres, de la Fédération Nationale des Marchands et Producteurs de beurre et de la Ligue des Marchands de beurre du Brabant ont été appelés chez M. Knocke, ff. de Commissaire d'Etat, en vue de négocier la reprise de ces réserves, qui comportent une quantité totale d'environ 150.000 kilos.

Bien que les Présidents des organismes belges précités, se fussent déclarés prêts à effectuer cette reprise, l'affaire n'a pas abouti jusqu'à présent, au contraire, l'occupant a commencé à distribuer ce beurre à des sujets allemands.

Par memorandum du 23-10 *(annexe 15)* le C. H. N. a signalé ces distributions à la V. C. N. en lui demandant de provoquer sans délai les mesures nécessaires pour y mettre un terme.

On sait qu'il s'est créé pour la Concentration et la répartition du Beurre, un organisme belge comprenant des représentants de la production (laiteries), du commerce (Unions Professionnelles) et de la consommation (Magasins Communaux).

Cet organisme, dont les statuts ont été approuvés par le Commissaire d'Etat, est dirigé par un Comité Central exécutif à Bruxelles et comprend des Comités Provinciaux ou locaux dans les parties du pays où les commissaires civils n'en ont pas interdit le fonctionnement.

Le Département Politique a adressé au C. H. N. au sujet de la saisie d'un questionnaire adressé par le Comité Central à ses sous-organismes, la note ci-jointe *(annexe 16)* où il annonce que des mesures seront prises contre l'Union Professionnelle coupable d'avoir entrepris une enquête sans autorisation.

Le C. H. N. a reçu la note suivante *(annexe 17)*, par laquelle la V. C. N. reconnaît que des manquements très nombreux et parfois considérables ont été constatés dans les quantités de pommes de terre reçues par les organismes répartiteurs, mais il ne fait pas mention de ce que des mesures ont été prises en vue d'éviter le renouvellement de ces faits.

Nous annexons également *(annexes 18 et 19)* la correspondance échangée avec la V.C.N. concernant le ravitaillement en pommes de terre et en sucre de la colonie d'enfants débiles de Dongelberg.

Les Directeurs,

P. SAURA. LANGENBERGH.

ANNEXE 1.

TRADUCTION

Gouvernement Général
D. V. C. N.
30106

Bruxelles, le 25 octobre 1918.

Nous vous informons par la présente de ce que les limites du territoire d'étape sont actuellement comme suit :

Limite Est des arrondissements d'Anvers et de Malines, limite Nord et Est de l'arrondissement de Louvain, limite Est de l'arrondissement d'Ottignies, limite Est de l'arrondissement de Namur, limite Sud de l'arrondissement de Namur jusque Mont (qui appartient encore au territoire du Gouvernement Général), ensuite ligne Yvoir (G. G.), Heux (G. G.), Dinant (étape), Dréhance (G. G.), Furfooz (G. G.), Gendren (G. G.), Custinne (G. G.), Bouvaux (Et.), Marimont (Et.), Buissonville (Et.), limite Nord de l'arrondissement de Marche jusqu'à l'Ourthe inclusivement, puis en remontant l'Ourthe jusque Engreux (Et.), ensuite ligne Mabompré (Et.), Noville (Et.), Moinet (Et.) jusqu'à la frontière Luxembourgeoise.

Le Grand-Bruxelles, c'est-à-dire les communes de Bruxelles, St-Josse-ten-Noode, Schaerbeek, Ixelles, St. Gilles, Etterbeek, Woluwe-St-Lambert, Boitsfort, Watermael, Koekelberg, Uccle, Molenbeek, Forest, Jette-St-Pierre, Anderlecht, Laeken, de même que Trois-Fontaines, restent au Gouvernement Général.

Les garanties données par M. le Gouverneur Général sont reprises par les autorités militaires également pour les nouveaux territoires d'étape.

Toutes les questions qui entrent dans le champ d'activité du C. N. et de la C. R. B. sont à traiter comme auparavant avec la D. V. C. N., agissant comme autorité compétente du Gouvernement Général. Ceci est valable pour les territoires d'étape précités, ainsi que pour tous les autres territoires d'étape pour lesquels les garanties données par M. le Gouverneur Général sont valables.

(s.) RIETH.

Au Comité Hispano-Néerlandais
Bruxelles.

ANNEXE 2.

BEKANNTMACHUNG.

Die Gegenwärtigen Zeitumstände veranlassen den Deutschen Wohlfahrtsausschuss Brüssel seine Versorgungsteilnehmer darauf aufmerksam zu machen, — dass die Heimreise von Frauen und Kindern — wenn auch nur vorübergehend — ratsam ist.

Passierscheine können am nächsten Lebensmittel-Abholetage d.h. am 25 Okt 1918 (8-1 Uhr) gegen vorlegung der Personalausweise in unserer Hauptverteilungsstelle Südbahnhof beantragt werden.

Zezüglich der Beförderung von Gepäck (zulässig sind Kleidungsstücke, Leibwäsche, Lebensmittel) wird dort ebenfalls Auskunft erteilt, doch sei schon hier ausdrücklich darauf hingewiesen, dass das Höchstgewicht auf 200 kg. per Haushalt festgesetzt worden ist.

Deutscher Wohlfahrtsausschess Brüssel.

TRADUCTION.

AVIS.

Les circonstances actuelles engagent le Deutscher Wohlfahrtsausschuss de Bruxelles à attirer l'attention de ses ressortissants sur ce que le rapatriement — au moins temporaire — des femmes et enfants est à conseiller.

Des passeports peuvent être demandés le prochain jour de distribution de vivres, c'est-

à-dire le 25 octobre 1918 (8 à 1 h.), contre présentation du certificat d'identité, dans notre Local principal de distribution : gare du Midi.

On peut également s'y renseigner concernant l'expédition de bagages (sont admis : vêtements, linge, vivres), mais nous tenons déjà a signaler expressément que le poids maximum a été fixé à 200 kgs par ménage.

Deutscher Wohlfahrtsausschess Brüssel.

ANNEXE 3a.

No A 6918   8 octobre 1918.
No A 6919

Monsieur le Marquis,
Excellence,

Nous avons l'honneur de soumettre à Votre Excellence le projet de mémorandum que nous nous permettons de joindre à la présente lettre et qui est destiné à Son Excellence Monsieur le Baron von der Lancken.

La question qui fait l'objet du présent projet de mémorandum révèle de graves infractions aux garanties.

Nous saurions le plus grand gré à Votre Excellence si Elle consentait, au cas où Elle le jugerait utile, à transmettre le mémorandum à S. E. Monsieur le baron von der Lancken.

Nous prions Votre Excellence d'agréer en même temps que nos remerciments anticipés, l'expression de nos sentiments de haute considération.

A Son Excellence Monsieur le Marquis de Villalobar, Envoyé extraordinaire et Ministre plénipotentiaire de sa Majesté le Roi d'Espagne en Belgique, à Bruxelles.

A Son Excellence Monsieur van Vollenhoven, Ministre Résident de Sa Majesté la Reine des Pays-Bas, à Bruxelles.

ANNEXE 3b.

Projet de mémorandum pour S. E. Monsieur le baron von der Lancken.

Les Ministres Protecteurs ont pris connaissance avec un vif intérêt et une grande satisfaction des nouvelles assurances données par S. E. M. le Gouverneur Général au sujet du maintien et du respect des garanties accordées par feu M. le Baron von Bissing.

S'en référant au texte même de la communication du 11 septembre du Département Politique, les Ministres Protecteurs ont pris bonne note de ce que « le Département Politique profite de cette occasion pour confirmer « une fois de plus que M. le Gouverneur Général est fermement décidé à maintenir et à « faire respecter les garanties données par lui « et ses prédécesseurs. Qu'il ne manque pas « de donner une fois de plus et d'une manière « catégorique des instructions précises dans ce « sens. Qu'il prescrira de prendre des mesures « que la situation peut exiger et qu'il sévira « contre tout acte de transgression des garan- « ties qui pourrait être commis par un de ses « subordonnés. »

Ces nouvelles déclarations formelles révélant le ferme désir de S. E. M. le Gouverneur Général de réprimer les abus, autorisent les Ministres Protecteurs à soumettre au Département Politique les résultats d'une enquête conduite par le C. H. N. et révélant semble-t-il, de graves irrégularités de la part de certaines autorités allemandes.

La Raffinerie Tirlemontoise a envoyé, suivant Freigabe n. B 3744 du 20 juin 1918, 195.000 kgs de sucre raffiné à M. le Commissaire civil d'Ath, soit :

Dates	Numér. wagons	Nomb. caisses	Mar-ques	Poids ne	Montant des factures
15-7	13491	560	U. O.		
	9566	560	U. B.		
	10049	560	U. A.		
	13451	560	U. C.	56.000 kgs	163.846.— frs
24-7	14406	560	U. D.		
	5058	560	U. E.		
	10864	560	U. F.	42.000 kgs	122.884.50 frs
25-7	15182	360	U. P.		
	16875	360	U. N.		
	9696	360	U. M.		
	8865	360	U. K.		
	12194	400	U. J.		
	81482	560	U. G.	60.000 kgs	175.549.25 frs
26-7	39365	560	U. H.		
	39364	560	U. I.		
	18079	360	U. L.	37.000 kgs	106.255.40 frs

En paiement de cet envoi, la Raffinerie Tirlemontoise a reçu le 16 août dernier, un accréditif de la Banque Nationale endossé par Monsieur le Commissaire civil à son nom.

Mais il résulte d'informations du C. H. N. que c'est la Obstzentrale qui en réalité a effectué le paiement de : 406.689 frs 15 pour cette fourniture, par l'intermédiaire de M. le Commissaire civil, Dr. Vorster, et que le sucre ainsi expédié à Ath était destiné à l'Obstzentrale.

Il est, d'autre part, avéré que peu de temps après l'envoi de ces marchandises sont arrivés à Tournai des wagons chargés de sucre venant d'Ath et marqués R. T. Ce sucre a été revendu jusqu'à 20 frs le kilo à des commerçants et intermédiaires.

En signalant au Département Politique ces faits révélant à n'en pas douter d'importants détournements, les Ministres Protecteurs ne peuvent s'empêcher d'ajouter que, depuis le 27 octobre 1917, il a été distribué à M. le Commissaire civil d'Ath : 1.490.000 kgs de sucre, quantité dépassant de beaucoup les besoins de la population de l'arrondissement en y comprenant les réfugiés et qu'il semble désirable, en conséquence, que le Département Politique porte ces faits à la connaissance de S. E. M. le Gouverneur Général.

Le 8 octobre 1918.

No. A 7000.   10 octobre 1918.
No. A 7001.

Monsieur le Marquis,
Excellence,

Nous avons eu l'honneur de soumettre à Votre Excellence en date du 13 octobre, un mémorandum au Département Politique au sujet des détournements de sucre qui ont eu lieu dans la région d'Ath.

Votre Excellence a eu l'amabilité de nous faire connaître qu'ayant approuvé ce document, Elle l'avait transmis à M. le Baron von der Lancken.

D'autres faits révélant de la part de certains officiers du Ravitaillement de la zone d'étape une grave méconnaissance des engagements contractés par le Commandement Suprême de l'Armée vis-à-vis de Votre Excellence, font l'objet du projet de mémorandum ci-joint.

Nous espérons que Votre Excellence en approuvera les termes et voudra appuyer nos revendications auprès de M. le Baron von der Lancken.

Nous prions Votre Excellence de bien vouloir agréer les assurances de notre Haute considération.

A Son Excellence Monsieur le Marquis de Villalobar, Envoyé extraordinaire et Ministre plénipotentiaire de Sa Majesté le Roi d'Espagne en Belgique, à Bruxelles.

A Son Excellence Monsieur van Vollenhoven, Ministre Résident de Sa Majesté la Reine des Pays-Bas, à Bruxelles.

PROJET DE MÉMORANDUM POUR M. LE BARON VON DER LANCKEN.

Les Ministres Protecteurs ont récemment cru devoir attirer la sérieuse attention du Département Politique sur les irrégularités graves qui ont été constatées par le C. H. N. au sujet des fournitures de sucre effectuées à M. le Commissaire civil d'Ath. En faisant cette communication, les Ministres Protecteurs n'avaient d'autre but que d'éclairer S. E. M. le Gouverneur Général sur certains actes peu scrupuleux de fonctionnaires allemands de nature à porter préjudice au bon renom de l'administration allemande en général.

D'autres faits d'une gravité plus grande encore viennent d'être portés à la connaissance des Ministres protecteurs par MM. les Directeurs du C. H. N. Ils se rapportent à des détournements de sucre envoyé à Gand pour la population des Flandres et revendu à Tournai, Charleville et Longwy, dans les conditions exposées ci-après, qui éclairent d'un jour fâcheux l'intervention de certains officiers du ravitaillement préposés dans les étapes à la surveillance de l'œuvre du ravitaillement.

Il y a quelque temps, l'attention du C. H. N. fut attirée par le fait qu'il se vendait à Tournai de grandes quantités de sucre à des prix tels que la supposition de fraude se présentait immédiatement à l'esprit. Une enquête à ce sujet apprit que le sucre venait de la Raffinerie Tirlemontoise et était amené de Gand à Tournai.

Se basant sur cette découverte, M. G. W. Langenbergh s'adressa à M. le Verpflegungsoffizier à Gand; M. le Rittmeister Schröder répondit qu'en effet, il avait mis 500 tonnes de sucre à la disposition du Nord de la France. Il affirma ne pouvoir donner aucune autre information, et conseilla à la Direction du C. H. N. de s'adresser à M. le Verpflegungsoffizier Weber à Vervins qui seul était à même de fournir des renseignements plus approfondis sur cette question.

M. Langenbergh, suivant la voie hiérarchique, adressa à M. le Comte Wengersky, chef du service des subsistances, dans le Nord de la France et le territoire des étapes en Flandres, la lettre ci-jointe en copie.

M. le Comte Wengersky vint en personne à Bruxelles et fit à M. Langenbergh une déclaration par laquelle il disait que, très ému par la situation extrêmement misérable du Nord de la France, il avait résolu de faire quelque chose pour la malheureuse population. Persuadé que le sucre serait particulièrement bienvenu auprès des habitants, et sachant qu'il se trouvait alors un stock suffisant à Gand, il pria M. Schröder de lui céder pour quelque temps 500 tonnes de sucre lequel serait destiné aux habitants du Nord de la France. Il justifiait sa démarche en disant qu'on attendait de grandes quantités de sucre de la Pologne, et que ce sucre était même déjà prêt pour l'expédition en Belgique, dès que les wagons nécessaires seraient disponibles. Aussitôt que le sucre de Pologne serait arrivé, le Comte Wengersky s'empresserait de retourner à M. Schröder les 500 tonnes cédées.

M. le Comte Wengersky pria le C. H. N. d'attendre jusqu'à l'arrivée du sucre. M. Langenbergh se déclara prêt à accéder à ce désir, mais à condition cependant que M. le Comte Wengersky voulût bien s'engager par écrit à restituer les 500 tonnes de sucre à Gand dans un délai de trois mois.

M. le Comte Wengersky ayant objecté qu'il lui était impossible de donner une telle garantie, le C. H. N. s'est vu obligé de mettre la V. C. N. verbalement au courant des événements pour qu'une enquête fût ouverte. M. le Conseiller de Légation, Dr Rieth, se déclara prêt à ordonner cette enquête et informa même M. Langenbergh que M. le Comte Wengersky lui avait fait une déclaration semblable à celle qui est rapportée plus haut.

Se basant sur les faits, M. Langenbergh fit ressortir l'incorrection dont M. le Verpflegunsoffizier de Gand s'était rendu coupable; il ne lui est pas permis en effet, d'employer à d'autres but les vivres destinés à la population de son district sans s'assurer d'abord du consentement du C. H. N.

M. le Verpflegunsoffizier Schröder ayant négligé de demander ce consentement au C. H. N., M. Langenbergh crut devoir en avertir la V. C. N. et la prier d'obtenir de M. le Verpflegunsoffizier les éclaircissements nécessaires.

L'affaire resta momentanément sans suite. Mais une occasion mit en lumière ce qui suit:

Lors d'une visite que MM. le Comte Wengersky et le Rittmeister Schröder firent à M. Langenbergh, celui-ci aborda à nouveau la question du sucre et répéta à M. Schröder la déclaration de M. le Comte Wengersky.

Après avoir écouté cette déclaration, M. le Verpflgunsoffizier Schröder donna à entendre que les choses s'étaient en effet passées de la sorte, mais que cependant, on ne pouvait lui reprocher d'avoir cédé 500 tonnes de sucre sur les 3600 tonnes qui lui avaient été confiées pour la population des Flandres.

(Pour gouverne, grâce aux démarches du C. H. N. une quantité de 3600 tonnes de sucre avait été mise par le gouvernement général à la disposition de la Flandre, où le manque de sucre se faisait sentir. Ceci, contrairement à la stipulation qui défend l'exportation hors du gouvernement général de tout stock de sucre. De commun accord, une exception avait été faite à cette règle au profit de la population de la Flandre).

M. le Rittmeister Schröder affirma en outre que ces 3600 tonnes avaient été distribuées à la population et que pas un gramme n'en avait été détourné.

Questionné sur le point de savoir comment il avait pu prêter 500 tonnes à M. le Comte Wengersky, M. le Verpflegunsoffizier de Gand déclara que cette quantité avait été prise sur une autre partie de sucre qu'il avait en dépôt à Gand. M. le Rittmeister Schröder affirma au surplus que ce sucre était depuis longtemps à Gand.

Il paraît donc évident qu'il ne s'agit pas ici de sucre prélevé sur la quantité de 3600 tonnes envoyées à Gand, à l'intervention du C. H. N. mais d'une partie de sucre dont l'existence n'était pas soupçonnée.

En conséquence, M. Langenbergh informa M. le Rittmeister Schröder de ce qu'il allait déposer une plainte à charge de la Zuckerverteilungsstelle qui avait envoyé du sucre dans le territoire sans avertir le C. H. N. ce qui était en contradiction avec les garanties fondamentales, à quoi M. le Verpflegunsoffizier répliqua qu'il ignorait que la Zuckerverteilungsstelle eût l'obligation de demander au préalable le consentement du C. H. N.

M. le Rittmeister Schröder avait toutefois assuré que le sucre en question était originaire de Tirlemont et portait la marque R. T. et que l'envoi total était de 550 tonnes dont 500 avait été employées comme il a été dit, les 50 autres ayant été réparties en Flandre.

M. Langenbergh crut devoir mettre la V. C. N. au courant de cette nouvelle déclaration, la priant de vouloir hâter l'enquête.

Il avertit également la V. C. N. de ce que le 26 août, plusieurs wagons de sucre avaient été envoyés à Tournai, portant aussi la marque R. T. Ce sucre avait été vendu au prix de 20 frs le kilo à des acheteurs qui l'avaient revendu à la population à raison de 25 et 30 frs le kilo.

Il attira aussi l'attention de la V. C. N. sur le fait qu'à partir de mars 1918, il s'était vendu du sucre à la population de ce district, 400 sacs de sucre de 80 kgs chacun aux prix suivants:

Frs 6.60 le kilo payable en or;
Frs 7.50 le kilo payable en argent
Frs 8.10 le kilo payable en billets de banque français.

D'autres moyens de paiement, notamment les bons en usage, n'étant pas acceptés.

Le sucre mis en vente à Charleville était adressé à M. le capitaine Zur Strassen et d'après ce qu'on a assuré au C. H. N. il venait encore de M. le Verpflegunsoffizier *Weber* de Vervins.

Dans les mêmes conditions qu'à Charleville, 20.000 kgs de sucre ont été vendus à Longwy, également à l'intervention de M. le capitaine *Weber*.

Qu'on réfléchisse que le prix du sucre à Bruxelles est d'environ 1.50 le kilo, plusieurs millions de francs de bénéfice furent donc réalisés de la sorte.

La V. C. N. fut informée de ce que le C. H. N. considérait comme vraisemblable que la Obstzentrale fut impliquée dans ce trafic, puisqu'il était établi que le paiement de se sucre avait été effectué par la Obstzentrale à la Zuckerverteilungsstelle, de même que pour les fournitures effectuées au Commissaire civil d'Ath faisant l'objet d'un memorandum antérieur.

De plus, divers organismes tels que la Verteilungsstelle, la Grenzbewirtschaftung, la Oehlzentrale, etc., furent dénoncés comme agissant en contradiction avec les intérêts du ravitaillement; M. le Verpflegunsoffizier *Weber*, de Vervins, semble du reste avoir joué un rôle prépondérant dans les transactions commerciales de ces divers groupements.

En saisissant de cette nouvelle affaire le Département Politique, les Ministres Protecteurs appuient avec fermeté les revendications présentées par le C. H. N. à la V. C. N. et restées jusqu'à présent sans suite. Il est incontestable que 500 tonnes de sucre destiné aux Flandres ont été dévoyées de leur véritable destination et l'équité exige que ces 500 tonnes soient restituées en nature. Si des organismes en ont profité indûment et ont pu par ce fait se livrer à la spéculation, il apparaît aux Ministres Protecteurs comme nécessaire de les contraindre à restituer les marchandises détournées.

Se basant au surplus sur le principe immuable des garanties fondamentales et des assurances renouvelées par S. E. M. le Gouverneur Général, les Ministres Protecteurs se croient autorisés à communiquer à S. E. M. le Baron von der Lancken la pénible impression qu'ils ont éprouvée à la lecture du rapport du C. H. N.

Les Ministres Protecteurs ne doutent pas que le Département Politique ne tienne dans ces conditions à faire la pleine lumière au sujet de ces révélations.

ANNEXE 4c.

No. A 5336.   Le 3 juin 1918.

Mon cher Comte et Ami,

A ma demande le Comité National est intervenu l'an dernier pour obtenir l'envoi de sucre du Gouvernement Général dans l'étape de la Flandre Orientale. Le précédent créé alors a été repris avec un vif plaisir que 550 tonnes de sucre avaient été de nouveau libérées pour Gand et qu'elles y avaient été expédiées.

Le bruit m'était revenu, mais je n'avais pu vouloir y ajouter foi, que toute la quantité expédiée n'était pas arrivée à Gand.

Ayant vu jeudi dernier, M. Schröder, je me suis renseigné près de lui: il m'a, avec une grande stupéfaction confirmé que sur les 550 tonnes envoyées il n'en avait reçu que 50. Sur mes instances il a fini par me déclarer que, pour connaître la destination des autres 500 tonnes, je devais m'adresser au Capitaine Weber.

Je vous avouerai que tout cela me place dans une situation des plus pénibles à l'égard de mon gouvernement et du Comité National que j'ai engagé à intervenir en faveur de l'étape de Gand. Aussi je ne crois pouvoir mieux faire que de vous signaler, à titre d'indication, le bruit qui a couru ici et le conversation que j'ai eue avec M. Schröder, J'ajouterai que le sucre en question était marqué R. T. 9. et qu'on m'assure que du sucre portant cette marque et venant de St. Amand. a été vendu à Tournai.

Quelques renseignements sur tout cela me charmeraient.

Veuillez agréer, mon cher Comte et Ami, avec mes remerciments anticipés l'assurance de mes meilleurs sentiments.

LE DIRECTEUR NEERLANDAIS.

A Monsieur le Hauptmann Comte Wengersky Grand-Quartier-Général, Maizières-Charleville.

ANNEXE 5.

TRADUCTION

MEZIERES-CHARLEVILLE.
GOUVERNEMENT GENERAL
D. V. C. N.
C. 1376.

Bruxelles, le 17 octobre 1918.

Comme suite aux communications confidentielles qui nous ont été faites en leur temps par M. le Consul Saura, relativement aux plantations de pommes de terre à Tubize, nous vous informons de ce que le préposé Schütte s'est, en effet, rendu coupable de différentes irrégularités. Une action est pendante à l'égard de cet homme; nous vous en ferons connaître le résultat.

Par ordre,
(s.) SPEYER.

Au Comité Hispano-Néerlandais,
Bruxelles.

ANNEXE 6a.

LEGATION D'ESPAGNE
en
BELGIQUE.

Bruxelles, le 21 octobre 1918.

A Monsieur Emile Francqui,
Président du Comité Exécutif du Comité National de Secours et d'Alimentation.

Monsieur le Président,

J'ai l'honneur de vous transmettre ci-inclus, pour les effets opportuns, copie des documents que je reçois des Autorités Impériales d'Occupation relativement à la distribution de sulfate d'ammoniaque et de poudre d'os calcinés. Veuillez agréer, Monsieur le Président, les assurances de ma considération la plus distinguée.

(s.) Le Marquis de Villalobar.

ANNEXE 6.

1. — L'importation d'*acide sulfurique* de l'Allemagne pour les usines à gaz et les fours à coke belges se monte, du 1er avril 1917 au juin 1918, à *14.225 tonnes*.

Malgré les difficultés de production et de transport, l'autorité compétente a donc réussi à atteindre à peu près les quantités à importer prévues par la convention.

La production de *sulfate d'ammoniaque*, pendant la période prémentionnée s'élevait à *12.773 tonnes*. De cette dernière quantité plus les stocks, la Belgique a reçu 7.377 tonnes, tandis que 7.856 tonnes ont été transportées en Allemagne qui, en outre de sa quote part de 5/11, avait encore droit à 1.656 tonnes, ainsi qu'il est dit dans la lettre du 8 août 1917.

2. — Les quantités de *poudre d'os calcinés* produites des os livrés par les abattoirs civils et par conséquent distribuées en Belgique se montent à :

666.817 kgs, du 1er avril au 30 juin 1917.
168.340 » du 1er juillet au 30 septembre 1917.
499.210 » du 1er octobre au 31 décembre 1917.
394.290 » du 1er janvier au 31 mars 1918.
544.102 » du 1er avril au 90 juin 1918.

ANNEXE 7.

NOTE SUR L'EVACUATION DE LA POPULATION CIVILE DE CAMBRAI.

L'évacuation de la population civile de Cambrai par les Allemands fut 1o. impérative, et 2o. imposée à la population malgré elle.

1o. — Le 5 septembre une affiche était apposée sur les murs de Cambrai qui prescrivait l'évacuation de la ville par secteurs en 3 jours, les 6, 7 et 8, menaçait de peines sévères les habitants récalcitrants, et déclarait que tout le monde devait être parti le 8 à minuit.

Deux trains furent mis à la disposition des habitants des faubourgs le 6. Il ne s'y présenta pas cinquante personnes. Les trains ne partirent pas. Des soldats de la Landsturm furent alors envoyés dans les faubourgs pour obliger la population à s'en aller. Ces vieux soldats s'acquittèrent, paraît-il, assez mollement de leur consigne.

Mais la Commandanture ne désarma pas. De nouvelles affiches furent apposées pour prescrire de nouvelles mesures. Cette fois les trains ne partaient plus de Cambrai, mais de Rieux. En même temps, on faisait savoir qu'à dater du 8 le ravitaillement serait supprimé, que la distribution de gaz, d'électricité et d'eau serait coupée. La commandanture répandit le bruit que les Anglais allaient lancer sur la ville des obus asphyxiants.

L'e 7, l'exode commença. Il continua le 8 et le 9. Le 8 l'ordre d'évacuation suivant était communiqué aux divers services :

« ORDRE D'EVACUATION. Demain, 9-9-18, aura lieu le départ de 2.400 ha- » bitants par deux trains. Station d'em- » barquement : RIEUX. Départ : 2 h. de l'après-midi. Entrent en ligne de compte les 2e, 3e, 4e, 5e et 6e quartiers. Les ha- » bitants devront se rendre le plus tôt » possible à RIEUX de manière à se » trouver à la gare à une heure. Direc- » tion de marche : CAMBRAI-SOLES- » MES, côté droit. Resteront les pom- » piers, les ouvriers de la société des » eaux et de la société du gaz, les agents » de police, le Maire et 14 employés de » la Mairie, deux infirmiers et deux in- » firmières, deux médecins, DEBU et » SOLMON, deux pharmaciens, CNUD- » DE et DUEZ, Mgr. l'Archevêque avec » son entourage restreint. La Ville de- » vra remettre une liste nominale de » toutes les personnes qui restent.

Cambrai, le 8 septembre 1918. »

Cette liste, on le voit, indiquait les seules personnes autorisées à rester provisoirement à Cambrai. Celles-ci ne purent bientôt circuler que munies d'un laisser-passer en règle. Quelques jours après, un train emmenait la municipalité et la plupart des personnes mentionnées sur l'ordre précédent. Il ne resta dans la ville que quelques pompiers et l'Archevêque avec « son entourage restreint. » De rares Cambrésiens se cachaient dans les caves. Alors la chasse commença. Tous ceux qu'on trouva furent conduits au poste. Ils furent emmenés vers le 25 avec les derniers pompiers. L'archevêque, qui avait réclamé à plusieurs reprises de pouvoir gagner VALENCIENNES pour y exercer son ministère, reçut ordre de quitter la ville et fut d'autorité conduit le 18, avec sa suite, par le major de place POHL à GOMMEGNIES. Le 2 octobre, une famille qui avait réussi à se cacher dans les caves de l'usine élévatoire des eaux fût découverte et contrainte à quitter immédiatement CAMBRAI. Personne ne fut donc toléré dans la ville.

2o. — Et cependant celle-ci, tant qu'il y resta quelques habitants, ne fut pas bombardée. Chaque nuit, les Anglais bombardaient les routes d'accès de la ville et les gares; quelques rares obus mal dirigés tombèrent sur la ville. Mais celle-ci ne subit pas, à proprement parler, de bombardement, et elle souffrit infiniment moins qu'en novembre 1917.

Aussi, la population ne quitta la cité que malgré elle. Nous avons vu les résistances qu'elle opposa. Il faut ajouter que l'an dernier, la question d'évacuation ayant été posée, les notables avaient fait une démarche officielle pour demander qu'on n'évacuât jamais obligatoirement la ville, qu'on laissât en cas de bombardement, la population libre de partir ou de rester. Le 5 septembre 1918 quand l'évacuation fut décidée, la municipalité protesta aussitôt contre cette mesure. — Il faut observer que, bâtie sur d'anciennes carrières, CAMBRAI possède des caves très sûres.

Contrainte et forcée, l'évacuation fut, de plus, inhumaine. Des trains trop peu nombreux et très irréguliers furent mis à la disposition des habitants. Ceux-ci durent par leurs propres moyens, gagner la gare de RIEUX, à dix kilomètres ou s'engager sur les routes d'exil. Le village de VICQ, fort de 1300 habitants, fut assigné comme lieu de rassemblement à une ville de 25.000 habitants. Les Allemands qui eurent les jours suivants des douzaines de voitures et d'autos-camions libres pour enlever les meubles des maisons abandonnées, ne surent pas en trouver pour transporter les pauvres évacués jetés sur les routes. Les derniers malades, transportés par charrettes et par tombereaux au canal furent entassés au nombre de plus de cent sans lits, sans matériel d'hôpital, sans autres soins que ceux d'un infirmier et d'une infirmière de bonne volonté, dans une péni-

che qui les mena en deux mortels jours et demi, dans un état infect et lamentable à VALENCIENNES.

Pendant que les habitants s'en allaient pitoyables, traînant brouettes et poussettes, leurs maisons étaient envahies. Si elles étaient fermées, les soldats en forçaient les portes, les volets et les fenêtres. Les meubles étaient fouillés. Les objets qu'ils renfermaient étaient emportés ou jetés à terre et foulés aux pieds. Les armoires étaient arrachées et renversées, et ce fut un spectacle honteux que celui de ces meubles éventrés, vidés, culbutés, de ces fauteuils et chaises dont on avait découpé et enlevé les tapisseries et les cuirs. Des officiers gantés imitèrent les simples soldats et l'on en vit entrer dans les maisons pour y prendre leur butin. Après les soldats, vint l'administration allemande, qui, chaque matin, prenant les rues les unes après les autres, y envoyaient de longues files d'autos-camions et de voitures pour charger les meubles et les emmener. Ce qui se fit à CAMBRAI, s'était fait quelques jours auparavant à DOUAI et se reproduisit les jours suivants dans les villages du Cambrésis, avec le même caractère obligatoire et plus de sévérité inhumaine.

28 septembre 1918.

ANNEXE 8a.

No. A 7061.   Bruxelles, le 20 octobre 1918.

Excellence,
Monsieur le Marquis.

Nous avons l'honneur de soumettre ci-joint à l'approbation de Votre Excellence un projet de memorandum, destiné à S. E. M. le Baron von der Lancken, au sujet des conditions défectueuses dans lesquelles s'effectue l'évacuation des populations dépendant de l'Inspection des Etapes de la 17ème Armée.

Nous saurions gré à Votre Excellence de bien vouloir, si Elle le juge utile, saisir le Département Politique de cette importante question.

Nous prions Votre Excellence de bien vouloir agréer les assurances de notre considération la plus haute et la plus distinguée.

LES DIRECTEURS

A Son Excellence Monsieur M. van Vollenhoven
Ministre Résident des Pays-Bas.

A Son Excellence Monsieur le Marquis de Villalobar, Envoyé extraordinaire et Ministre plénipotentiaire de Sa Majesté le Roi d'Espagne à BRUXELLES.

ANNEXE 8b.

PROJET DE MEMORANDUM DESTINÉ A S.E.M. LE BARON VON DER LANCKEN.

Les Ministres Protecteurs, à la suite de leur voyage à Tournai et dans le Nord de la France, n'ont cessé de se préoccuper de la situation des évacués dirigés sur la Belgique ou traversant ce pays pour se rendre en Hollande. Ils ont chargé d'autre part le Comité Hispano-Néerlandais de les tenir rigoureusement au courant des difficultés résultant du ravitaillement et des soins à procurer aux malades.

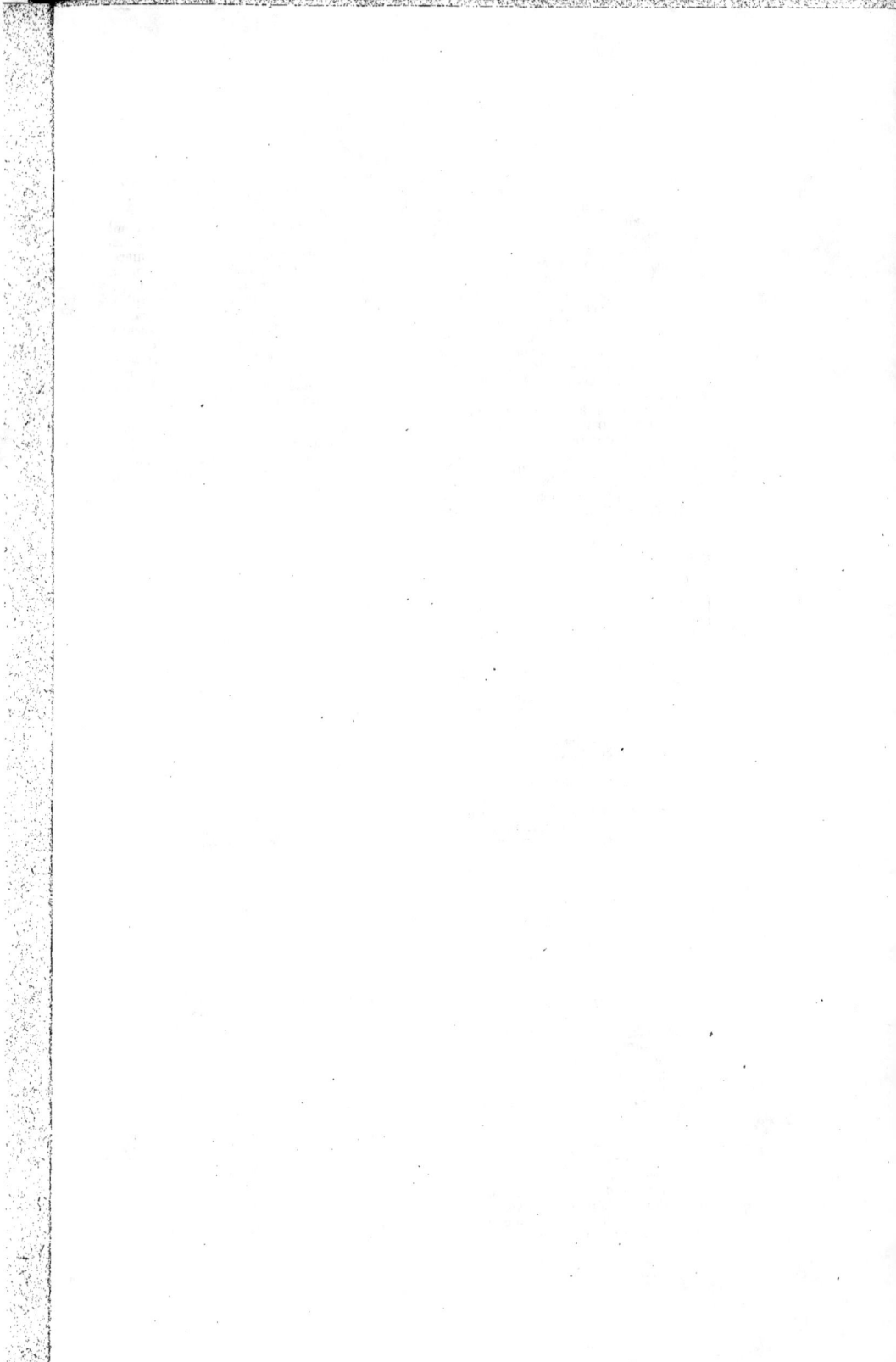

AVIS

J'inflige une amende de

M. 25000

à la commune de Jemappes parce que des habitants de la commune se sont approchés de force d'un transport de prisonniers anglais et leur ont remis des vivres ainsi que des objets divers.

Bekanntmachung.

Ich verhänge über die Gemeinde Jemappes eine Geldstrafe von

25000 M.

Weil sich Angehörige der Gemeinde am 29. 8. 1918. mit Gewalt an einen Transport englischer Kriegsgefangenen herangedrängt und diesen Lebensmittel und andere Sachen zugesteckt haben.

Großes Oberkommando A. H. Qu. 9. 10. 18.

Der Oberbefehlshaber

von Below

General der Infanterie.

Une des causes principales des entraves apportées au bon fonctionnement des services sanitaires qui ont été organisés à la hâte résulte des conditions mêmes des ordres d'évacuation dont une copie est jointe au présent memorandum (1).

Il ressort de ces ordres que le Général Commandant de la XVIIe armée n'autorise aucun des évacués à quitter la zone placée sous son commandement et il leur défend de séjourner plus d'une nuit dans la même localité.

Les conséquences en sont funestes et ainsi que la direction du Comité Hispano-Néerlandais a eu l'honneur de la faire valoir à S. E. M. le Baron von der Lancken, il y a le plus grand intérêt à ce que toute liberté d'action soit laissée aux organismes s'occupant du sort de ces populations.

S. E. M. le Baron von der Lancken a du reste pu se convaincre par les rapports qui ont dû lui être faits à la suite du voyage entrepris à Nivelles par des membres de la V.C.N., de l'organisation défectueuse résultant des arrêtés pris par le Général von Below. Nulle part ailleurs en Belgique les évacués d'autres corps d'armée n'ont subi un sort aussi pénible que ceux qui dépendent de l'Inspection des Etapes de la XVIIe Armée.

En attirant l'attention du Département Politique sur ces ordres d'évacuation les Ministres Protecteurs n'ont d'autre but que de souligner auprès de S. E. M. le Gouverneur Général la tendance d'un commandement militaire certainement en désaccord avec les principes humanitaires récemment proclamés par le Gouvernement Impérial allemand.

L'arrêté du Général von Below du 9 octobre 1918 est conçu comme suit, et est de nature à confirmer les appréhensions des Ministres Protecteurs.

AVIS.

« J'inflige une amende de Marks : 25.000 à
« la commune de Jemappes parce que des ha-
« bitants de la commune se sont approchés de
« force d'un transport de prisonniers anglais
« et leur ont remis des vivres ainsi que des
« objets divers ».

Armée-Oberkommande. A. H. Qu. 9-10-18

Der Oberbefehlhaber
von Below
Général der Infanterie ».

Au surplus, bien qu'on ne puisse en incriminer le commandement supérieur, un acte d'une cruauté inqualifiable a été commis à Marchiennes-au-Pont dans les conditions suivantes :

Le samedi 12 octobre, un peu après midi, un groupe d'hommes, de femmes et d'enfants stationnait devant les écoles situées rue de Châtelet et servant de logement aux soldats français prisonniers. Sans avoir fait aucune observation et sans avertissement, la sentinelle tira un coup de feu dans la foule. Une petite fille du nom de Vieslet, Yvonne, âgée de 10 ans, fut mortellement blessée, transportée à l'hôpital, elle y mourut le lendemain. D'autres personnes furent plus ou moins grièvement blessées.

Les Ministres Protecteurs sont persuadés que l'importance de ces communications n'échappera pas à S. E. M. le Baron von der Lancken. Ils ne doutent pas que dans le but de mettre un terme au triste sort des populations en exil, la rigueur de ces ordres ne puisse être adoucie et ils s'en rapportent à ce propos aux principes d'humanité dont S. E. le Gouverneur Général a toujours fait preuve.

Le 29 octobre 1918.

(1) Voir annexes 2, 2a & 2b de notre rapport spécial.

COPIE

Etappen Inspektion 2.
Ia/Ib N° 7755/18.

E. H. O. le 15 octobre 1918.

A partir du jour où l'ancien territoire d'intérêts de l'inspection d'Etape 2 devient territoire d'Etape, les décisions du quartier général IIe N° 28654 du 31.10.16 (Chiffre 483) aussi pour tout le territoire d'Etapes belge, entrent en vigueur.

On rappelle l'attention sur la décision du quartier général IIe N° 27488 du 30.7.17 concernant la protection sociale des habitants du pays.

Dans le paragraphe 475 est réglée la réquisition de la population des pays occupés pour être occupés à des travaux publics. D'après cela il est permis d'occuper différentes classes d'ouvriers en dehors de leur lieu d'habitation, certains aussi sur les autres théâtres de la guerre, c'est-à-dire en dehors de leur pays.

Et.-Insp.
Der Chef des Generalstabes
gez/Kranhardt.
Major.

Voir annexe 10

Annexe II

ACTIVISME AU CAMP DE DIEST

Au camp fonctionnaient :

Un comité de bienfaisance,

Une bibliothèque,

divisés par l'Autorité militaire en section flamande et section wallonne : malgré tous les efforts, les menaces, etc., la séparation n'a jamais été effective : les membres refusaient d'écrire leurs lettres avec le cachet « ressortissant de la Wallonie ou aangehorigen van Vlaanderenstaat »: cela enrayait un peu le service sans lui faire un véritable tort cependant.

Le 3 octobre, le camp reçut la visite de l'Oberleutnant Weber escortant Borms, Président du Raad van Vlaanderen.

Par ordre de l'autorité : les jeux, tennis et football, devaient être préparés à la cour et dans les salles de lecture, les échecs, tric-trac, damier, etc.

Aussitôt reconnu, le personnage fut conspué, sifflé, insulté aux cris de « A mort le vendu, le traître », etc.

Sa visite des chambres fut un fiasco, chacun lui tournant le dos ou refusant de donner la moindre explication.

Départ précipité.

Des prisonniers furent appelés chez le lieutenant du camp pour explications.— Leurs explications peuvent se traduire comme suit : la manifestation n'était pas dirigée contre l'autorité militaire, mais exclusivement contre l'individu traître à sa patrie qui s'était présenté au camp sous les auspices du Soldatentroost. Le colonel (Oberst) remercia ensuite les prisonniers de leur déclaration et promit, par de belles paroles, le non renouvellement de visite aussi froissante pour les prisonniers, assurant qu'il l'ignorait totalement.

En somme, incident considéré comme clos.

Le samedi 5, le camp fut condamné par ordre du S.S. à 15 jours de régime de forteresse applicable aux femmes qui n'avaient même pas entrevu le triste visiteur.

La punition consistait à rester enfermé dans les chambres avec sorties autorisées le matin de 9 1/2 à 10 1/2 h. et l'après-dîner de 4 à 5 h.; remise à l'autorité des instruments de musique, défense de chanter, siffler, crier ou jouer.

ANNEXE 12.

Rapport de la Gerstenzentrale der Verwaltungschefs für Flandern & Wallonien

pour l'année 1917/18.

1) *Département ORGES et ESCOURGEONS.*

Les craintes exprimées antérieurement par rapport à la diminution du rendement de la récolte qui vient de se terminer, se sont malheureusement confirmées dans une assez large mesure, tel que le prouve le résultat final.

Alors que pour la campagne précédente, la superficie s'élevait à H. 19.367 elle ne s'élevait que pour la récolte

1917/18 qu'à	»	16.970

La récolte qui a été en 1916/17 de .... T. 38.654 conséquemment n'a donné cette année que .... » 26.100
Cette quantité se répartit comme suit :
a) malté et distribué à la brasserie .... » 13.400
b) fourni aux fabricants de levure .... » 5.640
c) aux moulins pour fabrication de gruau .... » 2.960
d) semences .... » 2.442
e) perte de poids et freinte, ainsi que porte par suite de ce que plusieurs districts ont été détachés.
(Etape de Givet) .... » 95

Total : T. 24.537

Il reste donc un solde de T. 1.563 lequel sera probablement entièrement utilisé pour la distribution aux brasseries, fabriques de levures et pour l'approvisionnement des moulins

Les motifs de la diminution graduelle et assez élevée des récoltes sont connus : d'une part, la réduction des superficies et d'autre part, le rendement plus minime, par suite du manque d'engrais et au surplus, par suite des vols multiples qui se sont produits, alors que le fruit n'était pas encore mûr, pour continuer après la rentrée des grains et après que ceux-ci étaient emmagasinés.

Pour obvier aux inconvénients de cette diminution constante de la récolte,

qui ne se rapportait pas uniquement à l'orge mais à toutes les céréales et pommes de terre, il est à espérer que l'arrêté du Verwaltungschefs, en date du 21 février 1918, y portera remède.

Cet arrêté prévoit comme base de l'ensemencement, la superficie de la statistique de 1910, réduite de 25 % ; il oblige les communes à fournir sur base de la superficie ainsi imposée. Les contraventions à cette imposition, soit de la part des communes, soit de la part des agriculteurs, seront punies non seulement d'emprisonnement, d'amendes très élevées, mais donnent aussi le droit de saisir d'autres produits en remplacement des orges non fournies.

D'un autre côté, l'arrêté encourage les cultivateurs à cultiver des orges, par l'augmentation du prix de vente, ainsi que par la promesse de leur laisser la libre disposition de toute quantité dépassant la quantité imposée.

Pour ce qui concerne l'orge et l'escourgeon, cet arrêté n'a pu porter de fruits, l'*escourgeon* ayant déjà été ensemencé depuis longtemps, tandis que dans la plupart des communes cultivant l'orge l'ensemencement avait eu lieu et que le temps manquait pour apporter un changement dans le plan de répartition des terres et la distribution des semences par suite des retards dans le transport etc. — Conséquemment, en ce qui regarde l'amélioration de la culture en orge et escourgeon, aussi bien par rapport à la superficie que du rendement, les perspectives sont peu favorables pour la récolte à venir.

Pour la récolte nouvelle (1918/19) un arrêté analogue, sera probablement décrété et il est à espérer que la publication en sera faite en temps utile.

La Gerstenzentrale est intentionnée d'user énergiquement du droit que lui donnera cet arrêté relativement à la fixation des superficies et du montant de la quantité à fournir, dans l'espoir que pour la récolte 1918/19, il sera possible d'arrêter l'amoindrissement des cultures et même si possible, d'obtenir un chiffre supérieur.

2) *Département RADICELLES.*

Il a été déclaré jusqu'au 15 juin, y compris un solde de l'année précédente .... K. 547.661 1/2 dont il a été fourni jusqu'au 15 juin .... » 404.361 1/2

de sorte qu'il reste disponible au 15 juin .... K. 143.300
Suivant le plan de distribution qui existe, sont encore à distribuer aux fabricants de levure ... » 95.838 1/2

de sorte qu'il existera un excédent de .... K. 47.661 1/2 auquel il y aura lieu d'ajouter quelques milliers de kgs. dont la déclaration est encore à faire.

3) *Département MEUNERIE.*

La fourniture en gruau aux ouvriers faisant de lourdes besognes (Schwerarbeiter) et qui reçoivent une ration supplémentaire, ce dont la Gerstenzentrale avait pris l'initiative au commencement de l'année 1917, s'est développée de plus en plus.

Il a été fourni :

Septembre 1917	152.829 kgs.
Octobre	143.553 »
Novembre	218.236 »
Décembre	279.545 »
Janvier 1918	264.525 »
Février	254.961 »
Mars	276.500 »
Avril	276.902 »
Mai	301.039 »
Juin	336.508 »

Un développement toujours croissant est à attendre pour l'avenir.

Il y a lieu d'ajouter que la désignation «SCHWERARBEITER» est considérée dans un esprit très large; ainsi, actuellement, les employés et ouvriers des Tramways Bruxellois reçoivent également des fournitures ; de plus, les gruaux sont fournis à des hôpitaux, à des institutions et œuvres publiques.

La fabrication du gruau a été effectuée par les deux mêmes moulins que l'année précédente et a toujours donné un degré de mouture dépassant 80 %.

4). *Département de RAVITAILLEMENT.*

Ce département, créé au début de 1917, dans l'intérêt de l'approvisionnement des employés de la «Gerstenzentrale, Branntweinzentrale, Brauereikontrollcstelle et la Zundholzverteilungsstelle, a rendu des services encore plus étendus dans le courant de l'année qui vient de se terminer.

En dehors de divers produits alimentaires, les employés ont été pourvus en viande et lard, provenant de l'élevage des porcs. Cet élevage est pratiqué dans une province française dont la Gerstenzentrale est le séquestre et où elle vient d'entreprendre également la reproduction des jeunes porcs.

Cette propriété sert aussi à des essais de plantation de pommes de terre et de succédanés de pommes de terre (Kartoffelersatz).

5). *Département pour l'APPROVISIONNEMENT EN CHARBON. — Département TRANSPORT.*

Ce département a pour but de ravitailler les brasseries centrales, malteries centrales, distilleries, glaceries, en charbon et combustibles nécessaires à la bonne marche de leur fabrication.

Il a été fourni par l'intermédiaire de ce département :

	Tonnes de charbon.
Brasseries et malteries	environ 6000
Distilleries	« 4000
Glaceries	» 1000

Les transports de charbon se font dans la plupart des cas par voie fluviale, au moyen de bateaux acquis par la Gerstenzentrale ; Celle-ci est propriétaire de 5 bateaux de 70 tonnes chacun et de 2 bateaux de 130 tonnes respectivement 165 tonnes de charge.

Les deux derniers bateaux travaillent presqu'exclusivement pour la «Zuendholverteilungsstelle» et notamment amènent les allumettes des Etapes dans le Gouvernement Général (de Grammont, Lessines, sur Bruxelles, Anvers, Hasselt, Liége.) Lors de la prochaine récolte, les bateaux serviront également au transport des orges.

Le Département « Transport » dispose également d'un camion automobile.

6) *Département « CONTENTIEUX ».*

a) Pour contravention aux arrêtés concernant les orges et escourgeons ont été dressés.

Depuis juillet 1916 jusque fin juin 1917.

Arrêté du 15 juin 1916

2.043 demandes de poursuites (Strafantrage).

Depuis juillet 1917 jusque fin juin 1918.

Arrêté du 16 juin 1917.

1.562 demandes de poursuites (Strafantrage).

Plaintes ayant été retirées ou procédures n'ayant pas eu de suite :

635 cas = 31 %   159 cas = 10 %

Procédures terminées par la voie des tribunaux :

845 cas = 42 %   829 cas = 53 %

de sorte qu'à la fin de juin 1917 respectivement fin juin 1918 il restait encore en suspens :

563 cas = 27 %   574 cas = 37 %

2.043 Strafantrage.   1.562 Strafantrage.

b) Les peines suivantes ont été prononcées par les tribunaux d'arrondissement (Kreischofsgerichte) et les tribunaux militaires, pour les plaintes qui ont été transmises à ceux-ci.

Jusque fin juin 1917 :

1) 840 amendes s'élevant au total à Mk. 92.400 ;

2) 23 emprisonnements de 808 jours au total ; soit 863 peines.

Jusque fin juin 1918 :

1) 829 amendes s'élevant au total à Mk. 136.862 ;

2) 13 emprisonnements de 477 jours au total ; soit 842 peines.

c) Moyenne des punitions.

Fin juin 1917 : amendes Mk. 110 emprisonnements, 36 jours.

Fin juin 1918 : amendes, Mk. 165, emprisonnements, 37 jours.

7o.) *TRIBUNAL D'ARBITRAGE.*

Depuis juillet 1916 jusque fin juin 1917, 5 séances du tribunal d'arbitrage ont eu lieu, dans lesquelles 61 différends ont été tranchés. Dans la plupart des cas, les décisions ont été prises dans l'intérêt du cultivateur.

Depuis juillet 1917 jusque fin juin 1918, il n'y a pas eu de séance au tribunal d'arbitrage, vu que les quelques différends ont pu être arrangés à l'amiable.

8o.) *PERSONNEL.*

Celui-ci se compose, y compris le Président, de :

39 Allemands,
1 Autrichien.
75 Belges.
10 employés de différentes nationalités,
100 courtiers (belges) (répartis dans tout le Gouvernement général.)

9o.) *COMPTABILITE ET CAISSE.*

Le capital de la Gerstenzentrale s'est accru sensiblement en comparaison de l'année précédente. — Ce succès n'est pas basé sur les rentrées normales de la Gorstenzentrale, mais plutôt sur les excédents du département « Meunerie ».

Une diminution de la cotisation n'est pas cependant à envisager en considération des frais toujours croissants et de la nécessité de l'existence d'un capital de roulement.

Les chiffres d'affaires s'élevaient pour les exercices :

1915/1916 à 14.000.000 ;
1916/1917 à 22.000.000 ;
1917/1918 à 31.000.000.

Le capital de la Gerstenzentrale s'élève en ce moment à 1.300.000 francs. La comptabilité et la marche des opérations de la Gerstenzentrale ont été à nouveau contrôlées à plusieurs reprises par l'expert belge Ed. Jacobs et par les experts de la Cour des Comptes allemands. Le résultat a été satisfaisant et n'a donné lieu à aucune contestation.

P. S. D'après les renseignements parvenus jusqu'ici au sujet des emblavements d'orge, l'estimation pour la nouvelle récolte, soit 15.000 hectares ne sera guère atteinte.

Il n'y a lieu de compter que sur une superficie de 14.000 à 14.500 hectares.

Sur la base du rendement moyen de cette année-ci, soit 1.500 kg. par hectare, la récolte atteindra donc environ 21 à 22.000 T.

Pour le moment il n'est pas encore possible de prévoir si le rendement sera supérieur.

Le mouvement dégressif se maintient donc encore et aura pour suite une limitation des livraisons.

ANNEXE 13.

TRADUCTION DU PROCES-VERBAL

*de la Séance de la Centrale des Orges
du 18 juillet 1918.*

Présents :

MM. le Rittmeister Donnevert, Président de la Centrale ;

Dumont, représentant des fabricants belges de levures ;
Wiener, représentant des marchands de grains belges ;
Bruneel, membre du Conseil Supérieur de l'Agriculture ;
Caluwé, attaché au Ministère belge de l'Agriculture ;
Wodon, membre de la Fédération des Brasseurs Belges ;
Meyer, rédacteur du procès-verbal.

Le président salue les membres de la Commission présents et constate qu'ils sont au complet. Il donne ensuite la parole à M. Meyer pour lecture du rapport annuel, joint en annexe.

Le Président donne les éclaircissements nécessaires sur les différents points du rapport annuel et ouvre les débats sur chacun de ces points.

1) Le Président explique aux membres de la Commission, de façon approfondie, la signification de l'arrêté du 21-2-1918 et décrit les suites pratiques qui en découlent pour l'œuvre de la Gerstenzentrale ; il signale spécialement qu'un arrêté pareil est prévu pour l'année prochaine et exprime, d'accord avec les membres de la Commission, l'espoir que cet arrêté paraisse suffisamment tôt pour que les suites que l'on en attend puissent se manifester dans toute leur ampleur pour la récolte de l'orge.

Les membres, particulièrement MM. Dumont et Bruneel, signalent les vols dans les champs qui, cette année, deviennent de plus en plus importants et qui, encore plus qu'avant, rendent impossible une rentrée absolument complète de la récolte de l'orge. Avec quelques exemples à l'appui, il est exposé avec quelle ampleur et avec quel raffinement ces vols ont lieu et il est démontré qu'à leur égard tous les arrêtés, pleins de bonnes intentions, restent sans effet, parce que derrière ces arrêtés il n'y a pas la force nécessaire pour leur accomplissement.

Les autorités communales sont complètement désarmées vis-à-vis des agissements des voleurs, qui opèrent, armés et en troupes de plusieurs centaines d'hommes. Sans arme d'aucune espèce, la police communale est exposée aux menaces et aux voies de faits.

La Commission est unanimement d'avis que le Gouvernement devrait intervenir ici aussi énergiquement que possible, en particulier, il semble nécessaire d'accorder à la police communale le droit de porter des armes, comme ce n'est qu'armée que celle-ci peut réprimer ces agissements. Si au point de vue militaire, il y a des inconvénients à l'octroi de cette autorisation, ces inconvénients pourraient peut-être être levés en n'accordant cette autorisation par principe que pour les mois d'août et septembre, entrant spécialement en considération des vols, et qu'ensuite les armes soient restituées ; au surplus, il suffirait de ne délivrer que des armes déterminées, comme par exemple uniquement des révolvers ou ce qui pourrait suffire, de délivrer pour les armes à feu, des cartouches à plombs Beli.

De plus, il est recommandable de mettre, pour les mois susmentionnés, dans la plus large mesure, les hommes de la Landsturm à la disposition des communes, afin d'accompagner et de protéger les patrouilles communales. Suivant la conception de la Commission, ce sont surtout les gardes-champêtres assermentés, connus de l'administration comme des gens convenables et de confiance, qui entrent en ligne de compte pour l'autorisation de port d'arme.

La Commission demande unanimement de porter ces données à la connaissance de l'autorité administrative compétente.

D'après sa déclaration, la Commission est parfaitement consciente de la signification profonde de ses propositions, particulièrement au point de vue belge; toutefois, dans l'intérêt de l'alimentation de la population, elle considère ces mesures comme indispensables.

En particulier, il est encore signalé un cas. Un membre de la Commission avait préposé des gardes privés à la surveillance de ses propriétés étendues; le Kreischef lui a fait savoir qu'un emploi plus prolongé de ces gardes n'était plus nécessaire, un plus grand nombre d'hommes de la Landsturm devant assurer le service de nuit dans la région en question. La Commission est d'avis qu'il n'existe aucune raison pour ne pas permettre l'action parallèle de groupes de gardes non armés, composés de personnes de confiance, à côté des corps de troupes militaires.

Dans le cas présent, la surveillance privée des champs du membre en question a eu une parfaite efficacité, laquelle a été mise en péril par le retrait des gardes privés.

2) Département des germes de malt.

La Commission n'a pas de remarque à faire concernant la situation du département des germes de malt.

3) Département meuneries.

Le membre de la Commission Wodon, Président de la Fédération des Brasseurs belges, approuve complètement l'utilisation d'orge pour des rations supplémentaires à des ouvriers chargés de travaux pénibles et à d'autres classes nécessiteuses de la population; il prie cependant qu'en évaluant les quantités à employer dans ce but, on ne perde pas de vue la situation difficile des brasseurs, à qui les livraisons sont réduites de plus de moitié, comparativement à la première année de guerre, et qui devront peut-être supporter une nouvelle réduction cette année.

Le Président promet de prendre en considération bienveillante les intérêts des brasseurs.

4. 5. 6.) Département financier,

Département charbons et transports, Département juridique.

La Commission prend connaissance avec intérêt du rapport du Président et l'approuve.

7.) *Comptabilité.*

En ce qui concerne la situation financière de la Centrale, la Commission se déclare d'accord, sur la proposition du Président, de s'en tenir jusqu'à nouvel ordre à la majoration de fr. 4.— par 100 kilos d'orge; à cette occasion, elle prend connaissance de la déclaration du Président, d'après laquelle une diminution de taxes aura lieu dès que la situation de la Centrale le permettra.

8.) *Personnel.*

La Commission se déclare complètement d'accord sur les mesures prises dans l'intérêt des employés.

Le Président annonce qu'il compte convoquer à nouveau la Commission à la fin de l'automne, dans le but de lui exposer le produit de la nouvelle récolte et particulièrement les conséquences des nouveaux règlements.

Le membre M. Bruneel, d'accord avec les autres membres de la Commission, exprime au Président et à l'Administration de la Centrale les remerciements de la Commission pour leur fructueuse activité.

ANNEXE 14.

TRADUCTION DU PROCES-VERBAL

de la Séance de la Commission des Orges du 8 août 1917.

Sont présents :

M. le Rittmeister Donnevert, Vice-Président,

M. Dumont, Représentant des fabricants belges de levure,

M. Wiener, Représentant des négociants en grains belges,

M. Caluwé, Attaché au Ministère belge de l'Agriculture,

M. Wodon, Membre de la Fédération des Brasseurs belges,

M. Benno Meyer, Rédacteur du procès-verbal.

Le Président, M. le Regierungsrat Rintelen est empêché par suite d'un voyage de congé.

Le membre M. Bruneel s'est également excusé pour raison de voyage.

Parmi les assistants, M. Caluwé et M. Wodon sont proposés par la « Gerstenzentrale » comme membres, en remplacement de MM. Manneback et Piron. Leur nomination n'est jusqu'à présent pas un fait accompli, mais elle est certaine. La Commission est unanimement d'avis que dans ces conditions il est convenable et désirable de laisser assister ces deux Messieurs à l'assemblée avec voix consultative.

M. Wodon produit une lettre du 6 décembre 1916, dont il ressort que M. Piron l'a prié d'entrer à sa place comme membre à la Commission des Orges ; de plus, il dépose un exemplaire des statuts de la Fédération des Brasseurs belges, du paragraphe 25, desquels il résulte que les Vice-Présidents remplacent de droit le Président et qu'au surplus le Président a le droit de transférer ses fonctions à un Vice-Président.

Le Président salue ensuite les assistants et donne la parole au chef de division Meyer, faisant fonctions de secrétaire, pour la lecture du rapport commercial.

Sur chacun des points, le Président donne les explications nécessaires.

La lecture de ce rapport est suivie d'un cours débat, au cours duquel les membres présents insistent également sur la nécessité de punitions plus sévères en cas d'infractions à l'arrêté sur les orges.

La proposition de l'administration de fixer la majoration des prix d'achat à fr. 4.— est acceptée à l'unanimité.

Les mesures de la « Gerstenzentrale », destinées à éviter les différends relatifs à la qualité de l'orge, principalement en ce qui concerne sa teneur en humidité, ou à arriver à un règlement plus rapide et meilleur de ces différends, font l'objet d'une discussion approfondie et sont approuvées à l'unanimité.

Le membre M. Dumont souhaite que de pareilles dispositions soient prises au sujet du pouvoir germinatif de l'orge. Le Président signale que, cette année, le travail de transformation de l'orge en malt ayant lieu en régie par la Gerstenzentrale, les différends concernant le pouvoir germinatif n'entrent plus en ligne de compte que pour les fabricants de levure, c'est-à-dire une partie relativement petite des acheteurs. Une réglementation spéciale en ce qui concerne les dispositions exécutives n'est donc pas à recommander ; par contre, la Zentrale s'efforcera de résoudre cette question, autant que possible dans le sens d'une solution pratique.

Le membre M. Wiener propose que, dans ce cas-ci également, des analyses soient faites chez les acheteurs et que le résultat en soit envoyé à la Zentrale.

Cette proposition est unanimement approuvée.

Au surplus, cette question sera examinée de plus près à la prochaine conférence des représentants de l'industrie de la levure.

Le Président explique ensuite la proposition de l'administration de livrer cette année aux brasseries, au lieu d'orge, uniquement du malt ; il insiste sur les nombreux avantages résultant de cette réglementation, non seulement pour la généralité et pour la Zentrale, mais aussi en particulier pour les intéressés.

L'assemblée approuve unanimement cet exposé.

Le Président expose encore la nouvelle tâche imposée à la Gerstenzentrale pour la fabrication de gruau et de farine d'orge et insiste sur la signification sociale toute spéciale de cette mesure.

L'assemblée approuve unanimement cette disposition prise dans l'intérêt de la population.

Le Président lève ensuite la séance.

MM. Dumont et Wodon, au nom de la Commission et en celui des industries qu'ils représentent, expriment au Président et à toute l'administration de la Gerstenzentrale, leur pleine reconnaissance pour le règlement des affaires.

ANNEXE 15.

No. C. 7035/1519.

Le 23 octobre 1918.

Memorandum pour la Deutsche Vermittlungsstelle C. N.

D'après les derniers renseignements recueillis par le C. H. N. la quantité de beurre, exclusivement de provenance belge, emmagasinée au Frigorifère Debeck s'élève actuellement à 150.000 kgs.

Depuis quelques jours des répartitions de ce beurre sont faites au détriment de ration de 2 kgs et plus à des sujets allemands.

Ces distributions ont lieu au détriment de la population belge, car M. le Commissaire d'Etat a toujours motivé ses réquisitions par la nécessité d'une réserve pour cette population en hiver.

Indépendamment de ces distributions, l'entièreté de la production beurrière de la province du Limbourg est actuellement absorbée par M. le Commissaire d'Etat.

En effet, depuis deux semaines déjà il n'a plus fait d'envois de beurre du Limbourg à la Fédération Nationale.

Le C. H. N. ne doute pas que la V. C. N. ne veuille bien provoquer, sans délai, les mesures nécessaires pour mettre fin à ces pratiques qui violent d'une façon flagrante les engagements pris vis-à-vis des Ministres Protecteurs relativement au ravitaillement de la population belge.

LES DIRECTEURS.

ANNEXE 16.

COPIE-TRADUCTION.

Gouvernement Général
    D. V. C. N.
    C. 1318.

Bruxelles, le 16 octobre 1918.

En annexe nous vous remettons copie d'une circulaire que l'Union Professionnelle belge des Marchands de Beurre semble avoir adressée à toutes les communes de la province de Namur. Il ressort de cette circulaire que l'Union susnommée, apparemment sur l'ordre du C. H. N., entreprend des relevés statistiques sans avoir demandé à cet effet l'autorisation des autorités.

Des mesures seront prises contre l'Union.

(s.) RIETH.

Au C. H. N.
E/V.

ANNEXE 17.

Gouvernement Général
D. V. C. N.
C. 1281.

Bruxelles, le 16 octobre 1918.

En réponse à votre lettre N° 6440/1621 du 4 septembre, nous pouvons vous communiquer que des réclamations nous sont arrivées presque de toutes les parties du Gouvernement Général au sujet de manquants dans les livraisons de pommes de terre hâtives et que ces manquants sont parfois considérables.

Dans presque tous les cas il a été établi qu'au moment du chargement le poids exact a été observé. Il ne reste donc qu'à conclure à des vols pendant le voyage, pour lesquels la Kartoffelversorgungsstelle n'accepte pas de responsabilité.

Par ordre,
(s.) SPEYER.

Au C. H. N.
E/V.

ANNEXE 15.

N° C. 5603/1321.

Le 2 juillet 1918.

*Memorandum pour la Deutsche
Vermittlungsstelle C. N.*

Comme suite à ses memorandums Nos 24428 du 25 avril et 24534 du 5 mai dernier, relatifs à l'alimentation de la Colonie d'enfants de Dongelberg, nous avons l'honneur de faire connaître à la V. C. N. qu'une enquête à laquelle nous avons procédé a donné les résultats ci-après :

Pommes de terre. Les écritures tenues à la Colonie accusent un stock total de 13.010 kgs du 1er décembre au 1er avril; en tenant compte de ce qu'une certaine quantité a été fournie antérieurement en décembre, nous considérons comme exacts les chiffres de la V. C. N. (13425 k. + 650). A notre avis, ce stock était insuffisant pour les besoins d'une année si l'on envisage le rationnement de 140 gr. par jour, maximum peu compatible avec le principe d'une Colonie d'enfants débiles qui a précisément pour but de redresser un état physiologique ébranlé par suite des privations subies par les enfants des grandes agglomérations et des localités industrielles.

Il restait un stock de 4908 kgs au 1er mai, tandis que la population de la Colonie (300 enfants, 40 unités de personnel et 8 enfants appartenant à des ménages de subalternes hébergés dans l'établissement) nécessiterait un stock de 7425 kgs, 950 (4 kgs, 330 par mois × 343 unités × 5 mois).

Théoriquement parlant, il faudrait donc un complément de 7425,95 — 4908 = 2517,95 kgs pour permettre à la Colonie d'atteindre la prochaine récolte, sans priver les enfants débiles d'une nourriture indispensable.

Mais qu'il nous soit permis d'attirer l'attention sur ce que le chiffre précité constitue un strict minimum par suite du déchet résultant de l'inévitable altération d'un certain nombre de tubercules. Bien que ce nombre soit difficile à déterminer, les pommes de terre en tas ne supportant plus de manipulation à cette époque de l'année, sans se gâter en plus grande quantité, nous sommes convaincus de nous

rapprocher davantage de la réalité en évaluant à 3000 kgs la quantité de pommes de terre qui serait encore nécessaire à la Colonie jusque fin septembre prochain.

Sur la base du rationnement actuel 52 kgs par an et par personne, rationnement reconnu d'ailleurs insuffisant, la Colonie devrait recevoir au total, annuellement 18.000 kgs de pommes de terre (exactement 17836 (343×520).

Sucre. La Colonie n'a eu à sa disposition du 1er décembre 1917 au 24 mars que 80 kgs 200 de sucre; la Colonie en a consommé 62 kgs 500 en décembre et 7 kgs, 800 en janvier 1918, soit 70 kgs 300. La Colonie n'a donc eu en réserve que 9 kgs 900 jusqu'au 25 mars, date à laquelle elle a reçu 250 kgs.

Avec les fournitures subséquentes, jusqu'à fin avril, elle avait reçu au total, y compris le stock en magasin, le 1er décembre 556 kgs 800 tandis que la quantité dont elle aurait dû pouvoir disposer représente 1176 kgs 800×5×294 moyenne de la population du 1er décembre 1917 au 30 avril 19180.

Si on ajoute la quantité à fournir pour mai, le total s'élèverait à 1176 kgs + 274 kgs. 400 (800×343 (population en mai=1450 kgs. 400.

Il est vrai que le miel a été prodigué et que ce produit a pu être utilisé pour suppléer à l'insuffisance de sucre.

Nous devons à la vérité d'ajouter que la Colonie a été bien partagée en ce qui concerne les matières à étendre sur le pain.

Toutefois, comme l'institution des Colonies d'enfants débiles comporte, en ordre principal, un régime alimentaire renforcé, il serait préférable que la répartition des denrées fût établie plus rationnellement et qu'en ce qui concerne spécialement le sucre, la Colonie de Dongelberg reçut mensuellement 272 kgs. 250 se décompose comme suit :

a) 300 enfants × 0.800 = 240 kgs. /
b) 43 unités (personnel et habitants de la Colonie) × 0.750 = 32 kgs. 250.

En présence des résultats de cette enquête nous croyons pouvoir confirmer à la V. C. N. le final de notre memorandum N° A. 4625 du 26 mars, par lequel nous exprimions l'espoir que la V. C. N. mettrait son influence au service des enfants de cette Colonie en vue d'alléger, pour ces petits malheureux, les souffrances entraînées par la guerre.

Les Directeurs.

ANNEXE 19.

Gouvernement Général
D. V. C. N.
29286.

Bruxelles, le 16 octobre 1918.

En réponse à votre lettre 5603/1321 du 2 juillet, nous vous communiquons, pour autant qu'il s'agit de la distribution de sucre, que, si la Colonie d'Enfants de Dongelberg ne reçoit pas les rations de sucre et de produits à étendre sur le pain qui lui reviennent, cela n'est nullement conforme aux intentions de l'autorité intéressée.

En conséquence, cette autorité a pris les mesures nécessaires pour qu'à l'avenir aussi bien les enfants que le personnel de la Colonie reçoivent les rations qui leur reviennent.

Par ordre,
(s.) SPEYER.

Au C. H. N.
E/V.

MINISTÈRE
DE L'INDUSTRIE, DU TRAVAIL
ET DU RAVITAILLEMENT

Administration du Ravitaillement

Franchise de port

IMPRIMERIE & PUBLICITÉ
FLOR BURTON
(Soc. An.)
20, COURTE RUE NEUVE
ANVERS

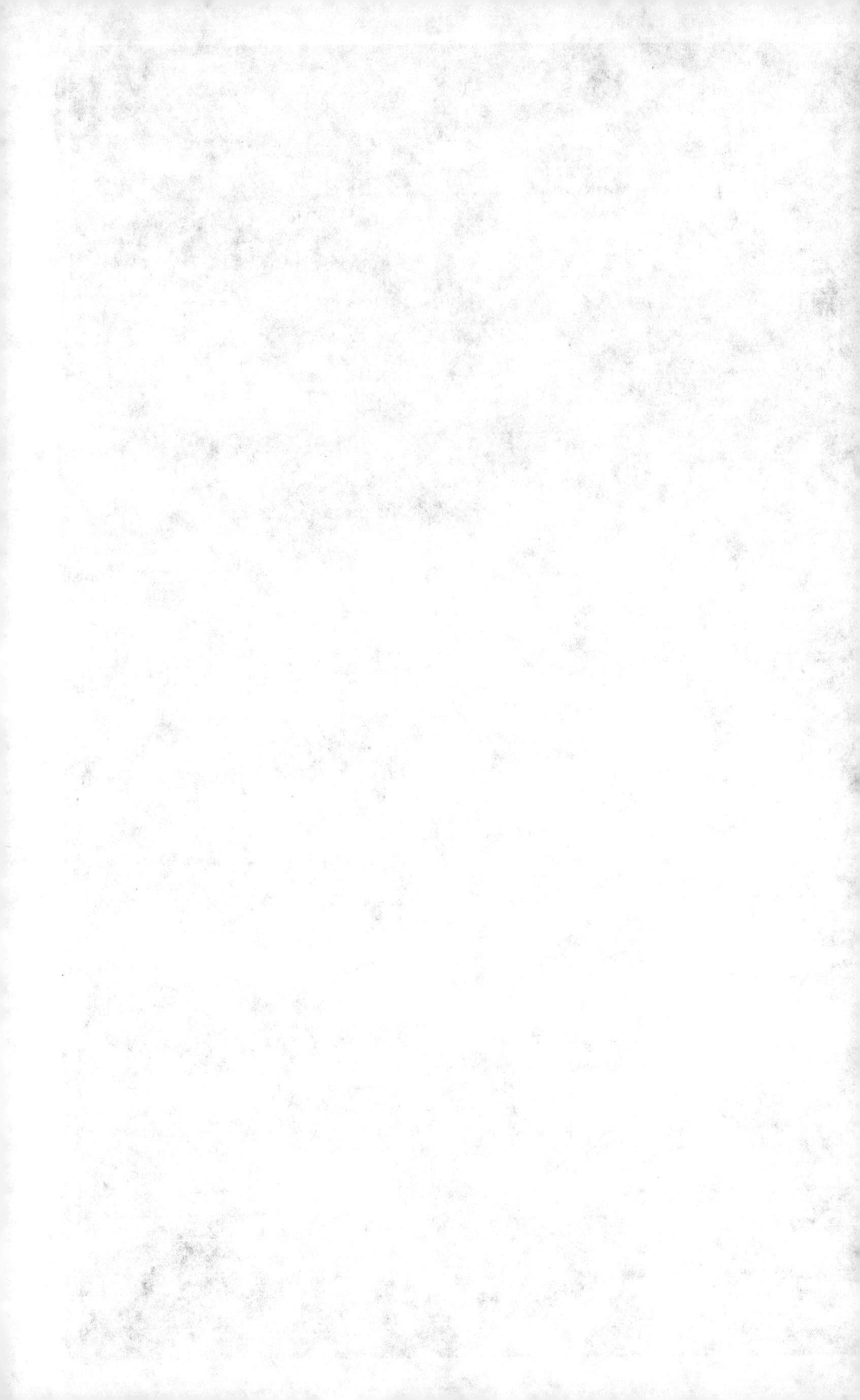

www.ingramcontent.com/pod-product-compliance
Lightning Source LLC
Chambersburg PA
CBHW070743270326
41927CB00010B/2077